Le Vocabulaire de l'anglais

3e édition

ANNIE **SUSSEL**
Agrégée d'anglais

CORINNE **DENIS**
Agrégée d'anglais, professeur en classes préparatoires aux grandes écoles scientifiques au lycée Claude Bernard à Paris

AGATHE **MAJOU**
Agrégée d'anglais, professeur de première supérieure au lycée Michel-de-Montaigne à Bordeaux

hachette
SUPÉRIEUR

- **Comprendre l'organisation et le fonctionnement de votre livre**
  - **La syllabe accentuée** d'un mot est en caractères gras.
  - **La transcription phonétique** est indiquée à côté de la plupart des mots (voir la liste des signes phonétiques en couverture, page 2).
  - Le sigle **UK** indique l'emploi ou l'orthographe anglais, le sigle **US** la variante américaine.
  - Le signe ⚠ désigne les faux amis et attire l'attention sur les autres sens d'un terme dont la polysémie peut être source de contresens.
  - L'astérisque signale un verbe irrégulier.
  - Le signe → précède un mot formé à partir du mot de départ.
  - Le signe ~ remplace le mot de base qui est indiqué en violet au début de l'entrée dans la rubrique « word partners ».
  - Les précisions en italiques font référence au niveau de langue.
  - Le souligné attire votre attention sur une différence orthographique ou de construction entre les deux langues.
  - En fin de paragraphe, vous trouverez parfois des renvois à d'autres paragraphes dont le thème est complémentaire.

PAPIER À BASE DE FIBRES CERTIFIÉES

hachette s'engage pour l'environnement en réduisant l'empreinte carbone de ses livres. Celle de cet exemplaire est de : 1810 g éq. CO_2
Rendez-vous sur www.hachette-durable.fr

ISBN 978-2-01-400462-5
www.hachette-education.com

Présentation de l'ouvrage

"...while without grammar very little can be conveyed, without vocabulary nothing can be conveyed." D.A. Wilkins, **Linguistics in Language Teaching**

Cet ouvrage s'adresse prioritairement aux étudiants de **1er cycle universitaire**, aux élèves des **CPGE** (**classes préparatoires** aux grandes écoles), ainsi qu'aux étudiants de **B.T.S.** Il peut également être d'un grand secours à tous ceux (**lycéens** ou **adultes**) qui, pour des raisons personnelles ou professionnelles, **ont besoin d'affermir**, de rafraîchir et de développer **leur connaissance de la langue anglaise** afin d'être en mesure de s'exprimer par écrit ou oralement en une langue plus juste, plus précise et plus authentique.

• Les **champs lexicaux** et le **vocabulaire** choisis **concernent tous les domaines, de la vie quotidienne à celle de l'esprit**. Étant donné que ces champs lexicaux se croisent, se répondent et se complètent pour mieux rendre compte de la richesse de la langue anglaise, vous pourrez acquérir une expression qui gagnera progressivement en précision et se fera plus nuancée. En d'autres termes, **cet ouvrage est un outil** qui vous permettra de produire de plus en plus d'énoncés solides, complexes et diversifiés.

Nous avons, bien évidemment, effectué des choix (un manuel de vocabulaire n'est pas un dictionnaire), mais en ayant toujours présente à l'esprit la réalité vivante de la langue, ses différents registres et niveaux.

Si le hasard joue un rôle dans l'acquisition du vocabulaire d'une langue aussi riche que l'anglais, il est possible d'en réduire la part en adoptant des **stratégies de rationalisation** de cet apprentissage. C'est ce qui vous est proposé, notamment lorsque **l'accent est mis sur les phénomènes de dérivation et de composition**. Apprendre à saisir le sens d'un mot en observant sa formation, c'est se forger un outil qui permet d'accéder progressivement à **l'autonomie**. Vous prendrez ainsi l'habitude d'élaborer votre propre bagage lexical à partir de l'apprentissage de mots simples. Observez l'exemple du verbe **pronounce**, ainsi présenté dans cet ouvrage :

to pronounce → pronunciation
→ pronounceable ≠ unpronounceable
→ to mispronounce → mispronunciation

En voyant appliquées dans cet ouvrage les principales **règles de dérivation** qui facilitent la mémorisation, vous vous doterez d'une technique efficace d'enrichissement lexical.

Sous la rubrique « **word partners** », nous avons donné les principales **collocations**. Ce sont des associations de grande fréquence (adjectifs + nom/verbe + compléments, etc.) qui permettent d'enrichir aussi bien l'expression orale que l'expression écrite, et qui sont au cœur de la langue authentique.

Sous la rubrique « **phrases** », nous proposons des expressions courantes liées à la vie moderne. Ce sont des mots présentés **en contexte**, ce qui en facilite la mémorisation et prémunit contre les fautes culturelles dans la mesure où apparaissent ainsi clairement les situations de communication dans lesquelles l'expression peut ou ne peut pas être employée.

Nous souhaitons que nos expériences diverses de l'apprentissage de la langue anglaise et de son enseignement, enrichies des remarques constructives qui ont pu nous être prodiguées lors de l'élaboration de cet ouvrage, permettent réellement de faciliter cette étape primordiale qu'est l'acquisition d'un vocabulaire suffisamment riche pour servir une pensée précise et nuancée, voire ambitieuse.

Table des matières

L'être humain dans son environnement

1 *Nature* — La nature

● *The Earth* [ɜːθ]	*La Terre*
land → a **landscape**	la terre (terrain / propriété foncière) → un paysage
the globe [gləʊb] → **global**	le globe → mondial/e
a **hemisphere** ['hɛmɪsfɪə]	un hémisphère
the **equator** [ɪ'kweɪtə] → **equatorial**	l'équateur → équatorial/e
the **Tropic of Cancer** / of **Capricorn** → **tropical**	le tropique du Cancer / du Capricorne → tropical/e
a pole [pəʊl] → **polar**	un pôle (⚠ poteau / perche) → polaire
the Arctic / Antarctic Ocean	l'Océan arctique / antarctique
a **continent** → **continental**	un continent → continental/e
the **mainland**	le continent (par rapport à une île)
a **territory** → **territorial**	un territoire → territorial/e
a **country** ['kʌntrɪ]	un pays
the country → the countryside	la campagne la campagne (par rapport à la ville)
a **moor** ['mʊə] → **moorland**	une lande → la lande
scrub [skrʌb] → **scrubland** = **brushwood**	les broussailles → région broussailleuse
woodland	une région boisée
a marsh / a bog / a swamp → marshy / boggy / swampy → **marshland** = **wetlands**	un marécage → marécageux/-se région de marécages
a **quagmire** ['kwægmaɪə]	un bourbier
an **island** ['aɪlənd] / an **isle** [aɪl]	une île
a **peninsula**	une presqu'île / une péninsule
an **isthmus** ['ɪsməs]	un isthme
a **promontory**	un promontoire
a cape [keɪp] / a **headland**	un cap
an **archipelago**	un archipel
an atoll	un atoll
a cave [keɪv] → **caving** = **speleology**	une grotte → la spéléologie
an abyss / a **gulf** [gʌlf]	un gouffre
a **desert**	un désert
sand dunes	des dunes (de sable)
an oasis [əʊ'eɪsɪs]	une oasis

the **savanna(h)**	la savane
the **bush** [bʊʃ]	la **brousse**
the **jungle**	la jungle
the **ice floe / pack ice**	la **banquise**
an **iceberg** ['aɪsbɜːg]	un iceberg

WORD PARTNERS

- **land** → **The ~ may be flat ≠ hilly = undulating / uneven = bumpy.** (Le terrain peut être plat ≠ vallonné / accidenté.)
  a ~mark (1. un point de repère, 2. une étape importante), **the ~ registry** (le cadastre)
- **on the equator** (à l'équateur), **in the tropics** (sous les tropiques)
- **the northern / southern hemisphere** (l'hémisphère nord / sud)
- **the North / South Pole** (le pôle Nord / Sud)
- **continental** → **the ~ drift** (la dérive des continents), **the ~ shelf** (le plateau continental)
- **a rolling countryside** (un paysage accidenté)
- **the Iberian / Balkan Peninsula** (la péninsule ibérique / balkanique)

PHRASES

- **She's disappeared off the face of the earth.** (Elle a disparu sans laisser de traces.)
  [Fig.:] **We came back to earth with a bump.** (L'atterrissage fut rude.)
- **on dry land** (sur la terre ferme), **to find* out how the land lies** (tâter le terrain)
- **to take* to the bush** (se réfugier dans la brousse / prendre le maquis)
- **the tip of the iceberg** (la partie émergée de l'iceberg)

● *Topography* [tə'pɒgrəfɪ] — *La topographie*

cartography [kɑː'tɒgrəfɪ]	la cartographie
an **atlas**	un atlas
latitude ['lætɪtjuːd]	la latitude
longitude ['lɒndʒɪtjuːd]	la longitude
a **meridian**	un méridien
a **time zone**	un fuseau horaire
the 45th **parallel**	le 45e parallèle
a **map**, to **map** a country	une carte, dresser la carte d'un pays
a **chart**, to **chart**	une carte marine, établir une carte
relief [rɪ'liːf]	le relief
a **contour line**	une courbe de niveau

W. P.

- **the Greenwich meridian** (le méridien de Greenwich)
- **map** → **UK an Ordnance Survey ~ = US a Geological Survey ~** (≈ une carte d'état-major), **the scale of a ~** (l'échelle d'une ~)

PH.

- **on level ground** (sur terrain plat)
- **It's uncharted territory for us.** (Nous sommes en terrain inconnu.)

● *Finding one's bearings* — *S'orienter*

the **compass** → a **compass card / rose**	la boussole → une rose des vents
a **degree**	un degré (⚠ un diplôme)
the **north** → **north(ern), northerly, northward(s), northernmost**	le nord → du nord = septentrional, (situé) au nord, vers le nord / au nord, le plus au nord
the **south** [saʊθ] → **south(ern)** ['sʌðən], **southerly, southward(s), southernmost**	le sud → du sud = méridional, du sud, vers le sud, le plus au sud
the **east** → **east(ern), easterly, eastward(s), easternmost**	l'est → de l'est = oriental, de l'est, vers l'est, le plus à l'est
the **west** → **west(ern), westerly, westward(s), westernmost**	l'ouest / l'Occident → de l'ouest = occidental, de l'ouest, vers l'ouest, le plus à l'ouest

the northeast the northwest	le nord-est le nord-ouest
the southeast the southwest	le sud-est le sud-ouest
here [hɪə]	ici
there [ðɛə] → over there, from there	là → là-bas, de là
behind [bɪ'haɪnd]	derrière
in front of	devant
in the front of ≠ at the back of	à l'avant de ≠ à l'arrière de
in → into	dans (sans mouvement → avec mouvement)
inside ≠ outside	à l'intérieur ≠ à l'extérieur
within [wɪ'ðɪn]	dans les limites de
on → onto	sur (sans mouvement → avec mouvement)
below / under → underneath / beneath	sous / en dessous (de)
near ≠ far → farther / further	près ≠ loin → plus loin
somewhere about	dans les parages (de)
beyond [bɪ'jɒnd]	au-delà (de)
between [bɪ'twi:n]	entre
beside [bɪ'saɪd] = next to	près de
from ... to ...	de ... à ...
the direction [dɪ'rɛkʃən]	la direction
toward(s)	vers
forward(s)	en avant / vers l'avant
backward(s)	en arrière / vers l'arrière
sideways	de côté
diagonally / crosswise	en biais / en diagonale
clockwise ['klɒkwaɪz] ≠ anticlockwise	dans le sens des aiguilles d'une montre ≠ dans le sens contraire à celui des...

W. P.

- **a northerly / southerly / easterly / westerly wind** (un vent du nord / du sud / de l'est / d'ouest)
- **the north wind** (le vent du nord)
- **north / east / west / south → towards the ~** (vers le nord / l'est / l'ouest /le sud) **further ~** (plus au nord / à l'est / à l'ouest/ au sud)

PHRASES

- **to lose* one's bearings** (être désorienté / perdre le nord)
- **the points of the compass** (les points cardinaux)
- **30 degrees south of the equator** (par 30 degrés au sud de l'équateur) **In the north of Paris** (au nord de Paris [dans Paris]), **north of = to the north of Paris** (au nord de Paris [à l'extérieur])
- **in the direction of** (en direction de), **in the other = opposite direction**, (dans l'autre sens = dans la direction opposée), **to have* a good sense of direction** (avoir le sens de l'orientation) **It's two miles away.** (C'est à trois kilomètres d'ici.), **It's a good way off / a long way away.** (Ce n'est pas tout près / C'est loin.) ≠ **It's close by / nearby.** (C'est tout près.), **It's the other way.** (C'est en sens inverse.), **It's on the other side of the town.** (C'est de l'autre côté de la ville.)
- **the house across the street / next door** (la maison d'en face / d'à côté)

Up hill and down dale — Par monts et par vaux

altitude ['æltɪtju:d]	l'altitude
to rise* (up)	s'élever
to tower over	dominer
a mountain ['maʊntɪn] → mountainous → a mountain chain / range, a mountain top	une montagne → montagneux → une chaîne de ~s, un sommet de ~
a hill → a hillock = a mound → a hilltop, the foothill/s	une colline → une butte → un sommet de colline, le/s contrefort/s
a massif ['mæsi:f]	un massif

a ridge	une arête
the **summit** ['sʌmɪt]	le sommet
the crest	la crête
a **peak** [pi:k]	un pic
a **glacier** ['glæsjə]	un glacier
a **valley** / vale *(lit.)*	une vallée
a **dale** [deɪl]	un vallon
a **defile** ['di:faɪl]	un défilé
a **gorge** = US a **canyon**	une gorge
a **plateau** ['plætəʊ]	un plateau
a **hollow**	un creux
a **basin** ['beɪsən]	un bassin (⚠ cuvette, lavabo)
a **cliff**	une falaise
a **ravine** [rə'vi:n]	un ravin
a **precipice**	un précipice
a **chasm** ['kæzəm]	un gouffre
a **crevice** ['krɛvɪs] / **fissure** / **split**	une crevasse (dans le sol ou la roche)
a **crevasse** [krɪ'væs]	une crevasse (sur un glacier)
a **ledge**	une corniche / saillie
a **pass**	un col
a **sheer drop**	un à-pic
a **slope**, to slope down	une pente, descendre en pente

W. P.

- **at high altitude** (en altitude), **at low altitude** (à basse altitude)
- **a snow-capped summit** (un sommet couronné de neige)
- **a gentle ≠ steep / precipitous slope** (une pente douce ≠ abrupte / très escarpée)
- **to rise* steeply** (s'élever en pente abrupte)

● *Mountain ranges* — *Chaînes de montagnes*

the **Apennines** ['æpɪnaɪnz]	l'/les Apennin/s
the **Rocky Mountains** = the **Rockies**	les Montagnes Rocheuses
Mount Rushmore	le mont Rushmore
the **Appalachian Mountains** = the **Appalachians** [æpə'leɪtʃənz]	les Appalaches
Ben Nevis (4,409 ft)	Ben Nevis (point culminant des Highlands à 1 344 m)
the **Alps**	les Alpes
Mount Everest	l'Everest
the **Pyrenees** [pɪrə'ni:z]	les Pyrénées
Caucasus ['kɔ:kəsəs] → **Caucasian** [kɔ:'keɪʒən]	le Caucase → caucasien
the **Himalayas**	l'Himalaya

● *The sea* [si:] — *La mer*

→ **sea water**, the **seabed**, the **sea level**, the (sea)shore, the **seaside**	→ l'eau de mer, le fond de la mer, le niveau de la mer, le rivage, le bord de (la) mer
an **ocean** ['əʊʃən]	un océan
the **tide** [taɪd]	la marée
a **wave** [weɪv]	une vague
the **surf** [sɜ:f]	les vagues déferlantes
the **swell** → a **groundswell**	la houle → une lame de fond
the **backwash** (of a wave)	le ressac

the **undertow** [ˈʌndətəʊ]	le courant de retour
spray	les embruns
foam [fəʊm]	l'écume
white horses	les moutons (sur la mer)
a **bay**	une baie
a **gulf** [gʌlf]	un golfe
a **cove** [kəʊv] / an **inlet** = UK **creek**	une anse / crique
a **creek** [kri:k]	UK une crique, US un ruisseau
a **strait** / **straits** [streɪt/s]	un détroit
a **channel**, the **Channel**	un chenal, la Manche
the **coast** [kəʊst] → **coastal**	la côte → côtier
the **beach** [bi:tʃ]	la plage
sand → a **sandbank**	le sable → un banc de sable
shingle = **pebbles**	les galets
a **reef** [ri:f]	un récif
a **lagoon** [ləˈgu:n]	un lagon / une lagune

WORD PARTNERS

- **sea** → **the open ~** (la pleine mer), **an arm of the ~** (un bras de mer), **a ~ mile** (un mille marin) **The sea may be slack / like glass / calm ≠ rough / choppy.** (La mer peut être étale / d'huile /calme ≠ agitée / houleuse.)
- **by the seashore** (sur le rivage), **by / at the seaside** (au bord de la mer)
- **above ≠ below sea level** (au-dessus ≠ en dessous du niveau de la mer)
- **maritime** = **sea flora / fauna** (la flore / faune marine)
- **tide** → **the rising ≠ falling ~** (la marée montante ≠ descendante), **the flood ~** (le flux), **the ebb ~** (le reflux), **~land** (la laisse [= terre inondée à marée haute])
- **wave** → **the crest of a ~** (la crête d'une vague), *[Fig.:]* **to make* ~s** (faire des vagues)
- **a sandy / shingle = pebbly beach** (une plage de sable / de galets)
- **a coral reef** (un récif de corail)

PHRASES

- **at sea** (en mer), **on the high seas** (en pleine mer)
  The sea swells = surges and breaks on the breakers. (La mer s'enfle et se brise sur les brisants.)
  The Caspian Sea is a landlocked sea. (La mer Caspienne est une mer intérieure.)
  Switzerland is a landlocked country. (La Suisse est un pays sans littoral.)
  the ebb and flow (of the sea) (le flux et le reflux)
  [Fig.:] **He's all at sea with these new technologies.** (Il est complètement perdu avec toutes ces nouvelles technologies.)
- **at high / low tide** (à marée haute / basse)
  The tide is in ≠ out. (La mer est haute ≠ basse.), **The tide is coming in ≠ going out.** (La mer / marée monte ≠ descend.), **The tide is turning.** (La marée change.)
  [Fig.:] **to work double tides** (mettre les bouchées doubles)
- *[Fig.:]* **Don't bury your head in the sand.** (Ne fais pas l'autruche.)
- **She sells sea-shells down by the seashore.** (≈ Les chaussettes de l'archiduchesse sont-elles sèches ou archi-sèches ?)

Seas and oceans — *Mers et océans*

the **Atlantic (Ocean)**	l'(océan) Atlantique
the **Pacific (Ocean)**	le Pacifique / l'océan Pacifique
the **Indian Ocean**	l'océan Indien
the **Irish Sea**	la mer d'Irlande
the **North Sea**	la mer du Nord
the **Mediterranean** [mɛdɪtəˈreɪnjən] **Sea**	la (mer) Méditerranée
the **Aegean Sea** [ɪˈdʒi:ən si:]	la mer Égée
the **Adriatic**	l'Adriatique / la mer Adriatique
the **Baltic Sea**	la (mer) Baltique

the Caribbean [kærɪ'bi:ən]	la mer des Caraïbes / des Antilles
the Dead Sea	la mer Morte
the South Seas	les mers du Sud
the Straits of Gibraltar	le détroit de Gibraltar
the Magellan Straits	le détroit de Magellan
the Bay of Biscay	le golfe de Gascogne
the Hudson Bay	la baie de l'Hudson
the Persian Gulf ['pɜ:ʃən gʌlf]	le golfe persique
the roaring forties	les quarantièmes rugissants
the Bermuda triangle	le triangle des Bermudes

● *Rivers and lakes* — *Fleuves, rivières et lacs*

a **spring**, to **spring***	une **source**, jaillir (eau)
a **river** → the **riverside**, a (river) **bank**, a **riverbed** = the **bed of a river**	un fleuve, une rivière → le bord d'~, une rive, le lit d'~
a **stream** = a **brook** = US a **creek**	un **ruisseau**
a **torrent**	un torrent
the **current** = the **stream** → **upstream**, **downstream**	le **courant** → en amont, en aval
an **estuary** ['ɛstjʊərɪ]	un **estuaire**
a **delta**	un delta
a **tributary** ['trɪbjʊtərɪ]	un **affluent**
a **waterway**	une voie navigable
a **canal** [kə'næl]	un canal
a **lock**	une **écluse** (⚠ serrure / verrou)
→ the **lock gates**	→ les portes de l'écluse
the **towpath** ['təʊpɑ:θ]	le **chemin de halage**
a **dam**	un **barrage**
meanders, to **meander** = to **wind*** [waɪnd]	des **méandres**, faire des méandres = serpenter
a **ripple**, to **ripple**	une ride (à la surface de l'eau), se rider
to **flow** → to **flow** / **run*** **into**	couler → se jeter dans
to **run*** **dry**	s'assécher / se tarir
UK the **watershed** = US the **divide**	la **ligne de partage des eaux**
silt	le **limon**
→ to **silt up**	→ s'ensabler / s'enfoncer dans la vase
slime [slaɪm] → **slimy**	la vase → gluant/e
mud [mʌd] → **muddy**	la boue → boueux/-se
a **waterfall**	une chute d'eau
a **cascade** [kæs'keɪd]	une cascade
rapids ['ræpɪdz]	des rapides
a **ford**, to **ford**	un **gué**, passer à gué
a **dyke** [daɪk]	une **digue**
a **ditch**	un fossé
a **lake** [leɪk] → the **lakeside**	un lac → les rives d'un lac
a **pool** [pu:l]	un **étang**
a **pond**	une **mare**

WORD PARTNERS

- **river → a fast-flowing = swift-flowing ≠ slow / narrow ≠ broad / deep ≠ shallow / winding ~** (un fleuve rapide ≠ lent / étroit ≠ large / profond ≠ peu profond / sinueux) **the mouth of a ~** (l'embouchure d'un fleuve), **the course of a ~** (le cours d'un ~), **the (rate of) flow of a ~** (le débit d'un ~)
- **to shrink* a ~** (assécher une rivière)
- **water → fresh ~** (l'eau douce), **spring ~** (l'eau de source), **ground ~** (nappe phréatique)
- **a muddy bank** (une rive boueuse)
- **the Great = Continental divide** (la ligne de partage des eaux des Rocheuses)

PHRASES

- **There was a rise in the water level and the river overflowed / burst its banks.** (Il y a eu une crue et le fleuve a débordé / est sorti de son lit.)
- **to deplete groundwater** (épuiser la nappe phréatique / les réserves d'eaux souterraines)
- **to go* / sail / swim* against the stream / against the tide** (aller / naviguer à contre-courant)
- *[Fig.:]* **to pass the Great Divide** (passer de vie à trépas)
- *[Coll.:]* **Go and jump in the lake!** (Va te faire voir !)

● *Famous rivers and lakes* — *Fleuves et lacs célèbres*

the (River) Thames [tɛmz]	la Tamise
the Mississippi (River) = Old Man River	le Mississippi = le Vieil Homme
the Great Lakes	les Grands Lacs
the Niagara [naɪ'ægərə] Falls	les chutes du Niagara
the Seine [seɪn]	la Seine
the Rhine [raɪn]	le Rhin
the (Blue) Danube	le (Beau) Danube (Bleu)
the Amazon	l'Amazone
the Nile [naɪl]	le Nil
the Jordan	le Jourdain
the Ganges ['gændʒiːz]	le Gange
Lake Como	le lac de Côme

● *Natural disasters* — *Les catastrophes naturelles*

an act of God	une catastrophe naturelle
a quirk / a freak of nature	un caprice / une bizarrerie de la nature
a volcano [vɒl'keɪnəʊ] → volcanic	un volcan → volcanique
dormant, extinct	inactif, éteint
to erupt [ɪ'rʌpt] → an eruption	entrer en éruption → une éruption
a crater ['kreɪtə]	un cratère
lava [lɑːvə] → a lava flow	la lave → une coulée de lave
scoriae = cinders	les scories
⚠ a fault	une faille (⚠ un défaut)
an earthquake	un tremblement de terre
seismic ['saɪzmɪk]	sismique
a seismograph ['saɪzməgrɑːf]	un sismographe
an earth tremor	une secousse tellurique
the Richter scale	l'échelle de Richter
an aftershock	une réplique
a flood [flʌd], to flood, the Flood	une inondation / crue, inonder, le Déluge
a mudslide ['mʌdslaɪd]	une coulée de boue
a deluge ['dɛljuːdʒ]	une pluie diluvienne
a tidal wave	un raz-de-marée
a heat wave	une vague de chaleur
drought [draʊt]	la sécheresse

a **landslide**	un glissement de terrain
soil erosion	l'érosion du sol
a **blizzard**	une tempête de neige
an avalanche [ævə'lɑ:ntʃ]	une avalanche
a **typhoon** [taɪ'fu:n]	un typhon
a **hurricane** ['hʌrɪkən]	un ouragan
a tornado, US a **twister**	une tornade
a **wildfire**	un incendie de forêt
a **wildland fire**	un feu de broussailles

PHRASES

- **the scope / extent of the disaster** (l'étendue / l'ampleur du sinistre)
- **to devastate a region** (ravager une région)
- **to be declared a disaster area** (être déclarée zone sinistrée), **the worst-hit area** (la zone la plus durement frappée)

● *The weather* ['wɛðə] — *Le temps climatique*

→ **the weather conditions** → a **weathercock** = a **weathervane**	→ les conditions météorologiques → une girouette
the **climate** ['klaɪmɪt] → **climatology**	le climat → la climatologie
the barometer = the **glass**	le baromètre
bright intervals / **sunny spells**	des éclaircies
(bright) **sunshine**	un temps (très ensoleillé)
a cloud [klaʊd] → **cloudy** → **to cloud over**	un nuage → nuageux/-se se couvrir (ciel)
to **disperse**	se disperser
fog → **foggy**	le brouillard → brumeux/-se
mist → **misty**	le léger brouillard → brumeux/-se
haze [heɪz] → **hazy**	la **brume** → brumeux/-se
to rain, rain → **rainy** → **rainwater, rainfall,** a **raindrop**	pleuvoir, la pluie → pluvieux/-se → l'eau de pluie, les précipitations, une goutte de pluie
a **shower** [ʃaʊə]	une averse (⚠ douche)
a **downpour** ['daʊnpɔ:]	une pluie diluvienne / un déluge
a **waterspout** ['wɔ:təspaʊt]	une trombe d'eau (⚠ descente d'eau de pluie)
the **monsoon** [mɒn'su:n]	la mousson
to **drizzle, drizzle,** a **drizzle**	bruiner, la bruine / le crachin, **une petite pluie fine**
to snow, snow → **snowy, snowbound**	neiger, la neige → neigeux/-se, bloqué/e par la neige (maison, route, région)
→ a **snowflake**, a **snowfall,** a **snowdrift**	→ un flocon de neige, une chute de neige, une congère
slush [slʌʃ] → **slushy**	**neige fondante** → couvert de neige fondante
to **melt**	fondre
to **thaw** [θɔ:], **thaw**	fondre complètement, le **dégel**
sleet [sli:t]	le grésil
to **hail**, hail → a **hailstone**	grêler, la grêle → un grêlon
the wind → **windy, windswept** → a **whirlwind**	le vent → venteux/-se, balayé/e par les vents → un tourbillon (de vent)
to **blow***	souffler
a **gust of wind**, to **gust**	une **bourrasque**, souffler en bourrasques
to **rage** [reɪdʒ]	se **déchaîner**
to **abate** [ə'beɪt]	se **calmer** / tomber (vent, pluie, tempête)
a **breeze** [bri:z]	une brise
a **gale** [geɪl]	un **grand vent**
a **squall** [skwɔ:l]	une **rafale** / bourrasque

to **bluster**	souffler en rafales
a **lull** [lʌl]	une accalmie
a **tempest**	une tempête (en mer)
a storm → a **thunderstorm** → **stormy**	une tempête / un orage → un orage → orageux/-se
thunder ['θʌndə], to **thunder**	le tonnerre, tonner
lightning → a **lightning conductor**	les éclairs / la foudre → un paratonnerre
to **freeze*** [fri:z]	geler
frost → **frosty** → **hoarfrost**	le gel / la gelée → couvert de givre, le givre / la gelée blanche
to **frost up** / **over** = to **ice up**	(se) givrer
ice → **icy**	la glace → 1. glacé/e / glacial/e 2. verglacé/e
→ **black ice**	le verglas
heat [hi:t]	la chaleur

WORD PARTNERS

- weather → **dry / sunny / dull / stifling ~** (un temps sec / ensoleillé / maussade / étouffant), **changeable = variable = unsettled ~** (un ~ variable = instable), **close ~** (un ~ lourd), **balmy ~** (un ~ doux)
  a ~ chart (une carte météo), **a ~ satellite** (un satellite météo), **the ~ forecast** (les prévisions météorologiques), **the ~ report** (le bulletin météorologique)
- **a hot ≠ cold / dry ≠ wet / friendly = hospitable / invigorating / moderate = temperate climate** (un climat chaud ≠ froid / sec ≠ humide / clément / vivifiant = revigorant / tempéré)
- **the rainy season** (la saison des pluies)
- **a patch of fog** (une nappe de brouillard)
- rain → **gentle = soft / steady / driving = heavy = pouring / torrential / tropical ~** (une pluie légère / constante / battante / torrentielle / tropicale), **a sprinkle of ~** (une petite averse)
- showers → **scattered ~** (des averses intermittentes), **April ~** (≈ des giboulées de mars)
- wind → **a strong = high / biting / icy ~** (un vent fort / cinglant / glacial), **a light = soft = gentle ~** (un ~ léger / modéré), **the prevailing ~** (le ~ dominant)
  a trade ~ (un alizé), **a gust of ~** (un coup de vent / une bourrasque / une rafale)
- **a gale warning** (un avis de coup de vent)
- **to weather a storm** (essuyer une tempête)
- **a clap of thunder** (un coup de tonnerre)
- **a flash of lightning** (un éclair)
- frost → **white / ground ~** (la gelée blanche), **late ~** (les gelées tardives)
- black ice → **a sheet / patch of ~** (une plaque de verglas), **black-iced roads** (routes verglacées)
- **sultry / sweltering heat** (une chaleur suffocante / accablante)

PHRASES

- **What's the weather like?** (Quel temps fait-il ?)
  The weather is fine. (Il fait beau.), **What glorious weather!** (Quel temps magnifique !),
  The sky was overcast but the weather is clearing up / brightening up. (Le ciel était couvert, mais le temps se lève / s'éclaircit.), **It's boiling hot.** (On étouffe.)
- **The barometer is set to / is pointing to fair / to rain.** (Le baromètre est au beau / est à la pluie.), **It looks like rain.** (On dirait qu'il va pleuvoir. / Le temps est à la pluie.)
  We were caught in the downpour. (Nous avons été surpris par l'averse.)
  The rain came / fell down in buckets. = The rain was bucketing down. = It was raining cats and dogs. (Il tombait des hallebardes. = Il pleuvait à torrents.)
- **There's a wind blowing. / It's windy.** (Il y a du vent.)
  There's not even a breath of wind. (Il n'y a même pas un souffle d'air.)
- **It was a gusty day.** (C'était un jour de grand vent.)
  The wind shows no sign of abating. (Le vent ne fait pas mine de diminuer.)
  It's blowing a gale! (Quel vent ! / Quelle tempête !)
- **Lightning has struck.** (La foudre est tombée.)
- **There was a frost last night.** (Il a gelé hier soir.), **The grass was covered in frost.** (L'herbe était couverte de gelée.), **We've had several frosty days.** (Il a gelé plusieurs jours.)
- **It's getting colder.** (Ça se refroidit.)
- **Are you warm enough?** (Vous avez assez chaud ?), **It's nice and warm.** (Il fait bon.), **I'm nice and warm.** (J'ai bien chaud / Je suis bien au chaud.)
- *[Fig.:]* **I'm feeling a bit under the weather.** (Je ne suis pas au mieux de ma forme.)
  They have a following wind. (Ils ont le vent en poupe.)
- **Every cloud has a silver lining.** (Il faut voir le bon côté des choses.)
  It never rains but it pours. (Un malheur n'arrive jamais seul.)

Meteorology — La météorologie

→ a meteorologist	→ un/e météorologiste
Mr Met / Mrs Met = the weatherman / woman	Monsieur / Madame météo
the **outlook**	les perspectives
a (**sunny** ≠ cold) **spell** = **period**	une période (ensoleillée ≠ de froid)
a **trough** [trɒf] = **a depression**	une dépression
a **cyclone** ['saɪkləʊn] → an **anticyclone**	un cyclone → un anticyclone
a **heat** wave	une vague de chaleur
dog days	la canicule
to scorch → **scorching**, a **scorcher**	brûler → torride, une journée de canicule

PHRASES

- **to forecast* the weather** (prévoir le temps)
  What's the forecast? (Que dit la météo ?)
  The weather forecast: Sunday through Tuesday (La météo : le temps de dimanche à mardi soir), **Poor weather conditions.** (Mauvaises conditions atmosphériques.), **Overcast skies with rain.** (Ciel couvert avec pluies.), **Rather cloudy.** (Tendance nuageuse.), **Poor visibility.** (Mauvaise visibilité.), **The sky will clear up in the afternoon.** (Le ciel se dégagera l'après-midi.), **Cloudy with outbreaks of rain or showers.** (Nuageux avec ondées ou averses.), **Morning rain, becoming occasional showers.** (Pluie le matin tournant parfois à l'averse.), **Rain during the morning turning showery later.** (Pluie dans la matinée, puis averses.), **Chances of rain.** (Risques de pluie.) **Persistent rain, locally heavy.** (Pluie persistante, forte à certains endroits.), **Very windy and wet with torrential rain.** (Vents forts et temps humide avec des pluies torrentielles.), **Severe gales slowly easing.** (Vents violents s'atténuant lentement.), **Strong and gusty southwesterly winds.** (Vents de sud-ouest soufflant en fortes rafales.), **Channel: very rough.** (Manche : mer très agitée.)
- **a force 9 gale** (un vent de force 9), **Gales of up to 90 mph are forecast.** (Des vents pouvant atteindre 150 km/h sont prévus.)
- **a general increase in average temperatures** (un accroissement général des températures moyennes)
  Max temp 48-54F (9-12C) (température maximum : 48-54 Fahrenheit (9-12 Celsius))
  Min temp 39-45F(4-7C) (température minimum : 39-45 Fahrenheit (4-7 Celsius))

Tampering with the environment — Jouer avec l'environnement

environmental issues	les problèmes liés à l'environnement
to **pollute** → (un)polluted → pollution, a polluter, a pollutant → **air** / **water pollution**	polluer → (non) pollué → la pollution, un pollueur, un produit polluant → la pollution de l'air / de l'eau
an **insecticide** [in'sɛktɪsaɪd]	un insecticide
a **pesticide** ['pɛstɪsaɪd]	un pesticide
an **aerosol** ['ɛərəsɒl]	un aérosol
crop-**spraying**	la pulvérisation de pesticides sur les cultures
radioactive **fallout**	les retombées radioactives
dirty technologies	les technologies sales / polluantes
rogue states	les états voyous (= qui polluent)
to **emit gases** → **gas** emission → **greenhouse gas** emission	émettre des gaz → émission de gaz → émission de gaz créant l'effet de serre
the **greenhouse effect**	l'effet de serre
carbon monoxide	l'oxyde de carbone
carbon dioxide = CO_2	le gaz carbonique = le dioxyde de carbone
pipe [paɪp] → **exhaust** pipe → **exhaust pipe** emissions = **exhaust** fumes	tuyau → tuyau d'échappement → gaz d'échappement

ozone ['əʊzəʊn]	l'ozone
global warming	le réchauffement de la planète
to poison ['pɔɪzən] → a **poison cloud**	empoisonner → un nuage toxique
forest → the **rainforest** → **deforestation** ≠ **re(af)forestation** ← **to reforest**	la forêt → la forêt pluviale → le déboisement = la déforestation ≠ la reforestation, le reboisement ← reboiser
GM = **genetically modified crops**	les cultures génétiquement modifiées
fossil fuels	les combustibles fossiles
oil → an ~ **tanker**, an ~ **spill** = **leak** = **slick** → **oil depletion**	le pétrole → un tanker, une marée noire → la diminution des ressources pétrolifères
energy → **energy consumption**	l'énergie → la consommation de l'énergie
shortage	la pénurie
a **sewer** ['suːə] → **sewage**, **sewerage** → a **sewage outfall**	un égout → les eaux usées, le système d'égouts → un déversoir (d'égout)
to fish → **overfishing**	pêcher → la surpêche
to poach [pəʊtʃ] → a **poacher**	braconner → un braconnier
to waste [weɪst], **waste** / **wastage**	gaspiller, le gaspillage
noise pollution	les nuisances sonores
a **decibel**	un décibel
the **threshold of tolerance**	le seuil de tolérance

W. P.

- **to affect / alter / change / modify the environment** (altérer l'environnement)
- **ozone** → **to deplete / destroy the ~-layer** (épuiser / détruire la couche d'ozone), **~ holes** (les trous dans la couche d'~), **an ~-depleting substance** (un produit qui s'attaque à la couche d'~)
- **energy / water / electricity shortages** (la pénurie d'énergie / d'eau / d'électricité)

PHRASES

- **to trigger irreversible changes** (déclencher des changements irréversibles), **unpredictable disasters** (des catastrophes imprévisibles), **toxic wastes** (les déchets toxiques), **foul air** (l'air souillé), **acid rains** (les pluies acides), **the release of GHG = greenhouse gases** (l'émission de gaz responsables de l'effet de serre), **the waste / exhaustion / depletion of natural resources** (le gaspillage / l'épuisement des ressources naturelles), **the loss of biodiversity** (la disparition de la biodiversité)

Natural resources are running out. (Les ressources naturelles s'épuisent.)
It's a disaster <u>to</u> marine life. (C'est une catastrophe <u>pour</u> la faune marine.)

The conservation of the environment — *La défense de l'environnement*

ecology → **ecological**, an **ecologist** = a **conservationist**	l'écologie → écologique, un écologiste = un défenseur de l'environnement
an **environmentalist**	un écologiste scientifique
an **ecosystem**	un écosystème
the **Greens**	les Verts
Earth Day (April 22nd)	la Journée de la Terre (le 22 avril)
biodegradable → ~ **packaging**	biodégradable → conditionnements ~s
biofuel ['baɪəfjuːəl]	le combustible organique
clean / green energy	les énergies propres / non polluantes
a **clean-up campaign**	une campagne de propreté
green technology	les technologies vertes
to protect wildlife	protéger la faune et la flore
to recycle [riː'saɪkəl] → **glass / paper / waste recycling**	recycler → le recyclage du verre / du papier / des déchets

→ *L'énergie p. 234*

PHRASES

- **to protect = to preserve the environment** (protéger l'environnement)
- **to regulate / reduce / ban deforestation** (réglementer / réduire / interdire la déforestation), **to achieve reforestation** (reboiser), **to clean up an oil spill** (nettoyer une marée noire), **to use unleaded petrol / renewable energy** (utiliser de l'essence sans plomb / des sources d'énergie renouvelables), **to stem exhaust pipe emissions** (réduire les émissions de gaz d'échappement), **to curb / counter the greenhouse effect** (réduire / contrer l'effet de serre), **to preserve the ice sheet** (protéger la couche glaciaire), **to step up control of ageing oil-tankers** (augmenter les contrôles des vieux tankers), **to strengthen the procedures** (renforcer les procédures), **to punish dumping at sea and degassing** (punir le déversement de déchets en mer et le dégazage), **to tackle climate changes** (s'attaquer au problème des changements climatiques), **to protect endangered species / beauty spots** (protéger les espèces menacées / les sites naturels)
- **Be ozone-friendly.** (Préservez la couche d'ozone.)
- **sustainable development** (le développement durable)
- **the Kyoto protocol / treaty** (le protocole / traité de Kyoto)

● *Space* [speɪs] — *L'espace*

the **universe** ['juːnɪvɜːs] → **universal**	l'univers → universel/le
the **world** [wɜːld]	le monde
the **void** [vɔɪd]	le vide
the **solar system** / corona	le système / la couronne solaire
the **sun** [sʌn] → a **sunray** = **sunbeam**, a **sunspot**	le soleil → un rayon de soleil, une tache solaire
the **zenith** ['zɛnɪθ]	le zénith
an **axis** ['æksɪs] (*pl.:* axes ['æksɪːz])	un axe
a celestial body	un corps céleste
a **planet** → **planetary**, **interplanetary**	une planète → planétaire, interplanétaire
the **Earth** [ɜːθ]	la planète Terre
the **atmosphere** ['ætməsfɪə]	l'atmosphère
Mercury ['mɜːkjurɪ]	Mercure
Venus ['viːnəs]	Vénus
Mars [mɑːz]	Mars
Jupiter ['dʒuːpɪtə]	Jupiter
Saturn ['sætən]	Saturne
a ring	un anneau
Uranus ['juərənəs]	Uranus
Neptune ['nɛptjuːn]	Neptune
Pluto ['pluːtəʊ]	Pluton
a **satellite** ['sætəlaɪt]	un satellite
a moon [muːn], the Moon → a **moonbeam**, **moonless**, **moonlight**, **moonlit**	une lune, la Lune → un rayon de lune, sans lune, le clair de lune, éclairé par la lune
an **eclipse** [ɪ'klɪps]	une éclipse
a **crater** ['kreɪtə]	un cratère
to **rotate** [rəʊ'teɪt] → a **rotation**	tourner → une rotation
to **revolve** [rɪ'vɒlv] → a **revolution**	tourner / graviter → une révolution
sidereal [saɪ'dɪərɪəl]	sidéral/e
a **star** [stɑː] → **starlit** = **starry** ≠ **starless**	un astre / une étoile → étoilé/e ≠ sans étoiles
a constellation	une constellation
UK the Great Bear = US the **Big Dipper**	la Grande Ourse
UK the **Little Bear** = US the **Little Dipper**	la Petite Ourse
the **Southern Cross**	la Croix du Sud
a **nebula** ['nɛbjulə]	une nébuleuse

a galaxy	une galaxie
the Milky Way	la Voie lactée
a black hole	un trou noir
a meteor ['mi:tjə] → meteoric [mi:tɪ'ɒrɪk], a meteorite	un météore → météorique, un(e) météorite
a comet	une comète
to explode [ɪks'pləʊd] → an explosion	exploser → une explosion
to irradiate → an irradiation	irradier → une irradiation
a white / black dwarf	une naine blanche / noire
an asteroid ['æstərɔɪd]	astéroïde
extra-terrestrial	extra-terrestre
a UFO (an Unidentified Flying Object)	un OVNI (Objet Volant Non Identifié)
the sky [skaɪ]	le ciel
the Northern Lights = the aurora borealis	l'aurore boréale

→ *L'astronomie, l'astronautique, p. 369*

WORD PARTNERS

- **space** → **the ~-age** (l'ère spatiale), **~ travel** (les voyages dans l'espace), **a ~ flight** (un vol spatial), **a ~ capsule / probe / shuttle = plane** (une capsule / sonde / navette spatiale), **a ~craft = ~ ship** (un vaisseau spatial), **~ sickness** (le mal de l'espace), **a ~suit** (une combinaison spatiale), **an orbiting ~ station** (une station spatiale orbitale), **to ~walk** (marcher dans l'espace)
  to explore ~ / to travel through ~ (explorer l'espace / voyager dans ~)
  the conquest of ~ (la conquête spatiale)
- **sun** → **a bright / hot / strong / blazing / merciless ~** (un soleil brillant / chaud / intense / flamboyant / impitoyable), **a rising / setting ~** (un ~ levant / couchant)
  ~rise / ~set (le lever / le coucher du ~)
- **satellite** → **a weather ~** (un satellite météorologique), **a communications ~** (un ~ de télécommunication), **~ transmission** (la transmission par ~)
- **moon** → **the new ~** (la nouvelle lune), **the full ~** (la pleine ~), **the April ~** (la ~ rousse)
  The moon rises/ sets/ shines/ wanes/ waxes. (La lune se lève /se couche /brille /décroît = descend /croît = monte.)
  a crescent (of ~) = a crescent ~ (un croissant de ~), **the ~'s first / last quarter** (le premier / dernier quartier de la ~), **a ~ buggy** (une jeep lunaire), **a ~craft** (un module lunaire), **by ~light** (au clair de ~), *[Fig.:]* **~lighting** (le travail au noir)
- **a total / partial eclipse** (une éclipse totale / partielle)
- **star** → **a ~ chart** (une carte du ciel)
  Stars glitter / shine / twinkle. (Les étoiles étincellent / brillent / scintillent.)
  a falling ~ = a shooting ~ (une étoile filante), **the evening / morning / North / Pole ~** (l'~ du berger / du matin / du Nord / polaire)
- **a starry sky** (un ciel étoilé)
- **the path / the tail of a comet** (la course / la queue d'une comète)

PHRASES

- **to cry = to ask for the moon** (demander la lune), **to be* over the moon about sth** (être aux anges à propos de qqch), **many moons ago** (il y a des lustres), *[coll.:]* **once in a blue moon.** (tous les 36 du mois), **to moon about = around** (rêvasser), **to moon over sb** (soupirer pour qqn), **to be* moonfaced** (avoir le visage rond), **to do* a moonlight flit** (déménager à la cloche de bois)
- **to be* born under a lucky ≠ an unlucky star** (être né/e sous une bonne ≠ mauvaise étoile)
  The sky is spangled with stars. (Le ciel est constellé d'étoiles.)
- **the rotation of the Earth on the Polar axis** (la rotation de la terre autour de l'axe des pôles)

2 *Animals, plants and matter* — Le monde animal et végétal et la matière

The animal kingdom — *Le règne animal*

a **species** ['spi:ʃi:z]	une espèce
an **animal**, **animal**	un animal, animal/e *(adj.)*
a **beast** [bi:st] → a **beast of burden** / **of prey**	une bête → une bête de somme / de proie
a **biped** ['baɪpɛd], a **quadruped**	un bipède, un quadrupède
a **male** [meɪl], a **female**	un mâle, une femelle
a **breed** [bri:d], to **breed***	une race, se reproduire

Animal species — *Les espèces animales*

vertebrates → **invertebrates** a **vertebra** ['vɜ:tɪbrə]	les vertébrés → les invertébrés ← une vertèbre
viviparous, **oviparous**	vivipare, ovipare
a **carnivore** → **carnivorous**	un carnivore → carnivore *(adj.)*
a **herbivore** → **herbivorous**	un herbivore → herbivore *(adj)*
an **insectivore** → **insectivorous**	un insectivore → insectivore *(adj.)*
an **omnivore** → **omnivorous**	un omnivore → omnivore *(adj.)*
a **predator** ['prɛdətə] → **predatory**	un prédateur → de proie / rapace
a **ruminant**	un ruminant
a **rodent** ['rəʊdənt]	un rongeur

Mammals — *Les mammifères*

a **mammal** ['mæməl] → **mammalian**	un mammifère → mammifère *(adj.)*
a **pachyderm** → **pachydermatous**	un pachyderme → pachydermique
a **teat** [ti:t]	une mamelle
a **paw** [pɔ:]	une patte
a **leg** → a **foreleg**, a **hind leg**	une patte / jambe → patte de devant, patte de derrière
a **claw** [klɔ:]	une griffe
the **tail** [teɪl]	la queue
the **muzzle** ['mʌzəl] to **muzzle**	1. le museau / muffle 2. la muselière museler
the **nose** [nəʊz]	la truffe
the **snout** [snaʊt]	le museau / le groin
to **nuzzle** ['nʌzəl]	fouiller avec le groin
to **scent**	flairer
to **prowl** [praʊl]	rôder (à la recherche d'une proie)
to **pounce** [paʊns] **on a prey**	bondir sur une proie
a **fang** [fæŋ]	un croc
the **hide** [haɪd]	la peau
the **pelt** [pelt]	la peau / la fourrure
the **fur** [fɜ:] → **furry**	la fourrure → à poils / poilu/e
bristles ['brɪsəlz]	les poils durs / les soies
the **coat** [kəʊt]	la robe = le pelage
the **fleece** [fli:s]	la toison
the **mane** [meɪn]	la crinière

whiskers	les moustaches (⚠ des favoris)
a horn [hɔːn]	une corne
to snort [snɔːt]	1. s'ébrouer (cheval) 2. grogner (cochon) 3. renâcler (taureau)

● *Pets* — *Les animaux de compagnie*

a dog [dɒg] → to dog sb → **dogged** → **doggedly, doggedness** → a **doggy**	un chien → suivre qqn de près → obstiné → obstinément, la ténacité → un toutou, un chien-chien
a bitch [bɪtʃ]	une chienne (⚠ garce / salope)
a pup / a **puppy** ['pʌpɪ]	un chiot
a (French) **poodle** ['puːdəl]	un caniche
a **dachshund** ['dækshund]	un teckel
a **spaniel** ['spænjəl] → **a cocker spaniel**	un épagneul → un cocker
a **greyhound** ['greɪhaʊnd]	un lévrier
a **German shepherd** / an Alsatian (dog)	un berger allemand
a **purebred** ≠ a **crossbred** = a **mongrel**	un chien de race ≠ un bâtard
a **mastiff** ['mæstɪf]	un mâtin
a **cur** [kɜː]	un roquet
a **kennel** ['kɛnəl]	une niche
a **leash** [liːʃ]	une laisse
a cat [kæt] → a **tomcat** a catkin = a **kitten** → **kitty** = puss	un chat → un matou un chaton → minou
to caterwaul [kætəwɔːl] = to miaow = to mew, a caterwaul = miaowing = mewing	miauler → un miaulement
to lap (up)	laper
to purr [pɜː]	ronronner
to scratch → a **scratching post**	griffer → un griffoir
a **litter**	1. une litière 2. une portée (= les petits)
a **goldfish** ['gəʊldfɪʃ]	un poisson rouge
an **aquarium** [ə'kwɛərɪəm]	un aquarium
a **guinea pig** ['gɪnɪ pɪg]	un cobaye = un cochon d'Inde
a **hamster**	un hamster
a **budgerigar** ['bʌdʒərɪgɑː] / UK a **budgie** = US a **parakeet**	une perruche
a **canary** [kə'nɛərɪ]	un serin / un canari
a (**bird**)**cage**	une cage (à oiseaux)
an **aviary** ['eɪvjərɪ]	une volière

WORD PARTNERS

- **dog** → **a friendly / vicious / mad = rabid / performing / stray ~** (un chien gentil /méchant / enragé / savant / errant), **a pedigree / sheep / sled ~** (un ~ de race / de berger / de traîneau), **a watch~** (un ~ de garde), **a female ~** (une chienne)
  a ~ collar (un collier de ~), **~ food** (de la nourriture pour ~), **a ~ breeder** (un éleveur de ~s), **a ~ handler** (un maître-~), **a ~ show** (une exposition canine), **~ days** (la canicule), **~ Latin** (du latin de cuisine), **~-tired** (épuisé)
  to breed* / to keep* / to train / to walk a ~ (élever / avoir / dresser / promener un chien)
  Dogs bark / bite / growl / howl / snap / snarl / whimper / whine / yelp / prick their ears. (Les chiens aboient / mordent / grognent / hurlent / pincent [les mollets] / montrent les dents / gémissent / geignent / glapissent / dressent l'oreille.)
- **a doggy bag** (au restaurant : sac permettant d'emporter des restes pour le chien)
- **puppy** → **~ fat** (les rondeurs de l'enfance), **~ love** (un amour d'adolescent)
- **cat** → **a Siamese / Burmese / Persian / tabby ~** (un chat siamois / birman / persan / tigré), **an alley ~** (un ~ de gouttière), **a wild~** (un ~ sauvage)
- **a goldfish bowl** (un aquarium)

PHRASES

- *[Fig.:]* **a dog in the manger** (un empêcheur de tourner en rond)
  to be* (as) sick as a dog (être malade comme une bête), **to die like a dog** (crever comme un chien), **to lead* (sb) a dog's life** (mener une vie de chien (à qqn)), **to treat sb like a dog** (traiter qqn comme un chien)
  You wouldn't put out a dog on a night like this. (Il fait un temps à ne pas mettre un chien dehors.), **It's dog eat dog.** (C'est chacun pour soi.)
- **to dog sb's footsteps** (être sur les talons de qqn), **to be* dogged by misfortune** (être poursuivi par la malchance), **to keep* sb on a short leash** (surveiller qqn de près / laisser peu de liberté à qqn)
- **His bark is worse than his bite.** (Il fait plus de bruit que de mal.)
  [Fig.:] **to be* barking up the wrong tree** (faire fausse route)
- **to fight* like cat and dog** (être comme chien et chat / se battre comme des chiffonniers), **to be* like a cat on a hot tin roof / on hot bricks** (être sur des charbons ardents), **to let* the cat out of the bag** (vendre la mèche), **to play cat and mouse with sb** (jouer au chat et à la souris avec qqn)
  The cat is out of the bag. (C'est le secret de Polichinelle.), **He looks like sth the cat brought in.** (Il est en bien piteux état.), **There's hardly enough room to swing a cat.** (Il y a à peine la place de se retourner.), **Let's wait and see which way the cat jumps.** (Attendons de voir d'où vient le vent.)
- **Let sleeping dogs lie.** (Il ne faut pas réveiller le chat qui dort.)
  Give a dog a bad name and hang it. (Qui veut noyer son chien l'accuse de la rage.)
  Every dog has its day. (À chacun vient sa chance.)
  When the cat is away, the mice will play. (Quand le chat n'est pas là, les souris dansent.)
- **to be* bright-eyed and bushy-tailed** (être plein d'enthousiasme / frais comme la rosée)

• *Farm animals* — *Les animaux de la ferme*

cattle ['kætəl]	le bétail
livestock ['laɪvstɒk]	le cheptel
a **stable** ['steɪbəl]	une écurie
a **bull** [bʊl]	un taureau
UK a **bullock** = US a **steer** [stɪə]	un bœuf (destiné à la boucherie)
an **ox** (*pl.:* **oxen**)	un bœuf (animal de trait)
a **cow** [kaʊ] → a **cowshed**, a **cowhand** = a **cowherd**, a **cowboy**	une vache → une étable, un vacher, un cowboy
an **udder** ['ʌdə]	un pis
to milk (the cows) → a **milking machine**	traire → une machine à traire / trayeuse
a **calf** [kɑːf] (*pl.:* **calves**) → **to calve**	un veau (⚠ un mollet), vêler
a **heifer** ['hɛfə]	une génisse
a (**feeding**) **trough** [trɒf] → a **drinking trough** = a **water(ing) trough**	une auge → un abreuvoir
a **herd** [hɜːd]	un troupeau (bovins ou ovins)
to low [ləʊ] / **to bellow** → **lowing** / **bellowing**	mugir / beugler → mugissement / meuglement (bœuf) / beuglement
to low / **to moo** [muː] → **lowing** / **mooing**	mugir / meugler → mugissement / meuglement (vache)
a (**breeding**) **boar** [bɔː]	un verrat (⚠ sanglier)
a **sow** [saʊ]	une truie
a **pig** → a **piglet**, UK a **pigsty** = US a **pigpen**	un cochon → un porcelet, une porcherie
to grunt [grʌnt]	grogner
a **horse** [hɔːs] → **horsehair**	un cheval → le crin
⚠ a **mare** [mɛə]	une jument
a **colt** [kɒlt] = a **foal** [fəʊl]	un poulain
a **filly** ['fɪlɪ]	une pouliche
a **hoof** [huːf]	un sabot

to neigh [neɪ] = **to whinny**	hennir
to trot, a trot	trotter, un trot
to canter, a canter	galoper, un petit galop
to gallop, a gallop	galoper, un galop
to bolt [bəʊlt]	s'emballer
to prance [prɑːns]	caracoler
to kick, a kick	ruer, une ruade
to rear (up) [rɪə]	se cabrer
a stall [stɔːl]	un box
a donkey ['dɒŋkɪ] / **an ass**	un âne
a mule [mjuːl] → **a he-mule**	une mule → un mulet
to bray [breɪ]	braire
⚠ **a ram**	un bélier
a ewe [juː]	une brebis
a sheep [ʃiːp] (⚠ *pl. inv.*) → **a sheepfold** → **a shepherd** → **a shepherdess**	un mouton → une bergerie → un berger → une bergère
a lamb [læm]	un agneau
to bleat [bliːt]	bêler
a goat [gəʊt] → **a billy goat**	une chèvre → un bouc
a kid	un chevreau (⚠ un gosse)
to skip / to frisk	folâtrer (⚠ to skip : sauter)
to gambol / to cavort / to caper ['keɪpə]	gambader / faire des cabrioles
a rabbit ['ræbɪt] → **a rabbit hutch**	un lapin → un clapier

WORD PARTNERS

- **cattle** → **to breed*** = **to raise / to brand / to slaughter** ~ (élever / marquer / abattre le bétail), **a ~ breeder** (un éleveur), **a ~ market / fair** (un marché / une foire aux bestiaux)
- **pig** → **~-headed** → **~-headedness** (entêté → l'entêtement)
- **horse** → **a cart~** (un cheval de trait), **a ~shoe** (un fer à cheval), **a ~-dealer** (un maquignon), **~ trading** (le maquignonnage)
- **to break* into a gallop / a canter** (prendre le galop / le petit galop)
- **sheep** → **~skin** (peau de mouton), **~shearing** (la tonte des moutons)
- **shepherd** → **a ~ boy** (un pâtre), **a ~ dog** (un chien de berger), **~'s pie** (≈ hachis Parmentier)

PHRASES

- **50 head of cattle** (50 têtes de bétail)
- **(straight) from the horse's mouth** (de source sûre)
- **Pigs might fly.** (Quand les poules auront des dents.)
- **It's like a red rag to a bull.** (Ça a le don de l'exciter.) **like a bull in a china shop** (comme un éléphant dans un magasin de porcelaine), **to take* the bull by the horns** (prendre le taureau par les cornes), **to be* (as) strong as an ox** (être fort comme un bœuf)
- **neither fish nor fowl** (mi-chou, mi-chèvre)
- **to put* the cart before the horse** (mettre la charrue avant les bœufs), **to back the wrong horse** (miser sur le mauvais cheval)

The barnyard — *La basse-cour*

fowl [faʊl], **poultry** ['pəʊltrɪ]	la volaille
the comb [kəʊm]	la crête (⚠ peigne)
a cock	un coq
a hen → **a henhouse**	une poule → un poulailler
a chick → **a chicken** → **chicken farming**	un poussin → un poulet → l'aviculture
to roost [ruːst] → US **a rooster**	se percher / se jucher → un coq
a duck [dʌk] → **a duckling**	un canard → un caneton
a drake [dreɪk]	un canard mâle
a gander [gændə]	un jars

a goose [guːs] (*pl.:* geese)	**une oie** (des oies)
a **turkey** ['tɜːkɪ] → a **turkey** cock	**une dinde** → un dindon
a guinea hen, guinea fowl *(+ V pl.)*	**une pintade**, les pintades / la pintade
battery farming	**l'élevage en batterie**

→ *La volaille, p. 157*

W. P.

- **cock** → **at ~crow** (au chant du coq), **~fight(ing)** (combat/s de coqs)
- **free-range ≠ battery eggs / chickens** (les œufs / les poulets de ferme ≠ de batterie)
- **a gaggle of geese** (un troupeau d'oies)

PHRASES

- **He thinks he is cock of the walk.** (Il se croit sorti de la cuisse de Jupiter.)
- **What a cockscomb !** (Quel poseur !)
- **He is a henpecked husband.** (Sa femme le mène par le bout du nez.)
  She's having a hen party. (Elle enterre sa vie de jeune-fille.)
- **He's no spring chicken!** (Ce n'est pas un perdreau de la dernière couvée !)
  It's a chicken-and-egg situation. (C'est le problème de la poule et de l'œuf.)
  to count one's chickens before they are hatched (vendre la peau de l'ours avant de l'avoir tué)
- **The goose cakles/gabbles/honxes, the duck quacks, the hen cackles / clucks, the turkey gobbles, the peacock and the guinea fowl screech.** (L'oie cacarde, le canard cancane, la poule caquète, le dindon glougloute, le paon et la pintade criaillent.)
- **to set* the fox to mind the geese** (faire entrer le loup dans la bergerie), **the goosestep** (le pas de l'oie), **to goosestep** (marcher au pas de l'oie)

● *In fields and forests* — *Dans les champs et les bois*

a shrew [ʃruː]	une musaraigne (⚠ mégère / harpie)
a mouse [maʊs] (*pl.:* mice) → a **fieldmouse**, a **dormouse**	une souris → un mulot, un loir
a rat → a **female** rat, a young rat	un rat, une rate, un raton
to gnaw [nɔː]	**ronger**
to nibble	**grignoter**
a **hedgehog** ['hɛdʒhɒg] → a **spine** [spaɪn]	**un hérisson** → un piquant de ~ (⚠ colonne vertébrale)
a mole [məʊl] → a **molehill**	**une taupe** (⚠ un grain de beauté) → une taupinière
a hole	un trou / un terrier
a **burrow** ['bʌrəʊ]	**un terrier**
a den = a **lair** [lɛə]	**une tanière**
a **tunnel** ['tʌnəl]	**une galerie**
a warren	une garenne
a **squirrel** ['skwɪrəl]	un écureuil
a badger	**un blaireau**
a fox → a **fox** cub	un renard → un renardeau
a vixen	une renarde (⚠ une mégère)
an earth [ɜːθ]	un terrier / une tanière de renard
a wolf [wʊlf] → a **she-wolf**, a **wolf** cub	un loup → une louve, un louveteau
to howl [haul], a howl	**hurler** → un hurlement
a stoat [stəʊt]	une hermine
a **polecat** ['pəʊlkæt] = a **skunk** [skʌnk]	**un putois** / une mouf(f)ette
a mink	**un vison**
⚠ a **sable** ['seɪbəl]	une zibeline
a chinchilla [tʃɪn'tʃɪlə]	un chinchilla
a **marten** ['mɑːtɪn] → **a stone marten**	une martre → **une fouine**
a weasel ['wiːzəl]	**une belette**

⚠ a **ferret** ['ferɪt]	un furet
a stag	**un cerf**
antlers	les bois (du cerf)
a **doe** [dəʊ]	une biche
a **roebuck** ['rəʊbʌk]	un chevreuil
a **deer** [dɪə] → a roe deer, a **reindeer**	**un daim** → un chevreuil, un renne
an **elk** / a moose [muːs] (*pl.:* moose)	un élan
a bear [beə] → a **she-bear**, a **bear cub**	un ours → une ourse, un ourson
a den	une tanière
UK a **marmot** = US a **woodchuck**	une marmotte
a **raccoon** [rə'kuːn]	un raton-laveur
a **beaver** ['biːvə]	un castor
an otter	une loutre

→ *Le gibier, p. 157*

W. P.
- **a polar / brown / grizzly bear** (un ours polaire / brun / un grizzly)
- **wolf** → **a lone** ~ (un/e solitaire), **a were**~ (un loup-garou)

PH.
- **to cry wolf** (crier au loup), **to keep* the wolf from the door** (se mettre à l'abri du besoin), **to badger sb into doing sth** (harceler qqn pour qu'il fasse qqch)

● *Exotic animals* — *Les animaux exotiques*

a big cat	**un félin**, un grand fauve
a cub [kʌb]	**un bébé félin**
to growl [graʊl]	feuler
a lair [leə]	un repaire
a wildlife park / sanctuary	une réserve animale
a zoo [zuː]	un zoo
a **lion** ['laɪən] → a **lioness**, a **lion cub**	un lion → une lionne, un lionceau
a **tiger** ['taɪgə] → a **tigress**	un tigre → une tigresse
to roar [rɔː]	rugir
a **cheetah** ['tʃiːtə]	un guépard
a **panther** ['pænθə]	une panthère
a **leopard** ['lepəd]	un léopard
a **jaguar** ['dʒægjʊə]	un jaguar
a **hyena** [haɪ'iːnə]	une hyène
a **mongoose** ['mɒŋguːs]	**une mangouste**
a **porcupine** ['pɔːkjəpaɪn] → a quill	un porc-épic → un piquant de porc-épic (⚠ une plume d'oie)
a gazelle	une gazelle
an ant<u>e</u>lope	une antilope
a **gnu** [nuː]	un gnou
a kang<u>a</u>roo [kæŋgə'ruː]	un kangourou
a zebra ['ziːbrə]	un zèbre
a gira<u>ff</u>e [dʒɪ'rɑːf] → a **baby giraffe**	une gira<u>f</u>e, un girafon
an elephant → a **cow elephant**, a **calf elephant**	un éléphant → une éléphante, un éléphanteau
a trunk [trʌŋk]	**une trompe** (⚠ un tronc d'arbre, US un coffre de voiture)
a tusk [tʌsk]	**une défense**
ivory ['aɪvərɪ]	l'ivoire
a rhinoceros [raɪ'nɒsərəs] = a **rhino**	un rhinocéros

a **hippopotamus** [hɪpə'pɒtəməs] = a **hippo**	un hippopotame
a **crocodile** ['krɒkədaɪl]	un crocodile
a **cayman** = a **caiman** ['keɪmən]	un caïman
an **alligator**	un alligator
an **ape** [eɪp] → to **ape**	un grand singe → singer
a **gorilla** [gə'rɪlə]	un gorille
an **orang-utan**	un orang-outan
a **chimp(anzee)** ['tʃɪmpænzi:)]	un chimpanzé
a **monkey** → a **female monkey**	un singe → une guenon
a **marmoset** ['mɑ:məzɛt]	un ouistiti
a **chameleon** [kə'mi:ljən]	un caméléon
a **sloth**	un paresseux
a **camel** ['kæməl]	un chameau
a **dromedary**	un dromadaire
a **jackal**	un chacal
a **buffalo** ['bʌfələʊ] (*pl.:* -oes) = a **bison** (*pl.:* bison)	un buffle, US un bison

PH.

- **The rhino bellows and the elephant trumpets.** (Le rhinocéros et l'éléphant barrissent.)
- **The dromedary is a camel with only one hump.** (Le dromadaire est un chameau à une bosse.)

Birds — *Les oiseaux*

a **bird** [bɜ:d] → **birdlife**, **birdsong**	un oiseau → la faune aviaire, le chant des oiseaux
→ UK a **birdwatcher** = US a **birder**	→ un ornithologue amateur
→ a **bird of passage** = a **migratory bird**	→ un oiseau migrateur
→ a **humming bird**, a **lyre-bird**	un colibri = oiseau-mouche, un oiseau-lyre
an **ornithologist**, **ornithology**	un ornithologue, l'ornithologie
a **wing**	une aile
to **fly*** [flaɪ], **flight**	voler, le vol
to **flutter** ['flʌtə] / to **flit**	voltiger / voleter
to **swirl** [swɜ:l]	tournoyer
to **glide** [glaɪd]	planer
to **alight** on a branch	se poser sur une branche
to **perch** [pɜ:tʃ]	se percher / être perché
to **twitter** = to **cheep** / to **chirp** = to **warble**	pépier / gazouiller
a **foot** → a **webbed foot** → **web-footed**	une patte → un pied palmé → palmipède
to **hop**	sautiller
to **feather** ['fɛðə], a **feather** → **feathery**	remplir / couvrir de plumes, une plume, comme une plume
down [daʊn] → **downy**	le duvet → duveteux/se
a **beak** [bi:k]	un bec
a **bill**	un bec (d'oiseau palmé ou de pigeon)
to **peck** at sth	picorer qqch
a **wattle** ['wɒtəl]	les fanons (dindon)
a **crop**	un jabot (⚠ une récolte)
a **nest** → a **nestling** = a **fledg(e)ling**	un nid → un oisillon
to **lay*** an **egg**	pondre un œuf
to **brood** = to **sit*** on eggs	couver (des œufs) (⚠ to brood : broyer du noir)
to **hatch** (out) → **hatching**	éclore → l'éclosion
to **coo** [ku:]	roucouler

a pigeon ['pɪdʒən]	un pigeon
a magpie ['mægpaɪ]	une pie
a swallow ['swɒləʊ]	une hirondelle
a dove [dʌv] → **a turtledove** ['tɜːtəldʌv]	une colombe une tourterelle
a nightingale ['naɪtɪŋgeɪl]	un rossignol
a robin	un rouge-gorge
a cuckoo	un coucou
a wren [ren]	un roitelet
a starling	un étourneau
a blackbird	un merle
a lark [lɑːk]	une alouette
a warbler ['wɔːblə]	une fauvette
a chaffinch	un pinson
a bullfinch ['bʊlfɪntʃ]	un bouvreuil
a woodpecker ['wʊdpɛkə]	un pivert
a passerine	un passereau
a sparrow ['spærəʊ]	un moineau
a thrush [θrʌʃ]	une grive
a swift	un martinet
a swan [swɒn] → **a swannery**	un cygne → une colonie / une réserve de ~s
a kingfisher	un martin-pêcheur
an ostrich	une autruche
a peacock, a peahen	un paon, une paonne
a parrot	un perroquet
a cockatoo	un cacatoès
a gull [gʌl] → **a seagull**	un goéland → une mouette
an albatross	un albatros
a (crested) cormorant	un cormoran (huppé)
a puffin ['pʌfɪn]	un macareux
a plover ['plʌvə]	un pluvier
a penguin ['pɛŋgwɪn] → **an emperor penguin**	un manchot → manchot empereur
an auk [ɔːk]	un pingouin
a wading bird = a wader bird	un échassier
a stork [stɔːk]	une cigogne
⚠ **a crane** [kreɪn]	une grue
a heron ['hɛrən]	un héron
a pelican	un pélican
a (pink) flamingo	un flamand rose
a sandpiper	un bécasseau / un chevalier
a mocking bird	un oiseau moqueur
an avocet	une avocette

→ *Le gibier, p. 157, Les animaux de compagnie, p. 23*

WORD PARTNERS

- **bird** → **~brained** (écervelé = qui a une cervelle d'oiseau)
  a ~ call (un cri d'~), **a ~-feeder** (une trémie), **~seed** (des graines pour les ~x), **~lime** (la glu), **a ~-catcher** (un oiseleur), **a ~ sanctuary** (une réserve ornithologique), **a ~-seller** (un oiselier), **a ~shop** (une oisellerie), **a ~'s-eye view** (une vue d'ensemble)
  a ~ of paradise (un oiseau de paradis), **a ~ of ill omen** (un ~ de malheur)
- **feather** → **a ~weight** (un poids plume), **a ~ duster** (un plumeau)
- **swallow** → **a ~-tailed coat** (un habit de soirée = une queue de pie), **a ~ dive = a swan dive** (le saut de l'ange)

PHRASES

- **the birds and the bees** (le b.a. ba de la vie) → **It's time you told him about the birds and the bees.** (Il est temps que tu lui expliques comment on fait les enfants.)
  to be* as free as a bird / as light as a feather (être libre comme l'air / léger comme une plume), **to eat* like a bird** (avoir un appétit d'oiseau), **to kill two birds with one stone** (faire d'une pierre deux coups), **to go* birdnesting** (chercher des nids)
  A little bird told me ... (Mon petit doigt m'a dit ...)
  Photo.: **Watch the bird(ie)!** (Le petit oiseau va sortir !)
- **to take* wing** (prendre son essor), **a bird flaps its wings** (un oiseau bat des ailes)
- **our feathered friends** (nos amis les oiseaux)
  [Fig.:] **It's a feather in your cap.** (C'est un bon point pour vous.)
  to be* in full feather (être en pleine forme)
- **to be* up with the lark** (se lever aux aurores / au chant du coq), **to sing* like a lark** (chanter comme un rossignol), **to be* as happy as a lark** (être gai comme un pinson)
- **to be* as proud as a peacock** (être fier comme un paon)
  Birds of a feather flock together. (Qui se ressemble s'assemble.)
  A bird in the hand is worth two in the bush. (Un tiens vaut mieux que deux tu l'auras.)
  One swallow doesn't make a summer. (Une hirondelle ne fait pas le printemps.)

Birds of prey — *Les rapaces*

to hover ['hɒvə]	planer (en guettant la proie)
to swoop down on a prey / on one's quarry	fondre sur une proie / sur sa proie
⚠ a **talon** ['tælən] = a **claw** [klɔː]	une serre
diurnal [daɪ'ɜːnəl] / **nocturnal**	diurne / nocturne
a **hawk** [hɔːk] = a **falcon** ['fɔːlkən] → a **falconer**, **falconry** → a **sparrow hawk**	**un faucon** → un fauconnier, la fauconnerie un épervier
an **eagle** ['iːgəl] → an **eaglet**	un aigle → un aiglon
a **vulture** ['vʌltʃə] → a **bearded vulture**	un vautour → un gypaète barbu
a **buzzard** ['bʌzəd]	une buse / un busard
an **osprey**	un balbuzard
a **kite** [kaɪt]	un milan (⚠ un cerf-volant)
a **condor**	un condor
a **crow** [krəʊ] = a **raven** ['reɪvən] → **ravenous**	un corbeau → vorace
a **rook** [rʊk] = a crow → a **scarecrow** → a **rookery**	une corneille = un freux → un épouvantail → une colonie de freux
an **owl** [aʊl] → an **eagle owl**	une chouette / un hibou → un grand duc
to hoot [huːt], **to screech** [skriːtʃ]	**hululer**, crier (chouette)

PHRASES

- **as the crow flies** (à vol d'oiseau)
- **to be* ravenous** (avoir une faim de loup), **to have* eyes like a hawk** (avoir un regard d'aigle), **to be* hawk-eyed / eagle-eyed** (avoir un œil de lynx)
- **Hawks and Doves** (les Faucons et les Colombes = partisans de la guerre et pacifistes), **hawkish** (Politique : dur)

Marine life — *La faune marine*

fish	le poisson
to spawn [spɔːn], **spawn**	**frayer, les œufs** / la progéniture
soft roe	**la laitance**
fry [fraɪ]	les alevins = le frai
gills [gɪlz] / **branchiae**	**les ouïes** / les branchies
⚠ a **fin**	1. **une nageoire** (poisson), 2. un aileron (requin)
⚠ a **flipper**	1. **une nageoire** (mammifère) 2. une palme

plankton	le plancton
UK a mollusc = US a mollusk	un mollusque
a cephalopod	un céphalopode
an octopus ['ɒktəpəs]	une pieuvre / un poulpe
a squid [skwɪd]	un cal(a)mar = encornet = chipiron
a tentacle ['tɛntəkəl]	un tentacule
a limpet	une patelle = un chapeau chinois
UK an ormer = US an abalone	un ormeau
a hermit crab	un bernard-l'(h)ermite
a pincer	une pince
a sea anemone	une anémone de mer
a cetacean [sɪ'teɪʃən]	un cétacé
a whale [weɪl] → a whale calf, whalebone → a whaler = a whale boat, whaling	une baleine → un baleineau, les fanons → 1. un pêcheur de baleine 2. une baleinière, la pêche à la baleine
a dolphin ['dɒlfɪn]	un dauphin
a porpoise ['pɔ:pəs]	un marsouin
a shark [ʃɑ:k]	un requin
a seal [si:l] → an eared seal = a sea lion	un phoque (⚠ un sceau) → une otarie
a walrus ['wɔ:lrəs]	un morse
a weever ['wi:və]	une vive
a moray eel ['mɒreɪ i:l]	une murène
a sea horse	un hippocampe
coral	le corail, corallien/ne
a sponge [spʌndʒ]	une éponge

→ *Le poisson, p. 154*

W. P.

- **fish** → **a jelly~** (une méduse), **a star~** (une étoile de mer), **a shoal / school of ~** (un banc de poissons)
- **a sperm / killer whale** (un cachalot / un orque)
- **seal** → **~ cull(ing)** (le massacre des phoques), **~skin** (la/en peau de phoque)
- *[Fig.:]* **small fry** (le menu fretin)
- **the coral reef** (le récif corallien)

● *Reptiles and batrachians* — *Les reptiles et les batraciens*

a snake [sneɪk] → to snake	un serpent → serpenter
to hiss	siffler (serpent)
to bite* [baɪt], a bite	mordre, une morsure
to crawl [krɔ:l]	ramper
a slough [slʌf]/ sloughed skin	la mue (dépouille)
venom ['vɛnəm] → venomous = poisonous	le venin → venimeux
a fang [fæŋ]	un crochet à venin (⚠ croc)
a forked tongue	une langue bifide / fourchue
an adder = a viper ['vaɪpə]	une vipère
a python ['paɪθən]	un python
a lizard ['lɪzəd]	un lézard
a gecko	un lézard grimpeur / un gecko
a newt [nju:t]	un triton
a leech [li:tʃ]	une sangsue
a tortoise ['tɔ:təs] → tortoiseshell	une tortue → l'écaille
a turtle ['tɜ:təl]	une tortue de mer
a frog	une grenouille
to croak [krəʊk]	coasser

a **tadpole**	un têtard
a **toad** [təʊd]	un crapaud

W. P.

- **snake** → **a ~bite** (une morsure de serpent), **a ~ charmer** (un charmeur de ~s), **~ skin** (peau de ~), **a grass ~** (une couleuvre), **a rattle~** (un crotale = un serpent à sonnette)
- **frog** → **~-spawn** (des œufs de grenouille), **a ~man** (un homme-~), **~'s legs** (des cuisses de ~)

PH.

- **A snake hisses, slithers along, curls up, coils itself round trees, sloughs its skin.** (Un serpent siffle, avance en ondulant, se roule en boule, s'enroule autour des arbres, mue.) *[Fig.:]* **a snake in the grass** (un traître, une traîtresse)
- **toad in the hole** *[plat traditionnel anglais à base de saucisses cuites dans une pâte]*

● *Invertebrates* — *Les invertébrés*

a **worm** [wɜːm] → a **glow-worm**	un ver → un ver luisant
⚠ a **maggot** / a **grub** [grʌb]	un asticot (⚠ grub : bouffe)
an **insect**	un insecte
a **larva** ['lɑːvə] (*pl.:* **larvae** ['lɑːviː])	une larve
an **antenna** (*pl.:* **antennae**)	une antenne
a **sting**, to **sting***	un aiguillon = un dard, piquer
metamorphosis	1. la métamorphose 2. la mue
an **ant** [ænt] → an **anthill**	une fourmi → une fourmilière
a **roach** [rəʊtʃ] → a **cockroach**	une blatte / un cancrelat → un cafard
a **grasshopper**	une sauterelle
a **locust** ['ləʊkəst]	un criquet (migrateur) / une locuste
⚠ a **cricket**	un grillon
a **beetle** ['biːtəl]	un scarabée
a **bug** [bʌg] → a **bedbug**, a **ladybug**	un insecte → une punaise, une coccinelle
a **fly** [flaɪ] → a **dragonfly**, a **butterfly**, a **horsefly**, a **bluebottle** (fly), a **firefly**	une mouche → une libellule, un papillon, un taon, une mouche bleue, une luciole
a **midge** / a **gnat** [næt]	un moucheron
a **moth** [mɒθ] → **moth-eaten**	1. un papillon de nuit 2. une mite → mité
a **caterpillar** ['kætəpɪlə]	une chenille
a **chrysalis** ['krɪsəlɪs]	une chrysalide
a **cocoon** [kə'kuːn]	un cocon
a **bee** [biː] → a **bumblebee**	une abeille → un bourdon
to **hum** / to **buzz** / to **drone**	bourdonner
a **wasp** [wɒsp] → **wasp-waisted**	une guêpe → qui a une taille de guêpe
a **hornet**	un frelon
a **mosquito** (*pl.:* -oes)	un moustique
a **cicada**	une cigale
a **louse** [laʊs] (*pl.:* **lice**)	un pou
a **nit**	une lente
a **flea** [fliː]	une puce
a **tick**	une tique
UK a **harvest mite** = US a **chigger**	un aoûtat
an **earwig** ['ɪəwɪg]	un perce-oreille
a **pest**	un insecte nuisible
a **spider** ['spaɪdə] → **spidery**	une araignée → arachnéen
a **(cob)web**	une toile d'araignée
a **gast(e)ropod**	un gast(é)ropode

a **snail** [sneɪl] → **snail-farming** / **snail-breeding**	un escargot → l'héliciculture
a **shell**	une coquille
a **slug** [slʌg]	une limace

PHRASES
- **We've been bitten by the web bug.** (Nous sommes devenus des mordus du web.)
- **He thinks he's the bee's knees.** (Il se croit sorti de la cuisse de Jupiter.), **to make* a beeline for...** (aller droit à / sur...)
- **It's a real hornet's nest.** (C'est un vrai guêpier.)
- **to spin* a web** (araignée : filer sa toile)

• *The vegetable kingdom* — *Le règne végétal*

flora	la flore
vegetation	la végétation
an **annual** ≠ a **perennial** [pɪ'rɛnɪəl]	une plante annuelle ≠ vivace
a **succulent (plant)** ['sʌkjələnt]	une plante grasse
heather [hɛðə]	la bruyère
heath [hi:θ]	1. la lande 2. la bruyère
broom [bru:m]	le genêt (⚠ a broom : un balai)
gorse [gɔ:s] → a **gorse bush**	les ajoncs → un ajonc
a **cactus**	un cactus
a **weed** [wi:d]	une mauvaise herbe
a **nettle**	une ortie
a **fern** [fɜ:n], **bracken**	une fougère, la/les fougère/s
a **thistle** ['θɪsəl]	un chardon
grass, a **grass**, a **blade of grass**	l'herbe, une graminée, un brin d'herbe
moss	la mousse
a **reed** [ri:d]	un roseau
a **rush** [rʌʃ]	un jonc
clover ['kləʊvə]	le trèfle
a **creeper** ['kri:pə] = a **creeping plant**	une plante rampante
a **climber** ['klaɪmə] = a **climbing plant**	une plante grimpante (⚠ a climber : un grimpeur)
a **liana** [lɪ'ɑ:nə]	une liane
a **bramble**	une ronce
a **shrub** [ʃrʌb] → a **shrubbery**	un arbuste → un massif d'~s
a **bush** [bʊʃ]	un buisson
clematis	la clématite
honeysuckle = UK **woodbine**	le chèvrefeuille
ivy ['aɪvɪ]	le lierre
Virginia creeper = US **woodbine**	la vigne vierge
wisteria [wɪs'tɪərɪə]	la glycine
lilac [laɪlək]	le lilas
forsythia	le forsythia
bamboo	le bambou
an **alga** (*pl.:* **algae**)	une algue (d'eau douce)
seaweed(s) ['si:wi:d]	les algues (de mer)
a **mushroom** ['mʌʃrum]	un champignon
a **toadstool** ['təʊdstu:l]	un champignon vénéneux

PH.
- **to be* like a rabbit in clover** (être comme un coq en pâte), **to beat* about the bush** (tourner autour du pot)

Trees — Les arbres

a root [ruːt] → a rootlet, to uproot	une racine → une radicelle, déraciner
the trunk [trʌŋk]	le tronc = le fût (⚠ trompe d'éléphant)
a stump [stʌmp]	une souche
the bark [bɑːk]	l'écorce (⚠ l'aboiement)
sap → a sapling	la sève → un jeune arbre
a bough [baʊ]	un rameau
a branch	une branche
a twig	une brindille
a knot [nɒt]	un nœud
gnarled [nɑːld]	noueux/-se
a fork [fɔːk]	une fourche
a vein	une nervure
foliage ['fəʊlɪɪdʒ]	le feuillage / les frondaisons
an evergreen	un arbre à feuilles persistantes
a conifer	un conifère / un résineux
resin → resinous	la résine → résineux *(adj.)*
a needle ['niːdəl]	une aiguille
a (pine-)cone ['paɪnkəʊn]	une pomme de pin
a grove [grəʊv]	un bosquet
a wood [wʊd] → woodland	un bois → des terrains boisés
a forest	une forêt
the undergrowth	le sous-bois
a clearing ['klɪərɪŋ] / a glade [gleɪd]	une clairière
a copse [kɒps] / a coppice	un taillis
a thicket ['θɪkɪt]	un fourré
an oak [əʊk] → a holm oak, a cork oak	un chêne → un chêne vert, un chêne-liège
an acorn ['eɪkɔːn]	un gland
a beech [biːtʃ]	un hêtre
an ash (tree)	un frêne (⚠ ash : la cendre)
an alder ['ɔːldə]	un aulne
an elm	un orme
⚠ a lime [laɪm]	un tilleul (⚠ un citron vert)
a hornbeam = a yoke-elm	un charme
an aspen	un tremble
a poplar ['pɒplə]	un peuplier
a birch [bɜːtʃ]	un bouleau
a larch [lɑːtʃ]	un mélèze
a (weeping) willow	un saule (pleureur)
a syc<u>a</u>more	un syc<u>o</u>more
a cypress ['saɪprəs]	un cyprès
a maple ['meɪpəl]	un érable
a spruce	un épicéa
a redwood	un séquoia
a cedar ['siːdə]	un cèdre
holly ['hɒlɪ]	le houx
mistletoe ['mɪsəltəʊ]	le gui

W. P.

- **tree** → **a deciduous ~** (un arbre à feuilles caduques), **a broad-leaved = lobed-leaved ~** (un feuillu)
  ~-covered (boisé/e), **~-lined** (bordé/e d'~s), **~-planted** (arboré/e)
  a ~ fern (une fougère arborescente), **a ~ surgeon** (un/e arboriculteur/-trice), **~ surgery** (l'arboriculture), **~-felling** (le déboisement), **a ~ top** (la cime d'un arbre)
  to plant / to prune / to fell = to chop down = to cut* down a ~ (planter / tailler / abattre un ~)

Trees grow, blossom, bear fruit, and fall down. (Les ~s poussent, fleurissent, portent des fruits et tombent.)
a box / pine / fir / plane / palm / yew ~ (un buis / pin / sapin / platane / palmier / if=cyprès),
an apple / apricot / orange ~ (un pommier / un abricotier / un oranger),
a cherry / lemon / peach / pear ~ (un cerisier / un citronnier / un pêcher / un poirier),
a chestnut / a horse-chestnut / an almond ~ (un châtaigner / un marronnier / un amandier), **a rubber ~** (un hévéa), **a bay ~ = a laurel** (un laurier-sauce)
a clump of ~s (un bouquet d'~s)
the ~ of life / of knowledge (l'arbre de vie / de la connaissance), **a family ~** (un arbre généalogique)

- **leaf** → **UK ~mould = US ~mold** (le terreau), **a ~-stalk** (un pétiole)
- **the outskirts of a forest** (la lisière d'une forêt)
- **wood** → **US a ~chuck** (une marmotte), **a ~cutter** (1. un bûcheron, 2. un sculpteur sur bois), **~pulp** (la pâte à papier), **~wool** (la sciure), **~-cuttings / shavings** (des copeaux de bois)

PHRASES

- **to come* into leaf** (se couvrir de feuilles), **to shake* like a leaf** (trembler comme une feuille)
- **He can't see the UK wood / US forest for the trees.** (Il se perd dans les détails. Pour lui, l'arbre cache la forêt.), **You're out of the wood(s) now.** (Tu es tiré d'affaire.)

● *Flowers* ['flaʊəz] — *Les fleurs*

to **bloom** / to **flower** → **flowering time**	éclore / s'épanouir → la floraison (arbustes / plantes)
to **blossom**, a **blossom**	fleurir, une fleur (arbres fruitiers)
to **sprout** [spraʊt]	germer
to **shoot*** [ʃuːt], a **shoot**	bourgeonner (⚠ tirer un coup de fusil), une pousse
a **bulb** [bʌlb]	un bulbe (⚠ une ampoule)
a **rhizome** ['raɪzəm]	un rhizome
a **bud** [bʌd]	un bourgeon
a **petal** ['pɛtəl]	un pétale
a **leaf** [liːf]	une feuille
a **stamen** ['steɪmɛn]	une étamine
the **stem** / the **stalk** [stɔːk]	la tige
pollen	le pollen
a **bunch of flowers** / a **bouquet** / a **posy**	un bouquet
an **anemone** [ə'nɛmənɪ]	une anémone
a **begonia** [bɪ'gəʊnjə]	un bégonia
a **bellflower**	une campanule
a **buttercup** ['bʌtəkʌp]	un bouton d'or
a **camellia** [kə'miːlɪə]	un camélia
a **daffodil** ['dæfədɪl]	une jonquille
a **dahlia** ['deɪljə]	un dahlia
a **daisy** ['deɪzɪ] → **a(n oxeye) daisy**	une pâquerette → une marguerite
a **narcissus** [nɑː'sɪsəs] (*pl.:* narcissuses / narcissi)	un narcisse
a **tulip** ['tjuːlɪp]	une tulipe
a **freesia** ['friːzɪə]	un freesia
a **primrose** / a **primula** ['prɪmjʊlə]	une primevère
a **cowslip** ['kaʊslɪp]	un coucou
a **marigold** → a **French marigold**	un souci → un œillet d'Inde
a **forget-me-not**	un myosotis
a **geranium** [dʒɪ'reɪnɪəm] → **ivy-leaf geranium**	un géranium → le géranium-lierre

a gladiolus (*pl.:* **gladioli**)	un glaïeul
a fuchsia ['fju:ʃə]	un fuchsia
a hydrangea [haɪ'dreɪndʒə]	un hortensia
a hollyhock	une rose trémière
a bluebell = a wood hyacinth	une jacinthe sauvage
a hyacinth ['haɪəsɪnθ]	une jacinthe
an iris ['aɪrɪs] → **irises**	un iris → des iris
laburnum [lə'bɜ:nəm]	le cytise
lavender	la lavande
a lobelia	une lobélie
a periwinkle	une pervenche (⚠ un bigorneau)
a lily → **an arum lily, a waterlily** → **lily of the valley**	un lys / lis → un arum, un nénuphar le muguet
crocus ['krəʊkəs]	le crocus
meadow saffron	le colchique
a nasturtium [nəs'tɜ:ʃəm]	une capucine
an orchid ['ɔ:kɪd]	une orchidée
a pansy ['pænzɪ]	une pensée
a peony ['pi:ənɪ]	une pivoine
a petunia [pɪ'tju:njə]	un pétunia
a (garden) pink	un œillet mignardise
⚠ **a carnation** [kɑ:'neɪʃən]	un œillet
a poppy → **opium poppy**	un coquelicot → le pavot
a ranunculus (*pl.:* **ranunculuses /-culi**)	une renoncule
a crowfoot ['krəʊfʊt]	une renoncule aquatique
a thorn [θɔ:n] → **a thorn bush, hawthorn** ['hɔ:θɔ:n]	une épine → un buisson d'épines, l'aubépine
a snapdragon ['snæpdrægən]	une gueule-de-loup
a snowdrop ['snəʊdrɒp]	un perce-neige
a sweet pea ['swi:t pi:]	un pois de senteur
a sweet william	un œillet du poète
a violet ['vaɪəlɪt]	une violette
a rose [rəʊz]	une rose
a dog rose	une églantine
verbena [vɜ:'bi:nə]	la verveine

WORD PARTNERS

- **flower** → **a wall~** (1. une giroflée, 2. qqn qui fait tapisserie dans une soirée), **a sun~** (un tournesol), **a corn~** (un bl(e)uet)
  ~ arrangement (1. l'art floral, 2. composition florale), **a ~ garden** (un jardin d'agrément), **~ children = ~ people** (les hippies), **~ power** (« le pouvoir des fleurs » *[slogan hippie]*), **a ~ shop** (un (magasin de) fleuriste), **a ~ show** (des floralies)
  in ~ = in bloom (en fleur)
- **flowers** → **artificial / cut / dead / exotic / fresh / wild ~** (des fleurs artificielles / coupées / fanées / exotiques / fraîchement cueillies / sauvages)
  garden ~ / woodland ~ (des fleurs de jardin / des bois)
  Flowers open (out), wilt = wither, revive, fade, and die. (Les fleurs s'ouvrent, se flétrissent = s'étiolent, se redressent, se fanent et meurent.)
  to arrange / collect = pick = gather / cut* ~ (faire un bouquet de ~ / cueillir des ~ / couper des ~)
- **lily** → **~-white** (d'une blancheur de lis), **~-livered** (poltron / couard)
- **rose** → **a dwarf / climbing ~** (un rosier nain / grimpant), **a Christmas ~** (une rose de Noël = un (h)ellébore), **a wild ~ = a dog ~ = sweetbriar** (un / l'églantier)
  a ~ petal (un pétale de ~), **a ~bud** (un bouton de ~), **a ~bush / bed / garden** (un rosier / un massif de rosiers / une roseraie), **~water** (l'eau de rose), **a ~bay = an oleander** (un laurier rose), **~hip** (le gratte-cul = le cynorhodon), **~hip syrup** (le sirop d'églantine), **~wood** (le palissandre / le bois de rose), **a ~-bowl** (une coupe à fleurs)

PHRASES

- **to say* sth with flowers** (dire qqch avec des fleurs)
  No flowers by request. (Ni fleurs ni couronnes.)
  the flower of the army (la fine fleur de l'armée)
- **to be* a thorn in sb's side / flesh** (être une source d'irritation constante pour qqn)
- **the primrose path** (la voie de la facilité)
- **She's an English rose = (as) fresh as a daisy.** (Elle est fraîche comme une rose.), **She told him under the rose.** (Elle le lui a dit en confidence.)
- **Life isn't all roses / a bed of roses.** (La vie n'est pas une partie de plaisir.)
  There's no rose without a thorn. (Il n'y a pas de rose sans épines.)

● *Rocks* — *Les roches*

rock, a rock → **rocky**, **the bedrock**	la roche, un rocher → rocheux, (Géol. :) le soubassement
stone [stəʊn], a stone → **stony** → **limestone**, **millstone**, a **gemstone**	la pierre, une pierre → dur/e comme ~ le grès, la pierre ponce, une pierre précieuse
⚠ **lime** [laɪm]	la chaux (⚠ a lime : un citron vert / un tilleul)
a **pebble**	un caillou / un galet
a **deposit** [dɪ'pɒzɪt]	un gisement (⚠ arrhes / caution)
a **mine** [maɪn]	une mine
a **stratum** (*pl.*: **strata**)	une strate
a **fossil**	un fossile
peat [pi:t]	la tourbe
the earth's crust	l'écorce terrestre
the magma → **magmatic**	le magma → magmatique
lava [lɑ:və]	la lave
the core [kɔ:]	le noyau
a **stalagmite**, a **stalagtite**	une stalagmite, une stalagtite
alabaster	l'albâtre
granite ['grænɪt] → **granitic**	le granit → granitique
porphyry	le porphyre
basalt ['bæsɔ:lt] → **basaltic**	le basalte → basaltique
chalk [tʃɔ:k] → **chalky** / **calcareous**	la craie / le calcaire → crayeux/-se / calcaire
clay [kleɪ]	l'argile
carbon → **carbon-dating**	le carbone → la datation au carbone
UK **sulphur** = US **sulfur**	le soufre
schist [ʃɪst] → **schistose**	le schiste → schisteux/-se
slate [sleɪt]	l'ardoise
flint → **flinty**	le silex → siliceux/-se
coal [kəʊl]	le charbon = la houille

→ *Les bijoux, p. 135*

W. P.

- **rock** → **~-crystal** (le cristal de roche), **~ salt** (le sel gemme), **~bound** (entouré/e / bordé/e de rochers), **solid / molten ~** (roche dure / en fusion)
- **stone** → **a ~ mason** (un tailleur de pierre), **~ware** (la poterie en grès), **~cold** (glacé)
- **brown / soft / hard coal** (la lignite / la houille grasse / l'anthracite)

PHRASES

- **hewn out of solid rock** (taillé dans le roc), **between a rock and a hard place** (entre le marteau et l'enclume)
- **to have* a heart of stone** (avoir un cœur de pierre), **to be* as hard as stone** (être dur comme la pierre), **to leave* no stone unturned** (ne négliger aucun détail), **to be* set in (tablets of) stone** (être gravé dans le marbre), **It's a stone's throw from here.** (C'est à deux pas d'ici.)

- **He is not the only pebble on the beach.** (Un de perdu, dix de retrouvés.)
- **to have* feet of clay** (avoir des pieds d'argile)
- **as black as coal** (noir comme du / le charbon)
  to carry coals to Newcastle (porter de l'eau à la rivière)
- **A rolling stone gathers no moss.** (Pierre qui roule n'amasse pas mousse.)
  Let him who is without sin cast the first stone. (Que celui qui n'a jamais péché jette la première pierre.)

• Metals — *Les métaux*

a metal ['mɛtəl] → **metallic, metalliferous**	un métal → métallique, métallifère
mineral → **mineralogy, a mineralogist**	minéral → la minéralogie, un minéralogiste
ore [ɔ:]	le minerai
iron ['aɪən]	le fer
ferrous ['fɛrəs]	ferreux/-se
ferruginous	ferrugineux/-se
steel [sti:l] → **steely**	l'acier → (dur) comme (de) l'acier
copper	le cuivre rouge
brass → **brassy**	le laiton / le cuivre jaune → cuivré/e (⚠ vantard)
tin	l'étain (minerai) / le fer blanc
pewter ['pju:tə]	l'étain (utilisé par les artisans)
zinc [zɪŋk]	le zinc
lead [lɛd]	le plomb
chromium ['krəʊmɪəm]	le chrome
silver → **silvery**	l'argent → argenté/e
gold [gəʊld] → **golden** **to gild** → **gilded / gilt**	l'or → doré/e (couleur) dorer → doré/e (= passé à la dorure)
auriferous	aurifère
platinum ['plætɪnəm]	le platine
vermeil ['vɜ:meɪl]	le vermeil
mercury ['mɜ:kjərɪ]	le mercure
an alloy ['ælɔɪ], **to alloy**	un alliage, faire un alliage
bronze [brɒnz]	le bronze = l'airain
UK aluminium = US aluminum	l'aluminium
an oxide [ɒksaɪd] → **to oxidize, oxidation**	un oxyde → oxyder, l'oxydation
to corrode → **corrosion, corrosive**	corroder → la corrosion, corrosif/ve
rust [rʌst], **to rust** → **rusty**	la rouille, rouiller → rouillé/e
verdigris ['vɜ:dɪgrɪs]	le vert de gris
to conduct → **conductive**	conduire → conducteur

W. P.

- **iron** → **wrought ~** (le fer forgé), **cast ~** (la fonte), **corrugated ~** (la tôle ondulée)
  UK an ~works = US an ~ plant (une usine sidérurgique), **~ ore** (le minerai de fer), **an ~ will** (une volonté de ~)
- **stainless steel** (l'acier inoxydable)
- **to strike* gold** (découvrir un bon filon)
- **silver-plated** ([métal] argenté)
- **gold-plated** ([métal] doré)

● Liquids and gases — Liquides et gaz

a **liquid** ['lɪkwɪd] → **to liquefy**	un liquide → liquéfier
a **fluid** ['flu:ɪd], **fluid** → **to fluidize**	un fluide, fluide → fluidifier
to **dissolve** → **dissolution**	dissoudre → la dissolution
to distil(l) → **distillation**	distiller → la distillation
to **flow** [fləʊ]	couler
a **drop**, to **drop**	une goutte, tomber goutte à goutte
a **drip**, to **drip**	un égouttement, tomber goutte à goutte
a **trickle**, to **trickle**	un filet (d'eau / de liquide), couler en filet
to **dribble**	dégouliner
to **stream** [stri:m], the **stream**, a **stream**	ruisseler, le flot, un cours d'eau
to **ooze** [u:z]	suinter
to **spill**	(se) renverser (liquide, etc.)
to **overflow**, the **overflow**	déborder, 1. le trop-plein 2. l'inondation
to **splash**, a **splash**	éclabousser, une éclaboussure
to gush (out) [gʌʃ]	jaillir
to squirt (out) [skwɜ:t]	gicler
to **bubble** ['bʌbəl], a **bubble**	bouillonner, une bulle / un bouillon
to **ferment** → **fermentation**	fermenter → la fermentation
to **condense** → **condensation**	condenser → condensation
to **compress** → **compression**, **compressibility**	comprimer → la compression, la compressibilité
to expand → ⚠ **expansion**, **expansible**	se dilater → la dilatation, dilatable
to **evaporate** → **evaporation**	s'évaporer / faire évaporer → évaporation
UK **vapour** ['veɪpə] = US **vapor** → to **vaporize**, **vaporization**	la vapeur → (se) vaporiser, la vaporisation
steam [sti:m]	la vapeur d'eau
a **gas** [gæs] (*pl.*: gases) → **gaseous**	un gaz → gazeux/-se
oxygen ['ɒksɪdʒən]	l'oxygène
ozone ['əʊzəʊn]	l'ozone
hydrogen ['haɪdrɪdʒən]	l'hydrogène
nitrogen ['naɪtrədʒən]	l'azote
helium ['hi:lɪəm]	hélium
carbon mono/dioxide	mono/dioxyde de carbone

3 The human being — L'être humain

The body — Le corps

a cell	une cellule
an organ ['ɔːgən]	un organe (⚠ un orgue)
a bone [bəʊn] → **bony**	un os → osseux/-se
the skeleton ['skɛlɪtən]	le squelette
the frame ['freɪm]	l'ossature
a joint [dʒɔɪnt]	une articulation (⚠ 1. un rôti 2. une boîte de nuit 3. un lieu de rencontre)
a cartilage → cartilaginous	un cartilage → cartilagineux/se
a **muscle** ['mʌsəl], brawn *(uncount.)* → **brawny** ['brɔːnɪ]	un muscle, le(s) muscle(s), musclé/-uleux
a **tendon** = a **sinew** ['sɪnjuː] → **sinewy**	un tendon → mince et musclé/e
a **membrane**	une membrane
flesh [flɛʃ] → **fleshy**	la chair → charnu/e
blood [blʌd] → **bloody**	le sang → ensanglanté/e
to bleed* [bliːd]	saigner
a vein	une veine
an artery ['ɑːtəri]	une artère
red and white corpuscles	les globules rouges et blancs
a hair [hɛə], hair → **hairy** ≠ **hairless**	1. un poil 2. un cheveu, les cheveux → poilu/e / velu/e ≠ sans poils / sans cheveux / imberbe
a nerve [nɜːv] → **nervy**, **nervous**	un nerf → plein de nerf(s), timide / nerveux/-se
a gland [glænd]	une glande
the skin → **skinny**, **skin**-tight, **skin**-deep	la peau → très mince / maigre, (vêtement) moulant, superficiel
the epidermis	l'épiderme
a nail [neɪl]	un ongle (⚠ un clou)
pale [peɪl] → **pallor** ['pælə] = **paleness**	pâle → la pâleur

WORD PARTNERS

- **organ** → **a vital ~** (un organe vital), **a reproductive ~** (un ~ reproducteur)
- **bone** → **to break* = fracture a ~** (se casser un os), **to set* a ~** (remettre un ~ / réduire une fracture), **~ marrow** (la moelle osseuse)
- **the elbow / shoulder / hip / knee joint** (l'articulation du coude / de l'épaule / de la hanche / du genou)
- **muscle** → **to contract / flex / tense / strain a ~** (contracter / bander / tendre / froisser un muscle)
  the ~ tissue (le tissu musculaire), **a ~ ache** (une douleur musculaire), **a ~ shirt** (un débardeur), **US a ~ car** (une voiture au moteur gonflé)
- **a mucous membrane** (une muqueuse)
- **blood** → **to donate / give* ~** (faire don de son sang)
  ~ circulation (la circulation du ~), **a ~ donor** (un donneur de ~), **a ~ bank / cell / transfusion** (une banque du ~ / une cellule sanguine / une transfusion sanguine), **~ pressure** (la pression artérielle), **a ~ clot / vessel** (un caillot / un vaisseau sanguin), **a ~ test / group = type** (un test / un groupe sanguin), **~ plasma** (le plasma sanguin), **~ poisoning** (la septicémie)
- **varicose veins** (des varices)
- **skin** → **a greasy ≠ dry / rough ≠ soft ~** (une peau grasse ≠ sèche / rugueuse ≠ douce)
  a ~ disease (une maladie de peau), **a ~ test** (une cuti-réaction)
- **a fresh / clear = fair / sallow / dark / ruddy face / complexion / skin** (un visage / un teint / une peau frais/fraîche / clair/e / cireux/-se / basané/e / rougeaud/e)
- **nail** → **to do* = manicure / cut* = pare / file / polish = varnish one's ~s** (se faire / se couper / se limer / se vernir les ongles), **to break* a ~** (se casser un ongle), **to bite* one's ~s** (se ronger les ~s)
  ~ polish = ~ varnish (vernis à ~s) → **~ polish remover** (dissolvant)

PHRASES

- **to be* chilled / frozen to the bone** (être glacé/e jusqu'aux os), **to pick a bone with sb** (chercher querelle à qqn / régler un compte avec qqn), **to cut* costs to the bone** (réduire les coûts au minimum),
  a bone of contention (une pomme de discorde)
  I can feel it in my bones. (J'en ai l'intime conviction.)
  He made no bones about it. (Il n'y est pas allé par quatre chemins / de main morte.)
  That remark was close to the bone. (Cette remarque était blessante/ était un peu osée.)
- **There was a skeleton in the cupboard.** (Il y avait un secret honteux dans la famille.)
- **to have* blood on one's hands** (avoir du sang sur les mains)
  There's no bad blood between us. (Il n'y a aucune animosité entre nous.)
- **all brawn and no brains** (tout dans les muscles, rien dans la tête)
- **I'm only flesh and blood.** (Je ne suis qu'un être humain.)
  my own flesh and blood (la chair de ma chair = mon enfant)
  to make* sb's flesh creep / to make* sb's blood curdle (donner la chair de poule / glacer le sang)
  We saw the president in the flesh. (Nous avons vu la présidente en chair et en os.)
  He must flesh out this article. (Il faut qu'il étoffe un peu cet article.)
  The flesh is weak. (La chair est faible.)
- **to be* the embodiment of = to embody a notion** (incarner une idée)
- **They only wanted to save their skin.** (Ils ne pensaient qu'à sauver leur peau.)
  You're nothing but skin and bone. (Tu n'as que la peau et les os.)
- **to fight* tooth and nail** (se battre avec acharnement)
- **Blood is thicker than water.** (La voix du sang est la plus forte.)

● *The head* [hɛd] — *La tête*

the brain [breɪn] → **brainy**	le cerveau → **doué/e**
a **neuron(e)** ['njʊərɒn] / ['njʊərəʊn]	un neurone
the skull [skʌl]	le crâne
the scalp [skælp]	le cuir chevelu
the jaw [dʒɔː]	la mâchoire

WORD PARTNERS

- head → **to nod / shake* / bow / turn / raise = lift ≠ drop = lower one's ~** (hocher / secouer / pencher / tourner / lever ≠ baisser la tête), **to scratch one's ~** (se gratter la ~), **to keep* ≠ to lose* one's ~** (garder la ~ froide ≠ perdre la ~)
- brain → **to rack one's ~** (se creuser la cervelle), **to blow* one's ~s (out)** (se faire sauter la ~), **to pick sb's ~(s)** (prendre les idées de qqn)
  the ~ drain (la fuite des cerveaux)
  a ~-teaser (un casse-tête), **a ~-child** (une idée personnelle), **a ~wave** (une idée géniale)
  ~ damage / death / fever (des lésions cérébrales / la mort cérébrale / une fièvre cérébrale)
- **skull and crossbones** (le pavillon à tête de mort des pirates)
- jaw → **the upper / the lower ~** (la mâchoire supérieure / inférieure), **square-~ed** (à la mâchoire carrée)

PHRASES

- **from head to foot / toe** (de la tête aux pieds)
  to laugh / to shout / to talk one's head off (rire aux éclats / crier à tue-tête / ne pas arrêter de parler)
  Success went to his head. (La réussite lui est montée à la tête.)
  He has gone off his head. (Il a perdu la tête.)
  I couldn't make head or tail of what he said. (Je n'ai rien compris à ce qu'il a dit.)
  He took it into his head to... (Il s'est mis dans la tête de...)
  Heads will roll. (Des têtes vont tomber.)
  I could do it standing on my head. (Je peux faire ça les doigts dans le nez.)
  She's got a good head for numbers. (Elle est douée en calcul.)
  They're head over heels in love. (Ils sont fous amoureux.)
- **to be* scatterbrained = to be* a scatterbrain** (être tête en l'air), **to be* harebrained** (avoir une tête de linotte), **to be* feather-brained** (avoir un petit pois dans la tête)
- **Two heads are better than one.** (Deux avis valent mieux qu'un.)

The face [feɪs] — Le visage

→ **round-faced, oval-faced**	→ au visage rond / ovale
the features ['fiːtʃəz] **(of the face)**	les traits (du visage)
the forehead ['fɒrɪd] / ['fɔːhɛd]	le front
the nose ['nəʊz] → **long- ≠ short-nosed, red-nosed**	le nez → au nez long ≠ court, au nez rouge
a nostril ['nɒstrɪl]	une narine
an ear [ɪə] → **the ear lobe, the eardrum, ear-splitting**	une oreille → le lobe de l'oreille, le tympan, perçant (bruit)
a cheek [tʃiːk] → **a cheekbone**	une joue → une pommette
the chin [tʃin]	le menton
the profile ['prəʊfaɪl]	le profil

WORD PARTNERS

- **face → to make* / pull a ~** (faire la grimace), **to save ≠ to lose* ~** (sauver ≠ perdre la face)
- **delicate ≠ heavy features** (des traits fins ≠ lourds)
- **nose → a Roman / straight / turned-up = snub / flat / pointed ~** (un nez aquilin / droit / retroussé / épaté / pointu)
  to blow* / pick / wipe one's ~ (se moucher / se mettre les doigts dans le nez / s'essuyer le ~)
  the tip / the bridge of the ~ (le bout / l'arête du nez)
- **ear → an ~-trumpet** (un cornet acoustique), **~-plugs** (des bouchons d'oreille)
  within ≠ out of ~shot (à portée ≠ hors de portée de voix)
- **cheeks → full = rounded ~** (des joues pleines = rondes) ≠ **hollow = sunken ~** (des joues creuses)
  to puff (out) one's ~ (gonfler les ~)
- **a cleft chin** (un menton à fossette)

PHRASES

- **on the face of it** (à en juger par les apparences), **in the face of serious difficulty** (devant de graves difficultés)
  to have* the face to do* sth (avoir le culot de faire qqch), **to fall* flat on one's face** (tomber à plat ventre), **to put* a brave face on sth** (faire contre mauvaise fortune bon cœur), **to slam the door / to laugh in sb's face** (claquer la porte / rire au nez de qqn)
  Cowardice is written all over his face. (La lâcheté se lit sur son visage.)
- **It's as plain as the nose on your face.** (Ça se voit comme le nez au milieu de la figure.)
  to pay* through the nose (payer le prix fort), **to lead* sb by the nose** (mener qqn par le bout du nez), **to look down one's nose at sth** (regarder qqch de haut), **to turn up one's nose at sth** (faire le dégoûté), **to follow one's nose = one's instinct** (se fier à son instinct), **to have* a nose job** (se faire refaire le nez), **to cut* off one's nose to spite one's face** (scier la branche sur laquelle on est assis)
  He can't see past the end of his nose. (Il ne voit pas plus loin que le bout de son nez.)
  A nos(e)y person / A nosy parker pokes his nose into sb else's business. (Un fouineur fourre son nez dans les affaires d'autrui.)
- **to be* all ears** (être tout ouïe), **to give* sb an earful** (passer un savon à qqn), **to find* / lend* a sympathetic ear** (trouver / prêter une oreille attentive), **to close one's ears to sth = to turn a deaf ear to sth** (faire la sourde oreille), **to have* / keep* an / one's ear to the ground** (se tenir au courant), **to play it by ear** (improviser selon la situation)
  Her ears must be burning. (Elle doit avoir les oreilles qui sifflent)
  He's got nothing between his ears. (Il n'a rien dans la tête.)
- **to take* it on the chin** (encaisser), **to keep* one's chin up** (tenir bon)
  Chin up! (Courage !)
- **What the face expresses: to frown at sb** (regarder qqn en fronçant les sourcils), **to scowl / glare at sb** (lancer un regard noir à qqn), **to make* faces (at sb)** (faire la grimace [à qqn]), **to pull a face = to pout** (faire la moue), **to purse one's lips** (pincer les lèvres), **to keep* a straight face** (garder son sérieux), **to be* poker-faced** (être impassible)

→ *La sensibilité, p. 66*

The eye [aɪ] — *L'œil*

→ the **eye**ball, an **eye**lid, an **eye**lash, an **eye**brow, an **eye** socket, **eye**sight	→ le globe oculaire, une paupière, un cil, un sourcil, une orbite oculaire, la vue
the arch [ɑːtʃ] of the eyebrow	l'arcade sourcilière
the iris ['aɪərɪs]	l'iris
the pupil ['pjuːpɪl]	la pupille (⚠ l'élève)
the cornea ['kɔːnɪə]	la cornée
the retina ['rɛtɪnə]	la rétine

→ *La vue, p. 89*

WORD PARTNERS

- eye → **blue / green / brown / hazel / grey / black ~s** (des yeux bleus, verts, marrons, noisette, gris, noirs), **deep-set ≠ bulging ~s** (des yeux caves / enfoncés dans leurs orbites ≠ globuleux)
  doe ~s (des yeux de biche), **a glass ~** (un œil de verre)
  an ~wash (un collyre), **an ~ catcher** (qqch qui attire l'œil), **an ~ opener** (une révélation), **an ~witness** (un témoin oculaire), **an eyesore** (une horreur, une chose hideuse)
  to blink / close = shut* ≠ open one's ~s (cligner des yeux, fermer ≠ ouvrir les yeux)
  to strain ≠ to rest one's ~s (se fatiguer ≠ se reposer les yeux)

PHRASES

- **What colour are his eyes?** (De quelle couleur sont ses yeux ?)
  Her eyes were watering. (Elle avait les larmes aux yeux.)
  to have* baggy eyes (avoir des poches sous les yeux), **to keep* an eye on sb** (surveiller qqn), **to have* an eye for...** (avoir le coup d'œil pour...), **to have* one's eye on sth** (avoir qch en vue), **to catch* sb's eye** (attirer l'attention de qqn), **to do* sth with one's eyes open** (faire qqch en toute connaissance de cause)
  as far as the eye can see (à perte de vue)
  I see eye to eye with you. (Je partage totalement votre point de vue.)
  I'm up to my eyes in work. (Je suis submergé de travail.)
  I could go there with my eyes closed. (Je pourrais y aller les yeux fermés.)
  There is more to this than meets the eye. (C'est moins simple que cela n'en a l'air.)

The mouth [maʊθ] — *La bouche*

→ **small-mouthed, red-mouthed**	→ à la bouche petite, rouge
the tongue [tʌŋ] → **sharp-tongued**	la langue → à la langue acérée
a lip → **thick-lipped ≠ thin-lipped**	une lèvre → aux lèvres épaisses ≠ minces
the gums [gʌmz]	les gencives
the palate ['pælət] → (un)palatable	le palais → (dés)agréable (au goût)
a tooth [tuːθ] pl. teeth [tiːθ] → **sharp-toothed, long-toothed** → a **tooth**brush, **tooth**paste → a **tooth**pick, **tooth**ache	une dent → aux dents pointues, longues → une brosse à dents, du dentifrice, un cure-dents, le mal / la rage de dents
→ a **front tooth** = an **incisor** [in'saɪzə] → a **canine tooth**, an **eyetooth**	une incisive une canine, une canine du haut
a molar ['məʊlə]	une molaire

WORD PARTNERS

- lip → **the upper / lower ~** (la lèvre supérieure / inférieure)
  to part one's ~s (entrouvrir la bouche), **to purse one's ~s** (faire la moue)
- tooth → **a decayed ~** (une dent cariée), **a loose ~** (une ~ qui bouge / déchaussée)
  a milk = baby ~ (une ~ de lait), **a wisdom / an eye ~** (une ~ de sagesse / une canine)
  to drill / fill / cap a ~ (passer à la roulette / plomber / mettre une couronne à une ~), **to extract = pull out = take* out a ~** (extraire = arracher une dent), **to cut* a ~** (percer une dent = faire ses dents)
- teeth → **to brush / to clean one's ~** (se brosser /se laver les ~s), **to gnash / grind* / grit one's ~** (grincer des ~s)

PHRASES

- **by word of mouth** (de vive voix / oralement)
  to live from hand to mouth (vivre au jour le jour)
  You've taken the words (right) out of my mouth. (Tu m'ôtes les mots de la bouche. = J'allais le dire.)
  Don't put words into my mouth. (Ne me faites pas dire ce que je n'ai pas dit.)
- **That word is a tongue-twister.** (Ce mot est impossible à prononcer.)
  He spoke tongue-in-cheek. (Ce qu'il a dit était à prendre au second degré.)
- **with tight / set lips** (les lèvres serrées)
  to keep* a stiff upper lip (rester imperturbable), **to pay* lip service to feminism** (se dire féministe)
- **to lick one's lips** (se lécher les babines)
  His name is on everyone's lips. (Son nom est sur toutes les lèvres.)
  Read my lips! (Écoutez bien !), **Enough of your lip!** (Ne sois pas insolent !)
- **She has a sweet tooth.** (Elle aime les sucreries.)
  She got her teeth into the job. (Elle s'est investie dans ce travail.)
  He can lie through his teeth. (Il ment comme un arracheur de dents.)
  He sets my teeth on edge. (Il me tape sur les nerfs.)
  the Tooth Fairy (la petite souris)
- **I would give my eyeteeth for a house like hers / to be able to do this.** (Je donnerais tout ce que j'ai pour avoir une maison comme la sienne / pour être capable de faire ça.)

• *The countenance* — *La physionomie*

the complexion [kəm'plɛkʃən]	le teint
a freckle → freckled	une tache de rousseur → couvert de ~s
a mole [məʊl] = a beauty spot	un grain de beauté (⚠ a mole : une taupe)
a dimple → dimpled	une fossette → avec des fossettes
a line [laɪn] = a wrinkle → wrinkled	une ride → ridé/e
a spot = a pimple → spotty = pimply	un bouton → boutonneux/-se
a wart [wɔːt]	une verrue
UK a moustache [məs'tɑːʃ] = US a mustache	une moustache
a beard [bɪəd] → bearded, beardless	une barbe → barbu, imberbe
whiskers	des favoris (⚠ chat : moustaches)
sideburns ['saɪdbɜːnz]	des pattes / des rouflaquettes
a goatee [gəʊ'tiː]	un bouc
clean-shaven ≠ stubbly ← stubble	bien ≠ mal rasé ← barbe naissante

W. P.

- **beard** → **a bushy ~** (une barbe touffue)
  to grow* / wear* / have* a ~ (se laisser pousser / porter la barbe)
  to shave off one's ~ (se raser la barbe)

• *The neck* — *Le cou*

→ long-necked ≠ short-necked	→ au cou long ≠ court
the nape of the neck	la nuque
the throat [θrəʊt]	la gorge
the Adam's apple	la pomme d'Adam
the windpipe ['wɪndpaɪp]	la trachée artère
a vocal cord	une corde vocale
a tonsil ['tɒnsəl] → tonsillitis	une amygdale → angine, amygdalite

• *The torso* — *Le torse*

a collarbone ['kɒləbəʊn]	une clavicule
the trunk [trʌŋk]	le tronc (⚠ trompe, US coffre de voiture)

the chest [tʃɛst]	la poitrine = la cage thoracique (⚠ coffre de marin)
a rib	une côte
the bust [bʌst] → **busty**	le buste → (femme) à la poitrine plantureuse
the bosom ['bʊzəm] → **big-bosomed** ≠ **small-bosomed**	la poitrine (d'une femme) → à la poitrine forte ≠ petite
a breast [brɛst] → **the breastbone**	un sein → le sternum
a nipple ['nɪpəl]	un mamelon
the heart [hɑ:t] → **a heartbeat** → **heartbreaking, heartbroken**	le cœur → un battement de ~ → déchirant/e, qui a le cœur brisé
the aorta [eɪ'ɔ:tə]	l'aorte
a lung [lʌŋ]	un poumon
the bronchial tubes	les bronches

WORD PARTNERS

- **chest** → **to beat* one's ~** (s'accuser / faire son mea culpa), **to throw* out one's ~** (gonfler la poitrine)
- **to break* = fracture a rib** (se casser une côte)
- **a bosom friend** (un ami intime)
- **heart** → **to take* ≠ lose* ~** (prendre ≠ perdre courage)
  a ~ attack / failure (une crise cardiaque), **a ~ of gold** (un cœur d'or) ≠ **a ~ of stone** (un ~ de pierre)

PHRASES

- **to have* a heart condition / a weak heart** (être cardiaque), **to wear* one's heart on one's sleeve** (ne pas cacher ses sentiments), **to take* sth to heart** (prendre qqch à cœur)
  at heart (au fond), **in my heart of hearts** (au plus profond de moi-même), **the heart of the matter** (le fond du problème)
  I was listening with my heart in my boots / with my heart in my mouth. (J'écoutais, la mort dans l'âme / le cœur battant la chamade.)
  My heart missed a beat. (Mon cœur s'est arrêté de battre un instant.)
  Your words went straight to his heart. (Vos paroles lui sont allées droit au cœur.)
  Her heart is in the right place. (Elle a bon cœur.)
  Here is a man after my own heart. (Voilà un homme selon mon cœur.)
  Thank you from the bottom of my heart / with all my heart. (De tout cœur, merci.)
  She has her heart set on getting that job. (Elle veut ce travail à tout prix.)
  Your heart isn't in it. (Vous n'avez pas le cœur à ça.)
  I could read to my heart's content. (J'ai pu lire tout mon soûl.)

• *The abdomen* — *L'abdomen*

the stomach ['stʌmək] = **the belly** = **the tummy** *(coll.)* → **stomachache** = **bellyache** = **tummy ache**	1. l'estomac 2. le ventre → le mal de /au ventre
the waist [weɪst]	la taille
the navel ['neɪvəl] = **the belly button**	le nombril
the digestive system	le système digestif
the liver ['lɪvə] → **a liver complaint**	le foie → une maladie de foie
the gall bladder ['gɔ:l,blædə]	la vésicule biliaire
the spleen [spli:n]	la rate
the bowels ['baʊəlz] = **the intestines** **the guts** *(coll.)*	les intestins les boyaux, les tripes
the appendix	l'appendice
a kidney	un rein
the bladder	la vessie
⚠ **the groin** [grɔɪn]	l'aine
the womb [wu:m] = **the uterus** ['ju:tərəs] → **the neck of the womb** = **the cervix**	l'utérus le col de l'utérus
an ovary ['əʊvərɪ]	un ovaire

the **vagina** [və'dʒaɪnə]	le vagin
the **genitals** ['dʒɛnɪtəlz]	les organes génitaux
the **penis** ['piːnɪs]	le pénis
a **testicle** ['tɛstɪkəl]	un testicule

W. P.

- **stomach** → **an empty ≠ a full ~** (l'estomac vide ≠ plein), **a weak / an upset ~** (l'~ fragile / barbouillé), **a fat ~** (un gros ventre), **~ trouble** (des ennuis gastriques)
- **a ruptured spleen** (un éclatement de la rate)

PH.

- **US to be* sick to one's stomach = UK to feel* sick** (avoir mal au cœur, la nausée)
- **He couldn't stomach the news.** (Il n'a pas pu digérer la nouvelle.)
- **to have* guts** (avoir du cran), **to sweat one's guts out** (se tuer au travail)

• *The back* — *Le dos*

→ the **backbone** / the **spinal column**	→ la colonne vertébrale
the **small of the back**	le creux des reins
a **shoulder** ['ʃəʊldə] → a **shoulder blade**	une épaule → une omoplate
the **loins** [lɔɪnz]	la région lombaire / les reins
a **vertebra** (*pl.:* vertebrae)	une vertèbre
the **spine** [spaɪn] → **spineless**	l'épine dorsale → mou, sans caractère
the **behind** = the **bottom** = US butt *(coll.)*	le postérieur, le derrière
a **buttock** = a cheek *(coll.)*	une fesse (⚠ a cheek : une joue, cheek : culot)

W. P.

- **shoulders** → **broad ≠ narrow ~** (des épaules larges ≠ étroites), **to shrug / square one's ~** (hausser / redresser les ~)

PH.

- **to put* one's shoulder to the wheel** (s'atteler à la tâche), **to work shoulder to shoulder** (travailler au coude à coude / en s'épaulant), **to give* sb the cold shoulder** (battre froid qqn), **to rub shoulders with sb** (fréquenter qqn)
  She is head and shoulders above the rest. (Elle sort du lot.)

• *The limbs* — *Les membres*

⚠ an **arm** [ɑːm] → a **forearm**, an **armpit**	un bras → un avant-bras, une aisselle
an **elbow** ['ɛlbəu]	un coude
a **wrist** [rɪst]	un poignet
a **hand** → **right-handed ≠ left-handed** → the **back of the hand**	une main → droitier ≠ gaucher → le dos de la main
the **palm** [pɑːm]	la paume
a **fist**	un poing
a **knuckle** ['nʌkəl]	l'articulation d'un doigt
a **finger** ['fɪŋgə] → a **fingernail**, the **fingertip**, a **fingerprint** → the **forefinger**, the **middle finger**, the **ring finger**, the **little finger** = the **pinkie / pinky**	un doigt → un ongle de la main, le bout du doigt, une empreinte digitale → l'index, le majeur, l'annulaire, l'auriculaire = le petit doigt
the **thumb** [θʌm]	le pouce
a **hip** → a **hipbone**	une hanche → un os iliaque
a **leg** → **long-legged** ['lɒŋ 'lɛgɪd] ≠ **short-legged**, **bow-legged**	une jambe → aux jambes longues ≠ courtes, aux jambes arquées
a **thigh** [θaɪ] → a **thighbone**	une cuisse → un fémur
a **knee** [niː] → the **kneecap**	un genou → la rotule
the **shin** → the **shinbone**	le tibia → (l'os du) tibia
the **fibula** ['fɪbjʊlə]	le péroné

a ham	un jarret (⚠ ham : jambon)
a calf [kɑːf]	un mollet (⚠ un veau)
an ankle	une cheville
a foot [fʊt] (*pl.*: feet) → flat-footed, big-footed	un pied → aux pieds plats, aux grands pieds
the heel [hiːl]	le talon
the instep	le cou-de-pied
a toe [təʊ] → a toenail → the big toe	un orteil → un ongle de pied le gros orteil

WORD PARTNERS

- **to cross / fold / stretch / lower ≠ raise / swing* / wave one's arms** (croiser / plier / étendre / baisser ≠ lever / balancer / agiter les bras)
- **to sprain / to twist / to dislocate one's wrist / elbow / knee / ankle** (se fouler / se tordre le/la / se faire une entorse au poignet / coude / genou / à la cheville)
- **hand → a bare / delicate / soft / chubby / strong ≠ weak / firm / guiding / helping ~** (une main nue / délicate / douce / potelée / forte ≠ faible / ferme / qui vous guide / qui vous aide) **to shake* sb's ~ = to shake* ~s with sb** (serrer la main de / à qqn), **to clasp / grab = grasp sb's ~/s** (agripper / serrer très fort la/les main/s de qqn), **to hold* ~s** (se donner la main), **to join ~s** (joindre les mains), **to clap one's ~s** (applaudir), **to raise ≠ to lower / to wring* one's ~s** (lever ≠ baisser / se tordre les mains), **to lend* a ~** (aider) **at / on ~** (à portée de ~), **~ in ~** (la main dans la main / ensemble)
- **to clench / put* up one's fists** (serrer les poings / se mettre en garde)
- **an accusing / a warning finger** (un doigt accusateur / menaçant)
- **to suck one's thumb** (sucer son pouce)
- **to break* one's hip** (se casser le col du fémur)
- **foot → the sole of the ~** (la plante du pied), **the arch of the ~** (la voûte plantaire) **on foot** (à pied)
- **to stamp / to shuffle one's feet** (taper / traîner du pied)

PHRASES

- **to take* sb by the arm** (prendre qqn par le bras), **to put* one's arm (a)round sb's waist / shoulders** (passer le bras autour de la taille / des épaules de qqn), **to greet sb with open / outstretched arms** (accueillir qqn à bras ouverts), **arm in arm** (bras dessus bras dessous), **to twist sb's arm** (tordre le bras à qqn / forcer qqn à faire qqch), **at arm's length** (à bout de bras) **He'd give his right arm for her.** (Il ferait n'importe quoi pour elle.) **It cost us an arm and a leg.** (Cela nous a coûté les yeux de la tête.)
- **to use a bit of elbow grease** (y mettre un peu d'huile de coude), **to have* enough elbow room** (avoir assez de place / d'espace), **to elbow one's way through** (se faire un chemin en jouant des coudes), **to give* sb the elbow** (plaquer qqn), **to get* the elbow** (se faire plaquer)
- **to change hands** (changer de mains), **to lay* one's hand on sb** (mettre la main sur qqn), **to put* one's hands on one's hips** (se mettre <u>les</u> mains sur <u>les</u> hanches), **to do* sth by hand / with one's own hands** (faire qqch à la main / de ses propres mains), **to lead* sb by the hand** (prendre qqn par la main) **Hands off!** (On ne touche pas !), **Hands up!** (Haut les mains !) **Give me a hand with the dishes.** (Aide-moi à faire la vaisselle.), **He wouldn't lift a hand / a finger to help me.** (Il a refusé de lever le petit doigt pour m'aider.)
- **to point a finger at sth** (montrer qqch du doigt), **to snap one's fingers** (claquer des doigts), **to keep* one's fingers crossed** (croiser les doigts) → **Fingers crossed!** (Je croise les doigts.) **I can't put my finger on what's wrong.** (Je n'arrive pas à mettre le doigt sur ce qui ne va pas.), **She's got him wrapped around her little finger.** (Elle le mène par le bout du nez.) **He is all fingers and thumbs.** (Il a deux mains gauches.)
- **to twiddle one's thumbs** (se tourner les pouces)
- **to give* sb a leg up** (faire la courte échelle à qqn), **to pull sb's leg** (*Fig.* : faire marcher qqn) **You haven't got a leg to stand on.** (Votre position est indéfendable.)
- **to go* down / to be* on one's knees** (se mettre / être à genoux), **to sit* on sb's lap** (être assis sur les genoux de qqn), **to bring* sb to their knees** (soumettre qqn) **I'm asking you on bended knees.** (Je vous le demande à genoux.)
- **to be* knee-deep / ankle-deep / shoulder-high in grass / mud / water...** (être dans l'herbe / la boue / l'eau... jusqu'aux genoux / chevilles / épaules)
- **to get* / rise* to one's feet** (se mettre debout), **to land on one's feet** (retomber sur ses pieds), **to be* back on one's feet** (être guéri), **to put* sb on their feet again** (*fig.* : remettre qqn en selle), **to put* one's feet up** (se reposer), **to put* one's foot down** (dire non), **to put* one's foot in it** (faire une gaffe), **to put* one's best foot forward** (se dépêcher),

to shoot* oneself in the foot (1. se tirer une balle dans le pied, 2. agir contre son propre intérêt), **to get* off on the wrong foot** (mal commencer), **to get* cold feet** (ne pas avoir le cran d'aller jusqu'au bout), **to keep* one's feet on the ground** (garder les pieds sur terre), **to think* on one's feet** (réfléchir vite)
I've never set foot in that place. (Je n'ai jamais mis les pieds dans cet endroit.)
You'll find your feet soon. (Tu retomberas bientôt sur tes pieds.)

• The physical appearance — L'apparence physique

high [haɪ] → the height [haɪt]	haut → la hauteur / la taille
tall [tɔ:l]	grand
big	grand et fort
small [smɔ:l] = short	petit (⚠ court)
a giant ['dʒaɪənt] → a giantess → gigantic	un/e géant/e → géant *(adj.)* = gigantesque
a dwarf [dwɔ:f] → dwarfish	un/e nain/e → nain/e *(adj.)*
the build [bɪld]	la carrure
⚠ the figure ['fɪgə]	la silhouette
squat [skwɒt]	courtaud/e
thickset	trapu/e
stocky	râblé/e
the waist [weɪst]	la taille
slim → slimness	mince → la minceur
slight	menu
⚠ petite	menue (femme)
slender → slenderness	svelte / élancé/e → la sveltesse
thin = lean [li:n] → thinness = leanness	maigre → la maigreur
skinny	maigrichon
puny ['pju:ni]	chétif /ve/ frêle
lanky ['læŋkɪ] → lankiness	dégingandé/e → l'aspect dégingandé
gawky [gɔ:kɪ'] → gawkiness	emprunté/e / gauche → la gaucherie
gaunt [gɔ:nt] = emaciated	émacié/e
weight [weɪt] → overweight	le poids → trop gros/se
fat → fatness	1. gros 2. le gras → l'embonpoint
stout = portly = corpulent → corpulence	corpulent → la corpulence
obese [əʊ'bi:s] → obesity	obèse → l'obésité
hefty → heftiness	costaud → l'aspect costaud
flabby ['flæbɪ] → flabbiness	flasque → l'aspect flasque
plump [plʌmp] → plumpness	grassouillet/te → la rondeur / le léger embonpoint
chubby ['tʃʌbɪ] → chubby-faced / chubby-cheeked	potelé/e → joufflu/e
dumpy ['dʌmpɪ]	boulot/te
sturdy ['stɜ:dɪ]	vigoureux/-se
buxom ['bʌksəm]	bien en chair (femme)
tubby ['tʌbi]	rondelet/te
bloated ['bləʊtɪd]	bouffi/e

PHRASES

- **"What's your height?" = "How tall are you?"** (Combien mesurez-vous ?)
  "I'm five / six feet tall." (Je mesure 1m50 / 1m80.)
  to be* of average height (être de taille moyenne)
- **to keep* one's figure** (garder la ligne)
- **to be* as thin as a rake** (être maigre comme un clou)
- **to put* on = gain weight = to get* fatter** (grossir / prendre du poids)
  ≠ **to lose* = shed* weight = to grow* thinner** (maigrir / perdre du poids)
- **a muscular / brawny man** (un homme musclé), **a well-built man** (un homme bien bâti), **a shapely woman / hand** (une femme / une main bien faite)
- **He looks old / young / nice / etc.** (Il fait vieux / jeune / Il a l'air gentil / etc.)

Beauty and ugliness — *La beauté et la laideur*

good looks = **beauty** ['bju:tɪ] → **beautiful** = **handsome** = **good-looking**	la beauté → beau
attractive → attractiveness ≠ unattractive = plain → **plainness**	joli/e / séduisant/e → le charme / la beauté ≠ quelconque / sans beauté → physique quelconque
pretty / **lovely** → **prettiness** / **loveliness**	joli/e → la joliesse / la beauté
charm [tʃɑ:m] → **charming**	le charme → charmant/e
sweet [swi:t] = **cute** [kju:t]	mignon/ne
well-groomed	soigné/e
ugly ['ʌglɪ] → **ugliness**	laid/e → la laideur
prepossessing ≠ unprepossessing	attirant/e ≠ peu attirant/e
repulsive [rɪ'pʌlsɪv]	repoussant/e / répugnant/e
shabby ['ʃæbɪ]	minable / moche
unkempt	(d'aspect) négligé
dishevel(l)ed	échevelé, débraillé

W. P.

- beauty → **exquisite** = **ravishing / striking / dazzling** ~ (beauté exquise / frappante / éclatante) **a ~ competition / contest** (un concours de beauté), **a ~ queen** (une reine de ~)
- **forbidding looks** (un physique rébarbatif)

PH.

- **to grow* attractive / beautiful** ≠ **to grow* unattractive / ugly** (embellir ≠ enlaidir)
- **to be* as ugly as sin** (être laid comme un pou)

Beauty care — *Les soins du visage*

UK a **beauty parlour** = US a ~ **parlor** = a ~ **shop** = a ~ **salon**	un salon de beauté
a **beautician** [bju:'tɪʃən]	un/e esthéticien/ne
beauty sleep	le sommeil réparateur
make-up ['meɪkʌp]	le maquillage
cosmetics [kɒz'mɛtɪks]	les produits de beauté
foundation cream	le fond de teint
face powder → a **face powder compact**	la poudre → un poudrier
rouge	le rouge à joues
lipstick	le rouge à lèvres
eye shadow	l'ombre à paupières
an eyebrow pencil	un crayon à sourcils
tweezers ['twi:zəz]	une pince à épiler
to moisturize → a **moisturizer** ['mɔɪstʃəraɪzə]	hydrater → une crème hydratante
a **beauty** cream / **lotion**	une crème / un lait de beauté
cleansing ['klɛnzɪŋ] **milk**	le lait démaquillant

PHRASES

- **to wear* make-up** (se maquiller [d'une manière générale]), **to make* up one's face** ≠ **to remove one's make-up** (se maquiller [action ponctuelle] ≠ se démaquiller), **to powder one's face / nose** (se poudrer le visage / le nez), **to dab on perfume / scent** (se parfumer), **to be* heavily made up** (être trop maquillé/e), **to put* on lipstick / mascara / etc.** (se mettre du rouge à lèvres / du mascara, etc.), **to pluck one's eyebrows** (s'épiler les sourcils), **to have* a facelift** (se faire faire un lifting)

Body care — *Les soins du corps*

hygiene ['haɪdʒi:n] → **hygienic**	l'hygiène → hygiénique
a **toilet bag** / **case**	une trousse / mallette de toilette

UK to **wash** = US to wash up	se laver
to **freshen up**	faire un brin de toilette
a **bath** [bɑ:θ]	1. une baignoire, 2. un bain
a **shower** [ʃaʊə]	une douche (⚠ une averse)
soap [səʊp], to soap oneself → a **bar of soap**, a soapdish	le savon, se savonner un savon → un porte-savon
dry [draɪ], to dry oneself	sec/sèche, se sécher / s'essuyer
UK a **face flannel** = US a **wash-cloth**	≈ un gant de toilette
a **towel** ['taʊəl] → a **bathtowel**, a ~ rail	une serviette → ~ de bain, un porte-~
a **rubdown**	une friction
a **sponge** [spʌndʒ] → **spongy**	une éponge → spongieux
bath salts	des sels de bain
toilet water	l'eau de toilette
UK a **body odour** = US a **body odor** = B.O. → a **deodorant**	une odeur corporelle / de transpiration → un déodorant
to have* **bad** ≠ **good breath**	avoir mauvaise ≠ bonne haleine
to **shave** [ʃeɪv] → a **shaver** = an **electric razor**	se raser → un rasoir électrique
→ **shaving cream**, **shaving foam**, a **shavingbrush**, **after-shave lotion**	→ la crème à raser, la mousse à raser, un blaireau, la lotion après-rasage
a **razor** ['reɪzə] → a **razor blade**	un rasoir → une lame de rasoir

PHRASES

- **to have* a quick wash** (se débarbouiller)
- **to wash one's face / hands / etc.** (se laver la figure/ les mains / etc.), **to wash one's hands of sth** (se laver les mains de qqch)
- **to have* = take* a bath / a shower** (prendre un bain / une douche), **to run* a bath** (faire couler un bain)
- **to have* a manicure / a pedicure** (se faire soigner les mains / les pieds)
- **hair-removal** (l'épilation)

• *The hair and hair care* — *Les cheveux et les soins des cheveux*

a **hair**, **hair** [hɛə] → **thick**-haired, **long**-haired ≠ **short**-haired, **blond**-haired, **dark**-haired, **red**-haired → a **hairdresser** → a **haircut**, a **hairdo**	un poil / un cheveu, des / les cheveux → aux cheveux épais, longs ≠ courts, blonds, bruns, roux → un/e coiffeur/-euse une coupe de cheveux, une coiffure
a **curl** [kɜ:l]	une boucle
UK **the parting** = US the part	la raie
a **bob**	une coupe courte / à la garçonne
UK a **plait** = US a **braid** → UK to plait = US to braid	une tresse, une natte tresser
a **pigtail**	une natte
UK **bunches** = US **pigtails**	des couettes
a **ponytail**	une queue de cheval
a **bun** [bʌn]	un chignon
UK a **fringe** = US **bangs**	une frange
a **redhead**	un/e rouquin/e
a **crew cut** ['kru: kʌt]	une coupe en brosse
dandruff ['dændrəf]	des pellicules
bald [bɔ:ld] → **baldness**	chauve → la calvitie
a **wig**	une perruque
a **toupee** ['tu:peɪ]	un postiche
a **comb** [kəʊm]	un peigne
a **hairbrush**	une brosse (à cheveux)

a **shampoo** [ʃæmpuː]	un shampoing
a **barber** ['bɑːbə] → a **barbershop**	un coiffeur pour hommes → un salon de ~

WORD PARTNERS

• **hair** → **frizzy ~** (des cheveux crépus), **curly ≠ straight ~** (~ frisés ≠ raides), **wavy ~** (~ ondulés), **thinning ~** (~ qui s'éclaircissent = qui tombent)
(ash) blond(e) ~ (~ blond (cendré)), **chestnut brown ~** (~ châtains), **dark ~** (~ bruns), **red ~ = ginger ~** (~ roux), **(jet) black ~** (~ d'ébène / aile de corbeau), **mousy ~** (~ châtain clair), **salt-and-pepper ~ / beard** (des cheveux/ une barbe poivre et sel), **close-cropped / short ≠ long / shoulder-length ~** (~ coupés très courts / courts ≠ longs / mi-longs), **unkempt / unmanageable = unruly ~** (~ mal coiffés / impossibles à coiffer)
to comb / to brush one's ~ (se peigner/ se brosser les cheveux), **UK to backcomb = US to tease one's ~** (se crêper les ~), **to grow* one's ~** (se laisser pousser les ~), **to lose* one's ~** (perdre ses ~), **to wash / shampoo / cut* / dye / style sb's ~** (laver / shampouiner / couper / teindre /mettre en plis les ~ de qqn)
to stroke sb's ~ (caresser les ~ de qqn)
a head / a shock / a mop of ~ (une chevelure / une tignasse), **a lock of ~** (une mèche de cheveux), **~ spray = ~ lacquer** (la laque), **a ~band** (un serre-tête), **a ~clip = a ~ slide** (une barrette), **UK a hairgrip = US a bobby pin** (une pince à ~), **a ~net** (un filet à ~), **(~) rollers** (des rouleaux), **(~) curlers** (des bigoudis), **a ~ dryer** (un sèche-cheveux), **a ~dresser = a ~stylist** (un/e coiffeur/-se), **a ~dressing salon** (un salon de coiffure), **a ~pin** (une épingle à cheveux) → **a ~pin bend** (un virage en épingle à ~)
facial ~ (les poils du visage)

PHRASES

• **to wear* one's hair in plaits** (porter des nattes), **to put* one's hair up in a bun / bunches...** (se faire un chignon / des couettes...), **to have* one's hair done / shampooed / dyed / bleached/ cut / set** (se faire coiffer / laver la tête / teindre / décolorer / couper les cheveux / faire une mise en plis), **to have* a trim** (se faire rafraîchir la coupe), **to have* a blow dry** (se faire faire un brushing), **to have* highlights (put in)** (se faire faire des mèches), **to change one's hairstyle** (changer de coiffure), **to give* sb a perm = to perm sb's hair** (faire une permanente à qqn)
to let* one's hair down (1. *lit.* : défaire ses cheveux, 2. *fig.* : se laisser aller / se détendre), **to make* sb's hair stand on end** (faire dresser les cheveux sur la tête de qqn), **not to turn a hair** (ne pas broncher)
Her hair is going grey. (Ses cheveux grisonnent.), **His hairline is receding.** (Son front se dégarnit.), **He is balding = He is growing bald.** (Il perd ses cheveux / se dégarnit.), **He is as bald as a coot = as bald as an egg.** (Il est chauve comme un œuf.)
Don't tear your hair out. (Ne t'arrache pas les cheveux.)
It was a hair's breadth escape. (Il s'en est fallu d'un cheveu.)

• *Bodily functions* — *Les fonctions naturelles*

breath [brɛθ] → **to breathe** [briːð] → **to breathe in ≠ out**	le souffle / l'haleine → respirer → inspirer ≠ expirer
a **hiccup = hiccough**, **to hiccup = to hiccough**	un hoquet → hoqueter
a **burp** [bɜːp], **to burp**	un rot → roter
a **belch**, **to belch**	un renvoi → avoir un renvoi
a **cough** [kɒf], **to cough** → **coughing**	une toux → tousser → la toux
a **sniffle** ['snɪfəl], **to sniffle**	un reniflement ← renifler
a **sneeze** [sniːz], **to sneeze**	un éternuement ← éternuer
to spit → **spittle**	cracher → le crachat
to splutter ['splʌtə]	postillonner
to dribble ['drɪbəl]	baver
saliva [sə'laɪvə]	la salive
sweat [swɛt], **to sweat**	la sueur, suer
to perspire [pəs'paɪə] → **perspiration**	transpirer → la transpiration
to urinate = to pass water = **to pee** *(coll.)* = **to wee(wee)**	uriner = faire pipi
faeces ['fiːsiːz]	les excréments / matières fécales

to defecate = to pass a motion = to have* a bowel movement = to have* UK a pooh / US a number two	déféquer = aller à la selle = faire caca
toilet(s) = lavatories	toilettes
the ladies' room	toilettes pour dames
the UK gents' room = US men's room	toilettes pour hommes
toilet paper → a roll of toilet paper	le papier hygiénique → un rouleau de ~
to have* one's period = to menstruate → menstruation	avoir ses règles → la menstruation / les règles
a sanitary pad = UK a sanitary towel = US a sanitary napkin	une serviette hygiénique
a tampon ['tæmpɒn]	un tampon hygiénique

W. P.

- **to have* hiccups** (avoir le hoquet)
- **a fit of coughing** (une quinte de toux)
- **beads of sweat / perspiration** (des gouttes de sueur)
- **to have* / take* a pee** (faire pipi)
- **to go* to the toilet / lavatory** (aller aux toilettes)

PHRASES

- **to take* a deep breath** (respirer à fond), **to be* out of / short of breath** (être essoufflé / avoir le souffle court), **to gasp / pant for breath** (avoir le souffle coupé / haleter), **to hold* one's breath** (retenir son souffle), **to stop for breath** (s'arrêter pour reprendre haleine), **to laugh under one's breath** (rire sous cape), **to draw* one's last breath** (rendre le dernier soupir)
  Save your breath! (Ne gaspille pas ta salive !)
- **to have* a gurgling tummy** (avoir des gargouillements d'estomac), **to have* wind** (avoir des gaz)

Tiredness — *La fatigue*

← tired [taɪəd] = weary [wɪərɪ] → weariness	→ fatigué/e = las/se → la lassitude
fatigue [fə'ti:g]	épuisement (⚠ Mil. : corvée, fatigues : treillis)
to exhaust [ɪg'zɔ:st] → exhausted, exhaustion [ɪg'zɔ:stʃən]	épuiser → épuisé/e, l'épuisement
to yawn, a yawn [jɔ:n]	bâiller, un bâillement
to doze, a doze [dəʊz]	somnoler, un assoupissement passager
to nap, a nap [næp]	sommeiller, un petit somme / une sieste
to nod off	s'assoupir
to drop off	s'endormir (rapidement)

WORD PARTNERS

- **tired → to feel* ~** (se sentir fatigué), **to be* ~ out = worn out = dead-tired = deadbeat** (être épuisé/e / mort/e de fatigue)
- **overcome with weariness / fatigue** (accablé/e de fatigue)
- **to be* under stress/ to suffer from stress** (être stressé/e)
- **to stifle a yawn** (étouffer un baillement)
- **to fall* into a doze** (s'assoupir), **to take* / have* a nap** (faire un petit somme)

PH.

- **to tire easily** (se fatiguer vite), **to yawn one's head off** (bailler à s'en décrocher la mâchoire), **to feel* like a wet rag** (se sentir mou comme une chiffe)
- **the stresses and strains of modern life** (les agressions de la vie moderne)

Rest and sleep — *Le repos et le sommeil*

to rest → **restful, rested**	se reposer → reposant/e, reposé/e
to sleep*, sleep → **sleepy** ['sli:pɪ] = **drowsy** → **sleepily** = **drowsily** **sleepiness** = **drowsiness** → **asleep, sleep**less → **sleeplessness** = **insomnia** → a **sleeping** pill / drug → **sleep**walking, a **sleep**walker → **to oversleep**	dormir, le sommeil → somnolent/e → d'un air / ton endormi la somnolence /la torpeur → endormi/e, sans sommeil → l'insomnie un somnifère le somnambulisme, un/e somnambule dormir trop longtemps
to **slumber** ['slʌmbə]	dormir d'un sommeil calme
to snore, a snore [snɔ:]	ronfler, un ronflement
to dream* of / that, a dream [dri:m] → **Dreamland**	rêver de / que, un rêve → le Pays des Rêves
a **nightmare** ['naɪtmɛə] → **nightmarish**	un cauchemar → cauchemardesque
a siesta [sɪ'ɛstə]	une sieste
to lie* **in** [laɪ]	faire la grasse matinée
to wake* **up** [weɪk] → to **wake*** up sb = to awake* sb → waking up = awakening, **awake** an alarm (clock)	(se) réveiller → réveiller qqn → le réveil, réveillé/e un réveil
a **clock**-radio	un radio-réveil

WORD PARTNERS

- rest → **to have* = take* a rest** (se reposer), **a day's ~** (un jour de repos)
- **refreshing / deep** = **sound** ≠ **broken sleep** (sommeil reposant / profond ≠ irrégulier)
- **asleep** → **to fall* ~ = to go* to sleep** (s'endormir), **to be* fast ~ = sound ~** (être profondément endormi)
- **a sleepless night** (une nuit blanche)
- **to suffer from insomnia** (souffrir d'insomnie)
- **to be* wide awake** (être bien éveillé/e)

PHRASES

- **to go* to bed** (se coucher), **to put* a child to bed** (coucher un enfant)
- **to go* out like a light** = **to crash out** (s'endormir d'un coup)
- **to walk in one's sleep** (être somnambule), **to start out of one's sleep** (se réveiller en sursaut), **to sleep* like a log** (dormir à poings fermés), **to be* a light ≠ heavy sleeper** (avoir le sommeil léger ≠ lourd), **to sleep* round the clock** (faire le tour du cadran), **to sleep* through one's alarm** (ne pas entendre son réveil), **to toss and turn** (se tourner et se retourner dans son lit sans pouvoir s'endormir)
  I didn't have a wink of sleep. / I didn't sleep a wink. (Je n'ai pas fermé l'œil.)
- **to set* the alarm for 6** (mettre le réveil à 6 heures), **to jump out of bed** (sauter du lit), **to rub one's eyes** (se frotter les yeux), **to be* an early riser / bird** (être un/e lève-tôt), **to be* a night owl** (être un oiseau de nuit [= qqn qui se couche et se lève tard])
  a late morning in bed (une grasse matinée)
- **Sweet dreams!** (Fais de beaux rêves !)
- **He'll sleep it off.** (Demain, il n'y pensera plus.), **Don't lose any sleep over it.** (N'y pense plus.), **Sleep on it!** (La nuit te portera conseil.)
- **to sleep* in** (faire la grasse matinée)
- **to oversleep*** (se réveiller en retard / avoir une panne d'oreiller)

4 Personality and behaviour — La personnalité et le comportement

● Temperament and personality — Le tempérament et la personnalité

→ temperamental = capricious	changeant/e / capricieux/-se
a **temper** → good-**tempered** = UK good-**humoured** = US good-**humored** ≠ bad **tempered**	1. un caractère 2. une humeur → qui a bon ≠ mauvais caractère
a mood [muːd] → **moody** → **moodily**, **moodiness**	une humeur → lunatique → de façon lunatique, l'instabilité d'humeur
character ['kærəktə] → characteristic, a characteristic	1. le caractère 2. la force de caractère → caractéristique, une caractéristique
personality	la personnalité
an attitude = a **manner** → **mannered**	une attitude → maniéré/e
a **mannerism** ['mænərɪzəm]	une particularité
a trait [treɪt]	un trait de caractère
a fault / a **failing** / a **shortcoming**	un défaut / un travers
innate [ɪ'neɪt]	inné/e
individual → individuality, individualistic	individuel → l'individualité, individualiste
an idiosyncrasy → idiosyncratic	une particularité / idiosyncrasie → idiosyncratique
a freak [friːk] → **freakish**	un/e marginal/e → bizarre
a whim → **whimsical** ['wɪmzɪkəl]	un caprice / une lubie → fantasque
weak [wiːk] ≠ strong → **weakness** ≠ strength	faible ≠ fort/e → la faiblesse ≠ la force
spineless ['spaɪnlɪs] → **spinelessness**	mou/molle / veule → la mollesse / la veulerie
tough [tʌf] → **toughness**	solide / dur/e → la solidité / l'inflexibilité
an impulse → impulsive	une impulsion / un élan → impulsif/-ve
apathetic [æpə'θɛtɪk] ← **apathy**	apathique ← l'apathie
agitated, agitation	agité/e, l'agitation
huffy = **touchy** ['tʌtʃɪ] → **touchiness**	susceptible → la susceptibilité

WORD PARTNERS

- **temper** → **a quick** ≠ **an even** ~ (un caractère emporté ≠ doux), **a nasty** ~ (un ~ épouvantable)
  to keep* ≠ **to lose*** **one's** ~ (rester calme ≠ s'emporter)
  a fit of ~ (un accès de colère)
- **tempered** → **short-**~ (colérique), **hot-**~ (soupe-au-lait / emporté/e), **sour-**~ (revêche)
- **mood** → **an ebullient / extravagant** ~ (une humeur exubérante / extravagante), **a benign / mellow / buoyant** = **cheerful / jovial / euphoric** ~ (une ~ bienveillante / détendue / enjouée / joviale / euphorique) ≠ **a depressed** = **gloomy** = **sombre / black** = **foul / sullen** ~ (une ~ sombre / massacrante / maussade), **a passing** ~ (une ~ passagère)
- **character / personality** → **a dependable** = **reliable** ≠ **an unreliable** ~ (un caractère / une personnalité fiable ≠ sur lequel/laquelle on ne peut pas compter), **a strong** ≠ **weak** ~ (~ fort/e ≠ faible), **a tough** ~ (~ dur/e), **a stable** = **steady** ≠ **an unstable** = **an unsteady** = **a changeable** ~ (~ stable ≠ instable = changeant/e), **a capricious** = **wayward / fanciful** ~ (~ capricieux/-euse / fantasque), **an independent / undisciplined / upright** ~ (~ indépendant/e / indiscipliné/e / droit/e), **an abrasive / aggressive / overbearing / assertive** ≠ **elusive** ~ (~ caustique / agressif/-ve / dominateur/-trice / qui s'affirme ≠ fuyant/e), **an eccentric** ≈ **unusual / outgoing / extrovert** ≠ **introvert / insipid** ~ (~ excentrique ≈ original/e / chaleureux/-euse / extraverti/e ≠ introverti/e / insipide), **a balanced** ≠ **an unbalanced** = **unhinged** ~ (~ équilibré/e ≠ déséquilibré/e), **a bubbly / vivacious** ~ (~ pétillant/e / vif/-vive), etc.

• **character** → **to build* = to form = to mo(u)ld = to shape sb's ~** (former le caractère de qqn), **to reflect sb's ~** (refléter le ~ de qqn)
a quirk of ~ (une excentricité)
• **personality** → **a compelling / forceful / striking / formidable / haughty / domineering ~** (une personnalité fascinante / énergique / remarquable / intimidante / hautaine / dominatrice), **a gregarious ≠ retiring / shy = timid = bashful = diffident ~** (une ~ sociable ≠ réservée / timide), **a manageable / spineless ~** (~ facile à mener / veule), **a many-sided ~** (une ~ à multiples facettes)

PHRASES

• **to be* naturally cheerful / in a good ≠ bad mood** (être gai/e par nature / de bonne ≠ mauvaise humeur), **to have* a propensity to do sth / for doing sth = a tendency to do sth** (avoir tendance à faire qqch), **to be* liable / prone to do sth** (être susceptible de faire qqch)
• **He is in no mood for working.** (Il n'est pas d'humeur à travailler.)
• **to act on whim** (agir sur un coup de tête)

Behaviour and manners / Le comportement et les manières

education [ɛdjʊ'keɪʃən]	l'éducation
to bring* up → upbringing	élever → l'éducation
(good) breeding ['bri:dɪŋ]	les bonnes manières
well-bred ≠ ill-bred	bien ≠ mal élevé/e
to behave [bɪ'heɪv] (oneself) → UK behaviour = US behavior → to misbehave → UK misbehaviour = US misbehavior → well-behaved ≠ ill-behaved	se comporter / se tenir bien → le comportement, la conduite → mal se comporter → mauvais/e comportement / conduite → qui a de bonnes ≠ de mauvaises manières
good / bad manners → good-/bad-mannered	les bonnes / les mauvaises manières → bien / mal élevé/e
mannerly, well-mannered → mannerliness	bien élevé/e → le savoir-vivre
polite ≠ impolite → politeness ≠ impoliteness	poli/e ≠ impoli/e → la politesse ≠ l'impolitesse
civility	la civilité
nice [naɪs]	comme il faut / (bien) gentil/le
courteous ['kɜ:tɪəs] → courteously, courtesy	courtois/e → courtoisement, la courtoisie
tact → tactful ≠ tactless → tactfully ≠ tactlessly, tactlessness	le tact → plein/e ≠ qui manque de tact → avec tact ≠ sans tact, le manque de tact / l'indélicatesse
⚠ discreet [dɪs'kri:t] → the years / the age of discretion	1. réservé/e, discret/-ète 2. prudent/e → l'âge de raison
respect, to respect → respectful → respectfully ≠ disrespect → disrespectful → disrespectfully	le respect, respecter → respectueux/-se → respectueusement ≠ manque de respect → irrespectueux/-se → irrespectueusement
considerate [kən'sɪdərɪt] → consideration (for) ≠ inconsiderate (to sb)	attentionné/e → la considération (envers) ≠ qui manque d'égards (envers qqn)
refined = polished	raffiné/e
⚠ regard [rɪ'gɑ:d]	l'estime, la considération
decent ['di:sənt] ≠ indecent → decency ≠ indecency	décent/e / comme il faut ≠ indécent/e, → la correction ≠ l'indécence / l'outrage à la pudeur
⚠ proper ['prɒpə] → propriety [prə'praɪətɪ]	convenable / bienséant/e → la bienséance
decorum [dɪ'kɔ:rəm]	l'étiquette / les convenances
gallant ['gælənt] → gallantry	galant (⚠ courageux) → la galanterie (⚠ le courage)
gentlemanly ['dʒɛntlmənlɪ]	galant, courtois
prim → primly	collet-monté → de façon guindée

formal ['fɔ:məl] ≠ **informal**	cérémonieux/-se ≠ informel/le
casual ['kæʒjʊəl]	1. désinvolte 2. informel/le
fussy ['fʌsɪ] = **finicky**	tatillon/ne
affected → **affectation**	affecté/e → l'affectation
particular [pə'tɪkjələ]	méticuleux/-se / exigeant/e / difficile
fastidious [fæs'tɪdɪəs]	difficile à contenter
uncouth [ʌŋ'ku:θ]	fruste, mal dégrossi
coarse [kɔ:s]= **vulgar** ['vʌlgə] → **coarseness** = **vulgarity**	grossier/-ère, vulgaire → la vulgarité
⚠ **rude** [ru:d] → **rudeness**	grossier/-ère → la grossièreté
a lout [laʊt] = **a boor** [bʊə] → **boorish, boorishness**	un rustre / un mufle → mufle *(adj.)*, la muflerie
obnoxious [əb'nɒkʃəs]	odieux/-se / infect/e
offhand ['ɒfhænd] / **flippant** → **flippancy, flippantly**	désinvolte / sans-gène → la désinvolture, avec désinvolture
noisy ['nɔɪzɪ] → **noisily**	bruyant/e → bruyamment
boisterous ['bɔɪstərəs] → **boisterously**	tapageur/-se, turbulent/e → de façon tapageuse
rough [rʌf]	brutal/e /peu raffiné/e
impertinence, impertinent	l'impertinence, impertinent/e
impudence, impudent	l'impudence, impudent/e
insolence, insolent	l'insolence, insolent/e
cheek [tʃi:k] → **cheeky**	le culot → culotté/e/ effronté/e
nos(e)y ['nəʊzɪ]	curieux/-se, indiscret/-ète
saucy ['sɔ:sɪ]	insolent/e
petulant → **petulance, petulantly**	irritable / acariâtre → l'irritabilité, avec mauvaise humeur
ratty *(coll.)*	de mauvais poil
surly ['sɜ:lɪ] / **sour(-tempered)**	revêche / acerbe

WORD PARTNERS

- **extremely / unfailingly polite** (très / invariablement courtois/e)
- **to display** = **show** = **exercise / have* tact** (faire preuve de / avoir du tact)
- **respect** → **deep** = **profound ~** (un profond respect), **to owe sb ~** (devoir le ~ à qqn)
- **to behave** → **~ well / properly** (se conduire bien / correctement) ≠ **~ badly / abominably / atrociously / appallingly** (se conduire mal / abominablement / atrocement mal / de façon consternante), **~ disgracefully / irresponsibly** (~ de façon honteuse / irresponsable), **~ childishly** (~ comme un enfant)
- **decent** = **proper behavio(u)r** (un comportement convenable / bienséant)

PHRASES

- **to be* on one's best behavio(u)r** (très bien se conduire)
  This is no way to behave! (En voilà des façons !)
- **Please. / Thank you. / You're welcome. / My pleasure. / Never mind.** = **It's all right.** (S'il vous plaît. / Merci. / Je vous en prie. / C'est un plaisir. / Ce n'est rien.)
- **He has no manners.** (Il n'a aucun savoir-vivre.)
  Where are your manners? (En voilà une façon de se tenir !)
  Miss Manners (la prêtresse du bon goût)
- **(not) to stand* on ceremony with sb** ([ne pas] faire de manières avec qqn)
- **It's only common courtesy to do ...** (C'est la moindre des politesses de ...), **He received us with the utmost courtesy.** (Il nous a reçus avec une extrême courtoisie.), **to exchange courtesies** (faire des échanges de politesses)
- **a decent person** (qqn de bien)
- **with all due respect** (malgré tout le respect que je vous dois), **to hold* sb in great respect** (éprouver un grand respect pour qqn)
- **to act out of common decency / for the sake of decency** (agir par simple politesse / par respect des convenances), **They might have had the decency to say goodbye.** (Ils auraient pu avoir la correction de nous dire au revoir.), **He has no sense of decency.** (Il n'a aucun sens des convenances.)
- **to defer to sb / to sb's opinion** (s'en remettre à qqn / à l'opinion de qqn)

- **to be* fussy** (faire des histoires / être tatillon), **to make* a fuss about sth** (faire des histoires pour qqch), **to be* particular over / about sth** (être exigeant à propos de qqch)
- **to have* a reputation for sth / for doing sth** (avoir la réputation d'être + adj./ de faire + N)
- **to have* the cheek to do* sth** (avoir le culot de faire qqch)

● *Morality and immorality* — *La moralité et l'immoralité*

← **moral** ≠ **immoral**	← moral/e ≠ immoral/e
ethics ['εθɪks] → **(un)ethical**	l'éthique → (pas) éthique / (im)moral/e
conscience ['kɒnʃəns]	la conscience morale
a value ['vælju:]	une valeur
duty ['dju:tɪ], **a duty** → **dutiful** → **dutifully**	le devoir, un devoir → consciencieux/-se / respectueux/-se → consciencieusement / respectueusement
good [gʊd] ≠ **bad**	bon/ne / bien ≠ mal / mauvais/e
right [raɪt] → **rightly**	juste / exact/e / correct/e → avec raison
a wrong [rɒŋ], **wrong** → **wrongly**	un tort, mal / faux/-sse → à tort
virtue ['vɜ:tju:], **a virtue** → **virtuous**	la vertu, une vertu → vertueux/-se
vice [vaɪs], **a vice** → ⚠ **vicious** ['vɪʃəs]	le vice, un vice (⚠ un étau) → méchant/e
a fault / defect / failing / flaw ['flɔ:]	un défaut (⚠ a fault : une faille terrestre)
depraved [dɪ'preɪvd] → **depravity**	dépravé/e → la dépravation
a pervert ['pɜ:vɜ:t] → **perversity, perversion**	un/e pervers/e → la perversité, la perversion
obscene [əb'si:n] → **obscenity** [əb'sεnɪtɪ]	obscène → l'obscénité

→ *La sincérité, p. 59, La loyauté, p. 60, La vérité, p. 317*

W. P.

- **conscience → to have* an easy ~ / a clear ≠ a guilty ~** (avoir la conscience tranquille / bonne ≠ mauvaise ~)
  to appease / relieve one's ~ (apaiser / soulager sa ~)
  a matter / crisis of ~ (un cas / une crise de ~)
- **ethics → a code of ~** (déontologie), **bio~** (la bioéthique)

PHRASES

- **Good and Evil / Right and Wrong** (le Bien et le Mal), **It's the right ≠ wrong thing to do.** (C'est ce qu'il faut ≠ ne faut pas faire.), **to know* right from wrong** (discerner le bien du mal), **to be* wrong ≠ right** (avoir tort ≠ raison), **to find* fault with sth / sb** (critiquer qqch / qqn), **Two wrongs don't make a right** (Un tort n'en efface pas un autre.)
- **Act according to your conscience.** (Agissez selon votre conscience.)
  Don't have an uneasy conscience about that. (N'ayez pas mauvaise conscience là-dessus.)
  Your conscience will give you no rest. (Votre conscience ne vous laissera pas en repos.)
  It's unethical to do this. (Ce n'est pas moral d'agir ainsi.)
- **an ethical issue** (une question d'éthique)

● *Kindness* — *La gentillesse*

kind [kaɪnd] = **nice** [naɪs] → **kindly**	gentil/le / bienveillant/e → gentiment
to be* **kind-hearted**	avoir du cœur
good → **goodness, goodwill (towards sb)**	bon/ne → la bonté, la bonne volonté (envers qqn)
benevolent → **benevolence** = **kindliness**	bienveillant/e → la bienveillance
devotion [dɪ'vəʊʃən] **(to sb)**	le dévouement (envers qqn)
gentle ['dʒεntəl] → **gentleness, gently**	doux/-ce → la douceur, doucement
well-meaning = **well-intentioned**	bien intentionné/e
concern [kən'sɜ:n]	la sollicitude
pity, to **pity** sb = to take* / have* **pity on** sb	la pitié, avoir pitié de qqn
mercy ['mɜ:sɪ] → **merciful**	la clémence → clément/e

humane [hju:'meɪn]	compatissant/e
thoughtful = **considerate** → **thoughtfulness** = **considerateness** → **thoughtfully** = **considerately**	1. attentionné/e 2. réfléchi/e → la prévenance / délicatesse → avec prévenance / délicatesse
delicate ['delɪkət] → **delicacy**	délicat/e → la délicatesse
⚠ **sympathy** ['sɪmpəθɪ] = **compassion** → ⚠ **sympathetic** = **compassionate**, **sympathetically** = **compassionately**	la compassion → compatissant/e, avec compassion
understanding	*N :* la compréhension, *adj. :* compréhensif/-ve
prepossessing ['pri:pə'zesɪŋ]	agréable / engageant/e / avenant/e
to indulge [in'dʌldʒ] → **indulgent** = **lenient**, **indulgence** = **leniency**, **an indulgence**	gâter → indulgent/e, l'indulgence, une libéralité
tolerant, **tolerance**	tolérant/e → la tolérance
to tolerate sth / sb = **to put* up with sth / sb**	tolérer qqch / qqn
open-minded → **open-mindedness**	à l'esprit ouvert → l'ouverture d'esprit
to encourage sb → **encouraging**	encourager qqn → encourageant/e
charity ['tʃærɪtɪ] → **charitable** **a charity**	la charité → charitable une association caritative
help, **to help sb** → **helpful / obliging**	l'aide, aider qqn → serviable
solicitous	plein de sollicitude
⚠ **support** [sə'pɔ:t] → **supportive**	le soutien → qui est d'un grand soutien
to volunteer to do sth, **a volunteer** [vɒləntɪə]	se porter volontaire pour faire qqch, un bénévole

PHRASES

- **to have* a heart of gold** (avoir un cœur d'or)
- **to help sb up the stairs** (aider qqn à monter l'escalier), **to do* sb a good turn** (rendre service à qqn), **to offer support to sb** (offrir son soutien à qqn), **to bother to do sth** (se donner la peine de faire qqch), **to put* oneself out for sb** (se donner beaucoup de mal pour qqn), **to go* out of one's way / to bend* over backwards to please sb** (tout faire / se mettre en quatre pour faire plaisir à qqn), **to sympathize with sb** (avoir de la compassion pour qqn), **to feel* sorry for sb** (être désolé/e pour qqn / avoir pitié de qqn)
  Can I be of any help / assistance? (Est-ce que je peux vous être utile ?)
  Do you want a hand? (Vous voulez un coup de main ?)
- **to ask / to do* sb a favo(u)r** (demander / rendre un service à qqn)

● *Unkindness* — *La méchanceté*

← **unkind**	pas gentil/le
stern [stɜ:n]	austère / sévère
harsh / hard	dur/e / sévère
heartless ['hɑ:tlɪs]	sans cœur
nasty ['nɑ:stɪ] = **US mean** [mi:n] → **nastily**, **nastiness** = **US meanness**	méchant/e → méchamment, la méchanceté
evil ['ɪ:vəl]	mauvais/e / diabolique
cantankerous [kən'tæŋkərəs]	1. hargneux/-euse 2. acariâtre 3. querelleur/-euse
wicked ['wɪkɪd] → **wickedness**, **wickedly**	méchant/e, pervers/e → la perversité, avec méchanceté
malevolent → **malevolence**, **malevolently**	mal intentionné/e → la malveillance, avec / par malveillance
spite [spaɪt], **to spite** → **spiteful** → **spitefulness**, **spitefully**	le dépit, dépiter → malveillant/e → la malveillance, avec malveillance
⚠ **vicious** ['vɪʃəs] → **viciously**, **viciousness**	brutal/e / méchant/e → méchamment, la brutalité / méchanceté
cruel [kru:əl] → **cruelly**, **cruelty**	cruel/le → cruellement, la cruauté
⚠ **malice** ['mælɪs] → ⚠ **malicious**	la malveillance → malveillant/e

ruthless ['ru:θlɪs] → **ruthlessness, ruthlessly**	acharné/e, impitoyable → l'acharnement, avec acharnement
pitiless → **pitilessly, pitilessness**	impitoyable → sans pitié, le manque de pitié
sadism ['seɪdɪzəm] → **a sadist, sadistic**	le sadisme → un sadique, sadique *(adj.)*
a mockery = **a jeer** [dʒɪə]	un quolibet
to insult, an insult	injurier, une injure
⚠ **abuse** [ə'bju:s] **to abuse** [ə'bju:z] → **abusive**	des insultes / des mauvais traitements insulter / maltraiter → insultant/e / violent/e
to offend, an offence → **offensive**	offenser, une offense → insultant/e
to snub sb, a snub [snʌb]	snober qqn, une rebuffade

→ *La brutalité et la cruauté, p. 192*

WORD PARTNERS

- **cruelty** → **barbarous / deliberate / savage / terrible / wanton ~** (une cruauté barbare / délibérée / sauvage / terrible / gratuite), **mental / physical / psychological ~** (la ~ physique / mentale / psychologique), **indescribable / unspeakable / unthinking / utmost ~** (une ~ indescriptible / indicible / inconsidérée / extrême)
- **a deadly / deliberate / studied insult** (une insulte dévastatrice / délibérée / étudiée)
- **a stream / a volley of abuse** (une bordée d'injures)
- **to give* offence to sb** (faire offense à / offenser qqn)

PHRASES

- **to have* a heart of stone** (avoir un cœur de pierre), **to do* sb a bad turn** = **a disservice** (jouer un mauvais tour / rendre un mauvais service à qqn), **to act out of (pure) spite** (agir par [pure] méchanceté), **to be* inconsiderate to sb** (manquer d'égards envers qqn), **to be* hard on sb** = **to be* harsh with sb** (être dur avec qqn)
- **It is inconsiderate of him to say that.** (C'est un manque d'égards de sa part de dire cela.)
  I can't be bothered to do this. (Ça m'embête trop de faire ça !)
  Stop making a nuisance of yourself! (Arrête d'embêter tout le monde !)

● *Honesty and sincerity* — *L'honnêteté et la sincérité*

honest ['ɒnɪst] → **honestly, honesty**	honnête → honnêtement, l'honnêteté
sincere [sɪn'sɪə] → **sincerely, sincerity**	sincère → sincèrement, la sincérité
upright ['ʌpraɪt] → **uprightness** = **integrity**	droit/e / intègre → l'intégrité
just [dʒʌst] → **justice, justly**	juste → la justice, avec justice
fair [fɛə] → **fairly, fairness**	équitable → équitablement, l'équité
square [skwɛə] = **frank** → **squarely** = **frankly**	honnête / franc/he → avec honnêteté / franchise
scruples ['skru:pəlz] → **scrupulous** → **scrupulously**	des scrupules → scrupuleux/-se → scrupuleusement
⚠ **UK candour** = **US candor** ⚠ **candid** = **frank** → **candidly** = **frankly**	la franchise franc/he → avec franchise
artless = **guileless** = **naive / naïve** → **artlessly** = **guilelessly** = **naively** → **artlessness** = **naivety**	naïf/-ve / ingénu/e / candide → naïvement / ingénument → la naïveté / l'ingénuité
ingenuous → **ingenuously** → **ingenuousness**	ingénu/e / candide → ingénument → l'ingénuité / la naïveté / la candeur / la franchise
gullible ['gʌləbəl] → **gullibility**	crédule → la crédulité
trust [trʌst], **to trust sb** → **trusting / trustful, trustworthy**	la confiance, avoir confiance en qqn confiant/e, digne de confiance
a promise ['prɒmɪs], **to promise**	une promesse, promettre
to rely [rɪ'laɪ] **on** = **to depend on** → **reliable** = **dependable**	compter sur → (personne) sur qui on peut compter
a pledge, to pledge	un engagement, s'engager

W. P.

- **scrupulously honest** (d'une honnêteté scrupuleuse)
- **commitment → a previous / prior / solemn / strong = firm / total ~** (un engagement antérieur / préalable / solennel / ferme / total)
  to meet* one's ~s (honorer ses ~s)

PHRASES

- **to be* plain-spoken / outspoken** (avoir son franc-parler), **to commit oneself to do sth** (s'engager à faire qqch), **to stand* committed to** (être engagé à), **to be* frank with sb about sth** (être franc avec qqn à propos de qqch), **to be* in earnest** (parler sérieusement)
- **To be honest,...** (À dire vrai,...)
- **In all fairness to her, she did try to call you.** (Il faut dire à sa décharge qu'elle a essayé de te joindre.)
- **Nothing could be further from the truth.** (C'est absolument faux.)
  She told him a few home truths. (Elle lui a dit ses quatre vérités.)
  The whole truth and nothing but the truth. (Toute la vérité et rien que la vérité.)
- **Truth will out.** (La vérité finira par triompher.)
  Truth is stranger than fiction. (La vérité dépasse la fiction.)

• *Loyalty and disloyalty* — *La loyauté et la déloyauté*

faithful (to sb) → faithfully → faithfulness ≠ unfaithful → unfaithfully, unfaithfulness = infidelity	fidèle (à qqn) → fidèlement → la fidélité ≠ infidèle → infidèlement, l'infidélité
to two-time → a two-timer	tromper (son mari / sa femme) → un mari / une femme infidèle
loyal ['lɔɪəl] **(to sb) → loyally → loyalty ≠ disloyal (to sb) → disloyally → disloyalty**	loyal/e / fidèle (à qqn) → loyalement, → la loyauté ≠ déloyal/e (envers qqn) → déloyalement → la déloyauté
unfaithful → unfaithfulness	infidèle → l'infidélité
false [fɒls] **→ falsely, a falsehood → falseness, falsity → to falsify**	faux/-sse → faussement, un mensonge → la fausseté, le caractère erroné → falsifier
a fallacy ['fæləsɪ] **→ fallacious → fallaciousness**	une erreur / idée fausse → fallacieux/-se → caractère fallacieux

• *Hypocrisy and dishonesty* — *L'hypocrisie et la malhonnêteté*

unfair [ʌn'fɛə] **→ unfairly, unfairness**	injuste → injustement, l'injustice / l'inéquité
dubious ['dju:bɪəs] **→ dubiously**	équivoque / douteux/-se → de manière ~
devious ['di:vɪəs] **→ deviously**	retors/e → de façon retorse
shady ['ʃeɪdɪ] **→ shadily**	louche → de manière louche
so-called	prétendu/e
self-styled	soi-disant
to exaggerate [ɪg'zædʒəreɪt] **→ exaggeration**	exagérer → l'exagération
to twist → a twister	déformer / altérer → un escroc
to distrust [dɪs'trʌst] **= to mistrust sb distrust = mistrust → distrustful = mistrustful**	se méfier de qqn la méfiance → méfiant/e
to dissemble → dissembling → a dissembler	dissimuler → la dissimulation → un/e dissimulateur/-trice
to feign [feɪn] **= to sham → sham** *(coll.)*	faire semblant de / simuler → faux/-sse / truqué/e
⚠ **to pretend** [prɪ'tɛnd] **→ UK a pretence = US a pretense**	faire semblant de → un faux-semblant
to conceal [kən'si:l] **sth = to hide*** [haɪd] **sth → a hiding-place**	dissimuler qqch = cacher → une cachette

a **secret** ['si:krɪt] → **secretly, secretive** → **secretively** → **secretiveness**	un secret → secrètement, énigmatique → furtivement → un air de mystère
to **hush up** sth	taire qqch
put-on, a **put-on**	affecté/e / simulé/e, un simulacre / un canular
artful → **artfully** → **artfulness**	astucieux/-se / habile → habilement → l'habileté
hypocrisy ← a **hypocrite** → **hypocritical** → **hypocritically**	l'hypocrisie ← un/e hypocrite → hypocrite → de manière hypocrite
insincere → **insincerely, insincerity**	faux/-sse, sournois/e → faussement / sournoisement, la fausseté
mendacious [mɛn'deɪʃəs] → **mendaciously** → **mendacity**	mensonger/-ère → de façon mensongère les mensonges
underhand	sournois/e
wile [waɪl] → **wily**	la ruse → rusé/e
sly [slaɪ] → **slyness** → **slyly**	rusé/e / sournois/e → la sournoiserie avec sournoiserie
crafty → **craftily**	sournois/e / cauteleux/-se → de manière ~
cunning ['kʌnɪŋ]	1. malin / rusé/e 2. la ruse
cant [kænt]	1. paroles hypocrites 2. jargon du métier
to **cant**	1. parler avec hypocrisie 2. jargonner
unscrupulous → **unscrupulously**	indélicat/e → indélicatement
dishonest → **dishonestly**	malhonnête → malhonnêtement
⚠ a **bribe** [braɪb], to **bribe** → **bribery**	un pot de vin, soudoyer → la corruption
double-dealing *(adj. + N.)*	1. fourbe 2. la duplicité / le double jeu
to **cheat**, a **cheat** [tʃi:t]	tricher, un/e tricheur/-se
to **fool** sb [fu:l]	berner qqn
to **mislead*** [mɪs'li:d] → **misleading**	induire en erreur → trompeur/-se
unreliable [ʌnrɪ'laɪəbəl]	peu fiable
untrustworthy [ʌn'trʌstwɜ:ðɪ]	indigne de confiance
a **hoax** [həʊks]	un canular
a **humbug** ['hʌmbʌg], **humbug**	un faiseur, 1. le charlatanisme 2. des balivernes

PHRASES

- **It's an open secret that ...** (Tout le monde sait que .../ C'est un secret de Polichinelle...), **to make* no secret of one's opinions** (ne pas cacher ses opinions)
- **perfidious Albion** (la perfide Albion)

• *Deliberate deception* — *La tromperie délibérée*

deceit [dɪ'si:t] → ⚠ **to deceive, deceitful** → ⚠ a **deception, deceptive** → **self-deception**	la fourberie → tromper, fourbe → une tromperie, trompeur/-se l'aveuglement sur soi-même
a **lie** [laɪ], to **lie** → a **liar** ['laɪə]	un mensonge, mentir → un/e menteur/-euse
to **perjure** oneself → a **perjury** ['pɜ:dʒərɪ], a **perjurer**	faire un faux témoignage / se parjurer → un parjure (l'acte), un parjure (la personne)
a **fib**, to **fib** *(coll.)*	un bobard, raconter des bobards
a **cheat** [tʃi:t], to **cheat** → **cheating**	un/e tricheur/-se, tricher → la tricherie
to **betray** → a **betrayer** → **betrayal** = **treason**, → a **betrayal** = a **treason**	trahir → un/e traître/sse la trahison, une trahison
a **traitor** ['treɪtə], a **traitress**	un traître, une traîtresse
treachery ['trɛtʃərɪ] = **perfidy** → **treacherous** = **perfidious** → **treacherously**	la perfidie / la traitrise → perfide → perfidement

to **hoodwink** sb *(coll.)*	berner qqn (par un tour de passe-passe)
to double-**cross** sb → a double-**crosser**	doubler qqn → un traître
an **impostor**	un imposteur
a sham / a fraud → **fraudulent** → **fraudulently**	1. un imposteur 2. une supercherie → frauduleux/-se → frauduleusement
to pass (oneself) off as	(se) faire passer pour
to trick, a trick → **trickery**, a **trickster**	duper, une duperie → tromperie, un filou
to fake [feɪk], a fake, fake	contrefaire, un faux, *(adj.)* faux/-sse (document, signature, argent)
spurious ['spjʊərɪəs]	fallacieux/-se
meretricious [mɛrɪ'trɪʃəs]	factice
fictitious [fɪk'tɪʃəs]	fictif/-ve
trumped-**up** *(coll.)*	forgé/e de toutes pièces
phoney ['fəʊnɪ], a **phoney** *(coll.)*	faux/-sse / bidon, un charlatan
a quack [kwæk] → **quackery** *(coll.)*	un charlatan → charlatanisme
bogus ['bəʊgəs]	faux (médecin, spécialiste)
to rip off, a rip-off *(coll.)* = a scam *(coll.)*	arnaquer, une arnaque

→ *La fraude, p. 195*

W. P.

- lie → **a barefaced = shameless = blatant = downright ~** (un mensonge éhonté), **a deliberate / pointless ~** (un mensonge délibéré / inutile), **a definite = an obvious ~** (un ~ évident), **a white ~** (un pieux ~)
  to spread* / tell* / believe a ~ (répandre / raconter / croire un ~)
  a pack / web / tissue of ~s (un tissu de mensonges), **a ~ detector** (un détecteur de mensonges)
- liar → **an accomplished / inveterate ~** (un menteur accompli / invétéré), **an out-and-out ~** (un fieffé menteur), **a born / compulsive / pathological ~** (un ~-né / invétéré)
- **to commit perjury** (se parjurer)
- **to feign innocence / surprise** (feindre l'innocence / la surprise)
- **to fake = to forge sb's signature** (contrefaire la signature de qqn)
  a forged passport (un faux passeport)
- **a trumped-up story / charge** (une histoire montée / une accusation forgée de toutes pièces)

PHRASES

- **to trick sb into doing sth** (piéger qqn), **to blow* up (the) facts** (grossir exagérément les faits), **to make* believe** (faire semblant), **to take* sb to the cleaners** (plumer qqn), **to do* sth under the pretence of** (faire qqch sous prétexte de), **to put* on an act** (jouer la comédie), **to lie one's way out of trouble** (s'en sortir à coups de mensonges), **to lie through one's teeth** (mentir comme on respire / comme un arracheur de dents)
- **to call sb a liar** (traiter qqn de menteur)
- **a cock-and-bull story** (une histoire à dormir debout)
  to fabricate a story = to make* up a story (inventer une histoire de toutes pièces), **to pull a fast one on sb** (rouler qqn), **to cook the books = to fiddle the accounts** (truquer les comptes), **to play a double game** (jouer double jeu), **to pose as** (se faire passer pour)
- **The so-called / self-styled specialist is a fake.** (Le prétendu / soi-disant spécialiste n'est pas ce qu'il prétend être.)
- **She deluded them into believing that she was not guilty.** (Elle a réussi à leur faire croire qu'elle n'était pas coupable.)
  She was deceived into thinking that she would get the job. (On lui fait croire qu'elle obtiendrait le poste.)
  She was tricked into signing. (On l'a trompée pour la faire signer.)
  She was tricked / cheated out of her inheritance. (Elle a été dépouillée de son héritage.)
  He was swindled out of his savings. (On lui a escroqué ses économies.)

• *Courage and cowardice* — *Le courage et la lâcheté*

courage ['kʌrɪdʒ] → courageous [kə'reɪdʒəs] → courageously	le courage → courageux/-se → courageusement
pluck [plʌk] → plucky *(coll.)*	le cran → qui a du cran

brave [breɪv] → bravery = gallantry → bravely = gallantly	brave → la bravoure → avec bravoure
indomitable → indomitably	indomptable → sans se laisser décourager
a hero ['hɪərəʊ] → a heroine, heroism → heroic → heroically	un héros → une héroïne, l'héroïsme héroïque → héroïquement
to persevere (in)	persévérer (dans)
bold [bəʊld] → boldly, boldness	audacieux → audacieusement, l'audace
to dare → daring → daringly	oser → 1. *(adj.)* audacieux 2. *(N)* l'audace / la hardiesse → hardiment
to dare sb [dɛə]	provoquer qqn
to challenge, a challenge → challenging	défier, un défi → stimulant/e
spirit → spirited → spiritedly	l'ardeur / la fougue → plein/e d'ardeur → avec ardeur / fougue
nerve [nɜːv] → nervous	le sang-froid / l'assurance → nerveux/-se
(ir)resolute → (ir)resolution = (ir)resoluteness → (ir)resolutely	(ir)résolu/e → la (l'ir)résolution → (ir)résolument
determined → determination	déterminé/e → la détermination
fearless ['fɪəlɪs] = dauntless → fearlessly = dauntlessly fearlessness	intrépide → avec intrépidité → l'intrépidité
to daunt [dɔːnt] → daunting, undaunted	intimider → intimidant/e, sans peur
a daredevil	un casse-cou, un risque-tout
to dodge	esquiver
⚠ to evade [ɪ'veɪd] → ⚠ an evasion	se dérober à → une dérobade
a coward [kaʊəd] → cowardly *(adj. & adv.)*, cowardice	un lâche → 1. lâche 2. lâchement, la lâcheté
to chicken out *(coll.)*	se dégonfler

WORD PARTNERS

- **courage** → **amazing / exemplary / outstanding ~** (un courage / éblouissant / exemplaire / remarquable), **commendable ~** (un ~ louable), **great / tremendous ~** (un grand / immense ~) **to display = show ~**(faire preuve de ~), **to pluck up = summon up one's ~** (rassembler son ~), **to possess ≠ lack ~** (avoir du ≠ manquer de ~)
- **to dare** → **to ~ (to) do sth** (oser faire qqch), **to ~ sb to do sth** (mettre qqn au défi de faire qqch)
- **to take* up a challenge** (relever un défi)

PHRASES

- **She is a trier / a fighter.** (Elle ne se laisse jamais décourager.)
- **to put* on a brave face** (faire contre mauvaise fortune bon cœur), **to be* as brave as a lion** (être courageux comme un lion), **to stick* it out** (tenir bon), *[coll.]* **to be* a chicken / a yellow-belly** (être un froussard), **to be* as bold as brass** (avoir un culot monstre)

• *Pride and humility* — *La fierté et l'humilité*

proud [praʊd] → proudly	fier/-ère → fièrement
self-esteem	l'amour-propre
self-confident, self-confidence	sûr/e de soi, l'assurance / la confiance en soi
self-satisfied = smug [smʌg] → self-satisfaction = smugness	content/e de soi la suffisance
conceit [kən'siːt] → conceited → conceitedly	la suffisance → vaniteux/-se → avec vanité
vain [veɪn] → vanity ['vænɪtɪ]	vain / vaniteux/-se → la vanité
presumption, presumptuous	la présomption, présomptueux/-se
a pretension, pretentious → pretentiousness	une prétention, prétentieux/-se la prétention
ambitious [æm'bɪʃəs], ambition	ambitieux/-se, l'ambition

pushing ['pʊʃɪŋ] = **thrusting** ['θrʌstɪŋ]	entreprenant/arriviste
arrogant, arrogance	arrogant/e, l'arrogance
brash → **brashness**	effronté/e → l'effronterie
aloof [ə'lu:f] *(adj. attribut)* → **aloofness**	distant/e → attitude distante
haughty ['hɔ:tɪ] → **haughtiness**	hautain/e → le dédain
to look down → to look down on	baisser les yeux → regarder avec mépris
to **condescend** → condescension	condescendre → la condescendance
to **sneer** [snɪə] (at sb)	railler (qqn)
disdain → **disdainful**	le dédain → dédaigneux/-se
contempt → **contemptuous, contemptible**	le mépris → méprisant/e, méprisable
= scorn [skɔ:n], to scorn → **scornful**	le mépris, mépriser → méprisant/e
to **despise** [dɪs'paɪz] → **despicable** ['dɛspɪkəbəl]	mépriser → méprisable
to **ignore** [ɪg'nɔ:] sb	ignorer qqn
to **patronize** sb ['pætrənaɪz] → **patronizing** = condescending → **patronizingly** = condescendingly	traiter qqn avec condescendance → condescendant/e → avec condescendance
a snob → **snobbish** → **snobbishness** = **snobbery**	un/e snob → snob → le snobisme
to brag (about sth / that) → a **braggart** ['brægət]	plastronner / se vanter (de qqch / que) → un plastronneur / un vantard / fier-à-bras
to boast [bəʊst] (of sth / that) → a **boaster**, **boastful** → **boastfulness**	se vanter (de qqch / que) → un/e vantard/e, vantard/e → la vantardise
to pose [pəʊz] → a **poser** = a **poseur**	poser → un/e poseur/-se / un/e frimeur/-se
to show* off, a **show-off**	parader / frimer → un/e frimeur/-se
humble [hʌmbəl] → **humbly, humility**	humble → humblement, l'humilité
homely	simple / modeste / sans façons
modest → **modesty**	modeste (⚠ modéré, pudique) → la modestie
meek [mi:k] → **meekly, meekness**	humble / docile → humblement / docilement, la soumission
simple → simplicity	ingénu/e → l'ingénuité
obtrusive ≠ unobtrusive	indiscret/-ète ≠ discret/-ète
diffident → diffidence	qui manque d'assurance le manque d'assurance
bashful = shy → **bashfulness** = **shyness** self-conscious → self-consciousness	timide → la timidité
timorous = **timid** → timidity	timoré/e → la timidité

W. P.

- **(an) overweening / unabashed pride** (un orgueil démesuré / sans bornes)
- **contempt** → **complete** = **utter ~** (mépris total), **profound ~** (profond ~)
  to deserve / earn ~ (mériter / s'attirer le mépris), **to hold* sb in ~** (mépriser qqn)

PHRASES

- **to pride oneself on (doing) sth / to take* (a) pride in sth** (s'enorgueillir de [faire] qqch), **to wound sb in his/her pride** (blesser qqn dans son orgueil), **to look down one's nose at sb** (prendre qqn de haut), **to put* on airs** (prendre des airs), **to get* big-headed** (avoir les chevilles qui enflent), **to get* pride of place** (avoir la place d'honneur), **to throw* one's weight around** (faire l'important)
- **to feel* superior / inferior to sb** (se sentir supérieur / inférieur à qqn), **to get* the upper hand** (prendre le dessus)
- **Who does he think he is?** (Pour qui se prend-il ?)
- **He is too big for his boots.** (Il a les chevilles qui enflent.)
  He thinks he is the cat's whiskers. (Le roi n'est pas son cousin.)
  He's full of airs and graces. (Il ne se mouche pas du pied !)

• *Prudence and imprudence* — *La prudence et l'imprudence*

prudent = careful → prudently = carefully ≠ imprudent → imprudently	prudent/e → prudemment ≠ imprudent/e → imprudemment

wary [wɛərɪ] → wariness, warily ≠ unwary → unwariness, unwarily	circonspect/e → la circonspection, avec ~ ≠ sans méfiance → l'imprudence, avec ~
caution ['kɔːʃən], to caution	la prudence, mettre en garde
cautious ['kɔːʃəs] → cautiously	circonspect/e → prudemment / avec circonspection
a precaution → precautionary	une précaution → de précaution
foresight ['fɔːsaɪt] / forethought ['fɔːθɔːt]	la prévoyance
heedful ['hiːdfʊl]	vigilant/e
provident ≠ improvident	prévoyant/e ≠ imprévoyant/e
rash [ræʃ] → rashly	inconsidéré/e → inconsidérément
foolhardy = reckless → foolhardiness = recklessness	téméraire → la témérité
⚠ indiscreet → ⚠ an indiscretion	inconsidéré/e → une action inconsidérée

→ *Du souci à l'horreur, p. 74, La lutte contre la criminalité, p. 197*

PHRASES

- **to exercise caution** (être prudent), **to call for caution** (inciter à la prudence), **to show foresight ≠ lack of foresight** (faire preuve de ≠ manquer de prévoyance), **to take* precautions ≠ risks** (prendre des précautions ≠ risques), **to pay* = to give* heed to sth = to take* heed of sth** (tenir bien compte de qqch), **to be* farsighted = to think* ahead** (être prévoyant)
- **Better safe than sorry.** (Prudence est mère de sureté.)

Generosity and stinginess — La générosité et la pingrerie

generous ['dʒɛnərəs] ≠ mean [miːn] → generously ≠ meanly	généreux/-se ≠ mesquin/e / méchante → généreusement ≠ avec mesquinerie / méchamment
bounty = munificence → bounteous = munificent	la munificence (⚠ a bounty : une prime) libéral/e / généreux/-se
solidarity	la solidarité
altruism → altruistic = selfless → selflessness	l'altruisme → altruiste → l'altruisme
self-denial, self-denying ≠ self-indulgent	le dévouement / l'abnégation, dévoué/e ≠ qui ne se refuse rien
selfish → selfishly, selfishness = egoism	égoïste → égoïstement, l'égoïsme
UK self-centred = US self-centered → self-cent(e)redness	égocentrique → l'égocentrisme
to welcome → welcoming	accueillir → accueillant/e
to give* → a gift	donner → un cadeau, un don
to share [ʃɛə], a share	partager, une part
lavish ['lævɪʃ] (of) → lavishly	généreux/-se / prodigue (de) → généreusement / sans compter
prodigal → prodigality	prodigue → la prodigalité
⚠ a miser ['maɪzə] → miserly = avaricious = mean = parsimonious = niggardly = stingy = tight-fisted = tightwad *(coll.)* → miserliness = avarice = meanness	un avare avare / cupide / pingre / ladre l'avarice / la cupidité / pingrerie / ladrerie
a scrooge *(coll.)* = a skinflint *(coll.)*	un grippe-sou
cheeseparing	*(adj. :)* près de ses sous, *(N :)* les économies de bouts de chandelle
grasping	âpre au gain
money-grubbing	*(adj. :)* radin/e → *(N :)* la radinerie
to grudge [grʌdʒ]	accorder à contre-cœur
to stint	lésiner (⚠ a stint : une période de travail)

PH.

- **Your generosity will be the end of you.** (Ton bon cœur te perdra.)
- **to spend* money like water** (jeter l'argent par les fenêtres)

5 Feelings — La sensibilité

• Emotions [ɪ'məʊʃənz] — *Les émotions*

an emotion → emotional ≠ unemotional = indifferent	une émotion → 1. émotionnel/le 2. émotif/-ve ≠ impassible / indifférent/e
to feel* [fi:l] sth → a feeling → unfeeling → touchy-feely *(pej.)*	ressentir qqch → un sentiment → sans compassion sentimental/e *(péj.)*
a heart [hɑ:t] → heartless, cold-hearted → cold-heartedly	un cœur → sans cœur, froid / sans pitié → de sang-froid / sans pitié
sensitive (to) → insensitive, hyper-sensitive → sensitiveness, sensitivity → oversensitiveness	sensible (à) → insensible, hypersensible → la sensibilité, la sensibilité / susceptibilité → la sensiblerie
sensibility	la sensibilité (aux sentiments des autres)
sentiment, a sentiment → sentimental → sentimentally → sentimentality	la sentimentalité, un sentiment → sentimental → de manière sentimentale la sentimentalité
spirits	le moral
to move [mu:v] = to stir [stɜ:] → moving = stirring → to stir up	remuer → 1. émouvant 2. excitant → provoquer
to touch sb → touching ['tʌtʃɪŋ]	toucher qqn → touchant
to affect sb → affected by sth	affecter qqn → affecté par qqch
to overwhelm	submerger
passion ['pæʃən], a passion → passionless, passionate, impassioned	la passion, une passion → sans passion, de tempérament passionné, véhément/e
to repress → repression	réprimer / refouler → le refoulement
to frustrate → frustrated, frustration	frustrer → frustré/e, la frustration
callous ['kæləs] → callousness	cruel/le / insensible → le manque de cœur

WORD PARTNERS

- **feeling → to awaken = arouse / experience ~s** (faire naître / éprouver des sentiments) **devoid of ~(s) = of emotion** (insensible), **fellow-~** (la compassion / la sympathie)
- **to control / curb / repress one's emotions** (maîtriser / réfréner / réprimer = refouler ses sentiments / émotions)
- **to show great sensibility** (faire preuve de beaucoup de sensibilité)
- **spirits → to be* in high ≠ low ~** (être de très bonne humeur ≠ avoir mauvais moral), **to lift sb's ~** (remonter le moral de qqn)

PHRASES

- **Why do you get so emotional?** (Pourquoi est-ce que tu te mets dans tous tes états ?) **I don't know what came over me.** (Je ne sais pas ce qui m'a pris/e.)
- **to take* sth amiss** (prendre mal qqch), **to hurt* sb's feelings** (blesser qqn), **to wound = offend sb's sensibilities** (heurter la sensibilité de qqn), **to do* sth <u>in</u> cold blood** (faire qqch <u>de</u> sang froid), **to take* sb's sensitivities into account** (tenir compte des sentiments de qqn)
- ⚠ **He is susceptible to flattery.** (Il est sensible à la flatterie.)

• Joy and happiness — *La joie et le bonheur*

→ joyless ['dʒɔɪlɪs/ləs] ≠ joyful → joylessly ≠ joyfully	→ sans joie ≠ joyeux/-se → sans joie *(locution adv.)* ≠ joyeusement
happy → happily ≠ unhappy → unhappily	heureux → avec bonheur / joyeusement ≠ malheureux → malheureusement
bliss → blissful → blissfully	la félicité → bienheureux/-se → 1. (sourire) d'un air heureux 2. (être) merveilleusement
a beam [bi:m]	un rayon (⚠ une poutre)

→ to beam (<u>with</u> happiness)	→ rayonner (<u>de</u> bonheur)
merry → **merriment** = **mirth** [mɜːθ]	joyeux → l'allégresse
ecstasy ['ɛkstəsɪ] → ecstatic	l'extase / le ravissement → enchanté/e / ravi/e
gay = merry → gaily = merrily	gai/e → gaiement
jolly ['dʒɒlɪ] = **jovial** → **jolliness** = **joviality**	jovial/e → la jovialité
playful → **playfully**	primesautier/ère → de manière enjouée
lively ['laɪvlɪ] → **liveliness**	vif/-ve / animé/e / plein/e d'entrain → l'entrain
genial ['dʒiːnɪəl] → **genially** → congenial → congenially	d'heureux caractère → avec bonne humeur aimable → aimablement
cheer [tʃɪə] → **cheerful** ≠ **cheerless** → **cheerfully, cheerfulness**	la bonne humeur → réjoui/e, joyeux/-se ≠ triste → avec bonne humeur, la bonne humeur
→ to cheer → to cheer up = to take* heart → to cheer up sb	réjouir (⚠ acclamer) → retrouver le moral remonter le moral à qqn

→ *La chance et le hasard, p. 312*

PHRASES

- **We got some joyful news.** (Nous avons reçu de bonnes nouvelles.)
- **to be* happy about sth** (être heureux de qqch), **to laugh / cry / jump <u>for</u> joy** (rire / pleurer / sauter <u>de</u> joie), **to be* in an ecstasy of delight** (être transporté de joie)
  a happy-go-lucky sort of person (qqn d'insouciant)
- **He beamed at me.** (Il m'adressa un sourire éclatant.)
- **It's fun!** (C'est marrant !), **We're having fun!** (On s'amuse !), **This is no fun at all!** (Ça, ça n'est pas drôle du tout !), **You are no fun any more!** (Tu ne m'amuses plus du tout !)
- **I look forward to it!** (Je m'en réjouis à l'avance !)

● *Laughter* ['lɑːftə] — *Le rire*

to laugh [lɑːf], a laugh → **laughter**, a **laughter**, **laughable**, **laughingly** → a **laughter** line	rire, une partie de rigolade → le rire, un rire, risible, en riant → une ride d'expression
to **chuckle** ['tʃʌkəl], a **chuckle**	glousser, un gloussement de rire (homme)
to **giggle** ['gɪgəl], a **giggle**	pouffer, un gloussement de rire (enfant, femme)
a **guffaw** [gə'fɔː], **to guffaw**	un gros (éclat de) rire, partir d'~
a **smirk** [smɜːk] to smirk	un sourire satisfait / suffisant / narquois, rire d'un air suffisant
to **sneer** [snɪə], a **sneer**	rire avec mépris, un rire méprisant
to snigger = **to snicker**, a **snigger** = **snicker**	ricaner → un ricanement
to titter, a **titter** / **tittering**	rire nerveusement, un/des rire/s nerveux
a **grin** [grɪn], **to grin**	un large sourire, avoir un large sourire
to **smile** [smaɪl], a **smile**	sourire, un sourire

WORD PARTNERS

- **laugh** → **a distinctive / forced / mischievous / nervous ~** (un rire caractéristique / forcé / malicieux / nerveux)
  to raise / stifle / suppress a ~ (faire naître le rire / étouffer / réprimer un ~)
  a belly / bitter / booming = hearty / cruel ~ (un rire gras / désabusé / homérique / cruel),
- **to burst* out laughing** (éclater de rire)
- **laughter** → **convulsive / derisive = mocking / infectious / light-hearted / loud / scornful / shrill ~** (un rire convulsif / moqueur / contagieux / insouciant / sonore / méprisant / perçant)
  to break* out into ~ (éclater de rire), **to roar with / to shake* with / to be* convulsed with ~** (rire aux éclats / se tordre de rire / rire aux larmes), **to have* a fit of ~** (avoir un fou rire)
  peals of ~ (des éclats de rire), **canned ~** (des rires préenregistrés)

- **to grin at sb** (faire un grand sourire à qqn)
- **a friendly / threatening grin** (un grand sourire amical / un sourire menaçant)
- **smile → a sunny / bitter / nasty / simpering / sly / smug ~** (un sourire lumineux / amer / méchant / minaudier / rusé / satisfait)
  to ~ at sb (adresser un sourire à qqn), **to ~ to sb** (sourire à qqn)

PHRASES

- **to have* a good laugh / to laugh one's head off** (rire un bon coup / rire aux éclats), **to laugh / to have* a laugh at sb's expense** (rire aux dépens de qqn), **to laugh up one's sleeve / to have* a quiet laugh** (rire sous cape), **to split one's sides (with) laughing / to be* doubled up with laughter / to laugh oneself silly** (crever de rire / être plié en deux de rire / se rouler par terre de rire), **to laugh something off** (prendre qqch à la légère),
  to be* in stitches = to shake* with laughter (avoir le fou rire)
  to laugh at = to make* fun of = to poke fun at = to mock sb (se moquer de qqn), **to be* the laughing stock of** (être la risée de)
  I'm not amused. (Cela ne me fait pas rire.)
  It's no laughing matter. (Il n'y a pas de quoi rire.)
  We're in for a laugh. (On va bien rire.)
- **to get* the giggles** (avoir le fou rire)
- **to smile one's thanks / one's assent** (remercier / acquiescer d'un sourire), **to keep* smiling** (garder le sourire [dans l'adversité]), **to be* all smiles** (être tout sourire), **with a smile on his lips** (le sourire aux lèvres)
  I'll wipe / knock the smile off his face. (Je vais lui faire passer l'envie de sourire.)
- **He who laughs last laughs longest.** (Rira bien qui rira le dernier.)

● UK *Humour* = US *humor* — *L'humour*

→ a **humorist**	→ un humoriste
→ **humorous** ≠ **humorless**	→ plein d'humour ≠ qui manque d'humour
→ **humorously** ≠ **humorlessly**	→ avec humour ≠ sans humour
irony ['aɪrənɪ] → **ironical** → **ironically**	l'ironie → ironique → ironiquement
sarcasm ['sɑːkæzəm] → **sarcastic** → **sarcastically**	le sarcasme → sarcastique → d'une manière sarcastique
to joke [dʒəʊk] → **a joke, a joker, a jokester, jokingly**	plaisanter → une plaisanterie, un blagueur, un humoriste / un plaisantin, en plaisantant
a jest, to jest → **jesting, a jester**	une plaisanterie, plaisanter → la plaisanterie, un bouffon
to ridicule ['rɪdɪkjuːl] → **ridiculous** [rɪ'dɪkjʊləs]	ridiculiser ← ridicule
a pun [pʌn] / **a play on words**	un jeu de mots
wit → **witty** → **wittily**	l'esprit → spirituel/le → avec esprit
→ a **witticism**	→ un mot d'esprit
→ **quick-witted**	→ à l'esprit vif
→ ⚠ **wittingly** = **advisedly**	en connaissance de cause / sciemment
mischievous ['mɪstʃɪvəs] → **mischievousness**	malicieux/-se ← la malice
jocular ['dʒɒkjələ] → **jocularity**	1. facétieux/-se 2. jovial/e → la jovialité
to amuse [ə'mjuːz] = **to entertain** → **amusing** = **entertaining** = **diverting**	amuser / distraire (⚠ to entertain : recevoir) → distrayant/e / amusant/e / divertissant/e
fun [fʌn] → **funny**	l'amusement → drôle
hilarity [hɪ'lærɪtɪ] → **hilarious** [hɪ'lɛərɪəs]	l'hilarité → à mourir de rire
exhilarating [ɪg'zɪləreɪtɪŋ]	exaltant/e / grisant/e / jubilatoire
comic → **a comic, comical** → **comically**	comique → un comique, cocasse → d'une manière ~
a clown [klaʊn] → **to clown around**	un pitre → faire le pitre
tomfoolery / antics	des pitreries
a prank = **a practical joke** → **a practical joker**	une blague / une farce → un farceur
a spoonerism ['spuːnərɪzəm]	une contrepèterie

WORD PARTNERS

- **humour** → **bitter / black / deadpan / subtle / wicked / wry / zany ~** (un humour amer / noir / pince sans rire / subtil / caustique / sardonique / farfelu), **self-directed ~** (l'auto-dérision)
- **the King's jester** (le bouffon du roi)
- **joke** → **a pathetic / sick = tasteless / silly / stale ~** (une blague débile / de mauvais goût / stupide / ressassée = usée), **an offensive ~** (une ~ injurieuse), **a standing / private ~** (une vieille plaisanterie / une ~ pour initiés)
  to tell* / crack a ~ (dire / faire une plaisanterie)
- **comedy** → **situation / coarse / low ~** (le comique de situation / troupier / la farce), **~ of repetition** (le comique de répétition)

PHRASES

- **He has a good sense of humour. ≠ He has no sense of humour.** (Il a ≠ n'a pas le sens de l'humour.), **I don't like his brand of humour.** (Je n'aime pas son genre d'humour.)
- **to tease / chaff sb** (taquiner qqn), **to carry a joke too far** (pousser trop loin la plaisanterie), **to make* a joke of sth** (prendre qqch sur le ton de la plaisanterie), **to say* sth tongue in cheek** (dire qqch en plaisantant), **to say* = do* sth in jest / for fun** (dire / faire qqch pour rire / en plaisantant), **to (fail to) get* / to see* the joke** ([ne pas] comprendre la blague), **to be* the butt of a joke** (être la cible d'une plaisanterie)
  He likes a joke. ≠ He can't take a joke. (Il aime la ≠ Il ne comprend pas la plaisanterie.)
  He likes playing tricks. (Il aime jouer des tours.)
  You must be joking! (Vous voulez rire ! / Vous plaisantez !)
  I was only joking. (Ce n'était qu'une plaisanterie.)
- **She has a ready wit.** (Elle a beaucoup d'esprit.)
- **He is the life and soul of the party ≠ He is a wet blanket.** (C'est un boute-en-train. / C'est lui qui met l'ambiance ≠ C'est un rabat-joie.)
- **There's many a true word spoken in jest.** (Bien des vérités sont dites en riant.)

• *Likes...* — *Aimer...*

to like sb / sth / doing sth	aimer (bien) qqn / qqch / faire qqch
affection → affectionate → affectionately	l'affection → affectueux/-se → affectueusement
fond [fɒnd] → fondness	tendre / affectueux/-se → la tendresse / l'affection
tender → tenderly, tenderness	tendre → tendrement, la tendresse
to care for	avoir de l'affection pour
a friend [frɛnd] → friendship, friendly → friendliness	un/e ami/e → l'amitié, amical/e → le comportement amical
a pal *(coll.)* / a mate [meɪt] = US a buddy	un copain / une copine
a comrade ['kɒmrɪd] → comradeship	un/e camarade → la camaraderie
a companion [kəm'pænɪən]	une compagne / un compagnon
amiable ['eɪmɪəbəl]	aimable / sympathique
to relate (to) → a relationship	se sentir proche (de) → 1. une relation 2. une liaison

W. P.

- **friend** → **an intimate = a bosom / close ≠ distant** (un/e ami/e intime / proche ≠ distant/e), **a childhood ~** (~ d'enfance), **a devoted ~** (un/e ~ dévoué/e)

PHRASES

- **to be* fond of sb / sth** (beaucoup aimer qqn / qqch), **to make* friends = to strike* up a friendship with sb** (se lier d'amitié avec qqn), **to be* on friendly terms with sb** (avoir des rapports amicaux avec qqn), **to get* on like a house on fire** (s'entendre parfaitement)
- **He is a friend of mine. = He is one of my friends.** (C'est un de mes amis.)
- **It's a matter of taste!** (C'est une question de goût !)
- **There's no accounting for taste.** (Des goûts et des couleurs on ne discute pas.)
  A friend in need is a friend indeed. (C'est dans l'adversité qu'on reconnaît ses amis.)

... and dislikes — ... ou ne pas aimer

to dislike sb / sth / doing sth	ne pas aimer / détester qqn / qqch / faire qqch
to detest sb / sth / doing sth	détester qqn / qqch / faire qqch
to loathe [ləʊð] sb / sth → loathing	haïr qqn / qqch → la répugnance / l'aversion
to hate sb / sth / doing sth hate [heɪt], hatred ['heɪtrɪd] → hateful	haïr / détester qqn / qqch / faire qqch, la haine (vis-à-vis de qqn), la haine (vis-à-vis de qqn ou qqch) → haïssable
revulsion = disgust, to disgust → disgusting	le dégoût, dégoûter → dégoûtant/e
revolting [rɪ'vəʊltɪŋ]	révoltant/e / dégoûtant/e
to repel = to repulse [rɪ'pʌls] → repelling = repulsive	repousser / répugner → repoussant/e / répugnante/e
to abhor → abhorrent, abhorrence of	abhorrer → exécrable, la haine de
horror ['hɒrə] → horrible = horrid	l'horreur → horrible
odium ['əʊdɪəm], odious	l'opprobre, odieux/-se
to revile [rɪ'vaɪl]	vilipender / injurier
a foe [fəʊ] = an enemy ['ɛnɪmɪ] → enmity	un/e ennemi/e → l'inimitié / l'hostilité

W. P.

- **hate → a ~ campaign** (une campagne de dénigrement), **~ mail** (des lettres de menace), **a pet ~** (une haine obsessionnelle)
- **hatred → deep ~ of / for** (une haine profonde de / pour), **racial ~** (la haine raciale)

PHRASES

- *[Coll.:]* **to hate sb's guts** (haïr qqn profondément)
- **Such attitudes are abhorrent to me.** (Je trouve ce genre d'attitude exécrable.)
- **to expose sb to public odium** (exposer qqn à la vindicte publique)
- **I can't bear it. = I can't stand it.** (Je ne supporte pas ça.)

Love — L'amour

love [lʌv], to love → loving → lovingly → a lover ['lʌvə] → beloved, loveable ['lʌvəbəl]	l'amour, aimer → aimant/e / affectueux/-se → affectueusement → un/e amant/e → bien-aimé/e, aimable / attirant/e
to cherish ['tʃɛrɪʃ] sb	chérir qqn
to adore → adorable	adorer → adorable
to desire [di'zaɪə], desire → desirable	désirer, le désir → désirable
to yearn [jɜ:n] for	désirer intensément / se languir de
lust [lʌst] → to lust (after / for sb)	le désir intense / la luxure → désirer ardemment (qqn)
appeal [ə'pi:l] → appealing = alluring	l'attrait → attrayant/e
to seduce [sɪ'dju:s] sb → seductive → seduction	séduire qqn → séduisant/e → la séduction
to court [kɔ:t] sb = to woo [wu:] sb	faire la cour à qqn
to flirt with sb → flirtatious, a flirtation	flirter avec qqn → qui aime ~, un flirt
⚠ to embrace [ɪm'breɪs] = to hug [hʌg]	(s')enlacer
to kiss	(s')embrasser
to caress = to fondle	(se) caresser
to cuddle ['kʌdəl] sb	faire un câlin à qqn
darling / honey / sweetheart ['swi:thɑ:t]	chéri/e
a boyfriend, a girlfriend	un petit ami, une petite amie
a suitor ['sju:tə]	un soupirant
a mistress	une maîtresse
a paramour ['pærəmʊə]	un amant / une maîtresse

an affair / a love affair	une liaison
sex → sexual ['sɛkʃʊəl] → sexuality	le sexe → sexuel/le → la sexualité
male [meɪl]	mâle
female ['fiːmeɪl]	femelle
virile ['vɪraɪl] = manly → virility [vɪ'rɪlɪtɪ] = manliness	viril → la virilité
feminine → femininity	féminin → la féminité
erotic [ɪ'rɒtɪk] → eroticism	érotique → l'érotisme
chaste [tʃeɪst] → chastity ['tʃæstɪtɪ]	chaste → la chasteté
frigid ['frɪdʒɪd] → frigidity	frigide → la frigidité
impotent ['ɪmpətənt] → impotence	impuissant → l'impuissance
to ejaculate → ejaculation	éjaculer → l'éjaculation
sperm [spɜːm]	le sperme
an orgasm = climax ['klaɪmæks]	un orgasme

PHRASES

- **to feel* drawn to sb** = **attracted by sb** (être attiré par qqn), **to go* out with sb** (sortir avec qqn), **to be* going steady** (sortir ensemble de manière régulière), **to have* a date with sb** (sortir avec qqn occasionnellement), **to fall* / to be* in love with sb** (tomber / être amoureux de qqn) ≠ **to fall* out of ~ with sb** (cesser d'être amoureux de qqn), **love at first sight** (le coup de foudre), **to become* / to be* infatuated with sb** (s'amouracher de / s'être amouraché de qqn), **to be* enamoured of sb** (être épris de qqn), **to have* a soft spot for sb** (avoir un faible pour qqn), **to dote on sb** (être fou de qqn)
- **to appeal to sb** (plaire à qqn), **to captivate sb** (captiver qqn)
- **to have* sex** = **to have* sexual intercourse** (avoir des rapports sexuels), **to make* love** (faire l'amour, *[arch. :]* faire la cour), **to go* to bed / to sleep* with sb** (coucher avec qqn)

● *Pleasure and pain* — *Le plaisir et la douleur*

to please [pliːz] → pleased, pleasant ≠ unpleasant = disagreeable → pleasantly ['plɛzəntlɪ] ≠ unpleasantly = disagreeably → to displease → displeasure	faire plaisir → content/e, agréable ≠ déplaisant/e = désagréable → agréablement ≠ désagréablement → mécontenter → le mécontentement
to enjoy [ɪn'dʒɔɪ] → enjoyable, enjoyment	apprécier → plaisant/e, le plaisir
glad → gladness	content/e → le contentement / la joie
delight [dɪ'laɪt], a delight, to delight sb → delightful	le délice, un délice, ravir / enchanter qqn → délicieux/-se
to rejoice (<u>over</u> sth) → rejoicing(s)	se réjouir (<u>de</u> qqch) → les réjouissances
to content, content *(adj.)* content *(N)* ≠ discontent to satisfy → satisfied ≠ dissatisfied, unsatisfied, satisfaction	contenter, content/e → le contentement ≠ le mécontentement satisfaire → satisfait/e ≠ mécontent/e, insatisfait/e, la satisfaction
to gratify	satisfaire grandement, flatter
sweet [swiːt] → sweetly	doux / agréable → avec douceur
sore [sɔː] → sorely	sensible, douloureux/-se, grandement / cruellement
painful ['peɪnfʊl] → painfully	douloureux/-se → douloureusement
⚠ agony ['ægənɪ] → agonizing ['ægənaɪzɪŋ] → agonizingly	une grande douleur / la souffrance → horriblement douloureux/-se → de façon horriblement douloureuse
comfort ['kʌmfət] ≠ discomfort → comfortable ≠ uncomfortable to comfort	le réconfort (⚠ le confort) ≠ le malaise → à l'aise ≠ mal à l'aise réconforter
solace ['sɒlɪs], to solace	la consolation ← consoler
relief [rɪ'liːf], to relieve	le soulagement (⚠ le relief) ← soulager

→ *Les symptômes, p. 121*

WORD PARTNERS

- **to take* = have* pleasure / delight in sth / doing sth** (trouver du plaisir à qqch / faire qqch)
- **content → to be* ~ with sth / to do sth** (se contenter de qqch / de faire qqch), **to be* ~ed ≠ dis~ed with sth** (être satisfait ≠ mécontent de qqch)
- **to be* satisfied with sth / to do sth** (être satisfait de qqch / de faire qqch)
- **to be* gratified at / by sth / to do sth** (être très satisfait par qqch / de faire qqch)
- **to enjoy oneself** (s'amuser)
- **to feel* comfortable ≠ uncomfortable** (se sentir bien ≠ mal à l'aise)

Tears — *Les larmes*

a tear [tɪə] → **tearful** → **tearfully**	une larme → en larmes / plein de larmes → en pleurant
to cry [kraɪ] → **crying** → a **crybaby**	1. pleurer 2. crier → les pleurs, → un/e pleurnicheur/euse
to sniff → a **sniffle**	renifler → un reniflement
to sob, a sob → **sobbing** → **sobbingly**	sangloter, un sanglot → en sanglots → en sanglotant
to wail [weɪl]	gémir /se lamenter
to moan [məʊn], a moan → **moaning**	gémir / se plaindre, un gémissement → des plaintes
to weep* [wiːp] → **weeping, weepy**	pleurer → les pleurs, larmoyant/e
to sigh [saɪ], a sigh	soupirer, un soupir
to whimper, a whimper → a **whimperer**	geindre, un geignement, → un/e geignard/e
to snivel → **snivel(l)ing**	pleurnicher, des pleurnicheries
to whine [waɪn], a whine → **whining**	gémir / se lamenter, un gémissement prolongé → des pleurnicheries
to lament a **lament** [lə'mɛnt]	se lamenter (sur) une complainte / des lamentations
to break* down → a **nervous breakdown**	s'effondrer → une dépression nerveuse

WORD PARTNERS

- **to choke back ≠ to shed* tears** (ravaler ≠ répandre des larmes)
- **to cry → ~ bitterly / softly** (pleurer à chaudes larmes / doucement), **~ oneself to sleep** (s'endormir en pleurant)
- **with a sniffle** (en reniflant)
- **sigh → to heave a ~** (pousser un soupir), **with a ~** (dans un soupir), **a ~ of relief** (un ~ de soulagement)

PHRASES

- **to burst* into tears** (éclater en sanglots), **to be* on the verge of tears** (être au bord des larmes)
  Tears were rolling / flowing / streaming down her cheeks. (Les larmes lui coulaient sur les joues / lui inondaient le visage.)
  Tears welled up in her eyes. (Les larmes lui montèrent aux yeux.)
- **to weep* one's eyes out** (pleurer à chaudes larmes / toutes les larmes de son corps), **to have* a good weep** (pleurer un bon coup)
  a weepy novel / film (un roman / film sentimental = un mélo)
  I could have wept! (J'en aurais pleuré !)
- **to be* on the verge of / to have* a nervous breakdown** (être au bord de la crise de nerfs / faire une dépression nerveuse)

From sadness to despair — *De la tristesse au désespoir*

sad → **sadly** → **to sadden sb** → **saddening**	triste → tristement → attrister qqn → attristant/e
to miss sb	regretter la présence de (⚠ manquer / rater)
to upset [ʌp'sɛt] sb → **upsetting**	contrarier qqn → contrariant/e

pathetic [pə'θɛtɪk] → **pathetically**	pathétique → pathétiquement
melancholy *(N)* = **wistfulness** ← **wistful** = **melancholy** *(adj.)*	la mélancolie mélancolique
dismal ['dɪzməl] = **dreary** → **dismally** = **drearily**	lugubre → lugubrement
sorrow ['sɒrəʊ] → **sorrowful** = **mournful**	la peine → triste
⚠ **misery** ['mɪzərɪ] → **miserable** ['mɪzərəbəl]	le malheur → très malheureux/-se
a wretch [rɛtʃ] → **wretched**	1. un/e malheureux/-se 2. un/e misérable misérable / lamentable
maudlin ['mɔːdlɪn]	larmoyant/e
⚠ **grief** [griːf] → **to grieve** **grief-stricken** → **grievous**, **a grievance** ['griːvəns]	le chagrin → avoir du chagrin accablé/e de chagrin / de douleur → grave / pénible, un grief
anguish ['æŋgwɪʃ] → **anguished**	l'angoisse → angoissé/e
a hardship	un moment difficile / une difficulté
an ordeal [ɔː'diːl]	une épreuve
trying ['traɪɪŋ]	éprouvant/e / pénible
to distress, **distress** → **distressing**	affliger, l'affliction → pénible
⚠ **to distract** → **distracting** → **distracted** = **distraught**, **distraction**	perturber → perturbant/e → éperdu/e, l'égarement
dismay, **to dismay** → **dismayed**	la consternation / le désarroi, consterner → consterné/e / en plein désarroi
to shatter → **shattering**	bouleverser → bouleversant/e
downhearted = **downcast** = **dispirited** = **dejected** = **despondent** = **discouraged**	abattu/e / découragé/e
⚠ **dejection** [dɪ'dʒɛkʃən] = **despondency**	le découragement
to dishearten → **disheartened**, **disheartening**	démoraliser → démoralisé/e, démoralisant/e
to despair [dɪs'pɛə], **despair**, **despairing**	se désespérer, le désespoir, désespéré/e
desperate ['dɛspərət] → **desperately**	désespéré/e → désespérément

WORD PARTNERS

- **dreadfully** = **terribly / extremely** = **tremendously / unbearably sad** (affreusement = terriblement / extrêmement / insupportablement triste)
- **sadness** → **infinite** = **limitless / deep** = **profound** = **bottomless / indescribable / overwhelming** ~ (une tristesse infinie / profonde = insondable / indescriptible / accablante) **to feel* / express** ~ (éprouver / exprimer de la ~), **to show** ≠ **to conceal** = **to hide* one's** ~ (montrer ≠ cacher sa ~)
- **to drive* sb to distraction** (rendre qqn fou)
- **to despair** → ~ **of doing sth** (désespérer de faire qqch), ~ **about sb / sth** (désespérer de qqn / qqch)
- **despair** → **to drive* sb to** ~ (réduire qqn au désespoir), **to give* way / to succumb to** ~ (céder au ~), **to sink* into** ~ (sombrer dans le ~), **to be* in** ~ (être au désespoir), **to wallow in** ~ (se complaire dans le ~), **to overcome*** ~ (surmonter son ~)

PHRASES

- **to feel* down / low / blue** = **to have* got the blues** (se sentir triste et déprimé), **to go* through a bad patch** (traverser une mauvaise passe), **to look glum** (avoir l'air sinistre), **to be* grief-stricken** (être plein de chagrin), **to come* to grief** (1. avoir un malheur ou un accident 2. tourner mal)
  Good grief! (Juste ciel !)
- **I miss you.** (Tu me manques.)
- **a heartbreak** (un chagrin d'amour), **to be* heartbroken** = **broken-hearted** (avoir le cœur brisé), **a heartbreaking story** (une histoire déchirante)
- **a distress signal** (un signal de détresse)
- **to my great dismay** (à ma grande consternation), **in dismay** (d'un air consterné)
- **This child <u>is</u> the despair of his parents.** (Cet enfant <u>fait</u> le désespoir de ses parents.)

From care to horror — Du souci à l'horreur

to care (about sb / sth), care → **careful** → **carefully** → **carefree**, **careless** → **carelessly**	se soucier (de qqn / qqch), le soin / le souci prudent/e → prudemment → insouciant/e, négligeant/e → négligemment
concern [kən'sɜːn] = **worry** ['wʌrɪ]	la préoccupation
to **worry** (about sth), a **worry** → **worrying** = **disquieting**	se faire du souci (pour qqch), un souci inquiétant/e
anxious → **anxiously**, **anxiousness** = **anxiety**	anxieux/-se → anxieusement, l'anxiété
trouble(s) ['trʌbəl(z)]	les ennuis
uneasy [ʌn'iːzɪ] → **uneasiness**	mal à l'aise / inquiet/-ète → la gêne
a **threat** [θrɛt] = a **menace** ['mɛnɪs] → to **threaten** = to **menace**	une menace → menacer
alarming [ə'lɑːmɪŋ], **alarmed**	inquiétant, inquiet/-ète
to **dread** [drɛd] **dread** → **dreadful** → **dreadfully**	craindre la crainte → terrible → terriblement
awe [ɔː] → **awesome** ['ɔːsəm] → **awful** / **awe-inspiring** → **awfully** → **awe-stricken** = **awe-struck**	respect mêlé de crainte → impressionnant / terrifiant → épouvantable → épouvantablement → frappé d'épouvante
to **fear** [fɪə], **fear** → **fearsome** = **fearful** → **fearfully**	craindre, la peur → effrayant/e → terriblement
afraid [ə'freɪd]	effrayé/e
a **fright** [fraɪt] → to **frighten** sb → **frightened**, **frightening**	une frayeur → effrayer qqn → apeuré/e / effrayé/e, effrayant/e
panic, a **panic** → **panicky**, **panic-stricken**	la panique, une panique → qui s'affole facilement, pris de panique
to **scare** sb, a **scare** → **scary** *(coll.)* → a **scaremonger**	effrayer qqn, une frayeur → effrayant/e un/e alarmiste
terror → to **terrify** sb, to **terrorize** sb	la terreur → terrifier / terroriser qqn
to **appal(l)** sb → **appalling** [ə'pɔːlɪŋ]	épouvanter qqn → épouvantable
blood-curdling	qui vous glace le sang dans les veines
horror ['hɒrə] → to **horrify** → **horrifying** / **horrible** / **horrific** / **horrendous** → **horribly** / **horrifically** / **horrendously**	l'horreur → horrifier, horrible / épouvantable → horriblement / épouvantablement

→ *La prudence et l'imprudence, p. 64*

W. P.

- **to take* care of sb / sth** (s'occuper de qqn / qqch)
- **trouble** → **to get* into / to be* in ~** (s'attirer / avoir des ennuis), **to let* oneself in for ~** (se créer des ennuis)
- **to be* afraid / scared of sb / sth / of doing sth** (avoir peur de qqn / qqch / de faire qqch)

PHRASES

- **to take* care** (faire attention), **I don't care.** (Je m'en moque.), **I couldn't care less!** (Je m'en fiche complètement !), **to be* / feel* concerned about sth / sb** (se faire du souci à propos de / pour qqch / qqn)
  ⚠ **to be* anxious to do well** (être soucieux de bien faire)
  ⚠ **That child is a menace!** (Cet enfant est d'un pénible !)
- **You gave me such a fright!** (Tu m'as fait une de ces peurs !)
- **for fear of / for fear that** (de peur de / de peur que)
- **to be* scared stiff / to death** (avoir une peur bleue), **to scare sb to death** = **to scare the life out of sb** (faire une peur bleue à qqn), **to get* into a panic** (être pris de panique)

● *Irritation* — *L'irritation*

← to **irritate** sb → **irritating, irritable** → **irritability**	← irriter qqn → irritant/e, irritable → l'irritabilité
to **pester** sb	importuner, harceler qqn
to **perturb** = to **disturb** = to **bother** sb → **perturbing / disturbing / bothering**	déranger / perturber qqn → perturbant/e / troublant/e
⚠ to **aggravate** → **aggravation** ⚠ to **vex** sb → **vexation**	contrarier qqn → la contrariété
→ ⚠ **aggravating** → **aggravatingly** → **vexing** = **vexatious** → **vexatiously**	→ contrariant/e → de façon contrariante
to **annoy** [ə'nɔɪ] → **annoyance**	agacer / contrarier / énerver → l'agacement / la contrariété
to **exasperate** → **exasperating, exasperation**	exaspérer → exaspérant/e, l'exaspération
to **badger** sb (with)	harceler qqn (de)
to **complain** [kəm'pleɪn] → ⚠ a **complaint**	se plaindre → une plainte
strained = **tense** → **tenseness** = **strain**	tendu/e → la tension
peeved [piːvd] / **sore** (with sb)	en rogne (contre qqn)
short-tempered = **irascible** → **irascibly, irascibility**	irascible → avec irascibilité, l'irascibilité

→ *La personnalité et le comportement, p. 54*

PHRASES

- **to try sb's patience** (mettre la patience de qqn à l'épreuve), **to get* on sb's nerves** (taper sur les nerfs de qqn), **to raise sb's hackles** (faire dresser le poil à qqn), **to be* a nuisance** (être assommant), **to make* a nuisance of oneself** (se rendre insupportable), **to be* ruffled** (perdre son calme), **to lose* patience** (perdre patience), **to be* on edge / highly strung / under stress** (être très nerveux / à cran / stressé), **to get* hot under the collar** (bouillir d'énervement), **to take* the huff** = **to get* into a huff** (prendre la mouche), **to be* in a huff** (être froissé)
- **To her / his annoyance...** (À sa grande irritation...)

● *Anger* — *La colère*

angry [æŋgrɪ] → **angrily**	en colère → avec colère
cross (with sb) → **crossly**	fâché/e (contre qqn) → d'un ton / air fâché
indignant [ɪn'dɪgnənt] → **indignation**	indigné/e → l'indignation
fury ['fjʊərɪ] → **furious** → **furiously**	la fureur → furieux/-se → furieusement
→ to **infuriate** → **infuriated, infuriating** → **infuriatingly**	mettre en rage, furieux/-se, exaspérant/e, → de manière exaspérante
⚠ to **incense** sb → **incensed** [in'sɛnst]	mettre en colère → furieux/-se
rage [reɪdʒ] → to **rage** (at / against sb)	la rage → rager (contre qqn)
wrath [rɔːθ] → **wrathful** = **irate**	le courroux → courroucé/e
mad	1. fou/folle 2. fou/folle de rage
a **tantrum** ['tæntrəm]	un accès de colère puéril
to **flare up** [flɛə]	s'emporter
⚠ to **fume** [fjuːm]	fulminer
overwrought ['əʊvərɔːt]	excédé/e

WORD PARTNERS

- **anger** → **to flare up in ~** (se mettre brutalement en colère), **an outburst / a fit of ~** (un accès de ~)
- **fury** → **to be* in a ~** (être dans une colère folle), **to put* sb into a ~** (mettre qqn dans une ~)
- **rage** → **a blind / towering ~** (une rage folle)
  to fly* into / to be* in a ~ (se mettre / être en ~), **to put* sb into a ~** (mettre qqn en ~), **a fit of ~** (un accès de ~)
- **to have*** = **to throw* a tantrum** (faire une grosse colère)

PHRASES

- **to be* quick-tempered / hot-tempered / to have* a hot temper** (se mettre facilement en colère), **to have* a vile / nasty temper** (avoir un sale caractère), **to be* in a foul / vile temper** (être d'une humeur massacrante), **to lose* one's temper / to fly* into a temper / to get* angry** (se mettre en colère), **to vent one's anger** (donner libre cours à sa colère), **to be* beside oneself with rage** (être hors de soi), *[coll.:]* **to blow* one's top = to fly* off the handle** (péter les plombs / sortir de ses gonds)
- **to drive* sb mad** (faire (en)rager qqn), **to get* mad at sb** (se mettre en colère contre qqn), **to be* mad with anger** (être fou de colère), **to be* mad = wild at sb** (être fou de rage contre qqn)
- **Don't take your anger out on me!** (Ne passe pas ta colère sur moi !)

• *Aggressivity / aggressiveness* — *L'agressivité*

← aggressive → aggressively an aggression [ə'grɛʃən]	← agressif/-ve → de manière agressive une agression
hostile ['hɒstaɪl] → **hostility** [hɒs'tɪlɪtɪ]	hostile → l'hostilité
animosity	l'animosité
harsh [hɑ:ʃ] → **harshness**	dur/e / sévère → la dureté / la sévérité
to curse [kɜ:s] a curse = a **swearword** = an oath [əʊθ]	maudire un juron
to swear [swɛə] (at sb)	jurer (contre qqn)
to jeer [dʒɪə] / gibe [dʒaɪb] / sneer (at sb) a jeer / gibe / sneer [snɪə]	railler (qqn) une raillerie / un quolibet
to attack, an attack → an attacker	attaquer / une attaque → un agresseur
to assail → an assailant [ə'seɪlənt]	assaillir → un/e assaillant/e
to assault, an assault [ə'sɔ:lt]	agresser, une agression
an **onslaught**['ɒnslɔ:t]	une violente attaque

→ *La brutalité, La violence de la rue, p. 192*

PHRASES

- **to be* attacked by doubts** (être assailli par le doute)
- **assault and battery** (coups et blessures), **to make* an assault on sb** (assaillir qqn), **to assault sb's sensibilities** (blesser la sensibilité de qqn)
- **Attack is the best form of defence.** (La meilleure défense, c'est l'attaque.)

• *Calm* [kɑ:m] — *Le calme*

calm = collected = cool [ku:l] → calmly = coolly → to calm down = to cool down	calme / maître de soi → calmement → se calmer
serene [sɪ'ri:n] → **serenely, serenity** [sɪ'rɛnɪtɪ]	serein/e → sereinement, la sérénité
quiet ['kwaɪət] → **quietly**	calme et silencieux → calmement /sans bruit
still	calme et immobile
to soothe [su:ð] → **soothing**	apaiser → apaisant/e
phlegm → phlegmatic → phlegmatically	le flegme → flegmatique → avec flegme
unflappable	imperturbable / qui ne se laisse pas démonter
to control oneself	se maîtriser
to compose oneself → composed, composure [kəm'pəʊʒə]	se reprendre → calme et posé/e la maîtrise de soi
to settle down	s'apaiser (⚠ s'installer)

PHRASES

- **to be* / remain composed** (être / rester calme et posé), **to keep* calm / cool / collected** (rester calme), **to keep* one's cool / one's self-control / one's self-command** (garder son sang-froid), **to recover one's composure** (reprendre ses esprits), **to be* as cool as a cucumber** (être imperturbable)

Jealousy — *La jalousie*

← **jealous** ['dʒɛləs]	← jaloux/-se
envy ['ɛnvɪ] → **envious** → **enviously**	l'envie → envieux/-se → avec envie
to covet ['kʌvɪt] → **covetous** → **covetously, covetousness**	convoiter → avide / envieux/-se → avec convoitise, la convoitise
a rival ['raɪvəl] → **rivalry**	un/e rival/e → la rivalité
spite → **spiteful** → **spitefully**	le dépit → rancunier → avec rancune
bitter → **bitterly, bitterness**	amer/-ère → amèrement, l'amertume

PHRASES

- **to arouse jealousy / envy** (susciter la jalousie / l'envie), **to make* sb envious** (faire envie à qqn), **to envy sb for sth** (envier qqch à qqn), **a fit of jealousy** (une crise de jalousie), **a covetous look** (un regard de convoitise), **green <u>with</u> jealousy / <u>with</u> envy** (vert <u>de</u> jalousie / <u>d'</u>envie)

Rancour and revenge / vengeance — *La rancune et la vengeance*

a feud [fju:d]	une querelle
to resent [rɪ'zɛnt] → **resentment**	avoir du ressentiment → le ressentiment
UK **rancour** = US **rancor** → **rancorous**	la rancune → amer/-ère / fielleux/-se
to revenge, revenge → **vengeful** → **vengefulness**	(se) venger, la revanche / vengeance vindicatif → la vindicte
to avenge [ə'vɛndʒ] → **an avenger**	venger → un justicier
reprisal [rɪ'praɪzəl] / **retaliation** [rɪtælɪ'eɪʃən]	les représailles

WORD PARTNERS

- **to resent** → **~ sb for sth** (en vouloir à qqn de qqch), **~ sth** (être mécontent de qqch), **~ sb** (être mécontent de la présence de qqn)
- **revenge** → **to seek* ~ for sth** (chercher à se venger de qqch), **to vow ~** (jurer de se ~), **to take* ~ on sb for sth** (se ~ de qqch sur qqn), **to do* sth in ~ for sth** (faire qqch pour se ~ de qqch)
- **to revenge oneself on / against sb** (se venger de qqn)
- **to avenge sb** (venger qqn)
- **retaliation law** (la loi du talion)

PHRASES

- **to bear* a grudge against sb / to hold* it against sb** (garder rancune à qqn), **to have* it in for sb** (en vouloir à qqn), **to get* back at sb** (prendre sa revanche sur qqn), **to get* one's own back = to avenge oneself = to get* one's revenge on sb** (se venger de qqn), **to pay* sb back in their own coin = to get* even with sb = to give* sb a dose of their own medicine** (rendre à qqn la monnaie de sa pièce)
- **as a reprisal for = in retaliation for** (en représailles de)
- ⚠ **It started raining with a vengeance.** (La pluie reprit de plus belle.) **She started to work with a vengeance.** (Elle se mit à travailler avec acharnement.)
- **An eye for an eye, a tooth for a tooth.** (Œil pour œil, dent pour dent.)

Enthusiasm and boredom — *L'enthousiasme et l'ennui*

enthusiastic [ɪn'θju:zɪ'æstɪk] → **enthusiastically**	enthousiaste *(adj.)* → avec enthousiasme
to interest, interest → **interesting**	intéresser, l'intérêt → intéressant/e
UK **ardour** ['ɑ:də] = US **ardor, ardent**	l'ardeur, ardent/e
zeal [zi:l] → **zealous** ['zɛləs]	le zèle → zélé/e
to excite [ɪk'saɪt] **sb** → **excitement** = US **excitation** → **exciting, excited** → **excitable**	exciter / passionner qqn → l'excitation / l'exaltation → exaltant/e, excité/e / exalté/e → impressionnable
buoyant ['bɔɪənt] → **buoyantly, buoyancy**	plein/e d'entrain → avec entrain, l'entrain
to thrill sb → **thrilling**	exciter / passionner qqn → passionnant/e

to bore [bɔː] → **boring** ['bɔːrɪŋ] = **tiresome** ['taɪəsəm]	ennuyer / ne pas intéresser (⚠ forer) → ennuyeux/-se
tedium, tedious ['tiːdɪəs] → **tediously, tediousness**	l'ennui, très ennuyeux/-se → de façon fastidieuse, la monotonie
to **weary** ['wɪərɪ], **weary** → **weariness, wearisome**	(se) lasser, las/se → la lassitude, lassant/e
irksome ['ɜːksəm]	fastidieux/-se
reluctance [rɪ'lʌktəns] → **reluctant** → **reluctantly**	la répugnance → sans enthousiasme *(adj. → adv.)*
half-hearted → **half-heartedly**	sans enthousiasme *(adj. → adv.)*
monotony, monotonous [mə'nɒtənəs]	la monotonie, monotone

W. P.

- **to show great interest for** (montrer beaucoup d'intérêt pour)
- **to be* interested in sth / in doing sth** (s'intéresser à qqch / avoir envie de faire qqch)
- **weary → to grow* ~ of sth / of sb / of doing sth** (se lasser de qqch / qqn / faire qqch),
- **to weary sb / of sb / of sth** (lasser qqn / se lasser de qqn / de qqch)

PHRASES

- **to be* eager to do sth / keen on doing sth** (avoir très envie de faire qqch), **to be* crazy / wild / mad about sth** (être entiché / fou de qqch)
- **to be* fed up with sth / sb / doing sth** (en avoir marre de qqch / qqn / faire qqch), **to be* sick to death of sth** (en avoir plein le dos de qqch)
  I've had it! (J'en ai plus qu'assez !)

Looking up to people — *L'admiration*

to look up → to look up to sb	lever les yeux → regarder qqn avec admiration
to **admire** [əd'maɪə] → **admiration** [ædmə'reɪʃən] **an admirer** [əd'maɪərə] **admiring** → **admiringly, admirable** → **admirably**	admirer → l'admiration un/e admirateur/-trice admiratif/-ve → avec admiration, admirable → admirablement
to **inspire** [ɪns'paɪə] sb with sth → **an inspiration** [ɪnspɪ'reɪʃən]	inspirer qqch à qqn → une (source d')inspiration
to **impress** → **impressive**	impressionner → impressionnant/e
a **role model**	un modèle (= qqn que l'on cherche à imiter)

W. P.

- **admiration → mutual / sincere / unreserved / grudging / undivided / widespread ~** (une admiration mutuelle / sincère / sans réserve / réticente / unanime / générale), **great = high / profound / tremendous ~** (une grande / profonde / immense ~) **to arouse = attract = command ~** (susciter l'~), **to feel* / to express = to show ~** (ressentir / montrer de l'~), **to be* full of ~ for sb** (être plein d'~ pour qqn)

Wishing and wanting — *Souhaiter et vouloir*

to wish, a wish	souhaiter, un souhait
to long for sth / to do sth → a **longing**	avoir envie de qqch / de faire qqch → un désir / une aspiration
to **yearn** [jɜːn] = to **crave** [kreɪv] for sth → a **yearning** / a **craving**	avoir très envie / une envie folle de qqch → un désir ardent
to **hanker** for sth / after sth → a **hankering**	avoir très envie de qqch → un rêve / une envie
to want	vouloir (⚠ manquer de)
the will, a will → **willing** → **willingly** → **willpower, self-willed,** → **wil(l)ful = stubborn = pigheaded** *(coll.)*	la volonté, 1. une volonté 2. un testament → disposé/e / prêt/e → volontiers → la volonté, volontaire → entêté/e / têtu/e

unwilling / reluctant → reluctance	peu disposé/e / réticent/e → la réticence
obstinate / dogged → obstinacy / doggedness	obstiné/e / opiniâtre → l'obstination / l'opiniâtreté
to mean* = to intend to do sth → an intention → intentional = deliberate ≠ unintentional	avoir l'intention de faire qqch → une intention → intentionnel/le / voulu/e / délibéré/e ≠ involontaire
determined / resolute / steadfast / purposeful → determinedly / resolutely / steadfastly/ purposefully	déterminé/e / résolu/e / inébranlable / décidé/e → de manière ~ / avec détermination
≠ irresolute	≠ irrésolu/e
to hope [həʊp] → hopeful ≠ hopeless	espérer → plein/e d'espoir ≠ sans espoir (⚠ bon/-ne à rien)
to disappoint → disappointment, a disappointment	décevoir → la déception, une déception
optimism ≠ pessimism → optimistic(ally) ≠ pessimistic(ally)	l'optimisme ≠ le pessimisme → (de manière) optimiste ≠ pessimiste
⚠ sanguine ['sæŋgwɪn] → sanguinely	optimiste / confiant/e → avec optimisme

→ *La certitude et l'incertitude, p. 316*

WORD PARTNERS

- **to make* / fulfil(l) a wish** (faire / satisfaire un vœu)
- **to want / to wish sth / to do sth / sb to do sth** (vouloir / souhaiter qqch / faire qqch / que qqn fasse qqch)
- **hope → a faint = vague / frail ~** (un vague / faible espoir), **a fleeting / foolish ~** (un ~ passager / insensé)
- **a huge disappointment** (une énorme déception)

PHRASES

- **This is just a lot of wishful thinking!** (C'est vraiment prendre ses rêves pour des réalités !)
- **to feel* like doing sth / to have* a good mind to do sth** (avoir envie de faire qqch)
- **to have* a strong will / a will of one's own / a lot of willpower / an iron will** (avoir beaucoup de volonté / une volonté de fer), **to be* (as) stubborn as a mule** (être têtu comme une mule) ≠ **to lack willpower / to have* a weak will** (manquer de volonté)
- **This is completely hopeless!** (Nous n'avons pas la moindre chance !)
- **to look forward to sth** (avoir hâte que qqch arrive), **to look forward to doing sth** (avoir hâte de faire qqch)
- **I'm (quite) willing to help them.** (Je ne demande qu'à les aider.), **willy-nilly = willing or not, you...** (que cela vous plaise ou non, vous...)
- **I didn't mean to...** (Je n'avais pas l'intention de...)
- **to be* intent <u>on</u> doing sth** (être bien décidé <u>à</u> faire qqch)
- **to hope against hope** (espérer envers et contre tout)

● *Choice and preference* — *Le choix et la préférence*

a choice [tʃɔɪs]	un choix
to choose* ['tʃuːz] sth / to do sth → choosy	choisir qqch / de faire qqch → exigeant/e / difficile
to pick → picky	choisir, sélectionner → difficile / exigeant/e
to prefer → (a) preference, preferable → preferably	préférer → une / la préférence, préférable → de préférence
UK to favour, a favour = US to favor, a favor → favo(u)rite, a favo(u)rite → favo(u)ritism → favo(u)rable → favo(u)rably	préférer / favoriser, une faveur → favori/te, un/e favori/te → le favoritisme favorable → favorablement
to discriminate [dɪs'krɪmɪneɪt] discriminate ≠ indiscriminate	être sélectif/-ve / faire une sélection sélectif/-ve ≠ sans discrimination
to select → a selection, selective	sélectionner → une sélection, sélectif/-ve
to opt for sth / to do sth → an option	opter pour qqch / choisir de faire qqch → une option

to decide [dɪ'saɪd] → **a decision** [dɪ'sɪʒən] → **a decision-maker**	décider → une décision → un/e décideur/-se
→ **decisive**	→ 1. décisif/-ve 2. résolu/e
≠ **indecisive**	≠ 1. peu concluant/e 2. indécis/e
a dilemma	un dilemme
indifference [ɪn'dɪfərəns], **indifferent**	l'indifférence, indifférent

→ *L'obligation, p. 314, La certitude et l'incertitude, p. 316*

WORD PARTNERS

- **choice** → **a deliberate ≠ blind ~** (un choix délibéré ≠ fait à l'aveuglette), **a careful = considered / judicious / shrewd / wise ≠ stupid / random / final / painful / limited = narrow ≠ wide ~** (un ~ réfléchi / judicieux / astucieux / raisonnable ≠ idiot / laissé au hasard / définitif / douloureux / limité ≠ un grand ~), **an awkward ≠ easy ~** (un ~ difficile ≠ facile) **freedom of ~** (la liberté de choisir), **first / second ~** (de premier / second choix)
- **pick** → **to ~ sb / sth out** (sélectionner qqn / qqch), **to ~ a flower / up sb / up sth on the floor** (cueillir une fleur / aller chercher qqn / ramasser qqch par terre)
- UK **favour** = US **favor** → **to be* in ~ of sth / sb** (être en faveur de qqch / qqn), **to tip the scales in ~ of sb** (faire pencher la balance en faveur de qqn)
- **to be* a favo(u)rite with sb** (avoir la préférence de qqn)
- **to make* a decision** (prendre une décision)

PHRASES

- **It's Hobson's choice! = There's no choice!** (Il n'y a pas le choix.), **We've no choice / no alternative but to...** (Nous n'avons pas d'autre solution que de...), **There's nothing for it but...** (Il n'y a pas d'autre choix que...)
  We're spoilt for choice. (On n'a que l'embarras du choix.)
- **Take your pick! / Have your pick!** (Faites votre choix.), **It's up to you.** (À toi de décider.)
- **to pick and choose** (faire une sélection)
- **to like sb / sth better than...** (préférer qqn / qqch à...), **to like one thing less than = not to like one thing as much as the other** (aimer une chose moins que = ne pas aimer une chose autant que l'autre)
- **to prefer one thing to another** (préférer une chose à une autre), **to prefer sb to do sth** (préférer que qqn fasse qqch)
  REMEMBER!
  I would rather go (than stay). = I'd prefer to go. (Je préfèrerais y aller [plutôt que...])
  I would rather you / they stayed here. = I'd prefer you / them to stay here. (Je préfèrerais que vous / qu'ils/elles restent ici.)
- **to fall* out of favo(u)r with sb** (perdre la faveur de qqn)
  to see* / present sb / sth in a favo(u)rable light (voir / montrer qqn / qqch sous un jour favorable)
- **to eliminate the alternatives** (procéder par élimination)
- **a greater good** (un bien supérieur), **a lesser evil** (un moindre mal)
- **to be* undecided = to be* in two minds how to act / about what to do** (être indécis quant au parti à prendre)
- **to make* up one's mind** (prendre une décision)
  She is a woman of decision. (Elle sait ce qu'elle veut.)
- **It's six of one and half a dozen of the other. = It's as broad as it's long.** (C'est du pareil au même / C'est blanc bonnet et bonnet blanc.), **It's all the same to me. / I don't care (one way or the other).** (Ça m'est complètement égal.)

• *Authority* [ɔː'θɒrɪtɪ] — *L'autorité*

authority → **authoritative, authoritarian**	l'autorité → 1. autoritaire 2. qui fait autorité 3. autorisé / officiel, autoritariste
high-handed	très autoritaire
⚠ **formidable** ['fɔːmɪdəbəl]	redoutable / impressionnant/e
a boss → **bossy** → **bossiness**	un patron → autoritaire → des façons autoritaires
to dominate sb → **domineering** → **domination**	dominer qqn → dominateur/-trice, la domination
to rule [ruːl], **a rule** → **unruly**	gouverner / diriger, une règle → indocile

WORD PARTNERS

- **authority → absolute / dubious / innate / relevant / supreme ~** (une autorité absolue / douteuse / innée / compétente / suprême)
  to assert / to exert / to impose / maintain one's ~ (affirmer / user de / imposer / préserver son autorité), **to defy = to flout / to deny / to erode = to undermine / to question / to overthrow* ~** (défier / nier / saper / remettre en question / renverser l'autorité)
- **rule → to establish / to accept / to stick* to / to break* / to bend* a ~** (établir / accepter / s'en tenir à / violer / contourner une règle), **to waive a ~** (1. supprimer une ~ 2. déroger à une ~)
  as a ~ (généralement), **as a general ~** (en règle générale)

PHRASES

- **to have* / exercise authority = power (over sb)** (avoir autorité / exercer son autorité [sur qqn]), **to exert pressure (on sb)** (faire pression [sur qqn]), **to have* the whip hand (over sb)** (avoir la haute main [sur qqn]), **to lord it over sb** (vouloir en imposer à qqn)
- **to rule with a rod of iron** (gouverner avec une main de fer)
  It's a rule of thumb that... (C'est un principe de base que...)

● *Obedience* [ə'bi:dɪəns] *and disobedience* — *L'obéissance et la désobéissance*

to conform (to sth) / to comply (with sth) → compliant = accommodating	se conformer / s'adapter (à qqch) arrangeant/e = accommodant/e
to defer [dɪ'fɜ:] to sb → deference ['dɛfərəns] → deferential	s'en remettre à (la volonté de) qqn → la déférence → plein/e de ~ / d'égards
to yield [ji:ld] → yielding	céder / se soumettre → accommodant
to submit to sb → a submission, submissive → submissiveness, submissively	se soumettre à qqn → une soumission, soumis/e → la soumission, avec soumission
docile ['dəʊsaɪl] → docilely → docility [də'sɪlɪtɪ] ≠ indocility	docile → docilement → la docilité ≠ l'indocilité
subservient = servile ['sɜ:vaɪl] → subservience = servility [sɜ:'vɪlɪtɪ]	servile → la servilité
obsequious → obsequiousness	obséquieux/-se → l'obséquiosité
to (dis)obey sb → (dis)obedient	(dés)obéir à qqn → (dés)obéissant/e
insubordinate → insubordination	insubordonné/e → l'insubordination
to rebel [rɪ'bɛl] (against sb), a rebel ['rɛbəl] → rebellious, rebellion [rɪ'bɛljən]	se rebeller (contre qqn), un/e rebelle, rebelle, la rébellion
to revolt against sb, a revolt	se révolter contre qqn, une révolte
to mutiny ['mju:tɪnɪ], a mutiny → mutinous	se mutiner, une mutinerie mutiné/e / rebelle

→ *La fierté et l'humilité, p. 63, La persuasion, p. 299*

PHRASES

- **Do as you are told!** (Faites ce qu'on vous dit !)
- **to be* at sb's beck and call** (être aux ordres de qqn), **to toe the line** *[fig. :]* marcher droit
- **to stand* up to sb** (tenir tête à qqn)
  You can't order me about! (Je n'ai pas d'ordres à recevoir de vous.)
  Don't be so bossy! (Arrête de jouer les petits chefs !)

6 Sensations and perceptions — Les sensations et les perceptions

Sensations — Les sensations

to feel* [fi:l]	avoir une sensation / une impression
to sense	sentir (intuitivement) / percevoir
the senses → sensory	les sens → sensoriel/le
→ sensuous → sensuousness = sensual → sensuality	→ sensuel/le → la sensualité
to be* alive to	être conscient de / sensible à
a stimulus ['stɪmjələs]	un stimulus
to perceive [pə'si:v] → (im)perceptible	percevoir / ressentir → (im)perceptible
to discern [dɪ's3:n] → discernible	discerner → discernable
to detect [dɪ'tɛkt] → detectable	déceler → décelable
distinct → distinctly	distinct → 1. distinctement 2. vraiment
intense → intensity, intensely	intense → intensité, intensément
pleasure ['plɛʒə] → (un)pleasant(ly)	le plaisir → (dés)agréable(ment)

→ *Le plaisir et la douleur, p. 71*

W. P.

- **Can + verbs expressing involuntary perception:** **I can feel / hear / see... sth.** (Je sens / entends / vois... qqch.)
- **to stimulate the senses** (stimuler les sens)
- **It feels / smells / tastes / sounds / looks like it...** (Ça y ressemble au toucher / à l'odeur / au goût / à l'oreille / à l'œil... / On dirait...)

Perceptions and impressions — Perceptions et impressions

to observe [əb'z3:v] → observation	observer → l'observation
to notice ['nəʊtɪs]	remarquer
to seem [si:m] → seemingly	sembler → à ce qu'il semble / semble-t-il
to appear [ə'pɪə] → an appearance	paraître / apparaître → une apparence
to look [lʊk]	paraître / avoir l'air
inward ≠ outward → outwardly	intérieur ≠ extérieur → apparemment
an illusion [ɪ'lu:ʒən]	une illusion
intuition [ɪntju:'ɪʃən], an intuition / a hunch [hʌntʃ]	l'intuition, une intuition / un pressentiment
intuitive → intuitively	intuitif/-ve → intuitivement
a foreboding [fɔ:'bəʊdɪŋ]	un pressentiment / une prémonition
an inkling	une petite idée
to experience [ɪks'pɪərɪəns]	éprouver
to be* conscious ['kɒnʃəs] = aware (of) ≠ unconscious = unaware (of)	être conscient (de) ≠ inconscient (de)
to react (to) → a reaction (to)	réagir (à) → une réaction (à)
to respond (to) → a response [rɪs'pɒns] (to)	réagir / répondre (à) → une réaction / réponse (à)

PHRASES

- **I can't feel my feet.** (Je ne sens plus mes pieds.), **I felt like (eating) an ice-cream.** (J'avais envie d'une glace.), **I felt like an idiot.** (Je me suis senti stupide.)
- **to be* under the impression / illusion that** (avoir l'impression / l'illusion que), **an optical illusion** (une illusion d'optique)
- **to mistake* sth / sb for sth / sb else** (prendre qqch / qqn pour qqch / qqn d'autre)

- **I followed my intuition.** (J'ai suivi mon intuition.), **My hunch paid off.** (Mon intuition s'est vérifiée exacte.), **I have a hunch we'll hear of them.** (J'ai comme un pressentiment que nous aurons de leurs nouvelles.)
- **I have a feeling / the impression that...** (J'ai l'impression que...), **It seems to me that...** (Il me semble que...), **It looks as if / as though...** (Il semble que... / On dirait que...) **He looks old / young.** (Il fait vieux / jeune.), **He looks fifty.** (Il a l'air d'avoir 50 ans.), **He looks his age.** (Il paraît son âge.), **to look good / well / interested** (avoir bonne mine / avoir l'air en forme / avoir l'air intéressé)

Touch — *Le toucher*

to touch [tʌtʃ]	toucher
contact	le contact
to skim	effleurer
to brush against	frôler / frôler
to finger	tripoter / tâter du doigt
to feel* / grope [grəʊp] for	(re)chercher à tâtons
to handle	manier / manipuler / toucher à
to clasp [klɑːsp]	étreindre
to grab [græb]	agripper
to rub [rʌb] against	(se) frotter contre
to caress / to stroke / to pet	caresser
to pat	tapoter, flatter
to tap (on / against)	tapoter (sur)
to knock (on / against)	frapper (sur / contre)
to squeeze [skwiːz]	presser
to knead [niːd]	pétrir / malaxer
to tickle ['tɪkəl] → ticklish	chatouiller → chatouilleux/-se
numb [nʌm]	gourd / engourdi/e / insensible
soft ≠ hard → to soften (up) ≠ to harden (up)	doux/-ce ≠ dur/e → (s')adoucir ≠ (s')endurcir
smooth [smuːð] ≠ rough [rʌf] to smooth (out)	lisse ≠ rugueux/-se lisser
tough [tʌf] → toughness	dur/e / résistant/e → la dureté / la résistance
firm [fɜːm] → firmly, firmness	ferme → fermement, la fermeté
stiff → stiffly, stiffness, to stiffen	raide → avec raideur, la raideur, (se) raidir
rigid → rigidly, rigidity	rigide → de manière rigide, la rigidité
limp → limply, limpness	mou/molle / flasque → de manière molle, la mollesse
malleable ['mæliəbəl] → malleability	malléable → la malléabilité
pliable ['plaɪəbəl] = flexible → flexibility	flexible → la flexibilité
elastic → elasticity	élastique → l'élasticité
fragile ['frædʒaɪl] → fragility [frə'dʒɪlɪtɪ]	fragile → la fragilité
friable ['fraɪəbəl] = flaky ['fleɪkɪ] = crumbly ['krʌmblɪ] → friability [fraɪə'bɪlɪtɪ] = flakiness	friable → la friabilité
texture ['tɛkstʃə]	la texture
even ['iːvən] ≠ uneven	uni/e ≠ irrégulier/-ère
downy ← down [daʊn]	duveteux/-se ← le duvet
greasy ← grease [griːs]	gras/se ← graisse / lubrifiant
viscous → viscosity	visqueux/-se → la viscosité
slippery ← to slip	glissant/e ← glisser
slimy ← slime [slaɪm]	gluant/e ← substance gluante / bave / vase
sticky → stickiness	poisseux/-se → caractère poisseux

moist → **moisture** → **to moisturize**	humide → humidité → humidifier
clammy → **clamminess**	visqueux/-se / moite → moiteur
coarse [kɔ:s]	brut/e / rèche
bristly ['brɪslɪ] ← a **bristle, to bristle**	piquant/e, rugueux/-se ← un poil / une soie, se hérisser
prickly ← a **prickle, to prickle**	piquant/e, épineux/-se ← un piquant, piquer
hot	très chaud/e
burning ← to burn* [bɜ:n]	brûlant/e ← brûler
smarting ← **to smart**	cuisant/e ← brûler / faire mal
scalding ['skɔ:ldɪŋ]	brûlant (liquide)
scorching ['skɔ:tʃɪŋ]	brûlant (soleil / temps)
cold [kəʊld]	froid/e
cool [ku:l] → to cool down	frais/fraîche → (se) rafraîchir
warm [wɔ:m] → to warm up → **warmth** [wɔ:mθ]	chaud/e → (se) réchauffer la chaleur agréable
tepid	tiède *(péj.)*
lukewarm ['lu:kwɔ:m]	tiède

W. P.

- **to lose* touch with** (perdre le contact avec)
- **to go* numb = to go* dead** (s'engourdir / devenir insensible)
- **It's rough ≠ smooth to the touch.** (C'est rugueux ≠ lisse au toucher.)
- **smooth-shaven ≠ bristly cheeks / ~ legs** (des joues / jambes bien ≠ mal rasées)
- **to feel* the cold** (sentir le froid)

PHRASES

- **to be* / to come* into contact with sth** (être / entrer en contact avec qqch)
- **to have* a light touch** (avoir la main douce), **It was touch and go!** (C'était limite!)
- **It has the feel of silk.** (Au toucher on dirait de la soie.)
- Sur un emballage : **Handle with care!** (Fragile)

● *Hearing* — *L'ouïe*

← to hear* [hɪə]	entendre
to listen ['lɪsən] **(to sb)**	écouter (qqn)
deaf [dɛf] → **deafness** → **tone-deaf** → **stone-deaf** = as deaf as a post	sourd/e → la surdité qui n'a pas d'oreille (musicale) sourd comme un pot
audible ['ɔ:dɪbəl] ≠ **inaudible**	audible ≠ inaudible
a sound [saʊnd]	un son / un bruit
to sound	1. sonner / résonner 2. avoir l'air (à l'oreille) 3. faire sonner / résonner
to ring*	sonner, résonner

→ *La tête, p. 41*

W. P.

- **hearing → to be* sharp ≠ hard of ~** (avoir l'oreille fine ≠ être dur d'oreille)
  within ≠ out of hearing = earshot (à portée ≠ hors de portée d'oreille)
- **to listen to music** (écouter de la musique), **~ for the music** (essayer d'entendre la musique)

PHRASES

- **Hear me out!** (Écoutez-moi jusqu'au bout !)
- **to have* an ear for music / languages** (avoir l'oreille musicale / être doué pour les langues), **pleasant to the ear** (agréable à l'oreille), **to play music by ear** (jouer à l'oreille)
- **It doesn't sound right...** (Il y a quelque chose qui ne va pas...), *[fig.:]* **to sound one's trumpet** (s'exprimer)
- **It has the ring of truth.** (Ça sonne vrai.)

Voices and sounds — *Les voix et les sons*

a voice [vɔɪs]	une voix
tone [təʊn] → **toneless**	le ton → atone
monocord	monocorde
a **lilt** to **lilt** → **lilting**	un rythme / une cadence harmonieux/-se être chantant, avoir des inflections mélodieuses → chantant/e, mélodieux/-se
singsong a **singsong**	mélodieux/-se 1. une voix chantante 2. chants (en chœur)
the pitch → to pitch one's voice → a **high**-pitched ≠ **low**-pitched voice	la tonalité → placer sa voix une voix haut perchée / grave
a hush [hʌʃ] → to hush	un silence → 1. faire silence 2. faire taire
high [haɪ] ≠ low [ləʊ]	aigu/-üe ≠ grave (tonalité)
loud [laʊd] ≠ low	fort/e ≠ bas/se (niveau sonore)
silent ['saɪlənt] = **mute** [mju:t]	silencieux/-se = muet/te
deep [di:p] → **deeply**	profond/e → profondément
dry [draɪ] → **dryly**	sec / sèche → sèchement
harsh → **harshly**	discordant/e → de façon déplaisante
hollow ['hɒləʊ]	1. sourd/e (son, voix) 2. creux/-se
husky ['hʌskɪ]	1. rauque (voix) 2. enroué/e 3. costaud
hoarse [hɔ:s] → **hoarsely**	rauque / enroué/e → d'une voix ~
sharp [ʃa:p] → **sharply**	sec/-sèche / aigu/-üe / brusque → sèchement
sour [saʊə] → **sourly**	aigre → aigrement
shrill → **shrilly**	aigu/-üe → de manière stridente
warm [wɔ:m] → **warmly**	chaleureux/-se → chaleureusement

Noise — *Le bruit*

→ **noisy** ['nɔɪzɪ]	→ bruyant/e
faint	léger/-ère / atténué/e
dull [dʌl]	assourdi / sourd (bruit)
muffled ['mʌfəld]	étouffé/e
⚠ a **report** [rɪ'pɔ:t]	une détonation / explosion
a din	un vacarme / boucan *(fam.)*
a **drone** [drəʊn]	un bourdonnement / vrombissement
a **hubbub** ['hʌbʌb]	un brouhaha / un tohu-bohu
an **uproar** ['ʌprɔ:] → **uproarious**	un vacarme → tonitruante (⚠ désopilant/e)

PH.
- **the report of a gun** (une détonation)
- **an uproarious laughter** (un rire tonitruant), **uproariously funny** (tordant)
- **a deafening noise** (un bruit assourdissant)

Making noises — *Faire des bruits*

a bang [bæŋ], to bang	un bruit de choc violent / fracas, faire un ~
a blare [blɛə], to blare	un bruit strident et pénible, émettre un ~
a blast [bla:st], to blast	un bruit d'explosion, faire un ~
a boom [bu:m], to boom	un bruit sourd de choc / d'explosion / un grondement, produire un ~
a buzz [bʌz], to buzz	un bruit de sonnette / une sonnerie, sonner
a chime [tʃaɪm], to chime	un carillon, carillonner
a chink [tʃɪnk], to chink	un tintement, tinter
a clang [klæŋ], to clang → a **clangour**	un fort bruit métallique (ponctuel) / un fracas, faire un ~ → un grand fracas

a clank [klæŋk], to clank	un bruit sec (ponctuel et métallique), faire un bruit sec
a clap [klæp], to clap → clapping	un claquement, claquer / applaudir → des applaudissements
a clatter['klætə], to clatter	un claquement sec et répétitif (bois ou métal), produire un ~
a click, to click	un bruit de déclenchement / un cliquetis, faire un cliquetis / cliqueter
a clink, to clink	un petit bruit métallique / un tintement, tinter
⚠ a crack [kræk], to crack	un bruit de coup sec / un claquement, claquer
a crackle ['krækəl], to crackle	un petit bruit sec et répétitif / un crépitement, crépiter
a crash [kræʃ], to crash	bruit de choc / de chute / d'effondrement / un fracas, produire un ~
a creak [kri:k], to creak	un bruit grinçant, grincer
a crunch [krʌntʃ], to crunch	un bruit de bris / d'émiettement / un craquement, craquer
a drum [drʌm], to drum	un bruit de roulement de tambour, tambouriner / pianoter / tapoter
a fizz, to fizz → to fizzle out	un pétillement / une effervescence, pétiller / crépiter → faire long feu
a flap [flæp], to flap	un claquement / battement (d'ailes, de tissu), claquer / battre
a flutter ['flʌtə], to flutter	un battement continu et précipité (associé à émoi et fragilité), produire un ~
a gargle ['gɑ:gəl], to gargle	un bruit de gargarisme / un gargouillis, gargouiller
a gurgle ['gɜ:gəl], to gurgle	un gargouillis harmonieux (ruisseau, bébé), gargouiller / gazouiller
a grate [greɪt], to grate	un bruit de râpe / grattement / un crissement, crisser
a grind [graɪnd], to grind*	un bruit de grincement / un crissement, grincer / crisser
a hiss, to hiss	un sifflement / un chuintement siffler / chuinter
a honk [hɒŋk], to honk	un bruit ponctuel d'avertisseur sonore / klaxon, klaxonner
a hoot [hu:t], to hoot	un bruit de sifflement / mugissement (humain), mugir
a howl [haʊl], to howl	un hurlement / un mugissement (vent), hurler / mugir
a hum [hʌm], to hum	un faible bruit mélodique et continu / une rumeur / un bourdonnement / un léger ronflement, fredonner / chantonner / bourdonner / ronfler doucement
a jangle ['dʒæŋgəl], to jangle	une cacophonie, produire une ~
a jar [dʒɑ:], to jar	un/e grincement / discordance soutenue / détonner / grincer
a jingle ['dʒɪŋgəl], to jingle	un bruit métallique léger / un cliquetis, cliqueter, tinter
a knock [nɒk], to knock	un (bruit de) coup, cogner / frapper
a patter ['pætə], to patter	un bruit de petits claquements répétés / un clapotis, clapoter
a peal [pi:l], to peal	un bruit en cascade de rire / carillon / tonnerre, cascader / carillonner / retentir
a pop, to pop	un bruit sec ponctuel (bouchon de champagne...), faire un bruit sec

pounding ← to **pound** [paʊnd]	un bruit sourd de coups forts et répétés, marteler / pilonner / battre (contre)
a **puff** [pʌf], to **puff**	un bruit d'expiration, ponctuel ou répétitif / un souffle / halètement, souffler / haleter
a **purr** [pɜː], to **purr**	un ronronnement, ronronner
a **quaver** ['kweɪvə], to **quaver**	un chevrotement / tremblement (⚠ une croche), chevroter / trembloter
a **racket** ['rækɪt], to **racket**	un bruit de désordre / un raffut / vacarme / boucan, faire un / du boucan
a **rap** [ræp], to **rap**	un petit bruit sec / un petit coup / une tape, taper
a **rasp** [rɑːsp], to **rasp**	un bruit traînant et discordant / un crissement, crisser
a **rattle** ['rætəl], to **rattle**	un bruit de ferraille continu / un fracas / cliquetis, s'entrechoquer
a **ring**, to **ring**	un bruit de sonnerie / sonnette / une réverbération sonore, sonner / retentir
a **rumble** ['rʌmbəl], to **rumble**	un bruit de grondement / un roulement (tonnerre) / gargouillement (estomac) / fracas, gronder / tonner / gargouiller / retentir
a **rustle** ['rʌsəl], to **rustle** → **rustly**	un bruissement, bruire (feuilles, vêtements) → bruissant
a **scrape** [skreɪp], to **scrape**	un bruit de grattage, gratter
a **screech** [skriːtʃ], to **screech**	un bruit de grincement / un crissement (pneus) / un cri strident et soutenu (associé à la violence), grincer / crisser / crier
a **sizzle** ['sɪzəl], to **sizzle**	un grésillement, grésiller
a **slam**, to **slam**	un bruit de claquement brutal, claquer
a **slap**, to **slap**	une tape / claque / gifle, taper / claquer / gifler
a **smack**, to **smack**	un claquement sec / une gifle, taper / gifler
a **snap**, to **snap**	un claquement sec (branchette), claquer
a **snort** [snɔːt], to **snort**	un bruit nasal / un ébrouement, s'ébrouer / renâcler / renifler / grogner
a **splash**, to **splash**	un éclaboussement, éclabousser
a **squeak** [skwiːk], to **squeak**	un petit cri (souris) / grincement aigu, couiner / grincer
a **squeal** [skwiːl], to **squeal**	un bruit / cri perçant (peur) / grincement, hurler / grincer
a **squelch**, to **squelch**	un bruit de succion / de pataugeage dans la boue, produire un bruit de succion
a **squirt** [skwɜːt], to **squirt**	un bruit de giclée, gicler
a **squawk** [skwɔːk], to **squawk**	un cri rauque entravé (choc / peur), émettre un cri rauque
a **stamp** [stæmp], to **stamp**	un bruit de coups répétitif, voire rythmique (⚠ un timbre), produire un ~
a **tap**, to **tap**	une (petite) tape, taper / tapoter
a **throb**, to **throb**	un battement / une palpitation, battre / vibrer / palpiter
a **thud** [θʌd], to **thud**	un bruit sourd (d'impact), faire un ~
a **thump** [θʌmp], to **thump**	un bruit sourd (d'impact, qqch de lourd), faire un ~ / tomber lourdement
a **tick**, to **tick**	un tic-tac, faire tic-tac
a **tinkle** ['tɪŋkəl], to **tinkle**	un tintement, tinter / tintinnabuler
a **toll** [təʊl], to **toll**	un glas, sonner (le glas)
a **twang** [twæŋ], to **twang**	un son / des intonations nasillard/es / bruit de cordes pincées, émettre ~

a **twitter**, to **twitter**	un gazouillis (oiseaux), gazouiller
a **wail** [weɪl], to **wail**	gémissement / hurlement (vent, sirène d'alarme), gémir / hurler
a **warble** ['wɔ:bəl], to **warble**	gazouillis plaisant (oiseaux, bébé) / roucoulement, gazouiller / roucouler
a **wheeze** [wi:z], to **wheeze**	un bruit de respiration laborieuse / un sifflement, émettre un ~ / siffler
a **whir(r)** [wɜ:] to **whir(r)**	un ronronnement, ronronner /bruire (machine)
a **whizz** [wɪz], to **whizz**	un sifflement lié à un déplacement très rapide, produire un sifflement

PHRASES

- **I heard a loud bang...** (J'ai entendu un grand bruit...)
- **He banged the door shut.** (Il claqua la porte.)
- **They buzzed me downstairs.** (Ils sonnèrent pour que je les rejoigne en bas.)
- **The chink of his keys and her clattering shoes alerted me.** (Je fus alerté par le bruit de ses clefs et celui des chaussures de la femme qui claquaient sur le plancher.)
- **to crack a whip** (faire claquer un fouet)
- **to grind* one's teeth** (grincer des dents)
- **to clap one's hands** (applaudir)
- **to huff and puff** (exprimer son mécontentement)
- **The knife whizzed past me.** (Le couteau passa à côté de moi dans un sifflement.)

● *Smell* — *L'odorat*

to **smell*** [smɛl] a **smell** → **smelly**	1. sentir (avec le nez) 2. avoir une odeur une odeur → à l'odeur déplaisante
to **sniff**, a **sniff**	1. flairer 2. renifler, un reniflement
⚠ an **odour** ['əʊdə]	une odeur forte
a **reek** [ri:k] → to **reek (of)**	un relent → empester
to **stink*** **(of)**	empester / puer
a **whiff**	une bouffée
a **scent** [sɛnt] → **scentless, scented**	une senteur → inodore, parfumé (objet)
a **fragrance** ['freɪgrəns] → **fragrant**	un parfum (agréable et naturel) → parfumé
perfume ['pɜ:fjum], to **perfume oneself** → UK **perfumed** = US **perfumed**	le parfum (de parfumeur), se parfumer → parfumé/e (personne)
an **aroma** [ə'rəʊmə]	un arôme

W. P.

- **smell** → **a good ≠ bad ~** (une bonne ≠ mauvaise odeur), **a stale ~** (une odeur de renfermé), **a nauseous = noisome = foul ~** (une odeur nauséabonde)
- **to smell* of sth** (sentir qqch / avoir une odeur de qqch)
- **an acrid / pungent / rank / stale odour** (une odeur âcre / piquante / fétide / viciée)
- **a heady scent** (un parfum entêtant)

PHRASES

- **She never got a sniff of it!** (Elle n'en a jamais vu la couleur !)
- **I don't like the smell of it!** (Je n'aime pas ça !)
- **I can smell the reek of corruption.** (Ça sent la corruption à plein nez.)
- **There was a whiff of racism in his speech.** (Son discours avait des relents de racisme.)

● *Taste* — *Le goût*

a **taste** [teɪst], to **taste** → a **tasting** → **tasty** ≠ **tasteless, tasteful** → **distaste** → **distasteful**	un goût, goûter → une dégustation → qui a du goût ≠ sans goût, de bon goût → le dégoût → dégoûtant/e
to **savour** ['seɪvə] → ⚠ **savoury**	savourer → 1. salé/e 2. savoureux/-se
a **flavour** ['fleɪvə] → a **flavouring**	un goût / arôme → un arôme (artificiel)

palatable ['pælətəbəl]	agréable au goût
sweet [swi:t] → to sweeten	sucré/e → sucrer
⚠ tart [tɑ:t]	acide / aigre (⚠ a tart : une prostituée, une tarte)
bitter → bitterness	amer/-ère → amertume
bittersweet ['bɪtəswi:t]	doux-amer
mild [maɪld]	doux/-ce / suave
hot = spicy ← a spice [spaɪs] → to spice up	épicé/e (⚠ chaud) ← une épice → épicer
to pepper up	pimenter

PHRASES

- **to give* / add taste to** (donner / ajouter du goût à), **to taste of** (avoir goût de)
- **to spice up one's life** (mettre du piquant dans sa vie), **to add spice to...** (donner du piment à...), **to pepper up a situation** (donner du sel à une situation), **to pepper a speech with quotations** (émailler un discours de citations)

(Eye)sight — *La vue*

→ L'œil p. 43

to see* [si:]	voir
to squint, a squint	loucher, un strabisme
to blink	cligner des yeux
to wink, a wink	faire un clin d'œil, un clin d'œil
to look [lʊk], a look to look at sth	1. avoir l'air 2. regarder, un regard regarder qqch
to behold [bɪ'həʊld]	contempler
to examine [ɪg'zæmɪn]	examiner
to inspect	inspecter
to frown [fraʊn] (at/on)	regarder d'un mauvais œil, désapprouver
to gaze [geɪz] (at)	regarder 1. vaguement 2. avec admiration
to gape [geɪp] (at)	regarder bouche bée
a glance [glɑ:ns], to glance (at)	un coup d'œil, jeter un coup d'œil
a glare [glɛə], to glare = to glower (at)	un regard courroucé, regarder avec colère
a glimpse, to glimpse	un coup d'œil, apercevoir
to make* out	arriver à distinguer
to ogle / to eye up	reluquer / lorgner
to peep [pi:p] = to peek [pi:k] (at)	observer à la dérobée
to peer [pɪə] (at)	scruter
to scan = to scrutinize ['skru:tɪnaɪz] ← scrutiny	examiner attentivement et en détail ← examen attentif
to stare [stɛə] (at) a stare	regarder fixement (étonnement ou désapprobation) un regard fixe
to survey [sə'veɪ], a survey ['sɜ:veɪ]	passer en revue, un regard panoramique
to view [vju:] a view	regarder attentivement / visiter qqch (maison), une vue
to watch [wɒtʃ]	regarder / observer

WORD PARTNERS

- **to look out** = **to watch out [for sth]** (être aux aguets, faire attention [à qqch])
- **to catch* a glimpse of sth** (apercevoir qqch)
- **glance** → **to steal* a ~ at sth** (regarder qqch à la dérobée), **to cast* a ~** (jeter un coup d'œil) **at a ~** (au premier regard / immédiatement), **at first ~** (au premier abord / au début)
- **to have* = take* a peep = peek at sth** (jeter un coup d'œil furtif à qqch), **to have* = take* a quick survey of sth** (passer qqch en revue rapidement)

PH.

- **to be* sharp-sighted** (avoir une vue perçante)
- **a sight for sore eyes** (qqch qui fait plaisir à voir)
- **a Peeping Tom** (un voyeur)
- **I stared them out of the room.** (Mon regard leur a fait quitter la pièce.)

● Light and darkness — La lumière et l'obscurité

a light [laɪt], to light* → the lighting a light bulb, a lighthouse, a light year → to light* up → to lighten → to enlighten → the Enlightenment → lightning	une lumière, éclairer → l'éclairage, une ampoule, un phare, une année-lumière → (s')éclairer, (s')illuminer → (s')éclaircir, (s')éclairer → éclairer *(fig.)* → les Lumières *(philo.)* → la foudre
to illuminate [ɪ'lu:mineɪt] → an illumination	illuminer → une illumination
bright [braɪt] ≠ lacklustre ['læklʌstə] / dull [dʌl]	brillant/e / lumineux/-se ≠ sans éclat
luminous → luminosity	lumineux/-se → la luminosité
brilliant ['brɪljənt], brilliance	éclatant/e, l'éclat
gaudy ['gɔ:dɪ] = garish ['gɛərɪʃ]	cru/e (lumière) / criard/e (couleur)
daybreak	l'aube
the dawn [dɔ:n] → to dawn	l'aurore → se faire jour / débuter
to fade to wane	s'estomper / baisser (lumière)
shade [ʃeɪd] → shady	l'ombre / l'ombrage → ombragé/e (⚠ louche)
a shadow ['ʃædəʊ]	une ombre (portée)
gloom [glu:m] → gloomy	la pénombre → sombre
twilight ['twaɪlaɪt]	le demi-jour / le crépuscule / entre chien et loup
dusk [dʌsk] → dusky	le crépuscule → obscur/e
dark [dɑ:k] → darkness = the dark → pitchdark	sombre → le noir / l'obscurité → d'un noir d'encre / le noir complet

WORD PARTNERS

- **light** → **artificial ~** (la lumière artificielle), **a bright ≠ poor / faint = dim / wan ~** (une ~ vive ≠ faible / pâle / blafarde)
  a ray / a beam / a source of ~ (un rayon / un faisceau / une source de ~)
  in full ~ (en pleine lumière), **by the ~ of a lamp** (à la lumière d'une lampe), **in the ~ of day = in day~** (à la lumière du jour), **in broad day~** (en plein jour), **in a good ~** (sous une bonne lumière)
  a ~ comes on ≠ goes out (une ~ s'allume ≠ s'éteint), **all the ~s are out** (toutes les ~s sont éteintes), **to turn / switch on ≠ off the ~** (allumer ≠ éteindre la ~), **to turn the ~ up ≠ down** (augmenter ≠ diminuer l'intensité de la ~)
  to cast* / shed* / throw* ~ on sth (éclairer qqch / faire la ~ sur qqch), **to come* to ~ = to be* brought to ~** (être révélé)
  to see* sth / to appear in a good ≠ bad / new / different / false ~ (voir qqch / apparaître sous un bon ≠ mauvais jour / sous un nouveau jour / sous un jour différent / sous des couleurs trompeuses)

PHRASES

- **to see* the light** (comprendre), **in the light of this new information** (à la lumière de ces nouvelles informations)
- **It just dawned on me why...** (Je viens juste de comprendre pourquoi...)
- **the Twilight Zone** (la Cinquième Dimension)
- **to be* in the shade / in the dark** (être à l'ombre / dans l'obscurité = dans le noir)
- **to be* afraid of the dark** (avoir peur du noir)

● Lights — Les lumières

to radiate ['reɪdɪeɪt] → radiant → radiance	rayonner → radieux/-se → rayonnement
to shine* [ʃaɪn]	briller, émettre / réfléchir une lumière
to blaze [bleɪz], a blaze → ablaze	flamber / émettre une lumière intense, une lumière intense (incendie, etc.) en flammes / illuminé/e
to flare [flɛə] (up)	s'allumer / s'enflammer brusquement (⚠ se mettre en colère)

to flicker ['flɪkə], **a flicker**	[lumière :] vaciller / trembl(ot)er, une lumière intermittente / vacillante / évanescente
to glow [gləʊ], **a glow**	rougeoyer / flamboyer / rutiler, une lumière rougeoyante (braises)
to glimmer ['glɪmə], **a glimmer**	luire faiblement, une faible lueur
to shimmer ['ʃɪmə], **a shimmer**	chatoyer / scintiller / miroiter, un chatoiement / scintillement / miroitement
to twinkle ['twiŋkəl], **a twinkle**	scintiller / pétiller, un pétillement / une lumière intermittente et douce
to glint, a glint	étinceler / miroiter, un reflet / miroitement
to glisten ['glɪsən]	luire / miroiter (sur une surface humide)
to glitter ['glɪtə], **a glitter**	luire (d'un reflet métallique), un scintillement / un éclat
gloss → **glossy**	le lustre / le brillant / l'éclat → lustré/e / brillant/e
to scintillate ['sɪntɪleɪt]	scintiller / étinceler
to sparkle [spɑːkəl], **a sparkle** → **sparkling**	étinceler / briller / scintiller, un scintillement / une lumière vive et intermittente → étincelant/e
to (be)dazzle → **dazzling**	éblouir → éblouissant/e
to flash [flæʃ], **a flash** → **flashy** → US **a flashlight** = UK **a torch** → **a flasher**	(faire) clignoter, un éclat (lumière soudaine, très forte, ponctuelle) → clinquant / tape-à-l'œil, une lampe-torche un clignotant (⚠ un exhibitionniste)
to glare [glɛə], **a glare**	briller d'un éclat éblouissant, une lumière aveuglante (⚠ regard furibond)
to gleam [gliːm], **a gleam**	luire, une lueur / un miroitement / un reflet doux / voilé

WORD PARTNERS

- **a flare path** (une piste d'atterrissage balisée)
- **a flicker of intelligence** (une lueur d'intelligence)
- **a glimmer of hope** (une lueur d'espoir)
- **glossy** → ~ **paper** (le papier glacé), ~ ≠ **matt colours** (des couleurs brillantes ≠ mates)
- **to sparkle with wit** (pétiller d'intelligence)
- **a flash of light / of lightning** (une lueur soudaine / un éclair)

PHRASES

- **to flash a light on sth** (diriger le faisceau d'une lampe sur qqch)
  It suddenly flashed upon me that... (Il m'est soudain apparu que...)
  Her eyes flashed fire at them. (Elle les foudroya du regard.)
- **It suddenly glared at me that ...** (Tout d'un coup, ça m'a sauté aux yeux que...)
- **All is not gold that glitters.** (Tout ce qui brille n'est pas or.)

● UK *Colour* = US *Color* — *La couleur*

a colo(u)r ['kʌlə], **to colour** → **colourful** ≠ **colourless**, **multicoloured** → **a colouring**	une couleur, colorer → (très) coloré/e ≠ incolore / fade, multicolore → 1. une coloration 2. un colorant
a hue [hjuː] = **a shade** = **a nuance** ['njuːɑːns]	une nuance / un ton
a tinge, to tinge	une teinte (légère), teinter (légèrement)
a tint, to tint	une teinte, colorer
⚠ **pied** [paɪd]	bigarré/e, bariolé/e
a speck → **speckled**	une petite tache → tacheté/e
iridescent [ɪrɪ'dɛsənt]	irisé/e
pearly ['pɜːlɪ]	nacré/e
dull / drab → **dullness / drabness**	terne / fade → aspect terne / fade

WORD PARTNERS

- **to go*** = **turn** + **COLOUR** (devenir + COULEUR)
  light = **pale** ≠ **dark** + **COLOUR** (COULEUR + clair/e ≠ foncé/e)
  vivid / **bright** ≠ **dull** + **COLOUR** (COULEUR + chatoyant/e / vif/-ve ≠ terne)
  warm ≠ **cold** / **cool** + **COLOUR** (COULEUR + chaud/e ≠ glacé/e / froid/e)
  plain + **COLOUR** (COULEUR + uni/e)
  deep + **COLOUR** (COULEUR + intense / soutenu/e)
- **colour** → **primary** ≠ **secondary ~s** (les ~s primaires ≠ secondaires), **pastel ~s** (des ~s pastel)
  to film / **a film in ~** (filmer / un film en couleur), **to blend ~s** (mélanger les couleurs)
  a splash of ~ (une tache de ~), **a ~ photograph** (une photographie en couleur)

PHRASES

- **What colour is it?** (De quelle couleur est-ce ?)
- **to change colour** (changer de couleur [émotion]), **to have* a good colour** (avoir de belles couleurs), **to put* some colour back in sb's cheeks** (redonner des couleurs à qqn)
- **the colour bar** (la ségrégation raciale)
- **to change one's colours** (retourner sa veste)

UK *Colours* = US *Colors* — *Les couleurs*

a **rainbow** ['reɪnbəʊ]	un arc-en-ciel
the **spectrum** ['spɛktrəm]	le spectre (des couleurs)
black → to **blacken**	noir/e → noircir
UK **grey** = US **gray** → **greyish**, to **grey**	gris/e → grisâtre, grisonner
white → **off-white**, to **whiten**, to **white out**, **whitewash**, **whiting**	blanc/he → blanc cassé, blanchir, effacer (au correcteur), la chaux, le blanc d'Espagne
to **bleach** [bliːtʃ] → **bleached** ≠ **unbleached**	décolorer → décoloré/e ≠ écru/e
cream [kriːm]	(couleur) crème
yellow ['jɛləʊ] → **yellowish**, **yellowy**	jaune → jaunâtre, jauni/e
straw-coloured	jaune paille
green [griːn] → **greenish**, **greenery**	vert/e / verdoyant/e → verdâtre, la verdure
verdant ['vɜːdənt] *(lit.)*	verdoyant
ultramarine [ʌltrəmə'riːn]	bleu outremer
blue [bluː] → **blueish** = **bluish**	bleu/e → bleuâtre
indigo	indigo
⚠ **purple** ['pɜːpəl] / **violet** ['vaɪəlɪt]	violet/te
mauve [məʊv]	mauve
red → to **redden**, **reddish**	rouge → rougir, rougeâtre
to **flush** [flʌʃ]	rougir (visage) (⚠ tirer la chasse d'eau)
to **blush** [blʌʃ]	rougir / rosir (d'émotion)
pink	rose
crimson ['krɪmzən]	cramoisi/e (rouge vif)
⚠ **puce** [pjuːs]	cramoisi/e (rouge brun)
ruddy ['rʌdɪ]	aux belles couleurs (visage) / rougeâtre
scarlet ['skɑːlət]	écarlate
vermilion [və'mɪljən]	vermillon
wine-coloured	lie-de-vin
rust-coloured	(couleur) rouille
orange ['ɒrɪndʒ]	orange
⚠ **maroon** [mə'ruːn]	bordeaux
bronze [brɒnz]	mordoré/e
tan, to **tan** → **tanned**, a (**sun**)**tan**	fauve (couleur), se hâler → hâlé, un hâle
tawny ['tɔːnɪ]	fauve (couleur), mordoré/e
beige [beɪʒ]	beige
fawn [fɔːn]	beige foncé (⚠ faon)
ochre ['əʊkə]	ocre

burnt umber	terre d'ombre brûlée
russet ['rʌsɪt]	brun roux
brown [braʊn]	marron / brun

WORD PARTNERS

- **jet / inky black** (noir de jais / d'encre)
- **cream / milk / snow white** (blanc crémeux / laiteux / comme neige)
- **UK grey / US gray** → **charcoal ~** (gris anthracite), **dove ~** (~ tourterelle), **mid-~** (~ souris), **pearl ~** (~ perle), **slate ~** (~ ardoise), **steel ~** (~ acier)
- **yellow** → **bright ~** (jaune poussin), **canary ~** (~ canari), **golden ~** (~ d'or), **lemon ~** (~ citron), **mustard ~** (~ moutarde), **ochre ~** (ocre ~), **saffron ~** (~ safran)
- **green** → **almond ~** (vert amande), **apple ~** (~ pomme), **bottle ~** (~ bouteille), **emerald ~** (~ émeraude), **olive ~** (~ olive), **pistachio ~** (~ pistache), **sage ~** (~ tilleul), **sea ~** (~ d'eau)
- **blue** → **azure ~** (bleu azur), **cobalt ~** (~ de cobalt), **electric ~** (~ électrique), **lavender ~** (~ lavande), **midnight ~** (~ nuit), **navy ~** (~ marine), **ocean ~** (~ océan), **peacock ~** (~ canard), **Prussian ~** (~ de Prusse), **royal ~** (~ roi), **sapphire ~** (~ saphir), **sky ~** (~ ciel), **slate ~** (~ ardoise), **turquoise ~** (~ turquoise)
- **red** → **blood ~** (rouge sang), **brick ~** (~ brique), **cardinal ~** (~ cardinal), **cherry ~** (~ cerise)

PHRASES

- **He sees everything in black-and-white terms!** (Ce qu'il est manichéen !)
  It's there in black and white! (C'est écrit là, noir sur blanc !)
- **as black as coal / soot** (noir comme le charbon / la suie), **a black eye** (un œil au beurre noir), **black and blue** (couvert de bleus), **to beat* sb black and blue** (battre qqn comme plâtre), **black comedy** (la comédie grinçante), **black humour** (l'humour noir), **to look on the black side of things** (voir tout en noir)
- **a grey area** (une zone limite / un peu floue...)
- **a white sale** (une vente de linge blanc), ⚠ **a white wedding** (un mariage en blanc), **a paper marriage** (un mariage blanc), **US: "white trash"** (les petits Blancs), **a white book** (un livre blanc [rapport officiel]), **White Christmas** (Noël sous la neige), **to be* as white as a sheet / as a ghost** (être blanc comme un linge / pâle comme la mort), **to be* white with fear** (être vert de peur), **(as) white as snow** (blanc comme neige)
  Aux échecs : **I'll be white.** (Je prends les blancs.), **White wins.** (Les blancs gagnent.)
  cricket / tennis / chef's whites (tenue de cricket / de tennis / de cuisinier)
  The men in white coats are going to come for you! (Tu vas finir à l'asile !)
- **Two blacks don't make a white.** (On n'efface pas un tort avec un autre.)
- **The lights are yellow.** (Les feux sont à l'orange.), **the yellow press** (la presse à scandale), **Yellow brick road** (la route du bonheur), **a yellow card** (un carton jaune)
  to have* a yellow streak (être une poule mouillée), **a yellow-belly** (un trouillard)
- ⚠ **greens** (UK les légumes verts = US la végétation), **to give* sb the green light** (donner le feu vert à qqn), *[slang:]* **a greenback** (un billet vert = un dollar), **I'm not as green as you think!** (Je ne suis pas aussi naïf que tu crois !)
- **to be* / feel* blue = to get* / have* the blues** (avoir le cafard), **to look blue** (avoir l'air déprimé), **the blues** *(+ sing.)* (1. le cafard 2. le blues [musique])
  to get* / to be* an Oxford / a Cambridge blue (être recruté pour / représenter l'Université d'Oxford / de Cambridge dans une discipline sportive), **a true blue** (un ardent conservateur), **to be* awarded the blue riband = ribbon** (recevoir une récompense sportive), **to be* blue-blooded** (avoir du sang royal), **to be* blue with / from the cold** (être bleu de froid), **a blue film** (un film porno), **to scream blue murder** (crier de toutes ses forces / s'indigner publiquement), **to tell* sb sth till one is blue in the face** (se tuer à dire qqch à qqn), **out of the blue** (à l'improviste / à brûle-pourpoint), **to go* off into the blue** (partir à l'aventure), **to vanish into the blue** (s'évanouir dans la nature), **a bolt from the blue** (une nouvelle complètement inattendue)
  This novel needs the blue pencil. (Ce roman a besoin de corrections.)
  The air was blue! (Les gros mots fusaient !)
- **a purple patch** (un morceau d'anthologie), **purple prose** (une prose ampoulée)
- **to be* as red UK as a beetroot = US as a beet** (être rouge comme une tomate), **to be* in the red** (Banque : être à découvert), **to be* red-blooded** (avoir le sang vif), **to see* red** (voir rouge), **red hot** (chauffé à blanc), **to see* the red light** (voir le danger), **to catch* sb red-handed** (prendre qqn la main dans le sac), **to roll out the red carpet** (dérouler le tapis rouge), **to give* sb the red carpet treatment** (recevoir qqn avec tous les honneurs), **the Red Cross** (la Croix Rouge), **a red-letter day** (un jour mémorable), *pej.:* **the Reds** (les communistes), Histoire US : **red territory** (territoire britannique), **the redcoats** (XVIIIème siècle : les soldats britanniques)

● Bodily activity — L'activité physique

a stance [stɑːns]	une position
⚠ balance ['bæləns]	l'équilibre
to lie* [laɪ] → to lie down	être étendu (⚠ mentir) ← s'étendre
to sit* → to sit down → to sit* up	être assis ← s'asseoir se redresser pour être assis bien droit
to stand* → to stand* up, to stand* aside, to stand* back	être debout → se lever, s'écarter, se reculer
to bow [baʊ]	s'incliner
to lean* [liːn]	se pencher
to bend*	se pencher / (se) plier
to stoop [stuːp]	se baisser / courber l'échine
to slump [slʌmp] (down)	s'affaisser
to collapse, collapse	s'effondrer, l'effondrement / la chute
to drop	(se) laisser tomber
to fall* [fɔːl]	tomber
to turn [tɜːn] → to turn around	(se) tourner → (se) retourner
to scoot [skuːt]	filer à toute vitesse
to jump [dʒʌmp], a jump → to jump up, to jump up and down	sauter, un saut → sauter en l'air, faire des bonds
to spring* = to leap* [liːp], a leap	bondir, un bond
to bound [baʊnd] = to bounce, a bound	bondir (⚠ borner / limiter), un bond
to skip	sautiller / gambader
to hop	sauter à cloche-pied
to climb [klaɪm] → to climb up / down	grimper → gravir / redescendre
to squat [skwɒt] = to crouch [kraʊtʃ] → to squat (down) = to crouch (down)	être accroupi ← s'accroupir
to wriggle ['rɪgəl]	se tortiller

→ *Les sports, p. 270 et s.*

PHRASES

- **to stand* around** (rester là / traîner / faire le pied de grue), **to stand* UK in a queue / US in line** (faire la queue)
- **to take* a wide stance** (se tenir pieds écartés)
- **to keep* one's balance** (garder l'équilibre)
- **to lean* against sth / on sb** (s'appuyer contre qqch / sur qqn)
- **to get* = rise* to one's feet** (se mettre debout)
- **to kneel* down / to be* on one's knees = to kneel*** (s'agenouiller / être à genoux)
- **to jump (on) sb** (agresser qqn), **to jump up and down** (sauter partout [de joie / de colère])
- **to scramble up / down / in / out** (grimper / descendre / entrer / sortir en s'aidant de ses mains et de ses pieds)
- **The higher they rise, the harder they fall.** (Plus dure sera la chute).

● Using one's hands and arms — Ce qu'on fait de ses mains et de ses bras

skil(l)ful → skil(l)fulness	adroit/e / habile → l'adresse / l'habileté
≠ clumsy ['klʌmzɪ] → clumsiness	≠ maladroit/e / malhabile / gauche → la maladresse / la gaucherie
to pass [pɑːs] = to hand sth to sb → to hand (a)round, to hand back, to hand down,	passer qqch à qqn → faire passer à la ronde, rendre (retour), transmettre (à la génération suivante),

to hand in, to hand on, to hand out, to hand over	rendre (devoir / travail), transmettre (à un successeur), distribuer transmettre (une responsabilité)
to finger ['fɪŋgə]	tripoter
to pull [pʊl], a pull ≠ to push [pʊʃ], a push	tirer, une traction ≠ pousser, une poussée
to draw* [drɔː]	tirer / traîner
⚠ to drag [dræg]	traîner (plutôt laborieux)
to thrust* [θrʌst] (into)	pousser / enfoncer violemment (dans)
to caress = to stroke = to pet	caresser
to pat	tapoter
to wave [one's hand] (to sb)	faire signe de la main (à qqn)
to take* [teɪk]	prendre
to pick up	ramasser
to catch*	attraper
to seize [siːz]	saisir
to grab	saisir vivement
to wrench [rɛntʃ] = tear* [tɛə] sth (from)	arracher qqch (à)
to keep* [kiːp]	garder
to hold* [həʊld]	tenir
to raise [reɪz]	lever
to lift	soulever
to carry / to bear* [bɛə]	porter
to clutch [klʌtʃ]	agripper
to clasp	étreindre / tenir serré
to cling* to sth	s'accrocher à qqch
to juggle ['dʒʌgəl] (with sth)	jongler (avec qqch)
to twiddle / to fiddle (with sth)	tripoter
to shake* [ʃeɪk]	secouer
to twist	tordre / torsader
to wring* [rɪŋ]	tordre avec force (⚠ essorer)
to squeeze [skwiːz]	presser
to clench	serrer (les poings, les dents)
to stretch	(s')étirer
to point out	montrer du doigt
to hug [hʌg] = to embrace [ɪm'breɪs]	serrer dans ses bras / étreindre
to strike* [straɪk]	frapper
to slap = to smack	gifler / fesser
to strangle = to throttle ['θrɒtəl]	étrangler
to beat* [biːt] → to beat* up sb	battre → casser la figure à qqn
to punch [pʌntʃ]	donner un coup
to pound [paʊnd]	rouer de coups
to thrash [θræʃ]	rosser
to cast* = to throw*	lancer / jeter
to fling* = to hurl [hɜːl]	jeter (avec violence)

→ *Le toucher, p. 83*

W. P.

- **to wave hello / goodbye** (faire bonjour / au revoir de la main)
- **to throw* sth <u>to</u> sb / <u>at</u> sb** (lancer qqch <u>à</u> qqn / jeter qqch <u>sur</u> qqn)

PHRASES

- **to clench one's fists** (serrer les poings), **to raise one's hand** (lever la main), **to put* one's hands up** (lever les mains en l'air), **to reach out for sth / to sb** (tendre la main pour attraper qqch / tendre la main à qqn [pour l'aider]), **to squeeze sb in one's arms** (serrer qqn très fort / à l'étouffer), **to deal* = give* sb a blow** (donner un coup à qqn)
- **to be* deft = dext(e)rous / to be* clever with one's hands** (être adroit)

• *Using one's legs and feet* — *Ce qu'on fait de ses jambes et de ses pieds*

the pace [peɪs]	l'allure / la vitesse
the gait [geɪt]	l'allure / la démarche
a step, to step	un pas, faire un pas
to crawl [krɔːl]	ramper
to **toddle** ['tɒdəl] → a **toddler**	marcher à pas hésitants → un bambin
to totter	chanceler
to reel [riːl] = to **stagger**	tituber / vaciller
to sway [sweɪ]	osciller
to **stumble** ['stʌmbəl]	trébucher
to trip on sth / sb up	trébucher sur qqch / faire trébucher qqn
to slip (on sth) → to slip in	glisser (sur qqch) → se faufiler
to slide [slaɪd]	glisser
to glide [glaɪd]	glisser avec élégance
to walk a walk [wɔːk]	marcher, 1. une démarche 2. une promenade
to stride, a stride	marcher à grand pas, une enjambée
to stalk [stɔːk]	avancer majestueusement (⚠ poursuivre / harceler)
to strut [strʌt] **about / around**	se pavaner
to **waddle** ['wɒdəl]	se dandiner
to march [mɑːtʃ]	marcher de façon martiale
to **tiptoe** ['tɪptəʊ] = to walk on **tiptoe**	marcher sur la pointe des pieds
to creep* [kriːp]	se glisser furtivement
to steal* [stiːl]	se faufiler (⚠ voler [voleur])
to plod	marcher lourdement / péniblement
to shuffle ['ʃʌfəl]	marcher en traînant les pieds
to tramp	marcher lourdement / cheminer
to roam [rəʊm] = to **wander** ['wɒndə]	errer
to **saunter** = to **loiter** ['lɔɪtə]	flâner / s'attarder
to run* → **to run around, to run away** = off	courir → courir dans tous les sens, s'enfuir
to rush [rʌʃ] = dash = dart → ~ off	se précipiter → s'élancer
to tear* [tɛə] off / out	partir comme une flèche
to jog [dʒɒg]	trotter (être humain)
to kick, a kick	donner un coup de pied, un coup de pied
to knee sb [niː]	donner un coup de genou à qqn
to tread* [trɛd] (on)	marcher (lourdement) (sur)
to **trample**	fouler aux pieds
to trudge [trʌdʒ]	marcher péniblement
to **hobble** ['hɒbəl]	clopiner
to follow ['fɒləʊ] sb	suivre qqn

→ *La rapidité, p. 101, La lenteur, p. 102*

WORD PARTNERS

• **VERBE DE MOUVEMENT / DÉPLACEMENT + in ≠ out / up ≠ down / up and down = to and fro / on / along / across / over / round / around = about / by = past / through = US thru / off / away / back** (IDÉE DE / D'entrer ≠ sortir / monter ≠ descendre / faire les cent pas / continuer / avancer [en suivant chemin / voie / etc.] / traverser / passer par-dessus / contourner / aller de-ci, de-là] / passer à côté / traverser / se détacher / s'éloigner / revenir + LOCUTION EXPRIMANT LA MANIÈRE ET TRADUISANT LE VERBE DE MOUVEMENT

PHRASES

- **to take* steps to do sth** (prendre des mesures pour faire qqch)
- **to make* for = to go* towards a place** (se diriger vers un endroit)
- **to crawl on all fours** (marcher à quatre pattes)
- **to run* up the stairs** (monter les escaliers quatre à quatre), **to run* up against sth** (se heurter à qqch), **to run* into sth** (rentrer dans qqch), **to run* into sb** (rencontrer qqn par hasard)
- **to leg it** (filer)
- **She took it in her stride!** (Elle a continué comme si de rien n'était !)

● *Action* — *L'action*

to act → an **action**, **active** → **actively**, **activeness**, to **activate**, **activity**, an **activity**	agir → un acte, actif/-ve → activement, l'activité (d'une personne) / le dynamisme, actionner, l'activité, une activité
to (un)do* → a **deed** [di:d]	(dé)faire → une action, un (haut) fait
a **move** [mu:v]	une action délibérée
a **gesture** ['dʒestʃə], to **gesture**	un geste / une action, faire signe
a **measure** ['mɛʒə]	une mesure
UK to **practise** sth = US to **practice** sth	1. s'exercer à 2. pratiquer
to **improvise** ['ɪmprəvaɪz] → **improvisation**	improviser → l'improvisation

→ *L'effet et la conséquence, La manière et le moyen, p.310*
La possibilité, p. 311

PHRASES

- **to be* always ready for action** (être toujours sur la brèche), **to take* action** (passer à l'action), **to make* the right move** (avoir la bonne réaction), **to take* / enforce strict measures** (prendre / imposer des mesures draconiennes), **to act like a child** (se comporter comme un enfant), **to act as a catalyst** (servir de catalyseur), **to act as if nothing had happened** (faire comme si de rien n'était), **to act up** (faire des siennes), **to do* one's good deed of the day** (faire sa B.A.), **to make* do = to make* shift** (faire avec / se débrouiller), **to make* shift with sb /sth** (se contenter de qqch / qqn), **to put* sth into practice** (mettre qqch en pratique)
- **in word and deed** (en paroles comme en actions)
  We want deeds not words (Nous voulons du concret, pas des discours.)

● *Beginning* — *Débuter*

← to **begin*** → the **beginning**, a **beginner** a **beginner**	commencer → le commencement, un/e débutant/e
to **start** [sta:t], the **start**	débuter / démarrer (⚠ sursauter), le début
the **onset** = the **outset**	le début
a **premise** ['prɛmɪs]	une prémisse
to **undertake*** sth / to do sth = to **set* about** sth / doing sth → an **undertaking**	entreprendre qqch / de faire qqch → une entreprise
to **set* out / off** to do sth	entreprendre de faire qqch
to **initiate** [ɪ'nɪʃɪeɪt]	lancer (processus / projet)
to **inaugurate** → **inaugural**, **inauguration**	inaugurer → inaugural/e, l'inauguration *(Pol.:)* l'investiture
incipient [ɪn'sɪpɪənt]	naissant/e
initial [ɪ'nɪʃəl] → **initially** = **originally**	premier/-ère / initial/e → au début / à l'origine
to **tackle** sth	entreprendre qqch / s'attaquer à qqch
to **aim** (at), an **aim** [eɪm] → **aimless**	viser, un but / un objectif → sans but
a **target** ['ta:gɪt], to **target**	une cible / un objectif, cibler / viser

a **purpose** ['pɜ:pəs] / an **objective**	un objectif
→ **purposeful** ≠ **purposeless**	→ qui a un ≠ n'a pas de but précis
→ **purposefully** ≠ **purposelessly**	→ dans un ≠ sans but précis

→ *La cause et l'origine, p. 309*

WORD PARTNERS

- **to begin* / start sth / doing sth = to do sth** (commencer qqch / à faire qqch)
- **from the beginning / start** (dès le début), **a new ~** (un nouveau départ / une relance)
- **to start sth up** (lancer / mettre en branle qqch)
- **UK to aim at doing sth / US to aim to do sth** (aspirer à faire qqch)
- **aim → to set* oneself an ~** (se fixer un but), **to achieve an ~** (atteindre un but)
- **to do* sth <u>on</u> purpose** (faire qqch volontairement / exprès)

PHRASES

- **the beginnings** (les prémices), **to be* ready to begin** (être à pied d'œuvre)
- **To begin with,...** (Pour commencer,...), **For a start...** (D'abord...), **a starting point** (un point de départ), **to get* started** (démarrer), **to make* a bad start** (commencer mal), **to get* off to a flying start** (démarrer sur les chapeaux de roues), **to give* sb a head start** (donner un peu d'avance à qqn), **from start to finish** (de bout en bout), **to start with a clean slate** (faire table rase)
- **to set* off on the right ≠ wrong foot** (prendre un bon ≠ un mauvais départ)
- **to tackle a problem head-on** (prendre un problème à bras le corps)

● *Trying* — *Les tentatives*

← **to try** [traɪ] **sth / to do sth**	essayer qqch / de faire qqch
→ **trying** *(adj.)*	→ pénible / éprouvant/e
→ a **trier** ['traɪə]	qqn qui ne se laisse jamais décourager
to **attempt** sth / to do sth, an **attempt**	tenter qqch / de faire qqch, une tentative
an **effort** ['ɛfət] → **effortless** → **effortlessly**	un effort → aisé/e → aisément / sans effort
to **endeavour** to do sth, an **endeavour**	s'efforcer de faire qqch, un effort soutenu
to **strain**	fournir un gros effort
a **strain**	un effort / une tension
a **spurt** [spɜ:t]	un effort bref
to **strive*** [straɪv] to do sth	s'évertuer à faire qqch
to do* one's **utmost**	faire de son mieux
to **look for**	chercher
to **seek*** [si:k]	rechercher
to **search** [sɜ:tʃ], a **search**	fouiller, une fouille / une recherche
a **quest** [kwɛst]	une quête

WORD PARTNERS

- **to try → ~ to do sth** (tenter de faire qqch), **~ doing sth** (s'essayer à faire / expérimenter qqch), **to ~ sth out** (essayer / tenter qqch)
- **attempt → to make* an ~** (faire une tentative), **to make* an ~ <u>at</u> sth / doing sth** (faire une ~ vers qqch / pour faire qqch), **at the first ~** (du premier coup)
- **to strive* <u>for</u> = <u>after</u> sth / to do sth** (s'évertuer à obtenir qqch / à faire qqch)
- **to search <u>for</u> sth** (rechercher qqch), **in search of** (en quête de)

● *Ease and difficulty* — *La facilité et la difficulté*

easy ['i:zɪ] → **easily**, **easiness**	facile → facilement, la facilité
safe [seɪf] → **safely**	sûr / en sécurité → en toute sécurité
→ **safety**	la sécurité
to **facilitate** [fə'sɪlɪteɪt]	faciliter
smooth → to **smooth (out)** → **smoothly**	lisse / aisé/e → lisser → sans heurts
difficult ['dɪfɪkəlt] → **difficulty**, a **difficulty**	difficile → la difficulté, une difficulté
a **trick**	un truc (⚠ un tour)
→ **tricky**	→ délicat/e / compliqué/e

trouble ['trʌbəl], **to trouble**	les ennuis, déranger / préoccuper
a **problem** → **problematic**	un problème → problématique
a hitch	une anicroche
a snag	une difficulté imprévue
an **obstacle** ['ɒbstəkəl]	un obstacle
a **setback**	un revers
tough [tʌf] → **to toughen (up)**	rude → 1. durcir 2. s'endurcir
intricate ['ɪntrɪkət]	complexe
involved	compliqué/e
to **prevent** sth / sb from doing sth	empêcher qqch / qqn de faire qqch
to hinder → a **hindrance** ['hɪndrəns]	faire obstacle (à) / empêcher → un obstacle
to **hamper**	gêner

→ *Le danger et les risques, p. 188*

WORD PARTNERS

- **easy** → **to make* sth ~** (faciliter qqch), **to be* ~ to do** (être facile à faire)
- **to smooth out a difficulty** (aplanir une difficulté)
- **to be* difficult to do** (être difficile à faire)
- **difficulty** → **with ~** (difficilement), **to have* ~ in doing sth** (avoir des difficultés à faire qqch)
- **difficulties** → **to encounter / overcome* ~** (rencontrer / surmonter les difficultés), **insuperable ~** (des ~ insurmontables)

PHRASES

- **It's difficult for me to do this. / I find this difficult to do.** (Il m'est difficile de faire cela. / Je trouve cela difficile à faire.)
- **There's the rub!** (C'est là que le bât blesse !), **The rub is that...** (Le problème, c'est que...)
- **to be* / to stand* in the way of sth / in sb's way** (empêcher qqch volontairement / se mettre en travers de la route de qqn)

Failing and succeeding — *L'échec et la réussite*

to fail [feɪl] → **failure** ['feɪljə], a **failure**, **unfailing** → **unfailingly**	échouer ← l'échec, un échec, inépuisable / à toute épreuve / inaltérable → inlassablement
to **succeed** [sək'si:d] (in doing sth), **success**, a **success** → **successful** → **successfully**	réussir (à faire qqch) / aboutir, le succès, un succès → réussi / qui a réussi → avec succès
to **manage** ['mænɪdʒ] (to do sth)	parvenir (à faire qqch)
⚠ to **achieve** [ət'ʃi:v] → an **achievement**	accomplir / réussir → une réussite / un succès
⚠ a **feat** [fi:t]	un exploit
to **triumph** ['traɪəmf] (over sb), a **triumph** → **triumphant**, **triumphal**	triompher (sur qqn), un triomphe → triomphant, triomphal
to **carry** sth **out** / to **execute** sth	accomplir / exécuter qqch
to **remedy**, a **remedy** ['rɛmədɪ]	remédier à, un remède
to solve (a **problem** / **difficulty**) → a **solution** [sə'lu:ʃən]	résoudre (problème / difficulté) → une solution
to **overcome*** / to **get* over** (a **difficulty**)	triompher (de) / surmonter (une difficulté)
to **work** [wɜ:k] **sth out**	trouver / mettre au point qqch
to **win*** ≠ to **lose*** [lu:z] → a **winner** ≠ a **loser**	gagner ≠ perdre → un gagnant ≠ un perdant
a **loss** [lɒs]	une perte
a **fiasco** [fɪ'æskəʊ] / a **washout** *(coll.)*	un fiasco / un bide
a **mistake** [mɪs'teɪk]	une erreur
to **err** [ɜ:] / to be* **mistaken**	se tromper

WORD PARTNERS

- **fail** → **to ~ to do sth** (ne pas faire qqch / ne pas réussir à faire qqch), **to ~ in sth** (échouer à / dans qqch), **to ~ sb** (laisser tomber qqn [qui comptait sur vous]), **to ~ a candidate** (coller un candidat)
- **to end in failure** (se solder par un échec)
- **success** → **to meet* with ~** (réussir), **crowned with ~** (couronné de succès)
- **solution** → **to work out a ~** (parvenir à une solution), **the ~ to sth** (la ~ de qqch)

PHRASES

- **if all else fails** (en dernier recours), **It never fails!** (Ça marche à tous les coups !)
- **That film was a hit ≠ a flop.** (Ce film a fait un malheur ≠ un four.)
  That book is a bestseller. (Ce livre a un énorme succès.)
- **She is an achiever / a go-getter.** (C'est une fonceuse / une battante.)
- **to be* beyond remedy** (être sans remède / incurable), **to come* to nothing** (n'aboutir à rien), **to come* to grips with a problem** (se colleter avec un problème)
- **Our plans didn't come off.** (Nos projets sont tombés à l'eau.)

● *Movement and immobility* — *Le mouvement et l'immobilité*

to **move** [muːv] → a **movement**	1. se mouvoir 2. déménager → un mouvement
mobile ≠ **immobile** = still = **motionless** → **mobility** ≠ **immobility** = **stillness**	mobile ≠ immobile → la mobilité ≠ l'immobilité
to **mobilize** ≠ to **immobilize**	mobiliser ≠ immobiliser
to go*	aller
to come* [kʌm]	venir
to **advance** = to move **forward**	avancer
to pass / to go* past	passer
to **enter** = to come* **in(to)**	entrer dans
to leave* [liːv]	partir / quitter
to **depart** → a **departure** [dɪˈpɑːtʃə]	partir → un départ
to set* **off** / **out** = to get* **under** way	se mettre en route
to **head for** a place	se diriger vers un endroit
to **circle** [ˈsɜːkəl] a place	tourner autour d'un endroit
to come* / go* near = to draw* near = to **approach**	(s')approcher / se rapprocher
to reach [riːtʃ]	atteindre
to **arrive** [əˈraɪv] → an **arrival**	arriver → une arrivée
to **return** [rɪˈtɜːn], a **return**	revenir, un retour
comings and **goings**	des allées et venues
to stand* still	ne pas bouger
to stay [steɪ] = to **remain** → to stay put	rester → ne pas bouger

→ *S'orienter, p. 10, Voyager, p. 260*

W. P.

- **to move** → **~ about** (se déplacer), **~ away** (from) (partir [de]), **~ down** (descendre), **~ in** (s'installer / emménager), **~ into a new home** (emménager dans un nouveau domicile), **~ out** (sortir / déménager), **~ up** (monter)
- **to go* / to come*** → **~ somewhere** (aller / venir quelque part), **~ to a place** (~ à / dans un endroit), **~ across** (traverser), **~ back** (retourner / revenir / rentrer / reculer), **~ in[to a room]** (entrer [dans une pièce]), **~ out [of a room]** (sortir [d'une pièce]), **~ over an obstacle** (passer par-dessus un obstacle), **~ round sth** (contourner / faire le tour de qqch), **over / round [to sb's place]** (venir / aller [chez qqn]), **~ home** (rentrer / revenir chez soi), **~ through** (traverser [galerie / tunnel / une passe difficile), **~ after sb** (pourchasser qqn)
- **to go*** → **~ along** (avancer [le long de]), **~ away [from a place]** (s'en aller [d'un endroit]), **~ backwards** (aller à reculons), **~ by / past** (passer) → **~ past a place** (passer devant un endroit), **~ up ≠ down [the stairs]** (monter ≠ descendre [l'escalier])
- **to come*** → **~ from** ([pro]venir de), **~ across sb** (rencontrer qqn), **~ along** (1. se joindre à qqn / 2. faire des progrès), **~ to an agreement / ~ to terms with sb** (parvenir à un accord avec qqn), **~ to blows** (en venir aux mains)

- **to ~ up = out with an idea / a remark** (avoir une idée / faire une remarque), **to ~ up with a certain result** (aboutir à un certain résultat), **to ~ up against sth** (se heurter à qqch)
- **on my return** (à mon retour)

PHRASES

- **to get* things moving** (faire avancer les choses)
- **Move it!** (Ouste !), **Let's go! / Let's be off! / Off we go!** (En route ! / On part !)
- **to come* to a standstill / to bring* a vehicle to a standstill** (s'immobiliser / immobiliser un véhicule)
- **to have* come a long way** (avoir fait d'énormes progrès), **to come* (a)round to sb's opinion** (se rendre aux arguments de qqn), **to come* down hard** (sévir), **to come* full circle** (revenir à son point de départ / à la case départ), **to come* in handy** (s'avérer utile), **to come* into one's own** (réaliser son potentiel), **to come* on strong** (y aller un peu fort), **to make* a comeback** (faire une rentrée / son retour)

Easy come, easy go! (Vite acquis, vite perdu.), **First come, first served.** (Premier arrivé, premier servi.), **Come hell or high water!** (Advienne que pourra !), **when the cows come home** (quand les poules auront des dents)

Going fast — La rapidité

fast = quick = rapid = speedy → fast = quickly = rapidly = speedily	rapide (⚠ fast : diète / jeûne) rapidement
to quicken	accélérer (processus, pas, etc.)
to speed* [spi:d], speed , → a speedway → a speedometer / a radar speed trap	aller (trop) vite, la vitesse → un circuit automobile un compteur de vitesse / un radar
to speed* up = to accelerate	accélérer
to spurt [spɜ:t], a spurt = a burst of speed	sprinter / filer → une accélération brutale
swift → swiftly	vif / rapide → vite/ vivement
snappy → snappily	sec / rapide → vivement / vite / du tac au tac
to dash = to rush = to stampede a dash = a rush = a stampede [stæm'pi:d]	se précipiter une ruée / un sauve-qui-peut
haste [heɪst] → to hasten ['heɪsən], hasty → hastily	la hâte → se hâter, hâtif / précipité → hâtivement
to hurry (up), hurry ['hʌrɪ], hurriedly	se dépêcher, la précipitation, à la hâte
to streak by [stri:k]	filer
to scramble into ≠ out of a place	entrer dans ≠ sortir avec précipitation d'un endroit

→ *L'activité physique, p. 94*

WORD PARTNERS

- **at a quick / steady / gentle pace** (à vive allure / à une allure régulière / modérée)
- **speed → the ~ limit** (la vitesse autorisée), **(at) breakneck / full ~** (à toute allure), **cruising ~** (la vitesse de croisière), **(at) top ~** (illico presto), **a ~up** (une accélération)
- **rush → the ~ hour** (l'heure de pointe), **the Gold ~** (la Ruée vers l'or)
- **to make* haste (for)** (se hâter [vers])
- **hurry → in a ~** (à la hâte), **to be* in a ~** (être pressé)

PHRASES

- **to move into high gear** (passer à la vitesse supérieure), *[coll.:]* **to get* a move on** (se grouiller), **to speed* through the ranks** (brûler les étapes), **to make* a beeline for** (se diriger tout droit sur), **to make* a dash for** (se précipiter vers), **to rush headway** (foncer tête baissée), **to tear* / race / belt / hurtle / zoom along** (aller à toute allure / en trombe)
- **(as) quick as a flash / as lightning** (rapide comme l'éclair), **in a flash** (en un clin d'œil), **double-quick = at the double** (au pas de course)
- **Hurry up!** (Dépêche-toi !), **Go for it!** (Vas-y ! Fonce !), **There's no hurry.** (On a le temps.)
- **More haste, less speed.** (Hâte-toi lentement.)

Going slow / La lenteur

slow [sləʊ] → **slowly, slowness**	lent/e → lentement, la lenteur
to slow down	ralentir (processus, pas, etc.)
leisurely ['lɛʒəlɪ] = **unhurriedly**	en prenant son temps / sans se presser
a slug [slʌg] → **sluggish** → **sluggishly**	une limace (⚠ une balle [revolver]) fatigué/e / lent/e → mollement
to linger (on) → lingering	s'attarder → persistant
to lag behind → a **laggard** / to **dawdle** ['dɔːdəl] → a **dawdler**	être à la traîne → un traînard
to lounge [laʊndʒ] **about** / **around**	paresser
to post**pone** = to put* off = to defer → postponement	remettre à plus tard / ajourner → l'ajournement
to procrastinate → procrastination, a procrastinator	procrastiner → la procrastination, qqn qui remet tout au lendemain
to delay, a **delay** [dɪ'leɪ]	repousser, un retard / un délai
= to hold* sth up, a **holdup**	retarder qqch, un retard (projet / progression)
to **suspend** → suspension [səs'pɛnʃən]	suspendre → la suspension (= interruption)
to dally → to **dilly-dally**	traîner → lambiner
to tarry *(lit.)*	tarder / demeurer

→ *L'activité physique, p. 94*

W. P.
- **to linger over sth** (s'attarder sur qqch)
- **to dally over sth** prendre son temps pour faire qqch)

PHRASES
- **Take your time.** (Prends ton / Prenez votre temps.), **slowly and deliberately** (avec une lenteur délibérée), **slowly but surely** (lentement mais sûrement)
- **We're on the slow lane going nowhere.** (Ça ne nous mène à rien.)
- **Easy does it!** (Allez-y doucement !)

(Dis)placing things / (Dé)placer les objets

where [wɛə] → **somewhere** → **somewhere else** → **anywhere** → **anywhere else** → **everywhere** → **everywhere else** → **nowhere** → **nowhere else**	où quelque part → ailleurs n'importe où → n'importe où ailleurs partout → partout ailleurs nulle part → nulle part ailleurs
to **locate** [ləʊ'keɪt] = to **situate sth**	placer / situer / localiser qqch
at the side of = by the side of = **beside** = next to	à côté de
side by side	côte à côte / l'un à côté de l'autre
on every side = on all sides = all **around**	de tous côtés
at / on the edge of	au bord de
at the top of	en haut de
at the foot of	au pied de
at the **bottom** of	au fond de / tout en bas de
on (the) top of	sur / au-dessus de
at the top of	en haut de
halfway between	à mi-chemin entre
against [ə'gɛnst]	contre
to (dis)**place** ← a place [pleɪs]	(dé)placer ← une place / un endroit
a hand ['hænd] → to **handle** → a **handle**	une main → manipuler → une poignée
to set* → the setting	poser, fixer → la situation / le cadre / décor
to put* sth in / on / **under**	mettre / poser qqch dans / sur / sous
to move *(trans.)* → to **remove**	bouger / déplacer → enlever

= to take* away / off

to shift	changer de place
to perch sth on	jucher qqch sur
to put* sth up ≠ to take* sth down	remonter / accrocher qqch ≠ descendre qqch
to lean* sth against	appuyer qqch contre
a pile [paɪl] / a heap [hiːp] → to pile up / heap up sth	une pile / un tas → empiler / entasser qqch
to insert sth into sth	insérer qqch dans qqch
to stuff [stʌf] / to ram / to jam sth into sth	fourrer qqch / faire entrer qqch de force dans
to wedge sth into / between	coincer qqch dans / entre
to bring* sth	apporter qqch
to withdraw* [wɪð'drɔː] sth from	retirer qqch de

WORD PARTNERS

- **to be* well ≠ badly situated** (être bien ≠ mal situé)
- **to set*** → **~ sth right** (corriger qqch), **~ sth aside** (mettre qqch de côté), **~ sth down** (déposer qqch), **~ sth in motion** (mettre qqch en branle), **~ sth off** (1. mettre qqch en mouvement 2. faire ressortir qqch), **~ sth out** (disposer / présenter qqch), **~ sth up** (mettre qqch sur pied), **~ a gem** (enchâsser une pierre précieuse)
- **setting** → **the ~ of a gem** (la sertissure d'une pierre), **the place ~** (le plan de table)
- **to put*** → **~ sth away** (ranger qqch), **~ sth back** (remettre qqch à sa place), **~ sth down** (reposer qqch), **~ sth in place** (installer qqch), **~ sth in its place** (mettre qqch à sa place / ranger qqch), **~ things in a circle / in a row / in rows** (mettre des choses en rond / en ligne / en rangs)
- **to move sth away / over** (éloigner / transférer qqch)
- **to bring* sth nearer / closer** (rapprocher qqch)

PH.

- **in places = here and there** (par endroits), **here, there and everywhere** (un peu partout)
- **to move heaven and earth in order to...** (remuer ciel et terre afin de...)

Making something — *Faire / fabriquer*

to make* [meɪk] → handmade a maker	faire / créer → fait à la main, un fabricant (artisan)
to create → creation, a creation, a creator, creative → creativeness = creativity	créer → la création, une création, un créateur, créatif/-ve → la créativité
⚠ to devise = to conceive → conception	concevoir → la conception
⚠ to design [dɪ'zaɪn], a design → a designer	concevoir, un projet → un/e concepteur/-trice
to invent → invention, an invention, an inventor → inventive → inventiveness	inventer → l'invention, une invention, un/e inventeur/-trice inventif/-ve → l'esprit d'invention / l'inventivité
to manufacture, manufacture a manufacture = a factory ['fæktərɪ]	fabriquer, la fabrication / la confection une manufacture
⚠ a plant [plɑːnt]	une usine
to fabricate ['fæbrɪkeɪt] → fabricated, ⚠ a fabrication	confectionner / inventer de toutes pièces → usiné, un tissu de mensonges
a prototype ['prəʊtətaɪp]	un prototype
to beget* [bɪ'gɛt]	engendrer

→ *L'imagination, p. 288*

W. P.

- **maker** → **a dress-/ watch-/ cabinet-/ etc. + ~** (une couturière, un horloger, un/e ébéniste, etc.), **a coffee ~** (une cafetière), **the ~'s label** (l'étiquette du fabricant), **a trouble~** (un fauteur de troubles), **a holiday~** (un vacancier)
- **designer** → **a fashion ~** (un créateur de mode / un couturier), **a costume ~** (un costumier), **an interior ~** (un décorateur d'intérieur), **a ~ label** (une griffe), **~ clothes** (des vêtements griffés), **a ~ stubble** (un barbe de trois jours soigneusement entretenue...)

PHRASES

- **to make* sth from stone / material / etc.** (faire qqch avec de la pierre / du tissu / etc.), **to make* sth out of stone / etc.** (faire qqch en pierre / etc)
- **Made in France** (Fabriqué en France)
- **The Creator = Our Maker** (Le Créateur), **to (go* to) meet* one's Maker** (rendre l'âme)

Developing and changing — *Développer et changer*

to develop [dɪ'vɛɫəp] → a development	(se) développer → une évolution
to extend → extension, extensible → extensibility	s'étendre → l'extension, extensible → l'extensibilité
to expand [ɪks'pænd] → expansion	agrandir / développer → l'expansion
⚠ large [lɑːdʒ] → to enlarge	grand/e → agrandir
broad [brɔːd] → to broaden, breadth	large / vaste → (s')élargir, la largeur
wide [waɪd] → width [wɪdθ] to widen, widespread ['waɪdsprɛd]	large / étendu/e → l'étendue / la largeur, élargir / dilater, très répandu/e
ample ['æmpəl] → amply → to amplify → an amplifier, amplification	ample / abondant/e → amplement → amplifier / augmenter → un amplificateur, l'amplification / l'augmentation
deep [diːp] → to deepen, depth	profond/e → approfondir, la profondeur
far [fɑː] → farther / further farthest / furthest	loin → plus loin, le plus loin / le plus éloigné
to further ['fɜːðə]	mener plus loin, promouvoir
to become*	devenir
to evolve [ɪ'vɒlv] (from / out of) → evolution [iːvə'luːʃən]	évoluer / (se) développer (à partir de) → l'évolution
to grow* [grəʊ] → growth	croître / se développer → la croissance
to increase [ɪn'kriːs], an increase	augmenter, une augmentation
≠ to decrease [dɪkriːs], a decrease ['diːkriːs]	≠ réduire, une diminution
to diminish	diminuer
to dwindle	s'amenuiser
less → to lessen	moins → (s')amoindrir / (s')atténuer
⚠ diminutive [dɪ'mɪnjʊtɪv]	minuscule
a change [tʃeɪndʒ], to change (sth into...)	un changement, changer (qqch en...)
to transform sth into sth else → a transformation	transformer qqch en autre chose → une transformation
to modify ['mɒdɪfaɪ] → a modification	modifier → une modification
to alter ['ɒltə] → an alteration	changer → une altération
to alternate, alternate → an alternative	alterner, alterné → un autre choix
to replace → replacement, a replacement	remplacer → le remplacement, un substitut
to substitute, a substitute, a substitution	substituer, un/e remplaçant/e / un produit de remplacement, une substitution
to supersede [suːpə'siːd]	supplanter
good [gʊd] → better, the best	bon/ne → meilleur/e → le/la meilleur/e
to improve [ɪm'pruːv] → an improvement	améliorer → une amélioration
to innovate → innovative, an innovation	innover → innovateur/-trice, une innovation
to renew [rɪ'njuː] → a renewal	renouveler → un renouvellement
to revive [rɪ'vaɪv] → a revival	(faire renaître) → un renouveau
to reform, a reform a reformer	réformer, une réforme un/e réformateur/-trice
bad [bæd] → worse [wɜːs], the worst → to worsen → a worsening	mauvais/e → pire → le/la pire (s')aggraver → une aggravation
to disrupt [dɪs'rʌpt] → a disruption	bouleverser → un bouleversement
an upheaval [ʌp'hiːvəl]	un soulèvement / un bouleversement
to mutate [mju'teɪt] → a mutation	muter (= subir une mutation) → une mutation

to vary ['vɛərɪ] → **varied, variable, a variation, variety** [və'raɪətɪ]	varier → varié/e, variable, une variation, la variété
to adapt → **adaptable, an adaptation**	(s')adapter → adaptable, une adaptation
to degenerate → **degeneration**	dégénérer → la dégénérescence
to deteriorate [dɪ'tɪərɪəreɪt] → **a deterioration**	se dégrader / se détériorer → une détérioration
to diversify [daɪ'vɜːsəfaɪ] → **diversification**	(se) diversifier → la diversification

WORD PARTNERS

- **develop** → **to ~ oneself** (se développer par un effort conscient), **to ~ into** (devenir)
- **to grow*** → **~ into sth** (devenir / devenir assez grand pour), **~ into sb** (devenir qqn en grandissant), **~ out of sth / out of doing sth** (perdre l'habitude de qqch / de faire qqch)
- **to dwindle away** (disparaître progressivement)
- **change** → **to undergo* a ~** (subir un changement)
  a sudden ~ of mood (une saute d'humeur)
- **to change** → **~ into** ([se] changer en), **~ one's tune** (~ sa version / se dédire), **~ one's mind** = **to have* a ~ of heart** (changer d'avis)
- **alteration** → **to make* ~s to sth** (apporter des modifications à qqch), **susceptible of ~** (susceptible d'être modifié)
- **to substitute** → **~ one thing for another** (substituer une chose à une autre), **to ~ oneself for sb else** (se substituer à qqn)

PHRASES

- **to make* sth** ADJ **+ -er / more +** ADJ (rendre qqch plus + ADJ)
- **there is ample space** (il y a plus qu'assez de place)
- **to turn into sth** (se transformer en qqch), **to turn / make* / change sth into sth else** (transformer qqch en qqch d'autre)
- **genetically modified** (transgénique), **a genetically modified organism** = **GMO** (un organisme génétiquement modifié = un O.G.M.)
- **For a change!** (Pour changer !)
  The more things change, the more they stay the same. (Plus ça change, plus c'est la même chose.)
  to change horses in midstream (changer de stratégie en cours de route)
- **to switch places / jobs with sb** (échanger sa place / son travail avec qqn), **to switch to sth different** (passer à autre chose), **to switch from one place to another** ([se] déplacer d'un endroit à un autre)
- **... and to make things worse...** (... et qui pis est...), **from bad to worse** (de mal en pis), **to get* worse** (aller plus mal / empirer), **to take* a turn for the worse** (empirer)

• *Mixing and blending* — *Mélanger*

to mix / to blend → a **mixture** ['mɪkstʃə]	mélanger 1. un mélange 2. une mixture
to mingle with	(se) mêler à
to combine [kəm'baɪn] → a **combination** [kɒmbɪ'neɪʃən]	(se) combiner / fusionner → une combinaison, un ensemble
to merge [mɜːdʒ]	fusionner
to amalgamate → an amalgamation	amalgamer ← un amalgame
to unite [juː'naɪt] → a **union** ['juːnjən]	(s')unir → une union (⚠ un syndicat)
to link up = to link together, a link	relier (faits / idées), un lien
to match → **matching** ≠ **ill-matched** = **ill-assorted**	assortir → assorti à / qui va bien avec ≠ mal assorti
diverse [daɪ'vɜːs] → **diversity**	divers → la diversité
heterogeneous, heterogeneity	hétérogène → hétérogénéité
≠ **homogenous** → **homogeneity** to homogenize	≠ homogène → l'homogénéité homogénéiser
UK a **miscellany** = US a **miscellany**	un mélange / un florilège
→ **miscellaneous** [mɪsə'leɪnɪəs]	hétérogène / hétéroclite / disparate
sundry ['sʌndrɪ]	divers / disparate / hétéroclite
a **jumble** ['dʒʌmbəl]	un fouillis

a **hotchpotch**	un salmigondis / un fatras
a **potpourri** [pəʊ'purɪ]	un pot-pourri de fleurs séchées
a **bric-a-brac** = **odds and ends**	un bric-à-brac
chaos ['keɪɒs] → **chaotic**	le chaos → chaotique
order ['ɔ:də] ≠ **disorder**	l'ordre ≠ le désordre

W. P.

- **an ill-matched couple** (un couple mal assorti)
- **sundry** → **all and ~** (tout le monde et n'importe qui), **~ objects** (des objets hétéroclites)

PH.

- **a medley of all kinds of people** (un mélange de gens très divers), **a medley crowd of people** (une foule bigarrée / bariolée)

● *Destroying* — *Détruire*

to **destroy** → **destruction, destructive**	détruire → la destruction, destructeur
to **impair**	abîmer
to **damage** ['dæmɪdʒ], **damage**	endommager, des dégâts
to **curtail** [kɜ:teɪl]	écourter / tronquer
to **ruin** ['ru:ɪn], **ruin**	abîmer / détruire / réduire à néant, la ruine / la destruction
to **wreck** [rɛk] → a **wreck** = a **wreckage**	détruire / réduire à néant → une épave
to **demolish** (a building) → **demolition**	démolir (un bâtiment) → la démolition
to **break*** [breɪk], a **break**	(se) casser / fracturer, une cassure / une fracture (⚠ une pause / récréation)
to **fragment**, a **fragment**	(se) fragmenter, un fragment
to **take*** sth **to pieces** = to **rip** sth **up**	déchirer qqch
to **pull** sth **apart** / **to pieces**	mettre qqch en pièces
to **break*** **up** = to **dismantle** → **dismantling**	démanteler → le démantèlement
to **crush** [krʌʃ]	écraser
to **grind*** [graɪnd]	broyer / moudre
to **mash** [mæʃ]	broyer / réduire en purée
to **smash** [smæʃ], **smashing**	briser / écraser, épatant/e
to **squash** [skwɒʃ] → **squashy**	écraser, réduire en pulpe → mou
to **shatter** → **shatterproof**	briser / fracasser → incassable
to **snap** [snæp]	(se) casser net
to **wipe** [waɪp] **out** = to **annihilate** [ə'naɪəleɪt]	anéantir
to **exterminate** → **extermination**	exterminer → l'extermination
to **eliminate** → **elimination**	éliminer → l'élimination
to **disintegrate** → **disintegration**	(se) désintégrer / désagréger → la désintégration
rubble ['rʌbəl]	les décombres / les débris / les gravats
to **lay*** **waste to** = to **devastate** ['dɛvəsteɪt] → **devastation** [dɛvəs'teɪʃən]	dévaster → la dévastation / les ravages
a **disaster** [dɪ'zɑ:stə] = a **catastrophe** [kə'tæstrəfɪ] → **disastrous** = **catastrophic**	un désastre / une catastrophe → désastreux/-se / catastrophique
a **cataclysm** ['kætəklɪzəm]	un cataclysme
a **genocide** ['dʒɛnəsaɪd]	un génocide

WORD PARTNERS

- **extensive damage** (des dégâts considérables)
- **to break*** → **~ a promise / an oath / a contract** (rompre une promesse / violer un serment / résilier un contrat), **~ apart** (s'écrouler en morceaux), **~ down** (s'effondrer), **~ up / off with sb** (rompre avec qqn)
- **apart** → **to take* / cut* / pull / tear* ~** (démonter / couper en morceaux / mettre en pièces / déchirer)
- **to smash sth to smithereens** (briser qqch en mille morceaux)

PHRASES

- ⚠ **damages** (des dommages et intérêts)
- **to break* in** (cambrioler), **a break-in** (un cambriolage), **to break* the ice** (briser la glace), **to break* the law** (violer la loi)
  He broke off in midsentence. (Il s'est arrêté au milieu de sa phrase.)
  They've broken off their engagement / diplomatic relations with... (Ils ont rompu leurs fiançailles / les relations diplomatiques avec...)
- **to sack / ransack a city / a country** (mettre une ville / un pays à sac), **to wreak havoc on sth** (ravager qqch)

• *Ending* — *Finir*

to end, the end / an ending	finir, la fin (fait) / une fin (déroulement)
to stop doing sth, a stop	(s')arrêter de faire qqch, un arrêt
to cease [siːs] → ceaseless [ˈsiːslɪs]	cesser → incessant
to abort → an abortion	échouer / s'arrêter / avorter → un avortement
to finish / to complete → completion	terminer / mener à bien → l'achèvement
to conclude → a conclusion	conclure → une conclusion
to terminate *(formal)*	mettre fin à
to call off = to cancel → a cancellation	annuler → une annulation
to remove [rɪˈmuːv] sth	supprimer qqch
to check [tʃɛk]	arrêter / contrôler
to settle → a settlement	régler / (s')acquitter (de) → un accord
to rule out	éliminer / exclure (par le raisonnement)
⚠ to suppress [səˈprɛs]	réprimer
final [ˈfaɪnəl] → finally = ⚠ eventually = in the end	final → finalement
the close [kləʊz]	la fin / la conclusion

WORD PARTNERS

- **end** → **to come* to an ~** (se terminer), **to get* to the ~ of sth** (parvenir à la fin de qqch), **to be* at an ~** (être terminé), **to put* an ~ to sth = to bring* sth to an ~** (mettre fin à qqch)
  at the ~ (of) (à la fin [de]), **by the ~ (of)** (d'ici la fin [de])
- **a happy ending** (une fin heureuse)
- **to stop sb from doing sth** (empêcher qqn de faire qqch)
- **conclusion** → **to come* to a ~ / to the ~ that...** (arriver à une conclusion / à la ~ que...), **to draw* ~s from** (tirer des ~s de), **to jump to ~s** (tirer des conclusions hâtives)
- **to remove a difficulty** (se débarrasser d'une difficulté)
- **to settle** → **~ down** (s'assagir / s'installer), **~ a debt** (régler une dette), **~ an account** (clôturer un compte / régler la note), **~ old scores (with sb)** (régler ses comptes [avec qqn]), **~ differences** (régler un / des différend/s)
- **to suppress a rebellion / a yawn** (réprimer une rébellion / étouffer un bâillement)
- **to draw* to a close** (s'achever [journée / vie / événement])

PHRASES

- **at the end of the day** (1. à la fin de la journée, 2. en fin de compte), **It's the end of the line / road.** (On arrive en fin de course.), **She's staying here and that's the end of it.** (Elle reste ici, un point c'est tout.), **to be* UK at a loose end = US at ends** (être désœuvré / ne pas savoir quoi faire), **to come* to a bad end** (mal finir), **to come* to a sudden end = to peter out** (tourner court)
- **to end up (by) doing sth** (finir par faire qqch)
- **to come*/ to grind* to a stop / a halt / a standstill** (s'arrêter / s'immobiliser)
- **to be* done** (en avoir fini), **to have* done with sth / doing sth** (en avoir fini avec qqch / de faire qqch)
- **to leave* off an activity / doing sth** (cesser une activité / de faire qqch)
- **All is well that ends well.** (Tout est bien qui finit bien.)

8 Life and death — La vie et la mort

Life — La vie

to live [lɪv] → **alive** [ə'laɪv]	vivre → vivant/e
to be* [biː] → a being	être → un être
animate ['ænɪmeɪt] ≠ **inanimate**	animé/e ≠ inanimé/e
mortal ['mɔːtəl] → **mortality** ≠ **immortal** → **immortality**	mortel → la mortalité ≠ immortel/-le → l'immortalité
mankind [mæn'kaɪnd]	l'humanité
womankind [wʊmən'kaɪnd]	les femmes

WORD PARTNERS

- **life** → **to live one's ~** (vivre sa vie), **to lose* one's ~** (perdre la ~), **to risk one's ~** (risquer sa ~), **to save a ~** (sauver une ~), **to take* a life = to kill sb** (prendre une vie = tuer qqn), **to claim a ~** (faire une victime), **to lay* down one's ~ for sb** (donner / sacrifier sa ~ pour qqn), **to cling* to ~** (s'accrocher à la vie), **to end = to put* an end to one's ~** (mettre fin à ses jours)
- **a living / human being** (un être vivant / humain)

PHRASES

- **a matter of life and death** (une question de vie ou de mort)
  It's given him a new lease of life. (Ça lui a donné un second souffle)
  to give* sb the kiss of life (faire du bouche à bouche à qqn)
  I had the time of my life. (Je me suis amusé/e comme jamais.)
  That's life. (C'est la vie.) **This is the life.** (C'est la belle vie.)
  Life must go on. (La vie continue.)
  Not for the life of me! (Jamais ! Absolument pas !)
- *[Coll.:]* **to be* alive and kicking** (être bien en vie)
  You'll live to be a hundred! (Vous nous enterrerez tous !)
- **Live and let live.** (Il faut être tolérant.)
  While there's life, there's hope. (Tant qu'il y a de la vie, il y a de l'espoir.)

Conception & pregnancy — La conception et la grossesse

to **conceive** [kən'siːv] → **conception**	concevoir → la conception
to **reproduce** [riːprə'djuːs] → **reproduction**	(se) reproduire → la reproduction
fertile → **fertility** ≠ **infertile** → **infertility** → **to fertilize** = **to impregnate** *(formal)*	fertile → fertilité ≠ infertile → infertilité → féconder
barren = **sterile** → **barrenness** = **sterility**	stérile → stérilité
sperm → a **spermatozoon** (*pl.:* spermatozoa)	le sperme → un spermatozoïde (des ~s)
an **ovary** ['əʊvərɪ] → **ovarian**	un ovaire → ovarien
an **embryo** ['ɛmbrɪəʊ] → **embryonic**	un embryon → embryonnaire
a **foetus / fetus** ['fiːtəs] → **fœtal**	un fœtus → fœtal
pregnant ['prɛgnənt] → **pregnancy**	enceinte → la grossesse
a **mother-to-be** = an **expectant mother**	une femme enceinte / future mère
maternity → **maternity leave** → a **maternity hospital**	la maternité → le congé de maternité → une maternité
a **midwife** ['mɪdwaɪf]	une sage-femme
to be* in UK **labour** = US **labor**	être en travail
to **deliver** a **woman('s baby)** → a **delivery** [dɪ'lɪvərɪ]	accoucher une femme → un accouchement (⚠ livraison, élocution)
the **due date**	le terme prévu
the **umbilical cord**	le cordon ombilical

→ *L'amour, p. 70*

WORD PARTNERS

- **pregnancy** → **teenage ~** (la grosseur des adolescentes), **an unplanned ~** (une grossesse non prévue)
- **delivery** → **a breech ~** (un accouchement par le siège), **a full-term / premature ~** (un ~ à terme / prématuré)
- **labour** → **an easy / difficult ~** (un accouchement facile / difficile), **~ pains / pangs** (les douleurs de l'accouchement), **a ~ ward** (une salle d'accouchement)
to be* in ~ (être en train d'accoucher), **to go* into / to begin* ~** (commencer à avoir des contractions), **a woman in ~** (une femme en couches / une parturiente)

PHRASES

- **to get* = make* a woman pregnant** (mettre une femme enceinte)
- **to get* = become* / to be* pregnant** (tomber / être enceinte), **to be* 3 months pregnant** (être enceinte de 3 mois), **to be* expecting a baby** (attendre un bébé), **to be* <u>on</u> maternity leave** (être <u>en</u> congé de maternité), **to give* birth to a child** (donner naissance à un enfant)
Her waters have broken. (Elle a perdu les eaux.)

• *To be or not to be* — *Être ou ne pas être*

birth [bɜːθ] → **birth** pangs → the **birth**rate, a **birth** certificate	la naissance → les douleurs de l'accouchement le taux de natalité, un acte de naissance
an **epidural** [ɛpɪ'djuərəl]	une (anesthésie) péridurale
an **episiotomy**	une épisiotomie
a **Caesarean** [sɪ'sɛərɪən] **(section)**	une césarienne
to be* **born** → a **newborn** baby	naître un nouveau-né
twins : **twin** boys / girls	des jumeaux : des jumeaux / jumelles
triplets, **quadruplets**, **quintuplets**, etc.	des triplés, quadruplés, quintuplés, etc.
an **incubator** ['ɪŋkjəbetə]	un incubateur / une couveuse
to **miscarry** → a **miscarriage** [mɪs'kærɪdʒ]	faire une fausse couche → une fausse couche
SIDS (= **S**udden **I**nfant **D**eath **S**yndrome) = UK **cot** death = US **crib** death	la mort subite du nourrisson
family **planning**	le planning familial
contraception = birth **control** a **contraceptive**	la contraception un contraceptif
a **loop** = an **IUD** (= **I**ntra-**U**terine **D**evice)	un stérilet
a **condom** = UK a **French letter** = US a **rubber** *(coll.)*	un préservatif = une capote anglaise (⚠ rubber: caoutchouc, gomme)
the **pill**	la pilule
genetic [dʒɪ'nɛtɪk], **genetics**, genetic **engineering**	génétique *(adj.)*, la génétique, la manipulation génétique
artificial **insemination**	l'insémination artificielle
a **test-tube** baby	un bébé-éprouvette
womb-leasing ['wuːm liːsɪŋ]	le prêt d'utérus
a **surrogate** ['sʌrəgɪt] **mother**	une mère porteuse
the biological **mother** / **father**	la mère / le père biologique
an **abortion**	un avortement
to end = to **terminate** a **pregnancy** → a **termination**	mettre un terme à une grossesse → une interruption volontaire de grossesse

WORD PARTNERS

- **birth** → **a still~ = a stillborn baby** (un enfant mort-né), **a premature ~** (une naissance avant terme), **at ~** (à la naissance)
- **baby** → **a premature ~** (un prématuré) → **a two-months' premature baby** (un bébé né deux mois avant terme), **a two-month baby** (un bébé âgé de deux mois)
to expect / have* / breastfeed* / calm = soothe = comfort / change a ~ (attendre / avoir / allaiter / calmer = réconforter / changer un bébé)
The ~ is crying / bawling / teething / dribbling / crawling. (Le bébé vagit / hurle / fait ses dents / bave / marche à quatre pattes.)

to give* away / abandon / adopt a ~ (donner à adopter / abandonner / adopter un bébé)
- **pill → to be* on ≠ off the ~** (prendre ≠ arrêter la pillule), **the morning after ~** (la pillule du lendemain)
- **abortion → to seek* / have* = get* an ~** (chercher à se faire avorter / avorter), **to perform = carry out an ~** (pratiquer un avortement), **an ~ centre / clinic / facility** (un centre d'orthogénie), **a back street / back alley ~** (un avortement clandestin), **a sex-selective ~** (un ~ en fonction du sexe de l'enfant)

PHRASES
- **to carry a baby to term** (mener une grossesse à son terme), **to be* at full term** (être à terme [femme enceinte]), **to be* born at term** (naître à terme)
- **I was born on ... + date** (Je suis né/e le ...)
- **to die in childbirth** (mourir en couches)
- **to throw* the baby away with the bath water** (jeter le bébé avec l'eau du bain) **like a babe in arms** ([innocent] comme l'enfant qui vient de naître)
- **Births, marriages and deaths** (Journaux : le Carnet du jour)
- **to put* up / to give* up a baby for adoption** (donner un bébé à adopter)
- **to be pro-choice ≠ pro-life** (être pour ≠ contre l'avortement et l'euthanasie)
- **a pro-lifer = an anti-abortionist = a right-to-lifer** (un adversaire de l'avortement)

● *Parenting* — *Être parents*

to nurse [nɜːs], a nurse → **nursing**, a **nursling**	allaiter, une nourrice (⚠ infirmière) → l'allaitement, un nourrisson
a breast → to **breast-feed*** → **breast-feeding**, a **breast-pump**, **breast milk**	un sein → donner le sein → l'allaitement, un tire-lait, du lait maternel
to wean [wiːn] → **weaning**	sevrer → le sevrage
a (baby's) **bottle** → to **bottle-feed***	un biberon → donner le biberon
to **sterilize** ['stɛrɪlaɪz] → a **sterilizer**	stériliser → un stérilisateur
formula ['fɔːmjələ]	du lait en poudre pour bébé
US a **pacifier** / UK a **comforter** / a **baby-soother**	une tétine / une sucette
(**disposable**) UK **nappies** / US **diapers**	les couches (jetables)
baby wipes	des lingettes
baby scales	un pèse-bébé
a **cradle** ['kreɪdəl] = UK a **crib**	un berceau
UK a **cot** = US a **crib** → **cot death** = **crib death**	un lit d'enfant la mort subite du nourisson
to **lull** [lʌl] → a **lullaby** ['lʌləbaɪ]	calmer / apaiser → une berceuse
UK a **pram** = US a **baby carriage**	un landau
UK a **pushchair** = US a **stroller**	une poussette
a **baby carrier** ['beɪbɪ 'kærɪə]	un porte-bébé
a childhood **complaint**	une maladie infantile

→ *L'éducation, p. 176 et suivantes*

PHRASES
- **The baby has done her / his burp / UK has got her / his wind up.** (Le bébé a fait son rot.)
- **to wrap up a baby** (emmailloter un bébé), **to give* a baby his / her bottle** (donner le biberon à un bébé), **to lull / rock a baby to sleep** (endormir un bébé en lui chantant une berceuse / en le berçant)

● *Childcare* — *L'accueil de la petite enfance*

to look after sb	s'occuper de qqn
UK a **childminder** = US a **babysitter**	une assistante maternelle agréée
UK a **nanny** = US a **babysitter**	une nounou à domicile
a **paediatric nurse** = a **nursery nurse**	une puéricultrice
a **day-nursery** = UK a **crèche** [krɛʃ]	une crèche / une garderie
a **play** group	≈ une halte-garderie

early-learning → an **early-learning game**	l'apprentissage précoce → un jeu d'éveil
pre-school education	l'éducation des enfants de moins de 3 ans
kindergarten	le jardin d'enfants
nursery school	l'école maternelle (de 3 à 5 ans)

Growing up / Grandir

← to grow* [grəʊ] → to grow* up	← croître / grandir → grandir / devenir adulte
an **infant** ['ɪnfənt] → **infancy**	un nourrisson → la petite enfance
a child [tʃaɪld] → **childhood, childish, childlike**	un enfant → l'enfance, puéril / d'enfant, enfantin
a kid	un gosse
a **toddler**	un tout petit (qui sait à peine marcher)
a brat *(pej.)*	un môme / un mioche
a boy → **boyhood, boyish** → a **tomboy**	un garçon → l'enfance, enfantin (garçons) → un garçon manqué
a girl [gɜːl] → **girlhood, girlish** ['gɜːlɪʃ]	une fille → l'enfance, puérile
teenage → a **teenager** = an adolescent	adolescent/e → un/e adolescent/e
adolescent, adolescence	adolescent/e, l'adolescence
puberty ['pjuːbətɪ]	la puberté
juvenile ['dʒuːvənaɪl], a **juvenile** = a **minor**	juvénile, un/e mineur/e
youth [juːθ], a youth	la jeunesse, un/e jeune
a young man / woman	un/e jeune homme / fille
young people = the young = **youngsters**	les jeunes
a five-/ten-/fifteen-year-old	un enfant/adolescent de cinq/dix/quinze ans

PHRASES

- **When I'm grown up, I will...** (Quand je serai grand, je...)
  You'll grow out of it! (Ça te passera)
- **That's kid's stuff!** (C'est pour les enfants !)
  A child could do it! (C'est un jeu d'enfant !)
  the tender years (l'âge tendre), **the awkward / difficult age** (l'âge ingrat), **teenage acne** (l'acné juvénile)
- **a boy-meets-girl story** (une histoire d'amour conventionnelle)
  the boy / girl next door (le garçon / la fille d'à côté → *[fig.:]* qqn d'ordinaire)
- **to be* under age** (être mineur), **to be* in one's teens** (être adolescent), **to come* / be* of age** (atteindre sa majorité / être majeur), **to reach the age of reason = of discretion / puberty / adolescence / adulthood** (atteindre l'âge de raison / atteindre la puberté / l'adolescence / l'âge adulte)
- **the younger generation** (la jeune génération), **the generation gap** (le conflit des générations)
- **Boys will be boys.** (Il faut bien que jeunesse se passe !)

Adulthood / L'âge adulte

← an **adult** ['ædʌlt]	un/e adulte
a **grown-up** ['grəʊnʌp]	un/e grand/e personne / un adulte
a man *(pl.:* m<u>e</u>n) → **manhood** ['mænhʊd]	un homme → l'âge adulte (hommes) (⚠ la virilité)
a **woman** ['wʊmən] *(pl.:* wom<u>e</u>n ['wɪmɪn]) → **womanhood**	une femme → l'âge adulte (femmes) (⚠ la féminité)
mature [mə'tjʊə] → **maturity** = **middle age** → **middle-aged**	mûr → la maturité → d'un certain âge / entre deux âges (⚠ the Middle Ages : le Moyen Âge)
in the prime of life = in one's prime	dans la force / la fleur de l'âge

a **thirty-/ forty-/ fifty-year-old (person)**	une personne de 30 / 40 / 50 ans
a **thirty-/ forty-/ fifty-something**	= un/e trentenaire / quadragénaire / quinquagénaire
well-preserved	bien conservé/e

PHRASES

- **"How old <u>are</u> you?" "<u>I'm</u> twenty."** (« Quel âge as-tu ? – J'ai vingt ans. »)
  "When <u>were</u> you born?" "I <u>was</u> born in + year / <u>on</u> + date" (« Quand <u>es</u>-tu né/e ? – Je <u>suis</u> né/e <u>en</u> + l'année / <u>le</u> + la date »)
  At your age, = When I was your age,... (À ton âge, = Quand j'avais ton âge,...)
- **to be* as old as sb = to be* the same age <u>as</u> sb** (avoir le même âge <u>que</u> qqn)
  to be* younger ≠ older than sb (être plus jeune ≠ plus vieux que qqn)
  She is two years older than I am. = She is my senior <u>by</u> two years. / I'm her junior <u>by</u> two years. (Elle a deux ans de plus que moi. / J'ai deux ans de moins qu'elle.)
  She is my age, give or take a year. (Elle a mon âge, à un an près.)
  She is 4 months short of 40. (Elle aura 40 ans dans 4 mois.)
  I'm too old for that. = I'm past the age for that. (J'ai passé l'âge de faire ça.)
- **to be* on the right ≠ wrong side of fifty** (ne pas avoir encore ≠ avoir dépassé la cinquantaine)
- **She looks young for her age.** (Elle fait jeune pour son âge.)
  He's past his prime (Il n'est plus tout jeune.)

• *Old age* — *La vieillesse*

old [əʊld] → the old = old people	vieux / vieille *(adj.)* → les vieux
an old man / **woman**	un vieux / une vieille
an old **gentleman** / **lady**	un vieux monsieur / une vieille dame
to grow* old	vieillir
to age [eɪdʒ] → aged → **ageing** ['eɪdʒɪŋ]	vieillir (= prendre les marques de la vieillessse) → âgé/e 1. *(adj.)* vieillissant 2. *(N)* le vieillissement
ancient ['eɪnʃənt]	très âgé/e
decrepit [dɪ'krɛpɪt]	décati/e
elderly → the **elderly** = **senior citizens**	âgé → les personnes âgées / du 3e âge
in his / her old age	dans / sur ses vieux jours
an old **people's home**	une maison de retraite
an octogenarian, a centenarian	un/e octogénaire, un/e centenaire
an **old-timer**	un vieillard / un vieux de la vieille
an old **crone** [krəʊn]	une (très) vieille bonne femme
a **walking stick**	une canne
to **dodder** ['dɒdə] → **doddering** = **doddery**	marcher avec difficulté / en tremblotant → gâteux/se
senile ['siːnaɪl] → **senility** [sɪ'nɪlɪtɪ]	sénile → sénilité
Alzheimer's disease	la maladie d'Alzheimer
to dote [dəʊt] → **doting**, a **dotard**, **dotage** = **doting old age**	perdre un peu la tête → gâteux, un vieux gâteux, la grande vieillesse

PHRASES

- **to be* getting on (in years)** (prendre de l'âge), **to feel* one's age** (sentir son âge), **to live to a ripe old age** (vivre jusqu'à un âge avancé), *[coll.:]* **to go* / be* gaga** (devenir / être gaga).
- **as old as the hills** (vieux comme Mathusalem)
- **He's beginning to fail / to lapse into second childhood.** (Il commence à baisser / à retomber en enfance.), **He's losing his faculties.** (Il perd la tête / ses facultés.), **He rambles on.** (Il radote.)
- **She has mellowed with age.** (Elle s'est adoucie en prenant de l'âge.)

Death | La mort

→ the **death** throes, a **death** certificate, the **death**rate	→ l'agonie, un certificat de décès, le taux de mortalité
to die [daɪ] = **to expire** → **dying** = **expiring**	mourir = expirer → mourant/e
dead [dɛd] → **the dead** → **stone-dead**	mort/e → les morts → raide mort
a **dead** man / **woman**	un/e mort/e
deceased → **the deceased**	défunt → le/la/les défunt/e/s
the departed [dɪ'pɑ:tɪd]	les disparus
⚠ a **corpse** [kɔ:ps]	un cadavre
lifeless ['laɪflɪs]	sans vie
the remains [rɪ'meɪnz]	les restes / la dépouille (mortelle)
to lose* sb, a **loss** [lɒs]	perdre qqn, une perte
fatal ['feɪtəl] = **lethal** ['li:θəl]	fatal = mortel

PHRASES

- **to die a natural death** (mourir de mort naturelle) ≠ **to die of unnatural causes** (mourir d'une mort suspecte), **to die an early** = **untimely death** (mourir prématurément)
  It's the kiss of death. (C'est le baiser de Judas.)
  You're dicing with death. (Tu joues avec la mort.)
- **to be* on one's last legs** = **to be* nearing one's end** (ne plus en avoir pour longtemps), **to be* slipping away** (s'en aller = être près de sa fin), **to be* at death's door** (être à l'article de la mort), **to pass on / away** (s'éteindre), **to breathe one's last** (rendre le dernier soupir), **to go* the way of all flesh** (redevenir poussière), *[coll.:]* **to kick the bucket** = **to give* up the ghost** = **to ring* down the curtain** = **to croak** = **to snuff it** (passer l'arme à gauche)
- **to be* as dead as a doornail / as a dodo** (être mort et bien mort), **to push up the daisies** (manger les pissenlits par la racine), **to be* six feet under** (être à six pieds sous terre)
- **to commit suicide** = **to take* one's (own) life** = **to kill oneself** (se suicider = se supprimer)
- **It's a dead loss.** (C'est une perte sèche.)
- **to rise* from the dead** (ressusciter d'entre les morts)
- *[Coll.:]* **Over my dead body!** (Il faudra me passer sur le corps !), **He's a dead loss.** (C'est un bon-à-rien / un zéro intégral / une nullité.), **I wouldn't be seen dead in this dress!** (Il est hors de question que je porte ça !), **She's drop-dead gorgeous.** (Elle est trop canon !), **Drop dead!** (Crève !), **to be* dead to the world** (dormir très profondément), **Dead right!** (Absolument !), **to be* half dead / dead beat** (être épuisé)

Funerals | Les obsèques

a **wake** [weɪk] = a **funeral vigil** ['vɪdʒɪl]	une veillée funèbre
to lay* out a body	faire la toilette d'un mort
to lie* in state	être exposé solennellement
a **mortuary** ['mɔ:tʃʊərɪ]	une morgue (hôpital)
a **morgue** ['mɔ:g]	une morgue (police)
to cremate → **cremation** → UK a **crematorium** = US a **crematory**	incinérer → l'incinération → un crématorium
ashes ['æʃɪz]	les cendres (⚠ an ash : un frêne)
an **urn** [ɜ:n] = a **funeral urn**	une urne (funéraire)
to embalm [ɪm'bɑ:m] → **embalmed**	embaumer → embaumé/e
a **funeral home**	un funérarium
UK an **undertaker** = US a **mortician** → UK an **undertaker's assistant** = US a **mortician's assistant**	un entrepreneur de pompes funèbres un croque-mort
a **shroud** [ʃraʊd] / a **winding-sheet**	un linceul
UK a **coffin** ['kɒfɪn] = US a **casket**	un cercueil
to be* a **pall-bearer**	porter le cercueil
a **hearse** [hɜ:s]	un corbillard
a **wreath** [ri:θ]	une couronne mortuaire
the **funeral procession**	le cortège funèbre

to inter	inhumer
to bury ['bɛrɪ] → a burial ['bɛrɪəl] → a burial place, a burial ground = a graveyard = a cemetery	enterrer → un enterrement (mise en terre), une sépulture un cimetière
a churchyard ['tʃɜːtʃjɑːd]	un cimetière (à côté d'une église)
a grave [greɪv] = US a tomb [tuːm] → a gravestone = a tombstone	une tombe = un tombeau → une pierre tombale
a (family) vault	un caveau (de famille)
a plot (held in perpetuity)	une concession (à perpétuité) (⚠ complot / conspiration)
a memorial → a War Memorial	un monument → un Monument aux Morts
an epitaph	une épitaphe
an obituary [ə'bɪtjʊərɪ]	une notice nécrologique
the bereaved [bɪ'riːvd] bereavement	la famille du défunt le deuil (événement, sentiment)
to mourn [mɔːn] for → mourning	porter le deuil de ← le deuil (marques extérieures)
condolences [kən'dəʊlənsɪz]	les condoléances
to exhume → exhumation → exhumation order	exhumer → exhumation → ordre d'exhumer
an autopsy ['ɔːtɒpsɪ]	une autopsie
the widow ['wɪdəʊ] → the widower	la veuve ← le veuf
an orphan → an orphanage	un orphelin → un orphelinat

PHRASES

- **Ashes to ashes, dust to dust.** (Tu es poussière et tu redeviendras poussière.)
- **the late John Smith** (Feu John Smith)
  RIP = Rest in Peace (Qu'il/elle repose en paix.)
  No flowers by request. (Ni fleurs ni couronnes.)
  a wooden overcoat (un costume en sapin)
  That was the last nail in the coffin. (Ça l'a achevé.)
- **to be* widowed** (perdre sa femme / son mari), **to be* in mourning** (être en deuil), **to go* into mourning** (prendre le deuil), **to grieve / mourn for sb** (pleurer qqn)
- **the Loved One** (le/la cher/-ère disparu/e)
- **to offer one's condolences / sympathy** (présenter ses condoléances), **(Please accept) all my condolences / my deepest sympathy.** ([Veuillez accepter] toutes mes condoléances.)
- **to have* a funereal look** (faire une tête d'enterrement), **to toll the knell** (sonner le glas)

Inheriting

Hériter

a will	un testament (⚠ will : la volonté)
an heir [ɛə] → an heiress ['ɛərɪs] → an heirloom	un héritier → une héritière → un héritage (objet)
to inherit [ɪn'hɛrɪt] → an inheritance, to disinherit	hériter → un héritage, déshériter
the estate [ɪ'steɪt]	la succession (patrimoine)
heritage, a heritage ['hɛrɪtɪdʒ]	l'héritage / le patrimoine, un legs
to bequeath [bɪ'kwiːð] → a bequest = a legacy	léguer → un legs (⚠ legacy = héritage abstrait)

WORD PARTNERS

- **to make* one's will** (faire son testament)
- **heir → a direct / lawful = rightful = legitimate / putative ~** (un héritier direct / légitime / putatif = supposé), **the sole / true / worthy ~ of sb** (le seul / véritable / digne ~ de qqn)
  to acknowledge sb as = to recognize sb as / to appoint = name one's ~ (reconnaître qqn / désigner qqn comme ~)
- **Mr So-and-So's estate** (la succession de M. Untel)

9 Health — La santé

Health [hɛlθ] — La santé

→ healthy ≠ unhealthy	→ sain/e / en bonne santé ≠ malsain/e
→ healthful / health-giving	→ bon/ne pour la santé
a condition	un état de santé (⚠ condition)
sound [saʊnd]	sain/e / en bonne santé
strong → strength	fort/e → la force
sturdy ['stɜːdɪ] → sturdiness	robuste → la robustesse
stamina	la vigueur
energy ['ɛnədʒɪ] → energetic	l'énergie → énergique
fit → fitness	en forme → la forme physique

WORD PARTNERS

- **health → good ≠ ill ~** (la bonne ≠ mauvaise santé), **poor ~** (une ~ médiocre), **mental ~** (la santé mentale)
  a ~ spa (une ville d'eau), **a ~ farm** (un établissement de cure / thermal), **a ~ club** (un club de remise en forme), **~ food** (des aliments naturels / bio), ⚠ **a ~ hazard** (un risque pour la santé), **~ trouble** (ennuis de santé)
- **to have* a heart / lung condition** (avoir une maladie cardiaque / les poumons malades)
- **to keep* fit** (entretenir sa forme), **physical fitness** (la forme physique)
- **to have* ≠ to lack stamina** (avoir de la ≠ manquer de vigueur)

PHRASES

- UK **the National Health Service = NHS** (les services de santé britanniques)
- **to be* in / to enjoy good health** (être en / jouir d'une bonne santé), **to be* bursting with health** (être éclatant/e de ~), **to be* hale and hearty** (avoir bon pied, bon œil) ≠ **to be* in poor / bad / failing health** (être en mauvaise santé), **to have* a weak ≠ strong / cast-iron constitution** (avoir une santé fragile ≠ robuste / de fer), **to recover / to regain one's health** (recouvrer la santé)
- **She is the picture of health.** (Elle respire la santé.)
  She is as fit as a fiddle. (Elle est en pleine forme.)
- **He is out of sorts.** (Il n'est pas en forme.), **He is off-colour.** (Il est patraque.), **He is in a bad way.** (Il file un mauvais coton.), **His condition suddenly took a turn for the worse.** (Son état s'est brusquement aggravé.)

Sickness — La maladie

← sick	← malade
→ the sickbay, a sickroom	l'infirmerie, une chambre de malade
ill → an illness	malade → une maladie
a disease [dɪ'ziːz]	une maladie
to ail [eɪl] → ailment ['eɪlmənt]	aller mal → une maladie / une affection
a disorder [dɪs'ɔːdə]	des troubles
a sore, sore	une plaie, endolori/e
a pimple	un bouton
a boil	un furoncle
a rash	une éruption / des rougeurs
to fester	suppurer / s'envenimer
to swell	enfler

WORD PARTNERS

- **to feel* sick** (avoir mal au cœur / avoir la nausée)
- **sickness** → **homesickness** (le mal du pays), **air / sea ~** (le mal de l'air / de mer), **altitude ~** (le mal d'altitude / des montagnes), **sleeping ~** (la maladie du sommeil)
- **terminally ill** (en phase terminale)
- **illness** → **a severe = serious / fatal = terminal / untreatable / imaginary / psychosomatic / mental ~** (une maladie grave / mortelle / incurable / imaginaire / psychosomatique / mentale)
  to diagnose / treat / cure an ~ (diagnostiquer / traiter / guérir une ~)
  to get* over = recover from an ~ (se remettre d'une ~) ≠ **to succumb to an ~** (succomber à une ~)
  the after-effects of an ~ (les séquelles d'une ~)
- **disease** → **a deadly = lethal = fatal ~** (une maladie mortelle), **a contagious = catching / congenital / hereditary / chronic / recurrent / endemic / malignant / tropical ~** (une ~ contagieuse / congénitale / héréditaire / chronique / récurrente / endémique / maligne / tropicale)
  to be* prone to a ~ (être sujet à une ~)
  A disease breaks out. (Une ~ se déclare.) → **the outbreak of a ~** (le début d'une ~)
- **a running sore** (une plaie qui suppure)
- **disorder** → **mental ~ / personality ~** (troubles mentaux / de la personnalité), **circulatory / digestive ~** (troubles circulatoires / digestifs)

PHRASES

- **He is on sick leave.** (Il est en congé de maladie.)
  to be* homesick (avoir le mal du pays), **to be* car sick** (être malade en voiture)
  He makes me sick. (Il m'écœure.)
- **to fall* ill / to be* taken ill** (tomber malade)
- **My leg is itching.** (J'ai la jambe qui me démange.)
- **to come* out in a rash** (avoir une éruption)

● *Traumas* — *Les traumatismes*

a haematoma [hiːmə'təʊmə]	un hématome
a bruise [bruːz], to bruise	un bleu / une ecchymose, (se) meurtrir
a **splinter**	une écharde
a **graze** [greɪz], to graze (one's leg / knee / etc.)	une éraflure, s'érafler (la jambe / le genou / etc.)
a scratch, to scratch	une égratignure, se gratter
a **scrape** [skreɪp], to scrape	une écorchure, (s')écorcher (⚠ gratter / râcler)
a **blister**	une ampoule
a **chilblain** ['tʃɪlbleɪn]	une engelure
a **burn** [bɜːn], to burn*	une brûlure, brûler
a (bee / wasp) sting	une piqûre (d'abeille / de guêpe)
a (dog / snake) bite	une morsure (de chien / de serpent)
to dislocate ['dɪsləkeɪt]	(se) déboîter / luxer / démettre
a **sprain**, to sprain	une entorse, se faire une entorse

W. P.

- **to be* covered in bruises** (être couvert de bleus)
- **to dislocate one's wrist / elbow / shoulder** (se fouler / luxer le poignet / le coude / l'épaule)
- **to sprain one's ankle / knee** (se faire une entorse à la cheville / au genou)

PHRASES

- **to have* a stiff neck / a fractured skull / a broken leg** (avoir le torticolis / une fracture du crâne / une jambe cassée), **to have* one's arm in a sling / one's leg in plaster** (avoir le bras en écharpe / la jambe dans le plâtre), **to walk with crutches** (marcher avec des béquilles)
  He had to have stitches in his face. (On a dû lui faire des points de suture au visage.)
- **She has a nasty scrape on her knee.** (Elle a une vilaine écorchure au genou.)

● Nose, throat and lung problems — Les maladies du nez, de la gorge et des poumons

a cold [kəʊld]	un rhume
a chill [tʃɪl]	un coup de froid
to sneeze [sniːz]	éternuer
to sniff [snɪf]	renifler
to shiver [ˈʃɪvə]	grelotter
to sweat [swɛt], to perspire [pəsˈpaɪə]	suer, transpirer
influenza = (the) flu	la grippe
a throat infection / tonsillitis	une angine
laryngitis [lærɪnˈdʒaɪtɪs]	la laryngite
sinusitis [saɪnəˈsaɪtɪs]	la sinusite
bronchitis [brɒŋˈkaɪtɪs]	la bronchite
asthma	l'asthme
to cough [kɒf], a cough	tousser, une toux
to spit* (out)	cracher
pneumonia [njuːˈməʊnɪə]	pneumonie
SARS = severe acute respiratory syndrome	syndrome respiratoire aigu sévère = SRAS

W. P.

- **cold → a bad ≠ slight ~** (un gros ≠ léger rhume)
  to catch* a ~ (attraper un rhume), **to have* a ~** (être enrhumé)
- **to get* = catch* / have* influenza = the flu** (attraper / avoir la grippe)
- **a coughing fit** (une quinte de toux)

PHRASES

- **to have* a runny nose / a sore throat** (avoir le nez qui coule / mal à la gorge), **to spit* blood** (cracher le sang)
  My ears feel blocked up. (J'ai l'impression d'avoir les oreilles bouchées.), **I feel like I'm choking.** (J'ai une sensation d'étouffement.), **I'm choking.** (Je suffoque.)
- **to get* a flu shot** (se faire vacciner contre la grippe)

● Eye and ear problems — Les maladies des yeux et de l'oreille

to squint = to have* a squint = to be* cross- eyed	loucher
conjunctivitis	la conjonctivite
an optician [ɒpˈtɪʃən]	un opticien
(a pair of) glasses = ⚠ spectacles = specs	des lunettes
the frames [freɪmz]	la monture
a lens → contact lenses	1. un verre de lunettes 2. une lentille → des lentilles de contact
blind [blaɪnd] → blindness → colour-blind → colour-blindness	aveugle → la cécité → daltonien → le daltonisme
deaf [dɛf] → deaf-and-dumb = deaf-mute	sourd/e → sourd/e-muet/te *(adj. et N)*
a hearing aid	un appareil acoustique

→ *L'œil, p. 43, Sensations et perceptions, p. 82*

PHRASES

- **to have* one's eyes tested** (faire contrôler sa vue), **to have* good ≠ poor eyesight** (avoir une bonne ≠ mauvaise vue), **to be* UK short-sighted = US near-sighted / UK long-sighted = US far-sighted** (être myope / hypermétrope ou presbyte), **to go* blind = to lose* one's sight** (perdre la vue), **to be* blind in one eye** (être borgne), **to wear* glasses** (porter des lunettes), **to be* (as) blind as a bat** (être myope comme une taupe)
  Please help the blind. (Donnez pour les aveugles.)
  [Politically correct:] **to have* impaired sight / hearing** (être mal voyant / mal entendant)
- **to be* hard of hearing / stone deaf** (être dur d'oreille / sourd comme un pot)

● Childhood illnesses = infantile disorders — Les maladies infantiles

the measles ['mi:zəlz]	la rougeole
German measles	la rubéole
chicken pox	la varicelle
scarlet fever	la scarlatine
smallpox	la variole
mumps [mʌmps]	les oreillons
otitis [əʊ'taɪtɪs]	une otite
whooping cough	la coqueluche
diphteria	la diphtérie

● Infections — Les infections

← to infect	← infecter / contaminer
pus [pʌs]	le pus
gangrene ['gæŋgri:n]	la gangrène
septic → UK septicaemia = US septicemia = blood poisoning	infecté/e → la septicémie
to contaminate → contamination	contaminer → contamination
an epidemic	une épidémie
quarantine ['kwɒrənti:n], to quarantine	la quarantaine, mettre en ~ / isoler
a germ [dʒɜ:m] / a bug [bʌg] / a microbe	un microbe
a bacillus [bə'sɪləs]	un bacille
a bacterium (*pl.:* bacteria) → bacteriology	une bactérie → la bactériologie
a parasite ['pærəsaɪt]	un parasite
a fungus (*pl.:* fungi)	un champignon
a virus ['vaɪrəs]	un virus
immunology → an immunologist	immunologie / un/e immunologiste
immune to → to immunize sb against → immunization (against)	immunisé contre, immuniser qqn contre immunisation (contre)
the immune system	le système immunitaire
a vaccine → to vaccinate → vaccination	un vaccin → vacciner → vaccination
a booster	un rappel
an injection	une piqûre
a syringe ['sɪrɪndʒ]	une seringue
jaundice ['dʒɔ:ndɪs]	la jaunisse
hepatitis [hɛpə'taɪtɪs]	l'hépatite
appendicitis [ə'pɛndɪ'saɪtɪs]	l'appendicite
tuberculosis (= TB) → a TB sufferer	la tuberculose → un/e tuberculeux/-se
meningitis [mɛnɪn'dʒaɪtɪs]	la méningite
tetanus	le tétanos
polio(myelitis)	la polio(myélite)
diphtheria [dɪf'θɪərɪə]	la diphtérie
typhoid (fever) ['taɪfɔɪd]	la typhoïde
yellow fever	la fièvre jaune
malaria [mə'lɛərɪə]	la malaria = le paludisme
cholera	le choléra
the plague, a plague [pleɪg]	la peste, une épidémie / un fléau
rabies ['reɪbɪz]	la rage

Vein and heart problems — Les problèmes vasculaires et cardiaques

phlebitis / an inflamed vein	une phlébite
angina [æn'dʒaɪnə] (pectoris)	l'angine de poitrine
a coronary / a heart attack	un infarctus / une crise cardiaque
a cardiac arrest	un arrêt du cœur
a heart failure	une défaillance cardiaque
a stroke [strəʊk]	un accident vasculaire cérébral / une attaque
a cerebral haemorrhage	une hémorragie cérébrale
an aneurism ['ænjuərɪzəm]	un anévrisme
a (blood) clot	un caillot (de sang)
an electrocardiogram	un électrocardiogramme
a bypass ['baɪpɑːs] = bypass surgery	un pontage
leukaemia [luː'kiːmɪə] → a leukaemia sufferer	la leucémie → un/e leucémique
h(a)emophilia → h(a)emophiliac	hémophilie ← hémophile *(adj. & N)*

Cancer — Le cancer

→ cancerous	→ cancéreux
metastases	des métastases
a smear [smɪə] (test)	un frottis
a mammography, a mammogram	une mammographie
a growth [grəʊθ] = UK a tumour = US tumor	une tumeur
a lump [lʌmp]	une grosseur
chemotherapy [kiːməʊ'θɛrəpɪ]	la chimiothérapie
radiation therapy = radiotherapy	la radiothérapie
a relapse / recurrence	une rechute
carcinogenic	cancérigène

WORD PARTNERS

- **cancer** → **a ~ patient** (un malade atteint du ~ / un cancéreux), **a breast / lung / colon ~** (un ~ du sein / du poumon / du colon) → **a breast ~ survivor** (une femme qui a été opérée d'un ~ du sein), **a ~ cell** (une cellule cancéreuse), **~ of the liver** (~ du foie), **cervical / prostate / skin ~** (~ du col de l'utérus / de la prostate / de la peau), **~ of the uterus = uterine ~** (~ de l'utérus), **systemic ~** (~ généralisé)
- **recurrence rates** (taux de rechutes)
- **a benign ≠ malignant tumour** (une tumeur bénigne ≠ maligne)
- **to feel* (one's breasts) <u>for</u> lumps** ([se] palper [les seins] pour voir s'il y a des grosseurs)

Women's complaints — Problèmes féminins

menopause ['mɛnəpɔːz]	la ménopause
UK hot flushes = US hot flashes	bouffées de chaleur
(post)menopausal women	femmes ménopausées
hormone replacement therapy (HRT)	traitement hormonal substitutif (THS)
(vaginal) bleeding	saignements (vaginaux)
osteoporosis	l'ostéoporose

Other diseases — Les autres maladies

to constipate → constipated, constipation	constiper → constipé, la constipation
UK = diarrhoea = US diarrhea [daɪə'rɪə]	la diarrhée
dysentery	la dysenterie
gallstones ['gɔːlstəʊnz]	des calculs / lithiases vésiculaires

diabetes [daɪə'biːtiːz] → a **diabetic**	le diabète → un/e diabétique
ana(e)mia → **an(a)emic**	l'anémie → anémique
arthritis [ɑː'θraɪtɪs]	l'arthrite
rheumatism ['ruːmətɪzəm]	les rhumatismes
shingles	le zona
multiple sclerosis (MS)	la sclérose en plaques
mononucleosis = **glandular fever**	la mononucléose
a **leper** ['lɛpə] → **leprosy** → a **leprosy clinic**	un lépreux ← la lèpre → une léproserie
the **rickets** → **rickety**	le rachitisme → 1. rachitique 2. bancal, branlant *(fig.)*
scurvy ['skɜːvɪ]	le scorbut
a **hernia**	une hernie
an **ulcer** ['ʌlsə]	un ulcère
epilepsy, **epileptic**, an **epileptic**	l'épilepsie, épileptique, un épileptique
mongoloid, **mongolism** = **Down's syndrome**	mongolien, le mongolisme = la trisomie 21
autism ['ɔːtɪzəm] → **autistic**	l'autisme → autiste
the **Acquired Immune Deficiency Syndrome** = AIDS → an **AIDS patient** / **carrier**	le Syndrome Immuno-Déficitaire Acquis = le SIDA → un/e malade du sida
H.I.V. = **human immunodeficiency virus**	le virus HIV
H.I.V.-**positive**	séropositif/ve
sexually-transmitted diseases = STD	les maladies sexuellement transmissibles = MST
gonorrhea [gɒnə'rɪə]	la blennorragie
syphilis ['sɪfɪlɪs] → a **syphilitic**	la syphilis → un/e syphilitique

Mental disorders — *Les troubles mentaux*

a psychological **trauma**	un traumatisme psychologique
a **nervous breakdown**	une dépression (nerveuse)
to **depress** → **depressed**, **depression**, **depressive**, **antidepressants**	déprimer → déprimé/e, dépression, dépressif/-ve, les anti-dépresseurs
barbiturates	les barbituriques
a **mania** ['meɪnɪə] → a **maniac**, **persecution mania**, **manic depression**	une manie / le délire → un/e fou/folle, le délire de persécution, la psychose maniaco-dépressive
a **psychosis** [saɪ'kəʊsɪs]	une psychose
a **neurosis** [njʊə'rəʊsis] → a **neurotic**	une névrose → un/e névrosé/e
paranoia → (a) **paranoid** ['pærənɔɪd]	paranoïa → (un/e) paranoïaque
schizophrenia → a **schizophrenic**	schizophrénie ← un/e schizophrène
a **phobia** ['fəʊbɪə] → **claustrophobia**, **agoraphobia**	une phobie → la claustrophobie, l'agoraphobie
hysteria [hɪs'tɪərɪə] → **hysterical**	l'hystérie → hystérique
(a fit of) **hysterics**	une crise de nerfs
dementia [dɪ'mɛnʃɪə] → **demented**	la démence → dément/e
lunacy ['luːnəsɪ] → **lunatic**, a **lunatic**	l'aliénation mentale → aliéné/e, un/e aliéné/e
a **strai(gh)tjacket**	une camisole de force
a **mental home** = a **psychiatric hospital**	une clinique / un hôpital psychiatrique
crazy ['kreɪzɪ] = **mad** = **insane** [ɪn'seɪn] → **craziness** = **madness** = **insanity**	fou/folle → la folie

Physical handicaps — *Les handicaps physiques*

a **cleft palate**	une fente du palais
a **harelip** ['hɛəlɪp]	un bec-de-lièvre

a clubfoot ['klʌb'fʊt]	un pied bot
a hump [hʌmp]	une bosse
a hunchback ['hʌntʃbæk]	un/e bossu/e
to limp = to have* a limp, a limp	boiter, une claudication
⚠ lame [leɪm]	boiteux/-se / estropié/e
a one-legged man / woman	un/e unijambiste
one-armed	manchot/e
one-eyed	borgne
to disable [dɪ'seɪbəl] → disabling, a disability	mutiler / estropier → invalidant/e, une infirmité
→ **disabled** → the disabled = **handicapped** → the **handicapped**	handicapé/e → les handicapés
invalid, an invalid → invalidity → an invalidity benefit / pension	infirme / malade, un/e infirme / malade → une infirmité → une pension d'invalidité
to maim [meɪm]	mutiler
to cripple, a **cripple** → **crippled**	estropier, un/e estropié/e → estropié/e
a crutch [krʌtʃ]	une béquille
a **wheelchair** ['wi:ltʃɛə]	un fauteuil roulant
paraplegia [pærə'pli:dʒɪə] → paraplegic	la paraplégie → paraplégique
hemiplegic	hémiplégique
paralysis → a paralytic	la paralysie → un/e paralytique
cerebral palsy	la paralysie motrice cérébrale
Parkinson's disease	la maladie de Parkinson
a spastic	un handicapé moteur

PHRASES

- **She is UK paralysed = US paralyzed <u>in</u> the legs.** (Elle est paralysée <u>des</u> jambes.)
- **Her faculties are impaired.** (Elle est très diminuée.)
- **maimed <u>for</u> life** (estropié/e <u>à</u> vie)
- **He might regain the use of his arm.** (Il se pourrait qu'il retrouve l'usage de son bras.)

● *Symptoms* — *Les symptômes*

to feel* unwell / chilly / weak [wi:k] / feverish ['fi:vərɪʃ]	se sentir mal / frileux/-se / faible / fiévreux/-se
to have* / run* <u>a</u> fever / <u>a</u> temperature	avoir <u>de la</u> fièvre / <u>de la</u> température
to have* a **headache** ['hɛdeɪk]	avoir mal à la tête
to feel* **dizzy** = giddy	avoir la tête qui tourne
⚠ a pain [peɪn] → **painful, painless** → **painfully, painlessly**	une douleur → douloureux/-se, indolore → douloureusement, de manière indolore
→ a **painkiller**	un calmant / analgésique
to hurt [hɜ:t]	faire mal
to ache, an ache [eɪk]	avoir mal, une douleur
to inflame → inflammation, inflammatory	s'infecter → inflammation, inflammatoire
⚠ agony	la douleur atroce
to smart	brûler / causer une douleur vive
⚠ **relief** [rɪ'li:f] → to **relieve**	le soulagement ← soulager
to soothe [su:ð] → **soothing**	apaiser → apaisant/e / calmant/e
to faint, a faint = a **fainting** fit, **faintness**	s'évanouir, un évanouissement, des vertiges
nausea ['nɔ:zɪə]	la nausée
to throw* up = to bring* up = to vomit = UK to be* sick	vomir
UK a **haemorrhage** ['hɛmərɪdʒ] = US a **hemorrhage**	une hémorragie

→ *La fatigue, p. 52, Le sommeil et le repos, p. 53, Le plaisir et la douleur, p. 71*

WORD PARTNERS

- **pain → a dull / steady / nagging / sharp / shooting / throbbing ~** (une douleur sourde / régulière / tenace / aiguë / fulgurante / lancinante), **an agonizing / intense / unbearable ~** (une ~ atroce / intense / insupportable)
- **ache → head~** (mal de tête) **/ back~** (mal de / au dos) **/ ear~** (mal aux oreilles) **/ tooth~** (mal aux dents) **/ stomach ~** (mal au ventre)
- **to ache / to be* sore all over** (avoir mal partout)
- **a slight ≠ splitting headache** (un léger ≠ horrible mal de tête)

PHRASES

- **to suffer from dizzy spells = to have* bouts of dizziness** (avoir des vertiges), **to writhe in agony** (se tordre de douleur), **to be* at death's door** (être à l'agonie), **US to be* sick to one's stomach** (avoir mal au cœur)
- **My eyes are smarting.** (J'ai les yeux qui me brûlent.)
  My whole body is tingling. (J'ai des picotements / des fourmis partout.)
  He is in a lot of pain. (Il souffre beaucoup.)

• The doctor's surgery — Le cabinet médical

medicine, a medicine ['medɪsn]	la médecine, un médicament / remède
general practice → a GP (= General Practitioner)	la médecine générale un (médecin) généraliste
⚠ a physician [fɪ'zɪʃn]	un médecin
the surgery hours	les heures de consultation
to hold* surgery	consulter (pour un médecin)
to consult [kən'sʌlt]	consulter (pour un patient)
a house call	une visite à domicile
to examine a patient	ausculter un malade
to sound a patient's chest	ausculter la poitrine d'un patient
to treat [tri:t] → a treatment	traiter → un traitement
to screen [skri:n] → a screening	faire passer des tests de dépistage → un dépistage
to detect → detection	détecter → la détection
to diagnose ['daɪəgnəʊz] → diagnosis, diagnostic	diagnostiquer → un diagnostic *(N)*, diagnostique *(adj.)*
to prescribe [prɪ'skraɪb] → a prescription [prɪ'skrɪpʃən]	prescrire → une ordonnance
to cure [kjʊə], a cure → (in)curable	guérir, 1. une guérison 2. un remède → (in)curable
to come* through = to pull through to recuperate = to get* better = to recover → recovery	s'en sortir / récupérer / se rétablir → le rétablissement
convalescent, convalescence	convalescent/e, la convalescence
a remission	une rémission
to eradicate / to wipe out (a disease)	éradiquer (une maladie)
⚠ a tablet	un cachet / comprimé
a lozenge	une pastille
a capsule ['kæpsju:l]	une gélule
a syrup ['sɪrəp]	un sirop
a phial ['faɪəl] = US vial ['vaɪəl]	une ampoule
(eye / nose) drops	des gouttes (pour les yeux / le nez)
to anoint → an ointment	oindre → une pommade
a suppository	un suppositoire
a nasal ['neɪzəl] spray	un nébuliseur
an antibiotic [æntɪbaɪ'ɒtɪk]	un antibiotique
an antiseptic	un antiseptique
a tranquillizer ['træŋkwɪlaɪzə]	un tranquillisant

to sedate sb → a **sedative**	mettre qqn sous sédatifs → un sédatif
to dress a wound → a **dressing**	panser une plaie → un pansement
a **bandage** ['bændɪdʒ]	un bandage
a (sticking) **plaster**	un pansement (adhésif)
cotton wool	le coton hydrophile
gauze [gɔːz]	la gaze

WORD PARTNERS

- **to assign = prescribe / undergo* a treatment** (prescrire / suivre un traitement)
- **UK to make* up a prescription = US to fill a ~** (faire / remplir une ordonnance)
- **cure → a ~ for = a remedy for** (un remède contre), **a ~-all for** (une panacée contre)
- **to rub in an ointment** (faire pénétrer une pommade)
- **to be* on antibiotics** (être sous antibiotiques)

PHRASES

- **to go* to the doctor's** (aller chez le médecin), **to have* a check-up / a blood test** (se faire faire un bilan de santé / une analyse de sang)
- **high ≠ low blood pressure** (hypertension ≠ hypotension), **an allergic reaction** (une réaction allergique)
- **At the doctor's** (Chez le médecin)
  How do you feel? / How are you feeling? (Comment vous sentez-vous ?)
  Say "ninety-nine". (Dites « trente-trois ».)
  Take a deep breath and hold it. (Inspirez à fond et retenez votre respiration.)
  Does it hurt? (Est-ce que ça vous fait mal ?), **Where does it hurt?** (Où est-ce que vous avez mal ?)
  I've got a pain in my back / in my leg / in my side. (J'ai une douleur dans le dos / à la jambe / au côté.), **I'm aching all over.** (J'ai mal partout.)
  Does the pain spread upwards / downwards? (La douleur irradie-t-elle vers le haut / vers le bas ?)
  The pain has worn off. (La douleur s'est calmée.), **It is still a bit sore.** (Ça me fait encore un peu mal.)
  Do you often cough? (Est-ce que vous toussez souvent ?), **Have you ever coughed (up) blood ?** (Avez-vous déjà craché du sang ?), **Do you often get chest pains ?** (Avez-vous souvent des douleurs dans la poitrine ?)
  Have you ever had surgery? = Have you ever been operated on? (Avez-vous déjà été opéré/e ?)
  Is there any family history of asthma? (Est-ce qu'il y a de l'asthme dans votre famille ?)
  Do you watch your cholesterol level? (Est-ce que vous surveillez votre [taux de] cholestérol ?)
  Are you allergic to anything in particular? (Avez-vous une allergie particulière ?)
  Have you ever had problems with your joints? (Avez-vous déjà eu des problèmes articulaires ?)
  Do you have difficulty passing water? (Avez-vous du mal à uriner ?)
  How often do you have a bowel movement? (À quelle fréquence allez-vous à la selle ?)
- **I have prostate trouble and piles.** (J'ai des ennuis de prostate et des hémorroïdes.)
- **Are you feeling any better now?** (Est-ce que vous vous sentez mieux maintenant ?)
- **His condition gives no cause for alarm.** (Son état n'est pas inquiétant.)
  He is out of danger. (Il est hors de danger.)
- **Not to be taken internally** (Ne pas avaler / Usage externe)
- **Prevention is better than cure.** (Mieux vaut prévenir que guérir.)

The pharmaceutical industry *L'industrie pharmaceutique*

a **pharmacist** = UK a **chemist** / US a **druggist** → a **pharmacist's** = a **chemist's**	un/e pharmacien/ne une pharmacie
a **pharmaceutical lab(oratory)**	un laboratoire pharmaceutique
a **drug** [drʌg]	un médicament
generic [dʒɪ'nɛrɪk]	générique
medication	des médicaments

a **side-effect**	un effet secondaire

W. P.

- **drug** → **an effective ~** (un médicament efficace), **a habit-forming ~** (un ~ qui crée une accoutumance)
  to prescribe a ~ (prescrire un médicament)
- **to be* on ≠ to come* off / to be* off drugs / medication** (se droguer / prendre des médicaments ≠ cesser de... / avoir cessé de...)

Hospitals — *L'hôpital*

→ to **hospitalize**	→ hospitaliser
a **patient** ['peɪʃənt] → an **outpatient**	un/e patient/e → un/e malade en consultation externe
a **unit** ['juːnɪt] / a **ward** [wɔːd]	un service (⚠ a ward : un/e pupille)
⚠ a **consultant**	un/e chef de service
UK a **houseman** / US an **intern**	un/e interne
UK a **charge nurse** / US a **head nurse** a **(nursing) sister** / a **matron** ['meɪtrən]	une infirmière en chef
a **nurse** [nɜːs] → a **male nurse**	une infirmière ← un infirmier
a **paramedic**	un/e auxiliaire médical/e
an **orderly**	un/e aide-soignant/e
a **stretcher** → a **stretcher-bearer**	un brancard → un/e brancardier/-ère
a **gurney** ['gɜːnɪ]	un chariot
an **ambulance** → an **ambulanceman/woman**	une ambulance → un/e ambulancier/-ère

WORD PARTNERS

- **hospital** → **~ facilities** (équipement hospitalier), **a teaching ~** (un CHU = Centre Hospitalier Universitaire), **a military ~** (un ~ militaire), **a maternity ~** (une maternité)
- **the casualty ward / unit** (le service des urgences)
- **unit** → **the trauma ~** (le service de traumatologie), **the intensive care ~** (le ~ de réanimation / de soins intensifs), **the burns ~** (le ~ des grands brûlés), **the X-ray ~** (le ~ de radiologie)
- **the maternity / p(a)ediatric ward** (le service de maternité / de pédiatrie)

Surgery ['sɜːdʒərɪ] — *La chirurgie*

a **surgeon** ['sɜːdʒən] → **surgical**	un chirurgien → chirurgical/e
to **operate** <u>on</u> sb <u>for</u> sth → an **operation**	opérer qqn <u>de</u> qqch → une opération
to **remove** [rɪ'muːv] → a **removal**	enlever → une ablation
to **amputate** → an **amputation**	amputer → une amputation
to **transplant**, a **transplant**	transplanter, une transplantation
an **implant**	un implant
to **graft** [grɑːft], a **graft**	greffer, une greffe
an **organ donor**	un donneur d'organes
to **receive** [rɪ'siːv] → a **recipient**	recevoir → un/e receveur/-se
to **reject** [rɪ'dʒɛkt] → a **rejection**	rejeter, un rejet
a **bank of organs**	une banque d'organe/s
a **femoral neck fracture**	une fracture du col du fémur
a **splint**	une attelle
a **pin**	une broche
a **(plaster) cast**	un plâtre
neurosurgery	la neurochirurgie
to **sterilize** ['stɛrɪlaɪz]	stériliser
to **monitor** ['mɒnɪtə]	surveiller
a **drip**	une perfusion
a **stitch**	un point de suture
a **suture** ['sjuːtʃə]	une suture
to **sew* up** / to **stitch up**	recoudre

to cauterize	cautériser
the recovery room	la salle de réanimation
to heal [hi:l] → to heal over	guérir / cicatriser → se cicatriser
a scab	une croûte
a scar [skɑ:]	une cicatrice

WORD PARTNERS

- **surgery** → **orthop(a)edic / plastic / cosmetic / reconstructive ~** (la chirurgie orthopédique / plastique / esthétique / réparatrice)
  to need ~ (avoir besoin de se faire opérer), **to undergo* ~** (se faire opérer)
- **a plastic surgeon** (un chirurgien esthétique)
- **surgical** → **a ~ team** (une équipe chirurgicale), **~ shock** (le choc opératoire)
- **operating** → **an ~ theatre** (un bloc opératoire / une salle d'opération), **the ~ table** (la table d'opération)
- **a heart / kidney transplant** (une transplantation cardiaque / du rein)
- **a skin graft** (une greffe de la peau)

PHRASES

- **They gave him an epidural anaesthetic.** (On lui a fait une anesthésie péridurale.)
- **He has an arm in a sling.** (Il a un bras en écharpe.)
- **to be* on a drip** (être sous perfusion), **to be* drip-fed** (être alimenté par perfusion)
- **The wound hasn't healed up yet, it is septic.** (La plaie n'est pas encore fermée, elle est infectée.)
- **I had my tonsils out / a hip replacement / a cyst removed from my breast.** (On m'a opéré des amygdales / mis une prothèse de la hanche / opérée d'un kyste au sein.)
- **hospital-acquired infections** (les infections nosocomiales)
- **Time is a great healer.** (Tout s'arrange avec le temps.)

The medical profession — *Le corps médical*

a physician [fɪ'zɪʃən]	un médecin (spécialiste)
a specialist ['spɛʃəlɪst]	un/e spécialiste
anaesthesia [ænəs'θi:zɪə]	l'anesthésie
→ an UK anaesthetist = US anesthesiologist	→ un/e anesthésiste
cardiology → a cardiologist	la cardiologie → un/e cardiologue
ophthalmology → an ophthalmologist	l'ophtalmologie → un/e ophtalmologue
obstetrics → an obstetrician	l'obstétrique → un/e obstétricien/ne
gyn(a)ecology [gaɪnə'kɒlədʒɪ] → a gyn(a)ecologist = a women's doctor	la gynécologie → un/e gynécologue
dermatology [dɜ:mə'tɒlədʒɪ] → a dermatologist	la dermatologie → un/e dermatologue
urology [jʊə'rɒlədʒɪ] → a urologist	l'urologie → un/e urologue
gastroenterology → a gastroenterologist	la gastro-entérologie → un/e gastro-entérologue
phlebology → a phlebologist	la phlébologie → un/e phlébologue
neurology [njʊə'rɒlədʒɪ] → a neurologist	la neurologie → un/e neurologue
p(a)ediatrics → a p(a)ediatrician	la pédiatrie → un/e pédiatre
radiology → a radiologist	la radiologie → un/e radiologue
rheumatology → a rheumatologist	la rhumatologie → un/e rhumatologue
h(a)ematology → a h(a)ematologist	l'hématologie → un/e hématologue
virology [vaɪ'rɒlədʒɪ] → a virologist	la virologie → un/e virologue
epidemiology → an epidemiologist	l'épidémiologie → un/e épidémiologiste
psychiatry [saɪ'kaɪətrɪ] → a psychiatrist	la psychiatrie → un/e psychiatre
psychoanalysis → a psychoanalist	la psychanalyse → un/e psychanaliste
psychology [saɪ'kɒlədʒɪ] → a psychologist	la psychologie → un/e psychologue
a shrink *(coll.)*	un/e psy
UK a chiropodist / US a podiatrist	un/e podologue
a gene [dʒi:n] → genetics [dʒɪ'nɛtɪks] → a geneticist	un gène → la génétique → un/e généticien/ne

a therapist ← **therapy** ['θɛrəpɪ] → **occupational therapy**	un/e thérapeute ← une thérapie → l'ergothérapie
UK **physiotherapy** = US **physical therapy** → **a physiotherapist**	la kinésithérapie → un/e kinésithérapeute
osteopathy ← **an osteopath**	l'ostéopathie ← un/e ostéopathe
homeopathy → **a homeopath** = **homeopathist**	l'homéopathie → un homéopathe
allopathy → **an allopathist**	l'allopathie → un allopathe

W. P.
- specialist → **a heart** ~ (un/e cardiologue), **an eye** ~ (un/e ophtalmologue), **an ear, nose and throat** ~ (un/e oto-rhino-laryngologiste = ORL), **a vascular** ~ (un/e phlébologue), **a cancer** ~ (un/e cancérologue)

At the dentist's — *Chez le dentiste*

the gums [gʌmz]	les gencives
a tooth [tu:θ] (*pl.:* teeth)	une dent
to fill (a tooth) → **a filling**	plomber (une dent) → un plombage
to pull out (a tooth)	arracher (une dent)
a bridge	un bridge
a crown [kraʊn]	une couronne
dentures ['dɛntʃəz] = **a plate**	un dentier
a brace [breɪs]	un appareil dentaire
a drill	une roulette / une fraise

PH.
- **I have a decayed = bad tooth / a raging toothache.** (J'ai une dent cariée / une rage de dents.), **I had a tooth out.** (Je me suis fait arracher une dent.)

Dietetics — *La diététique*

→ *Les provisions, p. 152*

to diet ['daɪət]	être au régime
diet → **dietetic** [daɪə'tɛtɪk], **dietary**, **a dietician**, **a dieter / a slimmer**, **a diet doctor**	l'alimentation / le régime → diététique, alimentaire, un/e diététicien/ne, une personne qui suit un régime (amaigrissant), un/e nutritionniste
slim → **to slim down**	mince → mincir
fast [fɑ:st], **to fast**	le jeûne (⚠ *adj. :* rapide), jeûner
nutrition [nju:'trɪʃən] → **nutritional**, **a nutritionist**, **malnutrition**	nutrition / alimentation → nutritif/-ve, un/e nutritionniste, la malnutrition
underweight ≠ **overweight** / **obese** → **obesity**	trop maigre ≠ obèse → obésité
a potbelly → **potbellied** = **a paunch** → **paunchy**	une bedaine → bedonnant
the body mass index (BMI)	l'indice de masse corporelle (IMC)
to weigh, weight → **a weight watcher**	peser, le poids → une personne qui surveille son poids
⚠ **the figure** ['fɪgə]	la ligne (⚠ chiffre)
fat → **fatty**	la graisse → graisseux/-se
an appetite depressant	un coupe-faim
gastric / stomach sapling	la gastroplastie

W. P.
- diet → **a balanced / low-fat / fat-free / salt-free / low-calorie / slimming** ~ (un régime équilibré / à faible teneur en matières grasses / sans matières grasses / sans sel / hypocalorique / amaigrissant), **a fattening / high-fibre / starvation / milk / high-protein** ~ (un ~ grossissant / riche en fibres / draconien / lacté / riche en protéines), **an alcohol-free** ~ (un ~ sec = sans alcool), **the staple** ~ (l'alimentation de base)

to go* on / to be* on a ~ (se mettre / être au régime)
~ foodstuffs = foods (aliments / produits de régime)
- **weight → a ~ - loss clinic** (une clinique d'amaigrissement), **~ - related problems** (problèmes liés au surpoids)
to watch one's ~ (surveiller son poids), **to lose* / to shed* ~** (perdre du poids)
- **excess body fat** (la surcharge pondérale)
- **overweight → to be* ~ by five kilos = to be* 5 kilos ~** (avoir cinq kilos de trop)

Tobacco, alcohol and drug abuse — *Le tabagisme, l'alcoolisme et l'abus de drogues*

tobacco [tə'bækəʊ]	le tabac
to smoke [sməʊk] → a (non-)smoker	fumer → un/e (non-)fumeur/-euse
a match	une allumette (⚠ 1. un match 2. une union)
a lighter ['laɪtə]	un briquet
a cigar [sɪ'gɑː] → a cigarette [sɪgə'rɛt] → a cigarette butt, a cigarette holder	un cigare → une cigarette → un mégot, un fume-cigarette
ashes → an ashtray ['æʃtreɪ]	les cendres → un cendrier
alcohol ['ælkəhɒl] → (an) alcoholic	alcool → (un/e) alcoolique,
→ alcoholism = alcohol abuse	→ l'alcoolisme
a drunkard ['drʌŋkəd] = a drunk *(coll.)*	un/e alcoolique = un/e ivrogne
tipsy	éméché
⚠ intoxicated, inebriated / drunk	ivre
a teetotal(l)er [tiː'təʊtələ], an abstainer	qqn qui ne boit jamais d'alcool
an addict = a drug-addict → an addiction	un drogué → une dépendance
substance abuse	l'abus d'alcool / de drogues / ...
to kick a habit	se désintoxiquer

→ *La drogue, p. 195*

PHRASES

- **to smoke heavily** (fumer trop), **to smoke a cigarette / a cigar / one's pipe** (fumer une cigarette / un cigare / la pipe), **to light* ≠ to put* out a cigarette** (allumer ≠ éteindre une cigarette)
to have* a smoke / a fag (en griller une)
- **a heavy smoker** (un gros fumeur), **a chain = compulsive smoker** (un fumeur invétéré)
- **second-hand smoking / environnemental tobacco smoking** (le tagabisme passif)
a smoking-related disease = illness / death (une maladie liée à l'usage du tabac / un décès dû au tabac)
anti-smoking legislation (les lois anti-tabac), **a workplace smoking ban** (une interdiction de fumer sur le lieu de travail)
- **a smoking ≠ no - smoking area** (une zone fumeur ≠ non-fumeur)
- **to give* up = to quit smoking** (arrêter le tabac)
- **to take* up drinking = to take* to drinking** (se mettre à boire)
- **to drink* heavily = to be* a heavy drinker** (être un gros buveur), **to have* a drink problem** (avoir un penchant marqué pour la boisson), **to be* as drunk as a lord** (être saoûl comme une grive) ≠ **as sober as a judge** (sérieux comme un pape)
- **binge-drinking** (les saoûleries), **to go* on a drinking binge = spree / to go* on a bender** (aller se saoûler), **to hit* the bars = to barhop** (faire la tournée des bars)
- **to crave for a drink** (avoir follement envie d'un verre)
- **to be* under the influence** (être en état d'ébriété), **to be* in a drunken stupor** (être abruti par l'alcool)
- **to go* on the wagon** (décider de ne plus boire)
AA = Alcoholics Anonymous (les Alcooliques anonymes)
a rehab(ilitation) / a detox(ification) centre (un centre de désintoxication), **to be* in detox** (être en cure de désintoxication), **to go* into rehab** (entreprendre une cure de désintoxication)
- **to drive* under the influence of alcohol = to drink* and drive*** (conduire en état d'ivresse), **drunk(en) driving** (la conduite en état d'ivresse)
- **to take* drugs** (se droguer), **to be* addicted to sth** = *[coll.:]* **to be* hooked on sth** (se droguer à qqch), **to get* a fix** (se piquer)
It's addictive. (Ça crée une accoutumance.)

10 Clothes — Les vêtements

Fashion ['fæʃən] — La mode

→ fashionable → fashionably	→ à la mode → élégamment / à la mode
a trend [trɛnd]	une tendance
a fad	une mode passagère
to design [dɪ'zaɪn] → a designer	dessiner → un dessinateur / créateur
clothes [kləʊðz], to clothe	les vêtements, habiller
(haute) couture	la haute couture
the rag trade	la confection *(péj.)*
a collection	une collection
a model ['mɒdəl] → to model	un mannequin → être mannequin (⚠ (se) modeler)
the catwalk ['kætwɔ:k]	le podium (sur lequel défilent les mannequins)
a boutique [bu:'ti:k]	une boutique de mode

WORD PARTNERS

- **fashion** → **a ~ designer / plate** (un styliste / une gravure de mode), **a ~ parade = show** (un défilé de mode)
- **designer** → **a top ~ = a great fashion ~** (un grand couturier), **a ~ dress** (une robe de grand couturier)
- **clothes** → **elegant / flashy / dowdy ~** (des vêtements élégants / tapageurs / sans chic), **made-to-measure ≠ ready-to-wear ~ = UK off-the-peg ~ = US off-the-rack ~** (~ faits sur mesure ≠ le prêt-à-porter), **old-fashioned ~** (des ~ démodés), **second-hand ~** (la fripe, les fripes), **a ~ shop = a dress shop** (un magasin de confection)
- **the winter / summer collection** (la collection d'hiver / d'été)
- **to model swimwear / clothes / a collection** (présenter des maillots de bain / [les modèles d']une collection)

PHRASES

- **to go* out of fashion** (se démoder) ≠ **to come* back into fashion** (revenir à la mode), **to set* the fashion** (donner le ton / lancer la mode)
  That dress is in fashion = is fashionable. (Cette robe est à la mode.)
  She dresses in the latest fashion. (Elle s'habille à la dernière mode.)
- **to do* UK modelling = US modeling** (travailler comme mannequin)

Women's wear — Les vêtements de femme

a gown [gaʊn]	une robe
a dress / a frock	une robe
UK a shirtwaister = US a shirtwaist	une robe-chemisier
a skirt [skɜ:t] → a miniskirt	une jupe → une mini-jupe
culottes [kju:'lɒts]	une jupe-culotte
hipsters	un pantalon (à) taille basse
a blouse [blaʊz]	un chemisier = un corsage
a tunic ['tju:nɪk]	une tunique
a suit [sju:t] → a trouser suit	un tailleur / un ensemble → un tailleur pantalon
a cape [keɪp]	une cape / une pèlerine
a shawl [ʃɔ:l] = a wrap	un châle
a stole [stəʊl]	une étole
an apron ['eɪprən] = a pinafore	un tablier
a smock → a smock dress	une blouse large → une robe de grossesse

→ *Les tailles des vêtements, p. 374*

WORD PARTNERS

- **gown** → **an evening ~** (une ~ du soir), **a dressing-~** (une ~ de chambre)
- **dress / skirt** → **a straight / tight ≠ full ~** (une robe/jupe droite / moulante ≠ large), **a pleated / gathered / gored / slit / wrap-around ~** (une ~ plissée / froncée / à godets / fendue / portefeuille), **a casual = an informal ≠ a formal ~** (une ~ décontractée ≠ habillée) **to lengthen ≠ shorten a ~** (allonger ≠ raccourcir une ~), **to hem a ~** (faire un ourlet à une ~)
- **dress** → **a low-necked = low-cut ~** (une robe décolletée), **a sleeveless ~** (une ~ sans manches), **a skimpy ~** (une ~ étriquée)
  a maternity / summer ~ (une ~ de grossesse / d'été), **a cocktail-~** (une ~ de cocktail), **a night~** (une chemise de nuit)

● *Men's wear* — *Les vêtements d'homme*

UK **trousers** ['traʊzəz] = US **pants**	un pantalon
a **shirt** [ʃɜːt]	une chemise
slacks	un pantalon sport / décontracté
shorts	un short (⚠ US un caleçon d'homme)
jeans [dʒiːnz] = **denims** ['dɛnɪmz]	un jean
cords ← **corduroy trousers**	un pantalon de velours côtelé
flies / a **fly** [flaɪ]	la braguette (⚠ a fly : une mouche)
UK **turn-ups** = US **pant cuffs**	les revers de pantalon
a **blazer** ['bleɪzə]	un blazer
UK a **waistcoat** ['weɪstkəʊt] = US a **vest**	un gilet (de costume) (⚠ UK un maillot de corps)
a **suit** [sjuːt]	un costume = un complet
UK a **dinner jacket** = US a **tuxedo** [tʌk'siːdəʊ]	un smoking
a **dresscoat** = **tails** ← a **tailcoat**	une queue-de-pie / un habit
an **overcoat** ['əʊvəkəʊt]	un pardessus
a **cloak** ['kləʊk]	une cape
overalls ['əʊvərɔːlz]	un bleu (de travail)
dungarees ['dʌŋgəriːz]	une salopette

→ *Les tailles des vêtements, p. 374*

W. P.

- **trousers** → **long ≠ short/ loose-fitting = baggy ≠ tight = close-fitting ~** (un pantalon long ≠ court / ample = bouffant ≠ collant), **the crease of the ~** (le pli du ~)
- **a three-piece / double-breasted / pinstripe suit** (un costume avec gilet / croisé / rayé)
- **shirt** → **a sports ~** (une chemise de sport), **a polo ~** (un polo), **in one's ~ sleeves** (en bras de chemise), **a button-down ~** (une chemise à col boutonné)

● *For both women and men* — *Pour les femmes et les hommes*

a **coat** [kəʊt]	un manteau
a **mac(kintosh)** = a **raincoat**	un imperméable
waterproof ['wɔːtəpruːf]	imperméable
a **jacket** [dʒækɪt]	une veste
a **jerkin** ['dʒɜːkɪn]	1. pourpoint 2. un blouson
a **windbreaker** ['wɪndbreɪkə]	un coupe-vent
sportswear ['spɔːtswɛə]	des vêtements de sport
a **jogsuit** ['dʒɒgsjuːt]	un survêtement = un jogging
knitwear ['nɪtwɛə]	les tricots
a **pullover** = a **sweater** = UK a **jumper**	un pull-over
a **roll neck** → **roll-neck(ed)**	un col roulé → à col roulé
a **sweatshirt** ['swɛtʃɜːt]	un sweat(-shirt)

a **T-shirt**	un T-shirt
a **slipover** ['slɪpəʊvə]	un débardeur

WORD PARTNERS

- **sweater** → **a thick ~** (un lainage chaud / un chandail), UK **a polo neck** = US **a turtleneck ~** (un pull à col cheminée), **a roll-neck ~** (un [pull à] col roulé), **a V-necked / round-necked ~** (un pull en V / ras du cou)
- **coat** → **a fur ~** (un manteau de fourrure), **a duffel ~** (un duffel-coat), **a sheepskin ~** (un/e manteau / veste de mouton)
- **jacket** → **a leather ~** (une veste de cuir), **a bomber ~** (un blouson)

Parts of clothes — *Les parties du vêtement*

a **collar** ['kɒlə] → a **collar stud**	un col → un bouton de col
a **sleeve** [sli:v]	une manche
→ **short-sleeved ≠ long-sleeved**	→ à manches courtes ≠ longues
the **neckline** ['nɛklaɪn]	l'encolure
cuffs [kʌfs] → **cufflinks**	des manchettes → des boutons de ~
a **lapel** [lə'pɛl]	un revers (de veste)
a **pocket** ['pɒkɪt]	une poche
a **hem** [hɛm] → the **hemline**	un ourlet → le bas de l'ourlet
a **shoulder pad**	une épaulette
a **button** ['bʌtən] → a **buttonhole**	un bouton → une boutonnière
UK a **zip (fastener)** = US a **zipper**	une fermeture à glissière / Éclair
a **press stud / fastener**	un bouton-pression
a **hook** [hʊk]	une agrafe
to line [laɪn] → the **lining** ['laɪnɪŋ]	doubler (⚠ border) → la doublure

W. P.

- **a plunging neckline** (un décolleté plongeant)
- **collar** → **a detachable ~** (un faux col), **a starched ~** (un col amidonné)
- **to let* down a hem** (défaire un ourlet)
- **to sew* a button on** (coudre un bouton)

PHRASES

- **to have* / keep* sth up one's sleeve** (avoir plus d'un tour dans son sac)
- **to line one's pockets** (s'en mettre plein les poches)
  I'm out of pocket. (J'en suis de ma poche.)
  He doesn't like putting his hand in his pocket. (Il n'aime pas mettre <u>la</u> main <u>à</u> <u>la</u> poche.)
- **His jacket is coming apart at the seams.** (Sa veste craque aux coutures.)
  Their marriage is falling / coming apart at the seams. (Leur mariage craque de partout.)
- **Your hem is coming down.** (Ton ourlet est décousu.)
- **Her dress buttons at the back.** (Sa robe <u>se</u> boutonne dans le dos.)
  There's a button missing <u>on</u> your jacket. (Il manque un bouton <u>à</u> votre veste.)
- **to buttonhole sb** (*fam.* : retenir qqn pour lui parler)

Getting dressed and undressed — *S'habiller et se déshabiller*

to dress = **to get* dressed ≠ undressed**	s'habiller ≠ se déshabiller
to slip / put* sth on	enfiler / mettre qqch
to button up ≠ to unbutton a garment	boutonner ≠ déboutonner un vêtement
to zip up a dress	fermer la fermeture Éclair d'une robe
to fasten = to do* up one's jacket **≠ to unfasten = to undo* one's jacket**	fermer sa veste ≠ défaire sa fermeture de veste
to do* up = to buckle one's belt **≠ to undo* = to unbuckle one's belt**	attacher sa ceinture ≠ défaire sa ceinture

to wear* [wεə] sth	porter qqch (vêtement)
to try [traɪ] sth on	essayer qqch
a fitting	un essayage
to strip off	se déshabiller complètement
bare [bεə] → barefoot, barelegged, bareheaded	nu (membres) → nu-pieds, nu-jambes, nu-tête
nude [nju:d] / naked = in the raw *(vulg.)*	nu (personne) = à poil *(vulg.)*
half-naked	à moitié nu
to change (into other clothes) / to get* changed	se changer

PHRASES

- **to dress badly ≠ well** (s'habiller mal ≠ bien), **to dress smartly** (être élégant), **to be* in full dress** (être en grande tenue), **to be* in fancy dress** (être déguisé), **to dress up** (se mettre sur son trente et un), **to dress up as** (se déguiser en), **to dress in a slovenly way** (s'habiller de manière négligée), **to wear* rags = ragged clothes = tattered clothes / spare clothes** (porter des haillons / des vêtements de rechange)
  He is a smart ≠ sloppy dresser. (Il s'habille bien ≠ mal.)
  You're dressed to kill! (Tu es splendide ! / Tu as un look d'enfer !)
  Do we have to dress for dinner? (Faut-il s'habiller pour le dîner ?)
- **to be* fully clothed / dressed / clad** (être tout habillé), **to be* scantily dressed** (être en petite tenue)
- **to dress in informal clothes = to wear* casual clothes / casuals** (porter des vêtements décontractés)
- **This dress fits you** [taille] **/ suits you** [couleur / style]**; it fits you like a glove.** (Cette robe vous va bien ; elle vous va comme un gant.)
  She wore a blue outfit with matching bag, gloves and shoes. (Elle portait un ensemble bleu avec les accessoires assortis.)
- **What size do you take?** (Quelle taille faites-vous ?)
  What is your bust / waist / hip size? (Quel est votre tour de poitrine / de taille / de hanches ?)
- **to fit a dress on sb** (essayer une robe à qqn / ajuster une robe sur qqn)
- **to take* off one's clothes** (enlever ses vêtements), **to be* stripped to the waist** (être torse nu), **to have* nothing on = to be* (stark) naked** (être complètement nu)

● *Underwear = underclothing* — *Les sous-vêtements*

an undergarment	un sous-vêtement
lingerie ['lɒnʒərɪ]	la lingerie fine
a négligee ['nεglɪʒeɪ]	un déshabillé
a bathrobe ['bɑ:θrəʊb]	un peignoir de bain
panties = UK knickers / pants	un slip de femme = une culotte
a bra ← ⚠ brassiere [UK 'bræsɪə, US 'bræzɪə]	un soutien-gorge
a petticoat = a waist slip = UK an underskirt	un jupon
⚠ a slip	une combinaison
a body stocking	un body
UK a suspender = US a garter [gɑ:tə] → a suspender belt = a garter belt	une jarretelle / un porte-jarretelles
a girdle ['gɜ:dəl]	une gaine
hose [həʊz] = hosiery ['həʊzɪərɪ]	les bas et les chaussettes
a sock → an ankle sock	une chaussette → une socquette
a stocking → fishnet stockings	un bas → des bas résille
UK a ladder = US a run	une maille filée = un bas filé
UK tights [taɪts] = US pantihose	un collant
UK pyjamas [pə'dʒɑ:məz] = US pajamas	un pyjama

UK ⚠ a vest = a **singlet** US an **undershirt**	un maillot de corps
boxer shorts / **briefs**	un slip (d'homme)
long johns	un caleçon / un caleçon long

● *Taking care of one's clothes* — *Prendre soin de ses vêtements*

a **coathanger** ['kəʊt,hæŋə]	un porte-manteau/ cintre
a **peg**	une patère
to **hang*** **up** one's clothes	suspendre ses vêtements
to **fold** [fəʊld] one's clothes	plier ses vêtements
a **laundry** ['lɔːndrɪ] = UK a **launderette** = US a **Laundromat**	une laverie automatique
to **have*** one's clothes **(dry)cleaned**	faire nettoyer ses vêtements
a **(dry)cleaner** → a **drycleaner's shop**	un teinturier → une teinturerie
to **iron** ['aɪən] → **ironing**	repasser → le repassage
to **mend** → **mending**	raccommoder → le raccommodage
to **darn** [dɑːn] → **darning**	repriser → le reprisage
a **patch**	une pièce

● *The appearance of the clothes* — *L'aspect des vêtements*

a **plain material** ≠ a **printed material**	un tissu uni ≠ un tissu imprimé
a **stripe** [straɪp] → **striped**	une rayure → à rayures
polka dots → a **polka dot dress**	des pois → une robe à pois
checks → **checked**	des carreaux → à carreaux
houndstooth ['haʊndztuːθ]	pied de poule
tartan ['tɑːtən] → a **tartan skirt**	écossais → une jupe écossaise
a **herringbone pattern**	un motif à chevrons
wear and tear	l'usure
to **tear***, a **tear** [tɛə]	déchirer, un accroc = une déchirure (⚠ [tɪə] larme)
to **crease**, a **crease** [kriːs]	se chiffonner, une marque = un faux pli
hard-wearing	solide = résistant/e
to **shrink***	rétrécir
to **fade** [feɪd]	se faner = passer
shiny ['ʃaɪnɪ]	lustré/e
threadbare ['θrɛdbɛə]	élimé/e / usé/e
frayed [freɪd]	effiloché/e
moth-eaten ['mɒθ,iːtən]	mité/e

PHRASES

- **to iron out** = **to remove the creases** (éliminer les faux plis), **to give* sth a press** (repasser qqch)
- **The hem has come unstitched.** (L'ourlet s'est décousu.), **Two buttons have come off.** (Deux boutons se sont décousus.), **The colour has run.** (Ça a déteint.)

● *Fabrics / materials* — *Les tissus*

to **weave*** [wiːv] → a **weaver**	tisser → un tisserand
the **woof** [wʊf] = the **weft**	la trame

the warp [wɔːp]	la chaîne (d'un tissu)
a loom [luːm]	un métier à tisser
to spin wool / cotton → a spindle	filer la laine / le coton → un fuseau
cloth [klɒθ]	du tissu = de l'étoffe
natural fibres ≠ man-made fibres	les fibres naturelles ≠ synthétiques
wool → UK woollen = US woolen → UK woollens = US woolens	la laine → en laine → des lainages
tweed	le tweed
jersey ['dʒɜːzɪ] (knit)	le jersey
velvet ['vɛlvɪt] → velvety	le velours → velouté/e
corduroy ['kɔːdərɔɪ]	le velours côtelé
linen ['lɪnɪn]	le lin
cotton	le coton
denim	la toile de jean
gingham ['gɪŋəm]	le vichy
terry cloth	le tissu-éponge
silk → silky	la soie → soyeux/-se
satin → satiny, satin-smooth	le satin → satiné (tissu), satinée (peau)
taffeta ['tæfɪtə]	le taffetas
⚠ chiffon = mousseline = muslin	la mousseline
lace [leɪs]	la dentelle
suede [sweɪd]	le daim
leather ['lɛðə]	le cuir
fur [fɜː] → furry	la fourrure → à poils / qui ressemble à de la fourrure
polyester [pɒlɪ'ɛstə]	le polyester
viscose ['vɪskəʊs]	la viscose
nylon ['naɪlɒn]	le nylon
vinyl ['vaɪnɪl]	le vinyle (⚠ disque vinyle)
rayon ['reɪɒn]	la rayonne
imitation leather	le similicuir
acrylic	l'acrylique (N), acrylique *(adj.)*
UK fluff [flʌf] = US lint → fluffy = linty	des peluches → pelucheux/-se

WORD PARTNERS

- **fabric → wrinkle-free = crease-resistant / colourfast ~** (du tissu infroissable / grand teint), **a swatch of ~** (un échantillon de ~)
- **homespun cloth** (étoffe tissée de manière artisanale)
- **a wool / cotton / linen / silk / satin / etc. garment** (un vêtement en laine / coton / lin / soie / satin / etc.)
- **cotton → to grow* / pick ~** (cultiver / ramasser le coton) **a ~ mill** (une filature de coton), **a bale of ~** (une balle de ~), **US ~ candy = UK candy floss** (Confiserie : la barbe à papa), **~ wool** (le ~ hydrophile)
- **silk → raw / natural / wild / artificial ~** (la soie grège / naturelle / sauvage / artificielle), **a ~ worm** (un ver à ~), **the ~ industry** (l'industrie de la soie)
- **real ≠ synthetic leather** (le cuir véritable ≠ synthétique)
- **suede / leather gloves / shoes / boots / goods** (des gants / chaussures / bottes / bottines / articles de / en daim / cuir)

PH.

- **to walk with a velvet tread** (marcher à pas de velours / à pas feutrés), **as smooth as velvet** (doux comme le velours)
  An iron hand in a velvet glove. (Une main de fer dans un gant de velours.)

● *Footwear* — *Les chaussures*

a shoe [ʃuː]	une chaussure

the sole [səʊl]	la semelle
a strap	une bride
a boot [bu:t] → a **half-boot**	une botte → une bottine
UK **moccasins** ['mɒkəsɪnz] = US **loafers**	des mocassins
a **sandal** ['sændəl]	une sandale
a clog	un sabot
flip-flops	des tongs
trainers ['treɪnəz]	des chaussures de sport
a **slipper** ['slɪpə]	un chausson
a mule [mju:l]	une mule
stiletto heels = stilettoes	talons aiguilles
kitten heels	petits talons aiguilles

→ *Les tailles des vêtements et des chaussures, p. 374*

WORD PARTNERS

- **shoe** → UK **a ~lace** = US **a ~string** (un lacet), **a ~horn** (un chausse-pied), **a ~shop** (un magasin de chaussures), **a ~ repairer** = **a ~ mender** = **a cobbler** (un cordonnier), **~ polish** = **~ cream** (le cirage)
- **shoes** → **high-heeled ~** (chaussures à talons hauts) ≠ **flat ~** (~ à talons plats), **platform ~** (~ à semelles compensées), **patent leather ~** (des souliers vernis), **canvas ~** (des ~ de toile), **tennis ~ / UK pumps** (des tennis), **gym ~** (des chaussures de gymnastique), **court ~** = **US pumps** (des escarpins)
  to polish one's ~ (cirer ses chaussures), **to lace up** = **to do* up one's ~** (lacer ses ~)
  a pair of ~ (une paire de ~)
- **boot** → **an ankle~** (un bottillon / une bottine), **thigh ~s** (des cuissardes), **wellington boots** = **wellies** (des ~ en caoutchouc)

PHRASES

- **to put* on ≠ to take* off one's shoes** (mettre ≠ enlever ses chaussures), **to have* one's ~ mended** = **repaired** (faire réparer ses ~), **to have* one's ~ resoled** (faire ressemeler ses ~), **to wear* high heels / stiletto heels** (porter des chaussures à talons hauts / à talons aiguilles)
  Your shoelaces have come undone. (Vos lacets sont défaits.)
  My shoes pinch. (Mes chaussures me serrent / me font mal.)
- **That's where the shoe pinches! = There's the rub!** (C'est là que le bât blesse !)
  If the shoe fits, wear it! (Qui se sent morveux, qu'il se mouche !)
- **to travel on a shoestring** (voyager avec peu d'argent)

● *Accessories* — *Les accessoires*

UK a **handbag** = US a **purse** [pɜ:s]	un sac à main (⚠ UK purse : porte-monnaie)
a scarf (*pl.:* scarves)	une écharpe (écharpes)
a **muffler** ['mʌflə]	un cache-nez
a belt	une ceinture
braces ['breɪsɪz]	des bretelles (⚠ appareil orthodontique)
a **glove** [glʌv]	un gant
mitts = ⚠ **mittens**	des moufles / mitaines
⚠ an **umbrella** [ʌm'brɛlə]	un parapluie
⚠ a **parasol** ['pærəsɒl]	une ombrelle
a hat → **hatless**	un chapeau → tête nue
→ a **hatband**, a **hatpin**, a **hat box**, a **hatmaker**, a **hat rack**, a **hatstand**	→ un ruban de ~, une épingle à ~, un carton à ~, un chapelier / une modiste, un porte-chapeaux, un portemanteau
⚠ a **bonnet** ['bɒnɪt]	un bonnet (⚠ capot de voiture)
a **beret** ['bɛreɪ]	un béret
a **turban** ['tɜ:bən]	un turban
a veil	un voile / une voilette
a hood [hʊd]	une capuche / un capuchon (⚠ capot de voiture)

⚠ a cap [kæp]	une casquette
UK a **trilby** = US a **fedora** [fɪ'dɔ:rə]	un chapeau mou
UK a **bowler hat** = US a **derby** ['dɑ:bɪ]	un chapeau melon
a **boater** ['bəʊtə]	un canotier
a **helmet**	un casque
a **balaclava** [bælə'klɑ:və]	un passe-montagne
UK a **tie** [taɪ] = US a **necktie**	une cravate
a **bow tie** ['bəʊ taɪ]	un nœud papillon
a **walking stick** = a cane [keɪn]	une canne
a **briefcase** / an attaché case	une serviette / un attaché case

WORD PARTNERS

- **bag** → **a waist ~** = **a bum ~** (un sac banane), **a messenger ~** (une sacoche)
- **gloves** → **a pair of ~** (une paire de gants), **fingerless ~** (des mitaines / des doigts-coupés)
- **an oven / a baseball mitt** (un gant isolant / de baseball)
- **an umbrella stand** (un porte-parapluies)
- **hat** → **a felt ~** (un [chapeau] feutre), **a silk ~** = **a top ~** (un [~] haut-de-forme)
  the brim / the crown of a ~ (le bord / le fond d'un ~)

PHRASES

- **to pass the hat round** (faire la quête), **to throw* one's hat into the ring** (se mettre sur les rangs), **at the drop of a hat** (pour un oui, pour un non), **to wear* two hats** (avoir deux casquettes [= deux fonctions])
  Keep your hat on! (Ne t'énerve pas !) **Keep this under your hat.** (N'en parlez à personne.)
  That's old hat! (C'est dépassé ! / C'est une vieille histoire !) **Hats off!** (Chapeau !)
- Sur une invitation : **black tie** (tenue de soirée) ; **white tie** (tenue de cérémonie)

● *Jewels* ['dʒu:əlz] — *Les bijoux*

→ UK a **jeweller** = US a **jeweler** ['dʒu:ələ]	→ un bijoutier
→ UK **jewellery** = US **jewelry** ['dʒu:əlrɪ]	→ la bijouterie, les bijoux
a **hallmark**, to **hallmark** → **hallmarking**	un poinçon → poinçonner → le poinçonnage
filigree ['fɪlɪgri:]	le filigrane
to **cut*** [kʌt]	tailler
a **facet** ['fæsɪt]	une facette
to **set*** a stone → the **setting**	monter une pierre → la monture
a **gem** [dʒɛm] = a **precious stone**	un gemme = une pierre précieuse
an **amethyst** ['æmɪθɪst]	une améthyste
an **aquamarine** [ækwəmə'ri:n]	une aiguemarine
a **diamond** ['daɪəmənd]	un diamant
an **emerald** ['ɛmərəld]	une émeraude
a **garnet** ['gɑ:nɪt]	un grenat
jade [dʒeɪd]	le jade
jet [dʒɛt]	le jais
an **opal** ['əʊpəl]	une opale
a **ruby** ['ru:bɪ]	un rubis
a **sapphire** ['sæfaɪə]	un saphir
a **topaz** ['təʊpəz]	une topaze
a **cameo** ['kæmɪəʊ]	un camée
an **intaglio** [ɪn'tɑ:lɪəʊ]	une intaille
a **pearl** [pɜ:l] → **pearly, mother-of-pearl**	une perle → nacré/e, la nacre
a **ring**	une bague
→ an **earring** ['ɪərɪŋ]	une boucle d'oreille
a **bracelet** ['breɪslɪt] / a **bangle**	un bracelet
a **necklace** ['nɛklɪs]	un collier
a **choker** ['tʃəʊkə]	un collier ras-de-cou (collier de chien)

a **pendant**	un pendentif
a **clasp**	un fermoir
a **brooch** [brəʊtʃ]	une broche
a **watch** [wɔtʃ] → a **wristwatch**, a **fob watch**	une montre → une ~-bracelet, une ~ gousset
a **badge** → a **lapel badge**	un badge → un pin's / une épinglette

WORD PARTNERS

- **costume jewellery / jewelry** (la bijouterie fantaisie)
- **a gold / silver setting** (une monture en or / en argent)
- **a rough / rose-cut diamond** (un diamant brut / taillé en rose)
- **pearl → a real = natural ≠ a cultured ~** (une perle fine ≠ de culture), **a ~ oyster** (une huître perlière), **~ diving** (la pêche des ~s), **a ~ diver** (un pêcheur de ~s)
- **ring → an engagement-~** (une bague de fiançailles), **a wedding ~** (une alliance), **a signet ~** (une chevalière)
- **a pearl / gold / etc. ring / bracelet / necklace** (une bague / un bracelet / un collier avec une perle / de perles / en or / en argent / etc.)

PH.

- **to wear* a ring on one's little finger / a necklace round one's neck** (porter une bague au petit doigt / un collier au cou)

• *In your bag or your pocket* — *Dans votre sac ou votre poche*

UK a **wallet** ['wɒlɪt] = US a **pocketbook**	un portefeuille
a **billfold**	un porte-billets
a **checkbook**	un chéquier
a **card-holder**	un porte-cartes (⚠ titulaire d'une carte de crédit)
UK a **purse** = US a **coin / change purse**	un porte-monnaie
an **address book**	un carnet d'adresses
a **notebook** ['nəʊtbʊk] = UK a **pocketbook**	un calepin / un carnet
a **diary** ['daɪərɪ]	un agenda (⚠ un journal personnel)
a **visiting card**	une carte de visite
a **handkerchief** ['hæŋkətʃɪf] = a **hankie** *(coll.)*	un mouchoir
a **tissue** ['tɪʃu:]= a **paper handkerchief** = a **disposable handkerchief**	un mouchoir en papier = un mouchoir jetable

• *Sewing, knitting, etc.* — *La couture, le tricot, etc.*

to **sew*** [səʊ] → **hand-sewn** ≠ **machine-sewn** → a **sewing machine**, → a **sewing box** = a **workbox**	coudre → cousu (à la) main ≠ cousu à la machine, une machine à coudre, une boîte à ouvrage
a **tailor** ['teɪlə]	un tailleur
a **dressmaker** = a **seamstress**	une couturière
to **embroider** [ɪm'brɔɪdə] sth → **embroidery**	broder qqch → la broderie
a **needle** ['ni:dəl] → **needlework**	une aiguille → les travaux d'aiguille
thread [θrɛd]	le fil
a **pin**	une épingle
scissors ['sɪzəz]	des ciseaux
a **thimble** ['θɪmbəl]	un dé
a **tape measure**	un mètre-ruban
a **ribbon** ['rɪbən]	un ruban
a **seam** [si:m]	une couture
to **baste** [beɪst] = to **tack**	bâtir (⚠ to baste = arroser une viande)
to **shorten** = to **take* up** ≠ to **lengthen** = to **let* down**	raccourcir qqch ≠ rallonger qqch

the cut of a garment	la coupe d'un vêtement
a pleat [pliːt]	un pli
to gather	froncer
a dart [dɑːt] = **a tuck** [tʌk]	une pince
to line [laɪn] **sth** → **lined (with)**, **the lining**	doubler qqch de → doublé (de), la doublure
a pattern ['pætən]	un patron / un modèle
to knit [nɪt] → **knitting** → **a knitting machine**	tricoter ← le tricot → une machine à tricoter
yarn [jɑːn]	le fil (à tricoter ou à tisser)
a ball of wool	une pelote de laine
a skein [skeɪn]	un écheveau
a stitch	*Couture* : un point, *Tricot* : une maille
tapestry	la tapisserie
canvas ['kænvəs]	de la toile / du canevas
to crochet ['krəʊʃɪ], **crochet** → **a crochet hook**	faire du crochet, le crochet → un crochet
R.S. = Right Side **W.S. : Wrong Side**	l'endroit l'envers

WORD PARTNERS

- **needle** → **to thread a ~** (enfiler une aiguille), **knitting ~s** (des ~s à tricoter), **a tapestry ~** (une ~ à tapisserie)
- **a reel of thread** (une bobine de fil)
- **a piece of embroidery** (une broderie)
- **pin** → **a safety ~** (une ~ de nourrice), **a ~ cushion** (une pelote à ~s)
- **a pair of scissors** (une paire de ciseaux)
- **stitch** → **a plain / purl / slip ~** (une maille à l'endroit / à l'envers / glissée), **stocking ~** (le point jersey), **garter / moss / double moss / cable ~** (le point mousse / de riz / de blé / de torsade)
  to drop a ~ (lâcher une maille)
  back / tacking / running ~ (le ~ arrière / de bâti / de devant), **chain / cross / feather / stem / herringbone ~** (le ~ de chaînette, de croix, d'épine, de tige, de chausson)
- **tapestry** → **a ~ project** (un ouvrage de tapisserie), **to do* ~ work** (faire de la tapisserie)

PHRASES

- **to sew* a button on a jacket** (coudre un bouton à une veste), **to take* the stitches out of a garment = to unpick a garment** (découdre un vêtement)
- **to pin sth on** (épingler qqch), **to pin up a hem** (épingler un ourlet)
- **to take* out tucks** (ouvrir des pinces)
- **I haven't got a stitch to wear.** (Je n'ai rien à me mettre.)
- **"Purl one, knit one."** (« Une maille à l'envers, une maille à l'endroit. »)
- **A stitch in time saves nine.** (Un point à temps en vaut cent.)

11 Housing — Le logement

Building — Construire

an **estate** [ɪ'steɪt]	une propriété
→ UK an **estate agent** = US a **realtor**	un agent immobilier
a **property developer**	un promoteur
a contractor	un entrepreneur
to draw* a plan	dessiner un plan
a **(building-)site**	un chantier
a **scaffolding** ['skæfəldɪŋ]	un échafaudage
building materials	les matériaux de construction
brick, a brick → **brickwork**	la brique, une brique → mur(s) de brique
tile [taɪl], a **tile**, to **tile**	le carrelage, un carreau, carreler
cement [sɪ'mɛnt], to **cement**	le ciment, cimenter
concrete ['kɒnkri:t] → **ferro**~ = **reinforced** ~	le béton → le ~ armé
mortar ['mɔ:tə]	le mortier
to **plaster**, **plaster** ['plɑ:stə]	plâtrer, le plâtre (⚠ pansement adhésif)
a **breeze-block**	un parpaing
polystyrene	le polystyrène

→ *Le bâtiment, p. 231, L'architecture, p. 350*

WORD PARTNERS

- **housing** → **the ~ shortage** (la crise du logement), **a ~ project / scheme** (un projet immobilier), **a ~ benefit** (une allocation logement)
- **estate** → US **real ~** (l'immobilier), **a real ~ developer** (un agent / un promoteur immobilier), US **a real ~ office** = UK **an ~ agency** (une agence immobilière), UK **~ duty** = US **~ tax** (les droits de succession), UK **a housing ~** (une cité, un lotissement)
- **expanded polystyrene** (le polystyrène expansé)

Buying, owning or renting a home — Acheter, posséder, louer un logement

For sale, To rent	À vendre, À louer
the **premises**	les lieux / les locaux (⚠ prémices)
a **mortgage** ['mɔ:gɪdʒ], to **mortgage**	un prêt immobilier / une hypothèque, hypothéquer
to dwell = to live in a place → a **dwelling**	vivre dans un endroit / un logement
the **owner** ['əʊnə]	le/la propriétaire (par droit)
the **landlord** / **landlady**	le/la propriétaire (qui donne en location)
the **tenant** ['tɛnənt]	le/la locataire
the rent, to rent	le loyer, louer (= être locataire)
quarter-day	le jour du terme
a **deposit** = a **guarantee** = a **security**	une caution
furnished apartments / rooms	un meublé
UK a **lodger** / US a **roomer**	un locataire (de meublé)
the **host** ['həʊst], to **host**	l'hôte (qui reçoit), recevoir / organiser
a **guest** [gɛst] → a **paying-guest**	un invité / un hôte → un hôte payant
to move → a **removal** [rɪ'mu:vəl]	déménager (= changer de logement) → un déménagement
to **evict** [ɪ'vɪkt] sb → **eviction**	expulser qqn → l'expulsion
to **expropriate** sb → **expropriation**	exproprier qqn → l'expropriation
to **house** → to **rehouse** ['ri:'haʊz] sb	loger → reloger qqn

WORD PARTNERS

- **the mortgage rate** (le taux de crédit immobilier)
- **rent** → **to charge / collect / owe / pay* / raise* the ~** (faire payer / encaisser / devoir / payer / augmenter le loyer), **to be* behind with the ~** (avoir du ~ en retard), **to freeze* the ~s** (geler les ~s)
- **to host a party = a gathering / a TV show** (recevoir des invités / présenter une émission)
- **a removal man / van / firm** (un déménageur / une camionnette de déménagement / une société de déménagement)

PHRASES

- **to let* a house to sb** (louer une maison à qqn [= donner en location]), **to rent a house / flat from sb** (louer une maison / un appartement à qqn [= prendre en location]), **to give* notice to a tenant / to turn a tenant out** (donner congé à un locataire), **to renew a lease** (renouveler un bail), **to draw* up the inventory (of fixtures)** (dresser l'état des lieux)
- **to sublet* a place** (sous-louer un logement), **a joint tenant = co-tenant** (un/e colocataire)
- **to rent a flat / house by the week / by the month** (louer un appartement / une maison à la semaine / au mois)
- **to stay with sb** (habiter chez qqn), **to move / to settle into a new place** (emménager / s'installer dans un nouveau logement), **to move in with sb** (emménager chez qqn), **to share a flat with sb** (partager un appartement avec qqn), **to move out of a place** (déménager = quitter un logement)
- **board and lodging** (chambre avec pension), **half board** (demi-pension), **full board** (pension complète)

● *Various types of homes* — *Les différentes sortes d'habitat*

a house [haʊs]	une maison
UK a flat = US an apartment	un appartement
UK a block of flats = US an apartment building	un immeuble (d'habitation)
a tower block / a highrise (building)	une tour
a skyscraper ['skaɪskreɪpə]	un gratte-ciel
a studio ['stju:dɪəʊ]	1. un atelier d'artiste 2. un studio
a cottage ['kɒtɪdʒ]	une fermette
a mansion ['mænʃən] = a manor-house	un château / manoir / hôtel particulier
a lodge	1. un pavillon / chalet / une maison de gardien 2. une loge
a castle ['kɑ:səl]	un château-fort
a palace ['pælɪs]	un palais
a bungalow ['bʌŋgələʊ]	une maison de plain-pied (= sans étage)
⚠ a cabin ['kæbɪn] → a log cabin	une cabane → une ~ de rondins, un chalet
a pile dwelling	une maison sur pilotis
a hovel ['hʌvəl]	une masure
a bedsitter	un petit studio / une chambre de bonne
a tent	une tente (habitation / camping)
a hut [hʌt]	une case / hutte

WORD PARTNERS

- **house** → **a brick / concrete / stone / wooden ~** (une maison de brique / béton / pierre / bois), **terraced ~s** (un lotissement de ~s mitoyennes), **a detached / semi-detached ~** (une ~ non mitoyenne / mitoyenne)
- **house / flat** → **to sell* / buy* a ~** (vendre / acheter une maison / un appartement), **to furnish / redecorate / renovate a ~** (meubler / repeindre / rénover ~)
- **flat / apartment** → **a two-room ~** (un appartement de 2 pièces), **a furnished ~** (un ~ meublé), **a studio ~ = a one-room ~** (un studio), **a duplex (~)** (un duplex)
- **cottage** → **a thatched / Tudor ~** (une chaumière / une fermette à colombages), **a weekend ~** (une maison de campagne)

PHRASES

- **to have* a house built** (se faire construire une maison), **to own / have* a house of one's own** (posséder une maison bien à soi), **to get* on like a house on fire** (s'entendre à merveille), **to put* one's house in order** (mettre de l'ordre dans ses affaires)
- **to live at number 10** (habiter au 10)
- **The house could do with a facelift.** (La maison aurait besoin d'être ravalée.)
- **to (sub)let* a flat to sb** ([sous-]louer un appartement à qqn)
- **to build* castles in the air** (bâtir des châteaux en Espagne)
- **An Englishman's home is his castle.** (Charbonnier est maître chez lui.) **Be it ever so humble, there is no place like home.** (À tout oiseau son nid est beau.)
- **Home, sweet home !** (Qu'on est bien chez soi !)

The house — *La maison*

the foundations	les fondations
a wall [wɔːl] → a partition (wall)	un mur → une cloison
the back / the front of the house = the **façade** [fə'sɑːd]	l'arrière / le devant de la maison = la façade
a **gable** ['geɪbəl]	un pignon
a **window** ['wɪndəʊ] → a **window-pane**, a **windowsill** = **window ledge**	une fenêtre → un carreau, un rebord de fenêtre
a **balcony** ['bælkənɪ]	un balcon
a door [dɔː] → the **doorway**, the **doorstep** = the **threshold** ['θreʃhəʊld]	une porte → l'embrasure de la porte, le seuil = le pas de la porte
a porch [pɔːtʃ]	un porche (⚠ US véranda)
a **skylight** ['skaɪlaɪt]	une lucarne
a **roof** light = **roof** window	un Vélux® / une fenêtre tabatière
a **fanlight** = US a **transom window**	un vasistas
a **terrace** ['terəs]	une terrasse
a veranda(h) = US a stoop / porch	une véranda
a step → steps	une marche → un perron
the stairs = the **stair**case → the **stair**well = **stair**way → **upstairs** ≠ **downstairs**	l'escalier → la cage d'escalier en haut (= à l'étage supérieur) ≠ en bas (= à l'étage inférieur / au rez-de-chaussée)
a **ceiling** ['siːlɪŋ]	un plafond
the floor [flɔː]	le plancher
UK a floor = a **storey** = US a **story**	un étage (⚠ story: histoire)
a **landing** ['lændɪŋ]	un palier

WORD PARTNERS

- **wall** → **a retaining / supporting / load-bearing / party / front wall** (un mur d'appui / de soutènement / porteur / mitoyen / de façade)
- **window** → **a sash-~** (une fenêtre à guillotine), **a bow = bay / basement / French ~** (une ~ en saillie / un soupirail / une porte-fenêtre), **a picture ~** (une baie vitrée), **a ~ - box** (une jardinière)
- **an upstairs / downstairs room** (une pièce à l'étage / une pièce du rez-de-chaussée)

PHRASES

- **Walls have ears.** (Les murs ont des oreilles.), **It's like talking to = banging one's head against a brick wall.** (Autant parler à un mur.), **The writing is on the wall.** (La catastrophe est imminente.), **They've got their backs to the wall.** (Ils ont le dos au mur.), **It's driving me up the wall.** (Ça m'exaspère.)
- **My plans all went out of the window.** (Tous mes projets sont tombés à l'eau.)
- **to stand* in the doorway** (se tenir dans l'embrasure de la porte)
- **at the top ≠ bottom of the stairs** (en haut ≠ en bas de l'escalier)
- **They live <u>on</u> the second floor.** (Ils vivent <u>au</u> UK deuxième / US premier étage.)
  ⚠ UK **a two-storey house** (une maison de deux étages)
  US **a two-story house** (une maison à deux niveaux = à un étage)
  UK **the ground floor** = US **the first floor** (le rez-de-chaussée)
  UK **the first floor** = US **the second floor** (le premier étage), etc.

The roof [ru:f] — Le toit

→ roofing, a roof tile → roofless	la toiture, une tuile à ciel ouvert
the framework	la charpente
a beam [bi:m]	une poutre
a girder ['gɜ:də]	une poutre en fer
a joist [dʒɔɪst]	une solive
a rafter	un chevron
timber	le bois de construction
corrugated ['kɒrəgeɪtɪd] iron	la tôle ondulée
UK a chimney = US smokestack	une cheminée (toit)
a gutter ['gʌtə]	une gouttière (horizontale) (⚠ caniveau)
UK a drainpipe = US a downspout	un tuyau d'écoulement
a canopy ['kænəpɪ]	une marquise

W. P.

- **a slate / shingle / red tile / thatched roof** (un toit d'ardoises / de bardeaux / de tuiles / de chaume)

PHRASES

- **to hit* the roof** (sortir de ses gonds)
  Prices have gone through the roof. (Les prix se sont envolés.)
- **He smokes like a chimney.** (Il fume comme un sapeur / pompier.)

The rooms — Les pièces

a room [ru:m] → the dining ~, the sitting ~ = drawing ~, the living ~, the bath~, a bed~, a dressing ~, a spare ~ = a guest ~, an attic ~ = a garret, a store(~) = a larder = a pantry, a utility ~ = a wash-house → UK the play~ = US the rumpus ~ → a junk ~ = UK a box~ = US a storage ~ → a front room → a back room	une pièce – la salle à manger, le salon, la salle de séjour, la ~ de bains, une chambre, un dressing / vestiaire, une chambre d'amis, une mansarde, un cellier / un garde-manger, une buanderie la salle de jeux un débarras une pièce sur rue une arrière-salle
the (entrance) hall = the lobby	le vestibule = l'entrée
the kitchen → a kitchenette	la cuisine → une cuisine américaine
the toilet ['tɔɪlət] / the lavatory = UK the loo	le petit coin / les toilettes = les waters
UK a dining area = US ⚠ a dinette	un coin repas
the nursery ['nɜ:sərɪ]	la chambre d'enfants
⚠ the library ['laɪbrəri]	la bibliothèque
the study ['stʌdɪ]	le bureau
a corridor = a passage = a passageway	un couloir / passage
a basement ['beɪsmənt]	un sous-sol
a cellar ['sɛlə]	une cave
an attic = a loft	un grenier (⚠ a loft = une mezzanine)

PHRASES

- **Way in** (Entrée), **Way out** (Sortie)
- **to live in a garret** (habiter sous les combles)
- **Is there room for...?** (Y a-t-il de la place pour... ?)
  We are cramped for room. (Nous sommes à l'étroit.)
- **to flush the toilet** (tirer la chasse d'eau)

• The door — La porte

→ a **doorbell** → a **doorhandle** → a **doorknob**	une sonnette une poignée de porte un bouton de porte
a lock, to lock ≠ to **unlock**	une serrure, fermer à clé ≠ ouvrir
a key [kiː] → a **keyring**, a **keyhole**	une clé → un porte-clés, un trou de serrure
a latch → a **latchkey**	un loquet → une clé (porte d'entrée)
a bolt [bəʊlt], to bolt	un verrou, verrouiller
to knock (at the door) → a **knocker**	frapper (à la porte) → un heurtoir
a hinge	un gond, une charnière
a **safety** chain	une chaîne de sûreté
a **burglar alarm**	une alarme

WORD PARTNERS

- **door** → **a front / back ~** (une porte d'entrée / de derrière), **a swing / sliding / folding / revolving ~** (une ~ battante / coulissante / pliante / à tambour), **a glass ~** (une ~ vitrée), **a reinforced ~** (une ~ blindée)
to break* down / knock on / open / close = shut* / lock ≠ unlock / (un)bolt / slam a ~ (défoncer / frapper à / ouvrir / fermer / fermer à clé ≠ ouvrir [avec une clé] / (dé)verrouiller / claquer une porte), **to answer the ~** (répondre à la sonnette)
- **key** → **a duplicate ~** (un double), **a skeleton ~ = a master ~** (un passe[-partout])
to insert / turn / duplicate a ~ (insérer / tourner / faire un double d'une clé)
a bunch of ~s (un trousseau de clés)

PHRASES

- **A door / A window may be open, closed or ajar.** (Une porte / Une fenêtre peut être ouverte, fermée ou entrouverte.)
- **to get* a foot in the door** (mettre un pied dans la place), **to show sb the door** (mettre qn à la porte)
- UK **an open day** = US **an open house** (une journée portes ouvertes.)

• Comfort — Le confort

→ (un)**comfortable**	→ (pas) confortable
UK **cosy** [ˈkəʊzɪ] = US **cozy** = **snug** [snʌg]	douillet/te
functional	fonctionnel/le
well-planned	bien conçu/e
convenient [kənˈviːnɪənt]	commode / pratique
roomy [ˈruːmɪ] = **spacious** [ˈspeɪʃəs]	vaste / spacieux/-se
⚠ **luxury** → **luxurious** ≠ **shabby** = in poor condition	le luxe → luxueux/-se ≠ miteux/-se = en mauvais état
dilapidated = **ramshackle**	délabré/e / vétuste
UK **draughty** ← **draught** [drɑːft] = US **drafty** ← **draft**	plein/e de courants d'air ← un courant d'air (⚠ US : service militaire / conscription)
modern conveniences	le confort moderne
an **intercom** = a **buzzer** [ˈbʌzə]	un interphone

• Fixtures and fittings — Les aménagements intérieurs

a **cupboard** [ˈkʌbəd]	un placard
a shelf → shelves	une étagère → des étagères
the **plumbing** [ˈplʌmɪŋ]	la plomberie
a tank → a **hot-water** tank	une citerne → un ballon d'eau chaude
a pipe [paɪp] → a **waste pipe**	un tuyau → un tuyau de vidange
a **water / gas main** [meɪn]	une conduite d'arrivée d'eau / du gaz
a **stopcock**	un robinet d'arrêt

UK a **tap** = US a **faucet** ['fɔ:sɪt]	un robinet
a **floor** [flɔ:] → a **floorboard**, a **parquet floor**	un plancher (⚠ un étage) → une latte, un parquet
UK a **skirting-board** = US a **baseboard**	une plinthe
a **panel** → (**wood**) **panelling**	un panneau (⚠ un panel) → des lambris
a **banister** ['bænɪstə]	une rampe (d'escalier)
a **shutter** ['ʃʌtə]	un volet
a **blind** [blaɪnd]	un store
double-glazing	le double vitrage
→ a **double-glazed window**	→ une fenêtre à double vitrage
a **mirror** ['mɪrə] = **looking-glass**	un miroir
a (**kitchen**) **sink**	un évier
a **worktop** ['wɜ:ktɒp]	un plan de travail
UK a (**wash**)**basin** ['wɒʃbeɪsən] = US a **sink**	un lavabo
a **handbasin**	un lave-mains
a **bath** [bɑ:θ] → a **bathmat**	1. un bain 2. une baignoire → un tapis de bain
a **shower** [ʃaʊə] → a **shower cubicle**	une douche (⚠ une averse) → une cabine de douche
a **towel rail**	un porte-serviette
the **toilet bowl** = the **pan**	la cuvette des toilettes
the **cistern** ['sɪstən]	le réservoir de la chasse d'eau
a **medicine chest** / **cabinet**	une armoire à pharmacie

W. P.

- **built-in cupboard / shelves** (placard / étagères encastré/es)
- **to build* / put* up a shelf** (construire / installer une étagère)
  to turn on ≠ off a ~ (ouvrir ≠ fermer un robinet)
- **tap** → **a hot-water / cold-water** (un robinet d'eau chaude / froide)
- **a Venetian blind** (un store vénitien)

PHRASES

- *[Fig.:]* **The cupboard is bare.** (Les caisses sont vides.), **to have* a skeleton in the cupboard** (avoir un cadavre dans le placard = avoir un secret honteux)
- **to be* on the mains supply** (être raccordé au réseau [eau, gaz, électricité])

● *Electricity and heating* — *L'électricité et le chauffage*

power ['paʊə]	l'énergie, le courant
a **wire** ['waiə] → the (**electric**) **wiring**, **to wire sth up** = **to connect sth up**	un fil électrique → l'installation électrique, raccorder au réseau / faire l'installation électrique
UK **to earth sth** = US **to ground sth**	relier à la terre
UK a **flex** = US a **cord**	un fil électrique (d'appareil)
a **plug** [plʌg], **to plug in sth**	une prise mâle, brancher qqch
a **socket** ['sɒkɪt]	une prise femelle / une douille (d'ampoule)
an **adaptor**	une prise multiple
UK a **fuse** [fju:z] = US a **fuze**	un fusible / un plomb
fuel [fjʊəl] → **fuel oil** = **central heating oil**	le combustible → le mazout / le fuel domestique
gas [gæs] → **mains gas**, the **gas meter**	le gaz → le gaz de ville, le compteur à gaz
a **boiler** ['bɔɪlə]	une chaudière
a **radiator** ['reɪdɪeɪtə]	un radiateur
a **storage heater**	un radiateur à accumulation
a **stove** [stəʊv]	un poêle
a **fire** [faɪə] → the **fireplace**, **fireside**	un feu (⚠ un incendie), la cheminée, l'âtre

the hearth [hɑːθ] → **a hearth-rug**	le foyer → un devant de foyer (tapis)
the mantelpiece	le dessus de la cheminée
a flame [fleɪm]	une flamme
a spark [spɑːk]	une étincelle
smoke [sməʊk]	la fumée
a screen [skriːn]	un pare-feu / pare-étincelles
(a pair of) bellows	un soufflet
to poke the fire → **a poker** ['pəʊkə]	attiser le feu → un tisonnier
⚠ **tongs** [tɒŋz]	des pincettes
a log	une bûche
coal [kəʊl]	le charbon
embers / live coals	les braises / charbons ardents

→ *L'électricité et l'électronique, p. 366*

WORD PARTNERS

- **the electricity meter** (le compteur électrique)
- **a power cut** (une coupure de courant)
- **heating → central / district / solar / electric / gas-fired / oil-fired / solid fuel / warm-air ~** (le chauffage central / urbain / solaire / électrique / au gaz / au mazout / au charbon / à air pulsé)
  the ~ system (le système de chauffage)
- **to blow* a fuse** (1. faire sauter un plomb ; 2. *[Fig. et fam.]* péter un plomb)
- **to light* / to put* out a fire** (faire du feu / éteindre le ~)
- **to emit = produce = throw* off sparks** (faire / jeter des étincelles)
- **smoke → a heavy = thick ≠ light ~** (une fumée épaisse ≠ légère)
  to belch / emit = give* off ~ (vomir de la ~ / dégager de la ~), **to inhale ~** (inhaler de la ~)
  a ~-filled room (une pièce enfumée)

PHRASES

- **to put* heating in** (installer le chauffage), **to turn the heating up ≠ down** (monter ≠ baisser le chauffage), **a well-heated ≠ poorly-heated house** (une maison bien ≠ mal chauffée)
- **to lie* low until the heat is off** (se tenir à carreau en attendant que les choses se calment), **to turn the heat on sb** (mettre la pression à qqn)
- **to sit* <u>by</u> the fireside** (être assis <u>au</u> coin du feu)
- **to strike* a match** (frotter une allumette)
- **There is no smoke without fire.** (Il n'y a pas de fumée sans feu.)

● *Lighting* — *L'éclairage*

light [laɪt] → **a (light) bulb**	la lumière → une ampoule (⚠ bulbe)
→ **a spotlight, a neon light,** UK **a torchlight** = US **a flashlight**	un spot, un tube au néon, une lampe de poche
a lamp [læmp] → **a lampshade**	une lampe → un abat-jour
a candle ['kændəl] → **a candlestick**	une bougie / chandelle → un bougeoir /chandelier
⚠ **a chandelier** [ʃændə'lɪə]	un lustre
a switch → **a two-way switch**	un interrupteur → un va-et-vient
a dimmer	un variateur (de lumière)

WORD PARTNERS

- **lamp → a gas / an oil ~** (une lampe à gaz / pétrole)
  UK **a standard ~** = US **a floor ~** (un lampadaire), **a halogen ~** (une ~ halogène)
- **light → a wall / ceiling / bedside / reading ~** (une applique / un plafonnier / une lampe de chevet / de travail)
  to switch on ≠ off the ~ (allumer ≠ éteindre), **to turn a ~ up ≠ down** (augmenter ≠ réduire une lumière)

PHRASES

- **to hold* sth up to the light** (tenir qqch à la lumière), **to read* by candlelight** (lire à la lumière de la bougie)
  All the lights are on ≠ off = out. (Toutes les lumières sont allumées ≠ éteintes.)
  The bulb is gone. (L'ampoule est grillée.)
  to appear in a bad light (apparaître sous un jour défavorable), **to bring* sth to light** (découvrir / dévoiler qqch), **in the light of...** (compte tenu de... / à la lumière de...)

The furniture ['fɜːnɪtʃə] — L'ameublement

to **furnish** ['fɜːnɪʃ]	meubler
a piece of **furniture**	un meuble
a **table** ['teɪbəl] → a **dining-table**	une table → une table de salle à manger
a **trolley** ['trɒlɪ]	une table roulante (⚠ un chariot)
a **seat** [siːt]	un siège
a chair [tʃɛə] → an **armchair** = an **easy** chair, a **wing** chair, a **rocking**-chair	une chaise → un fauteuil, une bergère, un fauteuil à bascule
a stool [stuːl] → a **footstool**	un tabouret → un repose-pieds
a **sofa** = **settee** = **couch** = US **davenport**	un sofa / canapé
UK a **sofa bed** = **bedsettee** = US a **day** bed	un canapé-lit
⚠ a **cabinet**	un meuble de rangement
a **sideboard** ['saɪdbɔːd]	un buffet / bahut
a **drawer** [drɔːə] → a chest of drawers	un tiroir → une commode
a desk → a **roll**-desk, a **writing**-desk	un bureau → un bureau à rouleau, un secrétaire
bookshelves / a **bookcase**	une bibliothèque ouverte / fermée
a bed → a **bedstead** = a **bedframe**, a **bed** base, **bedsprings**	un lit → un châlit, un sommier, ressorts de sommier
a **headboard**	une tête de lit
UK a **cot** = US a crib	un lit d'enfant
a **mattress**	un matelas
UK a **dressing-table** = US a **dresser**	une coiffeuse
a **wardrobe** ['wɔːdrəʊb]	une armoire

WORD PARTNERS

- table → **a coffee ~** (une table basse), **an occasional ~** (un guéridon), **a pedestal ~** (un guéridon haut), **a nest of ~s** (des tables gigognes)
- **the arm / seat / leg / back of a chair** (le bras / siège / pied / dossier d'un siège)
- bed → **a single / double ~** (un lit d'une personne / de deux personnes), **twin ~s** (des lits jumeaux), **bunk ~s** (des lits superposés)
  → **the upper / lower bunk** (le lit d'en haut / d'en bas)
- **bedside** → **a ~ table** (une table de chevet), **to sit* by sb's ~** (être assis au chevet de qqn)
- **a hanging wardrobe** (une penderie)

Decorating one's home — Décorer son lieu de vie

to do* **up** = to **redecorate** a room	refaire une pièce (peinture / tapisserie)
wallpaper ['wɔːlpeɪpə]	le papier peint
a **curtain** ['kɜːtən] → a **net** ~, a ~ **rail**	un rideau → un voilage, une tringle
a **cushion** ['kʊʃən]	un coussin
a **tile** [taɪl] → **tiling**	un carreau (de sol) → le carrelage
floor covering	le revêtement de sol
a **carpet** ['kɑːpɪt] = a **rug** [rʌg]	un tapis
lino ['laɪnəʊ] = **linoleum**	le lino(léum)

W. P.
- **to hang* wallpaper / a curtain** (poser du papier peint / accrocher un rideau)
- **to pull / draw* the curtains** (tirer les rideaux)
- UK **fitted carpet** = US **wall-to-wall carpeting** (la moquette)

● *Electrical = domestic appliances* — *L'électroménager*

a **labour-saving device**	un appareil ménager
a **vacuum-cleaner** ['vækjʊəm,kli:nə] = US a **hoover™**	un aspirateur
a **floor-polisher**	une cireuse
a **washing-machine**	un lave-linge
a **dishwasher**	un lave-vaisselle
a **water heater**	un chauffe-eau
UK a **cooker** = US a **stove**	une cuisinière
a **hotplate** = a **hob**	une plaque chauffante
an **oven** ['ʌvən]	un four
a **hood** [hʊd]	une hotte aspirante (⚠ capuche ; capot de voiture)
a **fridge** = **refrigerator** [rɪ'frɪdʒəreɪtə]	un frigo / frigidaire® = réfrigérateur
ice [aɪs] → the **icebox**, an **ice cube**, an **ice tray**	la glace → le freezer, un glaçon, un bac à glace / glaçons
UK a **freezer** ['fri:zə] = US a **deepfreeze**	un congélateur / surgélateur
UK an **ice-cream maker** = US a **freezer**	une sorbetière
frost → **to defrost**	le givre → dégivrer
a **food processor**	un robot ménager
a **blender / liquidizer / mixer**	un mixeur (⚠ a good mixer = qqn de sociable)
a **juicer** ['dʒu:sə]	une centrifugeuse
a **mincer**	un hachoir
to toast → a **toaster** ['təʊstə]	griller → un grille-pain
to grind* → a **coffee grinder** = **mill**	moudre → un moulin à café

W. P.
- **an electric / a gas cooker** (une cuisinière électrique / à gaz)
- **oven** → **a slot-in ~** (un four encastrable), **a microwave ~** (un ~ à micro-ondes)
  to turn on ≠ off an ~ (allumer ≠ éteindre un four)

● *Household linen* — *Le linge de maison*

bedclothes ['bɛdkləʊðz]	les draps et couvertures
a **bedspread** ['bɛdsprɛd] = a **bedcover**	un dessus de lit
a **sheet** [ʃi:t]	un drap
a **blanket** ['blæŋkɪt]	une couverture
UK a **duvet** = US a **continental quilt** → a **duvet cover** ['du:veɪ 'kʌvə]	une couette → une housse de couette
UK an **eiderdown** = US a **comforter** / a **quilt**	un édredon
a **bolster** ['bəʊlstə]	un traversin
a **pillow** → a **pillowcase** / **pillowslip**	un oreiller → une taie d'oreiller
table linen, a **tablecloth**	le linge de table, une nappe
a **napkin** → a **napkin ring**	une serviette de table → un rond de serviette
a **towel** [taʊəl] → a **bathtowel**, a **hand towel**, a **tea towel**	une serviette de toilette → une serviette de bain, un essuie-mains, un torchon (à vaisselle)

PH.
- **a blanket ban** (une interdiction totale)
- **to throw* in the towel** (jeter l'éponge = abandonner)

● Household chores — Les tâches ménagères

housework = housecleaning	le ménage
a housewife, a househusband	une ménagère, un homme qui tient sa maison
to clean [kli:n] → to clean out / to clean up → spring-cleaning → a cleaner	nettoyer → faire le ménage à fond le(s) grand(s) nettoyage(s) de printemps 1. un produit d'entretien 2. un teinturier 3. un/e femme ou homme de ménage
dust, to dust → UK a duster = US a dust cloth → a feather duster, a dustpan	la poussière, épousseter → un chiffon, un plumeau, une pelle à poussière
a brush [brʌʃ]	une brosse
to scrub [skrʌb] → a scrubbing brush	nettoyer à la brosse → une brosse à récurer
a broom [bru:m]	un balai
to sweep* [swi:p] → a carpet sweeper	balayer → un balai mécanique
to sweep* the chimney → a chimney sweep	ramoner la cheminée → un ramoneur
soot [sʊt]	la suie
to wipe [waɪp] sth (clean)	essuyer qqch
a mop, to mop up → a sponge mop	un balai à franges, éponger → un balai-éponge (⚠ a mop of hair : une tignasse)
a floorcloth ['flɔ:klɒθ]	une serpillière
to scour [skaʊə]	récurer
UK to vacuum = US to hoover™ (a room)	passer l'aspirateur (dans une pièce)
polish, to polish → shoe polish = shoeshine	l'encaustique, encaustiquer → le cirage
wax [wæks]	la cire
a spray [spreɪ] = an aerosol ['ɛərəsɒl]	un aérosol
to wash [wɒʃ] sth → the washing → washing powder = soap powder	laver qqch → la lessive → la lessive en poudre
powder soap	du savon en paillettes
a (fabric) conditioner	un assouplissant
a stain remover	un détachant
bleach [bli:tʃ], to bleach	≈ l'eau de javel, passer à l'eau de javel
a clothes line = a washing line	une corde à linge
UK a clothes peg = US a clothes pin	une pince à linge
starch [stɑ:tʃ], to starch	l'amidon, amidonner
an iron ['aɪən] → a steam iron to iron → the ironing → an ironing board	un fer à repasser → un fer à vapeur repasser → le repassage → une planche à repasser
a sleeve board	une jeannette
the washing-up → a washing-up liquid	la vaisselle (corvée) → un produit à vaisselle
to clean the windows → a window-cleaner	faire les carreaux → 1. un laveur de carreaux 2. un produit pour nettoyer les carreaux

W. P.

- **to do* / to rinse / to wring* / to spin* dry / to dry / to tumble-dry / to hang* out the washing** (faire la lessive / rincer / essorer à la main / essorer en machine / sécher / faire sécher dans le sèche-linge / étendre le linge)

PHRASES

- **to do* the housework** (faire le ménage), **to clean the brass / the silver** (faire les cuivres / l'argenterie), **to polish the floor / one's shoes** (encaustiquer le plancher / cirer ses chaussures), **to tidy up a room** (ranger une pièce)
- **to do* the washing-up = to do* the dishes = UK to wash up** (faire la vaisselle)
  ⚠ **US to wash up** (se laver)
- *[Fig.:]* **He wanted to sweep it under the carpet.** (Il voulait oublier / cacher tout ça.)

• *From dirt to cleanliness* — *De la saleté à la propreté*

to make* a mess → **messy**	faire des saletés → 1. sale 2. en désordre
dust [dʌst] → **dusty**	la poussière → poussiéreux/-se
dirt [dɜːt] → **dirty, to dirty** = **grime** [graɪm] → **grimy**	la saleté ← sale, salir
filth [fɪlθ] → **filthy**	la crasse → crasseux/-euse
grease [griːs] → **greasy**	la graisse → gras/se
mud [mʌd] → **muddy**	la boue → boueux/-euse
disgusting [dɪsˈgʌstɪŋ]	dégoûtant/e
foul [faʊl]	répugnant/e
to soil → **soiled** [sɔɪld]	souiller → souillé/e
to stick* → **sticky**	coller / poisser → poisseux/-euse
a mark [mɑːk] → **fingermarks**	une trace (salissure) → des traces de doigts
a smear, to smear [smɪə]	une traînée (salissure), tacher
a spot, to spot a stain, to stain	une tache, tacher (⚠ to spot : repérer)
kitchen waste = **household refuse**	les ordures ménagères
litter [ˈlɪtə]	les détritus
UK **rubbish** = US **trash** → UK a **rubbish bin** = a **dustbin** = US a **trash** / **garbage can**	les ordures une poubelle
UK a **rubbish chute** = US a **garbage chute**	un vide-ordures
a **waste disposal unit**	un broyeur d'ordures
clean [kliːn] → **cleanness** [ˈkliːnnɪs] → **cleanliness** [ˈklɛnlɪnɪs]	propre → la propreté (d'un lieu) → la propreté (d'une personne)
to cleanse [ˈklɛnz] → **cleansing**	nettoyer / purger → la purification
neat [niːt]	net
spotless / **immaculate** / *(coll.:)* **spick and span**	impeccable / immaculé

PHRASES

- **The room is in a mess, things are lying all over the place.** (Il y a un fouillis épouvantable dans cette pièce, il y a des affaires qui traînent partout.)
- **to get* dirty** = **to dirty oneself** (se salir)
- **to leave* muddy footprints** (laisser des traces de pas boueuses)
- **to throw* sth in the dustbin** (mettre qqch à la poubelle)
- **One does not wash one's dirty linen in public.** (On ne lave pas son linge sale en famille.)
- **sparkling clean** (étincelant de propreté)
- **to do* one's room, to make* one's bed** (faire sa chambre, faire son lit)
- **As you make your bed, so you must lie on it.** (Comme on fait son lit, on se couche.)

• *Pottering about the house* — *Le bricolage dans la maison*

DIY = **Do-it-yourself** → a **DIY shop** / **kit**	le bricolage → un magasin / un kit de bricolage
to do* odd jobs → an **odd-job man** / **woman**	bricoler = faire de menus travaux → un/e homme / femme à tout faire
a **handyman** / a **handywoman**	un/e bricoleur/-se
a tool [tuːl] → a **toolbag**, a **toolbox** / **toolchest**	un outil → une trousse à ~s, une boîte à ~s
a **hammer** [ˈhæmə], to **hammer** → to **hammer sth in**	un marteau, marteler → enfoncer qqch à coups de marteau
a **nail** [neɪl], to **nail sth**	un clou (⚠ un ongle), clouer qqch
a **screw** [skruː], to **screw** → a **screwdriver**	une vis, visser → un tournevis
(a pair of) **pincers**	des tenailles
(a pair of) **pliers** [ˈplaɪəz]	une pince

UK an **adjustable spanner** = US a **monkey wrench**	une clef anglaise / à molette
to **tighten** ['taɪtən] ≠ to **loosen** ['lu:sən]	serrer ≠ desserrer (vis / écrou)
to **solder** ['sɒldə] → a **soldering iron**	souder → un fer à souder
a **file** [faɪl], to **file** sth	une lime, limer qqch
to **drill**, a **drill** → an **electric drill** = a **power** ~, a **pneumatic** ~	forer / percer, une mèche / un foret → une perceuse électrique, un marteau-piqueur
a **gimlet** ['gɪmlɪt]	une vrille
a **brace** [breɪs]	un vilebrequin
UK a **vice** [vaɪs] = US a **vise**	un étau (⚠ vice : le vice)
a **nut** [nʌt]	un écrou (⚠ une noix)
a **bolt** [bəʊlt]	un boulon
a **rivet** ['rɪvɪt], to **rivet**	un rivet, riveter / river
⚠ a **mallet** ['mælɪt]	un maillet
UK an **axe** = US an **ax** → a **pickax(e)**	une hache → une pioche
a **hatchet**	une hachette
a **crowbar** ['krəʊbɑ:]	un levier
⚠ a **guillotine** [gɪlə'ti:n]	un massicot (⚠ 1. guillotine 2. procédure parlementaire fixant des délais pour l'examen d'un projet de loi)
a **saw** [sɔ:], to **saw*** → a **chain saw**, a **circular saw**, a **hacksaw**, **sawdust**	une scie, scier → une tronçonneuse, une scie circulaire, une scie à métaux, la sciure
(a pair of) **scissors** ['sɪzəz]	des ciseaux
a **pocketknife** = **penknife**	un canif
a **blade** [bleɪd]	une lame
a **spirit level**	un niveau à bulle
a **ladder** ['lædə] → a **step ladder**	une échelle → un escabeau
wood → **woodwork**, **plywood**	le bois → les boiseries, le contre-plaqué
chipboard ['tʃɪpbɔ:d]	l'aggloméré
a **plane** [pleɪn], to **plane**	un rabot (⚠ 1. avion 2. platane), raboter
emery cloth	la toile émeri
sandpaper, to **sand**(paper) a **sander**	le papier de verre, passer au ~ = poncer → une ponceuse
paint [peɪnt] → **gloss paint**, **matt paint** → a **paintbrush** to **paint** sth → to **spray-paint**	la peinture → la laque, la peinture mate un pinceau peindre → peindre au pistolet
a **coat** [kəʊt] → an **undercoat**	une couche (⚠ manteau) → une sous-couche
primer ['praɪmə]	de l'apprêt
varnish ['vɑ:nɪʃ], to **varnish**	le vernis, vernir
turpentine ['tɜ:pəntaɪn]	la térébenthine
to **whitewash** (a wall)	blanchir (un mur) à la chaux

→ *Le bâtiment, p. 228*

WORD PARTNERS

- **to drive* in** ≠ **pull out a nail** (enfoncer ≠ arracher un clou)
- **blade** → **a blunt** ≠ **sharp** ~ (une lame émoussée ≠ tranchante / bien affilée)
  to blunt ≠ **to sharpen a** ~ (émousser ≠ aiguiser / affiler une lame)
  the edge of a ~ (le tranchant d'une lame)
- **to strip paint** (enlever [de] la peinture)

PHRASES

- **She is very handy.** (Elle est très habile de ses mains / très bricoleuse.)
  This is very handy (C'est très pratique.)
  It may come in handy (for...) (Ça peut servir [à...])
- **a jack-of-all-trades (and master of none)** (un homme à tout faire [propre à tout et bon à rien])
- **to drill = bore / fill a hole** (percer / boucher un trou)
- **He's got a loose screw.** (Il a une case en moins.), **Thank goodness! She has her head screwed on !** (Heureusement qu'elle a la tête sur les épaules !)
- **to send* for the plumber** (faire venir = appeler le plombier)
- **to have* sth done by a handicraftsman** (faire faire qqch par un artisan)
- **UK Wet paint! = US Fresh paint!** (Attention ! Peinture fraîche !)
  to paint sth red / blue / green / etc. (peindre qqch en rouge / bleu / vert / etc.)

● *Doing repairs* — *Faire les réparations*

to break* [breɪk] to break* down	(se) casser tomber en panne
out of order	en panne / hors service
to repair / to mend sth → a repairman	réparer qqch (fuite / déchirure) → un dépanneur
⚠ to fix sth	réparer (un appareil)
to replace [rɪ'pleɪs] sth	remplacer qqch
to do* up = to renovate / rehabilitate a place → renovation / rehabilitation	rénover / réhabiliter un endroit → la rénovation / réhabilitation
to modernize → modernization	moderniser → la modernisation
to restore a building	restaurer un bâtiment
a cleaning ['kliːnɪŋ] = a facelift *(coll.)*	un ravalement
a plumber ['plʌmə]	un plombier
a leak [liːk], to leak → leaking (roof)	une fuite, fuir → (toit) qui fuit
to drip → dripping (tap / faucet)	fuire = couler → (robinet) qui fuit
to overflow ['əʊvəfləʊ]	déborder
an electrician [ɪlɛk'trɪʃən]	un électricien
a power failure / a blackout	une panne d'électricité
a short circuit ['sɜːkɪt]	un court-circuit
a circuit breaker = a cutout	un disjoncteur
an electric meter	un compteur électrique
a(n electric) shock	une décharge (électrique)
to electrocute oneself → electrocution	s'électrocuter → l'électrocution
a crack in a wall	une fissure / lézarde
a locksmith	un serrurier
a glazier ['gleɪzjə]	un vitrier
a joiner ['dʒɔɪnə]	un menuisier
a carpenter ['kɑːpɪntə]	un charpentier
a woodworm ['wʊdwɜːm] → worm-eaten	un ver (de bois) → vermoulu/e
a termite ['tɜːmaɪt]	une termite

PHRASES

- **Glass breaks easily.** (Le verre se casse facilement.)
- **It doesn't work.** (Ça ne marche pas.)
- **to extend a house** (agrandir une maison), **to make* alterations to a house** (faire des travaux dans une maison)
- **The drains are blocked and the sink is overflowing.** (Les canalisations sont bouchées et l'évier déborde.)
- **to cut* off the power** (couper l'électricité), **to put* the power back on** (rétablir le courant)
- **to get* an electric shock** (recevoir une décharge électrique)

12 Cooking — Cuisiner

Cooking utensils — Les ustensiles de cuisine

a **saucepan** ['sɔːspən]	une casserole
UK a **frying pan** = US **fry pan** = a **skillet**	une poêle
a **fryer** ['fraɪə]	une friteuse
a **pressure-cooker** ['prɛʃə,kʊkə]	un auto-cuiseur, une cocotte-minute®
a **cake / baking tin**	un moule à gâteaux
a **rolling pin**	un rouleau à pâtisserie
kitchen scales	une balance de cuisine
a **salad shaker**	une essoreuse à salade
a **(tea) kettle** → a **kettleful (of)**	une bouilloire → une bouilloire (de) (contenu)
a **coffee-maker**	une cafetière électrique
a **blender** ['blɛndə]	un mixer
UK a **tin-opener** = US a **can-opener**	un ouvre-boîte
UK **nutcrackers** = US a **nutcracker**	un casse-noix
a **lemon-squeezer**	un presse-citron
a **sieve** [sɪv]	un tamis
a **colander** ['kɒləndə]	une passoire
a **spatula** ['spætjələ]	une spatule
a **fish slice**	une pelle à poisson
a **container** ← **to contain** = **to hold***	un récipient → contenir
a **jar** [dʒɑː]	un bocal
a **bottle** ['bɒtəl] → **to bottle sth**	une bouteille → mettre qqch en ~s
a **flask**	un flacon
a **pot**	un pot (yaourt / crème)
a **lid**	un couvercle (qui se pose)
a **screw top**	un couvercle (qui se visse)
a **handle** ['hændəl]	une poignée
the contents	le contenu
full ≠ **empty**	plein ≠ vide
a **cork** [kɔːk] → a **corkscrew** → **to cork a bottle**	un bouchon → un tire-bouchon boucher une bouteille (avec un bouchon de liège)
to stop up a bottle → a **stopper**	boucher une bouteille → un bouchon (en verre ou plastique)
a **cap** = a **top**	une capsule
kitchen paper / roll	l'essuie-tout
kitchen foil ['kɪtʃɪn fɔɪl]	le papier aluminium
clingfilm	le film alimentaire
UK **greaseproof paper** = US **wax paper**	le papier sulfurisé
nonstick	anti-adhérent / anti-adhésif
cellophane ['sɛləfeɪn]	la cellophane

Crockery — La vaisselle

a **dinner set**	un service de table
china ['tʃaɪnə]	la porcelaine
earthenware ['ɜːθənwɛə]	la faïence
a **plate** [pleɪt] → a **soup / dessert ~**	une assiette → ~ à soupe / à dessert
a **dish** [dɪʃ]	un plat

a **bowl** [bəʊl] → a **salad bowl**	un bol → un saladier
salad servers	un couvert à salade
a **soup tureen** [tə'riːn]	une soupière
a **glass** [glɑːs] → a **wine~**, a **stem ~**	un verre → ~ à vin, ~ à pied
UK a **jug** [dʒʌg] = US a **pitcher** → a **milk jug**, a **water jug**	une cruche un pot à lait, une carafe
a **decanter** [dɪ'kæntə]	une carafe à vin
bread [brɛd] → a **breadbin** = **breadbox**, a **bread knife**, a **breadbasket**	le pain → une huche, un couteau à pain, une corbeille à pain
cutlery ['kʌtlərɪ]	les couverts
silver → **silverware**, **silver-plated**	l'argent → l'argenterie, en métal argenté
a **fork** [fɔːk]	une fourchette
a **knife** [naɪf] → a **knife rest**	un couteau → un porte-couteaux
a **spoon** [spuːn] → a **tea~**, a **dessert~**, a **soup~** / a **table~**, a **serving ~**	une cuillère → une ~ à café, ~ à dessert, ~ à soupe, ~ à servir
a **ladle** ['leɪdəl]	une louche
a **pie server**	une pelle à tarte
a **cup** [kʌp]	une tasse
⚠ a **saucer** ['sɔːsə]	une soucoupe
a **mug** [mʌg]	une chope
a **teapot**	une théière
a **coffee-pot**	une cafetière
a **sugar basin**	un sucrier
a **table mat**	un dessous de plat
a **place mat**	un set de table
a **coaster** ['kəʊstə]	un dessous de bouteille / de verre
a **cruet** ['kruːɪt] → UK a **vinegar cruet** = US a **cruet** → an **oil cruet**	un service à condiments → un vinaigrier un huilier
a **salt cellar**	une salière
a **pepper pot**	un poivrier

WORD PARTNERS

- **a china / earthenware plate / dish / cup** (une assiette / un plat / une tasse de porcelaine / en faïence)
  ⚠ **a cup of tea / of coffee** (une tasse de thé / de café) ≠ **a teacup / a coffee cup** (une tasse à thé / à café)
- **a jug of milk** (un pot de lait) ≠ **a milk jug** (un pot à lait)
- **a canteen of cutlery** (une ménagère = un coffret à couverts)

● Groceries — Les provisions

UK a **tin** = US a **can** → UK **to tin** = US **to can** (food)	une boîte de conserves → mettre en conserve
a **basket**	un panier
a **box**	une boîte / caisse
⚠ a **case** [keɪs]	un cageot / une caisse / une boîte
a **crate**	un cageot
food [fuːd] → **foodstuffs**	la nourriture → les aliments
a **biscuit** ['bɪskɪt]	un biscuit
(**breakfast**) **cereals** ['sɪərɪəlz]	les céréales (du petit déjeuner)
flour [flaʊə] → **cornflour**	la farine → la farine de maïs
sugar ['ʃʊgə] → **sugary**	le sucre → 1. très sucré/e 2. mielleux/-se / doucereux/-se
baking soda ['beɪkɪŋ səʊdə]	le bicarbonate de soude
baking powder	la levure chimique

starch [stɑːtʃ]	l'amidon
UK **treacle** ['triːkəl] = US **molasses** [məʊ'læsɪz]	la mélasse
golden syrup	la mélasse raffinée
maple syrup	le sirop d'érable
honey ['hʌnɪ]	le miel
jam [dʒæm]	la confiture
marmalade ['mɑːməleɪd]	la marmelade d'oranges
chocolate ['tʃɒklɪt]	le chocolat
cocoa ['kəʊkəʊ]	le cacao
coffee ['kɒfɪ] → a **coffeepot**	le café → une cafetière
tea [tiː] → a **teabag**, a **tea pot**	le thé → un sachet de thé, une théière
salt [sɒlt] → **salty, salted**	le sel → salé/e
oil [ɔɪl] → **oily**	l'huile → huileux/-euse
vinegar ['vɪnɪgə]	le vinaigre
to pickle → **pickles** ['pɪkəlz]	mettre en saumure → légumes conservés au vinaigre
capers ['keɪpəz]	les câpres
preserves → ⚠ **preservatives**	des conserves → les conservateurs
rice [raɪs]	le riz
barley ['bɑːlɪ]	l'orge
oats [əʊts] → **oatmeal**	l'avoine → 1. la farine d'avoine 2. le porridge
pasta ['pæstə]	les pâtes
semolina [sɛmə'liːnə]	la semoule

→ *Le goût, p. 88*

WORD PARTNERS

- **food** → **appetizing / delicious / luxury / tasty / healthy / nourishing ~** (de la nourriture appétissante / délicieuse / de luxe / savoureuse / saine / nourrissante), **exotic / typical / local / natural / spicy ~** (~ exotique / typique / locale / naturelle / épicée), **junk ~** (nourriture de mauvaise qualité = cochonneries = malbouffe), **simple = plain ~** (~ simple), **(un)wholesome ~** (~ (mal)saine), **high-protein ~** (~ riche en protéines), **disgusting / revolting ~** (de la ~ répugnante), UK **tinned** = US **canned ~** (les conserves), **frozen ~** (les surgelés), **health ~** (les aliments diététiques), **diet ~** (les aliments basses calories)
  to prepare / cook / (re)heat ~ (préparer / cuire / (ré)chauffer (de) la ~), **to swallow / to bolt = gulp one's ~** (avaler / engloutir la ~), **to waste ~** (gaspiller la ~) **~ poisoning** (intoxication alimentaire), **~ subsidies** (aide alimentaire), **~ supplies** (ressources alimentaires), **abundance ≠ scarcity / shortage of ~** (l'abondance / le manque de ~)
- **perishable foodstuffs** (les denrées périssables)
- **plain = all-purpose / white / wholemeal / self-raising flour** (de la farine ordinaire / blanche / complète / avec poudre levante)
- **sugar** → **candy / castor = caster / granulated** (du sucre candi / semoule = en poudre / cristallisé), UK **icing ~** = US **powdered ~** (du ~ glace), **white / brown ~** (~ blanc / brun), **soft brown ~** (la cassonade), **cane ~** (le ~ de canne), **barley ~** (le ~ d'orge)
  ~ tongs (une pince à ~), **a ~ bowl** (un sucrier), **a ~ loaf** (un pain de ~), **a ~ed almond** (une dragée), **the ~plum fairy** (la fée Dragée), **~ beet** (la betterave à ~), **~ cane** (la canne à ~), **a lump of ~** (un morceau de ~)
- **chocolate** → **bitter / plain / milk / white / hot / melted / rich = thick ~** (du chocolat amer / noir / au lait / blanc / chaud / fondu / épais)
  a bar / a piece of ~ (une barre / un carré de chocolat), **~ chips** (des pépites de ~)
- **honey** → **acacia / clover ~** (du miel d'acacia / de trèfle), **clear ~** (du ~ liquide) , **a ~ pot** (un pot à miel)
- **coffee** → **roasted / ground / decaffeinated ~** (le café torréfié / moulu / décaféiné), **a black / white ~** (un café noir / au lait), **a ~ bean** (un grain de ~), **~ grounds** (le marc de ~), **a ~ maker / percolator** (une cafetière électrique), **a ~ machine** (une machine à ~), **a ~ set** (un service à café)

- **salt → coarse ~** (le gros sel), **fine / table / cooking / celery / sea ~** (le sel fin / de table / de cuisine / de céleri / de mer)
  a pinch of ~ (une pincée de ~)
- **corn / sunflower / olive / rapeseed oil** (l'huile de maïs / de tournesol / d'olive/ de colza)

PHRASES

- **Is the food good in that country?** (On mange bien dans ce pays ?)
- *[Coll.:]* **That takes the biscuit!** (C'est le pompon !)
- **like bees around a honeypot** (comme des mouches sur un pot de miel)
- **She should take his words with a pinch of salt.** (Elle ne devrait pas croire tout ce qu'il dit.)
  to cry salt tears (verser des larmes amères)
- **an oil and vinegar dressing / a French dressing = a vinaigrette** (une vinaigrette)
  to pour oil on troubled waters (apaiser les esprits)
- **The food is off / mouldy.** (La nourriture s'est gâtée / est moisie.)
  It doesn't agree with me. (Ça ne me réussit pas.)
- **Oil and water do not mix.** (On ne peut pas marier l'eau et le feu.)
  to jump out of the frying pan into the fire (tomber de Charybde en Scylla / changer son cheval borgne pour un aveugle)

Dairy produce — *Les laitages*

milk → **milky**	le lait → **laiteux/-se**
cream [kriːm] → **creamy, an ice-cream**	la crème fraîche → **crémeux/-se, une glace**
to butter, butter ['bʌtə] → **buttermilk**	**beurrer, le beurre → le babeurre**
yoghurt ['jɒgət]	le yaourt
cheese [tʃiːz]	le fromage

WORD PARTNERS

- **milk → skimmed / semi-skimmed / full cream / condensed / powdered / evaporated / long-life / pasteurized / untreated ~** (du lait écrémé / demi-écrémé / entier / concentré sucré / en poudre / condensé / de longue conservation / pasteurisé / cru)
  a ~ bottle / can (une bouteille / un bidon de ~), **a ~ jug** (un pot à ~), **the ~man** (le laitier), **UK the ~ float = US ~ truck** (la camionnette du laitier), **the ~ round** (la tournée de livraison du laitier)
  coffee / tea with milk (du café / du thé <u>au</u> lait)
- **cream → double ≈ UK clotted / single / whipped / sour ~** (la crème épaisse / liquide / fouettée = Chantilly / aigre), **strawberries and ~** (des fraises <u>à</u> la crème)
  a ~ puff (un chou à la crème), **UK a ~ tea** (un thé complet [= accompagné de scones, crème fraîche et confiture]),
- **butter → salted / unsalted ~** (du ~ salé / doux), **a ~ dish** (un beurrier), **a ~ knife** (un couteau à ~), **~scotch** (le caramel), **peanut ~** (le ~ de cacahuètes), **~fingered** (empoté/e)
- **cheese → full-fat ≠ low-fat / grated ~** (du fromage au lait entier ≠ allégé / râpé)
  a ~ board (un plateau à / de ~), **a ~ wire** (un fil à [couper le] ~), **~ spread = cream ~** (~ à tartiner)

PHRASES

- **He came home with the milk.** (Il est rentré au petit matin.)
- **(He looks as if) butter wouldn't melt in his mouth.** (On lui donnerait le Bon Dieu sans confession.), **It's her bread and butter.** (C'est son gagne-pain / son fonds de commerce.)
  to butter sb up (flatter qqn)
- **They are as different as chalk and cheese.** (C'est le jour et la nuit.)
  Say cheese! (<u>Photo</u> : Souriez!)
  cheeseparing economies (les économies de bouts de chandelle)
- **It's no good crying over spilt milk.** (≈ Ce qui est fait est fait.)

Fish — *Le poisson*

a fish [fɪʃ] → **coal~, dog~, monk~, scorpion~, sword~**	un poisson → **le lieu noir, la roussette, la lotte, la rascasse, l'espadon**
anchovy ['æntʃəvɪ] → **anchovy paste**	l'anchois → **le beurre d'anchois**

angler (fish)	la baudroie = la lotte
arctic char(r)	l'omble-chevalier
(sea)bass	1. la perche 2. le bar = le loup
bloater ['bləʊtə]	le hareng saur
bream [bri:m] → a **sea bream**	la brème → une daurade
brill	la barbue
carp	la carpe
cod	le cabillaud = la morue
eel [i:l] → **conger (eel)**	l'anguille → le congre
dab	la limande
(John) Dory	le saint-pierre
flounder ['flaʊndə]	le flet
gudgeon ['gʌdʒn]	le goujon
gurnard ['gɜ:nəd] = **gurnet**	le grondin
haddock	l'églefin
hake [heɪk]	le colin = le merlu
halibut ['hælɪbət]	le flétan
herring ['herɪŋ]	le hareng
ling	la lingue = la julienne
mackerel ['mækrəl]	le maquereau
mullet ['mʌlɪt]	le mulet, le rouget
perch [pɜ:tʃ]	la perche
pike [paɪk] → **pike perch**	le brochet → le sandre
plaice [pleɪs] *(inv.)*	la plie = le carrelet
pollack	le lieu jaune
ray	la raie (⚠ rayon)
salmon ['sæmən]	le saumon
sardine [sɑ:'di:n]	la sardine
skate [skeɪt]	la raie
smelt	l'éperlan
sole [səʊl]	la sole
sprat	le sprat
sturgeon ['stɜ:dʒən]	l'esturgeon
tench	la tanche
trout [traʊt]	la truite
tuna ['tu:nə]	le thon
turbot ['tɜ:bət]	le turbot
whitebait ['waɪtbeɪt]	la petite friture
whiting ['waɪtɪŋ]	le merlan

WORD PARTNERS

- **fish** → **freshly-caught ~** (du poisson qui vient d'être pêché), **battered / dried / filleted / frozen / smoked ~** (du ~ pané / séché / en filets / surgelé / fumé), **fried / grilled / poached / steamed ~** (du ~ frit / grillé / poché / cuit à la vapeur)
  to catch* / scale / gut ~ (attraper / écailler / vider le ~), **to fillet ~** (lever les filets du ~)
  ~ cake / fillet / steak (croquette / filet / darne de poisson), **~ fingers** (bâtonnets de ~ pané), **a ~bone** (une arête)
- **cod** → **~-liver oil** (l'huile de foie de morue), **~roe** (les œufs de cabillaud)

PHRASES

- **to have* other fish to fry** (avoir d'autres chats à fouetter), **to be* neither fish nor fowl** (n'être ni chair ni poisson), **to be* packed / squashed in like sardines** (être serrés comme des sardines en boîte)
- **He is as slippery as an eel.** (Il vous file entre les doigts.)
- **a red herring (across the path)** (une manœuvre de diversion)

Shellfish — Les fruits de mer

a clam [klæm]	une palourde
a cockle ['kɒkəl]	une coque
a crab [kræb]	un crabe
a **crayfish** *(inv.)* = **crawfish** *(inv.)*	1. une écrevisse 2. une langouste
a **cuttlefish** ['kʌtəlfɪʃ]	une seiche
a **lobster** → a **spiny** ~ = a rock ~	un homard → une langouste
a **mussel** ['mʌsəl]	une moule
an **oyster** ['ɔɪstə]	une huître
a prawn [prɔːn]	1. une crevette bouquet 2. une langoustine
UK a **razor shell**, US a **razor clam**	un couteau
⚠ a **scallop** → a **small / pilgrim** ~	une coquille Saint-Jacques → un pétoncle
a sea-**urchin** [siː'ɜːtʃɪn]	un oursin
a shrimp	une crevette
a whelk	un bulot / buccin
a **periwinkle**	un bigorneau = vignot (⚠ pervenche)

W. P.

- **oyster** → **an ~ bed** (un banc d'huîtres), **an ~ farm** (une huîtrière), US **~ stew** (soupe d'~s), **an ~ shell** (une coquille d'~)
- **shrimp / prawn cocktail / crackers** (cocktail de crevettes / chips à la crevette)

PHRASES

- **The world is my oyster.** (Le monde m'appartient.)
  to shut* up like an oyster (se fermer comme une huitre / être muet comme une carpe)
- **He's just a little shrimp.** (Il n'est pas plus haut que trois pommes.)

Meat — La viande

beef [biːf]	le bœuf
oxtail → **oxtail soup**	la queue de bœuf → la soupe de ~
veal [viːl]	le veau
sweetbreads ['swiːtbrɛdz]	des ris de veau
lamb [læm]	l'agneau
mutton ['mʌtən]	le mouton
pork	le porc
ham	le jambon (charcuterie)
gammon ['gæmən]	le jambon (boucherie)
rashers ['ræʃəz]	des tranches de bacon
spare ribs	le travers de porc
a **cutlet** ['kʌtlət] = a **chop** [tʃɒp]	une côtelette
a rib → a **rib roast**	une côte → une côte de bœuf
a haunch [hɔːntʃ] (of veal)	un cuisseau (de veau)
a joint	un rôti (⚠ une articulation, une boîte de nuit)
fillet ['fɪlɪt]	le filet
saddle ['sædl]	la selle
offal ['ɒfl]	les abats
tripe [traɪp]	les tripes / le gras double
kidneys	les rognons
a **sausage** ['sɒsɪdʒ] = UK a **banger**	une saucisse
blood pudding = US **blood sausage**	du boudin noir
a **marrowbone** ['mærəʊbəʊn]	un os à moelle

WORD PARTNERS

- **meat** → **cold / cooked ≠ raw ~** (de la viande froide / cuite ≠ crue), **fatty ≠ lean / red / white ~** (de la ~ grasse ≠ maigre / rouge / blanche), **chewy = leathery / juicy ~** (de la viande caoutchouteuse / saignante), **sausage ~** (la chair à saucisse)
- **beef** → **UK minced / US ground ~** (de la viande de bœuf haché), **roast~** (un rôti de bœuf / un rosbif), **boiled ~** (≈ le pot-au-feu)
  a ~ burger (un hamburger), **a ~ olive** (une paupiette de bœuf), **a ~ stew** (un pot-au-feu), **~ stock = ~ tea** (du bouillon de bœuf)
- **steak** → **a fillet / rump / sirloin ~** (un steak dans le filet / dans le rumsteak / dans l'aloyau), **an underdone = a rare / juicy / medium / well-done ~** (un steak bleu / saignant / à point / bien cuit), **a tender ≠ tough ~** (un ~ tendre ≠ dur), **a porterhouse ~** (un châteaubriand)
- **a leg / saddle / neck / rack / shoulder of lamb / mutton** (un gigot / une selle / un col-lier / un carré / une épaule d'agneau / de mouton)

Poultry — *La volaille*

a **capon** ['keɪpən]	un chapon
the **parson's nose**	le croupion
the **oyster**	le sot-l'y-laisse (⚠ l'huître)
the **wishbone**	le bréchet
the **giblets**: the **gizzard**, the **heart**, the **liver**	les abats : le gésier, le cœur, le foie
a **breast** [brɛst] → a **breast fillet**	un blanc / un magret → une aiguillette
a **wing**	une aile
an **egg** → the **egg-white**	un œuf → le blanc d'œuf
the **yolk** [jəʊk]	le jaune d'œuf

→ *Les animaux de la ferme, p. 24*

WORD PARTNERS

- **chicken** → **a ~ breast / leg** (un blanc / une cuisse de ~), **a free-range ~** (un ~ fermier), **a roast ~** (un poulet rôti)
- **egg** → **a soft-/hard-boiled egg** (un œuf à la coque / dur), **baked / fried / poached / scrambled ~s** (des ~s en cocotte / au plat / pochés / brouillés)
  to shell an ~ (écaler un ~)
  an ~-beater = ~-whisk (un fouet à ~s), **an ~ cup** (un coquetier), **an ~-timer** (un sablier)
  an ~ custard (un flan aux ~s), **an ~-flip / an ~nog** (un lait de poule), **an ~ mayonnaise** (un ~ dur mayonnaise)

PHRASES

- **I am walking on eggs with her.** (Je marche sur des œufs quand je lui parle.)
- **You can't make an omelette without breaking eggs.** (On ne peut pas faire d'omelette sans casser d'œufs.)

Game [geɪm] — *Le gibier*

→ **gamey**, a **game** pie	→ faisandé, un pâté de gibier en croûte
a **boar** [bɔː]	un sanglier
a (**roe**)**deer**	un chevreuil
a **hare** [hɛə] → **jugged hare**	un lièvre → un civet de lièvre
a **leveret** ['lɛvərɪt]	un levraut
a (**wild**) **rabbit**	un lapin (de garenne)
venison ['vɛnɪzən] → a **haunch** of venison	la venaison → un cuissot de chevreuil
a **wild duck**	un canard sauvage
a **grouse** [graʊs] / a **blackcock**	un coq de bruyère
a **partridge** ['pɑːtrɪdʒ]	une perdrix
a **pheasant** ['fɛzənt]	un faisan
a **plover** ['plʌvə]	un pluvier

a **quail** [kweɪl]	une caille
a **snipe** [snaɪp]	une bécassine
a **teal** [ti:l]	une sarcelle
a **thrush** [θrʌʃ]	une grive
a **woodcock** ['wʊdkɒk]	une bécasse
a **woodpigeon** [wʊd'pɪdʒɪn]	une palombe

→ *Dans les champs et les bois, p. 26*

● *Vegetables* — *Les légumes*

an **avocado (pear)**	un avocat
an **artichoke** → **Jerusalem artichoke**	un artichaut → le topinambour
an **asparagus** → **asparagus tips**	une asperge → les pointes d'asperge
UK an **aubergine** = US an **eggplant**	une aubergine
beans [bi:nz]	des haricots
a **beetroot** ['bi:tru:t]	une betterave
broccoli ['brɒkəlɪ]	un brocoli
brussels sprouts ['brʌsəl'spraʊts]	des choux de Bruxelles
a **cabbage** ['kæbɪdʒ]	un chou
a **carrot** ['kærət]	une carotte
a **cauliflower** ['kɒlɪflaʊə]	un chou-fleur
celeriac [sɪ'lɛrɪæk]	le céleri-rave
celery	le céleri
chard [tʃɑ:d]	les blettes
corn [kɔ:n] → **an ear of corn**	le maïs → un épi de maïs
UK **courgette** = US **zucchini** = **summer squash**	la courgette
a **cucumber** ['kju:kʌmbə]	un concombre
dandelion ['dændɪlaɪən]	le pissenlit
an **endive** ['ɛndaɪv]	une endive
fennel	le fenouil
garlic ['gɑ:lɪk]	l'ail
a **gherkin** ['gɜ:kɪn]	un cornichon
a **gourd** = a **marrow** = US a **squash**	une courge
a **kale** [keɪl]	un chou frisé
a **leek** [li:k]	un poireau
a **lentil** ['lɛntɪl]	une lentille
a **lettuce** ['lɛtɪs]	une laitue
an **onion** ['ʌnjən] → a **spring onion**	un oignon → une ciboule = une cive
a **parsnip** ['pɑ:snɪp]	un panais
a **pea** [pi:]	un pois
a **pod**	une cosse
a **(green/red / yellow) pepper**	un poivron (vert / rouge / jaune)
a **potato** [pə'teɪtəʊ]	une pomme de terre
a **pumpkin** ['pʌmpkɪn]	une citrouille / un potiron
a **radish** → **horseradish**	un radis → le raifort / radis noir
rhubarb ['ru:bɑ:b]	la rhubarbe
rocket	la roquette
a **salsify** ['sælsɪfɪ]	un salsifi
a **shallot** [ʃə'lɒt]	une échalote
spinach ['spɪnɪdʒ]	l'épinard
a **swede** [swi:d]	un rutabaga
a **tomato** [tə'mɑ:təʊ] → **cherry tomato**	une tomate → tomate cerise
a **turnip** ['tɜ:nɪp]	un navet
a **truffle** ['trʌfəl]	une truffe

(water)cress	le cresson
a (button) mushroom ['mʌʃrum]	un champignon (de Paris)
→ an oyster mushroom	une pleurote
a morel	une morille
a cep	un cèpe
a chanterelle	une girolle, une chanterelle

WORD PARTNERS

- **crisp / fresh / frozen / green / mixed / organic / seasonal / raw / steamed vegetables** (des légumes croquants / frais / surgelés / verts / variés / bio / de saison / crus / cuits à la vapeur)
- **bean** → **broad ~s** (fèves), **French / haricot / kidney / runner ~s** (haricots verts / blancs / rouges / mange-tout), **baked ~s** (des ~s blancs à la sauce tomate), **soy~ = soya ~** (le haricot de soja)
  a ~stalk (une tige de haricot), **~ curd** (du fromage de soja / du tofu), **~shoots / ~sprouts** (des germes de soja)
- **red / green / savoy cabbage** (chou rouge / vert / de Milan)
- **a bunch = a head / a stick of celery** (une tête / une côte = une branche de céleri)
- **a clove / a bulb of garlic** (une gousse / une tête d'ail)
- **pea** → **chick / green / split / sugar ~** (pois chiche / petit ~ / ~ cassé / ~ mange-tout)
  to shell green ~s (écosser des petits pois), **~ green** (vert pomme), **a ~ jacket** (un caban), **a ~ pod** (une cosse de petits pois), **a ~ shooter** (une sarbacane), **~ soup** (de la soupe de pois) → **a ~ soup fog = a ~-souper** (un brouillard à couper au couteau)
- **potato** → **a sweet ~** (une patate douce), **mashed ~es** (une purée de pommes de terre)
- **salad** → **a crisp / green / limp / side ~** (une salade croquante / verte / fanée / d'accompagnement)
  to garnish / dress / make* / toss a ~ (garnir / assaisonner / préparer / mélanger une ~)
- **tomato** → **~ juice / paste = purée** (du jus / de la purée de tomate), **~ sauce** (de la sauce ~), **a ~ plant** (un plant de ~), **a cherry ~** (une tomate cerise)

PHRASES

- **to spill* the beans** (vendre la mèche), *[coll.:]* **beans** (du fric)
  UK *[coll.:]* **to be* full of beans** (être en pleine forme / péter le feu)
- *[Coll.:]* **to go* beetroot** (devenir rouge comme une tomate)
- *[Pej.:]* **He's just a cabbage.** (C'est une nouille / un légume.)
- **to have* cauliflower ears** (avoir les oreilles en feuille de chou)
- **to use the carrot and stick approach** (manier / utiliser la carotte et le bâton)
  to have* carroty hair (être rouquin / poil-de-carotte)
- **to be* shooting up / sprouting like mushrooms = to be* mushrooming** (pousser comme des champignons)
- *[Coll.:]* **to know* one's onions** (connaître son affaire)
- **Fine words butter no parsnips.** (Les belles paroles n'y changent rien.)
- **to be* as cool as a cucumber** (être impassible)

Fruit [fruːt] — Les fruits

an apple ['æpəl]	une pomme
an apricot ['æprɪkɒt] → the kernel ['kɜːnəl]	un abricot → l'amande (dans le noyau)
a banana [bə'nɑːnə]	une banane
a berry ['berɪ] → UK bilberry = US blueberry, cranberry, gooseberry, mulberry = blackberry, raspberry, strawberry	une baie → la myrtille, la canneberge, la groseille à maquereau, la mûre, la framboise, la fraise
a cherry ['tʃerɪ] → a cherry plum	une cerise une mirabelle
a currant ['kʌrənt] → blackcurrant / redcurrant / white currant	un raisin de Corinthe le cassis, la groseille, la groseille blanche
a date [deɪt]	une datte (⚠ une date, un rendez-vous amoureux, un/e petit/e ami/e)
a fig	une figue
⚠ a grape [greɪp] → grapes	un grain de raisin → le raisin
⚠ a raisin ['reɪzən]	un raisin sec

⚠ a **grapefruit**	un pamplemousse
a **greengage** ['gri:ngeɪdʒ]	une reine-claude
a **guava** ['gɑ:və]	une goyave
a **kiwi (fruit)**	un kiwi
a **lemon** ['lɛmən]	un citron
⚠ a **lime** [laɪm]	un citron vert (⚠ un tilleul, *lime* : la chaux)
a **mango** ['mæŋgəʊ]	une mangue
a **melon** ['mɛlən] → a **water melon**	un melon → une pastèque = un melon d'eau
a **nectarine** ['nɛktərɪn]	une nectarine / un brugnon
a **nut** [nʌt] → a **chestnut**, a **walnut**, a **hazelnut**, a **peanut**, a **cashew nut**, a **pistachio nut**, a **pecan nut**, a **coconut**, a **pine nut** = **pine kernel**	une noix → une châtaigne, une noix, une noisette, une cacahuète, une noix de cajou, une pistache, une noix de pecan, une noix de coco, un pignon de pin
an **orange** ['ɒrɪndʒ]	une orange
UK a **paw-paw** = US a **papaya**	une papaye
a **peach** [pi:tʃ]	une pêche
a **pear** [pɛə]	une poire
a **persimmon**	un kaki
a **pineapple** ['paɪnæpəl]	un ananas
⚠ a **plum** [plʌm]	une prune
a **pomegranate** ['pɒmɪgrænɪt]	une grenade
⚠ a **prune** [pru:n]	un pruneau
a **quince** [kwɪns]	un coing
a **tangerine** ['tændʒəri:n]	une mandarine
a **pip**	un pépin (raisin)
a **seed** [si:d]	un pépin (en général)
UK a **(cherry / peach) stone** = US a **pit** → **to stone** = **to pit**	un noyau → dénoyauter
the **husk** [hʌsk]	la bogue
a **(nut)shell**	une coquille (de noix)

WORD PARTNERS

- **fruit** → **exotic / tropical ~** (des fruits exotiques / tropicaux), **dried / tinned = preserved / candied ~** (~ séchés / en conserve = au sirop / confits), **stewed ~** (la compote de ~s), **bitter / fleshy / juicy / luscious = succulent / soft / wild ~** (~ amers / charnus / juteux / succulents / mous / sauvages), **ripe ≠ unripe / mellow / overripe / rotten ~** (des ~s mûrs ≠ pas mûrs / fondants / trop mûrs / pourris), **citrus ~** (les agrumes), **a ~ basket** (une corbeille de / à ~s)
- **apple** → **~ juice / sauce** (du jus / de la compote de pomme), **an ~ core / peel / pip** (un trognon / une pelure / un pépin de ~)
  UK **a toffee ~** = US **a candy ~** (une ~ d'amour), **a crab ~** (une ~ sauvage)
- **a bunch of bananas / grapes** (un régime de bananes / une grappe de raisins)
- **a lemon-squeezer** (un presse-citron)
- **orange** → **an ~ peel / segment** (un zeste / un quartier d'orange), US **an ~ drink** = UK **~ squash** (une orangeade), **~ juice** (du jus d'orange), **~ blossom** (la fleur d'oranger), **~ flower water** (l'eau de fleur d'oranger)

PHRASES

- **She is the apple of my eye.** (Je tiens à elle comme à la prunelle de mes yeux.)
- US *[coll.:]* **to be* top banana** (être la star / le chef), **to be* second banana** (être un sous-fifre), *[coll.:]* **to go* bananas** (piquer une crise, devenir dingue), **to slip on a banana skin** (glisser sur une peau de banane)
- **to be* as brown as a berry** (être tout bronzé)
- **to go* blackberrying** (aller cueillir des mûres)
- **to get* the first bite of the cherry** (avoir la priorité)
  to get* two bites at the cherry (avoir une deuxième chance)
- *[Fig.:]* **He's a hard nut to crack.** (Il est dur à convaincre.)
- **a peach and cream complexion** (un teint de pêche)
- **There's a bad apple in every bunch / barrel.** (Il y a toujours une brebis galeuse.)
  Life is not a bowl of cherries. = Life is not a bed of roses. (La vie n'est pas toute rose.)

Herbs [hɜ:bz] — *Les fines herbes*

angelica	l'angélique
basil ['bæzəl]	le basilic
bay (leaf)	(la feuille de) laurier
bergamot	la bergamote
chervil ['tʃɜ:vɪl]	le cerfeuil
chives [tʃaɪvz]	la ciboulette
coriander [kɒrɪ'ændə]	la coriandre
dill	l'aneth
hyssop	l'hysope
lemon balm	la mélisse
lemon grass	la citronnelle
lovage ['lʌvɪdʒ]	la livèche
marjoram ['mɑ:dʒərəm]	la marjolaine
mint → **peppermint, spearmint**	la menthe → la menthe poivrée, la menthe verte
oregano [ɒrɪ'gɑ:nəʊ]	l'origan
parsley ['pɑ:slɪ]	le persil
penny-royal ['penɪ'rɔɪəl]	la menthe pouliot
purslane ['pɜ:slɪn]	le pourpier
rosemary ['rəʊzmərɪ]	le romarin
sage [seɪdʒ]	la sauge
savory ['seɪvərɪ]	la sarriette
sorrel ['sɒrəl]	l'oseille
tarragon ['tærəgən]	l'estragon
thyme [taɪm]	le thym

Spices and condiments — *Les épices et les condiments*

pepper	le poivre
aniseed ['ænɪsi:d]	l'anis
cumin ['kʌmɪn] / **caraway** ['kærəweɪ]	le cumin / le cari
cardamom ['kɑ:dəməm]	la cardamome
cinnamon	la cannelle
a clove [kləʊv]	un clou de girofle
ginger	le gingembre
juniper ['dʒu:nɪpə]	le genièvre
mustard ['mʌstəd]	la moutarde
nutmeg ['nʌtmɛg]	la noix de muscade
paprika	le paprika
poppy seed	le pavot
saffron ['sæfrən]	le safran
star anise	l'anis étoilé
vanilla [və'nɪlə]	la vanille

W. P.

- pepper → **Cayenne / white / black / green / whole / ground ~** (du poivre de Cayenne / blanc / gris / vert / en grains / moulu), **chili ~** (du piment oiseau), **red ~** (les baies roses) **a ~corn** (un grain de ~), **a ~ mill** (un moulin à ~), **a ~ pot = a ~ shaker** (un poivrier)
- **mustard seeds** (les graines de moutarde)
- **a vanilla pod** (une gousse de vanille)

Step by step — *Pas à pas*

a **recipe** ['rɛsɪpɪ]	une recette
to pare [pɛə] → **parings** a **paring knife**	peler → les épluchures un couteau à éplucher
to peel [pi:l] → a **potato / vegetable peeler**	éplucher → un (couteau) économe
to scrape [skreɪp]	gratter
to trim	1. dégraisser 2. parer
to core	évider
to seed	épépiner
to gut [gʌt] a **chicken** / **fish**	vider un poulet / du poisson
to pluck [plʌk] a **chicken**, etc.	plumer un poulet, etc.
to skin a **rabbit**, etc.	dépouiller un lapin, etc.
to stuff [stʌf]	farcir
to truss [trʌs] a **fowl**	brider une volaille
to carve [kɑ:v] **meat**	découper la viande
to cube [kju:b] = to dice [daɪs]	couper en cubes
to cut* [kʌt]	couper → émincer
to chop / to mince	hacher
to halve [hɑ:v]	couper / diviser en deux
to **quarter** ['kwɔ:tə]	couper en quartiers
to slice [slaɪs]	couper en tranches
to grate [greɪt] **(cheese / nutmeg / etc.)**	râper (le fromage / la noix de muscade / etc.)
to beat* = to whisk **eggs**	battre des œufs
to whip	fouetter / battre en neige
to bread [brɛd] = to coat in **breadcrumbs**	paner
to knead [ni:d]	pétrir
to roll the **pastry** out	étaler la pâte
to soak [səʊk]	faire tremper
to sift = to sieve, a sieve [sɪv]	tamiser, un tamis
to drain = to strain	égoutter (⚠ to strain : forcer à fournir un gros effort)
to fold in	incorporer délicatement
to mix = to blend = to combine	mélanger
to stir [stɜ:]	remuer (sauce / crème)
to pour [pɔ:]	verser
to **drizzle**	verser quelques gouttes de
to **sprinkle**	saupoudrer
to **season** → **seasoning** ['si:zənɪŋ]	assaisonner → l'assaisonnement
to bake [beɪk]	faire cuire au four
to **barbecue** ['bɑ:bɪkju:]	faire cuire au feu de bois
to blanch [blɑ:ntʃ]	blanchir
to boil	(faire) bouillir
to braise [breɪz]	braiser
to broil	(faire) griller
to brown (onions)	faire dorer (les oignons)
to cook [kʊk], a cook → **cookery, undercooked ≠ overcooked**	(faire) cuire, un/e cuisinier/ère → la cuisine, pas assez cuit ≠ trop cuit
to fry [fraɪ]	(faire) frire
to grill	(faire) griller
to heat [hi:t], heat	faire chauffer, la chaleur
to reduce [rɪ'dju:s]	faire réduire
to (spit-)roast, a roast [rəʊst]	faire rôtir, un rôti
UK to **sauté** ['səʊteɪ], US to **sauté**	faire sauter
to simmer ['sɪmə]	(faire) cuire à feu doux

to steam [stiːm]	faire cuire à la vapeur
to stew, a stew [stjuː]	faire mijoter, un ragoût
to warm up	faire chauffer
to turn out = to unmould	démouler
to baste (meat)	arroser la viande (⚠ bâtir / faufiler)
to ice a cake → icing	glacer un gâteau → un glaçage
to glaze [gleɪz] → to deglaze	glacer = faire un glaçage → déglacer

→ *Mélanger, p. 105*

W. P.

- **cook → a good ≠ bad / an indifferent ~** (un/e bon/ne ≠ mauvais/e / médiocre cuisinier/-ère)
  to ~ through / until tender (cuire à cœur / jusqu'à ce que ce soit tendre)
- **a cookery book /course** (un livre / un cours de cuisine)

PHRASES

- **to cut* into thin slices** (émincer), **to preheat the oven** (préchauffer le four), **to bring* to the boil** (porter à ébullition)
- **Take off / Remove from the heat.** (Retirez du feu.) **Leave to steep for 15 minutes.** (Laissez infuser 15 minutes.), **Cream the butter and sugar.** (Travaillez le beurre et le sucre en pâte lisse.), **Add a squeeze of lemon.** (Ajoutez un filet de citron.)
- *[Fig.:]* **What's cooking?** (Qu'est-ce-qui se prépare / mijote ?)

● *Dishes* — *Les mets*

a stock	un fond / un bouillon
a soup [suːp]	une soupe
⚠ a purée ['pjʊəreɪ]	une soupe passée
a broth [brɒθ]	un bouillon
a gravy ['greɪvɪ]	une sauce (à base de viande)
a sauce [sɔːs]	une sauce
UK a speciality = US a specialty	une spécialité
Cornish pasties ['pæstɪz]	≈ petits pâtés en croûte
haggis ['hægɪs]	la panse de brebis farcie (spécialité écossaise)
⚠ a pie [paɪ]	une tourte

WORD PARTNERS

- **fish / vegetable stock** (un fumet de poisson / un bouillon de légumes)
- **soup → a clear ≠ thick ~** (un consommé ≠ une soupe épaisse), **a vegetable ~** (un potage de légumes)
- **mint / apple sauce** (la sauce à la menthe / la compote de pommes)
- **pie → steak-and-kidney ~** (tourte à la viande et aux rognons), **ham-and-egg ~** (~ au jambon et à l'œuf)

PH.

- **fish and chips** (du poisson frit avec des frites), **bacon and eggs** (les œufs au lard / au bacon)
- **The proof of the pudding is in the eating.** (C'est au résultat qu'on juge l'action.)

● *Baking* — *Boulangerie et pâtisserie*

→ a baking sheet, baking powder	→ une plaque à pâtisserie, la levure chimique
bread [brɛd] → a breadcrumb → breadcrumbs	le pain → une miette de pain → la chapelure
the crust [krʌst]	la croûte
dough [dəʊ] → a doughnut = donut = a fritter → US sourdough = UK leaven	la pâte → un beignet le levain
yeast [jiːst]	la levure (naturelle)

batter	la pâte (à gâteau)
a **topping**	une garniture
a **filling**	une farce
a **frosting**	un glaçage
pastry ['peɪstrɪ], a **pastry**	la pâte, une pâtisserie
a **cake** [keɪk]	un gâteau
shortbread	un sablé / des sablés
UK a **trifle** ['traɪfəl]	≈ un diplomate
a **(rhubarb) fool**	une crème (à la rhubarbe)
a **pudding** ['pʊdɪŋ]	un pudding
a **cream puff** ['kri:m pʌf]	un chou à la crème
a **tart** [tɑ:t]	une tarte (⚠ une prostituée)
a **muffin** ['mʌfɪn]	un muffin
a **scone** [skɔn]	un scone
a **bun** [bʌn]	un petit pain brioché (⚠ un chignon)
a **crumpet** ['krʌmpɪt]	un crumpet
a **cookie** ['kʊkɪ]	un cookie
a **wafer** ['weɪfə]	une gaufrette
a **waffle** ['wɔfəl]	une gaufre
a **dumpling** ['dʌmpliŋ]	un (genre de) chausson
jelly ['dʒɛlɪ]	la gelée
custard ['kɜstəd]	la crème anglaise

WORD PARTNERS

- **bread** → **fresh ≠ stale ~** (le pain frais ≠ rassis), **leavened / unleavened ~** (du ~ au / sans levain), **brown ~** (le ~ bis), **rye ~** (le ~ de seigle), **wholemeal = granary ~** (le ~ complet), **toasted ~** (le ~ grillé), **ginger~** (le ~ d'épices)
  a ~ roll (un petit pain), **a ~ stick** (un gressin), **~ and butter** (une tartine de ~ beurré), **a loaf / slice of ~** (une miche / tranche de ~)
- **to knead dough** (pétrir la pâte)
- **pastry** → **a ~ bag** (une poche à douille), **a ~ case = a ~ shell** (un fond de tarte), **a ~ board / brush** (une planche / un pinceau à pâtisserie), **a ~ cutter** (un emporte-pièce), **a ~ cook** (un/e pâtissier/-ère), **puff ~** (la pâte feuilletée), **UK short crust ~ = US pie crust ~** (la pâte brisée), **Danish ~** (la pâte briochée)
- **cake** → **a fruit ~** (un cake), **a lemon ~** (un gâteau au citron), **a Madeira ~ ≈ a pound ~** (≈ un quatre-quarts), **a pan~** (une crêpe), **a sponge ~** (une génoise)
  a ~ stand (un plat à gâteau)
- **pudding** → **Yorkshire ~** (du Yorkshire pudding [pâte à chou servie avec le rôti]), **Christmas ~** (le pudding de Noël)
- **pie** → **apple ~** (la tourte aux pommes), **blackcurrant-and-apple ~** (la ~ aux pommes et aux cassis)
- **a jelly mould** (un moule à gelée), **a custard cream** (un biscuit fourré)

PHRASES

- **our daily bread** (notre pain quotidien)
  to be* / to live on bread and water (être au pain sec et à l'eau), **to put* bread on the table = to be* the breadwinner** (faire bouillir la marmite = faire vivre le ménage / la famille), **to put* jam on the bread** (mettre du beurre dans les épinards), **to take* the bread out of sb's mouth** (retirer le pain de la bouche de qqn)
  That's the best thing since sliced bread. (C'est l'invention la plus géniale de ces dernières années.)
  He knows which side his bread is buttered on. (Il sait où est son intérêt.)
  to be* on the breadline (être au seuil de l'indigence), **to live above ≠ below the breadline** (vivre au-dessus ≠ au-dessous du seuil de pauvreté)
- **French toast** (le pain perdu), **bran loaf** (le pain de son)
- **It sells like hot cakes.** (Ça se vend comme des petits pains.)
- **an apple-pie bed** (un lit en portefeuille)
  Everything is in apple-pie order. (Tout est parfaitement en ordre.)

- **Half a loaf is better than no bread.** (Faute de grives on mange des merles.)
- **You can't have your cake and eat it.** (On ne peut pas avoir le beurre et l'argent du beurre.)
- **What's for pudding ?** (Qu'est-ce qu'il y a comme dessert ?)

Sweet things — *Les sucreries*

UK a **sweet** [swi:t] = US a **candy**	un bonbon
a **toffee** ['tɒfɪ]	un caramel
a **lollipop**	une sucette
UK **sorbet** ['sɔ:beɪ] = US **sherbet**	le sorbet
a **cone** [kəʊn]	un cornet de glace
a **choc-ice** / an **icecream bar**	un esquimau
UK **liquorice** ['lɪkərɪs] = US **licorice allsorts**	bonbons à la réglisse (de toutes les couleurs)

Meals [mi:lz] — *Les repas*

breakfast ['brɛkfəst]	le petit déjeuner
lunch [lʌntʃ] / **luncheon**	le déjeuner
tea	1. le goûter 2. le repas du soir
to dine [daɪn] → **dinner** ['dɪnə]	dîner → le dîner
supper ['sʌpə]	le souper
UK an **appetizer** ['æpətaɪzə]	un amuse-bouche
UK a **starter** = US an **appetizer**	une entrée
a **dessert** [dɪ'zɜ:t]	un dessert
today's special	le plat du jour
a **picnic**	un pique-nique
a **snack**	un en-cas / un casse-croûte
⚠ a **feast** [fi:st]	un festin
a **helping**	une portion
⚠ a **course** [kɔ:s]	un plat (⚠ une série de cours)

→ *Manger et boire hors de chez soi, p. 263*

WORD PARTNERS

- **meal** → **a decent / frugal ≠ substantial / light / simple ~** (un ~ convenable / frugal ≠ copieux / léger / simple), **a heavy / stodgy / lavish = sumptuous / ready-cooked ~** (un ~ lourd / très lourd / somptueux / cuisiné), **a square ~** (un vrai repas), **a three-course ~** (= un repas comprenant entrée, plat, dessert)
  to cook = prepare / fix / serve a ~ (préparer / 1. préparer rapidement, 2. improviser / servir un repas), **to enjoy / miss = skip / order a ~** (apprécier / sauter / commander un ~), **to sit* down to a ~** (se mettre à table), **to invite sb out / over for a ~** (inviter qqn à manger au restaurant / à la maison)
  a ~ ticket (un ticket-restaurant), **a buffet ~** [UK ['bʊfeɪ], US [bə feɪ]] (un buffet)
- **to have* breakfast / lunch / dinner** (prendre le petit déjeuner / le déjeuner / le dîner)
- **breakfast** → **a ~ bar** (un bar de cuisine), **a ~ meeting** (un petit déjeuner de travail), **a ~ room** (une petite salle à manger), **a cooked ~** (= un petit déjeuner anglais [œufs, bacon, toast])
- **lunch** → **~ break** (la pause déjeuner), **~ hour** (l'heure du ~), **at ~time** (à l'heure du ~) **a packed ~** (un panier-repas)
- **dinner** → **a ~ jacket** (un smoking), **a ~ party** (un dîner avec invités)
- **the main / fish / meat course** (le plat principal / de poisson / de viande)

PHRASES

- **to lay* = set* the table** (mettre le couvert), **to seat the guests** (placer les invités), **to uncork / to open a bottle** (déboucher une bouteille), **to carve the meat** (découper la viande), **to hand round a dish** (faire passer un plat), **to clear away** (débarrasser la table)
- **to wash down a meal with wine / water** (arroser un repas avec du vin / de l'eau) **meals on wheels** (= des repas portés à domicile aux personnes âgées)

- **I had an early ≠ a late lunch.** (J'ai déjeuné tôt ≠ tard.)
  Time for lunch! / Lunch's ready! / Dinner's ready! (À table!)
  We're having lunch / dinner. (Nous sommes à table.)
  Enjoy your meal / lunch / dinner! (Bon appétit !)
  Help yourself! (Servez-vous !), **Help yourself to some fish.** (Prenez du poisson.)
  What are you having? / What will you have? (Que prendrez-vous ?)
  You'll have to take potluck. (Ce sera à la fortune du pot.)
- **He's had more problems than you've had hot dinners.** (Des ennuis, il en a eu à la pelle.)
- **She is his meal ticket.** (Elle vit à ses crochets.)
- **There's no such thing as a free lunch.** (On n'a rien sans rien.)

● *Eating* — *Manger*

to feed* [fi:d] → to feed* sb	(se) nourrir → nourrir qqn
to eat* [i:t] → eatable ≠ uneatable	manger → mangeable ≠ immangeable
edible ['ɛdɪbəl] ≠ inedible	comestible ≠ non comestible
to digest [daɪ'dʒɛst] → digestible ≠ indigestible	digérer → digeste ≠ indigeste
to nourish ['nʌrɪʃ] → nourishing, nourishment → undernourishment	nourrir → nourrissant/e, nourriture / aliments → sous-alimentation
malnutrition [mælnju:'trɪʃən]	la malnutrition
hunger ['hʌŋgə]	la faim
to be* starving	mourir de faim *(fig.)*
to starve [stɑ:v] to death	mourir de faim *(sens propre et figuré + processus)*
to die of starvation	mourir de faim *(sens propre → résultat)*
to chew [tʃu:]	mastiquer
to swallow ['swɒləʊ]	avaler
UK to savour ['seɪvə] = US to savor sth	savourer / déguster qqch
a delicacy ['dɛlɪkəsɪ]	un mets délicat
a gourmet ['gʊəmeɪ]	un gourmet

PHRASES

- **eating → ~ habits / ~ patterns** (les habitudes alimentaires), **~ disorders** (les troubles du comportement alimentaire), **compulsive ~ = bulimia** (la boulimie)
- **to feed* on** (se nourrir de), **to eat* sensibly / heartily** (avoir une alimentation équilibrée / manger de bon cœur), **to eat* like a bird ≠ like a horse** (avoir un appétit d'oiseau ≠ manger comme quatre), **to be* hungry / famished = ravenous** (avoir faim / une faim de loup), **to have* an appetite** (avoir de l'appétit), **to eat* one's fill** (manger tout son soûl), **to eat* sth up** (manger qqch jusqu'à la dernière bouchée), **to be* greedy** (être gourmand), **to gobble up = gulp down = wolf down one's food** (engloutir la nourriture), **to stuff oneself with sth** (se goinfrer de qqch), **to lick one's lips** (se lécher les babines)
- **to be* fastidious = choosy = picky** (être difficile pour la nourriture), **to nibble = pick at sth** (manger qqch du bout des dents), **to be* off one's food** (manquer d'appétit)
- **It makes my mouth water.** (Ça me fait venir l'eau à la bouche.)
- **We'll have the leftovers tonight.** (On mangera les restes ce soir.)
- **It went down the wrong way.** (J'ai / Tu as / Il a / ... avalé de travers.)
  I'm full! (J'ai trop mangé.)
- **This is my treat!** (C'est moi qui invite.)

● *Drinking* — *Boire*

to drink* → a drinker, (un)drinkable a drink = a beverage	boire → un buveur, (non) potable une boisson
water ['wɔ:tə] → to water down sth, watery	l'eau → diluer qqch, trop dilué
juice [dʒu:s] → juicy	le jus → juteux/-se
squash [skwɒʃ]	jus de fruit concentré (⚠ US a squash : une courge)

beer [bɪə] = **ale** [eɪl]	la bière
lager ['lɑːgə]	la bière blonde
stout [staʊt]	la bière brune
cider ['saɪdə]	le cidre
wine [waɪn]	le vin
claret ['klærət]	le bordeaux
UK **spirits** = US **liquor**	les alcools forts
port	le porto (⚠ un port)
whisky	le whisky
brandy	le cognac
gin [dʒɪn]	le gin

WORD PARTNERS

- **a soft ≠ an alcoholic drink** (une boisson non alcoolisée ≠ alcoolisée)
- **water** → **brackish / drinking / fresh / hard / lukewarm = tepid / mineral / running /** UK **tap** = US **plain ~** (de l'eau saumâtre / potable / douce / calcaire / tiède / minérale / courante / du robinet), **sparkling = fizzy = soda ~** (~ gazeuse = pétillante), **still ~** (~ plate), **a ~ bath** (un bain-marie), **a ~ purifying tablet** (une pastille pour désinfecter l'eau), **a ~ bottle** (une gourde)
- **orange / apple / lemon juice** (le jus d'orange / de pomme / de citron)
- **beer** → **draught ~** (≈ la bière à la pression), **alcohol-free ~** (la ~ non alcoolisée), **a ~ bottle / can** (une bouteille / une canette de ~), **a ~ mat** (un dessous de verre), **a ~ garden** (jardin d'un pub), **a ~ belly / paunch** (une bedaine de buveur de bière), **a pint of ~** (≈ un demi)
- **brown / light / pale ale** (de la bière brune / légère / blonde)
- **wine** → **a red / rosé / white ~** (un vin rouge / rosé / blanc), **a crisp / country / dessert / (medium-)dry / fruity / full-bodied / heavy ~** (~ sec / de pays / à boire avec le dessert / (demi-)sec / fruité / corsé / lourd), **mulled / robust / rough / smooth / sparkling / (medium) sweet / vintage ~** (~ chaud et épicé / charpenté / âpre / moelleux / pétillant / (demi) doux / millésimé)
  a ~ bar / cask / cellar / skin (un bar / un tonneau / une cave / une outre à ~), **a ~ cooler** (1. un seau à rafraîchir 2. US une boisson légèrement alcoolisée), **the ~ list** (la carte des vins), **a ~ taster** (1. un dégustateur de vin 2. un taste-vin), **a ~ waiter** (un sommelier)
  to make* / produce ~ (faire / produire du ~), **to bottle ~** (mettre du ~ en bouteille), **to taste ~** (goûter le ~)

La société

13 *Social structures* Les structures sociales

• *Family ties* — *Les liens familiaux*

⚠ to get* engaged, to be* engaged → an **engagement** [ɪŋ'geɪdʒmənt]	se fiancer, être fiancé → les fiançailles
a fiancé/e [fɪ'ɒnseɪ]	un/e fiancé/e
marriage ['mærɪdʒ] ← to **marry** sb → to get* **married** → to be* **married** ≠ **unmarried**	le mariage (institution) marier / épouser qqn → se marier → être marié/e ≠ célibataire
a love match	un mariage d'amour
to wed sb → **wedlock** → a **wedding** → a **wedding-ring**, the **newly-weds**	épouser qqn → le mariage (état) → un mariage (cérémonie) → une alliance, les jeunes mariés
the bride [braɪd] → the **bridegroom** → a **bridesmaid**	la mariée ← le marié une demoiselle d'honneur
the best man	le témoin / garçon d'honneur
a spouse [spaʊs]	un conjoint / un époux / une épouse
a **husband** ['hʌzbənd]	un mari
a wife [waɪf] (*pl.* : **wives** [waɪvz])	une femme (épouse)
a divorce, to divorce → **divorced** → a **divorcee** [dɪvɔː'siː]	un divorce, divorcer → divorcé/e un/e divorcé/e
free union / free love	l'union libre
cohabitation	le concubinage
single ['sɪŋgəl]	célibataire
a **bachelor** ['bætʃələ]	un célibataire / un vieux garçon
a **spinster** ['spɪnstə] / an old maid	une vieille fille
a **widow** [wɪdəʊ] → a **widower**	une veuve ← un veuf
the kin → **kinship**, the next of kin	les parents → la parenté, les proches
a **relative** ['rɛlətɪv]/ a **relation** [rɪ'leɪʃən]	un parent (membre de la famille)
a **household** ['haʊshəʊld]	un foyer / une maisonnée
the **for(e)bears** / **ancestors**	les ancêtres / aïeux

WORD PARTNERS

- **family** → **an adoptive / a natural ~** (une famille adoptive / naturelle), **a close(-knit) / devoted / contented = happy ~** (une ~ unie = soudée / aimante / heureuse), **a problem = dysfunctional ~** (une ~ à problèmes), **a large / nuclear ~** (une ~ nombreuse / nucléaire), **a one-parent ~ = a single-parent ~** (une ~ monoparentale), **a reconstituted ~** (une ~ reconstituée), **a prosperous / respectable / respected / rich = wealthy / well- known / modest / poor ~** (une ~ prospère / respectable / respectée / riche = fortunée / connue / modeste / pauvre), **an ancient = old ~** (une ~ de vieille souche),

the immediate ~ (la famille proche), **the extended ~** (la ~ élargie)
Families grow* / flourish / stick* together / split* up = break* up / die out. (Les ~s s'agrandissent / prospèrent / se serrent les coudes / se séparent / s'éteignent.)
to start / look after = take* care of a ~ (fonder / s'occuper d'une ~), **to bring* up = raise = rear / educate / feed* a ~** (élever / éduquer / nourrir une ~), **to maintain = support a ~** (entretenir une ~), **to belong to a ~** (appartenir à une ~)
the ~ cell (la cellule familiale), **a ~ celebration** (une fête de ~), **~ events** (les faits marquants de la vie de ~), **a ~ reunion / gathering** (une réunion de famille), **the head of the ~** (le chef de famille)

- **marriage** → **a happy / lasting / perfect ~** (un mariage heureux / durable / parfait), **a hasty ≠ late / foolish / disastrous / loveless ~** (un ~ précipité ≠ tardif / irréfléchi / désastreux / sans amour), **a shotgun / paper ~** (un ~ forcé / blanc), **a mixed ~** (un ~ mixte), **an arranged ~** (un mariage arrangé), **a ~ of convenience** (un ~ de convenance)
to announce / consummate / annul / break* up = ruin / end = put* an end to / rescue = save a ~ (annoncer / consommer / annuler / briser / mettre fin à / sauver un ~)
a (~) proposal (une demande en ~)
- **wedding** → **a church / civil ~** (un mariage religieux / civil), **a ~ anniversary** (un anniversaire de mariage), **a silver / gold / diamond ~** (des noces d'argent / d'or / de diamant)
- **relative** → **a close / distant ~** (un parent proche / éloigné), **a blood ~** (un parent par le sang), **one's nearest ~** (le parent le plus proche)

PHRASES

- **It runs in the family.** (C'est de famille.), **He is one of the family.** (Il fait partie de la famille.)
- **I can hear wedding bells.** (Il me semble qu'on parle mariage...), **to have* a white wedding** (se marier en blanc), **They are <u>on</u> their honeymoon.** (Ils sont <u>en</u> voyage de noces.)
They got married two years ago. They have been married for two years. (Ils se sont mariés il y a deux ans. Ils sont mariés depuis deux ans.)
- **to be* born out of wedlock** (naître hors mariage), **a common law husband / wife = a live-in partner** (un/e concubin/e),
They live together as husband and wife. (Ils vivent en concubinage.)
- **to gain custody of the children** (avoir la garde des enfants [après un divorce]), **to get* alimony** (obtenir / recevoir une pension alimentaire), **to remarry** (se remarier)
- **to be* (un)related** ([ne pas] avoir un lien de parenté)
- **my kith and kin** (mes amis et mes parents), *[coll.:]* **to be* a chip off the old block** (être bien le fils de son père), **to trace one's ancestors** (rechercher ses ancêtres), **to trace sb's genealogy** (faire la généalogie de qqn), **to draw* a family tree** (élaborer un arbre généalogique)
- **The apple never falls far from the tree.** (Les chats ne font pas des chiens.)

• The parents — Les parents

a **parent** ['pɛərənt] → **parenthood**	un parent → la paternité, la maternité
→ the **grand**parents, the **great-grand**parents	→ les grands-parents, les arrière-grands-parents
to **adopt** → **adopted**, **adoptive**	adopter → adopté/e, adoptif/-ve
to **foster**, **foster** ['fɒstə]	élever, adoptif/-ve
the **father** ['fɑːðə] → **fatherhood** → the **step**father → the **god**father → the **grand**father, the **great-grand**father	le père → la paternité le beau-père (mari de la mère) le parrain le grand-père, l'arrière-grand-père
the **mother** ['mʌðə] → **motherhood** → the **step**mother → the **god**mother → the **grand**mother, the **great-grand**mother	la mère → la maternité la belle-mère = la marâtre la marraine la grand-mère, l'arrière-grand-mère

WORD PARTNERS

- **a single parent** (un père / une mère célibataire)
- **birth = natural parents** (des parents biologiques)
- **the joys of parenthood** *[iron.:]* les joies de la famille)
- **to stand* godfather / godmother to a child** (1. être parrain / marraine d'un enfant, 2. tenir un enfant sur les fonts baptismaux)
- **an adopted child** (un enfant adoptif), **adoptive parents** (les parents adoptifs)

PHRASES

- **He's ready for parenthood.** (Il est prêt à fonder une famille.)
- **paternal / maternal authority** (l'autorité paternelle / maternelle)
- **fatherly / motherly advice / attitudes** (des conseils / attitudes paternel(le)s / maternel(le)s)
- **He is my cousin <u>on</u> my mother's side / <u>on</u> my father's side.** (C'est mon cousin / ma cousine <u>du</u> côté de ma mère / <u>du</u> côté de mon père.)
- **Like father, like son.** (Tel père, tel fils.)

● *The children* ['tʃildrən] — *Les enfants*

→ the **grand**children, the **great-grand**children	→ les petits-enfants, les arrière-petits-enfants
a child [tʃaɪld] (*pl.:* **children**) → **childhood**, **childlike**, **childish**, a **godchild**, a **grandchild**	un enfant (les enfants) → l'enfance, enfantin, puéril, un/e filleul/e, un petit-fils ou une petite-fille
a kid → a **kiddo**	un gamin → un gosse
a brat *(coll.)*	un lardon / un gosse
a **sibling** ['sɪblɪŋ]	un frère / une sœur
a sister → **sisterhood**	une sœur → la fraternité
a **brother** ['brʌðə] → **brotherhood**, **brotherly**	un frère → la fraternité, fraternel
a **daughter** ['dɔːtə] → a **granddaughter**, a **goddaughter**, a **stepdaughter**	une fille → une petite fille, une filleule, une belle-fille (fille du mari ou de la femme)
a son → a **grandson**, a **godson**, a **stepson**	un fils → un petit fils, un filleul, un beau-fils
the **offspring** = the **progeny**, an **offspring**	la progéniture, un rejeton
filial ['fɪljəl]	filial/e
the **descent** [dɪ'sɛnt] → a **descendant**	la descendance → un descendant
to take* after sb	tenir de qqn
posterity	la postérité
an **orphan** ['ɔːfən] → an **orphanage**	un orphelin → un orphelinat
a **guardian** ['gɑːdɪən]	un tuteur / une tutrice
a ward [wɔːd]	un/e pupille (⚠ un service d'hôpital)
a birth [bɜːθ] → a **birthday**	une naissance → un anniversaire
to name [neɪm] a child → the **surname**, a **nickname**, to **nickname**	nommer un enfant → le nom de famille, un surnom, surnommer
to be* called	s'appeler

→ *Grandir, p. 111*

WORD PARTNERS

- **child** → **an illegitimate / a love ~** (un enfant illégitime / naturel), **an unwanted ~** (~ non désiré), **an only ~** (~ unique), **a precocious / sensitive / gifted ~** (~ précoce / sensible / doué), **a naughty / spoilt ~** (~ polisson / gâté)
  ~ abuse (les mauvais traitements à enfant), **~ benefit** (les allocations familiales)
- **sibling rivalry** (la jalousie entre frères et sœurs)
- **sister / brother** → **a twin ~** (un frère jumeau / une sœur jumelle), **a half- = a step~** (un/e demi-~), **an elder / a younger ~** (un/e ~ aîné/e / cadet/te [de 2 enfants]), **the eldest / youngest ~** (l'aîné/e / le/la cadet/te [de 3 enfants et plus])
- **name** → **a first ~** (un prénom), **a Christian ~** (un prénom d'origine chrétienne), **a family ~** (un nom de famille), **the maiden ~** (le nom de jeune fille), **a pet ~** (un petit nom / un diminutif), **an assumed ~** (un nom d'emprunt)

PHRASES

- **They named their son Tommy.** (Ils ont appelé leur fils Tommy.)
  "What's your name?" "My name is Edward." (« Comment vous appelez-vous ? – Je m'appelle Edward. »)
  She goes by the name of... (Elle se fait appeler...), **She bears the name of her mother.** (Elle porte le nom de sa mère.), **They named him after his father.** (Ils lui ont donné le prénom de son père.), **She is my namesake.** (Elle porte le même nom que moi.), **I know her only <u>by</u> name.** (Je ne la connais que <u>de</u> nom.), **It's nice to put a face <u>to</u> a name.** (C'est bien de pouvoir mettre un visage <u>sur</u> un nom.), **Don't call me names!** (Ne m'injuriez pas !)

- **to celebrate sb's birthday** (fêter l'anniversaire de qqn), **to wish sb a happy birthday** (souhaiter bon anniversaire à qqn)
  Happy birthday! / Many happy returns! (Bon anniversaire !)
  Her birthday is on September 2nd. (Son anniversaire est le 2 septembre.)
- **to be* in one's birthday suit** (être dans sa tenue d'Ève / d'Adam)

The extended family — *La famille élargie*

an **aunt** [ɑːnt] → a great-**aunt**	une tante → une grand-tante
an **uncle** ['ʌŋkəl] → a great-**uncle**	un oncle → un grand-oncle
a **niece** [niːs]	une nièce
a **nephew** ['nɛvjuː]	un neveu
a **cousin** ['kʌzən] → a first cousin	un cousin / une cousine → ~ germain/e
the parents-in-law → the in-laws *(coll.)*	les beaux-parents → la belle-famille

Population — *La population*

a **people** ['piːpəl]	un peuple
to populate → population → overpopulation → to depopulate	peupler → la population → la surpopulation dépeupler
demography [di'mɒgrəfi] → demographic, a demographer	la démographie, démographique, un démographe
a **person** ['pɜːsən] / an individual → personally / individually	une personne / un individu → personnellement / individuellement
a census	un recensement
a **group** [gruːp]	un groupe
a community [kə'mjuːnɪtɪ]	une communauté
collective → collectively	collectif/-ve → collectivement
gregarious [grɪ'gɛərɪəs] → gregariousness	grégaire → le grégarisme
herd instinct	l'instinct grégaire
social ['səʊʃəl] → socially, antisocial	social → socialement, asocial (comportement)
to drop out, a **drop**-out	se marginaliser, un marginal

WORD PARTNERS

- **to carry out = to conduct = to hold* = to take* a census** (recenser / effectuer un recensement)
- **population → density of ~** (densité de population), **a transfer of ~** (un transfert de ~), **active ~** (~ active), **ageing ~** (~ vieillissante), **floating ~** (~ flottante / instable)
- **densely ≠ sparsely populated** (très peuplé ≠ à faible population)
- **group → a small / splinter ~** (un groupuscule / un groupe dissident), **to bond a ~** (souder un groupe)
- **community → the business / gay / international ~** (le milieu des affaires / la communauté homosexuelle / internationale), **an ethnic / religious ~** (une ~ ethnique / religieuse), **~ life** (la vie associative / communautaire), **a ~ worker** (un/e animateur/-trice socio-culturel/le), **~ spirit** (l'esprit communautaire), **a sense of ~** (le sens communautaire / de la solidarité), **the good of the ~** (le bien public)
- **a social misfit / outcast** (un marginal / un paria)

The nation ['neɪʃən] — *La nation*

→ **national** ['næʃənəl] → **nationally**, a **nationality**, **nationalism**, **nationalist**, to **nationalize** → a **nationalization**	→ national → dans tout le pays, une nationalité, le nationalisme, nationaliste, nationaliser → une nationalisation
the **homeland** = the motherland (form.)	la (mère) patrie
a **patriot** ['pætrɪət] → patriotic, patriotism	un patriote → patriotique, le patriotisme
→ a compatriot = a **fellow-countryman/woman**	un/e compatriote
← a **country** ['kʌntrɪ]	un pays

a **native** ['neɪtɪv], **native**	un/e autochtone, natif/-ve / originaire
a **citizen** ['sɪtɪzən] → **citizenship**	un/e citoyen/ne → la citoyenneté

W. P.

- **national** → **the ~ anthem / flag** (l'hymne / le drapeau national), **the ~ debt** (la dette publique), **a ~ government** (un gouvernement de coalition), **~ service** → **a ~ serviceman** (le service militaire → un appelé = militaire du contingent)
- **native** → **my ~ land** (mon pays natal), **the ~ soil** (le sol natal), **~ of** (originaire de)

PHRASES

- **UK to go* to the nation** (s'en remettre aux électeurs)
- **This is in the national interest.** (C'est [dans] l'intérêt du pays.)
  There was protest on a national scale (Il y a eu des protestations dans tout le pays.)
  He is nationally famous. (Il est connu dans tout le pays.)
- **She is a French native speaker = a native speaker of French.** (Le français est sa langue maternelle.)
- **the salute to the flag / to the colours** (le salut au drapeau)
  The British flag is called "the Union Jack" and the US flag "the Stars and Stripes" (Le drapeau anglais s'appelle l'Union Jack et le drapeau américain la Bannière étoilée.)

Being a foreigner / an alien — *Être étranger*

foreign ['fɒrɪn]	étranger/-ère (adj.)
to **migrate** [maɪ'greɪt] → to **emigrate**, to **immigrate** → **emigration**, **immigration**, (an) **emigrant**, (an) **immigrant**	se déplacer / émigrer → émigrer, immigrer → l'émigration, l'immigration, (un/e) émigrant/e, (un/e) immigrant/e
an **expatriate** [ɛks'pætriɪt]	un/e expatrié/e
stateless ← a **state** [steɪt]	apatride, un état
a **refugee** ['rɛfjʊ'dʒɪ:]	un/e réfugié/e
an **illegal** [ɪ'li:gəl] **(immigrant)**	un (immigré) clandestin

W. P.

- **foreign** → **a ~ country / product / body / agent** (un pays / produit / corps / agent étranger), **a ~ language / currency** (une langue / monnaie étrangère), **~ affairs** (les Affaires étrangères), **~ service** (le service diplomatique)

Social groups — *Les groupes sociaux*

an **association** = a **society**	une association
an **organization** [ɔ:gənaɪ'zeɪʃən]	une organisation
a **body** ['bɒdɪ]	un organisme (⚠ corps)
a **circle** ['sɜ:kəl]	un cercle
a **club** [klʌb]	un club (⚠ un gourdin)
a **member** ['mɛmbə] → **membership** → a **membership card**	un membre → l'adhésion → une carte de membre
to **get* together** / to **gather** → a **gathering**	se réunir / se rassembler → une assemblée
to **mix with**	fréquenter
a **tribe** [traɪb] → **tribal**, a **tribesman/-woman**	une tribu → tribal, un membre de la tribu

PH.

- **to join / belong to a tennis / golf club** (adhérer à / être membre d'un club de tennis / golf)
  → **Join the club!** (Bienvenue au club !)
- **rites of passage** (des rites initiatiques)

Social classes — *Les classes sociales*

the **aristocracy** [ærɪs'tɒkrəsɪ] ← an **aristocrat** → **aristocratic**	l'aristocratie ← un/e aristocrate → aristocratique
the **nobility** ← **noble** ['nəʊbəl] → a **nobleman**	la noblesse ← noble → un noble
a **gentleman** ['dʒɛntəlmən] / a **gentlewoman**	un gentilhomme / une (grande) dame

a **lord** [lɔ:d], a **lady** ['leɪdɪ]	un seigneur, une dame
the **gentry** ['dʒɛntrɪ]	la petite noblesse / les hobereaux
⚠ **genteel** [dʒɛn'ti:l]	1. distingué/e 2. maniéré/e / affecté/e
(a) **bourgeois** → the **bourgeoisie**	(un/e) bourgeois/e → la bourgeoisie
hierarchy ['haɪərɑ:kɪ] → **hierarchical**	la hiérarchie → hiérarchique
the **elite** [ɪ'li:t] → **elitism**, (an) **elitist**	l'élite → l'élitisme, (un/e) élitiste
the **proletariat** [prəʊlɪ'tɛərɪət], (a) **proletarian**	le prolétariat, (un/e) prolétaire
the **common man**	l'homme du peuple
an **upstart** ['ʌpstɑ:t]	un/e parvenu/e

W. P.

- **class** → **the ruling / upper ~es** (les classes dirigeantes / dominantes), **the upper middle ~ / the lower middle ~** (la grande / petite bourgeoisie), **the working class(es)** (la classe ouvrière) **~ consciousness** (la conscience de ~), **~ bias** (les préjugés de ~), **~ struggle** (la lutte des ~s)
- **the landed gentry** (l'aristocratie terrienne)

PHRASES

- **to confer a title on sb** (conférer un titre à qqn), **to knight sb** (faire qqn chevalier), **to belong to the aristocracy** (appartenir à l'aristocratie), **to enjoy privileges** (avoir des privilèges), **to be* sb's equal** (être l'égal de qqn)
- **to start from scratch** (partir de rien), **to rise* / climb up the social ladder** (s'élever dans l'échelle sociale), **to move into the middle class** (s'embourgeoiser), **to move up in the ranks** (monter en grade), **to be* upwardly mobile** (monter dans l'échelle sociale)
- **social mobility / advancement** (la mobilité / la promotion sociale)
- **a rags-to-riches story** (l'histoire de qqn qui est passé de la misère à la richesse)
- **the upper crust** (la classe dominante)

● *The court* — *La cour*

→ a **courtier** ['kɔ:tɪə]	→ un courtisan
royal ['rɔɪəl] → the **royals**	royale → la famille royale
a **coat of arms**	un blason
a **prince** [prɪns] → a **princess** ['prɪnsɪs]	un prince → une princesse
a **duke** [dju:k], a **duchess** ['dʌtʃɪs]	un duc → une duchesse
an **earl** [ɜ:l]	un comte (au Royaume-Uni)
a **count** [kaʊnt] → a **countess**, a **viscount** ['vaɪkaʊnt] → a **viscountess**	un comte (étranger) → une comtesse, un vicomte → une vicomtesse
a **marquess** ['mɑ:kwɪs] a **marchioness** ['mɑ:ʃənɪs]	un marquis → une marquise
a **baron** ['bærən] → a **baroness**	un baron (⚠ magnat) → une baronne
a **baronet** ['bærənɪt]	un baronet (titre héréditaire)
a **knight** [naɪt]	un chevalier (titre non héréditaire)
a **dame** [deɪm]	une dame (équivalent de « chevalier » pour les femmes) (⚠ US une nana)
a **peer** [pɪə] → a **peeress**	un pair → une pairesse
a **lady-in-waiting**	une dame d'honneur
a **bow** [baʊ], to **bow** → to **scrape and bow**	une révérence, faire la révérence faire des courbettes
a **curts(e)y** ['kɜ:tsɪ], to **curts(e)y**	une révérence (faite par une dame), faire la révérence
Your / Her/His **Majesty**	Votre / Sa Majesté
Your / Her/His **Highness**	Votre / Son Altesse

● *Living together* — *Vivre ensemble*

a **friend** [frɛnd] → **friendship** → **(un)friendly** → **(un)friendliness**	un/e ami/e → l'amitié → (in)amical/e → caractère (in)amical
⚠ a **bond** [bɒnd]	un lien
an **acquaintance** [ə'kweɪntəns]	une connaissance

easy-going ≠ **fastidious**	facile à vivre / peu exigeant/e ≠ difficile à contenter / jamais content/e
company ['kʌmpəni] → **companionable**	la compagnie → agréable en société
sociable ['səʊʃəbəl] → **sociably, sociability**	sociable → de manière sociable, la sociabilité
a **bore** [bɔː]	un/e raseur/-euse
UK a **neighbour** ['neɪbə] = US a **neighbor** → the **neighbo(u)rhood**	un/e voisin/e le voisinage
to **meet*** [miːt] = to **encounter** sb → a **meeting** = an **encounter**	rencontrer qqn → une rencontre
to **come*** across = to **run*** into sb	rencontrer qqn par hasard
to **shake hands** with sb → a **handshake**	serrer la main de qqn → une poignée de mains
to **nod** to sb	faire un signe de tête à qqn
a **conversation** [kɒnvə'seɪʃən]	une conversation
small talk	les menus propos
⚠ a **chat** [tʃæt], to **chat** to **chatter** ['tʃætə] → a **chatterbox**	un brin de conversation, bavarder jacasser → un moulin à paroles
to **confide** [kən'faɪd] in sb	se confier à qqn
an **appointment** [ə'pɔɪntmənt]	un rendez-vous professionnel
a **date** [deɪt]	1. un rendez-vous 2. la personne avec laquelle on a rendez-vous
a **rendezvous** ['rɒndeɪvuː]	un rendez-vous galant
hospitable ['hɒspɪtəbəl] → **hospitality**	hospitalier/-ère → l'hospitalité
to **let*** sb in / out	faire entrer / sortir qqn
to **usher** ['ʌʃə] sb in / out	accompagner qqn à l'intérieur / jusqu'à la porte
to **escort** [ɪs'kɔːt] sb	accompagner / escorter qqn

→ *Le comportement et les manières, p. 55, Discuter, p. 301*

WORD PARTNERS

- **conversation** → **a formal / stilted ~** (une conversation formelle / guindée), **an informal / embarrassing / enlightening ~** (une ~ informelle / embarrassante / éclairante) **to butt / break* / cut* into a ~** (s'immiscer dans / interrompre une ~ / mettre son grain de sel), **to start up a ~** (engager la ~), **to make* ~ to sb** (faire la ~ à qqn), **to have* / hold* a ~ with sb about sth** (avoir une ~ avec qqn à propos de qqch)
- **to have* a chat with sb = to chat with sb** (bavarder avec qqn)
- **to make* / to have* an appointment** with sb (prendre rendez-vous / avoir un ~ avec qqn)

PHRASES

- **to make* / be* friends with sb** (se lier d'amitié / être ami/e avec qqn), **to be* friendly to sb** (être amical / sympathique avec qqn), **in a friendly way** (amicalement), **to get* on / along (well) with sb** (bien s'entendre avec qqn), **to be* a good mixer** (être très sociable)
- **to make* sb's acquaintance = to get* acquainted with sb** (faire la connaissance de qqn), **to make* the introductions** (faire les présentations)
  May I introduce myself? (Puis-je me présenter ?), **My name is...** (Je m'appelle...), **May I introduce you to Mr / Mrs So and So?** (Puis-je vous présenter M. / Mme Untel ?), **I'd like to introduce you to Mr / Mrs...** (Je vous présente M. / Mme...) **This is my brother...** (Je vous présente mon frère...), **How do you do?** (Bonjour, Madame / Monsieur.), **Pleased to meet you.** (Ravi/e de vous rencontrer.) **Hello!** (Bonjour ! Salut !), **Hi!** (Salut !), **"How are you?" "Fine, thank you."** (« Comment allez-vous ? → Très bien, merci. »)
  It's been a pleasure meeting you. (J'ai été ravie de vous rencontrer.), **Thank you very much for your kind invitation.** (Merci beaucoup de votre aimable invitation.), **I'm afraid I must take my leave.** (Je suis désolé/e mais je dois prendre congé.), **Goodbye!** → *[coll.:]* **Bye-bye! / So long! / See you!** (Au revoir !), **See you later!** (À plus tard !), **See you soon!** (À bientôt !), **See you on Tuesday!** (À mardi !) **Give my regards to your parents.** (Transmettez mes amitiés à vos parents.), **Give them my love.** (Embrasse-les pour moi.)
- **the people next door** (mes voisin(e)s)
- **We are no longer on speaking terms.** (Nous ne nous adressons plus la parole.), **He is a nodding acquaintance.** (Je le connais vaguement.), **I only know them by sight.** (Je ne les connais que de vue.)
- **Happy New Year!** (Bonne Année !), **Many happy returns (of the day)!** (Joyeux anniversaire !)

Entertaining — Recevoir

← to **entertain** [ɛntəˈteɪn]	recevoir (⚠ amuser / distraire)
a **socialite** [ˈsəʊʃəlaɪt]	un/e mondain/e
to **invite** [ɪnˈvaɪt] sb → an invitation [ɪnvɪˈteɪʃən]	inviter qqn → une invitation
to **welcome** sb, a **welcome**	accueillir qqn / souhaiter la bienvenue à qqn, un accueil chaleureux
the **host** [həʊst] → the **hostess**	l'hôte/sse = le/la maître/sse de maison
a **guest** [gɛst]	un/e invité/e
UK **to visit** sb = US **to visit with** sb, a **visit**	rendre visite à qqn ← une visite
to **call** [kɔːl] on sb	passer voir qqn
to **drop in** / **by** / **round** (on sb)	faire un saut (chez qqn)
to **kiss** sb **goodbye**	embrasser qqn en partant
a **party** [ˈpɑːtɪ] → a **dinner party**	une soirée / réception / fête → un dîner
a **social evening**	une soirée entre ami(e)s
a **dance** [dɑːns], to **dance**	une soirée dansante, danser
a **ball** [bɔːl] → a **fancy-dress ball**	un bal (⚠ une balle / un ballon) → un bal costumé
to **enjoy** [ɪnˈdʒɔɪ] **oneself**	s'amuser

W. P.

- **to entertain → ~ friends** (recevoir des amis), **~ a lot / lavishly** (recevoir beaucoup / avec faste)
- **party → to have* = give* = throw* a ~** (donner un dîner / une fête), **a house-warming ~** (une pendaison de crémaillère)

PHRASES

- **to invite / to ask sb to dinner / for lunch / for drinks** (inviter qqn à dîner / à déjeuner / à prendre un verre)
  Do come in and have a drink! (Entrez donc prendre un verre !), **Are you free for dinner on Wednesday?** (Êtes-vous libre pour dîner mercredi ?)
- **Welcome to London!** (Bienvenue à Londres !), **Make yourself at home!** (Fais comme chez toi !), **Here is to your health! / Your health! / UK Cheers!** (À votre santé !), **How kind of you to have invited us!** (C'est vraiment très gentil à vous de nous avoir invités.), **We are sorry we can't accept your kind invitation.** (Nous sommes désolés de ne pouvoir accepter votre aimable invitation.), **I'm afraid we aren't free tomorrow.** (Malheureusement, nous ne sommes pas libres demain.), **I have a previous engagement.** (Je suis déjà pris.)
  to receive a warm ≠ poor welcome / to get* a warm ≠ bad reception (être chaleureusement ≠ mal accueilli / reçu)
- **Show them in!** (Faites-les entrer !), **I'll show you out.** (Je vous raccompagne [à la porte])
- **to slip away** (s'éclipser), **to take* French leave** (filer à l'anglaise)
- **to go* out a lot** (sortir beaucoup)
- **to keep* the conversation going** (alimenter la conversation)
  She did all the talking. (Elle a parlé tout le temps pour meubler la conversation.)

14 Community life — La vie en société

Towns and villages — Les villes et les villages

a **hamlet** ['hæmlɪt]	un hameau
a **village** ['vɪlɪdʒ] → a **villager**	un village → un/e villageois/e
the **country** ['kʌntrɪ] → a **country dweller**, **country people**	la campagne → un/e campagnard/e, les gens de la campagne
a **town** [taʊn] → the **town** centre = US downtown	une ville → le centre-ville
a **city** ['sɪtɪ] → a **city dweller**, a **citizen**	une grande ville → un/e citadin/e, un/e citoyen/ne
a **resident** ['rɛzidənt]	un/e riverain/e / un/e habitant/e
the **City**	la City de Londres
to **inhabit** [ɪn'hæbɪt] → an **inhabitant**	habiter → un/e habitant/e
suburbia [sə'bɜ:bɪa] / the **suburbs** → **suburban** → a **suburbanite**	la banlieue → de banlieue → un habitant de la banlieue = un/e banlieusard/e
urban ['ɜ:bən]	urbain
a **borough** ['bʌrə]	≈ un arrondissement (Londres & New York : subdivision administrative)
a **district**	un quartier (administratif)

WORD PARTNERS

- **village** → **a ~ hall** (une salle communale des fêtes), **the ~ green** (le terrain communal)
- **town** → **a coastal / fortified / mediaeval / mining ~** (une ville côtière / fortifiée / médiévale / minière)
  a market-~ (un bourg / une bourgade), **a shanty~** (un bidonville), **a dormitory ~ = a satellite ~** (une ville-dortoir), **a one-horse ~** (*fam.:* un trou)
- **city** → **an ancient / industrial / ugly ~** (une ville ancienne / industrielle / laide), **a densely populated / flourishing / historic / modern ~** (une ~ très peuplée / prospère / historique / moderne), **a capital ~** (une capitale), **a major ~ = a metropolis** (une métropole)
  ~ life (la vie citadine), **the ~ fathers** (les édiles)
- **the outskirts of a town / city** (la périphérie d'une ville)

PHRASES

- **my hometown** (ma ville natale)
  to go* out on the town / to paint the town red (faire la noce / faire les 400 coups)
  She is the talk of the town. (On ne parle que d'elle.)
  UK **town and gown** (Oxford & Cambridge : les citadins et les universitaires)
- **They live four UK streets = US blocks away.** (Ils habitent à quatre rues d'ici.)

Town and country planning — L'urbanisme

a town-**planner**	un/e urbaniste
the **townscape**	le paysage urbain
an **urban development zone**	une ZAC (zone d'aménagement concerté)
to **rehabilitate** = to **renovate** = to **redevelop** → **rehabilitation** = **renovation** = **redevelopment**	rénover (un quartier) / la rénovation (d'un quartier)
to **restore** [rɪ'stɔ:] a **building** → **restoration** [rɛstə'reɪʃən]	rénover un immeuble → la rénovation (d'un immeuble)
UK a **waste ground** = US **wasteland** = US a **sandlot**	un terrain vague
demolition consent	un permis de démolir
UK **planning permission** = US a **building permit**	un permis de construire
a **ghetto** ['gɛtəʊ]	un ghetto

slums [slʌmz] → slum clearance	des taudis → la démolition des taudis
a shanty town = a township (South Africa)	un bidonville
populous ['pɒpjələs]	populeux
overcrowded ['əʊvə'kraʊdɪd]	surpeuplé
squalid ['skwɒlɪd], squalor ['skwɒlə]	sordide, la saleté repoussante
filthy ['fɪlθɪ] ← filth	crasseux/-se ← la crasse
unsafe [ʌn'seɪf] = dangerous	dangereux
a red light area	un quartier chaud
a shopping precinct	un quartier commerçant
a shopping mall	un centre commercial
a pedestrian precinct / way	une zone piétonne / une rue piétonnière
the financial [faɪ'nænʃəl] district	le quartier des affaires
an industrial estate	une zone industrielle
a housing estate	une cité / un lotissement
UK council flats / houses	≈ des HLM

→ *Parcs et jardins publics, p. 185*

PH.

- **Site for sale / Building land for sale** (Terrain à vendre / à bâtir)
- **unfit for human habitation** (insalubre)

● *Public amenities* — *Les équipements collectifs*

a water tower ['wɔːtə 'taʊə]	un château d'eau
the water / electricity supply	l'approvisionnement en eau / en électricité
a sewer ['sjuːə] → sewerage *[+ V sing.]*	un égout → les égouts
mains drainage	le tout-à-l'égout
to pave [peɪv] → the paving	paver → le dallage
→ a paving slab / stone	une dalle / un pavé
street furniture [striːt 'fɜːnɪtʃə]	le mobilier urbain
UK a lamppost / streetlight = US a street lamp	un réverbère / un lampadaire
→ street lighting	l'éclairage public
a public bench	un banc public
a bus-shelter	un abri-bus
a phone box = a phone booth	une cabine téléphonique
UK a fire hydrant ['haɪdrənt] = US a fireplug	une bouche d'incendie
a railing ['reɪlɪŋ]	une rambarde
UK a hoarding = a billboard	un panneau publicitaire
to collect the garbage → US garbage collection = UK refuse collection	ramasser les ordures → le ramassage d'ordures
UK a dustman / a scavenger / a refuse collector = US a garbage collector	un éboueur
UK the tip = the rubbish dump = US the garbage dump	la décharge
UK a dustcart = US a garbage truck	une benne à ordures
UK a tipper lorry = US a dump truck	un camion à benne basculante
UK a dustbin = US a garbage can	une poubelle
a sewage farm / plant	une usine de traitement des déchets
a waste collection site / centre	une déchetterie
selective sorting of household waste	le tri sélectif
a sewage form / plant	une usine de traitement des déchets
a waste collection site / centre	une déchetterie
selective sorting of household waste	le tri sélectif
pest control	la désinsectisation
rat extermination	la dératisation

PH.

- **Between you, me and the lamppost...** (Entre nous...)
- **The way to Hell is paved with good intentions.** (L'enfer est pavé de bonnes intentions.)

The road network — La voirie

a **street** [stri:t] → UK the **High Street** = US (the) **Main Street**	une rue la rue principale, la grand-rue
a **thoroughfare** ['θʌrəfɛə]	une artère
an **avenue** ['ævɪnju:]	une avenue
a **boulevard** ['bu:ləvɑ:d]	un boulevard
a **lane** [leɪn] / an **alley**	une ruelle
⚠ a **square** [skwɛə]	une place
the **marketplace**	la place du marché
a **crescent** ['krɛsənt]	une rue en arc de cercle
an **embankment**	un quai (le long d'un fleuve)
UK the **pavement** = US the **sidewalk**	le trottoir
UK the **kerb** [kɜ:b] = US the **curb**	le bord du trottoir
the **gutter** ['gʌtə]	le caniveau (⚠ gouttière horizontale)
a **pedestrian crossing** = UK a **zebra crossing**	un passage pour piétons
cobblestones ['kɒbəlstəʊnz]	des pavés (ronds)
a **paving stone**	un pavé (plat)
an **underpass** = UK a **subway**	un passage souterrain (⚠ US : subway = métro)
traffic lights	des feux de circulation
a **manhole** ['mænhəʊl]	une bouche d'égout

WORD PARTNERS

- **street** → **a busy** ≠ **deserted / congested** (une rue animée ≠ déserte / embouteillée), **a narrow** ≠ **wide / quiet / one-way** ~ (une ~ étroite ≠ large / tranquille / à sens unique), **a back / side** ~ (une petite ~), **a** ~ **cleaner** = **a** ~ **sweeper** (un balayeur)
- **lane** → **a bicycle** ~ (une piste cyclable), **a bus** ~ (un couloir de bus), **a maze of** ~**s** (un dédale de ruelles)
- **a blind alley** = **a dead end (alley / street)** = **a cul-de-sac** (une impasse = une voie sans issue = un cul de sac)

PH.

- **The (traffic) lights may be green / amber / red.** (Le feu peut être au vert / à l'orange / au rouge.)
- *[Fig.:]* **to end up in the gutter** (tomber dans le ruisseau), **to rescue sb from the gutter** (tirer qqn du ruisseau)

Public parks and gardens — Parcs et jardins publics

a **green** [gri:n]	un espace vert (⚠ a Green : un Vert)
botanical gardens	un jardin des plantes / botanique
a (**bridle**) **path**	une allée (cavalière)
a **playground** ['pleɪgraʊnd]	une aire de jeux
UK a **sandpit** = US a **sandbox**	un bac à sable
a **slide** [slaɪd], **to slide***	un toboggan, faire du toboggan
a **swing**, **to swing***	une balançoire, faire de la balançoire
a **bandstand**	un kiosque à musique
a **fountain** ['faʊntɪn]	une fontaine
an **ornamental lake**	une pièce d'eau
a **pond**	un bassin
a **bench**, a **garden seat**	un banc

Public services — Les services publics

the **town-hall** / the **city-hall**	la mairie / l'hôtel de ville
the town / **city council** → UK a **town councillor**	1. la municipalité 2. le conseil municipal → un conseiller municipal
a **town clerk**	un secrétaire de mairie
a **mayor/ess** ['mɛə/rɪs]	un/e maire/sse
local elections	les élections municipales
the **police headquarters**	≈ la préfecture de police
a **police station**	un commissariat de police
a **fire station** ['faɪə 'steɪʃən]	une caserne de pompiers
UK the **fire brigade** = US the **fire department**	les pompiers
a **public** / **municipal swimming pool**	une piscine municipale
a **stadium** ['steɪdɪəm]	un stade
a **gymnasium** [dʒɪm'neɪzɪəm]	un gymnase
a **youth club**	une maison des jeunes / de quartier
a **retirement home** = an old people's **home**	une maison de retraite
⚠ a **library** ['laɪbrərɪ]	une bibliothèque
UK a **community centre**	un centre d'animation
a **hospital complex**	un centre hospitalier
UK a **health centre**	un dispensaire

→ *L'école, p. 177, La police, p. 197, La poste, p. 341*

The tax system — Le fisc

UK the **Inland Revenue** US the **Internal Revenue Service (IRS)**	le service des impôts / le fisc
the **National Audit Office**	la Cour des comptes
to tax, a tax → **taxable**, **taxation**, the **taxman**, a **taxpayer**	taxer, un impôt → imposable, la fiscalité, le fisc, un/e contribuable
PAYE = **pay-as-you-earn**	le prélèvement à la source
VAT = **value-added tax**	la TVA = taxe sur la valeur ajoutée
rates [reɪts] → **ratable**	les impôts locaux → imposable
rate-capping	le plafonnement des impôts locaux
a **balance sheet**	un bilan
a **ledger** ['lɛdʒə]	un grand livre
window-dressing	l'habillage / le truquage (de bilan)
a **dummy** ['dʌmi]	un prête-nom (⚠ mannequin, tétine)
a **shell** / **front company** / **corporation**	une société écran
a **bogus company** ['bəʊgəs 'kʌmpəni]	une société fantôme *(fam.)*

WORD PARTNERS

- tax → **the income ~** (l'impôt sur le revenu), **the ~ authorities** (l'administration fiscale), **~-deductible** (déductible des revenus), **~ adjustment / allowance** (redressement fiscal / abattement fiscal), **~ avoidance** = **dodging** = **evasion** (l'évasion fiscale), **the ~ bracket** (la tranche d'imposition), **~ base** (l'assiette de l'impôt), **~ collection** (le recouvrement d'impôts), **the ~ office** (la perception), **a ~ collector / consultant / credit** (un percepteur / un conseiller fiscal / un avoir fiscal), **a ~ disc** (une vignette automobile), **~ exemption** (l'exonération d'impôt), **a ~ haven** = **shelter** (un paradis fiscal), **a ~ incentive** (une incitation fiscale), **~ investigation** (les contrôles fiscaux), **the ~ rate** (le taux d'imposition), **a ~ rebate** = **relief** (un dégrèvement fiscal), **the ~ system** (la fiscalité), **the ~ threshold** (le seuil d'imposition), **a ~ loophole** (une faille dans la législation fiscale)
  capital gains ~ (impôt sur les plus-values), **corporation ~** (~ sur les sociétés), **head ~** (~ par habitant), **land** = **property ~** (~ foncier), **luxury ~** (~ sur les produits de luxe), **turnover** = **sales ~** (~ sur le chiffre d'affaires), **wealth ~** (impôt sur la fortune = ISF)

to collect / to revoke = to rescind a ~ (percevoir / abroger un impôt), **to levy / to pay* a ~ on** (lever / payer un ~ sur)

- **taxes → to cut* = to lower = to reduce ~ ≠ to increase = to put* up = to raise ~** (baisser ≠ augmenter les impôts), **to evade = to dodge ~** (frauder le fisc)
- **taxable earnings / income** (gains / revenu imposable/s)

PHRASES

- **to be* subject to taxation / liable to tax** (être soumis à l'impôt)
- **to fill out one's tax return** (remplir sa déclaration de revenus), **to fiddle one's tax return** (truquer sa déclaration d'impôts)
- **to fleece the taxpayer** (« plumer » / « tondre » le contribuable)
- **They bilked the IRS of hundreds of millions of dollars.** (Ils ont escroqué le fisc de centaines de millions de dollars.), **His company is only a front for tax evasion.** (Sa société n'est qu'une couverture pour frauder le fisc.)
- **anti-tax-dodging measures** (des mesures pour lutter contre la fraude fiscale)

15 The education(al) system — Le système éducatif

● Education — L'éducation

to educate ['ɛdjəkeɪt] → educational → an education(al)ist → an educational psychologist	éduquer → éducatif / d'éducation → un/e pédagogue un/e psychologue scolaire
to know* [nəʊ] → knowledge ['nɒlɪdʒ] → knowledgeable	savoir / connaître → le savoir → qui a de bonnes connaissances
to teach* [ti:tʃ] → a teacher, teaching → teaching methods → remedial teaching / group	enseigner → un/e enseignant/e / professeur/e, l'enseignement → les méthodes d'enseignement soutien / groupe de soutien
to learn* [lɜ:n] → a learner → learning [lɜ:nɪŋ] → lifelong learning	apprendre → un apprenant le savoir / l'étude → la formation continue
to train [treɪn] → training	entraîner / former → la formation
vocational training / guidance	la formation professionnelle / l'orientation
UK careers guidance = US counseling UK a careers adviser = US a counselor	l'orientation scolaire un conseiller d'orientation
a social worker	un/e assistant/e social/e
assembly [ə'sɛmblɪ]	l'assemblée des élèves (avant le début des cours)
a class [klɑ:s] / a period ['pɪərɪəd]	un cours / une classe
a course [kɔ:s] → coursework	un/e séquence de cours / stage / enseignement → le travail de l'année
US an elective	un cours facultatif
UK a form / US a grade [greɪd]	une classe
sixth form → a sixth-former → a 6th-form college	la terminale → un/e élève de terminale → un établissement préparant au A level (= bac avancé)
a term [tɜ:m]	un trimestre (scolaire)
US a semester [sɪ'mɛstə]	un semestre
UK the timetable = US the schedule	l'emploi du temps
the curriculum [kə'rɪkjələm]	le programme (= ensemble des matières)
the syllabus ['sɪləbəs]	le programme (d'une matière, d'un examen)
the basics ['beɪsɪks]	les notions de base
UK homework = US assignments	les devoirs et les leçons
learned ['lɜ:nɪd] / erudite ['ɛrʊdaɪt]	savant/e / érudit/e
cultivated / cultured	cultivé/e
to be* self-taught	être autodidacte

WORD PARTNERS

- education → **pre-school / compulsory / vocational ~** (l'enseignement préscolaire / obligatoire / professionnel), **adult ~** (~ pour adultes), **further ~** (~ post-scolaire / supérieur)
- **to acquire / accumulate knowledge** (acquérir / accumuler des connaissances)
- training → **teacher ~** (la formation des enseignants), **pre-service = initial ~** (la ~ initiale), **in-service ~** (la ~ continue)
- class → **to miss a ~** (manquer un cours), **to skip = cut* a ~** (sécher un ~) **~ management** (la conduite / gestion de la classe)
- course → **an optional ≠ compulsory ~** (un enseignement facultatif ≠ obligatoire), **a vocational ~** (un stage de formation professionnelle), **a refresher ~** (un stage de recyclage), **a sandwich ~** (une formation en alternance), **an evening ~** (un cours du soir) **to attend a ~** (suivre un programme de cours), **to repeat ~s** (redoubler)

- **term** → **the autumn / spring / summer** (le premier / deuxième / troisième trimestre), **half- ~ holidays** (les vacances de demi-trimestre = de la Toussaint et d'hiver)
- **curriculum** → **a basic ~** (un programme de base), **the National ~** (le programme national), **the core ~** (le tronc commun)
- **syllabus** → **the music / English / history / maths ~** (le programme de musique / d'anglais / d'histoire / de mathématiques), **the ~ in modern languages** (le ~ de langues vivantes)
- **Back to basics** (le retour aux notions de base)
- **to do* one's homework** (faire ses devoirs et apprendre ses leçons)

PHRASES

- **She has a good / basic knowledge of...** (Elle a une bonne connaissance de... / des bases solides en ...), **She is knowledgeable in her subject.** (Elle connaît bien son sujet.)
- **to improve educational standards / the effectiveness of teaching** (améliorer le niveau / l'efficacité de l'enseignement), **to raise the standards** (élever le niveau) **Standards are falling.** (Le niveau baisse.)

School — L'école

a school [sku:l] → schooling	une école → 1. l'instruction 2. la scolarité
a pupil ['pju:pl]	un/e élève (⚠ pupille)
a boarder ['bɔ:də]	un/e interne
a day boy / girl	un/e externe
⚠ UK a prefect ['pri:fɛkt]	un préfet (= élève chargé/e de la discipline)
a class representative	un/e délégué/e de classe
the attendance register	le registre des absences
a uniform ['ju:nɪfɔ:m]	un uniforme
a scholarship ['skɒləʃɪp]	une bourse (au mérite)
a grant [grɑ:nt]	une bourse (pour raisons sociales)
a stream [stri:m], to stream → streaming	un groupe de niveau, répartir en ~ → la répartition en groupes de niveau
an old boy / girl	un/e ancien/ne élève
to opt out	(pour une école :) sortir du système public pour devenir indépendante
to go* co-ed	(pour une école :) devenir mixte

WORD PARTNERS

- **school** → **a ~boy / girl** (un/e écolier/-ère), **~children** (les écoliers), **a ~fellow = ~ friend = classmate** (un camarade d'école), **a ~bag = a satchel** (un cartable), **a ~book** (un manuel scolaire), **~work** (le travail ~), **the ~ year = the academic year** (l'année ~), **a ~ bus** (un car de ramassage ~), **~hours** (les heures de cours), **a ~-leaver** (un élève qui quitte l'école), **a ~ dropout** (un élève qui a abandonné ses études)
  a ~master/mistress (un/e instituteur/trice / un professeur des écoles)
  a state ~ (une école publique), **a public ~** (UK une ~ secondaire privée ; US une ~ publique), **a nursery / primary ~** (une ~ maternelle / primaire), **an infant ~** (une ~ élémentaire [5-7 ans]), **UK a junior ~ = US an elementary ~** (une ~ élémentaire [7-11 ans]), **UK a middle ~** (une école pour enfants de 9 à 13 ans), **a secondary ~** (un établissement d'enseignement secondaire), **⚠ a comprehensive (~)** (≈ collège unique), **UK a grammar ~ = US a high ~** (un établissement secondaire d'enseignement général), **a technical ~** (un ~ technique), **a special ~** (un ~ spécialisé pour handicapés), **an independent ~** (une école privée), **a prep ~** (UK ~ privée préparant à une ~ secondaire privée ; US ~ privée préparant à l'enseignement supérieur), **a coeducational = mixed ≠ single-sex ~** (une ~ mixte ≠ non mixte), **a denominational ~** (une ~ confessionnelle), **a boarding-~** (un internat), **to go* to ~** (aller à l'école), **to be* at / to go* back to / to leave* / to drop out of ~** (être à / reprendre / quitter / abandonner l'~), **to go* to / to attend a ~** (fréquenter une ~), **to change ~s = to change to another ~** (changer d'~)
  ~ fees = tuition fees (les frais de scolarité), **a ~ outing** (une sortie scolaire)
  ~-leaving age (l'âge légal de fin de scolarité), **~ attendance** (l'assiduité)
- **to apply for / to receive a scholarship = a grant** (demander / obtenir une bourse)
- **the bottom ≠ top stream** (le groupe de niveau le plus bas ≠ haut)

PHRASES

- **School attendance / Schooling is compulsory.** (La scolarisation est obligatoire.)
- **to take* school meals** (être demi-pensionnaire), **to be* late for school** (arriver en retard à l'école)
- **to call the roll = register** (faire l'appel), **to be* missing / absent** (être absent)
- **transfers between streams** (passages d'un groupe de niveau à l'autre / passerelles)
- **a (highly) selective system of education** (un système d'enseignement [très] sélectif)
- **the old-boy network** (le réseau des anciens élèves des « public schools » ou anciens étudiants d'Oxford et Cambridge)

At school — *À l'école*

a **classroom** ['klɑːsrʊm]	une salle de classe
a **row** [rəʊ]	un rang / une rangée (⚠ [raʊ] : une querelle)
chalk [tʃɔːk] → a piece of chalk	la craie → un morceau de craie
the **board** [bɔːd] → **blackboard** ['blækbɔːd], US **chalkboard**, **whiteboard**	le tableau → tableau noir, tableau blanc
a **duster** ['dʌstə]	un chiffon / un tampon effaceur
a **desk**	un bureau (meuble)
the **rostrum** ['rɒstrəm]	l'estrade
teaching aids	le matériel pédagogique
a **(text)book**	un manuel
a **drill** = an **exercise** → an **exercise book**	un exercice → un cahier
a **ruler** ['ruːlə]	une règle
an **eraser** [ɪ'reɪzə] = a **rubber** ['rʌbə]	une gomme (⚠ US rubber: préservatif)
a **pen** [pɛn] → a **ballpoint pen** = a **biro**TM, a **felt pen**	un stylo → un stylo à bille, un feutre
a **pencil** ['pɛnsəl] → a **pencil-sharpener**	un crayon → un taille-crayon
to **highlight** ['haɪlaɪt] → a **highlighter**	surligner → un surligneur
a **calculator** ['kælkjəleɪtə]	une calculette
a **video projector**	un vidéo projecteur
the **bell** [bɛl]	la cloche
UK a **break** [breik] = US **recess**, to **break***	une récréation / la pause, faire une pause
the **playground** ['pleigraʊnd]	la cour de récréation
the **gym(nasium)** [dʒɪm'neɪzɪəm]	le gymnase
the **cloakroom** ['kləʊkrʊm]	le vestiaire
the **sickroom** = **sick bay**	l'infirmerie
the **refectory** [rɪ'fɛktəri] = the **(dining) hall**	le réfectoire
the **dormitory** ['dɔːmətərɪ]	le dortoir

PHRASES

- **On Mondays we do maths.** (Le lundi, on a maths.)
- ***Macbeth* is on the syllabus.** (Macbeth est au programme.)
- **extra-curricular activities** (les activités extrascolaires)
- **to do* an exercise** (faire un exercice), **to learn* one's lessons by heart / by rote** (apprendre ses leçons par cœur), **to take* down notes** (prendre des notes), **to master a subject / to have* a good command of a subject** (bien posséder un sujet), **to know* sth backwards / inside out / like the back of one's hand** (connaître qqch sur le bout du doigt)
- **to have* a smattering of** (avoir quelques notions de)
- **to be* a fount of knowledge / a walking encyclopedia / a mine of information** (être un puits de science / une encyclopédie vivante / une mine d'informations), **to be* an authority on** (faire autorité en matière de), *[pej.:]* **a know-it-all / a clever Dick** (un Monsieur-je-sais-tout)
- **Open your books page 23.** (Ouvrez vos livres à la page 23.), **Read down to line 16.** (Lisez jusqu'à la ligne 16.), **Look up the word in your dictionary.** (Cherchez le mot dans votre dictionnaire.), **Speak up!** (Parlez plus fort !), **Don't crib! / No cribbing!** (On ne copie pas !)

- **to bully sb** (brutaliser qqn), **to play up / bait / rag a teacher** (chahuter un professeur), **to be* kept in** (être gardé en retenue), **to skip school / to play truant** (faire l'école buissonnière) → **truancy** (l'absentéisme), **to arrive late for class** (arriver en retard au cours), **to be* an ignoramus** (être ignare)
- **to continue with** = **to pursue one's studies** (continuer = poursuivre ses études), **to complete** ≠ **to interrupt one's education** (terminer ≠ abandonner ses études), **to have* gaps in one's education** (avoir des lacunes), **to drop a subject** (abandonner une matière)

The subjects — Les matières / disciplines

the 3 (= three) Rs (= reading, writing, arithmetic)	la lecture, l'écriture et l'arithmétique
the mother tongue	la langue maternelle
grammar ['græmə]	la grammaire
spelling ['spɛlɪŋ]	l'orthographe
a dictation ← to dictate [dɪk'teɪt] sth to sb	une dictée ← dicter qqch à qqn
UK an essay = US ⚠ a theme [θiːm]	une rédaction / une composition
a composition [kɒmpəzɪʃən]	une dissertation
gym(nastics) = physical education (= P.E.)	la gym(nastique) = l'Education Physique et Sportive
religious education (= R.E.)	l'éducation religieuse
⚠ the humanities [hjuː'mænɪtɪz]	les lettres et sciences humaines
literature ['lɪtərətʃə]	la littérature
philosophy [fɪ'lɒsəfɪ]	la philosophie
biology [baɪ'ɒlədʒɪ]	les sciences naturelles
chemistry ['kɛmɪstrɪ]	la chimie
physics ['fɪzɪks]	la physique
geography [dʒɪ'ɒgrəfɪ]	la géographie
history ['hɪstərɪ]	l'histoire
classics *(+ V sing.)* → classical studies	les humanités (= le latin et le grec)
foreign languages	les langues vivantes / étrangères
English as a Foreign Language (EFL)	l'anglais langue étrangère
sociology [səʊsɪ'ɒlədʒɪ]	la sociologie
linguistics *(+ V sing.)*	la linguistique
economics *(+ V sing.)* → home economics	l'économie / les sciences économiques → l'économie domestique
business studies	les études de commerce et gestion
computer studies	les études informatiques

→ *Les arts, p. 346, Les sciences, p. 362*

School performance — Les résultats scolaires

a fast-learner ≠ a slow-learner	un enfant qui apprend vite ≠ lentement
a swot [swɒt], to swot *(coll.)*	un bachoteur, bachoter
a whizz kid *(coll.)*	un petit prodige
gifted ['gɪftɪd]	doué/e
backward ['bækwəd] → backwardness	en retard → le retard (intellectuel)
illiterate [ɪ'lɪtərɪt] → illiteracy	illettré / analphabète → l'illettrisme / l'analphabétisme
a sink class *(coll.)*	une classe dépotoir
late beginners	les grands commençants
the level ['lɛvəl] / standard ['stændəd]	le niveau
to achieve [ət'ʃiːv] sth → an achiever	réussir (à faire) qqch → qqn qui mène à bien ce qu'il/elle entreprend
→ an underachiever	→ un élève médiocre

a **dunce** [dʌns]	un cancre
underperforming at school / **academic failure**	l'échec scolaire
equality of opportunity	l'égalité des chances
discipline ≠ **indiscipline**	la discipline ≠ l'indiscipline
to **punish** ['pʌnɪʃ] sb → a **punishment**	punir qqn → une punition

→ *L'intelligence, p. 282*

WORD PARTNERS

- **a high / fair / poor level** = **standard** (un niveau élevé / correct = assez bon / médiocre)
- **discipline** → **lax** = **slack** ≠ **effective / firm / rigorous / severe / strict / rigid / harsh ~** (une discipline laxiste ≠ efficace / ferme / rigoureuse / sévère / stricte / rigide / très dure), **to maintain / tighten ~** (maintenir / renforcer la discipline) **~ problems** (les problèmes de discipline)
- **punishment** → **a just / lenient** = **mild / severe / well-deserved ~** (une punition juste / légère / sévère / méritée), **a corporal ~** (un châtiment corporel) **to mete out** = **administer ~s** (infliger des sanctions)

PHRASES

- **Is he / she doing well at school?** (Est-ce que son niveau scolaire est bon ?)
- **He is not up to standard.** = **He is below standard.** (Il n'est pas au niveau. = Son travail laisse à désirer.), **He hasn't had much schooling.** (Il n'a pas fait beaucoup d'études.)
- **to be* good at** = **proficient in** (être bon = compétent en), **to have* a good grounding in** (avoir des bases solides en), **to have* a gift** = **a flair for languages** (être doué/e pour les langues), **to be* conscientious / industrious / highly motivated** (être consciencieux / travailleur / très motivé), **to be* academically able** (être doué pour les études), **to skip a class** (sauter une classe)
- UK **to appear on the prize list** / US **to make the honor roll** (être inscrit au tableau d'honneur)
- **to repeat a year** = UK **to be* kept down** = US **to be* held back** (redoubler)
- **to expel a pupil** (exclure / renvoyer un/e élève)
- **mixed ability classes** (les classes hétérogènes), **mixed ability teaching** (la pédagogie différenciée)

● *Higher education* — *L'enseignement supérieur*

an **academic**, **academic**	un/e universitaire, universitaire
a **student** ['stjuːdənt]	un/e étudiant/e
a **fresher** ['frɛʃə] = UK a **freshman** ['frɛʃmən]	un/e étudiant/e de première année
US a **sophomore** ['sɒfəmɔː]	une/e étudiant/e de deuxième année
US an **alumnus** [ə'lʌmnəs] (*pl.*: **alumni**)	un ancien élève / étudiant
an **alumna** [ə'lʌmnə] (*pl.*: **alumnae**)	une ancienne élève / étudiante
a **degree** [dɪ'grɪː] = a **diploma**	un diplôme
to **graduate** ['grædjʊeɪt], a **graduate** ['grædjʊət] → a **graduate student** → an **undergraduate** = an **undergrad** (*coll.*)	obtenir un diplôme, un/e diplômé/e de l'enseignement supérieur → un étudiant de 3e cycle / un doctorant → un/e étudiant/e de premier cycle
a **professor** [prə'fɛsə]	un professeur d'université
UK a **fellow** ['fɛləʊ]	un professeur membre du conseil d'administration
⚠ a **lecture** ['lɛktʃə] → a **lecturer** → a **lecture-room**, a **lecture hall**	une conférence / un cours magistral → 1. un conférencier 2. un assistant (univ.) une salle de cours (univ.), un amphithéâtre
a **dissertation**	une thèse
a **seminar** ['sɛmɪnɑː]	un séminaire
a **scholar** ['skɒlə]	un érudit / savant / spécialiste
⚠ US **the faculty** ['fækəltɪ]	le corps enseignant d'une université
UK **Oxbridge** ['ɒksbrɪdʒ]	= les universités d'Oxford et Cambridge
US **Ivy League Colleges**	= les 8 universités américaines les plus prestigieuses
a **college** ['kɒlidʒ]	un établissement d'enseignement supérieur
a **university** [juːnɪ'vɜːsɪtɪ]	une université
an **art college**	une école des beaux-arts

a **medical school**	une faculté de médecine
a **law** school	une faculté de droit
a **business school**	une école de gestion
a **military** academy	une école militaire
a **bachelor's degree**	≈ une licence
Bachelor of Arts (UK **B.A.** = US **A.B.**)	≈ un/e licencié/e ès lettres
Bachelor of Sciences (UK **B.Sc.** = US **B.S.**)	≈ un/e licencié/e ès sciences
UK **Bachelor of Medicine** (**M.B.**)	un/e diplômé/e d'études médicales
Bachelor of Law (**B.L.**)	≈ un/e licencié/e en droit
a **Master's** (**degree**)	une maîtrise
an **M.A.** [ɛm'eɪ]	une maîtrise ès Lettres
an UK **M.Sc.** = US **M.S.**	une maîtrise ès Sciences
an **M.B.A.** (= **Master** of **Business Administration**)	un mastère de gestion
a **PhD** [piːeitʃ'diː] (= **Philosopher's Doctorate**)	un doctorat
an **M.D.** [ɛm'diː] (a **Medical Doctorate**)	un doctorat / un docteur en médecine
graduation = ⚠ US **the commencement**	la remise des diplômes
a **gap year** / a **sabbatical**	une année sabbatique

W. P.

- **academic** → **the ~ year** (l'année universitaire), **the ~ dean US = the dean of the faculty** (le doyen du département / de l'université)
- **university** → **to go* to ~** (aller à l'université), **to enrol in a ~** (s'inscrire dans une ~), **to get* into = enter a ~** (entrer à l'~), **to drop out of ~** (abandonner ses études universitaires) **a ~ entrance examination** (un examen d'entrée à l'~), **a ~ degree** (un diplôme universitaire)
- **a tenured professor** (un professeur titulaire)
- **the dean of the faculty** (le doyen [de la faculté])

PHRASES

- **a university's admission requirements** (les critères d'admission d'une université)
- **to live on (the) campus** (vivre sur le campus), **to attend a lecture** (assister à une conférence), **to enrol / register / sign up for a course** (s'inscrire à un cours), **to drop out of a course** (laisser tomber un cours), **to take* a year off** (prendre une année sabbatique)
- **to graduate from high school** (terminer ses études secondaires) **She graduated from Cambridge.** (Elle a un diplôme de Cambridge.). **She got a First / a 2.1 [two-one] / a 2.2 [two-two] / a Third = a Pass / a Fail in Cambridge.** (Elle a eu une mention Très Bien / mention Bien / Elle a réussi médiocrement / Elle a tout juste obtenu son diplôme / Elle a échoué à Cambridge.)
- **to read* for a degree** (préparer un diplôme), **to read* for the Bar = to study / do* law** (faire du droit), **to read* = study a subject** (étudier une matière)
- **a gap-year student** (un étudiant en année sabbatique)
- **US sophomoric** (ignorant et prétentieux)
- **UK Youth Employment Service** (le service d'orientation professionnelle pour les jeunes), **Youth Training Scheme** (pacte national pour l'emploi des jeunes)

● *Examinations* — *Les examens*

a test	un/e test / contrôle / interrogation / examen
a **paper** ['peɪpə]	une épreuve (examen) / un devoir
a **multiple-choice questionnaire** (**MCQ**)	un questionnaire à choix multiple (QCM)
to assess [ə'sɛs] sth / sb → **assessment**	évaluer qqch / qqn → l'évaluation
an **exam** [ɪg'zæm] → an **examiner**, an **examinee** = a **candidate**	un examen → un/e examinateur/trice, un/e candidat/e
UK a **mock exam** = US a **practice test**	un examen blanc
UK a mark, to mark = US a grade, to grade	une note, noter
GCSE (= **General Certificate of Secondary Education**)	≈ le brevet des collèges
A levels	≈ le baccalauréat

WORD PARTNERS

- **a test / an exam** → **a difficult / demanding** ≠ **an easy ~** (un contrôle / un examen difficile ≠ facile), **a written / oral ~** (un ~ écrit / oral)
  to administer / conduct / give* ~ (donner un ~ aux élèves), **to enter for ~** (s'inscrire à ~), **to revise / study / work for ~** (réviser / préparer un ~), **to take* = go* in for = sit* for ~** (passer / se présenter à un ~), **to fail ≠ pass ~** (échouer à ≠ réussir à ~), **to resit* ~** (repasser ~), **to cheat in ~** (tricher à ~)
- **test** → **a ~ in maths, English, History** (un contrôle de maths, anglais, histoire)
  an intelligence / aptitude / a proficiency ~ (un test d'intelligence / d'aptitude / de compétence)
- **a paper** → **an English ~** (une épreuve d'anglais), **a written (examination) ~** (une ~ écrite)
- **examination** → **a competitive ~** (un concours), **the entrance ~** (le concours d'entrée), **an ~ board** (un jury d'examen)
- **assessment** → **continuous ~** (le contrôle continu), **the teacher's ~** (les appréciations du professeur)
- **a board of examiners** (un jury d'examen / de concours)
- **to pass ≠ fail a candidate** (recevoir ≠ recaler un candidat)
- **a good ≠ bad / average mark** (une bonne ≠ mauvaise note / une note moyenne)

PHRASES

- **to enter pupils for an exam** (présenter des élèves à un examen)
- **to pass with flying colours** (réussir haut la main)
- **to give* sb full marks** (attribuer à qqn la note maximale), **to mark a paper / a test** (corriger / noter un devoir / un contrôle)
  The mark / the grading is out of 20. (La note / la notation est sur 20.), **The exam was marked out of 100.** (L'examen a été noté sur 100.), **She got 8 out of 10.** (Elle a obtenu 8 sur 10.)

● *British structures* — *Les structures anglaises*

the Secretary (of State) for Education and Science	le/la Ministre de l'Education nationale
Local Education Authorities (LEAs)	les directions régionales de l'enseignement
the board of governors	≈ le conseil d'établissement
the head(master) / head(mistress)	le chef d'établissement / proviseur / principal
→ the deputy ['dɛpjətɪ] head	→ ≈ le principal / proviseur adjoint
the school staff	le personnel enseignant
a parent-teacher association (PTA)	une association de parents d'élèves et de professeurs
a catchment area	un secteur (de recrutement) scolaire
the SAT (= Scholastic Aptitude Test)	le test d'aptitude scolaire
UK His / Her Majesty's Inspector (HMI)	l'inspecteur/-trice

16 Danger and safety — Le danger et la sécurité

Danger and risks — *Le danger et les risques*

danger ['deɪndʒə], a **danger** = **peril, a peril** = **jeopardy** ['dʒɛpədɪ]	le danger / péril, un danger / péril
→ **dangerous** → **dangerously** = **perilous** → **perilously**	→ dangereux / périlleux → dangereusement
to **endanger** = to **imperil** = to **jeopardize**	mettre en danger
harm [hɑːm], to **harm** → **harmful** ≠ **harmless**	le mal, faire du mal nuisible / nocif/-ve ≠ inoffensif/-ve
a **risk**, to **risk** → **risky** ⚠ a **hazard**, to **hazard** → **hazardous**	un risque, risquer → risqué
a **snag** [snæg]	un problème / une difficulté
a **threat** [θrɛt] → to **threaten** sb → **threatening**	une menace → menacer qqn → menaçant
a **warning** ['wɔːnɪŋ] ← to **warn** sb of sth	un avertissement ← avertir qqn de qqch

WORD PARTNERS

- **risk** → **exposed to ~** (exposé au risque), **to take* ~s** (prendre des ~s) → **~-taking** (le fait de prendre des ~s), **~-management** (la gestion des ~s), **~ factor** (le facteur de ~), **to run* the ~ of** + noun / gerund (courir le risque de + Infinitif)
  ~ warning (signal de danger)
- **to risk doing sth** (prendre le risque de faire qqch)
- **to come* across / run* into a snag** (tomber sur un os)

PHRASES

- **to be* in danger / peril / jeopardy** (être en danger), **to expose oneself / sb to danger** (s'exposer / exposer qqn au danger), **to be* dangerously close to disaster / collapse / bankruptcy / etc.** (être au bord de la catastrophe / de l'effondrement / de la faillite / etc.)
- **You do it at your peril!** (C'est à tes / vos risques et périls !)
- **We have a lot at stake ...** (Nous risquons gros ...)
- **It was a narrow escape / hairbreadth escape / close shave / near thing.** (Il s'en est fallu de peu.)
- **to sail too near the wind** (jouer un jeu dangereux), **to sit* on a powder-barrel / to sleep* on a volcano** (*fig. :* être [assis] sur une poudrière / un volcan)

Insecurity — *L'insécurité*

precarious [prɪ'kɛərɪəs] → **precariously, precariousness**	précaire → précairement, précarité
treacherous ['trɛtʃərəs] → **treacherously**	traître / perfide / dangereux/se
unsafe [ʌn'seɪf]	peu sûr / dangereux
a **predicament** [pri'dɪkəmənt]	une situation difficile / malencontreuse
alarm [ə'lɑːm], to **alarm** sb → **alarming** → **alarmingly**	l'inquiétude, inquiéter / effaroucher / faire peur à → inquiétante → d'une manière ~
Achilles' heel	le talon d'Achille
vulnerable ['vʌlnərəbəl] = **defenceless** → **vulnerability** = **defencelessness**	vulnérable / sans défense → la vulnérabilité

W. P.

- **precariously balanced** (en équilibre précaire)
- **treacherous / unsafe roads** (routes glissantes / dangereuses)
- **to feel* unsafe** (ne pas se sentir en sécurité)

PHRASES

- **They must find a way out of this predicament.** (Il faut qu'ils trouvent un moyen de sortir de ce guêpier.)
- **There's no cause for alarm.** (Il n'y a pas de raison de s'inquiéter.), **There are dangers looming ahead.** (Il y a des dangers qui menacent.), **That bodes ill = bodes no good for us.** (Cela ne présage rien de bon pour nous.)
- **to have* feet of clay** (avoir un point faible / une faiblesse de caractère), **to be* on slippery ground / on thin ice** (être sur un terrain glissant / miné), **to be* on the razor's edge** (être sur le fil du rasoir), **to be* between the hammer and the anvil = between the devil and the deep blue sea** (être entre l'enclume et le marteau), **to be* with one's back to the wall** (avoir le dos au mur), **to be* at bay** (être aux abois), **to put* one's head in the lion's mouth** (se jeter dans la gueule du loup)

● *Road accidents* — *Les accidents de la route*

→ accidental → accidentally	→ accidentel/le → accidentellement
dangerous / reckless / drunken driving	la conduite dangereuse / imprudente / en état d'ivresse
to drink* and drive	conduire en état d'ivresse
a reckless driver / a road hog	un chauffard
a hit-and-run (driver)	un (chauffeur coupable de) délit de fuite
a Breathalyzer®	un alcootest
a car crash [kræʃ]	un accident de voiture
to collide [kə'laid] (with) → a collision [kə'lɪʒən]	entrer en collision (avec) ← une collision
to skid	déraper
to swerve [swɜːv]	faire une embardée
to roll over / to somersault	faire un tonneau
a pile-up ['paɪləp]	un carambolage
a wreck [rɛk]	une épave (voiture, bateau, etc.) (⚠ loque humaine)
a battered ['bætəd] car	une voiture cabossée
to knock [nɒk] sb down	renverser qqn
to run* over sb	écraser qqn
casualties ['kæʒjʊəltɪz]	les victimes (les morts et les blessés)
fatalities [fə'tælɪtɪz]	les morts
the death toll	le nombre des morts
damage ['dæmɪdʒ], to damage sth	les dégâts, endommager qqch

→ *Les opérations de sauvetage, p. 190, La conduite, p. 254*

W. P.

- **accident → a fatal ~** (un accident mortel), **a car / motoring ~** (un ~ de voiture), **a minor car ~** (un accrochage), **to have* an ~** (avoir un accident)
- **to collide head-on with sth** (heurter qqch de plein fouet), **a head-on collision** (une collision de plein fouet)

PHRASES

- **to hit* / run* into / crash into a wall** (percuter un mur)
- **to be* seriously injured / killed on the spot** (être gravement blessé / tué sur le coup)
- **There were heavy casualties.** (Il y a eu beaucoup de morts et de blessés / de victimes.) **They were rushed to the hospital.** (On les a emmenés d'urgence à l'hôpital.)
- **Visibility was poor.** (La visibilité n'était pas bonne.), **I lost control of the car and went into a skid.** (J'ai perdu le contrôle de la voiture et j'ai dérapé.)
- **Our car is a wreck / a write-off.** (Notre voiture est bonne pour la ferraille.), **There's a dent in my car.** (Ma voiture est cabossée.)
- **We came out unscathed = unharmed / without a single scratch / safe and sound.** (Nous nous en sommes sortis indemnes / sans une égratignure / sains et saufs.)

• Fires and explosions — Incendies et explosions

a fire [faɪə] / **a blaze** / **a conflagration**	un incendie
to blaze [bleɪz] → **blazing**	flamber → en flammes
to burn* [bɜːn] → **burning**	brûler → en feu / en flammes
smoke [sməʊk], **to smoke** → **smoking**	la fumée, fumer → fumant
a spark [spɑːk], **to spark**	une étincelle, jeter des étincelles
a flame ['fleɪm], **to flame up** → **(in)flammable** ≠ **non-flammable** = **fireproof**	une flamme, flamber → inflammable ≠ ininflammable
fire → **a fire extinguisher**, **a fire fighter**, **a fireman**, **a fire engine**, **a fire hydrant**, **a fire hose**, **a fire escape**	le feu → un extincteur, un pompier (volontaire), un pompier (de métier), une voiture de pompiers, une bouche d'incendie, un tuyau de pompe à incendie un escalier de secours
to explode [iks'pləʊd] / **to detonate** → **an explosion** / **a detonation**	1. exploser 2. faire exploser une explosion / une détonation
to blow* up	(faire) sauter / exploser

W. P.

• **fire** → **to catch* ~** (prendre feu), **to put* out** = **to extinguish a ~** (éteindre un incendie), **on ~** (en feu / en flammes)

PHRASES

• **to set* fire to sth** = **to set* sth on fire** (mettre le feu à qqch), **to get* on like a house on fire** (s'entendre à merveille)
• **"Fire!"** (« Au feu ! »)
• **to bring* a fire under control** (maîtriser un incendie)
• Presse : **Three die in blaze.** (Un incendie fait trois morts.)
• **Smoking is forbidden here because it is a fire hazard.** (Il est interdit de fumer ici car cela représente un risque d'incendie.)

• Shipwrecks and drowning — Naufrages et noyades

a leak [liːk], **to leak**	une fuite, prendre l'eau
to bail out	écoper (⚠ *v. transitif* : tirer d'affaire)
to capsize [kæp'saɪz]	chavirer
to sink*	(faire) sombrer / couler
to run* aground	s'échouer
to be* shipwrecked ['ʃɪprɛkt]	être naufragé
a lifeboat ['laifbəʊt], **a life jacket**	un canot de sauvetage, un gilet ~
a (life) raft	un radeau (de sauvetage)
to fall* overboard ['əʊvəbɔːd]	passer par-dessus bord
to drown [draʊn]	(se) noyer

→ *Les transports, p. 251*

PH.

• **The ship was lost / sank with all hands = with all aboard = with all souls.** (Le navire a péri corps et biens.)
• **to lower the (life)boats** (mettre les chaloupes à la mer)
• **"Man overboard!"** (« Un homme à la mer ! »)
• **to send* out an SOS** (lancer un SOS)
• **to die of drowning** (mourir noyé), **a case of (death by) drowning** (une noyade)
• **a desert island** (une île déserte)

• Rescue operations — Les opérations de sauvetage

to rescue ['rɛskjuː] **sb** → **a rescue party**	secourir qqn → une équipe de secours
to save [seiv] **sb**	sauver qqn

first aid → a **first-aid worker**	les premiers soins → un/e secouriste
the **Paramedics**	≈ le SAMU
a **stretcher** ['strɛtʃə]	un brancard
an **emergency** → an **emergency** case → UK the **emergency** ward = the casualty ward = US the **emergency** rooms = the E.R.	une urgence → *(Méd.)* une urgence *(Hôp.)* les urgences
an **emergency** operation	une opération à chaud

→ *Les traumatismes, p. 116, L'hôpital, p. 124*

PH.

- **"Help!"** (« Au secours ! »)
  to call / shout for help (appeler au secours), **to send* for help** (envoyer chercher du secours), **to call (the) emergency services = to call UK 999 / US 911** (≈ appeler police secours)
- **to go* to sb's rescue** (aller au secours de qqn), **to bring* aid to sb** (porter secours à qqn)

● *Safety* — *La sécurité*

safe [seif]	sûr, sans danger
→ **safely**	en sécurité, en toute sécurité, sans risque
to **safeguard**, a **safeguard**	protéger, une garantie
secure [sɪ'kjʊə], to **secure** → **securely**	sûr/solide, attacher/protéger solidement
security	la sécurité
a **refuge**	un refuge
a **haven** (of peace)	un hâvre (de paix)
to **protect** → **protection**, **protective**	protéger → protection, protecteur
a **lock**, to **lock** → a **padlock**	une serrure, verrouiller un cadenas
a **bolt** [bəʊlt]	un verrou
caution ['kɔːʃən], **cautious**	la prudence, prudent

WORD PARTNERS

- **safety** → **~ belt = seat belt** (ceinture de sécurité), **~ bolt / catch / match** (verrou / cran / allumette de sûreté), **~ fuse** (fusible), **~ helmet** (casque de protection) **~ pin** (épingle de nourrice), **~ net** (filet de sécurité), **~ measure / precaution** (mesure de ~), **a ~ margin** (marge de ~)
- **safe** → **~ and sound** (sain et sauf), **~ sex** (des rapports sexuels sans risques = protégés) **a ~ conduct** (un sauf-conduit), **a ~ deposit** (un coffre-fort), **a ~ landing** (un atterrissage réussi), **a ~ house** (un lieu sûr), **a ~ haven** (un refuge)
- **secure** → **to feel* ~** (se sentir en sécurité), **to be* financially ~** (être à l'abri des soucis d'argent)
- **security** → **job ~** (la sécurité de l'emploi), **~ camera** (caméra de surveillance), **maximum / top / high ~ wing** (quartier de haute surveillance), **~ blanket** (doudou) **to stand* ~ for someone** (se porter garant de quelqu'un)
- **refuge** → **to seek* / find* ~** (chercher / trouver refuge), **to take* ~ in...** (se réfugier dans...)

PHRASES

- **for safety's sake** (par mesure de sécurité)
- **in a safe place** (en lieu sûr), **in safe hands** (en de bonnes mains), **(just) to be* on the safe side** (par précaution / pour plus de sûreté), **to be* safe from harm** (être hors de danger)
- **The water is safe to drink.** (L'eau est potable.)
- **to follow somebody at a safe distance** (suivre quelqu'un à distance respectueuse)
- **Your secret is safe with me.** (Je ne le répèterai pas.)
- **No girl is safe with him.** ([*Fig:*] C'est un séducteur impénitent.
- **It is safe to assume that...** (On peut affirmer sans trop s'avancer que...)
- **It's a pretty safe guess / bet that...** (Il est fort probable / Il y a toutes les chances pour que...)
- **Better safe than sorry!** (Deux précautions valent mieux qu'une.)
- **Have a safe journey!** (Bon voyage !), **Drive safely!** (Sois prudent!)
- **Give me a call to let me know that you've got home safely.** (Appelle-moi pour me dire si tu es bien arrivé / arrivé sans encombres.)
- **out of reach** (hors d'atteinte), **out of danger** (hors de danger)

17 Crime and punishment — Crime et châtiment

Brutality and cruelty — La brutalité et la cruauté

a brute [bru:t] → **brutal** → **brutally**, **brutality**	une brute brutal → brutalement, la brutalité / cruauté
cruel ['kru:əl] → **cruelly**, **cruelty**	cruel → cruellement, la cruauté
a **savage** ['sævɪdʒ], **savage**, to **savage** → **savagely**, **savagery**	un sauvage, sauvage, détruire → sauvagement → 1. la sauvagerie / férocité 2. l'état sauvage
a **barbarian** [bɑ:'bɛərɪən] → **barbaric** / **barbarous**, **barbarity**	un barbare → barbare, la barbarie / l'atrocité
ferocious [fə'rəʊʃəs] → **ferociously**, **ferociousness** = **ferocity**	féroce → férocement, la férocité
atrocious [ə'trəʊʃəs] → **atrociously**, an **atrocity**	atroce → atrocement, une atrocité
a **massacre** ['mæsəkə] = a **slaughter** ['slɔ:tə] to **massacre** = to **slaughter**	un massacre massacrer
a **bloodshed** ['blʌdʃed]	un carnage / un bain de sang
bloodthirsty ['blʌdθɜ:stɪ]	sanguinaire
sadism ['seɪdɪzəm], a **sadist** → **sadistic** [sə'dɪstɪk]	le sadisme, un sadique → sadique *(adj.)*
to **persecute** sb (for sth) → a **persecutor**, **persecution**	persécuter qqn (pour qqch) → un persécuteur, la persécution
torture ['tɔ:tʃə], to **torture** sb → a **torturer**	la torture, torturer qqn → un tortionnaire
a **torment**, to **torment**	un supplice / tourment, martyriser
to **oppress** sb → an **oppressor**, **oppression**	opprimer qqn → un oppresseur, l'oppression

W. P.
- **cruel/ty to sb** (cruel / cruauté envers qqn)
- **without bloodshed** (sans effusion de sang)

Street violence — La violence de la rue

violent ['vaɪələnt] → **violently**	violent/e → violemment
to **ill-treat** sb → **ill-treatment** = ⚠ **abuse** [ə'bju:s] ⚠ to **abuse** [ə'bju:z]	maltraiter qqn → les mauvais traitements insulter / maltraiter
a **bully** ['bʊlɪ], to **bully** sb → **bullying**	un tyran / une brute, malmener qqn → les brimades
to **molest** sb → a **molester**	molester / malmener qqn → un agresseur
to **knock** sb **about** / to **manhandle** sb	malmener qqn
to **knock out** sb	assommer qqn
to **bash** [bæʃ] sb → a **bashing**	frapper / cogner qqn → une râclée
to **hit*** / **strike*** [straɪk] sb → to **hit*** / **strike*** **back**	frapper qqn → rendre les coups
to **batter** ['bætə] sb → a **child batterer**	maltraiter qqn / rouer qqn de coups → un bourreau d'enfant/s
a **clash** / a **skirmish** ['skɜ:mɪʃ]	une échauffourée / une escarmouche
a **fight** [faɪt], to **fight*** (with) sb	une bagarre, se battre contre / avec qqn
a **club** [klʌb] → to **club** sb	une massue (⚠ un club) → donner un coup de massue à qqn
a **cosh** [kɒʃ], to **cosh** sb	une matraque (d'agresseur), matraquer qqn
UK a **knuckle-duster**, US **brass-knuckles**	un coup de poing américain

to knife [naɪf] / stab sb → a **stab** wound UK a **flick**-knife = US a **switchblade**	donner un coup de couteau à qqn → (une blessure due à) un coup de couteau un couteau à cran d'arrêt
a thug [θʌg] / a **hoodlum** / a **hooligan** → **hooliganism** / **vandalism**	un voyou → le vandalisme
a gang → a **gangster**	un gang → un gangster
a **wrecker** ['rɛkə]	un casseur (vandale ou qqn qui a une casse de voitures)
to loot [lu:t] / **plunder** → **looting** / **plundering** → a **looter** / **plunderer**	piller → le pillage → un pillard
to **ransack** ['rænsæk] → **ransacking**	saccager ← le saccage
a no-go area	une zone de non-droit

W. P.

- violence → **the escalation of ~** (l'escalade de la violence), **football / TV ~** (la ~ sur les terrains de football / à la télévision), **an outburst of ~** (une explosion de violence)
- **bashing** → **to give*** sb **a ~** (flanquer une râclée à qqn), **to take* a ~** (prendre une ~)
- **battered children / wives** (les enfants martyrs / les femmes battues)
- **child abuse** (la maltraitance d'enfants)
- **a child molester** (un pédophile [qui abuse des enfants])
- **a gang-infested area** (un quartier investi par les bandes / gangs)

Crime — *La criminalité*

a crime [kraɪm] → **criminal** ['krɪmɪnəl] → a **criminal** = a law-**breaker**, a wrongdoer	1. un délit 2. un crime → criminel/le → un/e délinquant/e / un malfaiteur
a **misdeed** [mɪs'di:d] = UK **misdemeanour** = US **misdemeanor** = UK an **offence** = US **offense**	un délit / un méfait
misconduct = **wrongdoing**	la délinquance / la mauvaise conduite
to contra**vene** → a contravention	contrevenir → une contravention
an accomplice [ə'kɒmplɪs] = ⚠ an accessory	un complice
to mug [mʌg] sb → **mugging** → a **mugger** / an aggressor	agresser qqn → l'agression → un agresseur
an **assault**, to **assault** / attack sb	une agression, agresser qqn
⚠ (a) **felony** ['fɛlənɪ]	un crime violent
to **violate** ['vaɪəleɪt] → a **violation**	1. enfreindre 2. violer une violation / infraction
⚠ a rape [reip], to rape sb → a **rapist** ['reɪpɪst]	un viol, violer qqn → un violeur
to shoot* [ʃu:t] at sb → a **shooting** to shoot* sb	tirer sur qqn → une fusillade abattre qqn
to kill sb → a **killer**	tuer qqn → un tueur
to **murder** sb, a **murder** → a **murderer**	assassiner qqn, un meurtre → un meurtrier
to premeditate → premeditation	préméditer → la préméditation
an assassin → to assassinate (a **politician**) → assassination → an assassination attempt	un tueur professionnel → assassiner (un homme politique) → l'assassinat (politique) → une tentative d'~
poison ['pɔɪzən], to **poison** → a **poisoner**	le poison, empoisonner → un/e empoisonneur/-euse
manslaughter ['mænslɔ:tə]	homicide involontaire
a **homicide** ['hɒmɪsaɪd] → **homicidal**	un homicide → qui a des tendances meurtrières
a **child**-killer = an infanticide, infanticide	un/e infanticide, l'infanticide
a **matricide** ['meɪtrɪsaɪd], **matricide**	un/e matricide, le matricide
a **parricide** ['pærɪsaɪd], **parricide**	un/e parricide, le parricide

a **pedophile** ['pi:dəʊfaɪl] → **pedophilia**	un pédophile → la pédophilie
arson ['ɑ:sən] → an **arsonist**	l'incendie criminel → un pyromane

WORD PARTNERS

- **crime** → **the ~ scene / the scene of the ~** (le/s lieu/x du crime), **~ prevention** (la lutte contre la criminalité), **a ~ wave** (une vague de criminalité), **a ~ reporter** (un journaliste qui couvre les affaires criminelles), **a ~ writer** (un auteur de romans noirs)
  accessory to a ~ (complice d'un délit)
- **assault and battery** (coups et blessures)
- **a serial killer** (un tueur en série)
- **murder** → **a ~ attempt / an attempted ~** (une tentative de meurtre), **the ~ weapon** (l'arme du crime), **premeditated = wilful ~ = ~ with intent = ~ with malice aforethought = US ~ in the first (degree)** (meurtre avec préméditation) ≠ **unpremeditated ~ = US ~ in the second (degree)** (meurtre sans préméditation)
- **homicide** → **accidental ~** (homicide par imprudence), **justifiable ~** (~ en état de légitime défense), **felonious ~** (~ prémédité)

Robbery and burglary — *Le vol et le cambriolage*

to **rob** sb of sth / to **steal*** [sti:l] (sth from sb) → a **robber** / a **thief** [θi:f] (*pl.* : thieves) → a **robbery** / a **theft** → a **bank robbery**	voler / dérober (qqch à qqn) → un voleur un vol une attaque de banque
a **minor offence** ['maɪnə ə'fɛns]	un délit mineur
petty theft ['pɛti θɛft]	les petits larcins
to **pilfer** → **pilfering**, a **pilferer**	chaparder → le chapardage, un chapardeur
to pick pockets → a **pickpocket**, **pickpocketing**	voler à la tire → un pickpocket / voleur à la tire, le vol à la tire
to **snatch** sth from sb → **bag-snatching**, a **bag-snatcher**	arracher qqch à qqn → le vol à l'arraché, un voleur à l'arraché
shoplifting, a **shoplifter**	le vol à l'étalage, un voleur à l'étalage
UK to **burgle** ['bɜ:gəl] = US to **burglarize** → a **burglar** ['bɜ:glə]	cambrioler → un cambrioleur
to **break*** into (a place) → a **break-in** ['breɪkɪn]	entrer (quelque part) par effraction une effraction
→ **breaking and entering**	une (entrée par) effraction *(juridique)*
to **hold*** sb up → a **hold-up**	braquer qqn → un vol à main armée / braquage / hold-up
to **aim** [eɪm] = to **point a gun at sb**	braquer un revolver / un fusil sur qqn
to **blow*** [bləʊ] a **safe**	faire sauter un coffre
to **receive stolen goods** → **receiving**, a **receiver**	receler des marchandises volées → le recel, un receleur
a **highwayman** ['haɪweɪmən]	un bandit de grand chemin

W. P.

- **rob** → **to ~ the till** (voler l'argent de la caisse), **to ~ a bank** (dévaliser une banque)
- **robbery / burglary** → **armed ~** (vol / cambriolage à main armée), **an attempted ~** (une tentative de ~), **~ with violence** (~ avec coups et blessures), UK **theft-aggravated ~** = US **grand larceny** (vol qualifié)
- **to hold* up a bank** (braquer une banque)

PHRASES

- **to rob Peter to pay Paul** (déshabiller Pierre pour habiller Paul)
  It's daylight robbery! (C'est du vol !), **robbery from a parked vehicle** (vol à la roulotte)
  Their house has been broken into. (Ils ont été cambriolés.)
- **Hands up!** (Haut les mains !), **Stop thief!** (Au voleur !), **to hold* sb at gunpoint** (tenir qqn en joue)
- **Thou shalt not steal. Thou shalt not kill.** (Tu ne voleras pas. Tu ne tueras pas.)

● Fraud [frɔːd] — La fraude

→ **fraudulent** ['frɔːdjʊlənt], to **defraud**	→ frauduleux, frauder / escroquer
a scam	une escroquerie / une arnaque
a crook → **crooked** ['krʊkɪd]	un escroc → malhonnête
to embezzle funds → embezzlement, an embezzler	détourner des fonds → le détournement de fonds, un escroc / fraudeur
to forge [fɔːdʒ] / **counterfeit a document** → **forged** / **counterfeit documents** → a **forger** / **counterfeiter** → **forgery**, a **forgery**	faire un faux = contrefaire un document → des faux papiers → un faussaire / faux-monnayeur → la contrefaçon, une contrefaçon
to **falsify** ['fɒlsɪfaɪ] / **alter** ['ɒltə]	falsifier
to **swindle** ['swɪndəl] sth from sb, a **swindle** → a **swindler** = a **con** man = a **confidence trickster** ← a **confidence** trick	escroquer qqch à qqn, une escroquerie un escroc un abus de confiance
to **smuggle** sth into ≠ **out** of a **country** → **smuggling**, a **smuggler** ['smʌglə] → **smuggled goods**	faire entrer ≠ sortir qqch en fraude la contrebande, un contrebandier, des marchandises de contrebande
insider **dealing**	le délit d'initié
tax evasion / tax fraud	la fraude fiscale

→ *La tromperie délibérée, p. 61*

W. P.
- **fraud** → **~ and deception** (l'abus de confiance), **the ~ Squad** (le service de répression des fraudes), **electoral ~** (la fraude electorale), **a credit card ~** (une escroquerie à la carte de crédit), **a property ~** (une arnaque immobilière)

PHRASES
- **to run* a scam** (monter un coup), **to embezzle from a company** (détourner les fonds d'une société), **to be* convicted of embezzlement** (être reconnu coupable de détournement de fonds), **to launder dirty money** (blanchir de l'argent sale)
- **to combat fraud** (lutter contre la fraude), **to nab a crook** (pincer un escroc)

● Drugs — La drogue

a drug [drʌg]	1. un médicament 2. une drogue / un stupéfiant
to traffic in **drugs** → **drug-trafficking**, a **drug-trafficker**	faire le trafic de la drogue → le trafic de drogue, un trafiquant de drogue
to deal drugs	vendre de la drogue
→ a **drug** dealer	→ un trafiquant de drogue
a **drug** pusher	un (re)vendeur de drogue / dealer
a drug ring	un cartel
a mule [mjuːl]	un passeur / une mule
a **drug** user = a **substance** (**ab**)user	un drogué
a hard ≠ soft drug	une drogue dure ≠ douce
a joint [dʒɔɪnt]	un joint (⚠ articulation)
a **banned substance**	une substance interdite
amphetamines [æm'fetəmɪnz]	les amphétamines
anabolic steroids	les anabolisants
a painkiller ['peɪnkɪlə]	un analgésique
abuse [ə'bjuːs] → **drug abuse**	l'abus (⚠ injures, etc.) → la toxicomanie / (*Sport :*) l'abus des substances dopantes

→ *Le tabagisme, l'alcoolisme et l'abus de drogues, p. 127*

PHRASES
- **to be* high = to be* spaced at** (être défoncé)
- **to clamp down / to crack down on drug abuse** (réprimer la consommation de drogue), **to impose penalties for drug possession** (pénaliser la possession de drogue)

Other offences | Autres délits

to kidnap = **to abduct** [əb'dʌkt] sb → a **kidnap(p)er** = an **abductor** → **kidnap(p)ing** = **abduction**	enlever / kidnapper qqn → un ravisseur → l'enlèvement
a **ransom** ['rænsəm], **to ransom**	une rançon, rançonner
to corrupt [kə'rʌpt] sb, **corrupt** → **corruption**	corrompre qqn, corrompu *(adj.)* → la corruption
blackmail ['blækmeɪl], **to blackmail** sb → a **blackmailer**	le chantage, faire chanter qqn → un maître-chanteur
an **anonymous letter** / a **poison-pen letter**	une lettre anonyme / une lettre de corbeau
slander ['slɑːndə], **to slander** → **slanderous**	la calomnie / la diffamation, diffamer → diffamatoire
a **libel** ['laɪbəl], **to libel** → **libel(l)ous**	un écrit diffamatoire, diffamer (par écrit) → diffamatoire
a **plot**, **to plot against** sb / sth → a **plotter** = a **conspirator** ← **to conspire against** sth / **to do** sth	un complot, comploter contre qqn / qqch un conspirateur / conjuré ← conspirer / comploter contre qqn
treason ['triːzən]	la trahison
a **traitor** ['treɪtə]	un traître
to betray sb / sth → a **betrayal**	trahir qqn / qqch → une trahison (personnelle)
a **leak** [liːk]	une fuite (renseignements / secrets d'état)
⚠ **to trespass** → **tresspassing**, a **tresspasser**	entrer sans autorisation → la violation de propriété, un intrus

→ *L'hypocrisie et la malhonnêteté, p. 60*

W.P.

- **ransom** → **to demand a ~** (exiger une rançon), **the ~ money** (la rançon)
- **a corrupt politician / police inspector** (un homme politique / un inspecteur de police corrompu)
- **a libel suit** (un procès en diffamation)
- **High treason** (la haute trahison)

PHRASES

- **to commit a second / subsequent offence** (récidiver après une première / après au moins deux condamnations)
- **to hold* sb to ransom** (enlever / détenir qqn pour toucher une rançon)
- **They blackmailed him into paying.** (Par le chantage, ils l'ont forcé à payer.)
- **No trespassing** (Entrée interdite / Propriété privée)
  Trespassers will be prosecuted (Défense d'entrer sous peine de poursuites)

Terrorism | Le terrorisme

← **terror** ['tɛrə] → a **terrorist**	la terreur → un terroriste
a **bomb** [bɒm]	une bombe
a **suicide bomber**	un kamikaze
to retaliate [rɪ'tælɪeɪt] → **retaliation**	riposter / se venger → les représailles
to hijack ['haɪdʒæk] a plane → **hijacking**, a **hijacker**	détourner un avion → le détournement d'avion, un pirate de l'air
a **hostage** ['hɒstɪdʒ]	un otage
to sabotage, **sabotage** ['sæbətɑːʒ]	saboter, le sabotage
a **saboteur** [sæbə'tɜː]	un saboteur
a **kamikaze** [kæmɪ'kɑːzɪ]	un kamikaze
random bombings	des attaques aveugles
a **spate of bombings**	une série d'attentats
an **in-flight explosion**	une explosion en vol

WORD PARTNERS

- **an act of terrorism / a terrorist attack (on)** (un attentat terroriste [contre])
- **bomb** → **to plant a ~** (poser une bombe)
  a ~ scare / attack (une alerte / un attentat à la ~) → **to stage a ~-attack** (organiser un attentat...), **a suicide-~ attack** (un attentat-suicide), **a car ~(ing)** (un attentat à la voiture piégée), **a package = parcel / letter ~** (un colis / une lettre piégé/e), **a time bomb** (une bombe à retardement)
- **hostage** → **to take* / to hold* sb ~** (prendre / retenir qqn en otage), **to release a ~** (libérer un otage)

PH

- **to claim responsibility for a (terrorist) attack** (revendiquer un attentat), **to blow* oneself up with the target** (se faire sauter avec la cible)
- **in retaliation for sth** (par représailles contre qqch)

Crime prevention — La lutte contre la criminalité

to protect (sb / sth from / against sb / sth) → protection	protéger (qqch / qqn contre qqch / qqn) la protection
to defend (sb / sth from / against sb / sth), UK defence = US defense → UK self-defence = US self-defense	défendre (qqch / qqn contre qqch / qqn), la défense → la légitime défense / l'auto-défense
to check [tʃɛk]	vérifier
to lock → to lock up a lock	fermer à clé → mettre sous clé, enfermer une serrure
a door-chain	un entrebâilleur
a reinforced door	une porte blindée
an alarm [ə'lɑ:m]	une alarme
a caretaker = a janitor ['dʒænɪtə]	un gardien d'immeuble
a watchman ['wɒtʃmən]	un gardien
a security guard	1. un vigile 2. un convoyeur de fonds
a bodyguard ['bɒdɪgɑ:d]	un garde du corps
a vigilante [vɪdʒɪ'læntɪ] → a vigilante group	un membre d'un groupe d'auto-défense un groupe d'auto-défense

→ *La prudence et l'imprudence, p. 64*

WORD PARTNERS

- **safety measures / devices** (les mesures / systèmes de sécurité)
- **to act in UK self-defence = US self-defense** (agir en état de légitime défense)
- **a safety / combination lock** (une serrure de sécurité / à combinaison)
- **alarm** → **a false ~** (une fausse alarme)
  an ~ bell / signal (une sonnette / un signal d'alarme), **a burglar / fire ~** (une alarme anti-effraction / anti-incendie)
  to give* / raise / sound the ~ (donner l'alarme / l'alerte), **to set* off a burglar ~** (déclencher une ~ anti-effraction)

PHRASES

- **to take* precautions** (prendre des précautions),
  a precautionary measure (une mesure de précaution)
- **It's quite safe here.** (On ne risque rien ici.)
- **to put* sth under lock and key** (mettre qqch sous clé), **to be* on one's guard** (être sur ses gardes), **to be* on the alert** (être sur le qui-vive)
- **Safety first!** (La prudence avant tout !)
- **Look before you leap!** (Prudence est mère de Sûreté.)

The police [pə'li:s] — La police

→ a police / patrol = squad car = US a prowl car	une voiture de police / de patrouille
→ UK a policeman = constable = bobby *(coll.)* US a patrolman, a cop *(coll.)*	un agent de police / gardien de la paix, un flic

→ UK a **police officer** = US a ⚠ **lawman**	un officier de police
→ UK **the traffic police** = US **the state highway patrol**	la police routière
a **traffic warden** ['wɒːdən]	≈ un contractuel
the **lollipop man** / **lady**	la personne qui fait traverser les enfants devant l'école
UK the **CID** (**Criminal Investigation Department**)	≈ la police judiciaire
US the **FBI** (**Federal Bureau of Investigation**)	le FBI / la police fédérale
the **crime squad**	la police / brigade criminelle
UK the **Murder Squad** / US the **Homicide Department**	la police criminelle
a forensic expert ≈ **coroner**	un médecin légiste
the **Vice** / Narcotics **Squad**	la brigade des mœurs / les Stups (= la brigade des stupéfiants)
the **anti-riot police**	la police anti-émeute (≈ les CRS)
the **Mounties** = the Canadian **mounted police**	la police montée canadienne
a **private** ['praɪvɪt] = a **private detective** / investigator = a **private eye** = US a **private** dick	un détective (privé) = un privé

WORD PARTNERS

- **police** → **the ~ force** (les forces de l'ordre), **a ~ station** (un commissariat de police), **a ~ patrol** (une patrouille de police), **a ~ raid / operation** (une descente / opération de police), **a ~ cordon** (un cordon de ~), **a ~ motorcyclist** (un motard), **an unmarked ~ car** (une voiture de police banalisée)
- **police station** → **UK a local ~** = **US a precinct ~** (un commissariat de quartier)
- **policeman / woman** → **a uniformed ≠ plain-clothes ~** (un agent de police / une femme policier en uniforme ≠ en civil), **a community ~** (≈ un/e îlotier/ère)

● *Police work* — *Le travail de la police*

to **enforce the law** → law **enforcement**	faire respecter la loi → l'application de la loi
to **crack** down on sb / sth → a **crackdown**	sévir contre qqch / qqn → une opération de répression
UK a **truncheon** ['trʌntʃən] = US a **night stick**	une matraque (d'agent de police)
a **tear(-gas) grenade** [grɪ'neɪd]	une grenade lacrymogène
a **smoke grenade**	une grenade fumigène
a **gas** mask	un masque à gaz
handcuffs, to **handcuff** ['hændkʌf] sb	des menottes, passer les ~ à qqn
to **investigate** a **murder** → an **investigation** = an **inquiry** → an **investigator**	conduire une enquête sur un meurtre / une enquête / un/e enquêteur/euse
a **suspect** ['sʌspɛkt], to **suspect** [səs'pɛkt] sb	un suspect, soupçonner qqn
to **shadow** ['ʃædəʊ] / **tail** sb	suivre qqn
to **track** sb down	traquer qqn
to watch sb / sth	surveiller qqn
a **warrant** ['wɒrənt] → a **search warrant**	un mandat d'arrêt → un mandat de perquisition
to **catch*** sb	attraper qqn
an **arrest**, to **arrest** sb	une arrestation, arrêter qqn
an **identity check**	un contrôle d'identité
to **interrogate** [ɪn'tɛrəgeɪt] sb → an **interrogation**	faire subir un interrogatoire à qqn / 1. un interrogatoire 2. une interrogation
a cell	une cellule
to **release** [rɪ'liːs] sb	relâcher qqn

to **caution** sb	informer qqn de ses droits
the **Miranda warning**	Avertissement donné à toute personne que l'on arrête, afin de l'informer de ses droits (droit de garder le silence, droit à l'assistance juridique)
to **charge** [tʃɑːdʒ] sb with sth, a **charge**	inculper qqn de qqch, un chef d'accusation / une inculpation
to **accuse** [ə'kjuːz] sb of sth / of doing sth	accuser qqn de qqch / d'avoir fait qqch
a **fingerprint**, to **fingerprint** sb	une empreinte digitale, prendre les empreintes digitales de qqn
forensic science / medicine	la médecine légale
a **statement** ['steitmənt]	une déposition
a **criminal record**	un casier judiciaire

WORD PARTNERS

- **to catch* sb redhanded / in flagrante delicto = in the act** (prendre qqn la main dans le sac / en flagrant délit)
- **arrest → to make* an ~** (procéder à une arrestation), **(to be*) under ~** (être en état d'~)
- **to carry out an investigation** (mener une enquête)
- **interrogation → to undergo* an ~ = to be* under ~** (subir un interrogatoire)
- **to conduct an inquiry into sth** (mener une enquête sur qqch)
- **to pick up a suspect** (arrêter un suspect)
- **charge → to file a ~ against sb** (déposer une plainte contre qqn), **to drop ~s** (retirer les chefs d'accusation), **on ~ of** (sous l'inculpation de)

PHRASES

- **law and order** (l'ordre public)
- **to be* on traffic duty** (faire la circulation)
- **Wanted!** (On recherche ... / Avis de recherche)
  to be* wanted by the police (for questioning / for murder) (être recherché par la police [pour être interrogé / pour meurtre]), **to be* in handcuffs / handcuffed** (avoir les menottes aux poignets)
- **Their activities are under investigation.** (Il y a une enquête en cours / On a ouvert une enquête sur leurs activités.), **An investigation is under way.** (Une enquête est en cours.)
  to tap sb's phone (mettre qqn sur écoute)
  ⚠ **The police are making inquiries = are investigating = are making / holding / conducting an enquiry = are interrogating the suspect(s).** (La police enquête / mène une enquête / interroge le suspect.), **The police have enough for an arrest and even an indictment.** (La police a assez de preuves pour procéder à une arrestation et même à une inculpation.), **The police cordoned off = sealed off the area.** (La police a bouclé la zone.)
- **upon further inquiry** (après vérification)
- **I'll have the law on you.** (Je vais appeler les flics.)
  to report a crime to the police (signaler un crime à la police), **to return to the scene of the crime** (revenir sur les lieux du crime)
  He was convicted of crimes against humanity. (Il a été reconnu coupable de crimes contre l'humanité.)
- **to be* taken into (police) custody** (être mis en garde à vue), **to be* held / kept in custody** (être placé en garde à vue), **to be* under investigation** (faire l'objet d'une enquête)
- **Crime doesn't pay.** (Le crime ne paie pas.)

● *The law* [lɔː] — *La justice*

→ **(un)lawful = (il)legal**	(il)légal
→ **(un)lawfulness = (il)legality**	la légalité (l'illégalité)
→ **law-abiding**	→ respectueux des lois
a **law** / an **act**	une loi
a **bill**	un projet de loi (⚠ billet de banque, etc.)
a **decree** [dɪ'kriː], to **decree that**	un décret, décréter que
to **legalize** ['liːgəlaɪz] sth	légaliser qqch
to **ban** / **prohibit** sth → **prohibition**	interdire qqch → l'interdiction

a **regulation** [rɛgju'leɪʃən]	une règle / un règlement
the civil / **penal code** [kəʊd]	le code civil / pénal
legislation [lɛdʒɪs'leɪʃən]	la législation
jurisdiction [dʒʊərɪs'dɪkʃən]	la juridiction
jurisprudence [dʒʊərɪs'pru:dəns]	la jurisprudence
to set* a **precedent**	créer un précédent / faire jurisprudence
a **right** [raɪt]	un droit
to **arbitrate** → **arbitration**, an **arbitrator** = to **mediate** → **mediation**, a **mediator**	arbitrer → l'arbitrage, un médiateur
an **arbiter** ['ɑ:bɪtə]	un arbitre (dans un conflit juridique ou social)
an **Ombudsman** ['ɒmbʊdzmən]	un médiateur (UK : arbitre entre l'Etat et les particuliers)

WORD PARTNERS

- **legal** → **a ~ adviser** (un conseiller juridique), **~ aid** (l'assistance juridique)
- **law** → **to pass a ~** (faire voter une loi), **to repeal a ~** (abolir une ~), **to abide by the ~** (respecter la loi), **to maintain ~ and order** (maintenir l'ordre public), **against the ~** (illégal)
- **to have* a brush with the ~** (avoir maille à partir avec la justice), **to be on the wrong side of the ~** (être en infraction)
- **a law-abiding citizen** (un citoyen respectueux de la loi)
- **code** → **the civil ~** (le code civil), **the penal ~** (le code pénal)
- **the right to remain silent** (le droit de garder le silence)

The courts of justice — *Les tribunaux*

justice ['dʒʌstis]	la justice
a **law court**, the **courthouse**, the **courtroom**	un tribunal, le palais de justice / le tribunal, la salle d'audience
a **magistrate** ['mædʒɪstreɪt]	un magistrat
a **judge** [dʒʌdʒ]	un juge
a **JP** = a **Justice of the Peace**	≈ un juge de paix
⚠ a **case** [keɪs] → a **test case**	une affaire (⚠ une valise, un cas, etc.) → une affaire qui fait jurisprudence
to **try** sb / a case → a **trial** ['traɪəl]	juger qqn / une affaire → un procès
a **lawsuit** ['lɔ:su:t]	une action en justice
the **plaintiff** ['pleɪntɪf]	le/la plaignant/e / la/les partie/s civile/s
⚠ the **defendant** [dɪ'fɛndənt] = the **accused**	l'accusé/e
a **lawyer** ['lɔ:jə / lɔɪə]	un homme / une femme de loi
UK a **solicitor** = US a **lawyer**	≈ un notaire
UK a **barrister**	un/e avocat/e (inscrit/e au barreau)
US an **attorney** = a **counselor**	≈ un/e avocat/e
to **prosecute** ['prɒsɪkju:t] sb → the **prosecution** → UK the **public prosecutor** = US the **district attorney**	poursuivre qqn → le procureur / la partie plaignante le procureur / l'accusation / le ministère public
a **bailiff** ['beɪlɪf]	≈ un huissier de justice
a **witness**, to **witness** → UK the **witness box** = US the **witness stand**	un témoin, être témoin de → ≈ la barre des témoins
the **dock** → the **prisoner in the dock**	le banc des accusés (⚠ dock, quai) l'accusé/e
UK a **clue** = US a **clew** [klu:]	un indice
⚠ **evidence** ['ɛvɪdəns]	l'ensemble des preuves (témoignage/s compris)
proof [pru:f] (**of sth**)	preuve/s (de qqch)
an **exhibit**	une pièce à conviction
an **alibi** ['ælɪbaɪ]	un alibi
a **cross-examination**	un contre-interrogatoire
to **plead**, a **plea** [pli:]	plaider, un plaidoyer (= supplique)

the speech for the defence	la plaidoirie (de l'avocat de la défense)
the **jury** ['dʒʊərɪ]	le jury
a **juror** ['dʒʊərə]	un juré
the **foreman** of the **jury**	le président du jury
to **deliberate** → the **deliberation**	délibérer → les délibérations
the **verdict** ['vɜːdɪkt]	le verdict
innocence ≠ **guilt** → **innocent** ≠ **guilty**	l'innocence ≠ la culpabilité → innocent ≠ coupable
a **culprit** ['kʌlprɪt]	un coupable
to **sentence**, a **sentence**	condamner → une condamnation / peine (⚠ une phrase)
to **convict** [kən'vɪkt] sb → ⚠ a **conviction**	déclarer qqn coupable → une condamnation (⚠ conviction)
to **acquit** [ə'kwɪt] sb → an **acquittal**	acquitter qqn → un acquittement
⚠ **bail** [beɪl]	la caution
damages ['dæmɪdʒɪz]	des dommages et intérêts
to **appeal** [ə'piːl], an **appeal**	faire appel, un appel
⚠ to **pardon** ['pɑːdən] sb, **pardon**	grâcier qqn, la grâce

WORD PARTNERS

- **magistrate** → UK **examining** ~ = US **committing** ~ (≈ juge d'instruction)
- **to dismiss a case** (rendre un non-lieu)
- **trial** → **to be* / go* / stand* on ~ for sth** (passer en jugement pour qqch)
~ **by jury** (jugement par jury)
- **to give* evidence of / that** = **to bear* witness to** (déposer = témoigner de / que)
- **a cast-iron alibi** (un alibi en béton)
- **guilty** → **to plead ~ ≠ not ~** (plaider coupable ≠ non coupable), **to find* sb ~** (déclarer qqn coupable) → **to be* found ~** (être déclaré ~)
- **to return a verdict** (rendre un verdict)
- **to lodge an appeal** (faire appel)
- **sentence** → **a suspended ~** (une peine avec sursis), **a life ~** (une condamnation à perpétuité), **a death ~** (une condamnation à mort), **an alternative ~** (une peine de substitution) **to give* sb a life ~** (condamner qqn à perpétuité), **to get* a life ~** (être condamné à perpétuité), **to get* a reduction in one's ~ / to get* one's ~ cut** (obtenir une réduction de peine), **to serve a ~** (purger une peine), **to reverse a ~** (casser une condamnation)
- **to sentence** → **~ sb for murder** (condamner qqn pour meurtre), **~ sb to twenty years' imprisonment** = **to pass a twenty-year sentence on sb** (~ qqn à vingt ans de prison), **~ sb in absentia** (~ qqn par contumace), **~ sb to death** (~ qqn à mort)

PHRASES

- **to lodge a complaint against sb** (porter plainte contre qqn), **to bring* sb to trial** = **to take* sb to court** = **to take* proceedings against sb** = **to sue sb** = **to bring* an action against sb** = **to bring* a lawsuit against sb** (traduire qqn en justice / intenter une action contre qqn), **to take* a case to court / to go* to law** (porter une affaire devant les tribunaux)
- **to appear before a court** (comparaître devant un tribunal), **to be* tried for murder** (être jugé pour meurtre), **to consult a lawyer** = **to take* legal advice** (consulter un avocat)
- **the speech for the** UK **defence** = US **defense** (la plaidoirie)
- **"Your Honour"** (Madame/Monsieur le juge / Madame/Monsieur le Président [du tribunal])
- **to be* <u>on</u> / <u>under</u> oath** (être <u>sous</u> serment), **to commit perjury** (faire un faux témoignage)
- **The jury is likely to convict.** (Il est probable que l'accusé sera déclaré coupable.), **The prosecution called for his conviction.** (Le procureur a demandé sa condamnation.)
- **released <u>on</u> bail** (mis en liberté <u>sous</u> caution), **to bail sb out** (payer la caution de qqn)
- **liable for damages** (civilement responsable), **to award sb damages for sth** (accorder à qqn des dommages et intérêts pour qqch)

• *Sanctions* — *Les sanctions*

a **fine** [faɪn], to **fine** sb	une amende, condamner qqn à une amende
UK a **gaol** [dʒeɪl] = US a **jail** = US a **penitentiary** = a **prison** → **imprisonment** ← to **imprison** = to **jail** /	une prison / une maison d'arrêt → l'emprisonnement ← emprisonner

UK gaol → UK a gaoler = a jailer	→ un/e geôlier/-ère
life imprisonment = imprisonment for life	la réclusion à perpétuité
hard labour	les travaux forcés
a **convict** ['kɒnvɪkt]	un condamné / un forçat
the **death penalty**	la peine de mort
capital punishment	la peine capitale
to **execute** ['ɛksɪkju:t] sb → an **execution** → the **executioner**	exécuter qqn → une exécution → le bourreau
the **electric chair** = the hot chair *(coll.)*	la chaise électrique
a **lethal injection**	une injection mortelle
to **hang*** [hæŋ] sb → a **hanging**	pendre qqn → une pendaison
the **gallows** ['gæləʊz]	la potence
the **scaffold** ['skæfəʊld]	l'échafaud
to **behead** / **guillotine** sb, the **guillotine** [gɪlə'ti:n]	décapiter / guillotiner qqn la guillotine
the **firing squad**	le peloton d'exécution
UK a **detention centre** = an **approved school** = US a **reform school** = a **reformatory**	≈ un centre de détention surveillée / une maison de redressement
⚠ **parole** [pə'rəʊl]	la liberté conditionnelle
to **deport** sb → **deportation**	déporter qqn → la déportation
to **stone** → **stoning**	lapider → la lapidation

PHRASES

- **to take* sanctions against sb** (prendre des sanctions contre qqn), **to give* a ruling on sth** (rendre un jugement sur qqch), **The judge ruled that...** (Le juge a ordonné que...), **to put* sb behind bars** (mettre qqn derrière les barreaux) → **to be* behind bars** = **to be* inside** (être derrière les barreaux), **to put* sb <u>under</u> house arrest** (placer qqn <u>en</u> résidence surveillée), **to be* <u>under</u> house arrest** (être <u>en</u> résidence surveillée), **to be* given the death sentence** (être condamné à mort), **US Death Row** (le quartier des condamnés à mort)
- **This offence is punishable by a fine.** (Ce délit est passible d'une amende.)
- **to file a petition for clemency** (déposer un recours en grâce), **to win* a reprieve** (obtenir un délai de grâce), **to commute a sentence** (commuer une peine)
- **to ban / outlaw the death penalty** (interdire la peine de mort), **to do* away with the death penalty** (en finir avec...), **to restore / reinstate the death penalty** (rétablir...)
- **He is up for parole next year.** (Il est susceptible d'obtenir la [liberté] conditionnelle l'année prochaine.), **He was released / He is on parole.** (Il a été mis / il est en liberté conditionnelle.)
- **to report to the police** (se présenter à la police)

• *Prison* — *La prison*

→ a **prisoner** ['prɪzənə] / an **inmate** ['ɪnmeɪt] / a **detainee**	→ un/e prisonnier/-ère / un/e détenu/e
UK the **governor** = US the **head warden**	le directeur de la prison
solitary confinement = **solitary** *(coll.)*	le régime cellulaire = le mitard
a **top-security wing**	un quartier de haute sécurité
the **visiting / interview room**	le parloir / le parloir des avocats
a **mutiny** ['mju:tɪnɪ] → a **mutineer**	une mutinerie ← un mutin
a **penal** ['pi:nəl] **colony** ['kɒlənɪ]	un bagne
an **electronic tag**	un bracelet de surveillance électronique

W. P.

- **prison** → **to go* to ~** (aller en prison), **to put* in ~** (mettre en prison) **~ overcrowding** (la surpopulation carcérale), **the ~ van** (le fourgon cellulaire), **the ~ authorities** (l'administration pénitentiaire), **UK a ~ officer / a ~ warder / wardress** = **US a ~ guard** (un/e gardien/ne de prison)
- **to rise* in mutiny** (se mutiner)

18 Political life — La vie politique

The state [steɪt] — L'état

→ a **statesman** / **woman** → **statesmanship**	→ un homme / une femme d'Etat → les qualités d'homme / de femme d'Etat
a **nation** ['neɪʃən] → **national** → **nationalism**, a **nationalist**, a **nation-state**	une nation → national → le nationalisme, un nationaliste, un état-nation
to **rule** [ruːl] a **country** → a **ruler** ['ruːlə]	diriger un pays → un dirigeant
to **reign**, a **reign** [reɪn]	régner, un règne
duty ['djuːtɪ] → **dutiful**	le devoir → qui a le sens du devoir
responsible → a **responsibility**	responsable → une responsabilité
power [paʊə] / **might** [maɪt] → **powerful** / **mighty**	le pouvoir / la puissance puissant/e

WORD PARTNERS

- **state** → **a sovereign ~** (un état souverain), **a police ~** (un ~ policier), **a totalitarian ~** (un ~ totalitaire), **a head of ~** (un chef d'Etat)
- **power** → **absolute / supreme ~** (le pouvoir absolu), **political ~** (le ~ politique) **to come* to ~** (accéder au ~), **to seize = to take* ~** (s'emparer du ~), **to return to ~** (revenir au ~), **to jostle for / scramble for ~** (batailler pour obtenir), **to exercise = exert / usurp ~** (exercer / usurper le ~), **to misuse ~** (abuser du ~), **to hold* on to / to cling* to ~** (s'accrocher au pouvoir), **to give* up ~** (abandonner le ~), **to hand over ~ to** (transmettre le ~ à) → **the transfer / the handover of ~** (la passation des ~s), **the trappings of ~** (les signes extérieurs du ~)

PHRASES

- **Her decision showed considerable statesmanship.** (Sa décision a révélé une grande maîtrise de l'art de gouverner.)
- **in the reign of** (sous / pendant le règne de)
- **Power corrupts.** (Le pouvoir corrompt.), **the wear and tear of power** (l'usure du pouvoir)

Systems of government — Les systèmes de gouvernement

a **regime** [reɪ'ʒiːm]	un régime
a **(con)federation**	une (con)fédération
a **republic** [rɪ'pʌblɪk] → **republican** → the **president of the republic**	une république → républicain/e → le président de la république
a **democrat** → **democracy** [dɪ'mɒkrəsɪ] **democratic** → **democratically**	un démocrate → la démocratie, démocratique → démocratiquement
a **citizen** → **citizenship**	un/e citoyen/ne → la citoyenneté
a **sovereign** ['sɒvrɪn] / a **monarch** ['mɒnək] → **monarchy** ['mɒnəkɪ]	un/e souverain/e / un monarque → la monarchie
a **queen** [kwiːn] / a **king** → a **kingdom**	une reine / un roi → un royaume
a **dynasty** ['dɪnəstɪ]	une dynastie
a **prince** → a **princess**, a **principality**	un prince → une princesse, une principauté
an **empire** ['ɛmpaɪə] → an **emperor**, an **empress**	un empire → un empereur, une impératrice
a **dictator** → **dictatorial**, a **dictatorship**	un dictateur → dictatorial/e, une dictature
a **despot** → **despotic**, **despotism**	un despote → despotique, le despotisme
a **tyrant** ['taɪərənt] → **tyranny** ['tɪrənɪ], **tyrannic(al)** → **tyranically**	un tyran → la tyrannie, tyrannique → de manière tyrannique

WORD PARTNERS

- **a socialist / democratic / fascist / totalitarian / puppet regime** (un régime socialiste / démocratique / fasciste / totalitaire / fantoche)
- **republic** → **an autonomous ~** (une république autonome), **a banana ~** (une ~ bananière)
- **a constitutional / representative democracy** (une démocratie constitutionnelle / représentative)
- **monarchy** → **absolute ~** (la monarchie absolue), **a constitutional ~** (une ~ constitutionnelle)

- **military dictatorship** (la dictature militaire)
- **to overthrow* a monarchy / a dictatorship** (renverser une monarchie / une dictature)
- **to crown / to depose a king / a queen** (couronner / déposer un roi / une reine)

● *Democracy* — *La démocratie*

free [frɪː] → **freedom** ['friːdəm] = **liberty**	libre → la liberté
a constitution → constitutional	une constitution → constitutionnel/le
politics	1. la politique (profession) 2. les opinions politiques
a **policy** → a **politician** [pɒlɪ'tɪʃən]	une (ligne) politique un/e homme / femme politique
a (political) **party**	un parti (politique)
a **spokesman** / woman = a **spokes**person	un/e porte-parole
an **adviser** [əd'vaɪzə]	un/e conseiller/-ère
a **candidate** ['kændɪdeɪt]	un/e candidat/e
popular ['pɒpjələ] → **popularity** ≠ **unpopular** → **unpopularity**	populaire → la popularité ≠ impopulaire → l'impopularité
to **canvass** ['kænvəs] → **canvassing**, a **canvasser**	solliciter des voix → le démarchage, un agent électoral
a **campaign** ['kæmpeɪn]	une campagne
a (political) **platform**	un programme (politique)
to vote [vəʊt] → a **voter**, **voting age** → the right to vote = **franchise** → universal **franchise** → to enfranchise sb	voter → un électeur, la majorité électorale le droit de vote le suffrage universel accorder le droit de vote à qqn
to **elect** → an **elect**or → the **elect**orate, an **elect**ion → a **by**-election	élire → un électeur → l'électorat, une élection → une élection partielle
to **abstain** → an abstainer = a non-voter	s'abstenir → un/e abstentionniste
a poll to poll → **polling** → the **polling** date / day, a **polling** station, a **polling** booth	1. une élection 2. un sondage 1. obtenir les voix 2. compter les voix → le scrutin → le jour des élections, un bureau de vote, un isoloir
ballot ['bælət] → a **ballot box**, a **ballot paper**	le scrutin → une urne, un bulletin de vote
the **turnout**	le taux de participation
the **counting** of votes	le dépouillement
to **resign** [rɪ'zaɪn] → **resignation**	démissionner ← la démission
to **reshuffle** → a **cabinet reshuffle**	remanier → un remaniement ministériel
to step down	se désister
a seat [siːt] → to be* **unseated**	un siège → perdre son siège
gerrymandering [dʒɛrɪ'mændərɪŋ]	le charcutage électoral
to **redistrict**	faire un redécoupage électoral

WORD PARTNERS

- **to adopt / to ratify a constitution** (adopter / ratifier une constitution)
- **party** → **to found a ~** (fonder un parti), **the ~ in power** = **the ruling ~** (le ~ au pouvoir)
- **politics** → **to engage in ~** = **to go* into ~** ≠ **to abandon ~** (faire de = se lancer dans ≠ abandonner la politique), **to be* in ~** (faire de la politique [comme métier]), **to dabble in ~** (faire un peu de ~), **to be* involved in ~** (se mêler de ~), **to talk ~** (parler [de] ~), **party ~** = **politicking** (la ~ politicienne), **parish-pump ~** (la ~ de clocher)
- **political** → **~ science** (la science politique), **~ stability** (la stabilité ~), **a ~ opponent** (un adversaire ~), **a ~ analyst / commentator** (un commentateur ~), **a ~ campaign / leader / speech** (une campagne / un dirigeant / un discours ~), **~ rights / liberties** (les droits / les libertés ~s), **~ opinions** (les opinions ~s), **a ~ prisoner / refugee / murder** (un prisonnier / réfugié / assassinat ~)

- **policy** → **a short-sighted / comprehensive ~** (une politique à courte vue / globale), **an alternative ~** (une ~ différente), **a risky ~** (une ~ à risques), **a misguided ~** (une ~ peu judicieuse)
  to advocate / to implement = to enforce / to apply / to oppose a ~ (préconiser / mettre en œuvre / appliquer / s'opposer à une ~)
  a change = a shift / a reversal of ~ (un changement / un renversement de politique)
- ⚠ **to return a candidate** (élire un candidat)
- **the floating vote / voters** (l'électorat flottant / les électeurs indécis)
- **election** → **a general / local ~** (des ~s législatives / municipales), **a snap ~** (des ~s surprise)
  to call an ~ (organiser des ~s), **to rig an ~** (truquer une ~)
- **poll** → **to go* to the ~s** (se rendre aux urnes), **the result of the ~(s)** (le verdict des urnes), **an opinion ~** (un sondage d'opinion), **exit ~s** (sondages sortie des urnes), **the eve-of-voting opinion ~s** (les sondages de veille du scrutin)

PHRASES

- **Politics is the art of the possible.** (La politique est l'art du possible.)
- **This policy will eventually pay off.** (Cette politique finira par être payante.), **Their policy is a blueprint for tyranny.** (Leur politique mène tout droit à la tyrannie.), **Your policy calls for drastic measures.** (Votre politique exige des mesures draconiennes.), **There is no grass-roots support for their policy.** (Leur politique n'a pas le soutien de la base.), **The policy of "divide and rule".** (La politique du « diviser pour régner ».)
- **the rank-and-file (party) members** (les militants de base) → **to consult the rank and file / the grassroots** (consulter la base)
- **to have* a large following** (avoir de nombreux partisans)
- **the run-up to the elections** (la dernière ligne droite avant l'élection)
- **to cast one's vote** (voter), **to vote by secret ballot** (voter à bulletins secrets)
  the first / second ballot / round (le premier / second tour de scrutin), **postal ballot** (le vote par correspondance)
- **a high ≠ low turnout** (un fort ≠ faible taux de participation)
- **vote-/poll-rigging** (la fraude électorale), **to stuff the ballot boxes** (bourrer les urnes [de faux bulletins]), **to string people along** (mener les gens en bateau)
- **The election is likely to be close.** (Les élections risquent d'être serrées.)
  The two candidates are neck and neck. (Les deux candidats sont au coude à coude.)
  to win* by a slender ≠ broad margin (gagner de justesse ≠ largement)
- **an electoral landslide** (un raz-de-marée électoral), **a comfortable / a substantial / an overwhelming majority ≠ a wafer-thin majority** (une majorité confortable / appréciable / écrasante ≠ une infime majorité)
- **What are her politics?** (Quelles idées / positions politiques a-t-elle ?)
- **There was a sudden shift in public opinion.** (Il y a eu un brusque retournement de l'opinion publique.), **to be* in sync with public opinion** (être en phase avec l'opinion publique), **to jump on the bandwagon** (prendre le train en marche)
- **a Labour stronghold** (un bastion / un fief travailliste), **a Labour-voting area** (une zone acquise aux travaillistes)
- **The Tories hold 250 seats.** (Les Conservateurs détiennent 250 sièges.)

• *The European Union (EU)* — *L'Union européenne (UE)*

a **treaty** ['tri:tɪ] → the ~ of Rome, the Maastricht ~, the Nice ~	un traité → le traité de Rome / de Maastricht / de Nice
the **Common Market**	le marché commun
the **pro-marketeers ≠ anti-marketeers**	les partisans ≠ adversaires du marché commun
the **single currency** = **Eurocurrency**	la monnaie unique = la monnaie européenne = l'Euro
the **euro zone**	la zone euro
the **Exchange Rate Mechanism** (ERM)	le mécanisme du taux de change
the **European Monetary System** (EMS)	le système monétaire européen (SME)
the **European Central Bank**	la Banque centrale européenne
the **European Parliament**	le parlement européen

the European **Commission** → a **Commissioner**	la commission européenne → un commissaire européen
the European **Court** of **Justice**	la Cour de justice européenne
A **Euro-MP** (a **Member** of the European Parliament)	un député européen
a **Eurocrat**	un/e eurocrate
a free-**trade** area	une zone de libre-échange
the **Council** of **Ministers**	le Conseil des ministres
the **Common Agricultural Policy** (CAP)	la politique agricole commune (PAC)
the **Convention** on the **Future** of **Europe**	la convention sur l'avenir de l'Europe
the **Brussels Convention**	la convention de Bruxelles
a **federalist**	un/e fédéraliste
a **European constitution**	une constitution européenne
the **preamble** [pri:'æmbəl]	le préambule
European integration	l'intégration européenne
a **member state**	un état-membre
an **applicant country**	un pays candidat (à l'entrée)
the **Union's enlargement**	l'élargissement de l'union
the **enlargement negotiations**	les négociations sur l'élargissement
a **Eurosceptic** / a **Euro-rebel**	un/e euro-sceptique /-rebelle
the **Sovereignty-minded British**	les souverainistes britanniques

PHRASES

- **EEC regulations** (les règlements communautaires)
- **The EU law "shall have primacy over the law of the member states" = The EU law overrides the law of member states.** (Les lois de l'Union européenne ont priorité / l'emportent sur celles des États-membres.)

• *British institutions* — *Les institutions britanniques*

the **Crown** [kraʊn]	la Couronne
to **crown** ∅ a **coronation**	couronner ∅ un couronnement
the **throne** [θrəʊn]	le trône
the **sceptre** ['sɛptə]	le sceptre
royal [rɔɪəl] ∅ **royalty**	royal ∅ 1. la royauté 2. la famille royale
Royal Assent	approbation royale d'un projet de loi
the **Privy Council** (PC)	le Conseil privé de la reine / du roi
the **Prime Minister** = the PM = the **Premier**	le Premier Ministre
the **Cabinet** → the **Shadow Cabinet** → a **Cabinet minister**	le Cabinet → le Cabinet fantôme (cabinet de l'Opposition) → un ministre
a **ministry** / a **department**	un ministère
the **Foreign Secretary** / the **Secretary** of **State for Foreign and Commonwealth Affairs**	le/ la ministre des Affaires étrangères
the **Foreign and Commonwealth Office**	le ministère des Affaires étrangères
the **Chancellor** of the **Exchequer** [ɪks'tʃɛkə]	le Chancelier de l'Échiquier (= ministre des Finances)
Her **Majesty's Treasury** ['trɛʒərɪ]	le ministère des Finances
the **Lord Chancellor** ['tʃɑ:nsələ]	le/la ministre de la Justice
the **Home Secretary**	le/la ministre de l'Intérieur
the **Home Office**	le ministère de l'Intérieur
the **Department** for **Education**	le ministère de l'Éducation
the **Ministry** of **Defence**	le ministère de la Défense
the **Department** of the **Environment**	le ministère de l'Environnement
the **Postmaster General** (PMG)	le/la ministre des Postes et Télécommunications

the **President** of the **Board** of **Trade**	le/la ministre du Commerce et de l'Industrie
the **Minister** of **Agriculture**, **Fisheries** and **Food**	le/la ministre de l'Agriculture et de la Pêche
the **Northern Ireland Secretary**	le/la ministre chargé(e) des Affaires d'Irlande du Nord
the **Secretary** of **State** for **Scotland** = the **Scottish Secretary**	le/la ministre chargé(e) des Affaires écossaises
the **Secretary** of **State** for **Wales** = the **Welsh Secretary**	le/la ministre des Affaires galloises
a **junior minister**	un secrétaire d'État
the **civil service**	la fonction publique
a **civil servant** / **government official**	un/e fonctionnaire

PHRASES

- **to come* to** = **to ascend the throne** (monter sur le trône), **to succeed sb on the throne** (succéder à qqn sur le trône), **the Speech from the Throne** (le discours du Trône [= écrit par le P.M. et prononcé par le souverain, chaque année, à l'ouverture du Parlement])
- **The Prime Minister presides over the Cabinet.** (Le premier ministre préside le cabinet.) **The Speaker presides over the debates in the House of Commons.** (Le Speaker préside les débats aux Communes.) **The Lord Chancellor acts as Speaker in the House of Lords.** (Le Lord Chancellor fait office de Président à la Chambre des Lords.) **The Leader of the Opposition is the counterpart / opposite number of the PM.** (Le Chef de l'Opposition est l'homologue du premier ministre.)
- **He / She was appointed Secretary of State.** (On l'a nommé/e ministre.) **to appoint sb to an office** (nommer qqn à un poste), **to take* office** (entrer en fonction), **to hold* office / to be* in office** (être en fonction / au pouvoir)

● *The British Parliament* — *Le Parlement britannique*

= **Westminster** = the **Legislature**	
State opening of **Parliament**	la cérémonie d'ouverture de la session parlementaire
the **House** of **Lords**	la Chambre des Lords
the **Lord Chancellor**	le président de la Chambre des Lords
the **Woolsack**	le siège du Lord Chancellor (coussin bourré de laine représentant la richesse du royaume)
a **peer** / **peeress** of the **realm** → **peerage**	un/e pair/esse du royaume → la pairie
the **House** of **Commons** = the **Commons**	la Chambre des Communes
the **Speaker** → the **Deputy-Speaker**	le/la président/e → le /la vice-président/e de la Chambre des Communes
the **Leader** of the **House** of **Commons** / of **Lords**	le chef du parti majoritaire
the **Leader** of the **Opposition**	le chef de l'opposition
the **Mace** [meɪs]	la Masse d'armes (symbole du pouvoir aux Communes)
a **Member** of **Parliament** (an **MP** ['ɛm'piː])	un/e député/e
the **frontbenches** → a **frontbencher**	les bancs du gouvernement → un membre du gouvernement
the **backbenches** → a **backbencher**	les bancs des simples parlementaires → un/e parlementaire
the **crossbenches** → a **crossbencher**	les bancs des non-inscrits → un non-inscrit
a **whip** [wɪp]	un/e parlementaire chargé de veiller à la discipline du groupe (⚠ un fouet)
→ the **Chief Whip**	→ ≈ le/la président/e de groupe
a two-line **whip** / a three-line **whip**	une convocation / une ~ impérative pour un débat ou un vote
to **sit*** → a (parliamentary) **sitting**	siéger → une séance (parlementaire)

question time	la séance des questions au gouvernement
to heckle → **heckling** → **a heckler**	interpeller / harceler → harcèlement un/e chahuteur/-se
a speech [spiːtʃ] → **an MP's maiden speech**	un discours → le premier discours d'un/e parlementaire nouvellement élu/e
to cheer [tʃɪə], **cheers** ≠ **to boo** [buː]	acclamer, des acclamations ≠ huer
to applaud [əp'lɔːd] → **applause**	applaudir → des applaudissements
to filibuster ['fɪlɪbʌstə]	faire de l'obstruction parlementaire
a (parliamentary) session	une session (parlementaire)
recess ['riːsɛs]	les vacances parlementaires
⚠ **a division** [dɪ'vɪʒən]	un vote (à la Chambre des Communes)
a teller	un scrutateur
the ayes [aɪz]	les oui (ceux qui votent pour)
the noes [nəʊz]	les non (ceux qui votent contre)
a bill	un projet de loi (⚠ une facture / US un billet)
an amendment	un amendement
a committee [kə'mɪtɪ]	une commission
an Act of Parliament	une loi votée par le Parlement
a motion ['məʊʃən]	une motion
the lobby ['lɒbɪ] → **to lobby** → **a lobby (group)** = **a pressure-group** → **a lobby correspondent**	la salle des pas perdus (au parlement) → faire pression, → un lobby = un groupe de pression → un/e journaliste parlementaire
the proceedings	les délibérations
local government	l'administration locale
to devolve [dɪ'vɒlv] **(to)** → **devolution** ['diːvə'luːʃən]	déléguer (à) → la décentralisation (vers Écosse, Irlande, Pays de Galles et Irlande du Nord)
regionalization ['riːdʒənəlaɪ'zeɪʃən]	la régionalisation
the first-past-the-post system	le scrutin uninominal à un tour
proportional representation (PR)	la représentation proportionnelle
a constituent [kən'stɪtjʊənt] → **a constituency**	un électeur → une circonscription électorale

WORD PARTNERS

- **Parliament** → **to dissolve ~** (dissoudre le Parlement), **to stand* for ~** (se présenter aux élections législatives)
- **a life** ≠ **hereditary peer / peeress** (un/e pair/esse à vie ≠ héréditaire)
- **bill** → **to draft a ~** (préparer un projet de loi), **to table / debate / discuss / alter / amend a ~** (déposer / débattre d' / discuter / modifier / amender un ~), **to approve / support / pass a ~** (approuver / soutenir / voter un ~), **to bring* in** = **bring* forward** = **introduce** = **present a ~** (présenter = déposer un ~), **to withdraw* a ~** (retirer un ~), **to vote on a ~** (mettre aux voix un ~), **to delay / shelve / reject / vote down** = **defeat** = **oppose a ~** (retarder / enterrer / repousser / s'opposer à un ~), **to push through a ~** (réussir à faire voter un ~)
- **committee** → **a parliamentary ~** (une commission parlementaire), **a standing ~** (une ~ permanente)
  to be* = **to sit* on a ~** = **to be* a member of a ~** (être membre d'une ~)
- **a motion of no confidence** (une motion de censure)

PHRASES

- **The British Parliament is a bicameral legislature.** (Le Parlement britannique est un corps législatif bicaméral.), **a legislative assembly** (une assemblée législative)
- **the upper chamber of Parliament** (la chambre haute du Parlement = Chambre des Lords), **the lower chamber of Parliament** (la chambre basse du Parlement = les Communes)
- **the Member <u>for</u> Cambridge** (le/la député/e <u>de</u> Cambridge)
- **parliamentary privilege** (l'immunité parlementaire), **to chair a parliamentary group / a committee** (présider un groupe parlementaire / une commission)
- **the Committee of Ways and Means** (la commission [chargée] du budget)
- **a show of hands** (un vote à mains levées)
- **to take* / to hold* the floor** (prendre / garder la parole)
  The floor is yours. (Vous avez la parole.)

- **to pass a vote of confidence ≠ no confidence** (voter la confiance ≠ la motion de censure)
- **Filibustering is a time-delaying tactic.** (L'obstruction parlementaire est une tactique dilatoire.)
- **The MPs in favour of the motion file through the Aye lobby.** (Les députés en faveur de la motion quittent la salle des séances par le couloir des « oui ».)
  The bill was defeated at its second reading. (Le projet de loi a été repoussé en seconde lecture.)
  The law will come into force next month. (La loi entrera en vigueur le mois prochain.)
  Parliament is in recess. (Le Parlement est en vacances.)
- **Hear! Hear!** (Bravo !), **Order! Order!** (Un peu de silence, s'il vous plaît !)

American institutions — *Les institutions américaines*

the Founding Fathers	les Pères Fondateurs
the Constitution	la Constitution
Checks and Balances	l'équilibre des pouvoirs
the administration	le gouvernement
the White House	la Maison Blanche
the President = the Chief Executive the Vice President = the Veep = the VP	le Président = le Chef de l'Exécutif le /la vice-Président/e
the Secretary of State	le /la ministre des Affaires étrangères
the Department of State	le ministère des Affaires étrangères
the Defense Secretary	le /la ministre de la Défense
the Department of Defense	le ministère de la Défense
the Pentagon ['pɛntəgɒn]	le Pentagone (lieu et institution)
the Attorney General	l'Attorney Général (≈ ministre de la Justice)
the Department of Justice	le ministère de la Justice
the Secretary of the Treasury	le/la ministre des Finances
the Department of the Treasury	le Trésor = le ministère des Finances
a governor ['gʌvənə] → governorship	un gouverneur → la fonction de gouverneur
a term of office	un mandat

The working of American democracy — *Le fonctionnement de la démocratie américaine*

the incumbent president	le président en exercice / sortant
the president-elect	le président élu, entre son élection (novembre) et son investiture (20 janvier)
Inauguration Day	l'Investiture (du nouveau président)
the Inaugural Address	le discours d'investiture
the State of the Union Address	le discours sur l'état de l'Union
the Republican Party = Grand Old Party (GOP)	le parti républicain
the Democratic Party	le parti démocrate
a national convention	une convention nationale (d'un parti politique)
nomination → a nominee [nɒmɪ'ni:]	le choix (par un parti) d'un/e candidat/e → un/e candidat/e désigné/e
a primary election	une (élection) primaire
a caucus ['kɔ:kəs]	un comité électoral / un rassemblement politique
an elector → the electoral college / vote	un grand électeur → le collège / le vote des grands électeurs
Congress → a Congressman / woman the Capitol = Capitol Hill = the Hill	le Congrès → un membre du Congrès le Capitole (= le Congrès)

the **Senate** ['sɛnɪt] → a **senator**	le sénat → un sénateur
a representative → the **House** of Representatives	un membre de la chambre des Représentants → la chambre des Représentants
the **spoils** [spɔɪlz] **system**	le système des dépouilles
fund-raising, a **fund-raiser**	la collecte de fonds, un collecteur de fonds
to **impeach** [ɪm'pi:tʃ] → **impeachment**	mettre (le président) en accusation → la mise en accusation

PHRASES

- **the Democratic / Republican ticket** (l'ensemble des deux candidats démocrates / républicains à la présidence et à la vice-présidence)
- **to run* for President** (être candidat à la présidence), **to be* nominated for presidency** (être choisi par un parti comme candidat à la présidence), **to take* office** (entrer en fonction)
- **the presidential term** (le mandat présidentiel), **the mid-term elections** (les élections de mi-mandat = 2 ans après l'élection présidentielle), **the gubernatorial elections** (l'élection des gouverneurs)
- **The new president was sworn in in January.** (Le nouveau président a prêté serment en janvier.)
  The President's term (of office) is four years, a senator's term (of office) is six years, and a representative's is two years. (Le mandat du Président est de quatre ans, celui d'un sénateur, de six ans, et celui d'un représentant / député de deux ans.)
  The Vice-President presides over the Senate. (Le vice-président préside le sénat.)
- **The party has a large following in the south.** (Le parti est bien implanté dans le sud.)

● *Political attitudes* — *Les attitudes politiques*

anarchy ['ænəki], an **anarchist**	l'anarchie, un/e anarchiste
communism ['kɒmjənɪzəm], a **communist**	le communisme, un/e communiste
Marxism, a **Marxist**	le marxisme, un/e marxiste
conservative → a **conservative**, **conservatism**	conservateur → un/e conservateur/-trice, le conservatisme
to **lead*** a **party** → a **party leader**	diriger un parti → un chef / dirigeant de parti
UK a **Tory** ['tɔ:rɪ] → the **Tory Party**	un conservateur → le parti conservateur
UK **Labour** ['leɪbə] → the **Labour Party**, a **labourite**	le travaillisme / les travaillistes → le parti travailliste, un/e travailliste
UK the **Social Democratic Party (SDP)**	le parti social-démocrate
liberal ['lɪbərəl] → a **liberal** → **liberalism**	libéral → un/e libéral/e → le libéralisme
(a) **reactionary**	(un) réactionnaire
royalism, a **royalist** ['rɔɪəlɪst]	le royalisme, un/e royaliste
imperialism, an **imperialist** [ɪm'pɪərɪəlɪst]	l'impérialisme, un/e impérialiste
social ['səʊʃəl] → **socialism**, a **socialist**	social/e → le socialisme, un/e socialiste
the **left** → a **left-winger**	la gauche → un homme / une femme de gauche
the **right** → a **right-winger**	la droite → un homme / une femme de droite
a **hardliner** ['hɑ:dlaɪnə]	un partisan de la ligne dure
politicking ['pɒlɪtɪkɪŋ]	la politique politicienne
to **scheme** [ski:m] → **scheming**, a **schemer**	intriguer → les intrigues, un intrigant
a **(master)trimmer** / a **timeserver**	un opportuniste
wheeling and dealing	les combines
corruption [kə'rʌpʃən]	la corruption
a **smear** ['smɪə] **campaign**	une campagne de diffamation

W. P.

- **politician** → **a crafty / shrewd / skil(l)ful / seasoned / able / experienced ~** (un homme politique madré / astucieux / habile / chevronné / compétent / expérimenté), **a power-hungry ~** (un ~ assoiffé de pouvoir)

Protest ['prəʊtɛst] — *La contestation*

to **protest** → a **protest movement**	protester → un mouvement de protestation
to **demonstrate** → a **demonstrator**, a **demonstration** = a **demo** *(coll.)*	manifester → un manifestant, une manifestation = une manif
unrest	l'agitation
a **ringleader** ['rɪŋliːdə]	un meneur
subversion [səb'vɜːʃən] → **subversive**	la subversion → subversif/-ive
a **rebel** ['rɛbəl], to **rebel** [rɪ'bɛl] → **rebellion**	un rebelle, se rebeller → la rébellion
revolution [rɛvə'ljuːʃən] → to **revolutionize**, **revolutionary**	la révolution → révolutionner, révolutionnaire
a **riot** ['raɪət] → a **rioter** ['raɪətə]	une émeute, un émeutier
to **rise*** **against** → an **uprising** ['ʌpraɪzɪŋ]	se soulever contre → un soulèvement
an **insurrection** [ɪnsə'rɛkʃən] → an **insurrectionist** = **insurgent** [ɪn'sɜːdʒənt]	une insurrection → un insurgé
a **coup** [kuː]	un coup d'État
to **overthrow***, an **overthrow**	renverser, un renversement (de régime / gouvernement)
to **repress** = to **put*** **down** a **movement** → **repression** [rɪ'prɛʃən]	réprimer un mouvement → la répression
martial ['mɑːʃəl] **law**	la loi martiale
the **Establishment** [ɪ'stæblɪʃmənt]	l'establishment / la classe dominante
the **powers that be**	les autorités constituées
the **privileged** *(+ V pl.)*	les privilégiés
the **less privileged**	les économiquement faibles
the **underprivileged**	les déshérités
class struggle	la lutte des classes
to **take*** **to the street**	descendre dans la rue

W. P.

- **riot** → ~ **police** (la police anti-émeutes / ≈ les CRS), **a ~ squad** (une brigade anti-émeutes), **a ~ shield** (un bouclier anti-émeutes)

PH

- **to gag the opposition** (museler l'opposition), **to declare a state of emergency** (déclarer l'état d'urgence), **to block / restrict internet access** (bloquer / restreindre l'accès à internet)

19 International relations — Les relations internationales

A nation ['neɪʃən] — Une nation

→ **national** ['næʃənəl] → **nationality**	→ national/e → la nationalité
native ['neɪtɪv] (of), a **native** (of)	originaire (de), un/e autochtone (de)
to inhabit → an inhabitant (of)	habiter → un/e habitant/e (de)
a **country** ['kʌntrɪ]	un pays
a land	une patrie
identity [aɪ'dɛntɪtɪ] → an ~ **card** = an I.D.	l'identité → une carte d'identité
a **passport** ['pɑ:spɔ:t]	un passeport
the West → **western**	l'Ouest → de l'Ouest
the East → **eastern**	l'Est / l'Orient → de l'Est
neutral ['nju:trəl] → **neutrality**	neutre → la neutralité
to **align** [ə'laɪn] → **aligned** ≠ **non-aligned**	aligner → aligné/e ≠ non-aligné/e

The British Isles — Les Îles britanniques

(Great) **Britain** → **British**	la Grande-Bretagne → britannique
the **United Kingdom**	le Royaume-Uni
Anglo-Saxon, an **Anglo-Saxon**	anglo-saxon, un Anglo-Saxon
England → **English** → an **Englishman**	l'Angleterre → (l')anglais → un Anglais
a Celt [kɛlt] → **Celtic**	un Celte → celte
Gaelic ['geɪlɪk]	(le) gaélique
a Scot → **Scottish** → a **Scotsman** → **Scotland** → **Scottish**	un Écossais → écossais → un Écossais ← l'Écosse→ écossais
Wales [weɪlz] → **Welsh** [wɛlʃ] → a **Welshman**	le Pays de Galles → gallois → un Gallois
Ireland ['aɪələnd] → **Irish** ['aɪrɪʃ] → an **Irishman**	l'Irlande → irlandais → un Irlandais
Northern Ireland	l'Irlande du Nord
the **Republic of Ireland** = **Eire** ['ɛər]	la République d'Irlande = l'Eire

Western Europe — L'Europe occidentale

Andorra → **Andorran**, an **Andorran**	l'Andorre → andorran, un Andorran
Austria ['ɒstrɪə] → **Austrian**, an **Austrian**	l'Autriche → autrichien, un Autrichien
Benelux ['bɛnɪlʌks]	le Bénélux
Belgium ['bɛldʒəm] → **Belgian**, a **Belgian**	la Belgique → belge, un Belge
The **Netherlands**, **Holland**	les Pays Bas, la Hollande
Dutch [dʌtʃ] → a **Dutchman**	(le) néerlandais → un Néerlandais
Luxemburg ['lʌksəmbɜ:g]	le Luxembourg
Corsica → **Corsican**, a **Corsican**	la Corse → (le) corse, un Corse
Cyprus ['saɪprəs] → **Cypriot** ['sɪprɪət], a **Cypriot**	Chypre → chypriote, un Chypriote
Denmark, a **Dane** → **Danish** ['deɪnɪʃ]	le Danemark, un Danois → (le) danois
a Finn → **Finland**, **Finnish**	un Finlandais / un Finnois ← la Finlande, finlandais / le finnois
France → **French** → a **Frenchman**	la France → (le) français → un Français
Germany → **German**, a **German**	l'Allemagne → (l')allemand, un Allemand
Greece [gri:s] → **Greek**, **Grecian**, a **Greek**	la Grèce → (le) grec, un Grec
Iceland ['aɪslənd] → **Icelandic**, an **Icelander**	l'Islande → (l')islandais, un Islandais
Italy ['ɪtəlɪ] → **Italian**, an **Italian** [ɪ'tæljən]	l'Italie → (l')italien, un Italien

Malta ['mɔːltə] → **Maltese**, a **Maltese**	Malte → (le) maltais, un Maltais
Norway → **Norwegian**, a **Norwegian**	la Norvège → norvégien, un Norvégien
Portugal → **Portuguese**, a **Portuguese**	le Portugal → (le) portugais, un Portugais
Spain → **Spanish**, a **Spaniard**	l'Espagne → (l')espagnol, un Espagnol
a **Swede** [swiːd] → **Sweden**, **Swedish**	un Suédois ← la Suède → (le) suédois
Switzerland → **Swiss**, a **Swiss**	la Suisse → suisse, un Suisse
Basque [bæsk], a **Basque**	(le) basque, un Basque
gypsy = **gipsy** ['dʒɪpsɪ], a **Gipsy**	gitan / tsigane, un Gitan / un Tsigane

W. P.

- **a Greek / Turkish Cypriot** (un Chypriote grec / turc)
- **Maltese** → **a ~ cross** (une croix de Malte), **~ fever** (la fièvre de Malte)
- **Portuguese-speaking** (lusophone)
- **Basque** → **the ~ country** (le pays basque), **the ~ Provinces** (les provinces basques)

PH.

- **to go* Dutch** (partager l'addition)
- **It's all Greek to me.** (Pour moi, c'est du chinois.)

Eastern and Central Europe / L'Europe de l'Est et l'Europe centrale

Albania → **Albanian**, an **Albanian**	l'Albanie → (l')albanais, un Albanais
Armenia → **Armenian**, an **Armenian**	l'Arménie → (l')arménien, un Arménien
Azerbaijan → **Azerbaijani**, an **Azerbaijani**	l'Azerbaïdjan → azerbaïdjanais = azeri, un Azerbaïdjanais = Azeri
Belarus = **Byelorussia** → **Belorussian**, a **Byelorussian**	la Biélorussie → biélorusse, un Biélorusse
Bohemia → **Bohemian**, a **Bohemian**	la Bohême → bohémien, un Bohémien
Bosnia → **Bosnian**, a **Bosnian** → **Bosnia-Herzegovina**	la Bosnie → (le) bosniaque, un Bosniaque, → la Bosnie-Herzégovine
a **Bulgar** → **Bulgaria** → **Bulgarian**, a **Bulgarian**	un Bulgare → la Bulgarie → (le) bulgare, un Bulgare
a **Croat** → **Croatia** [krəʊ'eɪʃə] → **Croatian**	un Croate → la Croatie → (le) croate
Czech [tʃɛk], a **Czech** → the **Czech Republic**, (former) **Czechoslovakia** [tʃɛkəʊsləʊ'vækɪə]	(le) tchèque, un Tchèque → la Tchéquie = la République tchèque, (autrefois :) la Tchécoslovaquie
Estonia [ɛs'təʊnjə] → **Estonian**, an **Estonian**	l'Estonie → (l')estonien, un Estonien
Georgia ['dʒɔːdʒjə] → **Georgian**, a **Georgian**	la Géorgie → (le) géorgien, un Géorgien
Hungary → **Hungarian**, a **Hungarian**	la Hongrie → (le) hongrois, un Hongrois
Latvia → **Latvian** = **Lett**, a **Latvian** = **Lett**	la Lettonie → (le) letton, un Letton
Lithuania → **Lithuanian**, a **Lithuanian**	la Lituanie → (le) lituanien, un Lituanien
Poland ['pəʊlənd] ← a **Pole** → **Polish**	la Pologne → un Polonais → (le) polonais
Romania → **Romanian**, a **Romanian**	la Roumanie → (le) roumain, un Roumain
Russia ['rʌʃə] → **Russian**, a **Russian**	la Russie → (le) russe, un Russe
Serbia ['sɜːbjə] → **Serbian**, a **Serb** = **Serbian**	la Serbie ← (le) serbe, un Serbe
Serbo-Croat → **Serbo-Croatian**, a **Serbo-Croatian**	serbo-croate → le serbo-croate, un Serbo-Croate
Serbia-Montenegro	la Serbie-Monténégro
Slovakia → **Slovakian**, a **Slovak** = **Slovakian**	la Slovaquie → (le) slovaque, un Slovaque
Slovenia → **Slovenian**, a **Slovene** = **Slovenian**	la Slovénie ← (le) slovène, un Slovène
Turkey ['tɜːkɪ] → **Turkish**, a **Turk**	la Turquie ← (le) turc, un Turc
Ukraine [juː'kreɪn] → **Ukrainian**, a **Ukrainian**	l'Ukraine → ukrainien, un Ukrainien
Slavonic = **Slavic**, a **Slav**	(le) slave, un Slave

the **Union** of **Socialist Soviet Republics** (USSR)	l'Union des Républiques Soviétiques Socialistes (URSS)
(former) **Yugoslavia** [ju:gəʊ'slɑ:vɪə], **Yugoslav** = **Yugoslavian**, a **Yugoslav** = **Yugoslavian**	(autrefois :) la Yougoslavie, yougoslave, un Yougoslave

W. P.

- **Russian** → **a ~ doll** (une poupée gigogne), **the ~ Federation** (la Fédération de Russie), **~ roulette** (la roulette russe), **a ~ salad** (une salade russe)
- **Turkish** → **a ~ bath** (un bain turc), **~ coffee** (le café turc), **a ~ delight** (un loukoum), **a ~ towel** (une serviette éponge)

PH.

- **(as) thin as a Turkish cat** (maigre comme un clou)

Africa — *L'Afrique*

→ African, an African	africain, un Africain
North Africa = the Maghreb → North African, a North African = a Maghrebi	l'Afrique du Nord = le Maghreb → maghrébin, un Maghrébin
Berber, a **Berber**	(le) berbère, un Berbère
Algiers [æl'dʒɪəz] → **Algeria** [æl'dʒɪərɪə] → **Algerian**, an **Algerian**	Alger → l'Algérie → algérien, un Algérien
Egypt ['i:dʒɪpt] → **Egyptian**, an **Egyptian**	l'Égypte → égyptien, un Égyptien
Libya → **Libyan**, a **Libyan**	la Libye → libyen, un Libyen
Morocco → **Moroccan**, a **Moroccan**	le Maroc → marocain, un Marocain
Tunisia [tju(:)'nɪzjə] → **Tunisian**, a **Tunisian**	la Tunisie → tunisien, un Tunisien
Angola → **Angolan**, an **Angolan**	l'Angola → angolais, un Angolais
Benin → **Beninese**, a **Beninese**	le Bénin → béninois, un Béninois
Botswana → **Botswanan**, a **Tswana**	le Botswana → botswanais, un Botswanais
Burkina Faso → **Burkinese**, a **Burkinese**	le Burkina Faso → burkinabé, un Burkinabé
Burundi → **Burundian**, a **Burundian**	le Burundi, burundais, un Burundais
Cameroon → **Cameroonian**, a **Cameroonian**	le Cameroun → camerounais, un Camerounais
the **Central African Republic**	la République Centrafricaine
Chad [tʃæd] → **Chadian**, a **Chadian**	le Tchad → tchadien, un Tchadien
Congo → **Congolese**, a **Congolese**	le Congo → congolais, un Congolais
Eritrea → **Eritrean**, an **Eritrean**	l'Érythrée → érythréen, un Érythréen
Ethiopia [i:θɪ'əʊpjə] → **Ethiopian**, an **Ethiopian**	l'Éthiopie → éthiopien, un Éthiopien
Gambia → **Gambian**, a **Gambian**	la Gambie → gambien, un Gambien
Guinea ['gɪnɪ] → **Guinean**, a **Guinean**	la Guinée → guinéen, un Guinéen
Kenya → **Kenyan**, a **Kenyan**	le Kenya → kenyan, un Kenyan
Mali → **Malian**, a **Malian**	le Mali → malien, un Malien
Mauritania → **Mauritanian**, a **Mauritanian**	la Mauritanie → mauritanien, un Mauritanien
Mauritius → **Mauritian**, a **Mauritian**	l'Île Maurice → mauricien, un Mauricien
Namibia → **Namibian**, a **Namibian**	la Namibie → namibien, un Namibien
Niger ['naɪdʒə] → **Nigerien**, a **Nigerien**	le Niger → nigérien, un Nigérien
Nigeria [naɪ'dʒɪərɪə] → **Nigerian**, a **Nigerian**	le Nigéria → nigérian, un Nigérian
Senegal → **Senegalese**, a **Senegalese**	le Sénégal → sénégalais, un Sénégalais
Somalia → **Somalian**, a **Somalian**	la Somalie → somali = somalien, un Somali = un Somalien
Sudan → **Sudanese**, a **Sudanese**	le Soudan → soudanais, un Soudanais
South Africa → **South African**, a **South African**	l'Afrique du Sud → sud-africain, un Sud-Africain
Tanzania → **Tanzanian**, a **Tanzanian**	la Tanzanie → tanzanien, un Tanzanien

Uganda → Ugandan, a Ugandan	l'Ouganda → ougandais, un Ougandais
Zaïre → Zaïrean = Zaïrian, a Zaïrian	le Zaïre → zaïrois, un Zaïrois
Zambia → Zambian, a Zambian	la Zambie → zambien, un Zambien

● *The Middle East* — *Le Moyen Orient*

an Arab ['ærəb] → Arabian [ə'reɪbɪən], Arabic	un Arabe → arabe, l'arabe
the Arabic Peninsula	la Péninsule arabique
the United Arab Emirates	les Émirats Arabes Unis
the Persian ['pɜːʃən] Gulf	le Golfe Persique
Irak [ɪ'rɑːk] → Iraki, an Iraki	l'Irak → irakien, un Irakien
Israel ['ɪzreɪəl] → Israeli, an Israeli	Israël → israëlien, un Israëlien
Hebrew ['hiːbruː], a Hebrew	(l')hébreu, un Hébreu
Jordan ['dʒɔːdən] → Jordanian, a Jordanian	la Jordanie → jordanien, un Jordanien
a Kurd → Kurdish → Kurdistan [kɜːdɪs'tɑːn]	un Kurde → le kurde → le Kurdistan
Kuwait [ku'weɪt] → Kuwaiti, a Kuwaiti	le Koweit → koweitien, un Koweitien
Lebanon → Lebanese, a Lebanese	le Liban → libanais, un Libanais
Palestine → Palestinian, a Palestinian	la Palestine → palestinien, un Palestinien
Saudi Arabia → a Saudi (Arabian)	l'Arabie Saoudite, un Saoudien
Syria → Syrian, a Syrian	la Syrie → syrien, un Syrien
Yemen → Yemeni, a Yemeni	le Yémen → yéménite, un Yéménite
Afghanistan ← Afghan = Afghani, an Afghan = Afghani	l'Afghanistan ← (l')afghan, un Afghan
Iran [ɪ'rɑːn] → Iranian, an Iranian	l'Iran → (l')iranien, un Iranien
Persia ['pɜːʃə] → Persian, a Persian	la Perse → (le) persan, un Persan
Kyrgyzstan = Kirghizia ← Kirghiz, a Kirghiz	le Kirghizstan ← (le) kirghize, un Kirghize
Pakistan [pɑːkɪ'stɑːn] → Pakistani, a Pakistani	le Pakistan → (le) pakistanais, un Pakistanais
Tadzhikistan ← Tadzhik, a Tadzhik	le Tadjikistan ← (le) tadjik, un Tadjik
Turkmenistan ← Turkmen, a Turkmen → Turkmenia	le Turkménistan ← (le) turkmène, un Turkmène → la Turkménie
Uzbekistan ← (an) Uzbek	l'Ouzbékistan ← un Ouzbek

PH.
- **the East** = **the Orient** (l'Orient / l'Est) → **the Near / Far East** (le Proche- / l'Extrême Orient)
- **the PLO** = **Palestinian Liberation Organization** (l'OLP = Organisation de Libération de la Palestine), **the Arab League** (la Ligue arabe)

● *Asia* ['eɪʃə] / ['eɪʒə] — *L'Asie*

→ Asian ['eɪʃən] ['eɪʒən], an Asian	asiatique, un Asiatique
Bangladesh	le Bangladesh
→ (a) Bangladeshi	→ (un natif / habitant) du Bangladesh
Bhutan → Bhutanese, a Bhutanese	le Bhoutan → bhoutanais, un Bhoutanais
Burma ['bɜːmə] → Burmese, a Burmese	la Birmanie → (le) birman, un Birman
Cambodia [kæm'bəʊdjə] → Cambodian, a Cambodian	le Cambodge → cambodgien / le khmer, un Cambodgien
Chechnya = Chechenia ← Chechen, a Chechen	la Tchétchénie ← tchétchène, un Tchétchène
China ['tʃaɪnə] → Chinese, [tʃai'niːz] a Chinese = Chinaman	la Chine → (le) chinois, un Chinois
India → Indian, an Indian	l'Inde → indien, un Indien
Indo-China → Indo-Chinese, an ~	l'Indochine → indochinois, un Indochinois
Indonesia → Indonesian, an Indonesian	l'Indonésie → (l')indonésien, un Indonésien
Japan [dʒə'pæn] → Japanese, a Japanese	le Japon → (le) japonais, un Japonais

Korea [kə'rɪə] → **Korean, a Korean**	la Corée → (le) coréen, un Coréen
Laos ['lɑːɒs] → **Laotian, a Laotian**	le Laos → (le) laotien, un Laotien
Malaya [mə'leɪə] **Malay** = **Malayan, a Malay** = **Malayan** → **Malaysia** → **a Malaysian**	la Malaisie occidentale (le) malais, un Malais → la Malaisie → un citoyen malais
Mongol, a Mongol → **Mongolia** → **a Mongolian**	(le) mongol, un Mongol → la Mongolie → un citoyen Mongol
Nepal → **Nepali** = **Nepalese,** **a Nepali** = **Nepalese**	le Népal → népalais, un Népalais
Philippine → **the Philippines** → **a Filipino**	philippin → les Philippines → un Philippin
Russia ['rʌʃə] → **Russian, a Russian**	la Russie → (le) russe, un Russe
Singapore → **Singaporean, a Singaporean**	Singapour → singapourien, un Singapourien
Singhalese, a Singhalese	(le) cinghalais, un Cinghalais
Sri Lanka → **Sri Lankan, a Sri Lankan**	Sri Lanka → sri-lankais, un Sri-Lankais
Taiwan → **Taiwanese, a Taiwanese**	Taïwan → taïwanais, un Taïwanais
Tibet → **Tibetan, a Tibetan**	le Tibet → (le) tibétain, un Tibétain
Vietnam → **Vietnamese,** **a Vietnamese** [vjɛtnə'miːz]	le Vietnam → (le) vietnamien, un Vietnamien

W. P.

- **a Burmese cat** (un chat sacré de Birmanie)
- **Malay** → **the ~ mainland** (la Malaisie continentale), **the ~ Archipelago** (l'archipel malais), **the ~ Peninsula** (la péninsule malaise), **the ~ States** (les États malais)
- **North / South Korea** (la Corée du Nord / du Sud), **North / South Korean** (nord-/ sud-coréen)
- **Chinese** → **a ~ gooseberry** (un kiwi), **~ leaves** (le chou chinois), **a ~ puzzle** (un casse-tête chinois), **~ whispers** (le téléphone arabe), **~ white** (le blanc de zinc)

The Americas — *Les Amériques*

America → **American, an American**	l'Amérique → américain, un Américain
Argentina [ɑːdʒən'tiːnə] = **the Argentine** ['ɑːdʒəntaɪn] → **Argentinian** = **Argentine,** **an Argentinian**	l'Argentine → argentin, un Argentin
Belize → **Belizean, a Belizean**	le Bélize → bélizien, un Bélizien
Brazil [brə'zɪl] → **Brazilian, a Brazilian**	le Brésil → brésilien, un Brésilien
Canada → **Canadian, a Canadian**	le Canada → canadien, un Canadien
a Carib → **Caribbean, the Caribbeans**	un Caraïbe, caraïbe, les Caraïbes
Chile ['tʃɪlɪ] → **Chilean, a Chilean**	le Chili → chilien, un Chilien
Colombia → **Colombian, a Colombian**	la Colombie → colombien, un Colombien
Costa Rica → **Costa Rican,** **a Costa Rican**	le Costa Rica → costaricain = costaricien, un Costaricain = un Costaricien
Cuba ['kjuːbə] → **Cuban, a Cuban**	Cuba → cubain, un Cubain
Dominica → **Dominican, a Dominican**	la Dominique → dominicain, un Dominicain
Ecuador → **Ecuadorian, an Ecuadorian**	l'Equateur → équatorien, un Équatorien
The Falkland Islands = **the Falklands**	les (Îles) Malouines
Greenland → **Greenlandic,** **a Greenlander**	le Groenland → groenlandais, un Groenlandais
Grenada → **Grenadian, a Grenadian**	la Grenade → grenadin, un Grenadin
Guatemala → **Guatemalan, a Guatemalan**	le Guatemala → guatémaltèque, un Guatémaltèque
Guyana → **Guyanese, a Guyanese**	Guyana → guyanais, un Guyanais
Haiti ['heɪtɪ] → **Haitian, a Haitian**	Haïti → haïtien, un Haïtien
Hawaii [hə'waɪɪ] → **Hawaiian, a Hawaiian**	Hawaï → (le) hawaïen, un Hawaïen
Honduras → **Honduran, a Honduran**	le Honduras → hondurien, un Hondurien
Mexico → **Mexican, a Mexican**	le Mexique → mexicain, un Mexicain

Nicaragua → Nicaraguan, Nicaraguan	le Nicaragua → nicaraguayen, un Nicaraguayen
Panama → Panamanian, a Panamanian	le Panama → panaméen, un Panaméen
Paraguay → Paraguayan, a Paraguayan	le Paraguay → paraguayen, un Paraguayen
Peru → Peruvian, a Peruvian	le Pérou → péruvien, un Péruvien
El Salvador → Salvadorian, Salvadorian	le Salvador → salvadorien, un Salvadorien
Surinam → Surinamese, a Surinamese	le Surinam → surinamais, un Surinamais
The United States of America	les États-Unis d'Amérique
Uruguay → Uruguayan, a Uruguayan	l'Uruguay → uruguayen, un Uruguayen
Venezuela → Venezuelan, a Venezuelan	le Vénézuela → vénézuélien, un Vénézuélien
The West Indies [wɛst 'ɪndɪz]	les Antilles

WORD PARTNERS

- **America / American** → **North ~** (l'Amérique du Nord / d'~), **Central ~** (l'Amérique Centrale/ d'~), **Latin ~** (l'Amérique Latine / latino-américain), **South ~** (l'Amérique du Sud / sud-américain)
- **American Indian = Amerindian = native ~** (amérindien)
- **Canadian** → **a ~ English** (un Canadien anglophone), **a French ~** (un Canadien francophone)
- **Quebec French** (le québécois)
- **Mexico City** (Mexico), **a Mexican wave** (une hola)
- **the Caribbean Islands** (les petites Antilles)
- **Panama** → **a ~ hat** (un panama), **the ~ canal** (le canal de Panama)

Oceania [əʊʃɪ'ɑːnɪə] — L'Océanie

Australasia	l'Australasie
Australia → Australian, an Australian	l'Australie → australien, un Australien
New Zealand → a New Zealander	la Nouvelle-Zélande → un Néo-Zélandais
Papua New Guinea → Papuan /Papua-New-Guinean, a ~	la Papouasie Nouvelle Guinée → (le) papou, un Papou
Melanesia → Melanesian, a Melanesian	la Mélanésie → mélanésien, un Mélanésien
Micronesia → Micronesian, a Micronesian	la Micronésie → micronésien, un Micronésien
Polynesia → Polynesian, a Polynesian	la Polynésie → polynésien, un Polynésien
Tahiti [tɑː'hiːtɪ] → Tahitian, a Tahitian	Tahiti → (le) tahitien, un Tahitien
Tasmania → Tasmanian, a Tasmanian	la Tasmanie → tasmanien, un Tasmanien

Colonization and decolonization — Colonisation et décolonisation

a colony, a colonist to colonize → a colonizer, to decolonize	une colonie ← un colon coloniser → un colonisateur, décoloniser
an empire ['ɛmpaɪə] → imperialism, imperialist	un empire → l'impérialisme, impérialiste
to conquer → a conqueror	conquérir → un conquérant
to protect → a protector → a protectorate	protéger → un protecteur → un protectorat
to settle ['sɛtəl] → a settler → a settlement	(s')installer → un colon → une colonie d'implantation
to enslave ← ⚠ a slave [sleɪv] → slavery	asservir → un/e esclave → l'esclavage
to exploit → exploitation	exploiter → l'exploitation
dominion, a dominion	la domination, un territoire / dominion
to emancipate → emancipation	émanciper → l'émancipation
to enfranchise [ɪn'fræntʃaɪz]	affranchir (⚠ accorder le droit de vote)
free [friː], to free (from) → freedom	libre, libérer (de) → la liberté
autonomy → autonomous	l'autonomie ← autonome
(in)dependent, (in)dependence	(in)dépendant, l'/la (in)dépendance

a **commonwealth**	une communauté / une république,
the **Commonwealth**	le Commonwealth / l'ancien Empire britannique

W. P.

- **slave** → **the ~ trade** (la traite des esclaves), **the triangular ~ trade** (le commerce triangulaire), **a ~ trader** (un marchand d'esclaves), **a ~ market** (un marché aux ~s), **a ~ ship** (un navire négrier), **a ~ driver** (un négrier), **to be* a ~ to sb / sth** (être l'esclave de qqn / qqch)
- **to reduce to slavery** (réduire en esclavage)
- **to hold* dominion over sb** (maintenir qqn sous sa domination)

PHRASES

- *[Pej.:]* **to go* native** (adopter le mode de vie des indigènes)
- **Dominion Day** (la Fête de la Confédération Canadienne)
- **the White Man's Burden** (le fardeau de l'homme blanc = l'idée que se faisaient les colons britanniques de leur responsabilité envers les indigènes, idée qui, à leurs yeux, justifiait la colonisation)

• *The Third World* — *Le Tiers-Monde*

poverty ['pɒvətɪ]	la pauvreté
famine ['fæmɪn], a **famine**	la famine, une disette
to **starve** [stɑ:v] → **starvation**	affamer / être affamé, l'inanition
a **tribe** [traɪb] → **tribal**	une tribu → tribal/e
ethnic ['εθnɪk]	ethnique
a **race** [reɪs] → **racial, racist, racism**	une race → racial/e, raciste, le racisme
to **migrate** [maɪ'greɪt] → a **migrant**, **migration**, **immigration**	migrer → un migrant, la migration, l'immigration
→ to **emigrate** → an **emigrant**, **emigration**	émigrer → un émigrant, l'émigration
to **flee*** [fli:] → **flight** [flaɪt]	fuir → la fuite
a **refuge** → a **refugee** ['rεfjudʒi:]	un refuge → un/e réfugié/e
asylum [ə'saɪləm], an **asylum**	l'asile, un asile (refuge)
help, to **help**	l'aide, aider
aid [eɪd]	le secours / l'assistance
humanitarian → **humanitarianism**	humanitaire → l'humanitarisme
charity, a **charity**	la bienfaisance, une association caritative

WORD PARTNERS

- **ethnic** → **an ~ group** (une ethnie), **~ "cleansing"** (la « purification » ethnique)
- **sectarian violence** (les violences sectaires)
- **immigration** → **the flow of ~** (le flux de l'immigration), **~ quotas** (les quotas d'~), **to curb ~** (limiter l'~)
- **to take* flight** (prendre la fuite)
- **to find* = take* refuge with sb / somewhere** (se réfugier auprès de qqn / quelque part)
- **refugee** → **a ~ camp** (un camp de réfugiés), **a political ~** (un réfugié politique)
- **asylum** → **political ~** (l'asile politique), **to seek* ~** (demander asile), **an ~-seeker** (un demandeur d'asile), **to apply for ~** (faire une demande d'asile)
- **a humanitarian organization** (un organisme humanitaire)
- **aid** → **in ~ of...** (pour aider...), **to go* / come* to sb's ~** (venir en aide à qqn)
- **charity work** (les œuvres de bienfaisance)

PHRASES

- **the Third World's debt burden** (le poids de la dette du Tiers-Monde), **developing countries** (les pays en voie de développement), **emergent / emerging countries** (les pays émergents = pays en voie de développement un peu plus industrialisés que les autres), **emergent / emerging democracies** (les jeunes démocraties = pays qui viennent d'accéder à la démocratie)

International organizations | Les organisations internationales

the League [li:g] of Nations	la Société des Nations
the Council of Europe	le Conseil de l'Europe
the European Union = the EU	l'Union européenne = l'UE
the European Economic Community = the EEC	la Communauté Economique Européenne = la CEE
EMU = the European Monetary Union	l'Union monétaire européenne
the FAO = the Food and Agriculture Organization	la FAO
the IMF = the International Monetary Fund	le FMI = le Fonds monétaire international
NATO ['neɪtəʊ] = the North Atlantic Treaty Organization	l'OTAN = l'Organisation du Traité de l'Atlantique Nord
the United Nations Organization = UNO	l'Organisation des Nations Unies = l'ONU
the United Nations = the UN	les Nations Unies
the Security Council	le Conseil de Sécurité
the World Bank	la Banque mondiale
the WHO = the World Health Organization	l'OMS = l'Organisation Mondiale pour la Santé
UNESCO = the United Nations Educational, Scientific and Cultural Organization	l'UNESCO
UNICEF = the United Nations International Children's Emergency Fund	l'UNICEF
NAFTA = the North American Free Trade Agreement	NAFTA (accords de libre-échange entre les États-Unis, le Canada et le Mexique
an NGO = a Non-Governmental Organization	une ONG = une Organisation non-gouvernementale

Diplomacy [dɪ'pləʊməsɪ] | La diplomatie

← a diplomat → diplomatic	← un diplomate → diplomatique
an embassy ['ɛmbəsɪ] → an ambassador / ambassadress	une ambassade → un ambassadeur / ambassadrice
an attaché [ə'tæʃeɪ]	un attaché
a consul ['kɒnsəl] → a consulate	un consul → un consulat
a visa ['vi:zə]	un visa
to negotiate [nɪ'gəʊʃɪeɪt] → negotiations	négocier → des négociations

W. P.

• **diplomatic** → **the ~ UK bag = US pouch** (la valise diplomatique), **the ~ corps** (le corps ~), **~ immunity** (l'immunité ~), **the ~ Service** (le Service Diplomatique), **~ relations** (les relations ~s) → **to break* off ≠ to restore ~ relations** (rompre ≠ rétablir les relations ~)
• **visa** → **a student / tourist / entry / exit ~** (un visa d'étudiant / de tourisme / d'entrée / de sortie), **to apply for a ~** (faire une demande de ~), **to release a ~** (délivrer un ~)

International affairs | Les affaires internationales

foreign ['fɒrən] → a foreigner / an alien ['eɪlɪən]	étranger/ère → un étranger
(at) home ≠ abroad [ə'brɔ:d]	dans son pays ≠ à l'étranger
overseas [əʊvə'si:z]	outre-mer
customs ['kʌstəmz]	les douanes
to talk [tɔ:k] → talks	parler → des pourparlers
to agree → an agreement ≠ to disagree → a disagreement	être d'accord ← un accord ≠ être en désaccord ← un désaccord
a treaty ['tri:tɪ]	un traité

an ally ['ælaɪ] → **an alliance** [ə'laɪəns]	un allié → une alliance
to cooperate → **cooperation**	coopérer → la coopération
a summit ['sʌmɪt]	un sommet
to stipulate sth / that	stipuler qqch / que
to ratify ['rætɪfaɪ] → **ratification**	ratifier → la ratification
human rights	les droits de l'homme

W. P.

- **customs** → **~ barriers** (les barrières douanières), **~ officers** (les douaniers)
- **to agree ≠ disagree with sb about sth** (être d'accord / en désaccord avec qqn sur qqch)
- **to come* to = to reach an agreement** (parvenir à un accord)
- **the G8 summit** (le sommet du G8)
- **to further human rights** (promouvoir les droits de l'homme)

PHRASES

- **the Allies** (les Alliés)
- **SALT = the Strategic Arms Limitation Talks / Treaty** (les accords SALT de limitation des armes stratégiques entre les USA et l'URSS)
- **Going through the customs** (Passer la douane) : **What's your official status / marital status / permanent address / date of birth / place of birth?** (Quel/le est votre état-civil / situation de famille / domicile permanent / date de naissance / lieu de naissance ?) **Your passport is out-of-date ≠ valid.** (Votre passeport est périmé ≠ valide.), **You must have a new passport issued.** (Il faut vous faire délivrer un nouveau passeport.), **Your visa must be extended.** (Il faut proroger votre visa.), **You must have a residence permit.** (Il vous faut un permis de séjour.)
  He has a passport <u>in</u> the name of Smith. (Il a un passeport <u>au</u> nom de Smith.)
  Everything is in order. (Tout est en règle.)
- **He is domiciled in Panama. = Panama is his official place of residence.** (Il est domicilié au Panama.)
- **a flag of convenience** (un pavillon de complaisance)

● *Espionage* ['ɛspɪənɑːʒ] — *L'espionnage*

→ **counter-espionage**	→ le contre-espionnage
a spy [spaɪ] → **to spy (on)** → **spying**	un espion → espionner → l'espionnage (= travail d'un espion)
⚠ **intelligence**	les renseignements (⚠ l'intelligence)
to inform → **an informer, information**	informer → un informateur, des informations
an agent ['eɪdʒənt] → **an agency**	un agent → une agence
a mission ['mɪʃən]	une mission
security [sɪ'kjʊərɪtɪ]	la sécurité (intérieure)
secret ['siːkrɪt], **a secret**	secret, un secret

W. P.

- **industrial espionage** (l'espionnage industriel)
- **intelligence** → **an ~ agent** (un agent de renseignements), **an ~ officer** (un officier de ~), **an ~ service** (un service de ~), **to do* ~ work** (travailler pour les services de ~)
- **a secret / double / triple agent** (un agent secret / double / triple)
- **to go* / be* on a mission** (partir / être en mission)

PHRASES

- **the MI5 = Military Intelligence 5** (direction de la sécurité intérieure britannique),
  the MI6 = Military Intelligence 6 (direction de la sécurité extérieure britannique)
- **the NSA = the National Security Agency** (direction de la sécurité intérieure des États-Unis)
  the CIA = the Central Intelligence Agency (direction de la sécurité extérieure des États-Unis)
- **to keep* a watch on sb** (surveiller qqn), **to buy* an agent over** (acheter un agent ennemi), **Cold War: to defect to the West** (Guerre froide : passer à l'Ouest), **a defector** (un transfuge)

20 War and peace — La guerre et la paix

● The (general) staff — L'état-major

the chief of staff	le chef d'état-major
a staff officer	un officier d'état-major
the commander-in-chief	le commandant en chef
the top brass *(coll.)*	les hauts gradés
the headquarters ['hɛdkwɔ:təz]	l'état-major (les locaux)
the armed forces / the services	les forces armées
the military *(+ V pl. or sing.)*	les militaires / l'armée
ranks [ræŋks]	les grades (⚠ les rangs)

● The Army ['ɑ:mɪ] — L'armée de terre

the ground forces	les forces terrestres
UK field marshal (FM)	maréchal
general = UK Gen, US GEN	général
lieutenant-general = UK Lt-Gen, US LTG	général de corps d'armée
major-general = UK maj-Gen, US MG	général de division
⚠ UK brigadier (Brig) = US brigadier general (BG)	général de brigade
a field officer	un officier supérieur
a commissioned officer	un officier
colonel ['kɜ:nəl] = UK Col, US COL	colonel
lieutenant-colonel = UK Lt-Col, US LTC	lieutenant-colonel
major = UK Maj, US MJ	commandant / chef de bataillon / d'escadron
captain = UK Capt, US CAPT	capitaine
UK lieutenant (Lieut) [lɛf'tɛnənt] US first lieutenant (1 LT) [lu:'tɛnənt]	lieutenant
second lieutenant UK 2nd Lt, US 2 LT)	sous-lieutenant
a noncommissioned officer (NCO)	un sous-officier / un gradé
the rank and file	les simples soldats / les hommes de troupe
a private ['praɪvɪt] = UK Pte, US PVT	un simple soldat / un deuxième classe
a squaddy = squaddie	un troufion
Women's Royal Army Corps (WRAC)	section féminine de l'armée de terre (AFAT)
artillery [ɑ:'tɪlərɪ] → an artilleryman	l'artillerie → un artilleur
infantry ['ɪnfəntrɪ] → an infantryman = a footsoldier	l'infanterie → un fantassin
the (light) cavalry	la cavalerie (légère)
the engineers → UK the Royal Engineers, US the Corps of Engineers	le génie
⚠ the signals	les transmissions
the ordnance corps [kɔ:]	le service du matériel, le train
⚠ the commissariat [kɒmɪ'sɛərɪət]	l'intendance
to supply [sə'plaɪ] → supplying → a supply convoy	ravitailler → le ravitaillement → un convoi de ravitaillement
logistics	la logistique
the medical corps (*coll.*: the medics)	le service de santé
an army corps [kɔ:]	un corps d'armée
a platoon [plə'tu:n]	une section (infanterie)
a patrol, to patrol [pə'trəʊl]	une patrouille, patrouiller
a reconnaissance unit	une unité de reconnaissance
a mechanized division	une division motorisée

armo(u)red → the **armo(u)red corps**	blindé → les blindés
UK the **armour** = US the **armor**	les blindés (⚠ l'armure)
a **heavy** ≠ **light tank**	un char lourd ≠ léger
a **tracked vehicle**	un véhicule à chenilles
a **gun turret** [gʌn 'tʌrɪt]	une tourelle

WORD PARTNERS

- **army** → **professional** = UK **regular** ~ (l'armée de métier), **a disciplined / well-trained** ≠ **an ill-trained** (une ~ disciplinée / bien ≠ mal entraînée), **an invincible** ~ (une ~ invincible) **to build* up** = **raise*** = **draw* up / equip / supply an** ~ (lever / équiper / ravitailler une ~), **to outflank** / UK **outmanoeuvre** = US **outmaneuver an** ~ (déborder / déjouer les plans d'une ~), **to crush** = **defeat an** ~ (écraser une ~)
- **armchair-generals** (des généraux en chambre [= qui ne sont pas au front])
- **armo(u)red** → **an** ~ **column / division / formation** (une colonne / division / formation blindée), **an** ~ **vehicle** (un [véhicule] blindé / un char)

PHRASES

- **under British / American command** (sous commandement britannique / américain)
- **an army 5 000 strong / a 5 000-strong army** (une armée forte de 5 000 hommes)
- **He was promoted to the rank of colonel.** (Il a été promu au grade de colonel.)
- **to be* reduced** = **to be* demoted to the ranks** (être dégradé)
- **MASH** = **Mobile Army Surgical Hospital** (hôpital militaire de campagne)

● The Navy ['neɪvɪ] — *La marine de guerre*

the **Royal Navy** (RN)	la marine de guerre britannique
the **United States Navy** (USN)	la marine de guerre américaine
UK the **Women's Royal Naval Service** (WRNS)	la section féminine de la marine royale
UK the **Royal Marines** [mə'ri:nz] (RM)	les Marines britanniques
US the **United States Marine Corps** (USMC)	le corps des Marines américain
a **Marine rifleman**	un fusilier marin
an **admiral** = UK Adm, US ADM → a **vice-admiral**, a **rear-admiral** → the **Admiralty**	un amiral → un vice-amiral, un contre-amiral → l'amirauté / le ministère de la marine
commodore = UK Cdre, US CDRE	commodore
captain = UK Capt, US CAPT	capitaine, commandant d'un navire
commander = UK Cdr, US CDR	capitaine de frégate
lieutenant-commander (UK Lt-Cdr, US LCDR)	capitaine de corvette
lieutenant (UK Lt, US LT)	lieutenant de vaisseau
UK **sub-lieutenant** (Sub-Lt)	enseigne de vaisseau
midshipman	aspirant (de marine)
petty officer (PO) → **chief** ~~ (CPO)	second maître → maître
a **sailor** / a **seaman** / a **rating**	un marin / matelot
a **fleet** [fli:t]	une flotte / une escadre
a **ship** = a **vessel** → a **warship** = a **war vessel** = a **man-of-war**	un navire = un vaisseau → un navire de guerre
a **battleship** = a **dreadnought** ['drɛdnɔ:t]	un cuirassé
a **cruiser** ['kru:zə]	un croiseur
a **torpedo** [tɔ:'pi:dəʊ] **boat**	un torpilleur
a **destroyer** [dɪs'trɔɪə]	un destroyer / un contre-torpilleur
a **frigate** ['frɪgət]	une frégate
a **launch** [lɔ:ntʃ]	une vedette
a **patrol boat** / **ship**	un patrouilleur
a **landing craft**	une péniche de débarquement
an **aircraft-carrier**	un porte-avions
a **submarine** [sʌbmə'ri:n]	un sous-marin
a **U-boat** (World War II)	un sous-marin allemand (2e Guerre mondiale)

PHRASES

- **to serve in the navy** (être / servir dans la marine)
- **a nuclear-propelled aircraft carrier / submarine** (un porte-avions / sous-marin nucléaire)
- **He is a good ≠ bad sailor.** (Il a ≠ n'a pas le pied marin.)

The Air force — *L'armée de l'air*

the Royal Air Force (RAF)	l'armée de l'air britannique
the United States Air Force (USAF)	l'armée de l'air américaine
the Women's Royal Air Force (WRAF)	la section féminine de l'armée de l'air
UK Marshal of the Royal Air Force	commandant en chef des forces aériennes
US General of the Air Force	commandant en chef des forces aériennes
UK **airmarshal** (AM)	général de l'armée de l'air
US **lieutenant-general** (LTG)	général de l'armée de l'air
UK **air commodore** (Air Cdre)	général de brigade de l'armée de l'air
US **brigadier** [brɪgəˈdɪə] **general** (BG)	général de brigade de l'armée de l'air
an **airlift**	un pont aérien
the **airborne** troops	les troupes aéroportées
a **paratrooper**, the **paratroops**	un parachutiste, les parachutistes
a wing	une escadre aérienne (⚠ une aile)
a flight	une escadrille (⚠ un vol, une fuite)
an **airbase** [ˈɛəbeɪs]	une base aérienne
air cover	la couverture aérienne
a **fighter** → a **fighter squadron** [ˈskwɒdrən]	un chasseur (⚠ un combattant) un escadron de chasse
a **jet fighter**	un chasseur à réaction
a **bomber** [ˈbɒmə]	un bombardier
AWACS (**airborne warning** and **control system**) → an AWACS plane	système de détection radar → un avion radar
a **stealth** [stɛlθ] **aircraft** / **bomber**	un avion / un bombardier furtif
a "**tankbuster**" plane / **aircraft**	un avion « tueur » de chars
a **tanker** [ˈtæŋkə]	un avion-ravitailleur
a **helicopter** = a **chopper** *(coll.)*	un hélicoptère = un hélico
a **gunship**	un hélicoptère / avion de combat
an **unmanned** / **pilotless drone**	un avion téléguidé = sans pilote / un drone

→ Le transport aérien, p. 257

The special forces — *Les forces spéciales*

SEAL (sea, air and land capability)	les forces maritimes, aériennes et terrestres
a seal [siːl]	un soldat appartenant à l'une des ces trois forces (⚠ un phoque)
a task force	un corps expéditionnaire
crack troops	les troupes d'élite
a commando [kəˈmɑːndəʊ]	un commando

Weapons / arms — *Les armes / l'armement*

a **weapon** [ˈwɛpən] → **weaponry**	une arme → l'armement
a **slingshot**	un lance-pierre
a (**battering**) ram	un bélier
a shield [ʃiːld]	un bouclier
a **catapult** [ˈkætəpʌlt]	une catapulte
a blade [bleɪd]	une lame

a **dagger**	une dague
a **sword** [sɔ:d]	une épée
a **bow** [bəʊ] → a **crossbow**	un arc (⚠ archet / boucle) → une arbalète
an **arrow** ['ærəʊ] → an **arrowhead**	une flèche
an **archer** ['ɑ:tʃə] → **archery**	une archer → l'archerie / le tir à l'arc
a **cannon** ['kænən] → a **cannonball**	un canon → un boulet de canon
munitions / **ammunition** = **ammo** *(coll.)* → a/n **(am)munition dump**	les munitions → un dépôt de munitions
a **bomb** [bɒm] → a **bombing** ['bɒmɪŋ]	une bombe → un bombardement
a **missile** ['mɪsaɪl] → a **missile launcher**	un missile → un lanceur de missiles
a **warhead** ['wɔ:hɛd]	une ogive
antiaircraft defence / **fire** = **(the) flak**	la DCA
a **rocket** ['rɒkɪt] → a **rocket launcher** → **multiple-rocket launcher**	une roquette → un lance-roquettes → les orgues de Staline
a **flamethrower** ['fleɪmθrəʊə]	un lance-flammes
a **mortar** ['mɔ:tə]	un mortier
a **shell** [ʃɛl]	un obus
a **gun** [gʌn]	1. un fusil 2. un canon
a **rifle** ['raɪfəl]	un fusil / une carabine
a **pistol** ['pɪstəl]	un pistolet
a **bullet** ['bʊlɪt] = US a **slug** [slʌg] *(coll.)*	une balle = une bastos *(fam.)*
a **grenade** [grə'neɪd] → a **grenade-launcher**	une grenade → un lance-grenades
anti-personnel landmines	des mines anti-personnel
to **explode** → an **explosive** [ɪks'pləʊsɪv]	(faire) exploser un explosif
mustard gas ['mʌstəd gæs]	le gaz moutarde
nerve gas / **sarin**	le gaz paralysant / sarin
an **Unmanned Aerial Vehicle (UAV)** = a **drone**	un drone de combat
a **military robot**	un robot militaire = une arme autonome

WORD PARTNERS

- **arms** → **the ~ race** (la course aux armements), **an ~ dealer** = **a gun-runner** (un trafiquant d'armes), **an ~ cache** = **a cache of weapons** (une cache d'armes)
- **weapons** → **deadly** = **lethal ~** (des armes mortelles), **~ of mass destruction (WMD)** (des ~ de destruction massive)
- **cannon fodder** (la chair à canon)
- **bomb** → **a precision-guided ~** (une bombe à haute précision), **a "smart" ~** (~ « intelligente »), **a cluster ~** (~ à fragmentation), **a laser-guided ~ (LGB)** (~ à guidage laser)
- **missile** → **a homing ~** (un missile à tête chercheuse), **a cruise ~** (~ de croisière), **a surface-to-air ~** (~ sol-air), **a surface-to-surface ~** (~ sol-sol)
- **artillery** → **a piece of ~** = **an ~ piece** (une pièce d'artillerie)
- **gun** → **a machine ~** (une mitrailleuse), **a submachine ~** = **a tommy ~** (une mitraillette)
- **shell** → **a dud (~)** (un obus non éclaté), **a bunker-busting ~** (un obus perforant)

PH.

- **to take* up arms against** (prendre les armes contre), **to lay* down one's arms** (déposer les armes), **to inflict collateral damage on** (infliger des dommages collatéraux à)

• *The soldiers* ['səʊldʒəz] — *Les soldats*

military service	le service militaire
UK a **conscript** = US a **draftee** → **conscription** = US **draft**	un conscrit → la conscription
⚠ **induction** [ɪn'dʌkʃən]	l'incorporation
a **volunteer** [vɒlən'tɪə]	un engagé volontaire
a **recruit** [rɪ'kru:t]	une recrue
a **trooper**	un troupier
US a **GI** [dʒi:'aɪ]	un soldat américain
a **regular** ['rɛgjʊlə]	un soldat d'active
a **mercenary** ['mɜ:sɪnrɪ]	un mercenaire

barracks *(+ V sing. or pl.)* → a **barrack room**	une caserne → une chambrée
fatigue [fəˈtiːg] → **fatigue dress** = **fatigues**	la corvée → le treillis / la tenue de corvée
to **mount guard**	monter la garde
to **salute**, a **salute** [səˈluːt]	saluer, 1. un salut 2. une salve
leave [liːv]	la permission
⚠ to **confine** [kənˈfaɪn]	consigner
a **conscientious objector**	un objecteur de conscience
a **reservist**	un réserviste
a **vet(eran)** [ˈvɛt(rən)]	un ancien combattant

W. P.

- **a professional soldier** (un soldat de métier)
- **military service** → **to do* one's ~** (faire son service militaire), **to dodge** = **avoid ~ / draft** (échapper au ~) → **a draft dodger** (un réfractaire / un planqué), **~ dodging** (l'insoumission)
- **leave** → **to go* on ~** (partir en permission), **a soldier on ~** (un permissionnaire)

PHRASES

- **to join the army** = **to enlist** = **to join up** (s'engager), **to be* fit** ≠ **unfit for service** (être apte ≠ exempté), **to get* oneself discharged** (se faire réformer), **to swear* like a trooper** (jurer comme un charretier), **to break* ranks** = **to fall* out** (rompre les rangs) → **Fall out!** (Rompez !), **to be* on fatigues** (être de corvée)
- **Roll on, my time!** (Vivement la quille !)
- **the Unknown Soldier** (le soldat inconnu)
- UK **barrack room humour** (le comique troupier)
- **a 21-gun salute** (une salve de 21 coups de canon), **to take* the salute** (assister au défilé des troupes)

Warfare — *La guerre*

a **warrior** [ˈwɒrɪə]	un guerrier
an **artillery** UK **barrage** = US **barrage**	un tir de barrage d'artillerie
an **air-raid** → an **air-raid warning**, an **air-raid shelter**	une attaque aérienne → une alerte antiaérienne, un abri antiaérien
the **uniform** [ˈjuːnɪfɔːm]	l'uniforme
a **helmet** [ˈhɛlmɪt]	un casque
a **body armo(u)r**	une tenue pare-balles
a **flak jacket**	un gilet pare-balles
a **gas mask**	un masque à gaz
night-vision goggles / **binoculars**	lunettes / jumelles pour vision nocturne
the **enemy**	l'ennemi
the **front** / the **battlefield** [ˈbætəlfiːld] ← a **battle** = a **fight** [faɪt]	le front / le champ de bataille un combat
to **fight*** → a **fighter** → **fighting**	combattre → un combattant le combat / l'affrontement
to **attack**, an **attack** → to **counter-attack** / a **counter-attack**	attaquer / une attaque → contre-attaquer / une contre-attaque
to **invade** [ɪnˈveɪd] → an **invader**, an **invasion** → the **invasion forces**	envahir → un envahisseur, une invasion → la/les force/s d'invasion
an **onslaught** [ˈɒnslɔːt]	un assaut
a **pincer movement**	un mouvement en tenailles
a **siege** [siːdʒ] → to **besiege** [bɪˈsiːdʒ]	un siège → assiéger
an **ambush** [æmbʊʃ]	1. une embuscade 2. une escarmouche
reinforcements	des renforts
to **land** [lænd]	débarquer
to **sink*** / **scuttle** [ˈskʌtəl] a **ship**	couler / saborder un navire
a **sniper**	un tireur embusqué
a **sharpshooter** / a **marksman**	un tireur d'élite

to wound [wu:nd], **a wound** ⚠ **to injure** ['ɪndʒə], **an injury**	blesser, une blessure
to kill	tuer
to defend	défendre
to resist sb → **resistance**	résister à qqn → la résistance
to encircle	encercler
to close [kləʊz] **in on sth**	cerner qqch
to fire [faɪə] **at / on sb** = **to shoot*** [ʃu:t] **at sb**	tirer sur qqn
to down [daʊn] = **to shoot* down**	abattre
to sabotage, sabotage ['sæbətɑ:ʒ]	saboter, le sabotage
to defeat, a defeat [dɪ'fi:t]	vaincre, une défaite
retreat [rɪ'tri:t]	la retraite
to surrender [sə'rɛndə], **a surrender**	se rendre, une reddition / capitulation
to capitulate [kə'pɪtjəleɪt] → **capitulation**	capituler → capitulation
to disarm [dɪs'ɑ:m]	désarmer
a prisoner ['prɪzənə]	un prisonnier
lethal ['li:θəl] = **fatal** ['feɪtəl] → **the fatalities**	mortel → les morts
the casualties	les victimes (= morts et blessés) = les pertes
the war-disabled = **disabled ex-servicemen**	les mutilés de guerre
the death toll	le bilan des pertes
a bloodbath ['blʌdbɑ:θ]	un bain de sang
to slaughter, a slaughter ['slɔ:tə]	massacrer, un massacre
a body bag	un sac mortuaire
a victor → **victory** ['vɪktərɪ] → **victorious**	un vainqueur → la victoire → victorieux/-se
to occupy → **an occupier, occupation**	occuper → un occupant, l'occupation
the refugees	les réfugiés
to flee* [fli:]	fuir
to loot [lu:t] → **looting, a looter**	piller → le pillage, un pillard
to withdraw* [wɪðdrɔ:] → **withdrawal**	(se)retirer → le retrait

WORD PARTNERS

- **modern / nuclear / psychological / chemical / biological/ (un)conventional / electronic war(fare) / weapons** (la guerre / les armes moderne/s / nucléaire/s / psychologique/s / chimique/s / bactériologique/s / (non) conventionnelle/s / électronique/s)
- **war** → **a civil / holy ~** (une guerre civile / sainte), **an all-out** = **a full-scale ~** (une ~ totale) **an act / a declaration of ~** (un acte / une déclaration de ~), **a ~ of aggression / of attrition** (une guerre d'agression / d'usure), **a prisoner of ~ (a POW)** (un prisonnier de ~) **to declare ~ on / to be* at ~ with** (déclarer la ~ à / être en ~ avec), **to wage ~ against / on a country** (faire la ~ à un pays), **to win* ≠ to lose* a war** (gagner ≠ perdre une guerre) **a country at war** (un pays en ~)
- **guerilla / trench warfare** (la guérilla / la guerre de tranchées)
- **victory** → **an overwhelming / unprecedented ~** (une victoire écrasante / sans précédent), **a hard-won = hard-fought / glorious / major / massive = sweeping / resounding ~** (une ~ âprement disputée / glorieuse / essentielle / écrasante / fracassante), **a clear-cut ~** (une ~ nette), **a narrow / short-lived ~** (une ~ fragile / éphémère) **to bring* off / to grasp / to secure / to snatch ~** (remporter / s'emparer de / s'assurer de / s'emparer de justesse de la ~), **to end in ~** (se terminer par une ~)
- **defeat** → **a crushing = shattering = staggering = stunning = resounding ~** (une défaite écrasante = retentissante), **a narrow ~** (une ~ subie de justesse) **to avert = avoid = escape ~** (éviter la ~), **to bring* about = cause / end in = result in ~** (provoquer / se terminer par ~), **to suffer ~** (essuyer la ~)

PHRASES

- **on the eve of (the) war** (à la veille de la guerre), **on the brink of war** (au bord de la guerre), **at the outbreak of war** (lorsque la guerre a éclaté)
- **the firepower of a country** (la puissance de feu d'un pays) **The battle is under way.** (La bataille est engagée.)
- **the pre-war / post-war / inter-war period** (l'avant-guerre / l'après-guerre / l'entre-deux-guerres)

- **Making war** (Faire la guerre) :
  - **to open ≠ to cease fire** (ouvrir ≠ cesser le feu), **to launch an attack** (lancer une attaque), **to drop bombs** (larguer des bombes), **to test / gauge defences** (tester / évaluer les défenses), **a massive air strike** (une frappe aérienne massive), **a pocket of resistance** (une poche de résistance), **fierce engagements** (de violents engagements), **scorched-earth tactics** (la tactique de la terre brûlée), **to pound the enemy positions** (pilonner les positions ennemies), **to raise the morale of troops** (remonter le moral des troupes)
  - **to take* control of** (prendre le contrôle de), **to gain / secure a foothold on** (prendre pied sur), **to seize a city** (s'emparer d'une ville), **to secure a sector** (sécuriser un secteur), **to pinpoint a target** (localiser une cible), **to blow* up a bridge** (faire sauter un pont)
  - **to inflict severe casualties** (infliger de lourdes pertes), **to attack from the rear** (attaquer par l'arrière), **to push back the enemy** (repousser l'ennemi), **to put* up a fight** (opposer une résistance), **to lay* siege to a city** (assiéger une ville), **to lift the siege** (lever le siège)
  - **to suffer setbacks / (a) defeat** (essuyer des revers / subir une défaite), **to admit defeat** (s'avouer vaincu), **to beat* a retreat** (battre en retraite)
  - **an embedded journalist / reporter** (un/e journaliste / reporter intégré/e), **a lopsided fight** (un combat inégal), **killed <u>in</u> combat** (tué/e <u>au</u> combat), **reported missing** (porté/e disparu/e), **'friendly' fire** (des tirs « amis »), **in the field** (sur le champ de bataille / au front)
  - **war reparations** (les réparations de guerre)
- **This inflicted a heavy toll on morale.** (Cela a porté un sérieux coup au moral.)
- **She was wounded <u>in</u> the leg.** (Elle a été blessée <u>à</u> la jambe.), **He was taken hostage / prisoner.** (Il a été pris en otage / fait prisonnier.), **A rescue operation is under way.** (Une opération de sauvetage est en cours.), **The final onslaught is launched.** (L'assaut final est lancé.), **Street-to-street fighting could claim large numbers of civilian lives.** (Le combat de rues pourrait faire un grand nombre de victimes civiles.)
- **The best form of defence is attack.** (La meilleure défense, c'est l'attaque.)
- **The Trojan War** (la Guerre de Troie), **the Wars of the Roses** (la Guerre des deux Roses), **the Hundred Years' War** (la Guerre de Cent Ans), **the American Civil War** (la guerre de Sécession), **the phoney war** (la drôle de guerre), **the First / Second World War = World War One (WWI) / World War Two (WWII)** (la Première / Seconde Guerre mondiale), **the allied troops** (les troupes alliées), **D-day** (le jour J), **VE Day = Victory in Europe** (le 8 mai), **US VJ Day = Victory over Japan** (le 15 août)

● *Peace* [pi:s] — *La paix*

→ **peaceful** → **peacefully**	→ pacifique → pacifiquement
a **ceasefire** [si:s'faɪə]	un cessez-le-feu
a **truce** [tru:s]	une trêve
an **armistice**	un armistice
a **treaty** ['tri:tɪ]	un traité
to pacify ['pæsɪfaɪ] → **pacification** [pæsɪfɪ'keɪʃən]	pacifier → la pacification

WORD PARTNERS

- **peace → a fragile / short-lived / lasting ~** (une paix fragile / éphémère / durable) **a ~ agreement / treaty** (un accord / traité de ~) **to ask for / to achieve / to restore / to maintain ~** (demander / parvenir à / restaurer / maintenir la ~)
- **to order / observe / break* a ceasefire** (ordonner / observer / rompre un cessez-le-feu)
- **to call / break* /denounce /violate a truce** (établir / rompre / dénoncer / violer une trêve)
- **to sign / conclude an armistice** (signer / conclure un ~)
- **to negotiate / conclude / sign / endorse / ratify a treaty** (négocier / conclure / signer / approuver / ratifier un traité)

PHRASES

- **to be* <u>at</u> peace with** (être <u>en</u> paix avec), **to advance the peace process** (faire avancer le processus de paix)
- **to enter into negotiations with...** (entamer des négociations avec...) ≠ **to break* off negotiations** (rompre les négociations) **The negotiations are dragging on / came to nothing / have reached a deadlock.** (Les négociations traînent en longueur / n'ont pas abouti / sont dans l'impasse.)

21 Economy — L'économie

The economy — L'économie

→ economic, economical	→ économique (= lié à l'économie), économique (= qui permet de faire des économies)
enterprise ['ɛntəpraɪz]	1. entreprise 2. l'esprit d'entreprise
trade [treɪd] = commerce → commercial	le commerce → commercial/e
industry → industrial	l'industrie → industriel /le
to grow* → growth [grəʊθ] → the ~ rate	croître → la croissance → le taux de ~
to boom [bu:m], a boom	être en plein essor, une très forte hausse
stagnation [stæg'neɪʃən]	le marasme
a depression [dɪ'prɛʃən]	une dépression
reflation [rɪ'fleɪʃən] → reflationary (measures)	la relance économique → (mesures) de relance
inflation [ɪn'fleɪʃən] → inflationary (policy) ≠ deflation → deflationary	l'inflation → (politique) inflationniste ≠ la déflation → déflationniste
to revalue → revaluation [ri:vælju'eɪʃən] ≠ to devalue → devaluation [di:vælju'eɪʃən]	réévaluer → la réévaluation ≠ dévaluer → la dévaluation
the gross national product (GNP)	le produit national brut (PNB)
the gross domestic product (GDP)	le produit intérieur brut (PIB)
globalization ['gləʊbəlaɪ'zeɪʃən]	la mondialisation
a crisis ['kraisis] → *pl.* : crises ['kraisiz]	une crise → des crises

WORD PARTNERS

- **economy → black = underground ~** (l'économie parallèle), **a free-market ≠ state-run = state-controlled ~** (une ~ libérale ≠ dirigée), **mixed ~** (l'~ mixte), **planned ~** (l'~ planifiée), **a booming ~** (une ~ en plein essor) **to boost = reflate the ~** (relancer l'~)
- **the economic situation / slump = recession / recovery / revival / boom / package** (la conjoncture / la récession / le redressement / la reprise / l'essor économique / l'ensemble des mesures économiques)
- **free enterprise** (la libre entreprise)
- **trade → free ~** (le libre-échange), **a ~ agreement** (un accord commercial) **the balance of ~** (la balance commerciale), **a ~ gap = deficit** (un déficit commercial)
- **industry → primary ~** (le secteur primaire), **secondary = manufacturing ~** (le secteur secondaire), **tertiary ~ = the service industries** (le ~ tertiaire)

Economic systems — Les systèmes économiques

the public ≠ private sector	le secteur public ≠ privé
liberal ['lɪbərəl] → liberally, liberalism	libéral → libéralement, le libéralisme
to protect → protection → protectionism	protéger → protection → le protectionnisme
to privatize ['praɪvətaɪz] → privatization	privatiser → la privatisation
to nationalize ['næʃənəlaɪz] → nationalization	nationaliser → la nationalisation
to subsidize ['sʌbsɪdaɪz] ← a subsidy ['sʌbsɪdɪ]	subventionner ← une subvention
to spend* → spending	dépenser (⚠ passer) → les dépenses
money ['mʌnɪ] → monetary → monetarism	l'argent → monétaire → le monétarisme

W. P.

- **a nationalized industry / company** (une industrie / société nationalisée)
- **government / export subsidies** (subvention/s de l'État / primes à l'exportation)
- **government / public spending** (les dépenses publiques)

● Farming = agriculture — L'agriculture

→ agricultural ['ægrɪ'kʌltʃərəl]	agricole
agronomy	l'agronomie
the land	la terre (terrain / surface)
the ground [graʊnd] = soil [sɔɪl]	la terre (sol)
a field [fi:ld]	un champ
a meadow ['mɛdəʊ]	un pré = une prairie
grassland	la prairie
US the prairie ['prɛərɪ]	la Prairie (aux USA)
pasture(land) ['pɑ:stʃə(lænd)]	les pâturages
a farm [fɑ:m], to farm → farming, a farmer, farmland	une ferme, cultiver = exploiter (la terre) → l'agriculture, un/e agriculteur/-trice, terre/s arable/s
UK to plough, a plough = US to plow, a plow → UK ploughing ['plaʊɪŋ] = US plowing → UK a ploughman = US a plowman	labourer, une charrue → le labourage, un laboureur
a harrow ['hærəʊ]	une herse
a furrow ['fʌrəʊ]	un sillon
to sow* [səʊ] → sowing	semer → les semailles
a seed [si:d] → a seeding machine	une graine → un semoir mécanique
a scythe [saɪð]	une faux
a sickle ['sɪkəl]	une faucille
to reap [ri:p] → a reaper	moissonner (champ) → un/e moissonneur/-euse
a crop	1. une culture 2. une récolte
the harvest ['hɑ:vɪst], to harvest → a harvester → a combine harvester	la moisson, moissonner = récolter → une moissonneuse → une moissonneuse-batteuse
hay [heɪ] → a haystack = hayrick, haymaking, a hayloft	le foin → une meule de foin, les foins = la fenaison, un grenier à foin
UK a silo ['saɪləʊ] = US an elevator	un silo
a barn [bɑ:n]	une grange
stubble ['stʌbəl]	le chaume (⚠ une barbe de trois jours)
straw [strɔ:]	la paille
fodder ['fɒdə]	le fourrage (pour animaux)
to glean [gli:n] → a gleaner	glaner → un/e glaneur/-se
UK a tenant farmer	un fermier (locataire et non propriétaire)
US a sharecropper	un métayer
a day labourer	un journalier
a seasonal worker	un saisonnier
to lie* fallow ['fæləʊ]	rester en friche
to drain land	drainer / assécher le sol
to irrigate ['ɪrɪgeɪt] → irrigation	irriguer → irrigation
to fertilize → a fertilizer, fertilization	fertiliser → un fertilisant, la fertilisation
dung [dʌŋ] = manure [mə'njʊə], to manure → a dunghill	le fumier, fumer → un tas de fumier
a pest → a pesticide ['pɛstɪsaɪd]	un parasite (insecte nuisible) → un pesticide
a weed [wi:d] → a weedkiller	une mauvaise herbe → un herbicide = désherbant
cereals ['sɪərɪəlz]	les céréales
wheat [wi:t] = UK corn UK maize [meɪz] = US corn	le blé le maïs
hops → a hopfield	le houblon → une houblonnière
barley ['bɑ:lɪ] → a barley field	l'orge → un champ d'orge
rye [raɪ] → a rye field	le seigle → un champ de seigle

oats [əʊts] *(+ V pl.)*	l'avoine
sunflower → **sunflower oil**	le tournesol → l'huile de tournesol
rice [raɪs] → a rice **paddy**	le riz → une rizière
horticulture → a **horticulturist**	l'horticulture → un horticulteur
an **orchard** ['ɔ:tʃəd] → an apple ~, a **cherry** ~	un verger → une pommeraie, une cerisaie
the **yield** [ji:ld]	la récolte
UK **market gardening** = US **truck farming**	la culture maraîchère
fruit *(+ V pl.)*	les fruits
ripe [raɪp] → to **ripen**	mûrs → mûrir
apiculture = **beekeeping** ← a **bee** [bi:] → **beeswax**, a **(bee)hive** ['bi:haɪv] → a swarm of bees	l'apiculture → une abeille → la cire d'abeille, une ruche un essaim d'abeilles
honey ['hʌnɪ] → a **honeycomb** ['hʌnɪkəʊm]	le miel → un rayon de miel
wine [waɪn] → **wine growing**, a **wine grower**	le vin → la viticulture, un viticulteur / vigneron
a vine [vaɪn] → a **vineyard** ['vɪnjəd]	une vigne → un vignoble
the **grape harvest**	les vendanges
a tea / coffee plantation	une plantation de thé / de café
a **planter** ['plɑ:ntə]	un planteur
a forester, forestry	un forestier, la sylviculture
a **lumberjack** ['lʌmbədʒæk] = a **woodcutter**	un bûcheron
to fell a tree	abattre un arbre
to saw* [sɔ:] → a **sawmill**, a **chainsaw**	scier → une scierie, une tronçonneuse

WORD PARTNERS

- **organic / environment-friendly farming** (l'agriculture biologique)
- **agricultural produce** = **farm produce** (les produits agricoles)
- **land / soil** → **rich** ≠ **poor / fertile** ≠ **barren** = **arid / arable** ~ (un sol / une terre riche ≠ pauvre / fertile ≠ aride / arable)
  to cultivate / till the ~ (cultiver / labourer la terre / le sol)
- **farm** → **a** ~ **worker** = ~**hand** = **UK** ~ **labourer** = **US** ~ **laborer** (un ouvrier agricole), ~ **implements** (l'outillage agricole), **a sheep / pig** ~ (un élevage de moutons / porcs)
  to work on a farm (travailler dans une ferme)
- **to grow* cereals / wheat / etc.** (cultiver les céréales / le blé / etc.)
- **corn** → **an ear of** ~ (un épi de UK blé / US maïs), **UK a sheaf of** ~ (une gerbe de blé)
- **crop** → ~ **rotation** (l'assolement), ~ **spraying** (la pulvérisation des cultures)
  to gather in the ~ (rentrer la moisson)

PHRASES

- **the farm-produce industry** (l'industrie agro-alimentaire)
- **the outbuildings of a farm** (les dépendances)
- **to sow a field with wheat** (semer du blé dans un champ)
- **to separate the wheat from the chaff** (séparer le bon grain de l'ivraie)
- *[Coll.:]* **He's off his oats.** (Il n'est pas dans son assiette.)
  to sow one's wild oats (jeter sa gourme / jeter son bonnet par-dessus les moulins)

● UK *Craftwork* = US *handicrafts* — *L'artisanat*

craft [krɑ:ft] → **crafty** → **craftily**, **craftiness** to craft, UK a craft = US a **handicraft** → a **crafts(wo)man** → **craftsmanship** arts and crafts	le savoir-faire → astucieux → astucieusement, l'astuce / la roublardise faire (à la main), un métier artisanal un/e artisan/e → le savoir-faire artisanal l'artisanat d'art
US an **artisan** [ɑ:tɪ'zæn] → US **artisanship**	un artisan → le savoir-faire artisanal
the **cottage industry**	l'entreprise artisanale
handmade = **handworked** = **handcrafted** ← to **handcraft**	fait main ← fabriquer à la main

a **workshop** ['wɜ:kʃɒp]	un atelier
a pot → a **potter** → **pottery**	un pot → un potier → la poterie / des poteries
ceramics [sɪ'ræmɪks]	la céramique
earth → **earthenware** ['ɜ:θənwɛə]	la terre (matériau) → la terre cuite / les objets en terre cuite
porcelain = **china** ['tʃaɪnə]	la porcelaine
mosaics [məʊ'zeɪɪks]	la mosaïque
glass [glɑ:s] → a **glass-maker**, **glass-making**	le verre → un verrier, la verrerie
a **saddle** ['sædəl] → a **saddler**	une selle → un sellier
a **cabinet** ['kæbɪnɪt] → a **cabinet maker**	une petite armoire / une vitrine → un ébéniste
marquetry ['mɑ:kɪtrɪ]	la marqueterie
a **carpenter** ['kɑ:pɪntə] → **carpentry**	un charpentier → la charpente (métier)
to **carve** [kɑ:v] → **carving**, **handcarved**	graver (⚠ découper une pièce de viande) → la gravure, gravé/e à la main
to **engrave** [ɪn'greɪv] → **engraving**	graver → la gravure pour impression
woodwork ['wʊdwɜ:k] = **joinery** → a **woodworker** = a **joiner**	la menuiserie un menuisier
a wheel [wi:l] → a **wheelwright**	une roue → un charron
to **weave** [wi:v] → a **weaver**, **weaving**	tisser → un tisserand, le tissage
tapestry ['tæpɪstrɪ]	la tapisserie
upholstery [ʌp'həʊlstərɪ]	la tapisserie d'ameublement
a dress → a **dressmaker**	une robe → une couturière
a hat → a **hatter**	un chapeau → un chapelier
a **milliner** → **millinery** ['mɪlɪnərɪ]	une modiste → les chapeaux (de femmes)
a **tailor** ['teɪlə] → **tailoring**	un tailleur → le travail du tailleur
a **(black)smith** ['blæksmɪθ]	un forgeron
to **forge**, the **forge** [fɔ:dʒ]	forger, la forge (outil)
the **smithy** ['smɪðɪ]	la forge (lieu)
a **silversmith** / a **goldsmith**	un orfèvre
silverware ['sɪlvəwɛə]	l'argenterie
silver plate → **silver plated**	le métal argenté / la vaisselle d'argent → en métal argenté
gold plate → **gold plated**	la feuille d'or / la vaisselle d'or → doré à la feuille

● *The building industry* — *Le bâtiment*

← to **build*** [bɪld] → a **builder**, a **building**	← construire → un constructeur / un maçon, un bâtiment
to **survey a site** → a **land surveyor** [sə'veɪə]	faire un levé (de terrain) → un arpenteur
stone [stəʊn]	la pierre → la pierre de taille
a **mason** ['meɪsən] → **masonry**	un maçon (qui travaille la pierre) → la maçonnerie
a brick → a **bricklayer**, **bricklaying**	une brique → un maçon (en général), la maçonnerie
plaster ['plɑ:stə], to **plaster** → a **plasterer**, **plastering**	le plâtre (⚠ pansement adhésif), plâtrer → un plâtrier, le plâtrage
the **foreman** ['fɔ:mən]	le chef de chantier
to **dig*** = to **excavate** ['ɛkskəveɪt] → **excavation**, an **excavator**	creuser → le terrassement, une pelleteuse
a (pneumatic) **drill**	un marteau-piqueur
to **lay*** [leɪ]	(dis)poser / étendre
a **scaffolding** ['skæfəldɪŋ]	un échafaudage
⚠ a **crane** [kreɪn]	une grue (⚠ engin et oiseau)

⚠ **concrete** [kɒŋ'kri:t]	le béton
cement [sɪ'mɛnt]	le ciment
roughcast ['rʌfkɑ:st]	le crépi

WORD PARTNERS

- **building** → **a ~ site / ~ materials / a ~ contractor / ~ workers** (un chantier / les matériaux de construction / un entrepreneur en bâtiment / les ouvriers du ~), **a prefabricated ~** (un [bâtiment en] préfabriqué), **a concrete / brick / stone ~** (un ~ en béton / brique / pierre) **to demolish = to pull down = to knock down a ~** (démolir un ~), **to bulldoze a ~** (démolir ~ au bulldozer), **to raze a ~ (to the ground)** (raser un ~)
- **to dig* a trench** (creuser une tranchée)
- **to lay* the foundations / the pipes** (poser les fondations / les conduits)
- **concrete** → **a ~ mixer = a cement mixer** (une bétonnière), **reinforced ~** (le béton armé)

● Industry ['ɪndəstrɪ] — L'industrie

→ industrial → to industrialize, an industrialist, industrialization	industriel → industrialiser, un industriel, l'industrialisation
to manufacture → a manufacturer	fabriquer / manufacturer → un fabriquant
goods [gʊdz]	des marchandises
a **product** ['prɒdʌkt]	un produit
to **produce** [prə'dju:s] → (mass-)production, productivity	produire → la production (en série), la productivité
the output ['aʊtpʊt]	le rendement
a **mill** → a **flour** mill, a **cotton** mill	un moulin → une minoterie, une filature de coton
to **brew** [bru:] → a **brewer** → a **brewery**	brasser → un brasseur, une brasserie
to distil → a distiller → a distillery	distiller → un distillateur, une distillerie

WORD PARTNERS

- **industry** → **heavy / light ~** (l'industrie lourde / légère), **a processing ~** (une ~ de transformation), **a precision-tool ~** (une ~ de précision) **the food-processing / farm-produce ~** (l'~ alimentaire / agro-alimentaire), **the UK car = US automobile ~** (l'~ automobile), **the mechanical engineering ~** (l'~ mécanique), **the chemical ~** (l'~ chimique), **the textile = clothing ~** (l'~ textile), **the shipbuilding ~ = shipbuilding** (la construction navale)
- **industries** → **the high-tech ~** (les industries de pointe), **the sunrise ~** (~ en pleine expansion)
- **(semi-)finished / manufactured goods** (des produits [semi-]finis / manufacturés)

● A factory = a plant — Une usine

mechanics [mɪ'kænɪks] → **mechanical** → **mechanically** → to **mechanize** → **mechanization**	la mécanique mécanique *(adj.)* → mécaniquement mécaniser → la mécanisation
a **mechanism** ['mɛkənɪzəm]	un mécanisme
⚠ a **mechanic** [mɪ'kænɪk]	un/e mécanicien/ne
a **technician** [tɛk'nɪʃən]	un/e technicien/ne
an **engine** ['ɛndʒɪn] → an **engineer** [ɛndʒɪ'nɪə] → **engineering**	un moteur (voiture / machine) → un/e technicien/ne / un ingénieur → l'ingénierie
a **motor** ['məʊtə]	un moteur (petits appareils)
the control panel	le pupitre de commandes
equipment / **gear** [gɪə]	l'outillage / le matériel
a **machine** [mə'ʃi:n], to **machine** → a **machine tool**, **machinery**	une machine, usiner → une machine-outil, la machinerie
raw materials	les matières premières

a process, to process → processing	un procédé / processus, traiter → le traitement
a part [pɑːt] = a component [kəm'pəʊnənt]	une pièce
to assemble → the assembly line → to work on / the assembly line	assembler / monter → la chaîne de montage travailler à la chaîne
a robot ['rəʊbɒt] → robotics [rəʊ'bɒtɪks]	un robot → la robotique
an automaton (*Pl.:* automata) → automated, automation, automatic → automatically	un automate robotisé, la robotisation automatique → automatiquement
a device [dɪ'vaɪs]	un appareil / un engin / un mécanisme
a (capstan) lathe [leɪð]	un tour
a hoist [hɔɪst], to hoist sth (up)	un palan, soulever / hisser qqch
a lever ['liːvə], to lever sth up	un levier, soulever qqch au moyen d'un levier
lifting tackle ['tækəl]	le matériel de levage
a pulley ['pʊlɪ]	une poulie
⚠ a press, to press	une presse, presser / mouler (⚠ repasser, appuyer, etc.)
UK a mould [məʊld] = US a mold	un moule
a vat	une cuve (⚠ VAT : TVA)
a gauge [geɪdʒ]	une jauge
a pump [pʌmp], to pump	une pompe, pomper
a piston ['pɪstən]	un piston
a cogwheel ['kɒgwiːl], a gear [gɪə]	un rouage (roue dentée) = un engrenage
a ball bearing	un roulement à billes
a spring	un ressort
to work = to function	fonctionner / marcher
to break* down	tomber en panne
to repair [rɪ'pɛə], a repair	réparer, une réparation
oil	la graisse (⚠ huile, pétrole)

W. P.

- **to start up / run* up an engine** (faire démarrer / faire tourner un moteur)
- **machine → to work = operate / adjust a ~** (faire fonctionner / régler une ~), **to oil a ~** (graisser / lubrifier une ~)
  a milling ~ (une fraiseuse)

PHRASES

- **Everything is operational = in working order ≠ out of order = inoperative.** (Tout est opérationnel = en état de marche ≠ en panne.), **to be* in operation** (être en service)
- **to run* a plant at full capacity** (faire tourner une usine à pleine capacité), **to streamline operations** (rationaliser les opérations), **to scale up ≠ to scale down production** (augmenter ≠ réduire la production)

● *The coalmining industry* — *L'industrie houillère*

coal [kəʊl] → a coalfield, a coalmine → a coalminer = a collier, the coal face, a colliery ['kɒljərɪ]	le charbon → un bassin houiller, une mine de charbon, un mineur, le front de taille, une houillère (l'entreprise)
a lode [ləʊd]	une veine / un filon
a pit → the pithead ['pɪthɛd]	un mine (puits) → le carreau de la mine
a tunnel ['tʌnəl]	une taille (⚠ un tunnel)
a gallery	une galerie
a shaft [ʃɑːft]	un puits
a slag heap [slæg hiːp]	un terril / un crassier
a safety lamp	une lampe de mineur
UK a pickaxe = US a pickax	une pioche

firedamp ['faɪədæmp] → **a firedamp explosion**	le grisou → un coup de grisou
to cave [keɪv] **in** → a **cave-in** = a **rock fall**	s'effondrer (tunnel, construction) un éboulement

W. P.

- **coal hauling / processing** (le transport / le traitement du charbon)
- **mine** → **to work a ~** (exploiter une mine), **to go* down the ~s** (travailler à la ~), **to extract sth from** = **to dig* sth out of a ~** (extraire qqch de la ~)
- **mining** → **UK open-cast ~** = **US strip ~** (l'exploitation à ciel ouvert)

Metallurgy [mɛ'tælədʒɪ] — *La métallurgie*

← **metal** → a **metalworker**, **sheet metal**	← le métal → un/e métallurgiste, la tôle
iron ['aɪən] → UK an **ironworks** = US an **iron plant**	le fer → une usine sidérurgique
steel [sti:l] → a **steelworker** → UK a **steelworks** = US a **steel plant**	l'acier → un sidérurgiste → une aciérie
a **blast furnace** ['fɜ:nɪs]	un haut fourneau
to **smelt**	fondre

→ *Les métaux, p. 38, L'artisanat, p. 230*

W. P.

- **to melt metal down** (fondre du métal)
- **to smelt metal / ore** (fondre du métal / du minerai)
- **iron** → **cast ~** (la fonte [matériau]), **a bar of ~** (une barre de fer), **the iron and steel industry** (la sidérurgie)

Energy / power — *L'énergie*

the **OPEC countries** (**Organization of Petrol Exporting Countries**)	les pays de l'OPEP (organisation des pays exportateurs de pétrole)
oil → an **oil-producing country**	le pétrole → un pays producteur de ~
offshore drilling	le forage en mer
to **gush** [gʌʃ]	jaillir
a **derrick**	un derrick
a **pipeline** ['paɪplaɪn]	un oléoduc
a **barrel** ['bærəl]	un baril
a **drum** [drʌm]	un fût (⚠ un tambour)
a **can** [kæn]	un bidon (⚠ boîte de conserve)
⚠ a **tank** [tæŋk] → a(n oil) **tanker**, a **supertanker**	une citerne (⚠ un char d'assaut) → un pétrolier, un superpétrolier
UK a **tanker lorry** = US a **tank truck**	un camion-citerne
to **refine** [rɪ'faɪn] → a **refinery**	raffiner → une raffinerie
UK **petrol** ['pɛtrəl] = US **gas(oline)** ['gæs(əli:n)]	l'essence
fuel [fjʊəl] to **fuel**	le combustible / le carburant alimenter en énergie
nuclear ['nju:klɪə] → **nukes** *(coll.)*	nucléaire → le nucléaire
a **reactor** → a **breeder reactor**	un réacteur → un surgénérateur
radioactive [reɪdɪəʊ'æktɪv] → **radioactivity**	radioactif → la radioactivité
to **irradiate** [ɪ'reɪdɪeɪt]	irradier
to **contaminate** → to **decontaminate** → **decontamination**	contaminer → décontaminer → la décontamination
a **Geiger counter** ['gaɪgə 'kaʊntə]	un compteur Geiger
to **generate** → a **generator** ['dʒɛnəreɪtə]	produire → un générateur
a **dynamo** ['daɪnəməʊ]	une dynamo
a **transformer** [træns'fɔ:mə]	un transformateur

a **pylon** ['paɪlən]	un pylone
a **dam** [dæm], **to dam a river**	un barrage / un réservoir, construire un/des barrage/s sur un fleuve
electric [ɪ'lɛktrɪk] → **electricity**	électrique → l'électricité
peak hour rates ≠ **off-peak rates**	le tarif heures pleines ≠ creuses
gas [gæs] → a **gasometer** = **gasholder**	le gaz (⚠ US l'essence) → un gazomètre
hydraulic fracturing = **fracking**	la fracturation hydraulique
a **solar collector** a **photovoltaic panel**	un capteur solaire un panneau photovoltaïque
a **windmill** = a **wind generator**	une éolienne (⚠ moulin à vent)

WORD PARTNERS

- **energy / power** → **nuclear** ~ (l'énergie nucléaire), **solar** ~ (l'~ solaire), **hydroelectric** ~ (l'énergie hydroélectrique), **wind** ~ (l'énergie éolienne), **tidal** ~ = **wave** ~ (l'~ marémotrice) → **a tidal ~ station** (une usine marémotrice), **a thermal ~ station** (une centrale thermique)
- **energy** → ~ **resources** (les ressources énergétiques) → **renewable ~ sources** (les ~s renouvelables), **the ~ bill** (la facture énergétique), ~ **conservation** (les économies d'~), **to generate / save** ~ (produire de / économiser l'~) → ~ **savings** (les économies d'~), ~ **independence** (l'indépendance énergétique)
- **power** → ~ **consumption** (la consommation d'énergie), **a ~ station** (une centrale électrique), **a ~ line** (une ligne à haute tension), **the ~ grid** (le réseau de distribution électrique)
- **oil** → **crude** ~ (le pétrole brut), **domestic** ~ = **heating** ~ (le fuel domestique / le mazout), **diesel** ~ (le diesel)
  an ~field / ~ well (un champ / puits de ~), **an ~ rig / ~ company** (une plate-forme / compagnie pétrolière), **a layer of** ~ (une nappe de ~)
  to drill for ~ (forer pour trouver du ~), **to strike*** ~ (trouver du ~)
- **fuel** → **fossil** ~ (le combustible fossile), **jet** ~ (le kérosène)
- **nuclear** → ~ **fission / fusion** (la fission / fusion nucléaire), **a ~ plant** (une centrale ~), ~ **waste** (les déchets ~s) → ~ **waste disposal** (le traitement des déchets nucléaires)
- **gas** → **natural / shale** ~ (le gaz naturel / de schiste), **a ~ pipe / pipeline** (un tuyau de ~ / un gazoduc), **a ~- works** (une usine à ~)

● Business ['bɪznɪs] — *Les affaires*

a **company** ['kʌmpənɪ]	une entreprise / société
a **business** → a **businessman / woman**	une affaire → un homme / une femme d'~s
a **firm** [fɜ:m]	une société / firme
a **contract**	un contrat
a **make** [meɪk]	une marque (produits manufacturés)
a **brand** [brænd] → **the brand image**	une marque (produits alimentaires) → l'image de marque
a **registered trademark** ['treɪdmɑ:k]	une marque déposée
a **patent** ['peɪtənt]	un brevet / une licence
to compete with → **competition**, **competitive**, a **competitor**	concurrencer → la concurrence, concurrentiel / compétitif, un concurrent
the turnover ['tɜ:nəʊvə]	le chiffre d'affaires
the balance sheet	le bilan
assets	l'actif
liabilities [laɪə'bɪlɪtɪz]	le passif
receipts [rɪ'si:ts]	les recettes
takings ≠ **outgoings**	les rentrées ≠ les sorties
overheads ['əʊvə'hɛdz]	les frais généraux
to go* bankrupt → **bankruptcy**	faire faillite ← la faillite
to refloat [rɪ'fləʊt] **a company**	renflouer une compagnie
a **rescue plan**	un plan de sauvetage

WORD PARTNERS

- **company** → **to set* up a ~** (créer une entreprise), **the head of a ~** (un chef d'entreprise)
- **business** → **to go* into / to be* in ~** (se lancer dans / être dans les affaires), **to run* a ~** (diriger une affaire)
- **contract** → **to sign ≠ cancel a ~** (signer ≠ résilier un contrat), **a breach of ~** (une rupture de ~)
- **(un)fair competition** (la concurrence [dé]loyale)

PHRASES

- **Business is good ≠ bad.** (Les affaires vont bien ≠ mal.)
- **the entrepreneurial spirit** (l'esprit d'entreprise), **a going concern** (une entreprise qui marche), **to set* up one's own business** (s'établir à son compte / créer son entreprise), **to do* a roaring trade** (faire des affaires en or)
- **the law of supply and demand** (la loi de l'offre et la demande)
- **Patent pending** (brevet déposé)

● *Business organization* — *L'organisation de l'entreprise*

small and **medium-sized companies**	les PME (= petites et moyennes entreprises)
a **multinational** [mʌltɪ'næʃənəl]	une multinationale
a **joint-stock company**	une société cotée en Bourse
UK a **public limited company** (plc / ltd) = US an **incorporated company** (inc)	≈ une société anonyme (SA)
a **monopoly** [mə'nɒpəlɪ]	un monopole
a **cartel** ['kɑ:tɛl]	un cartel
a **partner** ['pɑ:tnə] → a **partnership**	un associé → une association
to run* = to **manage** → a **manager/ess**, **management**, the **management**, the **managing director**, the **managerial staff**, the sales **manager**	diriger → un/ e directeur/-trice, la gestion, la direction, le président directeur général (PDG), les cadres, le directeur commercial
the board (of **directors**)	le conseil d'administration
the **chairman** ['tʃɛəmən], **chairwoman**	le/la président/e du conseil d'administration
an **executive** [ɪg'zɛkjətɪv]	un cadre
the staff = the **personnel** → the **personnel director / officer**	le personnel le/la chef du personnel
a department → a **head of department**, the sales **department**	un service → un/e chef de service, le service des ventes
accounting [ə'kaʊntɪŋ] = **book-keeping** an **accountant** = a **book-keeper** the **accounts department**	la comptabilité un comptable le service de comptabilité
to buy* up = take* **over a company** → a **takeover** ['teɪkəʊvə] → a **takeover bid**	racheter une entreprise un rachat → une offre publique d'achat (OPA)
to merge [mɜ:dʒ] → a **company merger**	fusionner ← une fusion

WORD PARTNERS

- **a sleeping partner** (un commanditaire / bailleur de fonds)
- **to go* / enter into partnership (with sb)** (s'associer [avec qqn])
- **management** → **good ≠ poor ~** (la bonne ≠ mauvaise gestion), **day-to-day ~** (une gestion au jour le jour), **short-term ≠ long-term ~** (la ~ à court ≠ long terme)
- **a junior = middle / senior = top executive** (un cadre moyen / supérieur)
- **UK a chartered accountant = US a certified public accountant (CPA)** (un expert-comptable)

PHRASES

- **UK Smith & Co. plc = US Smith & Co. Inc.** (Smith & Cie S.A.)
- **a meeting of the board** (une réunion du conseil d'administration), **to chair a meeting** (présider une réunion), **to be* in the chair** (présider), **to take* the minutes of a meeting** (rédiger le compte rendu d'une réunion)
This is on the agenda. (C'est à l'ordre du jour.)

- **It's company policy to develop and diversify.** (C'est la politique de la société de se développer et de diversifier.)
- **to be* on the staff** (faire partie du personnel), **to be* employed by a company = to be* on the company's payroll** (être employé par une entreprise)
  They've added 20 workers to their payroll. (Ils ont augmenté leur personnel de 20 personnes.)

Office work — *Le travail de bureau*

an office → office hours, office equipment, office automation	un bureau → les heures de bureau, l'équipement de bureau, la bureautique
a clerk [klɑ:k] → ⚠ clerical ['klɛrɪkəl] staff	un/e employé/e de bureau → le personnel de bureau
an employee [ɛmplɔɪ'i:]	un/e employé/e
a secretary ['sɛkrətərɪ] → an executive secretary	un/e secrétaire → une secrétaire de direction
a personal assistant (PA)	un/e assistant/ e
the reception desk, a receptionist	la réception, un/e réceptionniste
to type [taɪp] → a typist ['taɪpɪst], a typewriter, the typing pool, UK a shorthand typist = US a stenographer ← UK shorthand = US stenography	taper à la machine → un/e dactylo, une machine à écrire, l'équipe de dactylos, un/e sténodactylo la sténo(graphie)
a word processor	une machine à traitement de texte
word processing	le traitement de texte
a computer [kəm'pju:tə]	un ordinateur
to print → a printer	imprimer → une imprimante
a calculator ['kælkjʊleɪtə]	une calculatrice
a photocopier ['fəʊtəkɒpɪə] ← to photocopy sth, a photocopy	une photocopieuse ← photocopier qqch, une photocopie
a fax machine ← a fax → to fax a message	un télécopieur ← une télécopie faxer un message
a dictaphone = a dictating machine ← to dictate sth	un dictaphone © ← dicter qqch
a desk	un bureau
⚠ a file [faɪl], to file sth → a filing cabinet	un dossier (⚠ une lime), classer qqch → un classeur (meuble)
a folder ['fəʊldə]	une chemise / un classeur (dossier)
a memo(randum)	une note de service
a tray [treɪ] → the in-tray ≠ the out-tray	un plateau → le courrier entrant ≠ sortant
a pigeonhole ['pɪdʒɪnhəʊl]	un casier à courrier

PH.
- **to have* a business lunch** (avoir un déjeuner d'affaires), **to sign the mail** (signer le courrier), **to put* sb / a meeting in one's diary** (inscrire qqn / une réunion dans son agenda), **to make* an appointment with sb** (prendre rendez-vous avec qqn)

Trade — *Le commerce*

to trade [treɪd]	commercer / échanger / troquer
barter ['bɑ:tə], to barter	le troc, troquer
a purchase, to purchase = to buy* [baɪ] → a purchaser = a buyer → the purchasing power	un achat, acheter → un/e acheteur/-euse le pouvoir d'achat
to deal* in = to trade in	être dans le commerce de
to sell* [sɛl] → selling	vendre → la vente

⚠ a **sale** [seɪl] → the **sales force**, a **sales representative** = a **travelling salesman**	une vente (⚠ the sales : les soldes) → la force de vente, un représentant (de commerce)
to retail ['riːteɪl] → a **retailer**	vendre au détail → un détaillant
a **wholesaler** ['həʊlseɪlə]	≠ un grossiste
the **price** [praɪs]	le prix
foregone earnings	le manque à gagner
⚠ **to supply** (sb with sth) → a **supplier**	fournir (qqch à qqn) → un fournisseur
to invoice, an **invoice**	facturer, une facture
a **receipt** [rɪ'siːt]	un reçu
to distribute [dɪs'trɪbjuːt] → **distribution** → the **distribution network**	distribuer → la distribution → le réseau de distribution
to dispatch = ⚠ **consign** [kən'saɪn] = **ship** → a **consignment**, a **shipment**	expédier → un envoi / une expédition
to pay* [peɪ]	payer / régler
credit	le crédit
an **instal(l)ment** [ɪns'tɔːlmənt]	une mensualité / un versement
a **guarantee** [gærən'tiː] → a **guarantee slip**	une garantie → un bon de garantie
a **complaint** [kəm'pleɪnt]	une réclamation
imports ≠ **exports** **to import** (sth <u>from</u>) → an **importer** **to export** (sth <u>to</u>) → an **exporter**	les importations ≠ les exportations importer (qqch de) → un (pays) importateur exporter (qqch vers) → un (pays) exportateur
a **forwarding agent**	un transitaire
customs ['kʌstəmz] → a **customs officer**, **customs duties**	la douane → un/e douanier/ -ère, les droits de douane

WORD PARTNERS

- **to buy* / sell* sth wholesale ≠ retail** (acheter / vendre qqch en gros ≠ au détail)
- **mail-order / telephone / online selling** (la vente par correspondance / par téléphone / sur internet)
- **price** → **the cost / selling / purchase ~** (le prix de revient / de vente / d'achat), **the wholesale ≠ retail ~** (le ~ de gros ≠ détail), **the factory-gate ~ = the ~ ex-works** (le ~ d'usine), **the launch ~** (le prix de lancement), **rock-bottom ~s** (des prix défiant toute concurrence)
- **to pay*** → **~ cash** (régler / payer en espèces), **~ a deposit** (verser des arrhes / un acompte)
- **credit** → **to buy* sth <u>on</u> ~** (acheter qqch <u>à</u> crédit), **to give* sb ~** (faire crédit à qqn)
- **a coffee / tea / rhum importer** (un importateur de café / thé / rhum)

PHRASES

- **COD = cash on delivery** (paiement à la livraison)
- **Prices may go up = rise = increase ≠ go down = fall = drop** (Les prix peuvent augmenter = monter ≠ baisser.)
- **Prices are soaring / rocketing / spiralling.** (Les prix montent en flèche.)
  an increase ≠ a drop <u>in</u> prices (une hausse ≠ une baisse <u>des</u> prix), **the explosion of prices** (la flambée des prix)
- **to pay* on the nail / through the nose / by monthly instalments** (payer rubis sur l'ongle / la peau des dents / par mensualités)
- **It's <u>on</u> sale.** (C'est <u>en</u> vente.), **the after-sales service** (le service après-vente)
- **to clear goods through the customs** (dédouaner des produits)
  Nothing to declare. (Rien à déclarer.)

• *Marketing and advertising* — *La commercialisation et la publicité*

to market sth, a **market** ['mɑːkɪt]	commercialiser qqch, un marché
a **gap** (in the **market**)	un créneau
an **outlet** ['aʊtlɪt]	un débouché
a **sales drive**	une campagne promotionnelle

⚠ to **advertise** sth → an **advertisement** = an **advert** = an **ad** → an **adman**	faire la publicité de qqch → une publicité (papier) → un publiciste
PR = **Public Relations**	les relations publiques
a **sponsor**, to **sponsor**	un sponsor, sponsoriser
to **hype** sth [haɪp] / to **talk up** sth	faire de la publicité pour qqch / vanter les mérites de qqch
a **sign(board)** ['saɪn(bɔːd)]	une enseigne
an **illuminated sign**	une enseigne lumineuse
a **leaflet** = a **brochure** ['brəʊʃʊə]	un prospectus
a **poster** ['pəʊstə]	une affiche
UK a **hoarding** = US a **billboard**	un panneau publicitaire
⚠ a **commercial** [kə'mɜːʃəl]	un spot publicitaire (radio / TV)
a **jingle** ['dʒɪŋgəl]	une petite musique publicitaire
a **catchphrase** = a **slogan** ['sləʊgən]	un slogan
a **blurb** [blɜːb]	un court texte publicitaire / un argumentaire
a **sample** ['sɑːmpəl]	un échantillon
a **profit** ['prɒfɪt] → a **profit margin**	un bénéfice → une marge bénéficiaire
a **loss**	une perte

WORD PARTNERS

- **market** → **the home** = **domestic ~** (le marché intérieur) **to do* ~ research** (faire une étude de marché), **to break* into new ~s** (s'établir sur de nouveaux marchés), **to capture a ~** (s'emparer d'un ~), **to establish oneself in a ~** (s'implanter dans un ~), **to flood / saturate the ~** (inonder / saturer le ~)
- **advertising** → **an ~ agency / campaign** (une agence / campagne de publicité), **misleading ~** (la publicité mensongère)

PH.

- **to test a sample** (essayer / tester un échantillon), **to launch a product** (lancer un produit), **to meet* the needs of the customers** (répondre aux besoins du client)

● *From wholesale to retail* — *Du commerce de gros au détail*

to **package** ['pækɪdʒ] → **packaging**	emballer / conditionner → l'emballage / le conditionnement
a **cardboard box**	un carton
a **crate** [kreɪt]	un cageot / une caisse
to **handle** → **handling**	manipuler → la manutention
a **warehouse** ['wɛəhaʊs] → a **warehouseman**	un entrepôt → un/e magasinier/-ère
a **goods depot** ['dɛpəʊ]	un dépôt de marchandises
a **shop** [ʃɒp] → a **shopwindow**, a **shopkeeper**, UK a **shopwalker** = US a **floor walker**, UK a **shop assistant** = US a **sales clerk**	une boutique → une vitrine, un commerçant, un chef de rayon, un commis de magasin
to **shop** → **shopping**	faire les courses → les courses
a **store** [stɔː] → a **department-store**	un magasin → un grand magasin
a **market** → a **supermarket**, a **hypermarket**	un marché → un supermarché, un hypermarché
a **fair** [fɛə] → a **trade fair**	une foire → une foire commerciale
a **show** [ʃəʊ] → a **showroom**	une exposition → une salle d'exposition
an **auction** ['ɔːkʃən] **sale** → an **auctioneer** [ɔːkʃə'nɪə], to **auction** sth **off**	une vente aux enchères, un commissaire-priseur, vendre qqch aux enchères
a **boutique** [buː'tiːk]	une boutique de mode
a **salesman / woman**	un/e vendeur/euse

a **customer** ['kʌstəmə] → the **customers** = the **custom**	un client → la clientèle (⚠ a custom : une coutume)
goods / **merchandise** ['mɜːtʃəndaɪz]	la marchandise
an **item** ['aɪtəm] = an **article**	un article
a **model** / a **design** [dɪ'zaɪn]	un modèle
an **order** ['ɔːdə], to **order** sth	une commande, commander qqch
UK a **catalogue** = UK a **catalog**	une catalogue
on approval	à l'essai
an **exchange** [ɪks'tʃeɪndʒ], to **exchange** (sth for)	un échange, échanger (qqch contre)
a **label** ['leɪbəl]	une étiquette (marque)
a **price tag**	une étiquette (prix)
⚠ to **deliver** (sth to sb) → a **delivery** → a **delivery man** / **woman**	livrer (qqch à qqn) → une livraison → un/e livreur/se
the **till** = the **cash register**	la caisse enregistreuse
a **cashier** [kæ'ʃɪə]	un/e caissier/ère
the **cashdesk**	la caisse (magasin)
the **checkout** ['tʃɛkaʊt]	la caisse (supermarché)
a **hawker** ['hɔːkə]	un/e marchand/e ambulant/e
an **ice cream vendor**	un/e marchand/e de glaces
a **newsstand**	un kiosque à journaux
the **milkman** ['mɪlkmən]	le laitier

WORD PARTNERS

- **to shop** → ~ **at** X'**s** (faire ses courses chez X), ~ **for sth** (chercher qqch [dans les magasins]), ~ **around for sth** (chercher qqch [en comparant])
- **shop** → **a self-service** ~ (un self-service), UK **a corner** ~ = US **a mom-and-pop store** (un commerce de proximité), ~**soiled goods** (des marchandises défraîchies)
- **shopping** → **to go*** ~ (aller faire les courses), **to do* the** ~ (faire les courses), **to go* window-**~ (faire du lèche-vitrines)
  the ~ **list** (la liste des courses), **a** ~ **bag** (un sac à provisions / cabas), **a** ~ **basket** (un panier à provisions), UK **a** ~ **trolley** = US **a** ~ **cart** (un chariot), UK **a** ~ **centre** = US **a** ~ **center** = US **a** ~ **mall** (un centre commercial), **a** ~ **arcade** (une galerie marchande) **to go* on a** ~ **spree** (faire des folies), **online** ~ (les achats sur internet)
- **poor** = **low quality** ≠ **high** = **top quality goods** (des produits de mauvaise ≠ de très bonne qualité)
- **store** → **a general** ~ (un bazar), **a chain / multiple** ~ (un magasin à succursales)
- **market** → **a** ~ **garden** (un jardin maraîcher), **a** ~ **stall** (un étal), **a flea** ~ (un marché aux puces), **a covered** ~ (une halle = un marché couvert), **an open-air** ~ (un ~ de plein vent) **to go* to (the)** ~ (aller au ~)
- **order** → **to place an** ~ **for sth** (passer commande de qqch), **to cancel an** ~ (annuler une commande) ; **an** ~ **form** (un bon de commande), **an** ~ **book** (un carnet de commandes)

PHRASES

- **the retail price index** (l'indice des prix à la consommation)
- **a wide range of articles** (une large gamme d'articles), **a product line** (une ligne de produits)
- **It looks cheap.** (Ça n'a pas l'air de bonne qualité.), **It's junk.** (C'est de la camelote.)
- **This item is out of stock.** (Il y a une rupture de stock sur cet article.)
- **to buy* sth second-hand** (acheter qqch d'occasion), **a second-hand car** (une voiture d'occasion), **to buy* sth at an auction** (acheter qqch aux enchères)
  Going, going, gone! (Une fois, deux fois, trois fois, adjugé !)
- **cash with order / cash on delivery** (paiement à la commande / paiement à la livraison), **carriage paid** ≠ **carriage forward** (port payé ≠ port dû)

The small shopkeepers — *Les petits commerces*

a **baker** ['beɪkə] → a **baker's shop**	un/e boulanger/-ère → une boulangerie
a **butcher** ['bʊtʃə] → a **butcher's shop** → a **pork butcher**	un/ e boucher/-ère → une boucherie un/e charcutier /-ère

a **grocer** ['grəʊsə] → a **grocer's shop** → a **greengrocer** → a **greengrocer's shop**	un/e épicier/-ère → une épicerie un/e marchand/e de fruits et légumes → un magasin de légumes
a **delicatessen** = a **deli**	une épicerie fine / un traiteur
fish → a **fishmonger** ['fɪʃmʌŋgə] → UK a **fishmonger's shop** = US a **fish** store	le poisson → un/e poissonnier/-ère → une poissonnerie
a **dairy** ['dɛərɪ] → a **dairyman** / woman	une crémerie ← un/e crémier/-ère
a **wine merchant**	un/e marchand/e de vins / un/e caviste
a **florist**	un/e fleuriste
a **shoeshop**	un magasin de chaussures
a shoe **repair** shop	une cordonnerie
a **cobbler**	un cordonnier
the tobacconist's	le bureau de tabac
a **haberdasher** ['hæbədæʃə]	UK un/e mercier/-ère ; US un/e chemisier/-ère
UK a **chemist** ['kɛmɪst] → a ~'s shop = US a **druggist**, a **drugstore**	un/e pharmacien/ne ← une pharmacie
a **hardware dealer** = UK an **ironmonger**	un/e quincaillier/-ère
a **stationer** ['steɪʃənə] → **stationery** → a **stationery store**	un papetier → la papeterie → une papeterie
UK a **pet** shop = US a **pet** store	une animalerie

● *Selling and buying well* — *Savoir vendre et acheter*

to **display** sth, a **display** [dɪs'pleɪ]	exposer qqch, un étalage
a shelf	une étagère
a **stall** [stɔːl]	un étal / éventaire
a **discount** = a **reduction**	une remise
the **sales** [seɪlz] → a **sales** pitch	les soldes (⚠ les ventes) → un boniment
to slash **prices**	casser les prix
to **bargain** ['bɑːgɪn] / to **haggle** ['hægəl]	marchander
to **wrap** [ræp] **(sth up)** → **wrapping** → **wrapping paper** → **giftwrapping paper**	emballer (qqch) → l'emballage / le condition-nement → le papier d'emballage → le papier cadeau
string	la ficelle
(adhesive) tape [teɪp]	le ruban adhésif
a **ribbon** ['rɪbən]	un ruban
a **knot** [nɒt]	un nœud (de ficelle)
a **bow** [bəʊ]	un nœud / une rosette
to **tie** [taɪ]	nouer
expensive ≠ **inexpensive** = cheap [tʃiːp]	cher ≠ pas cher / bon marché
free [friː]	gratuit (⚠ libre)

PHRASES

- **to put* the goods on display / in the window** (exposer les marchandises / mettre ~ en vitrine), **to give* a £10 discount on an article = to knock £10 off the price** (faire un rabais de 10 livres sur un article), **to sell* sth off / at a sale price** (solder qqch)
- **Should I wrap it up?** (Je vous l'emballe ?)
  Would you like it giftwrapped? (Vous voulez un papier cadeau ?)
  to tie a knot (faire un nœud) ≠ **to tie the knot** (*fig.* : se passer la corde au cou = se marier)
- **How much is this? / What does it cost? / What's the price?** (C'est combien ? / Combien est-ce que ça coûte ? / Quel est le prix ?)
  The price is outrageous = exorbitant = extravagant / prohibitive. (Le prix est exorbitant / prohibitif.) ≠ **The price is reasonable.** (Le prix est raisonnable.)
  It cost* me a lot of money / a fortune / the earth / an arm and a leg. = I paid* the earth for it. (Ça m'a coûté beaucoup d'argent / une fortune / les yeux de la tête.)

- **to buy* sth at a reduced price / for a song = for next to nothing** (acheter qqch à prix réduit / pour une bouchée de pain), **to get* a good bargain** (faire une affaire)
  a marked-down designer dress (une robe de créateur dégriffée)
  It's good value (for your money). (C'est un bon rapport qualité-prix.)
- **I got it free.** (C'était gratuit.), **I got it really cheap.** (Je l'ai eu pour une bouchée de pain.)
- **It's worthless.** (Cela ne vaut rien.) ≠ **It's valuable.** (Cela a beaucoup de valeur.)
  ⚠ **It's priceless.** (C'est d'une valeur inestimable.)

Consumption — *La consommation*

to **consume** [kən'sjuːm] → a **consumer**	consommer → un/e consommateur/-trice
to **spend*** (money) <u>on</u> sth	dépenser (de l'argent) <u>pour</u> qqch
an **expense** → **expenses** = **expenditure**	une dépense → les dépenses
a **budget** ['bʌdʒɪt]	un budget
a **bill**, to bill sb for sth	une facture, facturer qqch à qqn
the living **standards** = the **standard of living**	le niveau de vie
the **cost of living**	le coût de la vie
thrift [θrɪft] → **thrifty** = **frugal** = **economical**	l'économie (= capacité d'économiser) économe

W. P.

- **consumer** → **the ~ society** (la société de consommation), **~ goods** (les biens de consommation)
- **to spare no expense** (ne pas regarder à la dépense)
- **bill** → **to pay* the ~** (régler la facture / la note), **to foot the ~** (*fig. :* payer la facture)

PHRASES

- **the housekeeping money** (l'argent du ménage), **to work out one's budget** (faire ses comptes), **to keep* the household accounts** (tenir les comptes du ménage)
- **This bill is three months overdue.** (Nous avons / Vous avez / Ils ont trois mois de retard dans le paiement de cette facture.)
  Payment is due by the end of the month. (L'échéance est à la fin du mois.)
  We're behind = late = in arrears with the rent. (Nous avons un arriéré de loyer.)
- **to economize on sth** (économiser sur qqch), **to save up = to set* / put* aside (money)** (économiser (l'argent)), **to cut* back / down on ...** (réduire ses dépenses de ...), *[coll.:]* **to tighten one's belt** (se serrer la ceinture)

Banking and insurance — *La banque et les assurances*

a **bank** [bæŋk] → a **banker** → a (**bank**)**note** = US a **bill**	une banque (⚠ une rive, un talus) → un/e banquier/-ère, → un billet (de banque)
UK a **current account** = US a **checking account**	un compte courant
a **savings account** = UK a **deposit account**	un compte d'épargne / sur livret
finance ['faɪnəns] → a **financier** [faɪ'nænsɪə]	la finance → un financier
capital	le capital
to **fund** → **funds** [fʌndz]	financer → les fonds
⚠ **money** ['mʌni]	l'argent
⚠ (small) **change**	la (petite) monnaie
the **currency** ['kʌrənsɪ]	la monnaie (nationale)
⚠ a **coin** [kɔɪn]	une pièce de monnaie
cash → UK a **cashpoint** = a **cash dispenser** = US an **automatic teller**	les espèces → un distributeur automatique de billets / une billeterie
UK a **cheque** [tʃɛk] = US a **check** → UK a **chequebook** = US a **checkbook**	un chèque → un carnet de chèques

credit → **a creditor**, **a credit card**, **a credit balance** ≠ **a debit balance**	le crédit → un créditeur, une carte de crédit, un solde créditeur ≠ un solde débiteur
a debt [dɛt] → **a debtor** ['dɛtə]	une dette → un/e débiteur/-trice
a draft [drɑːft] → **an overdraft**	une traite → un découvert
a loan [ləʊn]	un prêt
a mortgage ['mɔːgɪdʒ], **to mortgage sth**	un prêt immobilier / une hypothèque, hypothéquer qqch
the schedule of payments	l'échéancier
to repay* **sth**	rembourser qqch
to invest (in) → **an investor**, **investment**	investir (dans) → un/ e investisseur/-se, l'investissement
the interest → **the interest rate**	l'intérêt → le taux d'intérêt
UK **a cashier** [kæ'ʃɪə] = US **a teller**	un/e caissier/-ère
UK **a safe** [seɪf] = **a strong box** = US **a safe deposit box**	un coffre-fort
the strongroom = **the vault** [vɔːlt]	chambre forte
to insure [ɪn'ʃʊə] **(sb / sth against)** → **insurance**	assurer (qqn / qqch contre) → l'assurance
a policy holder	un/e assuré/e

WORD PARTNERS

- **bank** → **a ~ manager / clerk** (un/e directeur/-trice / employé/e de banque), **~ charges** (les agios), **a ~ statement** (un relevé bancaire), **a ~ account** (un compte bancaire), **a ~ holiday** (un jour férié), UK **a merchant** = **commercial ~** = US **an investment ~** (une banque d'affaires)
- **to open** ≠ **close an account** (ouvrir ≠ fermer un compte)
- **high finance** (la haute finance)
- **to (with)draw*** **money** (retirer de l'argent)
- **a one- / two- / five-penny coin** (une pièce de un penny / deux pence / cinq pence)
  ⚠ **two pennies** (deux pièces de 1 penny chacune)
- **to pay*** **cash** (payer en espèces)
- **cheque** → **a bad ~** = *[coll.:]* **a dud ~** (un chèque sans provisions = en bois)
  to write* **a ~** (faire un chèque), **to make*** **out a ~ to sb** (libeller un ~ à l'ordre de qqn), **to cross a ~** (barrer un chèque), **to cash a ~** (encaisser un ~)
- **debt** → **to be*** **in ~ [to sb]** (être endetté [envers qqn]), **to go*** **into ~** = **to incur** = **to run*** **up ~s** (s'endetter), **to be*** **overwhelmed with ~s** (être criblé de dettes)
- **insurance** → **a comprehensive ~** (une assurance tous risques), **a life ~** (une ~-vie / décès), **a third-party ~** (une ~ responsabilité civile = au tiers), **a car ~** (une ~ automobile), **an ~ agent / broker / policy / premium** (un agent / un courtier / une police / une prime d'~), **an ~ company** (une compagnie d'assurance) ; **to take*** **out an ~** (prendre une ~)

PHRASES

- **"Where do you bank?" "I bank with..."** (« Quelle est votre banque ? – J'ai un compte chez... »)
  We owe money to the bank. (Nous devons de l'argent à la banque.)
- **a cheque for £1,000** (un chèque de 1 000 livres), **to pay*** **a cheque into an account** (déposer un chèque sur un compte), **the cheque bounced** (c'était un chèque en bois)
- **She deposited £2,000 in her account.** (Elle a versé 2 000 livres sur son compte.)
  Her account has been credited with two thousand pounds. (On a crédité son compte de deux mille livres.)
- **to get*** **change** (faire de la monnaie), **to give*** **sb change for a twenty-pound note** (faire à qqn la monnaie de vingt livres)
- **to be*** **in the red** (être dans le rouge)
- **to lend*** **money to** (prêter de l'argent à), **to borrow money from** (emprunter de l'argent à)
- **the interest on an investment** (l'intérêt d'un investissement), **a 10% interest** (un intérêt de 10 %)
  This investment gives a good return, it yields 10%. (Cet investissement est d'un bon rapport ; il rapporte 10 %.)
- **to cash in on sth** (tirer profit de qch)
- **to insure sb against sth** (assurer qqn contre qqch)

• The Stock Exchange — La bourse

stocks and shares	les actions
a **share** [ʃɛə] → UK a **shareholder** = US a **stockholder**, the **share index**	une action → un/e actionnaire, l'indice des valeurs boursières
⚠ **securities** → **government securities**	des valeurs / des titres → des fonds d'État
a **stake** [steɪk] = a **holding** = an **interest**	une participation financière
a **portfolio** [pɔːt'fəʊljəʊ]	un portefeuille (d'actions)
⚠ a **bond** = a **debenture** [dɪ'bɛntʃə] → a **government bond**	une obligation → une obligation d'État
the **forward market**	le marché à règlement mensuel
the **spot market** = the **cash market**	le marché au comptant
the **foreign exchange market**	le marché des changes
the **exchange** rate = the rate of **exchange**	le taux de change
a **foreign exchange dealer**	un cambiste
a **(stock)broker** ['(stɒk)brəʊkə]	un agent de change / un courtier
an **issue** ['ɪʃjuː] = a **flotation** (of shares)	une émission (d'actions)
a **quotation** [kwəʊ'teɪʃən]	une cotation
to **fluctuate** ['flʌktjʊeɪt] → **fluctuation**	fluctuer → la fluctuation
the **opening** / **closing price** (of shares)	le cours à l'ouverture / à la clôture
to **speculate** → a **speculator**, **speculation**	spéculer → un spéculateur, la spéculation
a crash	un krach (⚠ un accident)
the **collapse** of the **market**	l'effondrement du marché

PHRASES

- **to take* a majority shareholding** (prendre une participation majoritaire)
- **to be* quoted / listed on the Stock Exchange** (être coté en Bourse)
- **A share may appreciate ≠ depreciate.** (Une action peut prendre ≠ perdre de la valeur.)
- **The dollar has fallen by 10% against the euro.** (Le dollar a baissé de 10 % par rapport à l'euro.), **The euro has risen by 10%...** (L'euro a augmenté de 10 %...)
- **The market has rallied; trading is brisk.** (Les cours se sont redressés ; il y a beaucoup de transactions.)
  The market is steady. (Le marché est stable.)

• Wealth — La richesse

→ **wealthy** ['wɛlθɪ] = ⚠ **affluent** = **rich** ['rɪtʃ]	← riche, fortuné/e
the **rich** = the **wealthy** / the **affluent**	les riches
to **prosper** = to **thrive** [θraɪv] → **prosperous** = **thriving** → **prosperity**	prospérer → prospère → la prosperité
riches ['rɪtʃɪz]	la richesse, les richesses
a **fortune** ['fɔːtʃuːn]	une fortune (⚠ fortune : la chance)
UK a **multimillionaire** = US a **billionaire**	un milliardaire
an **income** ['ɪnkʌm]	un revenu
a **spendthrift**	qqn de dépensier
⚠ **extravagant** = **profligate** → **profligacy**	dépensier → la prodigalité / la débauche

→ *La générosité et la pingrerie, p. 65*

WORD PARTNERS

- **to get* = grow* = become* rich** (s'enrichir), **to hoard riches** (thésauriser)
- **to make* money** (gagner de l'argent / s'enrichir), **to make* a fortune** (faire fortune)
- **money / wealth / a fortune → to accumulate / to acquire / to amass ~** (accumuler / acquérir / amasser de l'argent / des richesses / une fortune), **to come* into = to inherit ~** (hériter d'une somme d'argent / d'une fortune)
- **to spend* / to dissipate / to squander money / one's wealth / a fortune** (dépenser / dissiper / dilapider de l'argent / sa fortune / une fortune)

• **prosperity** → **to achieve / enjoy / create / safeguard ≠ threaten ~** (arriver à / jouir de / créer / sauvegarder ≠ menacer la prospérité)

PHRASES

• **to be* on the make** (chercher à se faire du fric), **to be* well-off / well-to-do / well-heeled = to have* means** (être aisé), *[coll.:]* **to feather one's nest** (faire son beurre), **to line one's pocket** (s'en mettre plein les poches), **to wallow in riches = to roll in money** (rouler sur l'or), **to be* as rich as Croesus** (être riche comme Crésus)
• **They've got some money by / a nest egg.** (Ils ont de l'argent de côté / un petit pécule.)
• **the affluent society** (la société d'abondance)
the distribution of wealth (la répartition de la richesse)

• *Employment* — *L'emploi*

to **employ** [ɪm'plɔɪ] → an **employer**, an **employee**, **employment**	employer → un/e employeur/-euse, un/e employé/e, l'emploi
to **hire** [haɪə] sb = to **take*** sb **on**	engager qqn
to **recruit** [rɪ'kru:t] sb	recruter qqn
a **headhunter**	un chasseur de têtes
to **apply** [ə'plaɪ] **for a job** → an **application**	poser sa candidature à un poste → une candidature
UK a **CV** [si:'vi:] = US a **résumé** ['rɛzju:meɪ]	un CV (curriculum vitae)
qualifications [kwɒlɪfɪ'keɪʃənz]	les diplômes
⚠ to **appoint** [ə'pɔɪnt] sb **to a post** → ⚠ an **appointment** [ə'pɔɪntmənt]	nommer qqn sur un poste → un poste (⚠ un rendez-vous)
a **position**	un poste / une situation
a **probationary period** = a **trial period**	une période d'essai
to **promote** [prə'məʊt] = to **upgrade** [ʌp'greɪd] sb → **promotion** [prə'məʊʃən]	promouvoir qqn → la promotion / l'avancement
to **demote** [di:'məʊt] = to **downgrade** sb	rétrograder qqn
wages ['weɪdʒɪz] → a **wage earner**	des gages / un salaire → un/e salarié/e
the **pay** [peɪ] → a **payslip**, the **payroll** ['peɪrəʊl], **payday**	la paie → un bulletin de paie, le registre du personnel, le jour de paie
a **salary** ['sælərɪ] = a **stipend** ['staɪpɛnd]	un salaire = des appointements
a **bonus** [bəʊnəs]	une prime
a **fee** ['fi:] / **fees**	des honoraires

W. P.

• **an employment agency** (une agence de placement)
• **a recruitment agency** (une agence de recrutement)
• **an application form** (un formulaire / dossier de candidature)
• **the list of positions available** (la liste des postes vacants)

PHRASES

• **He has been appointed sales manager.** (Il a été nommé directeur des ventes.)
He was promoted / upgraded to sales manager. (Il a été promu directeur des ventes.)
• **a term contract** (un contrat à durée déterminée = CDD), **a rolling / an open-ended contract** (un CDI)
• **to take* sb on probation / on a trial basis** (prendre qqn à l'essai), **to create job opportunities** (créer des débouchés), **the labour / job market** (le marché du travail)
• **He was fired for professional misconduct.** (Il a été mis à pied pour faute professionnelle.)

● Work — *Le travail*

to **work** [wɜːk] → a **worker**	travailler → un/e travailleur/-se / ouvrier/-ère
⚠ UK a **labourer** ['leɪbərə] = US a **laborer**	un manœuvre
a **job** [dʒɒb]	un emploi / travail / poste
a **trade** [treɪd]	un métier
a **trainee** = an **apprentice** → **apprenticeship**	un/e apprenti/e → l'apprentissage
an **occupation** [ɒkjʊ'peɪʃən] → **occupational**	un métier (profession) → professionnel/le
a **profession** [prə'feʃən] → **professional**	une profession libérale → professionnel (≠ amateur)
a **career** [kə'rɪə]	une carrière
a **calling** = a **vocation** [vəʊ'keɪʃən]	une vocation
a **task** [tɑːsk]	une tâche
to **moonlight** ['muːnlaɪt] → **moonlighting**, a **moonlighter**	travailler au noir → le travail au noir, un travailleur au noir
to **be* busy**	être occupé
the **boss** [bɒs]	le patron
a **team** [tiːm] → **teamwork**	une équipe → le travail d'équipe
to **clock in / out** = to **punch in / out**	pointer en arrivant / en partant
a **break** [breɪk]	une pause
a **leave** [liːv] → a **maternity / sick leave**	un congé → un congé de maternité / de maladie
a **luncheon voucher** ['vaʊtʃə]	un ticket-restaurant
holidays with pay	les congés payés
an **expense account**	une / des note/s de frais
an **industrial injury**	un accident du travail
a **disablement pension**	une pension d'invalidité
health and safety regulations	les règles de sécurité
a **factory / labour inspector**	un inspecteur du travail
parity	la parité

WORD PARTNERS

- **work** → **seasonal ~** (le travail saisonnier), **clerical ~** (le travail de bureau), **~ sharing** (le partage du travail), **a ~station** (un poste de travail)
  UK a ~ing day / week = **US a ~day / week** (une journée de travail / une semaine de travail)
  the ~ing population (la population active)
  to concentrate on / to be * engrossed in one's ~ (se concentrer sur / être absorbé par son ~)
  ~ experience (l'expérience professionnelle), **a ~ contract** = **US a service contract** (un contrat de travail), **contract ~** (le ~ à forfait), **job ~** (le ~ à la pièce), **a ~ permit** (un permis de ~),
  the workforce = **manpower** = **labour** = **US labor** (la main-d'œuvre)
- **worker** → **a semi-skilled / a skilled ≠ an unskilled ~** (un ouvrier spécialisé / qualifié ≠ non qualifié), **a freelance ~** = **a self-employed person** (un travailleur indépendant), **a temporary ~** = **a temp** (un intérimaire), **an immigrant ~** (un ~ immigré), **a factory ~ / a factory hand** (un/e ouvrier/-ère d'usine), **a manual ~** (un travailleur manuel), **a blue collar / white-collar ~** (un col bleu / blanc)
- **labour** → **casual ~** (la main-d'œuvre occasionnelle), **~ shortage ≠ surplus** (le manque ≠ le surplus de main-d'œuvre)
- **job / task / work** → **a rewarding ~** (un travail / une tâche gratifiant/e), **an absorbing = engrossing ~** (~ absorbant/e)
- **job** → **a part-time / half-time / full-time ~** (un travail à temps partiel / à mi-temps / à plein temps), **odd ~s** (les petits boulots / le bricolage)
  to leave* one's ~ (quitter son emploi), **~ satisfaction** (la satisfaction professionnelle), **~ security** (la sécurité de l'emploi), **a ~ application** (une candidature [pour un emploi]), **a ~ offer** (une offre d'emploi), **a ~ ad(vertisement)** (une annonce pour un ~), **a ~ centre** = **an employment office** (≈ une agence pour l'emploi), **~ creation** → **a ~ creation scheme** (la création d'emplois → un plan de création d'emplois)
- **to look for work / a job** (chercher du travail)
- **job / post** → **to move to a new ~** = **to change / switch ~s** (changer d'emploi / de poste)
- **occupational** → **~ hazards** (les risques du métier), **an ~ disease** (une maladie professionnelle)
- **a task** → **to delegate ~ to sb** (déléguer une tâche à qqn), **to set* sb ~** = **to give* sb ~** (confier une tâche à qqn)

PHRASES

- **What do you do for a living?** (Que faites-vous dans la vie ?), **I work as a secretary. / I'm a plumber by trade.** (Je travaille comme secrétaire. / Je suis plombier de mon métier.) **to work from / at home** (travailler à domicile), **to work in an office / on the production line** (dans un bureau / à la chaîne), **to be* on trial / on probation** (être à l'essai), **to have* a job** (avoir du travail / un emploi), **to get* down to work** (se mettre au travail), **to work hard** (travailler dur), **to work around the clock** (travailler 24 heures sur 24), **to be* overworked** (être surmené/e), **to be* snowed under with work** (être débordé/e de travail), **to work oneself to death** (se tuer au travail / à la tâche), **to be* a workaholic** (être un bourreau de travail), **to work overtime** (faire des heures supplémentaires), **to work flextime** (avoir un travail à horaire flexible), **to work shifts / on shifts** (travailler par roulement), **to do* shift work** (faire les trois-huit)
- **the day / night shift** (l'équipe de jour / de nuit) → **to be* on day / night shift** (faire partie de l'équipe de jour / de nuit), **a shiftworker** (un/e ouvrier/-ère qui fait les trois-huit)
- **working time** (les heures de travail)
- **How much do you earn / make?** (Combien gagnez-vous ?) **I earn / make £200 a week.** (Je gagne 200 livres par semaine.), **to work for a pittance / for peanuts** (travailler pour un salaire de misère), **to earn chickenfeed** (gagner des clopinettes / des nèfles)
- **Equal pay for equal work** (À travail égal, salaire égal)
- **gender inequalities at work** (les inégalités entre les hommes et les femmes au travail), **the gender pay gap** (les différences de salaires entre les sexes), **to demand equal pay** (exiger l'égalité des salaires)
- **to be* on leave** (être en congé), **to take* a day off** (prendre un jour de congé)
- **to be* job-hunting** (être à la recherche d'un emploi)
- **There's a vacancy / a vacant position.** (Il y a un poste vacant / à pourvoir.) **Situations vacant** (Offres d'emploi), **Situations wanted** (Demandes d'emploi)
- **to be* retired** (être à la retraite)

● *Household staff* — *Le personnel de maison*

an au-**pair** girl	une jeune fille au pair
a **servant** ['sɜ:vənt]	un/e domestique
a **char**(woman / lady)	une femme de ménage
a **maid** [meɪd] → a **chambermaid**	une bonne → une femme de chambre
a **manservant**	un valet de chambre
a **footman** ['fʊtmən]	un valet de pied
a **butler** ['bʌtlə]	un maître d'hôtel / majordome
a **steward** ['stjʊəd]	un intendant / régisseur (⚠ steward, économe d'un collège)
a **housekeeper**	une gouvernante

● *Good and bad workers* — *Les bons et les mauvais travailleurs*

competence ['kɒmpətəns] = **expertise** [ɛkspɜ:'ti:z] ≠ **incompetence**	la compétence ≠ l'incompétence
know-how ['nəʊhaʊ]	le savoir-faire
industrious [ɪn'dʌstrɪəs] = **hard-working** ≠ **lazy** ['leɪzi] = **idle** [aɪdəl]	travailleur/-se ≠ paresseux/-se
→ **industriousness** ≠ **laziness** / **idleness**	application / diligence ≠ paresse / oisiveté
careful ['kɛəfʊl] ≠ **careless** ['kɛəlɪs]	soigneux/-se ≠ négligent/e
lackadaisical [lækə'deɪzɪkəl]	nonchalant/e / indolent/e / apathique
inactive [ɪn'æktɪv] → **inactivity**	inactif/-ve → l'inactivité
passive ['pæsɪv] → **passivity**	passif/-ve → la passivité
inertia [ɪ'nɜ:ʃɪə]	l'inertie
conscientious → **conscientiousness**	conscientieux/-se ← conscience

diligent ['dɪlɪdʒənt] = **painstaking** → **diligently** = **painstakingly**	travailleur/-se / assidu/e / appliqué/e → avec application
reliable [rɪ'laɪəbəl] ≠ **unreliable**	fiable ≠ indigne de confiance
serious ['sɪəriəs] = **earnest** ['ɜːnɪst]	sérieux/-se
devoted [dɪ'vəʊtɪd]	dévoué/e
initiative [ɪ'nɪʃiətɪv], an **initiative**	l'initiative, une initiative

→ *L'honnêteté, p. 59*

W. P.

- **expertise** → **to acquire** = **to gain** / **to have*** / **to lack** / **to show*** ~ (acquérir / avoir / manquer de / faire preuve de compétence)
  a degree of / **a level of** ~ (un degré de / un niveau de compétence)
- **to take* an initiative** (prendre une initiative)

PH.

- **to be* in charge of sth** = **to be* responsible for sth** (être responsable de qqch), **to be* directly responsible to sb** (relever directement de qqn)
- **to botch up one's work** (bâcler son travail)

• *Industrial relations* — *Les relations sociales*

employers and **labour** ['leɪbə]	le patronat et les travailleurs / les partenaires sociaux
a **joint** [dʒɔɪnt] **committee**	une commission paritaire
a (UK trade = US labor) **union** ['juːnjən] → a **trade unionist**, **trade unionism**, **unionized labour** (US **labor**)	un syndicat → un/e syndicaliste, le syndicalisme, les syndiqués
a **shop steward** ['stjʊəd]	un/e délégué/e syndical/e
the **works council** / the works committee	le comité d'entreprise
industrial unrest = **labour unrest**	l'agitation sociale
an **industrial dispute** = a **labour dispute**	un conflit du travail
labour strife [straɪf]	les conflits du travail
social discontent	le mécontentement social
a **grievance** ['griːvəns]	un grief
a claim [kleɪm] / a **demand** to claim / to **demand sth**	une revendication revendiquer / exiger qqch
to **negotiate** [nɪ'gəʊʃieɪt] → **negotiation**	négocier → la négociation
bargaining power	le poids dans les négociations
to **arbitrate** ['ɑːbɪtreɪt]	arbitrer
an **industrial tribunal**	≈ un conseil de prud'hommes
a strike [straɪk], to strike → a **striker**	une grève, faire grève (⚠ frapper) → un/e gréviste
UK a **go-slow** = US a **slowdown** UK to go* slow = US to slow down	une grève perlée → faire une grève perlée
UK a strike by **rota** = US a **staggered strike**	une grève tournante
work-to-rule → to work to rule	la grève du zèle → faire une ~
a **lockout**	un lock-out
a **stoppage** ['stɒpɪdʒ]	un débrayage / arrêt de travail
a **picket** ['pɪkɪt], to **picket**	un piquet de grève, faire le ~
a **blackleg** = a scab *(coll.)*	un jaune (⚠ a scab : une croûte)
a **showdown** ['ʃəʊdaʊn]	une épreuve de force
a **settlement** → a pay **settlement**	un accord → un accord salarial
an **incentive** bonus / **payment**	une prime d'encouragement

WORD PARTNERS

- **union** → **a ~ member / official / UK branch** = **US lodge** (un/e syndiqué/e / un/e syndicaliste / une section syndicale), **the ~ dues / subscription** (la cotisation syndicale)
- **wage claims / demands** (les revendications salariales)
- **strike** → **a token ~** (une grève d'avertissement), **a general** = **an all-out ~** (une ~ générale), **an unofficial** = **a wildcat / sit-down / lightning / sympathy ~** (une ~ sauvage / sur le tas / surprise / de solidarité), **the right to ~** (le droit de ~)
  to call a ~ (lancer un ordre de ~) → **a ~ call** (un ordre de ~)
  the ~ committee (le comité de ~), **a ~ breaker** (un briseur de ~)

PHRASES

- **to call for strike action** (appeler à la grève), **to give* notice of strike action** (déposer un préavis de grève), **to take* industrial action** = **to go* on strike** (se mettre en grève), **to be* on strike** = **striking** (être en grève), **a strike-bound country** (un pays paralysé par les grèves)
- **to cross the picket line** (forcer un piquet de grève)
- **a no-win situation** (une situation où il n'y a pas de gagnants), **a win-win solution** (une solution qui permet à tout le monde d'être gagnant)
- **to go* to arbitration** (recourir à l'arbitrage), **to reach a deadlock** (aboutir à une impasse), **to break* off (the) negotiations** (rompre les négociations), **to resume work** (reprendre le travail)

● *Unemployment* — *Le chômage*

staff [stɑːf] → **to be overstaffed ≠ understaffed**	le personnel → être en sureffectifs ≠ sous-effectifs
to give* sb **notice**	envoyer un préavis (de licenciement) à qqn
to **dismiss** = fire = sack sb = to give* sb the sack *(coll.)* → a **dismissal**	licencier / virer / mettre à la porte → un licenciement (individuel)
to lay* off sb → **lay**-off	licencier / mettre au chômage technique le licenciement
a **redundancy** [rɪˈdʌndənsɪ] **payment**	une prime de licenciement
to **resign** [rɪˈzaɪn] → ⚠ **resignation** [rɛzɪgˈneɪʃən]	donner sa démission → la démission
jobless = **unemployed** = out of work → the **jobless** = the **unemployed**	sans emploi / au chômage les chômeurs / les sans-emploi
to **retrain** [riːˈtreɪn]	se recycler (dans un nouveau métier)

W. P.

- **unemployment** → **the ~ figures** (les chiffres du chômage), **youth ~** (le ~ des jeunes), **the ~ benefit** (l'indemnité de chômage), **the female ~ rate** (le taux de chômage des femmes)
- **the long-term unemployed** (les chômeurs de longue durée)
- **to hand in / tender one's resignation** (donner sa démission)

PHRASES

- **There is overmanning = overstaffing / They are overmanned = overstaffed in this company.** (Ils sont en sureffectifs dans cette société.)
  Staff reductions are to be made, some workers must be shed. (Il faut effectuer des compressions de personnel, se séparer de quelques employés.)
  They must make cuts in the staff. (Il faut qu'ils dégraissent [leurs effectifs].)
  Some employees will be made redundant. (Un certain nombre d'employés vont être licenciés.)
- **The unemployment figures have risen ≠ fallen.** (Les chiffres du chômage ont augmenté ≠ baissé.)
- **to adapt to a changing labour market** (s'adapter aux changements du marché du travail), **to switch to** (se reconvertir dans), **to change jobs / careers** (changer de métier / carrière), **to go* on a refresher course** (se recycler / se remettre à jour [pour se perfectionner])

● *Poverty = destitution* — *La pauvreté = la misère*

poor [pʊə] = **destitute** = **impoverished** the poor = the **destitute**	pauvre les pauvres, les indigents

a **pauper** → **pauperization**	un/e pauvre/sse → la paupérisation
the **underprivileged**	les plus défavorisés
the **guaranteed minimum wage**	≈ le SMIC
(in)**solvent** → (in)**solvency**	(in)solvable → (in)solvabilité
bankrupt → **bankruptcy**	ruiné / failli → la faillite
deprived / disadvantaged	défavorisé/e
need [niːd] → **needy** → the needy	le besoin → nécessiteux → les nécessiteux
to **beg** (<u>for</u> sth) → a **beggar**	mendier (qqch) → un mendiant
to pass the hat round *(coll.)*	faire la manche
a **tramp** / a down-and-out	un clochard
a **vagrant** ['veɪgrənt]	un vagabond
the **homeless** ['həʊmlɪs]	les sans-abri
the **underdogs**	les laissés-pour-compte
UK a **dosshouse** = US a **flophouse**	un asile de nuit
a **soup kitchen** ≈ US a **bread line**	une soupe populaire

W. P.

- **poverty** → **great / dire / extreme / grinding ~** (une grande pauvreté / la misère noire), **~-stricken** (misérable)
  to fall* / to sink* into / experience / live in / suffer from ~ (sombrer dans / connaître / vivre dans / souffrir de la misère), **to reduce / alleviate = relieve / abolish = eradicate ~** (réduire / soulager / supprimer la ~)
- **bankruptcy** → **a ~ court** (un tribunal de commerce), **~ proceedings** (une procédure de faillite)

PHRASES

- **to be* short of money / hard up / broke / penniless** (être à court d'argent / gêné / fauché / sans le sou), **to eke out a living = to live at subsistence level** (gagner tout juste de quoi vivre), **to live below the poverty line / from hand to mouth** (vivre en-dessous du seuil de pauvreté / au jour le jour), **to be* unable to make ends meet** (ne pas pouvoir joindre les deux bouts), **to be* in need = in want / in straitened circumstances / needy = necessitous = penurious = badly-off** (être dans le besoin / la gêne),
  to feel* the pinch (avoir des difficultés financières), **to pinch and scrape** (économiser sur tout), **to be* down-and-out** (être dans la dèche), **as poor as a church-mouse** (pauvre comme Job)
- **to be* homeless / to have* no fixed abode** (être sans domicile fixe), **to sleep* rough / to rough it** (dormir à la cloche de bois / vivre à la dure)
- **I can't afford to buy this / I can't afford this.** (Je ne peux pas me permettre d'acheter cela.)
- **Money doesn't grow on trees.** (L'argent ne tombe pas du ciel.)
- **a two-tier society** (une société à deux vitesses)

The Welfare State — *L'État providence*

social ['səʊʃəl]	social
a **contribution** [kɒntrɪ'bjuːʃən]	une cotisation
an **allowance** [ə'laʊəns]	une allocation
a **benefit** ['benɪfɪt]	une prestation
to **retire** [rɪ'taɪə] → **retirement**	prendre sa retraite ← la retraite
a **pension** ['penʃən], to **pension sb off** → ⚠ a **pensioner**	une pension, mettre qqn à la retraite → un/e retraité/e

WORD PARTNERS

- **welfare** → **to be* / to live <u>on</u> ~** (vivre de l'aide sociale), **people on ~** (les assistés sociaux)
- **a maternity allowance** (une allocation de maternité)
- **benefit** → **sickness / housing / family ~** (l'assurance-maladie / l'allocation (de) logement / les allocations familiales), **UK the unemployment ~ = US the unemployment compensation = the dole** (l'allocation (de) chômage)
- **retirement** → **a ~ home = an old people's home** (une maison de retraite), **a ~ pension = a superannuation** (une (pension de) retraite)
- **an old-age pensioner (an OAP)** (un/e retraité/e)

22 Transport and travelling — Les transports et les voyages

● Transporting people and goods — *Le transport des personnes et des marchandises*

to **transport** [træns'pɔːt], **transport** ['trænspɔːt]	transporter, les transports
→ **public transport**	→ les transports en commun
→ a means of **transport** / **conveyance** / US **transportation**	un moyen de transport
to **convey** [kən'veɪ]	acheminer (⚠ exprimer)
freight [freɪt] → **air freight**	le fret / les marchandises → le fret aérien
⚠ the **cargo** ['kɑːgəʊ]	la cargaison
to **fly*** / to **ship** goods	transporter des marchandises par avion / par bateau
→ **shipping**	le transport par bateau
haulage ['hɔːlɪdʒ]	le transport routier
→ UK a **haulage company** = US a **trucking firm**	une entreprise de transport routier
UK a **haulier** = US a **hauler** / a **carrier**	un transporteur

→ *Le transport ferroviaire, aérien et fluvial, pp. 256-260*

● On the road — *Sur la route*

a **road** [rəʊd] (= US a **highway**)	une route
→ UK the **roadway** (= US the **pavement**)	→ la chaussée
a **crossroads** ['krɒsrəʊdz]	un carrefour
a **way** [weɪ]	1. une voie 2. un chemin (⚠ un moyen)
tar [tɑː], to **tar**	le goudron, goudronner
the **central reservation**	la ligne médiane
UK a **dual carriageway** = US a **divided highway**	une route à quatre voies
a **junction** ['dʒʌnkʃən]	une intersection
a **roundabout** ['raʊndəbaʊt]	un rond-point
a **verge** [vɜːdʒ] / UK a **(soft) shoulder**	un accotement (non stabilisé)
a **hard shoulder**	une bande d'arrêt d'urgence
a **bend** [bɛnd] → a **hairpin bend**	un virage → virage en épingle à cheveux
UK a **motorway** = US a **turnpike**, a **freeway**	une autoroute
a **lane** [leɪn]	une voie (autoroute)
a **crash barrier**	une glissière de sécurité
⚠ a **diversion** [daɪ'vɜːʃən] / a **bypass** ['baɪpɑːs]	une déviation
a **spur** [spɜː]	un embranchement (⚠ un éperon)
a **fork**	une bifurcation (⚠ fourchette, fourche)
to **branch off**	bifurquer
a **toll** [təʊl]	un péage (⚠ the toll : le glas)
UK an **interchange** = US a **grade separation**	un échangeur
UK a **slip road** = US a **ramp**	une bretelle d'accès
a **rest area** ['ɛərɪə]	une aire de repos
a **lay-by** = a **parking area**	une aire de stationnement
a (**motorway** / US **freeway**) **service station**	une aire de services
UK a **flyover** = US an **overpass**	un autopont / un toboggan
a **civil engineering structure**	un ouvrage d'art
a **bridge** [brɪdʒ]	un pont
a **viaduct** ['vaɪədʌkt]	un viaduc

a **tunnel** ['tʌnəl]	un tunnel
a (road) **sign** [saɪn]	un panneau (routier)
a **pothole** ['pɒthəʊl]	un nid de poule
⚠ a **rut** [rʌt]	une ornière
a **hump** back	un dos d'âne
UK a **sleeping policeman** = US a **speed bump** = a **road hump**	un ralentisseur / un gendarme couché

WORD PARTNERS

• road → **a country / main = trunk ~** (une ~ de campagne / principale), **a bumpy / straight / winding ~** (une route cahoteuse / droite / sinueuse), **a ring-~** (un périphérique)
to block = close / build* / clear / follow / repair / (re)surface a ~ (barrer / construire / dégager / suivre / réparer / (re)goudronner une route)
Roads climb / curve / descend / wind = twist and turn. (Les ~s montent / tournent = font des tournants / descendent / serpentent.)
the ~ network (le réseau routier), **a ~ block** (un barrage routier), **a ~ map** (une carte routière), **a ~side** (un bas-côté), **a ~ sweeper** (un cantonnier), **~-holding** (la tenue de route), **~ markings** (la signalisation horizontale)
• lane → **the fast ~** (la voie rapide), **a three-~ road** (une route à trois voies)
• bridge → **a bascule / toll / suspension / swing ~** (un pont à bascule / à péage / suspendu / tournant), **a railway ~** (un ~ de chemin de fer)

● *Road vehicles* — *Les véhicules routiers*

a coach [kəʊtʃ] → a **stagecoach**	un carrosse → une diligence
a **hackney** cab ['hæknɪ kæb]	un fiacre
a **barouche** [bə'ru:ʃ]	une calèche
⚠ a **wag(g)on** ['wægən]	un chariot
⚠ a **chariot** ['tʃærɪət]	un char (romain)
a **(motor-)car** = US an **automobile**	une voiture
UK a four-door **saloon** = US a **sedan** [sɪ'dæn]	une berline
a space **cruiser** ['kru:zə]	un monospace
a **coupé** ['ku:peɪ]	un coupé
a **convertible** [kən'vɜ:tɪbəl]	une décapotable
four-wheel **drive** → a **four**-wheel **drive** = a sport-utility off-roader	quatre roues motrices → un 4X4
an SUV (Sports Utility Vehicle)	un petit 4X4 urbain
a **hatchback**	un modèle avec hayon
a **limo** ['lɪməʊ] = **limousine**	une limousine
a **jalopy** [dʒə'lɒpɪ] = a **banger** *(coll.)*	une guimbarde / un tacot
a **chauffeur** ['ʃəʊfə]	un chauffeur de maître
an HGV = a **heavy** goods vehicle	un poids lourd
UK a **lorry** = US a truck	un camion
→ UK a **lorry**-driver = US a **truck**-driver / a **teamster**	un chauffeur routier, un camionneur
→ an articulated **lorry** = a **juggernaut**	un semi-remorque / un poids lourd
the tow [təʊ] / the **trailer**	la remorque
to tow [təʊ]	remorquer
→ UK a **towing**-truck = US a **towtruck**	→ une dépanneuse
a **tanker**	un camion citerne
UK a van [væn] = US a **pick-up** (truck)	une camionnette

WORD PARTNERS

• car → **a second-hand / flashy / powerful ~** (une voiture d'occasion / tape-à-l'œil / puissante), **a company / family ~** (une ~ de fonction / familiale), **a vintage ~** (une ~ ancienne), **a racing ~** (une ~ de course), **a sports~** (une ~ de sport), **UK an estate ~ = US a station-wagon** (un break)
to hire = rent / to park a ~ (louer / garer une ~), **to back (up) = reverse a ~** (faire marche arrière), **to crash = smash up = wreck one's ~** (détruire sa voiture dans un accident)
a ~ crash (un accident de voiture)
• **a delivery van** (une camionnette de livraison)

The car [kɑː] — La voiture

the **body** (of a car)	la carrosserie
the **parts**	les pièces détachées
the **engine** ['ɛndʒɪn]	le moteur
the **controls** = the **control commands**	les commandes
the **gears** [gɪəz] → the UK **gear lever** / **box** = US **gear shift** /**box**	les vitesses → le levier / la boîte de vitesses
the **clutch** [klʌtʃ] → the **clutch pedal**	l'embrayage → la pédale d'embrayage
the **choke** [tʃəʊk]	le starter
the **accelerator** [ək'sɛləreɪtə]	l'accélérateur
to **brake**, the **brake** [breɪk] → the **handbrake**, the **brake pedal**, the **brake pads**	freiner, les freins → le frein à main, la pédale de frein, les plaquettes de frein
a (**front** / **back**) **seat**	un siège (avant / arrière)
a **safety belt** / a **seat belt**	une ceinture de sécurité
the **dashboard** ['dæʃbɔːd]	le tableau de bord
a **meter** ['miːtə]	un compteur
the **rear view mirror**	le rétroviseur
the **windscreen** = the **windshield**	le pare-brise
the **rear-window**	la lunette arrière
UK the **indicator** = US the **turn signal** / the **blinker**	le clignotant
the **lights** [laɪts]	les lumières
UK the **bonnet** ['bɒnɪt] = US the **hood** [hʊd]	le capot
a **sunroof** ['sʌnruf]	un toit ouvrant
the **tank** [tæŋk]	le réservoir (⚠ un tank)
the **gauge** [geɪdʒ]	la jauge
fuel [fjʊəl] → **fuel consumption**	le carburant → la consommation
UK **petrol** ['pɛtrəl] = US **gas(oline)**	l'essence
diesel ['diːzəl]	le gas-oil / gazole
to **fill up**	faire le plein
the **radiator** ['reɪdɪeɪtə]	le radiateur
a **wheel** [wiːl] → the **steering wheel**	une roue → le volant
a **hubcap** ['hʌbkæp]	un enjoliveur
UK a **tyre** [taɪə] = US a **tire**	un pneu
a **jack** [dʒæk]	un cric
the **shock absorbers**	les amortisseurs
a **bumper** ['bʌmpə]	un pare-choc
UK the **boot** [buːt] = US the **trunk** [trʌŋk]	le coffre
UK a **wing** [wɪŋ] = US a **fender** ['fɛndə]	une aile
the **licence plates**	les plaques minéralogiques
an **L-plate** *(L. for Learner)*	une plaque de nouveau conducteur (A)
to **break*** **down**	tomber en panne
to **repair** [rɪ'pɛə] → a **repairman**	réparer → un réparateur
to **service** ['sɜːvɪs]	réviser
maintenance costs	les frais d'entretien

WORD PARTNERS

- meter → **a speedo~ / milo~** (un compteur de vitesse / kilométrique)
- lights → UK **rear** = US **tail** / UK **reversing** = US **backup** / UK **side** = US **parking ~** (les feux arrières / de recul / de stationnement = de position [= les veilleuses]), **warning ~** = **hazard lamps** (les feux de détresse), **head~** (les phares), UK **dipped head~** = US **dimmed head~** (les feux de croisement = les codes)
- tyre → **a spare ~** (une roue de secours), **a flat ~** = **a puncture** (une crevaison)

● Driving	La conduite
to drive [draɪv] → a driver	conduire → un/e conducteur/-trice
UK a driving licence = US a driver's license	un permis de conduire
the Highway Code	le code de la route
road safety	la sécurité routière
safety rules	les règles de sécurité
the traffic ['træfɪk]	la circulation
a pedestrian / zebra crossing = a crosswalk	un passage pour piétons
to take* the wheel	prendre le volant
the ignition [ɪg'nɪʃən] → the ignition key	le contact → la clé de contact
to switch on ≠ off the engine	mettre ≠ couper le contact
to start up a car	mettre une voiture en marche
to idle ['aɪdəl]	tourner au ralenti
to put* the car into first gear	passer la première
power-assisted steering	la direction assistée
to pull out	déboîter
to let* in ≠ out the clutch	embrayer ≠ débrayer
speed [spiːd], to speed* → speeding	la vitesse, aller vite / faire un excès de vitesse → l'excès de vitesse
to accelerate [ək'sɛləreɪt] ≠ to slow down	accélérer ≠ ralentir
UK to put* one's foot down = US to step on the gas	appuyer sur le champignon
to pass = to overtake* [əʊvə'teɪk]	doubler
to change lanes	changer de voie
to cut* in	faire une queue de poisson
to stall [stɔːl]	caler
to reverse = to back (up) a car	faire marche arrière
to do* a U-turn	faire demi-tour
to turn left / right	tourner à gauche / à droite
to flash one's headlights at sb	faire un appel de phares à qqn
UK to give* way = US to yield	céder le passage / laisser la priorité
to sound the horn = to hoot [huːt]	klaxonner
to come* to a halt	s'immobiliser
to park [pɑːk] → to double-park → parking → a parking space → UK a car park = US a parking lot	se garer, stationner → ~ en double file → le stationnement → une place de stationnement → un parc de stationnement
UK a wheel clamp = US a Denver boot	un sabot de Denver
the car pound → to impound a car	la fourrière → envoyer une voiture à la ~

→ *Les accidents de la route, p. 189*

WORD PARTNERS

- **to speed* along / up** (aller à vive allure / accélérer)
- **the speed limit** (la limitation de vitesse)
- **traffic** → **busy / fast / moderate / one-way / slow-moving / heavy / light ~** (circulation intense / rapide / modérée / à sens unique / ralentie / dense / fluide)
  Traffic builds up = increases / crawls / is congested = is stuck / grinds to a halt = comes to a standstill. (La circulation augmente / est très ralentie / est bloquée = arrêtée / s'arrête.), **Traffic is moving.** (La circulation est fluide.)
  ~ lights (les feux de signalisation), **a ~ jam = ~ congestion** (un embouteillage), **a ~ island** (un refuge), **a ~ holdup = a bottleneck = a tailback** (un bouchon)

PHRASES

- **to take* driving lessons** (prendre des leçons de conduite), **to take* / to get* one's driving test** (passer / obtenir le permis de conduire), **to reverse into parking space** (faire un créneau), **to put* a car into neutral** (mettre au point mort)
- **That car holds the road well.** (Cette voiture tient bien la route.)
- **It's going to be a long ride / drive / journey.** (La route sera longue.)

- **Is this the road to Oxford?** (Est-ce bien la route d'Oxford ?)
- **to exceed the speed limit** (ne pas respecter la limitation de vitesse), **to jump the lights** = **to go* through the lights** (passer au feu rouge), **to be* fined for speeding** (avoir une contravention pour excès de vitesse), **to get* a parking ticket** (avoir une contravention pour stationnement illicite)
- **It's developing into a gridlock.** (L'embouteillage devient inextricable.)
- **to give* sb a ride / a lift** (emmener qqn en voiture)
- **to be* carsick** (être malade en voiture)

Public transportation — *Les transports en commun*

a bus [bʌs] → a **bus stop**	un autobus → un arrêt d'autobus
the **school bus service**	le ramassage scolaire
a **double-decker** ['dʌbəl'dɛkə]	un autobus à impériale
⚠ a **conductor** [kən'dʌktə]	un receveur / contrôleur
a **passenger** ['pæsɪndʒə]	un passager / voyageur
a **coach** [kəʊtʃ]	un (auto)car (⚠ carrosse)
UK the **underground** ['ʌndəgraʊnd] UK the **Tube** [tju:b] US the **Subway** ['sʌbweɪ] US the **El(evated)** ['ɛlɪ'veɪtɪd]	le métro le métro de Londres le métro le métro aérien
a **train** [treɪn]	une rame
the **tram(way)**, UK a **tram(car)** = US a **streetcar** ['stri:tkɑ:]	le tram(way), un tram(way)
a **trolleybus** ['trɒlɪbʌs]	un trolleybus
a **shuttle** ['ʃʌtəl]	une navette
a **taxi** / a **cab** → a **taxi driver** / a **cab driver**	un taxi un chauffeur de taxi
to **hail a taxi** ['tæksɪ] / a **cab** [kæb]	héler un taxi
the **fare** [fɛə]	le prix de la course / du billet

Two- and three- wheelers — *Les deux et trois-roues*

a **bicycle** ['baɪsɪkəl] → a **bicycle lane** / **track**	une bicyclette / un vélo → une piste cyclable
a **bike** [baɪk] → a **mountain bike**	un vélo → un Vélo Tout Terrain
to **cycle** ['saɪkəl], a **cycle** → a **cyclist**	faire du vélo, un vélo → un cycliste
the **crossbar** ['krɒsbɑ:]	la barre transversale
the **handlebars** ['hændəlbɑ:z]	le guidon
a **brake** [breɪk] → a **brake block**, a **brake lever**	un frein → un patin, une poignée de frein
the **gear** [gɪə] **lever** = **shifter**	la manette de changement de vitesse
the **chain transmission**	le pédalier
the **derailleur** [dɪ'reɪljə]	le dérailleur
a **chain-wheel**	un plateau
a **cogwheel** ['kɒgwi:l]	un pignon
a **luggage rack** ['lʌgɪdʒ 'ræk]	un porte-bagages
a **mud flap** = a **mud guard**	un pare-boue = un garde-boue
the **saddle** ['sædəl]	la selle
a **puncture repair kit**	une trousse de secours pour crevaison
a **spoke** [spəʊk]	un rayon
a **reflector** [rɪ'flɛktə]	un catadioptre
a **motorbike** ['məʊtəbaɪk] → a **biker**	une moto → un motard
a **motorcycle** ['məʊtəsaɪkəl] / a **moped**	une motocyclette
a **scooter** ['sku:tə]	un scooter (⚠ une trottinette)
a **rickshaw** ['rɪkʃɔ:] → a **pedalled rickshaw**	un pousse-pousse → un cyclo-pousse

● Rail transport — *Le transport ferroviaire*

UK a **railway** ['reɪlweɪ] = US a **railroad**	un chemin de fer
a (**main**) **line**	une (grande) ligne
a **suburban line**	une ligne de banlieue
a **track** [træk] → a **side-track**	1. une voie ferrée 2. US un quai une voie de garage
an **embankment** [ɛm'bæŋkmənt]	un talus
a **sleeper** ['sli:pə]	une traverse (⚠ un wagon couchette)
UK a **level** ['lɛvəl] **crossing** = US a **grade crossing**	un passage à niveau
UK **points** = US a **switch** → UK a **pointsman** = US a **switchman**	un aiguillage → un aiguilleur
a **shunting** ['ʃʌntɪŋ] **error**	une erreur d'aiguillage
the **rails** [reɪlz] → **to derail** → a **derailment**	les rails → 1. dérailler 2. faire dérailler → un déraillement
⚠ a **station** ['steɪʃən] → a **commuter station**	une gare → une gare de banlieue
a **platform** ['plætfɔ:m]	un quai
a **concourse** ['kɒŋkɔ:s]	un hall de gare
a **waiting-room**	une salle d'attente
UK the **left-luggage room** = US the **checkroom** a **locker** ['lɒkə]	la consigne une consigne automatique
a **porter** ['pɔ:tə]	un porteur (⚠ portier, concierge)
a **ticket** ['tɪkɪt]	un billet (⚠ US une amende)
UK the **booking office** = US the **ticket office**	le guichet
to book [bʊk] = **to reserve** (a seat)	réserver (une place)
half-fare	demi-tarif
UK the **timetable** = US the **schedule**	les horaires
a **train** [treɪn]	un train
to commute [kə'mju:t] → a **commuter train**	faire la navette → un train de banlieue
the **engine** / the **locomotive** ['ləʊkə'məʊtɪv]	la locomotive
UK a **carriage** ['kærɪdʒ] / a **coach** = US a **car**	un wagon
a **wag(g)on** ['wægən]	un wagon de marchandises (⚠ chariot)
UK a **sleeping-car** = US a **sleeper**	une voiture-couchettes
a **diner** ['daɪnə] = a **dining car** ['daɪnɪŋ kɑ:]	un wagon-restaurant (⚠ diner : dîneur, etc.)
a **compartment**	un compartiment
the (**luggage-**)**rack**	le porte-bagage
a **connection** [kə'nɛkʃən]	une correspondance
to transfer [træns'fɜ:]	prendre une correspondance

WORD PARTNERS

- **rail** → **a ~ link** (une liaison ferroviaire), UK **a ~ card** (une carte d'abonnement)
- **railway** → **a ~ track** (une voie ferrée), **a ~ line** (1. une ligne de chemin de fer 2. une voie ferrée)
- **to come* off** = **to leave* the rails / the track** (dérailler / quitter la voie)
- **a station master** (un chef de gare)
- **ticket** → UK **a single** = US **a one-way ~** (un aller simple), UK **a return ~** = US **a round-trip ~** (un aller-retour), **a season ~** (un abonnement), **a valid ~** (un billet valable)
  to stamp / punch a ~ (composter / poinçonner un billet)
  a ~ inspector / collector (un contrôleur dans le train / dans la gare)
- **train** → **an inter-city ~** (un ~ de grandes lignes), **a local ~** (un ~ express régional [TER]), **a direct** = **non-stop** = **through / slow** = **stopping / high-speed ~** (un ~ direct / omnibus / à grande vitesse), **a passenger / UK goods** = **US freight ~** (un ~ de voyageurs / de marchandises), **a fast ~** = **an express ~** (un rapide = un express)
  to travel <u>by</u> ~ (voyager <u>en</u> train), **to get* on ≠ off a ~** (monter dans ≠ descendre d'un ~), **to miss a ~** (rater un train), **to change ~s** (changer de train)
  The train pulled out = **departed / is approaching / arrived / pulled in.** (Le train est parti / approche / est arrivé / est entré en gare.)
- **engine** → **a steam ~** (une locomotive à vapeur), UK **the ~-driver** = US **the engineer** (le mécanicien)

PHRASES

- **Tickets only.** (Réservé aux personnes munies d'un billet.)
- **When is the next train to ...?** (Quand part le prochain train pour ... ?)
  I like to face the engine / to have my back to the engine. (J'aime être assis dans le sens de la marche / dans le sens contraire à la marche.)
- **the train now standing at platform 6 ...** (le train du quai n°6)
  This train runs between... and... (Ce train assure la liaison entre... et...)
  The train is due at 5 pm. (Le train arrive à 17 heures.)
  to run* on time (arriver à l'heure), **to call at = to stop at** (faire un arrêt à)
- **to meet* sb / to see* sb off at the station** (aller chercher qqn / accompagner qqn à la gare)
- *[Fig.:]* **to get* side-tracked** (faire une digression / perdre le fil)

Air transport — Le transport aérien

an **aircraft** ['ɛəkrɑ:ft]	un appareil
UK an **aeroplane** = US an **airplane** = a **plane**	un avion
a **jet (plane)**	un avion à réaction
a **freighter** ['freɪtə]	un avion cargo
the **cockpit**	le cockpit
the **fuselage** ['fju:zɪlɑ:ʒ]	le fuselage
a **propeller** [prə'pɛlə]	une hélice
a **flight** [flaɪt]	un vol
to **fly*** [flaɪ]	prendre l'avion / voyager en avion
to **stop over**, a **stop-over**	faire escale, une escale
airspace ['ɛəspeɪs]	l'espace aérien
air traffic control	le contrôle du traffic aérien
a **control tower**	une tour de contrôle
an **air controller**	un aiguilleur du ciel
an **airline company**	une compagnie aérienne
a **low cost company**	une compagnie à prix cassés
to **operate** an **airline**	gérer une compagnie aérienne
to **charter** ['tʃɑ:tə]	affréter
an **international** / a **domestic line**	une ligne internationale / intérieure
an **airport** ['ɛəpɔ:t]	un aéroport
a **terminal** ['tɜ:mɪnəl]	un terminal
the **departure lounge** [dɪ'pɑ:tʃə 'laʊndʒ]	la salle d'embarquement
the **arrivals** [ə'raɪvəlz] **lounge**	le hall des arrivées
the **business** / **economy** / **tourist class**	la classe affaires / économique = touriste
to **check in** (one's **luggage**)	enregistrer (ses bagages)
to **board** a plane → a **boarding card** / **pass**	monter à bord → une carte d'embarquement
the **(baggage) hold** [həʊld]	la soute (à bagages)
a **window** → a **window seat**	un hublot → un siège près du hublot
an **aisle** [aɪl] → an **aisle seat**	une allée → un siège sur l'allée
an **emergency** [ɪ'mɜ:dʒənsɪ] **exit**	une sortie de secours
to **go* through security checks**	passer au contrôle de sécurité
to **go* through customs**	passer la douane
a **customs officer** ['kʌstəmz 'ɒfɪsə]	un douanier
a **runway** ['rʌnweɪ] = an **airstrip** ['ɛəstrɪp]	une piste
to **take* off**, the **takeoff** ['teɪkɒf]	décoller, le décollage
to **land** (= to **touch down**) → a **landing**	atterrir → un atterrissage
to **crash** (to the **ground**)	s'écraser (sur le sol)
UK the **undercarriage** = US the **landing gear**	le train d'atterrissage
to **dive*** [daɪv]	descendre en piqué (⚠ plonger)
to **parachute**, a **parachute** ['pærəʃu:t]	parachuter, un parachute
the **black box**	la boîte noire

air sickness	le mal de l'air
jet lag ['dʒɛt læg] → to be* **jet-lagged**	la fatigue due au décalage horaire → être fatigué par le décalage horaire
the **crew** [kru:]	l'équipage
a **steward** [stjʊəd] → a **stewardess** = an **air hostess**	un steward une hôtesse de l'air
airmail ['ɛəmeɪl]	le courrier par avion
air-parcel service	les messageries aériennes
a **heliport** ['hɛlɪpɔ:t]	un héliport
an **airship** ['ɛəʃɪp]	un dirigeable
a **balloon** [bə'lu:n]	un ballon
a **glider** ['glaɪdə]	un planeur
a **seaplane** ['si:pleɪn]	un hydravion

WORD PARTNERS

- **flight** → **a long / medium / short-haul ~** (un vol long / moyen / court courrier), **a non-stop ~** (un ~ sans escale), **an international / a domestic ~** (un ~ international / intérieur), **a charter ~** (un vol charter), **a maiden ~** (un baptême de l'air)
  a ~ attendant (un membre du personnel de bord)
  "Flight delayed / Flight cancelled" (Retard / Vol annulé)
- **a refuelling stop** (une escale technique)
- **landing** → **a smooth ≠ rough ~** (un atterrissage en douceur ≠ chahuté), **a forced ~** (un ~ forcé), **a crash-~** (un ~ en catastrophe), **a belly landing** (un ~ sur le ventre)

● *Sea and river transport* — *Le transport maritime et fluvial*

a **port** [pɔ:t]	un port (= escale des bateaux)
UK a **harbour** ['hɑ:bə] = US a **harbor**	un port (= installations portuaires)
to **dock**, a **dock** [dɒk] → **in dry dock** → UK a **docker** = US a **longshoreman**	accoster, un bassin / un quai → en cale sèche un docker
US a **stevedore** ['sti:vədɔ:]	un débardeur / un docker
to **moor** [mʊə] → **mooring** → the **moorings**	amarrer → le mouillage → les amarres
to go* **on board / ashore**	monter à bord / aller à terre
a **quay** = a **wharf** [wɔ:f]	un quai
a **gangway** ['gæŋweɪ] / **gangplank** ['gæŋplæŋk]	une passerelle d'embarquement
a **pier** [pɪə] / a **jetty** ['dʒɛtɪ]	une jetée
a **landing-stage**	un embarcadère / un appontement
a **lighthouse** ['laɪthaʊs]	un phare
a **fleet** [fli:t]	une flotte
the **merchant navy**	la marine marchande
a **craft** (*pl.:* craft)	une embarcation
a **boat** [bəʊt]	un bateau
a **ship** [ʃɪp] → **shipping** = **navigation**	un navire → la navigation
a **cargo** ['kɑ:gəʊ] → a **cargo boat** = a **freighter**	une cargaison → un cargo
a **(super)tanker**	un pétrolier (géant)
a **barge** [bɑ:dʒ] → a **bargeman**	une péniche → un batelier
a **liner** ['laɪnə] = a **packet-boat**	un transatlantique = un paquebot
a **ferry** ['fɛrɪ]	un ferry / un bac
UK a **hovercraft** = US an **air cushion vehicle**	un aéroglisseur
a **steamer** ['sti:mə] → a **paddle steamer**	un bateau à vapeur → un bateau à aubes
a **coaster** ['kəʊstə]	un caboteur (⚠ un sous-verre)
to **tow** [təʊ] = to **tug** [tʌg] → a **tug(boat)**	remorquer → un remorqueur
to **operate a route**	assurer une liaison

a **crossing** ['krɒsɪŋ] = a **passage** ['pæsɪdʒ]	une traversée
a **voyage** ['vɔɪɪdʒ]	un voyage en / par mer
a **cabin** ['kæbɪn]	une cabine
a berth [bɜ:θ] = a bunk	une couchette
the deck [dɛk]	le pont
the bridge [brɪdʒ]	la passerelle de commandement (⚠ pont)
the hull [hʌl]	la coque
the hold [həʊld]	la cale
the stem [stɛm]	l'étrave (⚠ tige de fleur, etc.)
the keel [ki:l]	la quille
the propeller [prə'pɛlə]	l'hélice
the prow [praʊ] = the bow(s) [baʊ(z)]	la proue
the stern [stɜ:n]	la poupe (⚠ stern: sévère / austère)
the rudder ['rʌdə]	le gouvernail
the helm = the tiller ['tɪlə]	la barre
to steer [stɪə]	diriger / gouverner un navire
a mast [mɑ:st]	un mât
a sail [seɪl], to sail → a sailor = a seaman	une voile, voguer / appareiller → un marin
a shroud [ʃraʊd]	un hauban (⚠ un linceul)
the flag	le pavillon
an anchor ['æŋkə]	une ancre
port(side) / starboard ['stɑ:bəd]	bâbord / tribord
a **porthole** ['pɔ:thəʊl]	un hublot
a **logbook**	un journal de bord
a **lifeboat** ['laɪfbəʊt] = a **life raft**	un canot de sauvetage
a **lifebuoy** ['laɪfbɔɪ]	une bouée de sauvetage
a **lifejacket** = US **lifevest**	un gilet de sauvetage
a flare [flɛə]	une fusée de détresse
the crew [kru:] = the hands	l'équipage
a **captain** = a **shipmaster**	un capitaine de vaisseau
a **skipper** ['skɪpə]	un capitaine / un chef d'équipe
the first mate [meɪt]	le second
a **pilot** ['paɪlət]	un pilote
a (**first / second class**) **passenger**	un passager (de première / seconde classe)
a **stowaway** ['stəʊəweɪ]	un passager clandestin
sea-sickness	le mal de mer
to **embark** / to **disembark**	embarquer / débarquer
to pitch	tanguer
to roll	rouler
to land	toucher terre

→ La marine de guerre, p. 222,
La navigation de plaisance, p. 270, Les sports aquatiques, p. 271

WORD PARTNERS

- **ship** → **a merchant ~ = a merchantman** (un navire marchand), **a container ~** (un porte-conteneurs), **a passenger ~** (un paquebot)
  to fit out / launch / name a ~ (équiper / lancer / baptiser un ~), **to board/ (un)load a ~** (monter à bord d' / (dé)charger un ~), **to scuttle / sink* / torpedo / rescue / tow a ~** (saborder / couler / torpiller / venir au secours d' / remorquer un navire)
  a ~load (une cargaison), **a ~yard** (un chantier naval), **a ~owner** (un armateur), **a ~master** (un capitaine de vaisseau), **a ~'s boy** (un mousse)
- **deck** → **a ~hand** (un matelot), **a ~chair** (une chaise-longue)
- **flag** → **to hoist the ~** (hisser le pavillon), **to fly* the American / British flag** (battre pavillon américain / britannique)
- **to cast* = drop / weigh anchor** (jeter / lever l'ancre), **to lie* at anchor** (mouiller)

PHRASES

- **to cast* off = to get* underway** (appareiller = larguer les amarres), **to put* out to sea** (prendre la mer), **to set* sail** (prendre la mer [voilier]), **to head for / to sail towards** (faire route / voile vers), **to call at = to put* in at** (faire escale à)
- **The ship is under refit.** (Le navire est au radoub.), **It has broken adrift / has broken its moorings.** (Il a rompu ses amarres.), **Closed to shipping.** (Interdit à la navigation.)
- *[Fig.:]* **He is a landlubber!** (C'est un marin d'eau douce !)

● *Travel(l)ing* — *Voyager*

to travel ['trævəl], **travels** → **a travel(l)er**	voyager, les voyages → un voyageur
⚠ a **trip**	un voyage
⚠ a **journey** ['dʒɜ:nɪ]	un trajet / un voyage (= déplacement)
an **outing** / an **excursion** [ɪks'kɜ:ʃən]	une excursion
a **stay** [steɪ]	un séjour
a **visit**, to **visit** → a **visitor**	une visite, visiter / rendre visite à → un/e visiteur/-se / touriste
a **honeymoon** ['hʌnɪmu:n] → **honeymooners**	une lune de miel → des jeunes mariés
to **wander** ['wɒndə] → a **wanderer** → **wanderlust**	se promener → un flâneur / un promeneur → le désir de voyager
exotic → **exoticism**	exotique → l'exotisme
adventure [əd'ventʃə] → an **adventurer**	l'aventure → un/e aventurier/-ère
to **explore** [ɪks'plɔ:] → an **explorer**	explorer → un/e explorateur/-rice
a **tour** [tʊə] → a **tourist** ['tʊərɪst], UK a **tourer**	un circuit → un/e touriste, un camping-car
a **destination** [destɪ'neɪʃən]	une destination
to **go* abroad** [ə'brɔ:d]	aller à l'étranger
departure / **arrival time**	l'heure de départ / d'arrivée
to **start** [stɑ:t]	1. démarrer 2. partir
to **set* off**	partir
to **stop**, a **stop**	s'arrêter, un arrêt
to **make* for** / to **head for**	se diriger vers
to **be* bound for**	être en route pour
to **be* homebound**	être sur le chemin du retour
to **delay** [dɪ'leɪ], ⚠ a **delay**, to **be* delayed**	retarder, un retard, avoir du retard
to **direct** [dɪ'rekt] sb → a **direction**	indiquer le chemin à qqn → une direction

→ *Les transports, p. 251, Le temps libre, p. 265*

WORD PARTNERS

- **travel** → **a ~ agent / agency** (un agent / une agence de voyage), **~-sickness** (le mal des transports)
- **to travel** → **~ light / widely / in style / abroad** (voyager avec peu de bagages / beaucoup / princièrement / à l'étranger), **~ on a shoe-string = on a budget** (~ avec un petit budget)
- **traveller** → **an experienced = seasoned / indefatigable / intrepid ~** (un voyageur aguerri = averti / infatigable / intrépide), **a frequent ~** (quelqu'un qui voyage souvent)
- **trip** → **a business / day ~** (un voyage d'affaires / un aller-retour dans la journée)
- **journey** → **an adventurous / arduous ~** (un voyage audacieux / difficile), **an exhausting = a strenuous = tiring ~** (un ~ épuisant), **a dangerous = hazardous / safe ~** (un ~ dangereux / sans histoire), **a(n) (un)pleasant ~** (un ~ (dés)agréable), **the outward ≠ homeward = return ~** (le trajet de l'aller / du retour)
- **tour** → **a guided / lightning = whirlwind ~** (une visite guidée / éclair), **a sightseeing / walking ~** (un circuit touristique / pédestre), **a conducted = package ~** (un voyage organisé), **a ~ operator** (un voyagiste), **a ~ guide** (un guide touristique)
- **tourist** → **a ~ attraction** (une attraction touristique), **the ~ trade** (l'industrie du tourisme), **a ~ bus** (un car de touristes), **the ~ information office** (le syndicat d'initiative / l'office de tourisme), **a ~ trap** (un piège à touristes)
- **tourism** → **to develop / promote ~** (développer / promouvoir le tourisme)
  Tourism is booming / flourishing = thriving. (Le ~ est en pleine expansion / se porte bien.)
- **to ask (sb) for directions** (demander son chemin [à qqn])

PHRASES

- **to go* sightseeing** (faire du tourisme), **to go* on an excursion / an outing** (faire une excursion), **to go* on a trip = to take* a trip** (faire un voyage), **to go* on a world tour = to go* round the world** (faire le tour du monde), **to stop over in...** (faire une halte à...), **to see* the sights of...** (visiter les curiosités de...), **to hitchhike** (faire de l'auto-stop), **to hitch a lift to...** (aller à ... en stop), **to get* a lift** (être pris en stop)
  Can you give me a lift to ...? (Est-ce que vous pouvez m'emmener à ... ?)
- **Have a pleasant journey!** (Bon voyage !)
- **This place is very popular with tourists / has great tourist attraction.** (Cet endroit plaît beaucoup aux touristes.), **It's too touristy.** (C'est trop touristique.)
- **to be* footloose and fancy-free** (être libre comme l'air)

Getting ready — Les préparatifs

to **book** [bʊk] → (advance) **booking**	réserver → la réservation
to **make*** / **confirm** / **cancel** a **reservation**	faire / confirmer / annuler une réservation
a **voucher** ['vaʊtʃə]	un bon / un coupon de réservation
to **pay*** a **deposit**	verser des arrhes
to **rent** / to **hire** (a house / car / **mobile home**)	louer (une maison / voiture / caravane)
a **traveller's cheque**	un chèque de voyage
foreign currency	une devise étrangère
a **guide** [gaɪd] → a **guidebook**	un guide (personne) → un guide (livre)
a **map** [mæp] → a **street map**	une carte → un plan de ville
a (**scenic**) **route** / **itinerary** [ɪ'tɪnərərɪ]	un itinéraire (touristique)
to **get*** **organized** / **ready**	s'organiser / se préparer
a **phrase book**	un lexique / guide de conversation
UK **luggage** ['lʌgɪdʒ] = US **baggage** → a **piece of** UK **luggage** = US **baggage** → to (**un**)**pack** (one's **luggage**)	les bagages → un bagage (dé)faire (ses bagages)
a **suitcase** ['sju:tkeɪs]	une valise
a **travelling bag**	un sac de voyage
a **rucksack** ['rʌksæk]	un sac à dos
UK a **holdall** ['həʊldɔ:l] = US a **grip**	un (sac) fourre-tout
a **trunk** [trʌŋk]	une malle (⚠ tronc, trompe d'éléphant etc.)
(a **pair of**) **sunglasses**	des lunettes de soleil
a **camera** ['kæmərə]	1. un appareil photo 2. une caméra
a **camcorder** ['kæmkɔ:də]	une caméra-vidéo

Accommodation — L'hébergement

← to **accommodate** sb = to **put*** sb **up**	← héberger / loger qqn
self-catering / **rented accommodation**	la location
a (**seaside** / **ski**) **resort** [rɪ'zɔ:t]	une station (balnéaire / de ski) (⚠ recours)
a **hostel** ['hɒstəl] → a **youth hostel**	un foyer → une auberge de jeunesse
a **dorm bed**	un lit dans un dortoir
a **guest** [gɛst] → a **guesthouse** / a **boarding house**	un client (⚠ un invité) → une pension de famille
full board / **half-board** → a **boarder**	la pension complète / la demi-pension → un pensionnaire
an **inn**	une auberge
a **motel** ['məʊtɛl]	un motel
a **bed and breakfast** = B & B	une chambre chez l'habitant

Hotels — Les hôtels

a hotel ['həʊtɛl] → **a hotelier** / **a hotelkeeper** → **a hotel manager/ess**	un hôtel → un hôtelier/ère un/e directeur/-trice d'hôtel
the doorman ['dɔːmən] = **porter** = ⚠ **commissionaire** [kəmɪʃə'nɛə]	le portier (⚠ porter = porteur)
UK **a page(boy)** = US **a bellhop** ['bɛlhɒp]	un chasseur
the reception (desk) → **a receptionist**	la réception → un/e réceptionniste
a (chamber)maid [('tʃeɪmbə)meɪd]	une femme de chambre
a lift = US **elevator** → **a lift boy / man**	un ascenseur → un liftier
a single (room)	une chambre simple
a twin (room)	une chambre pour deux (avec des lits jumeaux)
a double (room)	une chambre pour deux (avec un grand lit)
a suite [swiːt]	une suite
including breakfast	petit déjeuner compris
with / without meals	repas compris / non compris
the per-person rate	le prix par personne
to check in / out	prendre / rendre la chambre = arriver / partir

W. P.

- **hotel** → **a budget / five-star ~** (un hôtel bon marché / cinq étoiles), **an upmarket ~** (un ~ haut de gamme), **the ~ industry** (l'industrie hôtelière) **to put* up at / to stay in a ~** (descendre à l'~)

PHRASES

- **Vacancies** (Chambres libres), **No vacancies** (Complet) **Have you got any vacancies?** (Avez-vous des chambres libres ?), **We have no vacancies.** = **We're booked up.** (Nous sommes complets = L'hôtel est complet.), **The room must be vacated by 11 a.m. on the day of departure.** (La chambre doit être libérée avant 11 h le jour du départ.)
- **a room with twin beds / private facilities / air conditioning / a view** (une chambre avec lits jumeaux / avec salle de bains ou douche / l'air conditionné / vue), **room service** (le service d'étage)

Camping — Le camping

→ **a camping site** = **a camping ground**	→ un terrain de camping
a camper ['kæmpə]	1. un/e campeur/-euse 2. un camping-car
UK **a holiday camp** = US **a summer camp**	une colonie de vacances
camping wild	faire du camping sauvage
to sleep* rough [rʌf]	dormir à la belle étoile
to rough it	vivre à la dure
a mountain hut	un refuge de montagne
a tent [tɛnt]	une tente
a Dormobile	un camping-car
UK **a caravan** ['kærəvæn] = US **a trailer**	une caravane (⚠ trailer : remorque)
an awning ['ɔːnɪŋ]	un auvent
a mosquito net	une moustiquaire
a sleeping bag	un duvet = un sac de couchage
an air bed	un matelas pneumatique
a groundsheet ['graʊndʃiːt]	un tapis de sol
a folding table / chair	une table / chaise pliante
UK **a billycan** = **a tin dish**	une gamelle
a penknife ['pɛnnaɪf] = **a pocket knife**	un canif

W. P.

- **camping** → **a ~ stove** (un réchaud), **a ~ stool** (un pliant), **to go* ~** (faire du camping)
- **tent** → **a ~ peg / pole** (une sardine / un piquet de tente), **a frame / dome / ridge ~** (une tente familiale / dôme / canadienne)
  to put* up = to erect / to take* down a ~ (monter / démonter une ~)

● *Eating and drinking out* — *Manger et boire hors de chez soi*

UK a **public house** = a **pub** [pʌb] → a **publican** ['pʌblɪkən]	un pub un/e patron/ne de pub
a (**snack**) bar → a **barmaid**, a **barman** = **barkeeper** = **bartender**	un (snack-)bar → une serveuse, un barman
a **restaurant** ['rɛstərɒnt]	un restaurant
a **takeaway** ['teɪkəweɪ]	un restaurant de vente à emporter
a cafeteria ≈ a **tea-shop** ≈ a **coffee-shop**	une cafétéria
a **tea-room**	un salon de thé
a **wine** bar	un bar à vin
a **café** ['kæfeɪ]	≈ un café
the **lunch-counter**	le comptoir
to order	commander
the bill of fare / the **menu** → a **set menu**	la carte → un menu
the **wine** list	la liste des vins
UK the bill = US the check	l'addition
⚠ a tip	un pourboire (⚠ bout [nez, doigt], courses : un tuyau)
to wait on sb → a **waiter**, a **waitress**	servir → un/e serveur/-euse
⚠ a **patron** ['peɪtrən] → to **patronize** ['pætrənaɪz]	un/e client/e régulier/-ère → 1. fréquenter régulièrement 2. être condescendant (avec qqn)

→ *Les repas, manger, boire, pp. 165-167*

WORD PARTNERS

- **restaurant** → **a busy / crowded / quiet ≠ noisy ~** (un restaurant très fréquenté / bourré de monde / tranquille ≠ bruyant), **a famous / decent / posh ~** (un ~ célèbre / convenable / chic = huppé), **a fish / seafood / traditional / vegetarian ~** (un ~ de poissons / de fruits de mer / traditionnel / végétarien), **a family-run ~** (une affaire de famille)
  to go* (out) to a ~ (aller au ~), **to open (up) / manage = run* a ~** (ouvrir / tenir un ~)
- **a wine waiter** (un sommelier)

PHRASES

- **to go* on a pub crawl** (faire la tournée des pubs)
- **the first / second sitting** (le premier / deuxième service)
- **This restaurant caters to vegetarians.** (Ici, on sert des menus végétariens.)
- **to tip a waiter (meanly ≠ generously)** (donner un [petit ≠ gros] pourboire à un serveur)

● *Sightseeing* — *Faire du tourisme*

the sights [saɪts]	les attractions touristiques
scenery ['si:nərɪ] ← a scene → **scenic** ['si:nɪk]	les paysages ← une scène 1. panoramique 2. pittoresque
a panorama → panoramic	un panorama → panoramique
a view [vju:] → a **viewpoint**	une vue → un point de vue
a **monument** ['mɒnjəmənt]	un monument
ruins ['ru:ɪnz]	des ruines
⚠ a **courier** ['kʊərɪə]	un accompagnateur

an **interpreter** [ɪn'tɜːprɪtə]	un interprète
a **souvenir**	un souvenir (objet)
a **bauble** ['bɔːbəl] / a **trinket**	une babiole
a **postcard** ['pəʊstkɑːd]	une carte postale
slides [slaɪdz]	des diapositives
to take pictures → **picturesque** [pɪktʃə'rɛsk]	faire des photos → pittoresque
breathtaking ['brɛθteɪkɪŋ]	à vous couper le souffle

→ *La nature, p. 9 et suivantes*

● At the seaside — Au bord de la mer

a **beach** [biːtʃ]	une plage
sand [sænd] → **sandy** → a **sandcastle**	le sable → sableux/-se / de sable → un château de sable
a **pebble** ['pɛbəl]	un galet
to bathe [beɪð] → a **bather**, a **bathing costume**	se baigner → un baigneur, un maillot de bain
a **bikini**	un bikini
trunks [trʌŋks]	un slip de bain (pour homme)
to tan [tæn], a **tan**	bronzer, un hâle
the sun [sʌn] → **sunbathing**, **suntan lotion**, a **sunburn** → **sunburnt**, a **sunstroke**	le soleil → les bains de soleil, la crème solaire, un coup de soleil → brûlé par le soleil, une insolation
overexposure ['əʊvərɪks'pəʊʒə]	une exposition excessive
a **beach umbrella** = a **parasol** = a **sunshade**	un parasol (⚠ parasol / sunshade : ombrelle)
a **deckchair**	une chaise-longue
a **lilo** ['laɪləʊ] = an **inflatable bed**	un matelas pneumatique
a **rubber ring**	une bouée
a **surfboard** ['sɜːfbɔːd]	une planche de surf

→ *La mer, p. 12, La navigation de plaisance, p. 270, Les sports aquatiques, p. 271*

23 Leisure — Les loisirs

● Leisure time — *Le temps libre*

→ **leisurely** ['lɛʒəlɪ]	tranquille / décontracté/e
free time = spare time	le temps libre
UK a **holiday** = US a vacation → UK a **holidaymaker** = US a vacationer	des vacances → un/e vacancier/-ère
an extended weekend	un pont / un long week-end
to **relax** → relaxation	se détendre → la détente
⚠ **recreation** ['rɛkrɪ'eɪʃən] → recreational	les loisirs / la détente → de loisir
idle [aɪdəl] → **idleness**	oisif → l'oisiveté
a **pastime** ['pɑːstaɪm]	un passe-temps
a **hobby** [hɒbɪ]	un violon d'Ingres
to **play** [pleɪ], **play**	jouer, le jeu (⚠ a play = une pièce de théâtre)
a **game** [geɪm]	un jeu

→ *Recevoir, p. 175, L'artisanat, p. 230*

WORD PARTNERS

- **holiday** → **to have* / take* / spend* a ~** = **UK to holiday** = **US to vacation** (avoir / prendre / passer des vacances), **to be* / go* on ~** (être / partir en ~) **a package ~** (des ~s organisées), **a skiing / boating ~** (des vacances aux sports d'hiver / en bateau)
- **to play chess / cards / the violin** (jouer aux échecs / aux cartes / du violon)
- **game** → **a construction / video / computer ~** (un jeu de construction / vidéo / électronique), **an educational / early-learning ~** (un jeu éducatif / d'éveil), **an outdoor ≠ indoor ~** (un jeu d'extérieur ≠ d'intérieur), **a ~ of skill / of chance** (un ~ d'adresse / de hasard)

PH.

- **to take* a break / a nap / a rest / time off** (faire une pause / la sieste / se reposer / prendre un congé)
- **Television is her only entertainment.** (La télévision est sa seule distraction.)

● National holidays — *Les fêtes nationales*

a **public holiday** = UK a **bank holiday**	un jour férié
to commemorate → a commemoration	commémorer → une commémoration
a **street party**	un bal de rue
a **military parade** [pə'reɪd]	une revue militaire
a **procession** [prə'sɛʃən]	un défilé / cortège
a **bonfire** ['bɒnfaɪə]	un feu de joie
illuminations	des illuminations
fireworks ['faɪəwɜːks] → a **fireworks display** → to **let* off fireworks**	des feux d'artifice → un feu d'artifice tirer un feu d'artifice
to **put* out flags**	pavoiser
UK **Remembrance Sunday** = **Poppy Day** US **Veterans' Day**	≈ le jour du Souvenir
Armistice Day	le 11 novembre (comme jour férié)
US **Independence Day** = **the Fourth of July**	la fête de l'Indépendance
Labo(u)r Day	le 1er mai (fête du travail)
Bastille Day [bæs'tiːl deɪ]	le 14 juillet (fête nationale française)
Mother's Day, Father's Day	la fête des Mères, la fête des Pères
Saint Valentine's Day a **Valentine** ['væləntaɪn]	la Saint-Valentin 1. une carte de la Saint-Valentin 2. un/e amoureux/-se
April Fool's Day ← **April Fool!**	le 1er avril → Poisson d'avril !

Board games — Les jeux de société

UK **draughts** [drɑ:fts] = US **checkers** → a **draughtboard** ['drɑ:ftbɔ:d]	le jeu de dames → un damier
chess [tʃɛs] → a **chessboard** ['tʃɛsbɔ:d]	les échecs → un échiquier
a **pawn** [pɔ:n]	un pion
a **queen** [kwi:n] → **to queen a pawn**	une dame / mener un pion à dame
a **knight** [naɪt]	un cavalier
a **bishop** ['bɪʃəp]	un fou
a **rook** [rʊk] = a **castle** ['kɑ:səl]	une tour
checkmate ['tʃɛkmeɪt], **to checkmate**	échec et mat, faire échec et mat
dominoes ['dɒmɪnəʊz]	les dominos
ludo ['lu:dəʊ]	≈ les petits chevaux
tiddlywinks ['tɪdlɪwiŋks]	≈ le jeu de puce
snakes and ladders	≈ le jeu de l'oie
battleships ['bætəlʃɪps]	la bataille navale
UK **noughts and crosses** = US **tick-tack-toe**	le (jeu de) morpion
darts [dɑ:ts] → a **dartboard** ['dɑ:tbɔ:d]	le jeu de fléchettes → une cible
crosswords ['krɒswɜ:dz]	les mots croisés
billiards ['bɪlɪədz] *(+ V sing.)*	le billard
snooker ['snu:kə]	le billard anglais
pool [pu:l]	le billard américain
a **cue** [kju:]	une queue de billard (⚠ une réplique)

Card games — Les jeux de cartes

cards [kɑ:dz]	des cartes
to deal* [di:l], a **deal**	distribuer, une donne
to shuffle ['ʃʌfəl]	mélanger
to cut*	couper
diamonds ['daɪəməndz]	les carreaux
hearts [hɑ:ts]	les cœurs
clubs [klʌbz]	les trèfles
spades [speɪdz]	les piques
an **ace** [eɪs]	un as
a **jack** = a **knave** [neɪv]	un valet
a **trump** [trʌmp], **trumps**	un atout, l'atout
a **trick** [trɪk]	un pli
a **hand**	un jeu (= les cartes d'un joueur)
bridge	le bridge
UK **beggar-my-neighbour**	la bataille
UK **patience** = US **solitaire** ['sɒlɪ'tɛə]	la réussite

PHRASES

- **UK a pack of cards** = **US a deck of cards** (un jeu de cartes)
  Whose deal is it? (À qui de donner ?), Politique : **the New Deal** (la Nouvelle Donne)
- **to take* a trick** (faire un pli)
- **to have* a card up one's sleeve** (avoir un atout dans sa manche)
- **to play into sb's hands** (faire le jeu de qqn)

Games of chance — Les jeux de hasard

luck [lʌk] → **(un)lucky**	la chance → (mal)chanceux
⚠ **chance** [tʃɑ:ns]	le hasard (⚠ occasion / chance / risque)

to draw (lots), a draw [drɔ:]	tirer au sort, un tirage au sort (⚠ draw : match nul)
heads [hɛdz]	face
tail [teɪl]	pile
a die [daɪ] (*pl.:* **dice** [daɪs])	un dé
UK **a tombola** = US **a raffle** ['ræfəl]	une loterie
the National Lottery	la Loterie Nationale
a prize [praɪz]	un lot
poker ['pəʊkə]	le poker
roulette [ru:'lɛt] → **Russian roulette** **a casino** [kə'si:nəʊ]	la roulette → la roulette russe un casino
a croupier ['kru:pɪə]	un croupier
a chip [tʃɪp]	un jeton
to gamble ['gæmbəl] → **a gambler** → **a gambling debt**	jouer (de l'argent) → un joueur → une dette de jeu
a slot machine = UK **a fruit machine** = **a one-armed bandit**	une machine à sous = un bandit manchot
to hit* the jackpot ['dʒækpɒt]	gagner le gros lot

→ *La chance et le hasard, p. 312*

W. P.

- **luck** → **good ~ ≠ bad ~ = ill ~** (la chance ≠ la malchance / déveine / guigne)
  a stroke of ~ (un coup de chance)
  to be* down on one's ~ (être dans une mauvaise passe), **to try one's ~** (tenter sa ~),
  to bring* ~ (porter ~), **to have* ~ ≠ to be* out of ~** (avoir ≠ ne pas avoir de ~)
- **to throw* = to roll the dice** (lancer les dés)

PHRASES

- **Good luck!** (Bonne chance !), **Hard luck! = Tough luck!** (Pas de chance !)
  Beginner's ~! (Aux innocents les mains pleines !), **as luck would have it...** (le hasard a voulu que...), **Our luck ran out in the third game.** (Notre chance a tourné dans la troisième partie.), **It's my lucky day.** (C'est mon jour de chance.), **Lucky you!** (Veinard/e !), **He had a lucky escape.** (Il l'a échappé belle.)
- **Heads or tail?** (Pile ou face ?)
- **to have* the game in one's hands** (être sur le point de gagner)
- **The die is cast.** (Le sort en est jeté.), **The dice are loaded.** (Les dés sont pipés.)
- **to play for money** (jouer pour de l'argent), **to play high** (jouer gros), **to break* the bank** (faire sauter la banque), **to place a bet on the 2** (miser sur le 2), **to double / recover one's stake** (doubler / récupérer sa mise)

● *Toys* [tɔɪz] — *Les jouets*

a rattle ['rætəl]	un hochet
a soft toy = **a cuddly** ['kʌdlɪ] **toy**	une peluche
a teddy bear	un ours en peluche
a rocking horse	un cheval à bascule
a (china / rag) doll [dɒl]	une poupée (de porcelaine / de chiffons)
a (spinning) top	une toupie
a tin soldier = **a toy soldier**	un soldat de plomb
bricks	des cubes (⚠ des briques)
to pile [paɪl]	empiler
a Meccano set	un jeu de Meccano®
to put* together	assembler
to take* apart	démonter
a model ['mɒdəl] → **a model railway**	une maquette (⚠ un modèle, un mannequin) → un train miniature
a jigsaw puzzle ['dʒɪgsɔ: 'pʌzəl]	un puzzle
UK **a Wendy house**	une cabane

Entertainment — *Les spectacles*

a show [ʃəʊ] → a showing	un spectacle → une séance
a dance [dɑ:ns], to dance → to go* dancing	un bal, danser → aller au bal / aller danser
a nightclub	une boîte de nuit
a disco	une discothèque
a disc jockey = a DJ = a deejay	un disc-jockey
to listen to music	écouter de la musique
to record [rɪ'kɔ:d] a record ['rɛkɔ:d], a CD (= compact disc)	enregistrer un disque, un CD (disque compact)
a hi-fi [haɪfaɪ] / stereo system	une chaîne hi-fi / stéréo
a music centre	une chaîne compacte
a walkman ['wɔ:kmən]	un baladeur
a (video)disc player	un lecteur CD (DVD)
a ghetto blaster	un (gros) radio-cassette portable
a circus ['sɜ:kəs]	un cirque
a clown ['klaʊn], to clown	un clown, faire le clown
an acrobat	un acrobate
to perform stunts [stʌnts]	faire des acrobaties
a juggler ['dʒʌglə]	un jongleur
a lion tamer ['teɪmə]	un dompteur de fauves
a magician [mə'dʒɪʃən]	un magicien
a conjurer ['kʌndʒərə] / an illusionist	un prestidigitateur / un illusionniste
a ventriloquist [vɛn'trɪləkwɪst]	un ventriloque

→ *Les Arts, p. 346*

W. P.

- **record** → **a ~ player** (un tourne-disque), **a ~ sleeve** (une pochette de disque), **a ~ library** (une discothèque de prêt)
  to make* / cut* / put* on / play a ~ (faire / graver / mettre / passer un disque)

Outdoor activities — *Les activités de plein air*

a skipping rope [rəʊp]	une corde à sauter
a hoop [hu:p]	un cerceau
⚠ a scooter ['sku:tə]	une trottinette (⚠ un scooter)
roller-skates, to roller-skate → a roller-skater	des patins à roulettes, faire du ~, un/e patineur/-se
a skateboard ['skeɪtbɔ:d]	une planche à roulettes / un skate
a ball [bɔ:l] → a ball game	une balle, un ballon → une partie de ballon
marbles ['mɑ:bəlz]	des billes
a kite [kaɪt] → to fly* a kite	un cerf-volant → jouer au cerf-volant
hopscotch	la marelle
hide-and-seek ['haɪdənsi:k]	cache-cache
to play tag	jouer à chat
to play (at) cops and robbers	jouer aux gendarmes et aux voleurs
leapfrog ['li:pfrɒg]	saute-mouton
a merry-go-round	un manège
dodgems ['dɒdʒəmz]	les autos tamponneuses
a fun fair	une fête foraine
a theme park	un parc d'attractions (à thème)
an amusement park	un parc d'attractions
Aunt Sally = coconut shy	le jeu de massacre
the roller coaster = UK the big dipper	les montagnes russes
a treasure hunt ['trɛʒə hʌnt]	un jeu de piste

→ *Parcs et jardins, p. 185*

● **Gardening**	*Le jardinage*
a **garden** ['gɑːdən] → a **garden**er → a **garden centre**, a **garden** gnome → a **vegetable garden** = a **kitchen garden** → a **garden shed** / a **tool-shed**	un jardin → un/e jardinier/-ère → une pépinière, un nain de jardin → un jardin potager → une remise
a **lean-to** ['liːntuː]	un appentis
a fence [fɛns] → to fence off	une clôture → clôturer
a hedge [hɛdʒ] → a **privet** ['prɪvɪt] hedge	une haie → une haie de troènes
a gate [geɪt]	un portail / une barrière
the railings	la grille
a lawn [lɔːn]	une pelouse
to mow* [məʊ] the lawn → a lawn **mower**	tondre → une tondeuse à gazon
to roll the lawn → a roller	rouler le gazon → un rouleau de jardin
turf [tɜːf]	le gazon
a flower [flaʊə]	une fleur
a plant [plɑːnt]	une plante (⚠ usine)
a **rockery** ['rɒkərɪ]	une rocaille
a path [pɑːθ]	une allée
a **gravel(led)** path / walk	une allée de gravier
a drive [draɪv]	une allée carrossable
a **flagstone** ['flægstəʊn]	une dalle
a pond / pool	un bassin
a **bower** [baʊə]	une tonnelle
a **greenhouse** = a **hothouse**	une serre
a **window** box	une jardinière
a **hanging** basket	une suspension
a stake [steɪk] / a prop	un tuteur
a fork [fɔːk]	une fourche (⚠ fourchette)
a spade [speɪd]	une bêche
to dig*	bêcher
a rake [reɪk] → to rake up	un râteau → ratisser
a **wheelbarrow** ['wiːlbærəʊ]	une brouette
to trim a tree	émonder un arbre
to top = to **pollard** a tree → a **pollard** (tree)	étêter un têtard
to prune [pruːn] → **pruning shears** [ʃɪəz] = (a pair of) **secateurs**	tailler / élaguer → un sécateur
a weed [wiːd] → a **weedkiller** to weed	une mauvaise herbe → un désherbant sarcler / désherber
to hoe [həʊ] → a (**weeding**) hoe	sarcler / biner → une sarclette / une binette
fertilizer ['fɜːtɪlaɪzə]	l'engrais
a seed [siːd] → a **seedling**	une graine → un semis / un plant
to sow* [səʊ]	semer
a **cutting** ['kʌtɪŋ]	une bouture
a graft [grɑːft], to graft	une greffe, greffer
to **layer** ['leɪə] → **layering** ['leɪərɪŋ]	marcotter → le marcottage
to thin (out)	éclaircir
to **trellis** ['trɛlɪs] (plants) to **espalier** [ɪs'pæljə] (trees)	palisser
to **water** ['wɔːtə] → **watering** → a **watering** can	arroser → l'arrosage → un arrosoir
the **rose** [rəʊz]	1. la rose 2. la pomme d'arrosage
a **hose** [həʊz]	un tuyau

→ *Les arbres, p. 34, Les fleurs, p. 35*

WORD PARTNERS

- **garden** → **a landscaped / sunken / terraced / well-kept ~** (un jardin paysager / en contre-bas / en terrasse(s)/ bien entretenu), **an overgrown ~** (un ~ en friche)
  a herb / rose / roof ~ (un ~ de plantes aromatiques / une roseraie / un ~ suspendu), **a rock ~** (une rocaille), **~ furniture** (le mobilier de ~), **a ~ chair / bench** (un fauteuil / banc de ~)
- **a landscape gardener** (un jardinier-paysagiste)
- **flower** → **a ~ bed / patch** (une plate-bande / un parterre de fleurs), **a ~pot** (un pot à / de fleurs)
- **plant** → **a pot(ted) ~** (une plante en pot), **a succulent ~** (une ~ grasse)

PHRASES

- **The plants are coming up.** (Les plantes lèvent / sortent.)
- UK **to have* green fingers** = US **to have* a green thumb** (avoir la main verte), **to take* a cutting from a plant** (bouturer une plante), **to clip / trim a hedge** (tailler une haie)
- *[Fig.:]* **to lead* sb up the garden path** (faire marcher qqn), **to nip sth in the bud** (tuer qqch dans l'œuf), **to call a spade a spade** (appeler un chat un chat)

● *Walking* — *La marche à pied*

a walk ['wɔ:kɪŋ], to walk → a **walker**	une promenade, marcher → un/e promeneur/-euse
to wander = to stroll a stroll → a **stroller**	se balader (⚠ errer) une balade → un/e flâneur/-euse
a hike [haɪk], to hike → **hiking**, a **hiker**	une randonnée, faire de la randonnée la randonnée, un/e randonneur/-euse
a mountaineer → **mountaineering**	un/e alpiniste → l'alpinisme
an ascent = a climb [klaɪm] to climb → **climbing** → **mountain-climbing**, rock-**climbing** → a **climber**	une ascension, escalader → l'escalade l'alpinisme, la varappe un/e grimpeur/-se /un/e alpiniste
a **backpack** → **backpacking**, a **backpacker**	un sac à dos → la randonnée, un/e randonneur/-euse /un routard
UK an **ice** axe = US an **ice** ax	un piolet
a **bivouac** ['bɪvʊ'æk]	un bivouac
a **mountain hut**	un refuge de montagne

W. P.

- **walk / stroll** → **to go* for a ~ = to take* a ~** (faire une promenade)
- **climb** → **a gradual / rough ~** (une ascension progressive / rude), **a steep ~** (une pente raide)

PH.

- **to wander into a wood** (s'aventurer dans un bois)
- **a party of climbers** (une cordée)
- **off the beaten track** (hors des sentiers battus)

● *Boating* — *La navigation de plaisance*

a **marina** [mə'ri:nə]	un port de plaisance
a **canoe** [kə'nu:]	un canoë
a **dinghy** [dɪŋɪ]	un canot pneumatique
a **pedal boat**	un pédalo
a **motor boat**	un bateau à moteur
to row [rəʊ] → a **rowing boat**	ramer → un bateau à rames
UK a **sailing boat** = US a **sailboat**	un bateau à voiles, un voilier
a **speedboat**	une vedette / un hors-bord
a cruise [kru:z] → UK a **cruiser**	une croisière → un petit bateau de ~
a yacht [jɒt]	un yacht

→ *Le transport maritime et fluvial, p. 258*

Water sports — *Les sports aquatiques*

• **swimming** ← **to swim*** → **a swimmer, swimwear**	• la natation → nager → un nageur, maillots de bain
earplugs ['ɪəplʌgz]	des bouchons d'oreille
a **nose clip**	un pince-nez
free style	la nage libre
breast stroke	la brasse
crawl	le crawl
backstroke ['bækstrəʊk]	le dos crawlé
butterfly stroke	la brasse papillon
400 m **medley** ['mɛdlɪ]	le 400m quatre nages
• **diving** ['daɪvɪŋ] ← **to dive, a dive** → a **swallow dive** → **scuba-diving**	• la plongée ← plonger, un plongeon → un saut de l'ange la plongée sous-marine
a **backward / forward somersault** ['sʌməsɔ:lt]	un saut périlleux arrière / avant
a **springboard** ['sprɪŋbɔ:d]	un plongeoir
• **water-polo**	• le water-polo
• **windsurfing** ['wɪndsɜ:fɪŋ]	la planche à voile
• **water-skiing**	le ski nautique
• **rowing** ['rəʊɪŋ]	l'aviron
an **oar** [ɔ:]	une rame
the **bowman** ['bəʊmən]	le rameur de proue
the **coxswain** ['kɒksən]	le barreur
• **canoeing** [kə'nu:ɪŋ] ← **a canoe**	• le canoë(-kayak) ← un canoë / une pirogue
a **paddle** ['pædəl], **to paddle**	une pagaie, pagayer

W.P.

• **swimming** → **a ~ pool** (une piscine), **a ~ costume / suit** (un maillot de bain), **a ~ teacher / ~ instructor** (un maître nageur), **~ goggles** (des lunettes de nage)

PHRASES

• **to go* for a swim** (aller se baigner), *[fig.:]* **to be* out of one's depth** (perdre pied), **to paddle one's own canoe** (mener sa barque / se débrouiller tout/e seul/e) **My head is swimming.** (J'ai la tête qui tourne.), **Everything is going swimmingly.** (Tout marche comme sur des roulettes. / Tout baigne.)

• *[coll.]* **to be* up the creek without a paddle** (être dans le pétrin)

Angling / fishing — *La pêche à la ligne*

to angle ['æŋgəl] → **an angler**	pêcher à la ligne → un pêcheur
fishing tackle ['tækəl], a **fishing rod** [rɒd]	l'attirail de pêche, une canne à pêche
waders ['weɪdəz]	des cuissardes
the **line**	la ligne
the **hook** [hʊk]	l'hameçon (⚠ crochet)
the **bait** [beɪt]	l'appât
to bite* [baɪt]	mordre
the **float** [fləʊt], the **cork** [kɔ:k]	le flotteur, le bouchon
a **catch** [kætʃ]	une prise

→ *Les poissons, p. 154*

PH.

• **to cast* the line** (jeter la ligne)

• **She is always fishing for compliments!** (Elle va toujours à la pêche aux compliments !)

• **to rise* to the bait** (mordre à l'appât)

Horse riding — L'équitation

Horse riding	L'équitation
to ride* [raɪd] → **a rider**	monter à cheval → un cavalier
a horse [hɔːs] → **on horseback**	un cheval → à cheval
the seat [siːt]	l'assiette (⚠ siège)
to mount [maʊnt] ≠ **to dismount**	enfourcher ≠ mettre pied à terre
to gallop ['gæləp], **a gallop**	aller au galop, un galop
to canter ['kæntə], **a canter**	aller au petit galop, un petit galop
to trot [trɒt], **a trot**	aller au trot, un trot
to amble ['æmbəl]	aller l'amble
to rear [rɪə]	se cabrer
to throw* [θrəʊ] / **to unseat** [ʌn'siːt]	désarçonner
to stumble ['stʌmbəl]	broncher = trébucher
to jib [dʒɪb]	regimber
to harness, the harness ['hɑːnɪs]	harnacher, le harnais / harnachement
a saddle ['sædəl] → **a saddlebag, the saddlebow**	une selle → une sacoche de selle, le pommeau
a bridle ['braɪdəl]	une bride
a bit	un mors
a spur [spɜː], **to spur**	un éperon, éperonner
⚠ **traces** ['treɪsɪz]	les traits
a stirrup ['stɪrəp]	un étrier
a thoroughbred ['θʌrəbrɛd]	un pur-sang
a racehorse ['reɪshɔːs]	un cheval de course
a horse race ['hɔːs reɪs] → **horse racing**	une course de chevaux → les courses de chevaux
a trotting race	une course de trot attelé
a racecourse ['reɪskɔːs]	un champ de courses
a horse show	un concours hippique
show-jumping = stadium-jumping	le saut d'obstacles
the jockey's blouse	la casaque du jockey
a bet [bɛt], **to bet** → **the betting office**	un pari, parier → ≈ le bureau de PMU
the totalizator / the tote board	le tableau des résultats
a tip	un tuyau (⚠ extrémité, etc.)
a favo(u)rite ≠ an outsider [aʊt'saɪdə]	un favori ≠ un outsider

WORD PARTNERS

- **riding → a ~ crop** (une cravache), **a ~ coat / habit / cap** (une redingote / une tenue d'amazone / une bombe), **~ boots / breeches** (des bottes / une culotte de cheval)
- **horse → a bay / chestnut / dappled / piebald ~** (un cheval bai / alezan / pommelé / pie), **a fiery = spirited / frisky / an unmanageable ~** (un ~ fougueux / fringant / rétif) **to break* in / to harness / to saddle a ~** (dresser / harnacher / seller un cheval), **to walk one's ~** (mettre son cheval au pas), **to back a ~** (parier sur un ~)
- **gallop → at a ~** (au galop), **at full ~** (au grand ~)
- **trot → at a ~** (au trot), **at a jog / at full ~** (au petit / grand ~), **close / rising ~** (le ~ assis / enlevé)
- **at a canter** (au petit galop)

PHRASES

- **to ride* side-saddle** (monter en amazone), **to go* for a canter** (aller faire une petite promenade à cheval), **to break* into a trot / canter = gallop** (se mettre au trot / galop), **to go* at full speed** (aller ventre à terre), **to put* one's horse into a gallop** (mettre son cheval au galop), **to shy at an obstacle** (faire un écart / broncher devant un obstacle) *[Fig.:]* **to take* the bit between one's teeth** (prendre le mors aux dents), **to champ at the bit** (ronger son frein), **to kick over the traces** (ruer dans les brancards), **to win* in / at a canter** (gagner haut la main), **to be* always on the trot** (courir tout le temps)
- **When he was in the saddle...** (Quand c'était lui qui tenait les rênes...)
- **The odds are 5 to 1 on...** (La cote est de 1 contre 5 pour...)
- **a 3 to 1 favourite** (un favori à 3 contre 1), **a hot favourite** (un grand favori)

Field sports | La chasse

to hunt [hʌnt] → a **huntsman** → **shooting and hunting**	chasser → un chasseur → la chasse / la vénerie
to shoot* [ʃu:t] → the **shooting season** → a **gunshot** ['gʌnʃɒt]	tirer → la saison de la chasse 1. un coup de feu, 2. une portée de fusil
a **double-barrelled shotgun**	un fusil à deux coups
to load [ləʊd]	charger
to aim / to take aim at	viser
to pull the **trigger** ['trɪgə]	appuyer sur la gâchette
to fire [faɪə]	tirer / faire feu
a **cartridge** ['kɑ:trɪdʒ] → a **cartridge belt**	une cartouche → une cartouchière
to retrieve (game) → a **retriever** [rɪ'tri:və]	rapporter (le gibier) → un chien de chasse
game [geɪm]	le gibier (⚠ a game : un jeu)
a fox → **fox-hunting**	un renard → la chasse à courre
a pack of hounds	une meute
to chase [tʃeɪs], a chase	poursuivre, une poursuite
to poach [pəʊtʃ] → a **poacher**	braconner → un braconnier
safari [sə'fɑ:rɪ]	le safari

→ *Le gibier, p. 157, Dans les champs et les bois, p. 26*

W. P.

- **game → a ~ bag** (une gibecière), **a ~keeper** (un garde chasse), **a ~ preserve** (une réserve de chasse), **a ~ licence** (un permis de chasse), **big game** (le gros gibier)

PHRASES

- **to level one's gun at sth** (mettre qqch en joue), **to hit* ≠ to miss the mark** (toucher ≠ manquer le but), **to be* a good ≠ poor shot** (être (un) bon / mauvais tireur)
- **Tally, ho!** (Taïaut !)
- **to be* thrown off the scent / to lose* the trail** (perdre la trace), **to bring* to bay** (mettre aux abois), **to sound the horn / the mort** (sonner le cor / l'hallali), **to start a hare** (lever un lièvre), **to come* home with an empty bag** (rentrer bredouille)
- **to go* on (a) safari** (faire un safari)

Being a sportsman / woman | Être sportif / sportive

a **sportsman** / a **sportswoman** → **sportsmanship**	un sportif / une sportive → l'esprit sportif
a **professional** ≠ an **amateur** ['æmətə]	un professionnel ≠ un amateur
fit → **fitness**	en forme → la forme
supple [sʌpəl] → **suppleness** ['sʌpəlnɪs]	souple → la souplesse
agile ['ædʒaɪl] → **agility** [ə'dʒɪlɪtɪ]	agile → l'agilité
resilient → resilience	résistant/e → la résistance
breath → **breathless** ['brɛθlɪs]	le souffle → essoufflé/e
an **effort** ['ɛfət] → **effortless** → **effortlessly**	un effort → aisé/e → sans effort
to **practise**, **practice** = **training**	s'entraîner, l'entraînement
to warm up, a warm up, warming up	s'échauffer, un échauffement, l'échauffement
a **tracksuit** ['træksu:t]	un survêtement
trainers ['treɪnəz]	des chaussures de sport
a **leotard** ['li:ətɑ:d]	un justaucorps

→ *La santé, p. 115*

WORD PARTNERS

- **sport** → **amateur / individual / professional ~** (le sport amateur / individuel / professionnel), **a competitive / field / national / spectator / summer / water ~** (un ~ de compétition / de plein air / national / à grand spectacle / d'été / aquatique), **a dangerous / rough ~** (un ~ dangereux / brutal)
  to be* fond of = keen on / good at ~ (aimer le sport / être doué pour le ~)
- **sports** → **a ~ programme / desk / page** (une émission / la rédaction / une page sportive), **a ~ newspaper / commentator** (un journal / un commentateur sportif), **a ~ club** (un club de sport), **a ~ ground / shop** (un terrain / un magasin de sport), **~ news** (les informations sportives), **~ clothes / gear** (des vêtements / la tenue de sport)

PHRASES

- **to be* a keen sportsman** (aimer beaucoup le sport), **to be* short of practice = training** (manquer d'entraînement)
- **We had good sport!** (On s'est bien amusés.), **Be a sport!** (Sois sympa !), **It's very sporting of you.** (C'est très chic de votre part.)

● Team games — Les sports d'équipe

a team [ti:m]	une équipe
a **substitute** ['sʌbstɪtju:t]	un/e remplaçant/e
the coach [kəʊtʃ]	l'entraîneur (⚠ car / bus)
a **jersey** ['dʒɜ:zɪ] / a shirt	un maillot
the **referee** [rɛfə'ri:]	l'arbitre
rules [ru:lz]	les règles
a **whistle** ['wɪsəl]	un sifflet
foul [faʊl] → a foul	irrégulier/-ère / interdit/e → une faute
to win* → the winner ['wɪnə]	gagner → le gagnant
a victory → victorious	une victoire → victorieux/-se
to lose* [lu:z]	perdre
a **defeat** [dɪ'fi:t]	une défaite
a draw [drɔ:]	un match nul (⚠ loterie, etc.)

→ *Guerre et paix, p. 221*

WORD PARTNERS

- **team** → **an effective ~** (une équipe efficace), **a committed = dedicated / disciplined / fine / well-knit ~** (une équipe motivée / disciplinée / impeccable / soudée), **a reserve ~** (une ~ de réserve), **the home ~** (l'~ qui joue à domicile), **the visiting ~** (l'~ invitée), **the school ~** (l'~ d'une école), **the opposing / rival ~** (l'~ adverse / rivale), **the winning ≠ losing ~** (l'~ victorieuse ≠ perdante), **the ~ shirt / uniform** (le maillot de l'~)
- **to score victory over / to wrest ~ from sb** (remporter une / la ~ sur / arracher la ~ à qqn)

PHRASES

- **to take* the lead** (ouvrir le score), **to ward off an attack** (endiguer l'attaque), **to deflect / intercept / trap the ball** (dévier / intercepter / immobiliser la balle), **to hold* / outdistance an opponent** (retenir / échapper à un adversaire), **to press / pressurize** (faire un forcing / un pressing = harceler), **to blow* the (final) whistle** (siffler la fin du match)

● Football / soccer — Le football

→ a **football player**	un joueur de football
the field / the ground / the pitch	le terrain
studs [stʌdz]	les crampons (⚠ étalon, bouton de col, etc.)
the **halfway line**	la ligne médiane
the **touchline** ['tʌtʃlaɪn] → a **linesman** ['laɪnzmən]	la ligne de touche → un arbitre de touche
the **crossbar** ['krɒsbɑ:]	la barre transversale

the **backs** [bæks]	les arrières
the **forwards** ['fɔ:wədz]	les attaquants
a **midfielder** = a **midfield player**	un milieu de terrain
fair play ≠ **foul** play	jeu régulier ≠ irrégulier
to **tackle**, a **tackle** ['tækəl]	tacler / plaquer, un tacle / un plaquage
a **chest** trap / a **foot** trap	un amorti de la poitrine / du pied
misconduct [mɪs'kɒndʌkt]	(une) faute
a **yellow** / red card	un carton jaune / rouge
a free kick	un coup franc
a **penalty** (kick)	un (tir de) penalty
the kick-off	le coup d'envoi
injury time / **stoppage** ['stɒpɪdʒ]	les arrêts de jeu
a shot	un tir
a **forward** / square / back pass	une passe avant / latérale / arrière
a goal [gəʊl] the goal → the **goalkeeper**	un but les cages → le gardien de but
to score [skɔ:] → a **scorer**	marquer → un buteur
to **equalize** ['i:kwəlaɪz]	égaliser
to tie [taɪ]	faire match nul

PHRASES

- **to play a home game ≠ an away game** (jouer à domicile ≠ à l'extérieur)
- **to win* the toss** (gagner au tirage au sort), **to trip up an opponent** (faire un croc-en-jambe à un adversaire), **to handle the ball** (faire une faute de main), **to kick / to head / to chest the ball** (frapper le ballon du pied / de la tête / de la poitrine), **to play* a waiting game** (attendre son heure), **to play* for time** (jouer la montre), **to bend* the ball** (faire un tir brossé), **to dribble past an opponent** (dribbler un adversaire)
- **to score / to allow a goal** (marquer un but), **to score a winning goal** (marquer le but de la victoire), **to score an own / a shock / a headed goal** (marquer un but contre son camp / un but surprise / un but avec la tête), **to score a decider** (marquer un but décisif)

● *Rugby football* — *Le rugby*

Rugby Union	le jeu à 15
Rugby League	le jeu à 13
a **fullback** ['fʊlbæk]	un arrière
a **three-quarter**	un trois-quarts
a **forward** ['fɔ:wəd]	un avant
a prop	un pilier
a **hooker** ['hʊkə]	un talonneur (⚠ une prostituée)
the **front** row	la ligne d'avants
a **fly** half	un demi d'ouverture
a scrum [skrʌm] → a **scrum half**	une mêlée → un demi de mêlée
a **line-out**	une touche
a **try** [traɪ]	un essai
a conversion [kən'vɜ:ʃən]	une transformation
a **drop goal** ['drɒp gəʊl]	un drop

● *Basketball* — *Le basket-ball*

a **women's** / **men's tournament**	un tournoi féminin / masculin
the court [kɔ:t]	le terrain de jeu
the **basket** ['bɑ:skɪt]	le panier
the team **roster** ['rɒstə]	la composition de l'équipe
the trail **official** / lead official	l'arbitre de queue / de tête

a **rule violation** [vaɪə'leɪʃən]	une infraction / une faute
an **offender** [ə'fɛndə]	un/e joueur/-se fautif/-ve
the **game clock / time-out clock / thirty-second clock**	le chronomètre de jeu / des temps morts / des 30 secondes
actual playing time	le temps restant à jouer
to grant a **time-out**	accorder un temps mort
out of bounds	hors du terrain
a **double dribble** ['dʌbəl 'drɪbəl]	un double dribble

● Cricket — *Le cricket*

the **bowler** ['bəʊlə]	le lanceur
the **wicket** → the **sticks / stumps** [stʌmps]	le guichet → les piquets
shin pads	des jambières / protège-tibias
a bat [bæt] → the **batsman**	une batte (⚠ chauve-souris) → le batteur
the **innings**	les tours de batte
the **umpire** ['ʌmpaɪə]	l'arbitre
test matches	les rencontres internationales

PH.

- **to hit* the ball** (toucher, frapper la balle), **to be* fielding** (occuper le terrain), **to keep* one's end up** (tenir bon)
- **It's not cricket.** (Ce n'est pas loyal.)

● Baseball — *Le base-ball*

the bat, to bat, the **handle**, the **knob** [nɒb]	la batte, être en position de batteur, le manche, le pommeau
→ a **batting glove** = mitt	→ un gant de batte
→ a **batting cage**	une cage de protection
→ the **batter**	le batteur (⚠ la pâte à crêpes / etc.)
the **pitcher** ['pɪtʃə]	le lanceur
⚠ the **catcher** ['kætʃə]	le receveur
a **baseman** / a **baserunner**	un joueur / coureur de base
a game → an **inning**	un match → une manche
a **tie-breaker**	un point décisif
an **ejection** [ɪd'ʒɛkʃən]	une expulsion
⚠ a **cap** [kæp]	une casquette
⚠ the **visor** ['vaɪzə]	la visière
spiked shoes	des chaussures à crampons
a **protective cup**	une coquille
a **leg guard**	une jambière / un protège-tibia
the **grand slam**	le grand chelem

PHRASES

- **to score a run** (marquer un point), **to be* put out** (être éliminé)
- **Fair, the batter is out!** (La balle est bonne, le batteur est éliminé.)
- **inside the park** (dans les limites du terrain)
- **a rookie** (un joueur professionnel depuis moins d'un an)

● Hockey — *Le hockey*

→ US **field-hockey**, UK **ice-hockey**	→ le hockey sur gazon, ~ sur glace
→ the **hockey field / pitch**	→ le terrain de hockey
natural / synthetic turf [tɜːf]	une pelouse naturelle / artificielle

the stick	la crosse
⚠ a **butt** [bʌt]	un manche
a **face guard**	un masque protecteur
headgear ['hɛdgɪə] / a **helmet** ['hɛlmɪt]	un casque
a **kicker** ['kɪkə]	une chaussure de hockey / un sabot
the **skipper** ['skɪpə]	le capitaine
a **winger** ['wɪŋə]	un ailier
shepherding ['ʃɛpədɪŋ]	le marquage individuel

● *Tennis* — *le tennis*

→ a **tennis court** → a **clay court**, a **grass court**	un court → un court en terre battue, ~ sur gazon
the **umpire's stand**	la chaise d'arbitre
a **partner** ['pɑːtnə]	un partenaire
the **racket** ['rækɪt] → the **face** [feɪs]	la raquette → le tamis (⚠ le visage)
a **wristband** ['rɪstbænd]	un serre-poignet
the **net**	le filet
a **volley** ['vɒlɪ]	une volée
to **serve** [sɜːv] → a **serve** / **service**	servir → un service
a **forehand drive** [draɪv]	un coup droit
a **backhand** ['bækhænd]	un revers
a **lob**	un lob
a **smash** [smæʃ]	un smash
a **set**	un set
women's / **men's singles** / **doubles**	le simple / double dames / messieurs

W. P.

- **a break / game / match / set point** (une balle de break / de jeu / de match / de set)
- **a ball boy / girl** (un/e ramasseur/-euse de balles)

PHRASES

- **a three-nil victory** (une victoire par 3 à 0)
- **love-15** (zéro-quinze), **30 all** (trente partout), **deuce** (égalité), **game, set and match, Miss Williams** (jeu, set et match pour Mlle Williams)
- **The ball is in.** (La balle est bonne.)

● *Winter sports* — *Les sports d'hiver*

snow [snəʊ], **to snow** → a **snowboard**	la neige, neiger une planche de surf des neiges
to ski, a **ski** → **skiing**, a **skier**	skier, un ski → le ski, un/e skieur/euse
the **edges**	les carres
wax, **to wax** → **waxing**	le fart (⚠ la cire), farter → le fartage
a **ski run** = **ski slope** = **ski track** = a **piste** → a **nursery slope**	une piste une piste bleue (= pour débutants)
a **mogul** ['məʊgəl] = a **bump** [bʌmp]	une bosse (⚠ a mogul : un magnat)
wedeln ['veɪdəln], **to wedeln**	la godille, faire (de) la godille
UK ⚠ a **toboggan** = US a **sled**	une luge
to skate [skeɪt] → **ice skates**, **ice skating** → **speed-** / **figure-skating** → a **skating rink** / an **ice rink**	patiner → des patins à glace, le patin à glace le patinage de vitesse / artistique une patinoire
a **sleigh** [sleɪ] = a **sledge** [slɛdʒ] → a **bob(sleigh)** = US **bob(sled)**	un traîneau → un bobsleigh

WORD PARTNERS

- **snow** → **eternal ~(s)** (les neiges éternelles), **powdery ~** (la poudreuse), **a ~drift** (une congère), **a ~blower / a ~plough** (un chasse-neige), **~-broth** (la soupe = la neige en train de fondre), **a ~ball / a ~man** (une boule / un bonhomme de neige), **a ~ boot** (un après-ski), **~shoes** (des raquettes), **a ~making machine** (un canon à neige), **a ~mobile** (une moto-neige)
  to pack the ~ (damer la neige), **the ~s of yesteryear** (les ~s d'antan)
- **ski** → **a ~ run / resort / school / instructor / club** (une piste / une station / une école / un moniteur / un club de ski), **a ~ boot / binding / suit** (une chaussure / une fixation / une combinaison de ~), **a ~ jump** (un tremplin), **~ jumping** (le saut à skis), **~ mountaineering** (le ~ de haute-montagne), **~ touring** (le ~ de randonnée), **a ~ lift** (une remontée mécanique = un télésiège), **a ~ pass** (un forfait), **a ~ rack** (un porte-~s), **on ~s** (à ski), **a ~ lodge** (un chalet)
- **skiing** → **cross-country ~** (le ski de fond), **downhill = Alpine ~** (le ~ alpin = de piste = de descente), **a ~ holiday** (des vacances à la / de neige)
- **piste** → **to ski off-~** (faire du hors-piste), **UK to snowplough = US to snowplow down a ~** (descendre une piste en chasse-neige)
- **to go* tobogganing = to go* sledding** (faire de la luge)

Athletics — *L'athlétisme*

a race [reɪs] → **cross-country race**	une course (⚠ une race) → le cross
an **event** / a **contest** → a **contestant**	une épreuve → un/e concurrent/e
the **track** [træk]	la piste
a **lane** [leɪn]	un couloir
a lap **scorer**	un compte-tours
a **middle-/long-distance runner**	un coureur de demi-fond / de fond
the 100 metre **dash**	le 100 mètres plat
the 400 metre **hurdles** ['hɜːdəlz]	le 400 mètres haies
a **relay** ['riːleɪ] → a **relay baton** ['bætən]	une course de relais → un témoin
the **finish**	l'arrivée
the **discus** ['dɪskəs] → **discus throw**	le disque → le lancer du disque
the **javelin** ['dʒævlɪn]	le javelot
the **hammer** ['hæmə]	le marteau
to **put*** the **weight** / the **shot** → a (**shot**) **putter**	lancer le poids → un lanceur de poids
the **long** / **high jump** [dʒʌmp]	le saut en longueur / en hauteur
the **pole vault** ['pəʊl 'vɔːlt]	le saut à la perche

PHRASES

- **Ready, steady, go!** (À vos marques, prêts, partez !)
- **to lead* the field** (être en tête), **to lead* by 2 seconds** (avoir 2 secondes d'avance), **to make* a lightning start** (faire un départ fulgurant), **to hug the curb** (tenir la corde), **to fall* / drop behind** (rester en arrière), **to break* a (world) record** (battre un record (du monde)), **to set* a new record** (établir un nouveau record), **a close / tight finish** (une arrivée serrée / dans un mouchoir de poche)
- **to clear / dislodge the bar / the hurdle** (franchir / faire tomber la barre / la haie), **to vault (over) the bar** (sauter par-dessus la barre)
- **Slow and steady wins the race.** (Qui veut voyager loin ménage sa monture.)

Boxing — *La boxe*

to box → a **boxer**	boxer (⚠ mettre en caisse / emballer) → un boxeur
a **lightweight** / **middleweight** / **heavyweight**	un poids léger / moyen / lourd
the **boxing ring**	le ring
a **punch** [pʌntʃ]	un coup
a **hook** [hʊk]	un crochet

a **straight** [streɪt]	un direct
an **uppercut** ['ʌpəkʌt]	un uppercut
footwork / **leg** movement	le jeu de jambes
to knock out sb	mettre qqn K.O.

Other sports — *Autres sports*

• UK **American football** = US **football**	• le football américain
• **volleyball**	• le volley-ball
• **handball**	• le hand-ball
• **table tennis** = **ping-pong**	• le tennis de table = le ping-pong
the **playing area**	l'aire de jeu
• **badminton**	• le badminton
the **shuttlecock** ['ʃʌtəlkɒk] / **bird**	le volant
• **fencing** → a ~ **master**, a ~**mask**, a ~ **jacket**	l'escrime → un maître d'~, un masque d'~, un plastron
a **foil** [fɔɪl]	un fleuret (⚠ un faire-valoir)
a **sword** [sɔːd] → to cross swords	une épée → croiser le fer
a **swashbuckler** ['swɒʃbʌklə]	un bretteur
a **thrust** [θrʌst]	une botte, une estocade
a **twirl** [twɜːl]	un moulinet
a **parry** ['pærɪ], to **parry**	une parade, parer
• **weightlifting** ['weɪtlɪftɪŋ]	• l'haltérophilie
dumbbells ['dʌmbɛlz] / **barbells** ['bɑːbɛlz]	les haltères
to **clean the weight**	épauler la barre
• **wrestling** ['rɛslɪŋ], a **wrestler**	• la lutte, un lutteur
all-in wrestling = catch-as-catch-can, an **all-in wrestler**	le catch, un catcheur
a **mat** [mæt]	un tapis
• **judo** ['dʒuːdəʊ]	• le judo
karate [kə'rɑːtɪ]	le karaté
• **cycling** ['saɪklɪŋ] ← **to cycle** ['saɪkəl]	• le cyclisme ← faire du vélo
the **yellow jersey**	le maillot jaune
⚠ a **stage** [steɪdʒ]	une étape
a **lap** [læp]	un tour de piste (⚠ genoux, etc.)
a **time trial**	un contre la montre (une épreuve)
• (modern) **pentathlon** [pɛn'tæθlən]	• le pentathlon (moderne)
triathlon [traɪ'æθlɒn]	le triathlon
• (target) **archery** ['ɑːtʃərɪ]	• le tir à l'arc (sur cible)
a **bow** [bəʊ] and **arrows** ['ærəʊz]	un arc et des flèches
a **quiver** ['kwɪvə]	un carquois
a **target** ['tɑːgɪt]	une cible
the **bull's eye**	le centre
• **shooting** ['ʃuːtɪŋ]	• le tir (⚠ la chasse)
a **rifle** ['raɪfəl] / a **pistol** ['pɪstəl]	un fusil / un pistolet
ball-trap / **skeet shooting**	le ball-trap / le skeet
a **clay pigeon**	un pigeon d'argile
• **gymnastics** [dʒɪm'næstɪks]	• la gymnastique
the **horizontal bar**, **uneven** / **parallel bars**	la barre fixe, les barres asymétriques / parallèles
the **balance beam**	la poutre
the **pommel horse** / the **vaulting horse**	le cheval d'arçons
the **ribbon**, the **hoop** [huːp]	le ruban, le cerceau

a **cartwheel** ['kɑ:twi:l]	une roue
a (front) split	un grand écart (facial)
a **somersault** ['sʌməsɔ:lt]	un saut périlleux
calisthenics	la gymnastique suédoise
• golf	• le golf
→ a golf link / a golf course, a round of golf, a golf club	→ un terrain de golf, un parcours de golf, un club de golf
• **motor racing**	• la course automobile

PHRASES
- **to go* on a cycling holiday** (faire du cyclotourisme)
- **to do* judo / karate** (faire du judo / du karaté), **a karate chop** (un coup donné du tranchant de la main)
- **Get your skates on!** (Dépêche-toi !)
- *[Fig.:]* **He is skating over thin ice.** (Il est sur le fil du rasoir.)
- **to brace the bow** (tendre l'arc)

• *The Olympic Games* — *Les Jeux Olympiques*

the opening / closing ceremony	la cérémonie d'ouverture / de clôture
the Olympic rings / flame	les anneaux olympiques / la flamme olympique
the **torchbearer** ['tɔ:tʃbɛərə]	le porteur du flambeau
the **host country**	le pays organisateur
a **gold** / **silver** / **bronze** medal → a gold medallist	une médaille d'or / d'argent / de bronze → un/e médaillé/e d'or
to harvest medals ['mɛdəlz]	engranger des médailles
a **national anthem** ['ænθəm]	un hymne national
to mount the podium ['pəʊdɪəm]	monter sur le podium

• *The public* — *Le public*

the spectators [spɛk'teɪtəz]	les spectateurs
⚠ to **support** [sə'pɔ:t] → the **supporters**	soutenir → les supporters
the crowd [kraʊd]	la foule
to cheer [tʃɪə], cheers → a **cheerleader**	acclamer, des vivats → une pompom girl
to applaud, applause [ə'plɔ:z]	applaudir → les applaudissements
to boo [bu:] → boos	huer → les huées
a **stadium** ['steɪdɪəm]	un stade
the (grand)stand	la tribune
the terraces ['tɛrəsɪz]	les gradins
a **hooligan** ['hu:lɪgən] → **hooliganism**	un voyou / vandale → le vandalisme
jingoism / **chauvinism**	le chauvinisme (⚠ male chauvinism : machisme / phallocratie)
to stampede a stampede [stæm'pi:d]	se ruer en désordre une débandade / bousculade

PHRASES
- **to draw* the crowds** (attirer les foules)
- **to hurl beer bottles** (jeter des canettes de bière), **to wreck a stadium** (démolir un stade), **to wreak havoc** (dévaster), **to go* on the rampage** (se déchaîner), **to be* crushed to death** (mourir écrasé), **to check hooliganism** (contrôler le vandalisme)

Sports and money — *Le sport et l'argent*

a transfer ['trænsfɜː] → **transfer fees** [fiːz]	un transfert → des primes de transfert
a sponsor ['spɒnsə] → **sponsorship**	un sponsor → le sponsoring
an endorsement contract ← **to endorse** [ɪn'dɔːs] **sports equipment**	un contrat commercial mettre sa griffe sur des équipements sportifs
prize money / earnings ['ɜːnɪŋz]	les gains
a fee [fiː]	un cachet
richly-endowed tournaments ['tɔːnəmənts]	des tournois richement dotés
to rig → **rigged matches**	truquer → des matchs truqués
a betting shop	un bureau de paris
the (football) pools	≈ le loto sportif
doping ['dəʊpɪŋ]	le dopage

→ La malhonnêteté, p. 60, La drogue, p. 127

PHRASES

- **a (random) drug check** (un contrôle anti-dopage [inopiné])
- **to use steroids** (prendre des anabolisants)
- **blood-doping / transfusion** (l'auto-transfusion)
- **to be* kicked out of a competition / out of the Olympics** (être exclu d'une compétition / des Jeux Olympiques)
- **a disgraced champion** (un champion discrédité)
- **a clean sport / a doping-free sport** (un sport propre)

La vie de l'esprit

24 *Intellectual abilities* — Les facultés intellectuelles

● *Intelligence*	*L'intelligence*
intelligent [ɪn'tɛlɪdʒənt] → intelligently	intelligent/e → intelligemment
an intelligence quotient (an IQ)	un quotient intellectuel (un QI)
the intellect → intellectual, an intellectual [ɪntɪ'lɛktʃʊəl]	l'intellect → intellectuel/le, un/e intellectuel/le
a skill [skɪl] → skil(l)ful → skil(l)fulness	une aptitude → habile / adroit/e → l'habileté / l'adresse
able ['eɪbəl] ≠ unable to do sth → ability [ə'bɪlɪtɪ] capable of doing sth → capability = capacity	capable ≠ incapable de faire qqch → la capacité / l'aptitude
→ capabilities / potential → potentiality	les capacités / le potentiel
the brain = brains → brainy ≠ brainless → a brainwave *(fig.)*	le cerveau → intelligent/e ≠ idiot/e une idée de génie
an egghead ['ɛghɛd]	une grosse tête / un/e intellectuel/le
genius ['dʒiːniəs], a genius	le génie, un génie (personne)
competence ['kɒmpɪtəns], competent	la compétence, compétent/e
clever ['klɛvə] → cleverly → cleverness	intelligent/e / astucieux/-se → astucieusement → l'intelligence / l'ingéniosité
quick-witted	à l'esprit vif
bright [braɪt] → brightly	brillant/e / intelligent/e → brillamment / intelligemment
brilliant ['brɪljənt] → brilliantly	brillant/e → brillamment
shrewd [ʃruːd] → shrewdly, shrewdness	astucieux/-se / habile / perspicace → habilement, la perspicacité / l'astuce
perspicacious, perspicacity / insight	perspicace, la perspicacité
to understand* → understandable, understanding *(adj. & N)*	comprendre → compréhensible 1. *(adj.)* compréhensif/-ve 2. *(N)* la compréhension / l'entendement
to comprehend → comprehension → ⚠ comprehensive	1. comprendre / saisir 2. inclure → 1. la compréhension 2. l'inclusion complet/-ète / exhaustif/-ve / détaillé/e
mind [maɪnd] → mindless → mindlessly	l'esprit → stupide → stupidement

to discriminate / distinguish → discriminating → discrimination	distinguer / faire une distinction → judicieux / avisé, le discernement (⚠ la discrimination)
wise [waɪz] → wisely, wisdom ['wɪzdəm]	sage → avec sagesse, la sagesse
common sense	le bon sens
⚠ sensible ['sɛnsəbəl] ≠ senseless ['sɛnslɪs]	sensé/e ≠ insensé/e, stupide
lucid ['luːsɪd] → lucidity	lucide → la lucidité
⚠ to qualify → qualified → qualification [kwɒlɪfɪ'keɪʃən]	qualifier (⚠ nuancer) → qualifié/e → la qualification
to gather ['gæðə] sth / that	deviner / comprendre / saisir intuitivement qqch / que

→ Les résultats scolaires, p. 179, La mémoire, p. 382

WORD PARTNERS

- **intelligence → a sharp / keen / superior / remarkable = an outstanding ~** (une intelligence aiguë / supérieure / remarquable)
  to demonstrate = to show* ~ (faire preuve d'intelligence)
- **a high ≠ low IQ** (un QI élevé ≠ faible)
- **abilities → creative ~** (la créativité), **innate ~** (les capacités innées), **mental ~** (les ~ intellectuelles), [person] **of considerable ~** ([personne] très doué/e)
  to overrate ≠ underrate one's ~ (surestimer ≠ sous-estimer ses capacités)
- **to assess / to cast* doubt on = to question / to exploit / to extol = to praise / to use = to make* use of / to take* advantage of / to test / to weigh up sb's capabilities / potential / potentiality** (évaluer / mettre en doute / exploiter / louer = vanter / utiliser / profiter des / tester / jauger les capacités / le potentiel de qqn)
- **to have* a gift / capacity / talent for** (avoir un don / un talent pour)
- **mind → an acute = a keen = lively = quick = sharp ~** (un esprit vif), **an agile = a nimble ~** (un ~ agile), **an analytical ~** (un ~ d'analyse), **a brilliant / calculating ~** (un ~ brillant / calculateur), **a clear = an uncluttered ~** (un ~ clair), **a coarse = vulgar ~** (un ~ vulgaire), **a creative / cunning / deranged / devious / disciplined = methodical ~** (un ~ créatif / rusé / détraqué / retors / méthodique), **a limited = dull ~** (un ~ médiocre), **a flexible / great / an incisive = a penetrating / an inquiring / inventive ~** (un ~ souple / un grand esprit / un esprit pénétrant / curieux / inventif), **a logical ~** (un ~ logique), **a lucid ≠ muddled = woolly ~** (un ~ lucide ≠ confus), **a narrow ≠ an open ~** (un ~ étroit ≠ ouvert), **an original / versatile** (un ~ original / aux talents divers), **a shrewd / suspicious ~** (un ~ perspicace / soupçonneux), **an unbalanced / a warped = twisted ~** (un ~ instable / tordu)
  La plupart des adjectifs qui accompagnent "mind" peuvent s'employer comme premier élément d'un adj. composé → **to be* keen-/ quick-minded** (avoir l'esprit vif)

PHRASES

- **to be* in (full) possession / command of all one's faculties** (être en pleine possession de tous ses moyens), **to apply one's mind to sth** (appliquer son intelligence à qqch), **to have* a critical turn of mind** (avoir l'esprit critique), **to cultivate one's mind** (se cultiver l'esprit)
- **to follow a development** (suivre un raisonnement)
- **He is quick ≠ slow on the uptake.** (Il comprend ≠ ne comprend pas vite.)
- **She is the brains of the family.** (C'est elle le cerveau de la famille.), **He has brains.** (C'est un cerveau.) ≠ **He's not very bright.** (Ce n'est pas une lumière.)
  the brain drain (la fuite des cerveaux)
  Rack your brains. / Use your brain / Use your head! (Fais marcher tes méninges !)
- **She is good <u>at</u> maths.** (Elle est bonne <u>en</u> maths.), **She has a good head <u>for</u> business / <u>for</u> figures.** (Elle est douée <u>en</u> affaires / pour le calcul.), **She is intellectually gifted.** (Elle est douée intellectuellement.), **She is a woman of (many) parts / She is very resourceful.** (C'est une femme qui a plusieurs cordes à son arc / pleine de ressources.), **She / He is a computer whizz.** (C'est un as en informatique.)
- **It's beyond human understanding.** (Cela dépasse l'entendement.), **It's beyond my grasp.** (C'est trop compliqué pour moi.)
- **It doesn't make* sense.** (Ce n'est pas logique.)

Lack of intelligence — *Le manque d'intelligence*

stupid ['stju:pɪd] → **stupidity**	stupide → la stupidité
⚠ a **fool** [fu:l] → **foolish** = **silly** → **foolishness** = **silliness**	un/e imbécile → pas futé/e / bête / niais/e → la bêtise / la niaiserie
an **idiot** ['ɪdɪət] → **idiotic** [ɪdɪ'ɒtɪk] → **idiocy**	un/e idiot/e → idiot/e *(adj.)* → l'idiotie / la stupidité
dull [dʌl] / **dim**	borné/e / obtus/e
a **nitwit** ['nɪtwɪt] / a **halfwit**	un/e nigaud/e / un/e niais/e
a **moron** ['mɔ:rɒn] → **moronic**	un/e crétin/e → totalement idiot/e
a **simpleton** ['sɪmpəltən]	un/e simple d'esprit
backward / **mentally-retarded**	attardé/e / arriéré/e
a **bias** ['baɪəs] = a **prejudice** ['prɛdʒʊdɪs] → **bias(s)ed** = **prejudiced** ≠ **unbias(s)ed** = **unprejudiced**	un préjugé / parti pris → partial/e / plein/e de préjugés ≠ impartial/e / sans préjugés

PHRASES

- **to be* narrow-minded** (être borné), **to fail to understand** (ne pas comprendre), **not to make* head or tail of sth** (ne rien comprendre du tout à qqch)
- **He is slow-witted.** (Il ne comprend pas vite.), **He won't set the Thames on fire**. (Il n'a pas inventé la poudre.), **This task is beyond his capabilities.** (Cette tâche est au-dessus de ses capacités.), **He has a very short attention span.** (Il n'arrive pas à se concentrer très longtemps)
- **to talk nonsense** (dire des bêtises), **Nonsense!** (Sornettes ! / Taratata !)

Thought and reasoning — *La pensée et le raisonnement*

a **thought** [θɔ:t] → **thoughtful** / **pensive**	une pensée → pensif/-ve (⚠ thoughtful : attentionné)
to **think*** [θɪnk] → **thinking**, a **thinker** → **thinkable** ≠ **unthinkable** → to **think* up** = to **conceive** → **conceivable**	penser → la réflexion, un penseur imaginable ≠ impensable / inconcevable concevoir → concevable
to **reflect** [rɪ'flɛkt] <u>on</u> sth → **reflection** [rɪ'flɛkʃən], a **reflection**	réfléchir <u>à</u> qqch → la pensée / réflexion, une réflexion
⚠ to **construe** [kən'stru:] → to **misconstrue**	interpréter / expliquer (texte / attitude) → mal interpréter (paroles / texte)
to **concentrate (up)on** → **concentration**	se concentrer sur → la concentration
attention [ə'tɛnʃən] → **attentive**	l'attention → attentif/-ve / prévenant/e
⚠ to **contemplate** ['kɒntɛmpleɪt]	envisager
to **ponder** ['pɒndə] **on** / **over** sth = to **meditate on** sth → **meditation**	réfléchir longuement à qqch = méditer sur qqch → la méditation
to **brood** [bru:d] **on** / **upon** / **over** sth	ressasser / ruminer qqch
to **deliberate about** sth → **deliberation**	délibérer sur qqch → la délibération
to **realize** ['rɪəlaɪz] (**sth** / **that**)	se rendre compte (de qqch / que)
to **be* aware** [ə'wɛə] = **conscious of** → **awareness** = **consciousness of**	être conscient/e de / au courant de → la conscience de
to **consider that** / **sth to be**	considérer que / que qqch est
reason ['ri:zən], to **reason** → **reasoning**	la raison, raisonner → le raisonnement
(ir)rational [ɪ'ræʃənəl]	(ir)rationnel/le
to **judge** [dʒʌdʒ] → **judg(e)ment**	juger → le jugement
to **size** [saɪz] **sb up**	jauger / évaluer qqn
to **assess** / **appraise** / **evaluate** sth → an **assessment** / **appraisal** / **evaluation**	évaluer / estimer qqch → une évaluation / estimation
to **argue** ['ɑ:gju:] → an **argument**	débattre, argumenter → un argument (⚠ querelle / différend)

WORD PARTNERS

- **to think*** → **~ ahead** (anticiper = réfléchir à l'avance), **~ aloud** (penser tout haut), **~ fast / constructively / positively** (réfléchir vite / de façon constructive / de façon positive), **~ big** (être ambitieux), **~ carefully / hard** (bien / beaucoup réfléchir), **~ clearly / logically / deeply** (avoir une pensée claire / logique / réfléchir profondément)
- **reasoning** → **a complicated / confused / faulty / logical / plain / sensible / sound = solid / specious / step-by-step / tortuous ~** (un raisonnement compliqué / confus / erroné / logique / simple / sensé / judicieux = solide / spécieux / point par point / tortueux)
  powers of ~ (capacité de ~), **a line of ~ = of argument** (une argumentation)
- **on (due) reflection** (après [mûre] réflexion)
- **judg(e)ment** → **an error of ~** (une erreur de jugement), **a value ~** (un ~ de valeur), **a woman of ~** (une femme perspicace)
  to pass ~ on sb (juger qqn), **to show ≠ to lack ~** (faire preuve de ≠ manquer de jugement)
- **argument** → **a bias(s)ed / convenient / dubious ~** (un argument qui manque d'objectivité / commode / douteux), **a weak = feeble ≠ forceful = powerful = strong / weighty / cogent ~** (un ~ faible = peu convaincant ≠ vigoureux / de poids / convaincant), **an inconclusive / indefensible ≠ ingenious / irrefutable ~** (un ~ peu concluant / indéfendable ≠ ingénieux / irréfutable), **a lame / ludicrous / misleading / deceitful / preposterous / shaky / silly / spurious / woolly ~** (un ~ boiteux / ridicule / trompeur / mensonger / grotesque / peu solide / stupide / fallacieux / flou), **a rational / realistic / reasonable / telling / well-founded ~** (un ~ rationnel / réaliste / raisonnable / révélateur / fondé), **the clinching ~** (l'~ décisif)
  to advance = put* forward an ~ (présenter un ~), **to brush aside = put* aside = dismiss an ~** (balayer = écarter = rejeter un ~), **to invoke / check / counter / invalidate / refute an ~** (invoquer / vérifier / contrer / infirmer / réfuter un ~), **to keep* to = stick to an ~** (s'en tenir à un ~), **to look into / offer / press / raise / support = sustain ≠ undermine an ~** (examiner / fournir / défendre avec insistance / soulever / étayer = appuyer ≠ saper un ~)
  the force = the strength of ≠ the flaw in an ~ (la force d' ≠ la faille d'un raisonnement / d'une argumentation), **the gist of an ~** (le point essentiel d' / la substance d' ~)

PHRASES

- **What are you thinking of / about? / A penny for your thoughts.** (À quoi penses-tu ?), **She was lost in thought.** (Elle était perdue dans ses pensées.)
- **How do you feel about all that?** (Qu'est-ce que vous pensez de tout ça ?)
  I'd like to think it over. (J'ai besoin de temps pour y réfléchir.), **I must think it out.** (Il faut que j'y réfléchisse.), **Think twice before you speak.** (Réfléchissez avant de parler.), **Now that I think about it...** (Maintenant que j'y pense...), **on second thoughts** (à la réflexion), **as an afterthought** (en y repensant)
- **Sleep on it!** (La nuit porte conseil.)
- **to take* sth into consideration / into account** (prendre qqch en considération / en compte)
- **It's idle to speculate.** (Cela ne sert à rien de se livrer à de vaines conjectures.)
- **What she says carries weight.** (Sa parole a du poids.)
- **It occurred to me / dawned on me / came to my mind that...** (Il m'est venu à l'esprit que...)
- **This is incomprehensible / unintelligible / puzzling / incoherent / mystifying / ambiguous.** (C'est incompréhensible / inintelligible / déconcertant / incohérent / déroutant / ambigu.)

• *Philosophy* [fɪ'lɒsəfɪ] — *La philosophie*

→ a philosopher, to philosophize → philosophic(al) → philosophically	une philosophe, philosopher philosophique → philosophiquement
metaphysics *(+ V sing.)* → a metaphysician	la métaphysique → un/e métaphysicien/ne
ontology [ɒn'tɒlədʒɪ]	l'ontologie
epistemology [ɪpɪstɪ'mɒlədʒɪ]	l'épistémologie
ethics *(+ V sing.)* → ethical ['ɛθɪkəl]	la morale / l'éthique → moral / éthique
dialectics [daɪə'lɛktɪks] → dialectical → a dialectician [daɪəlɛk'tɪʃən]	la dialectique → dialectique → un/e dialecticien/ne
maieutics [meɪ'juːtɪks]	la maïeutique
right [raɪt] ≠ wrong [rɒŋ]	1. juste = exact/e ≠ faux/-sse ; 2. bien ≠ mal
logic ['lɒdʒɪk] → logical(ly) → a logician [lə'dʒɪʃən]	la logique → logique(ment) → un/e logicien/ne

psychology [saɪ'kɒlədʒɪ] → **a psychologist** → **psychological** → **psychologically**	la psychologie, un/e psychologue, psychologique → psychologiquement
to know* → **knowledge** ['nɒlɪdʒ]	savoir → la connaissance
essence ['ɛsəns]	l'essence
matter ['mætə]	la matière
contingent [kən'tɪndʒənt], **contingency**	contingent, la contingence
nothing ['nʌθɪŋ] → **nothingness**	rien → le néant
real [rɪəl] → **reality** [rɪ'ælɪtɪ]	réel → la réalité
appearance [ə'pɪərəns]	l'apparence
a concept ['kɒnsɛpt] → **conceptual**, **a conception**, **to conceptualize**	un concept → conceptuel, une conception, conceptualiser
an idea [aɪ'dɪə]	une idée
a notion ['nəʊʃən]	une notion / idée
a theory ['θɪərɪ] → **theoretical(ly)**, **to theorize** → **a theoretician** = **a theorist**	une théorie → théorique(ment), théoriser un théoricien
a doctrine ['dɒktrɪn]	une doctrine
a principle ['prɪnsəpəl]	un principe
a syllogism ['sɪlədʒɪzəm]	un syllogisme
a sophism ['sɔfɪzəm], **a sophist**	un sophisme, un sophiste

WORD PARTNERS

- **a philosophical system** (un système philosophique)
- **to take* / to bear* sth philosophically** (prendre / supporter qqch avec philosophie)
- **theory** → **a current / convincing / daring / novel / revolutionary ~** (une théorie actuelle / convaincante / audacieuse / originale / révolutionnaire), **a controversial / fanciful / far-fetched / preposterous ~** (une ~ controversée / fantaisiste / tirée par les cheveux / absurde), **an elaborate / untenable / unorthodox ~** (une ~ complexe / indéfendable / peu orthodoxe), **the latest ~** (la dernière ~ en date)
  in ~ (en ~)
- **theory / doctrine/ concept** → **to advance = to propound = to put* forward / to advocate / to build* / to develop a ~** (avancer / soutenir / bâtir / développer = élaborer une théorie / une doctrine / un concept), **to expound / to formulate / to present / to subscribe to / to support / to vindicate a ~** (exposer / formuler / présenter / souscrire à / appuyer / montrer le bien-fondé d'~), **to attack / to discount = to rule out / to discredit / to disprove = to refute / to challenge a ~** (attaquer / écarter / discréditer / réfuter / contester ~), **to question / to revise / to undermine a ~** (remettre en question / réviser / saper ~)
- **an abstract concept** (un concept abstrait)

PHRASES

- **Socrates, Plato and Aristotle were great Greek philosophers.** (Socrate, Platon et Aristote étaient de grands philosophes grecs.)
- **an association of ideas** (une association d'idées)
- **the pleasure / reality principle** (le principe de plaisir / de réalité), **free will** (le libre arbitre), **the philosophy of renunciation** (la philosophie de la renonciation), **the theory of knowledge** (la théorie de la connaissance), **Einstein's theory of relativity** (la théorie de la relativité d'Einstein), **Darwin's theory of evolution** (la théorie de l'évolution de Darwin)
- **Count your blessings – that's my philosophy of / on life!** (Estime-toi heureux – c'est ma philosophie !), **If you cannot have what you want, you should want what you have.** (Il faut apprendre à se contenter de ce que l'on a.)

• *Philosophical theories* — *Les théories philosophiques*

associationism [ə'səʊsɪ'eɪʃənɪzəm]	l'associationnisme
empiricism [ɛm'pɪrɪsɪzəm], **(an) empiricist**	l'empirisme, (un/e) empiriste
(an) epicurean [ɛpɪkjʊə'riːən] → **Epicureanism**	(un/e) épicurien/ne → l'épicurisme
stoic ['stəʊɪk], **a Stoic** → **Stoicism**	stoïque, un/e stoïcien/-ne → le stoïcisme
Plato ['pleɪtəʊ] → **platonic**, **(neo-)Platonism**	Platon → platonicien, le (néo)platonisme
positivism ['pɒzɪtɪvɪzəm], **a positivist**	le positivisme, un/e positiviste
idealism [aɪ'dɪəlɪzəm], **(an) idealist** → **idealistic**	l'idéalisme, (un/e) idéaliste, idéaliste *(adj.)*

materialism, a **materialist** → **materialistic** [mətɪərɪə'lɪstɪk]	le matérialisme, un/e matérialiste → matérialiste *(adj)*
existentialism, (an) existentialist	l'existentialisme, un/e existentialiste
hedonism ['hiːdənɪzəm], a **hedonist** → **hedonistic**	l'hédonisme, un/e hédoniste → hédoniste *(adj.)*
evolutionism, an evolutionist	l'évolutionnisme, un/e évolutionniste
creationism, a creationist	le créationnisme, un/e créationniste
pantheism, a **pantheist** → pantheistic(al)	le panthéisme, un/e panthéiste panthéiste *(adj.)*
rational ['ræʃənəl] → **rationalism**, (a) **rationalist**	rationnel → le rationalisme, (un/e) rationaliste
determinism → a determinist → deterministic	le déterminisme, un/e déterministe, déterminisme *(adj.)*
transcendentalism, (a) transcendentalist	le transcendantalisme, (un/e) transcendantaliste
optimism, an **optimist** → **optimistic** → **optimistically**	l'optimisme, un/e optimiste optimiste → avec optimisme
pessimism, a **pessimist** → **pessimistic** → **pessimistically**	le pessimisme, un/e pessimiste pessimiste *(adj.)* → avec pessimisme
realism, a **realist**, **realistic**	le réalisme, un réaliste, réaliste *(adj.)*
deism ['diːɪzəm], a **deist**	le déisme, un/e déiste
Cartesian [kɑː'tiːzjən] → Cartesianism	cartésien → le cartésianisme
UK (a) **sceptic** ['skɛptɪk] = US (a) **skeptic** → UK **scepticism** = US **skepticism**	(un/e) sceptique → le scepticisme

● *Psychoanalysis* — *La psychanalyse*

to psychoanalyse, a psychoanalist	psychanalyser, un/e psychanalyste
conscious → **consciousness** = **awareness** → **the conscious** ['kɒnʃəs] → **the unconscious**, **the subconscious**	conscient → la conscience (connaissance) le conscient → l'inconscient, le subconscient
the **psyche** ['saɪkɪ]	le psychisme
the self → self-awareness	le moi → la conscience de soi
the id [ɪd]	le ça
the **ego** ['ɛgəʊ] / ['iːgəʊ]	le moi
the **superego**	le surmoi
to **repress** [rɪ'prɛs] sth → **repressed**, **repression**	réprimer / refouler → refoulé, le refoulement
to **transfer** [træns'fɜː] → **transference**	transférer → le transfert
catharsis [kə'θɑːsɪs], **cathartic**	la catharsis → cathartique
a **drive** [draɪv]	une pulsion
an **instinct** → **instinctive**	un instinct → instinctif
the **libido** [lɪ'biːdəʊ]	la libido
to **sublimate** ['sʌblɪmɪt] → **sublimation**	sublimer → la sublimation
a **complex**	un complexe

W.P.

- **unconscious** → **the collective ~** (l'inconscient collectif), **deep in the ~** (au plus profond de l'inconscient)
- **by instinct** (par instinct)
- **complex** → **the Œdipus ~** (le complexe d'Œdipe), **an inferiority / a superiority ~** (un ~ d'infériorité / de supériorité)
- **a sexually repressed person** (un/e refoulé/e sexuel/le)

PH.

- **to have* a (mental) block about sth** (faire un blocage sur qqch), **to be* hung up** (avoir des complexes), **to suffer from persecution mania** (avoir la folie de la persécution), **to block out a memory** ([essayer de] refouler un souvenir), **to have* a chip on one's shoulder** (en vouloir au monde entier)

Imagination — L'imagination

an image → to imagine → imagination = fancy, imaginative, imaginary	une image → imaginer → l'imagination, imaginatif, imaginaire
a dream [dri:m] → a daydream → a daydreamer	un rêve → une rêverie → un rêveur
to muse [mju:z]	rêvasser
an illusion [ɪ'lu:ʒən]	une illusion
to delude [dɪ'lu:d] → to delude oneself, a delusion [dɪ'lu:ʒən]	tromper → se faire des illusions, une illusion trompeuse
to fancy a fancy ['fænsɪ] → fanciful	(s')imaginer / aimer l'idée de un caprice → imaginatif
a fantasy ['fæntəsɪ] → to fantasize	un rêve / un fantasme → fantasmer

WORD PARTNERS

- **imagination** → **an active** = **a vivid** = **a lively ~** (une imagination vive), **a powerful / wild ~** (une ~ puissante / délirante), **an unbridled ~** (une ~ débridée) **brimming over with ~** (débordant d'~) **to arouse** = **excite** = **stir / catch*** = **capture / fire sb's ~** (stimuler / captiver / enflammer l'imagination de qqn), **to give* free** = **full rein to one's ~** (donner libre cours à son ~)
- **to fancy** → **~ sth / sb** (être attiré par qqch / qqn), **~ oneself as...** (s'imaginer en...), **~ doing sth** (avoir envie de faire qqch)

PHRASES

- **It was a figment of your imagination.** (C'était un produit de ton imagination.), **Her imagination runs away with her.** (Elle se laisse emporter par son imagination.), **By no stretch of the imagination could I ever have thought that...** (Même avec beaucoup d'imagination, je n'aurais jamais pensé que...), **I'll leave the rest of the story to your imagination.** (Je vous laisse le soin d'imaginer le reste.)
- **He was under the delusion that he was going to be elected.** (Il s'imaginait [à tort] qu'il allait être élu.)
- **Fancy that!** (Non mais tu t'imagines un peu ça !), **Fancy her doing that!** (Qui aurait cru qu'elle serait capable de faire ça ?), **Do you fancy an ice-cream?** (Est-ce qu'une glace te ferait plaisir ?), **to take* a fancy to sb / sth** (s'enticher de qqn / qqch)

Surmising — Faire des suppositions

to surmise [sə:'maɪz] / suppose [sə'pəʊz] / assume [ə'sju:m] / presume [prɪ'zju:m] → a surmise / a supposition / an assumption / a presumption	conjecturer / supposer → une conjecture / supposition / hypothèse
to speculate ['spɛkjuleɪt] on / about → speculation on /about	faire des suppositions sur → les suppositions
to guess [gɛs]	deviner

→ *Les impressions, p. 82*

25 Language and expression — Le langage et l'expression

● To speak* [spi:k] → speaking — Parler

→ speech [spi:tʃ]	→ la parole
to say* sth to sb = to tell* sb sth → a **saying** ['seɪɪŋ]	dire qqch à qqn un dicton
the voice [vɔɪs], to voice	la voix, exprimer
oral ['ɔ:rəl]	oral
vocal ['vəʊkəl]	1. vocal ; 2. qui se fait entendre
to talk [tɔ:k] → to **outtalk** sb → **talkative** = **chatty**	parler → parler plus que qqn bavard
loquacious [ləʊ'kweɪʃəs] → **loquacity** = **talkativeness**	loquace → la loquacité
garrulous ['gærələs] → **garrulousness**	volubile → la volubilité
to **utter** ['ʌtə] sth → an **utterance** ['ʌtərəns]	prononcer (= dire) qqch → une déclaration / un énoncé
to pronounce → pronunciation, pronounceable ≠ unpronounceable, to mispronounce → mispronunciation	prononcer / déclarer → la prononciation, prononçable ≠ imprononçable, mal prononcer → prononciation incorrecte
a tongue **twister**	un mot ou une phrase imprononçable
diction ['dɪkʃən]	la diction
to **articulate** [ɑ:'tɪkjʊleɪt] → **articulation**	articuler → l'articulation / la prononciation
to **enunciate** [ɪ'nʌnsɪeɪt] → **enunciation**	1. articuler ; 2. énoncer → 1. l'articulation ; 2. l'énonciation
an **interjection** [ɪntə'dʒɛkʃən]	une interjection
the **tone** [təʊn] → **intonation** [ɪntəʊ'neɪʃən]	le ton → l'intonation
an **inflection** [ɪn'flɛkʃən]	une inflexion
to stress (a word, a syllable), a stress [strɛs]	accentuer (un mot / une syllabe), un accent tonique
to **elide** [ɪ'laɪd] → **elision** [ɪ'lɪʒən]	élider → l'élision
a **liaison** [lɪ'eɪzɒn]	une liaison

WORD PARTNERS

- **to speak* up ≠ to keep* one's voice down** (parler plus fort ≠ parler doucement)
- **speech → a ~ defect = impediment** (un trouble du langage), **~ therapy** (l'orthophonie), **a ~ therapist** (un orthophoniste)
- **voice → a low-pitched ≠ high-pitched ~** (une voix haut perchée ≠ basse = grave), **a loud / melodious / stentorian / deep ≠ thin ~** (une ~ sonore / mélodieuse / de stentor / grave ≠ un filet de ~), **a muffled / muted ~** (une ~ sourde), **a soft / piping / shrill ~** (une ~ douce / flûtée / stridente), **a faltering / quavering ~** (une ~ hésitante / chevrotante)
  to lower ≠ to raise one's ~ (baisser ≠ élever la voix)
  ~ training (cours de chant / de diction / d'élocution)

PH.

- **it needs saying that... ≠ it goes without saying that...** (il faut préciser que... ≠ il va sans dire que...), **... as the saying goes...** (comme dit le dicton / comme on dit)

● Not to speak — Ne pas parler

= to keep* **silent** / **quiet** / mute / mum	= rester silencieux / se taire
to shut* up *(coll.)*	se taire / la fermer
to hold* one's tongue	tenir sa langue
to be* **tongue-tied**	être incapable de dire un mot

dumb [dʌm] = **mute** [mju:t]	muet/te (de façon permanente) (⚠ dumb : complètement idiot)
→ deaf and dumb	→ sourd-muet
voiceless ['vɔɪslɪs] = **speechless** ['spi:tʃlɪs] = **wordless**	muet (momentanément) / sans voix
taciturn ['tæsɪtɜ:n]	taciturne
(un)communicative	(peu) bavard/e

PHRASES

- **She is a woman of few words.** (Elle parle peu.)
- **You're holding sth back.** (Tu ne dis pas tout.), **You're holding back on me.** (Tu ne me dis pas tout.)
- **Shush!** (Chut !), **Mum's the word!** (Motus et bouche cousue !), **Shut up!** (La ferme !)

● *Ways of speaking* — *Les manières de parler*

to **stammer** = to **stutter** ['stʌtə] → a **stammerer** = a **stutterer**	bégayer un bègue
to **splutter** ['splʌtə]	bredouiller / postillonner
to **lisp** = to have* a lisp = to speak* with a lisp	zézayer, zozoter / avoir un cheveu sur la langue
to **drawl** [drɔ:l] a **drawl**	parler d'une voix traînante une voix traînante
to **talk through one's nose**	parler d'une voix nasillarde / du nez
to **sigh** [saɪ], a **sigh**	soupirer, un soupir
to **moan** [məʊn] / **groan** [grəʊn] a **moan** / **groan**	gémir un gémissement
to **grunt** [grʌnt], a **grunt**	grogner, un grognement
to **snarl** [snɑ:l] / **growl** [graʊl] a **snarl** / **growl**	gronder une voix grondante
to **croak** [krəʊk]	parler d'une voix rauque
to **whisper** = to **murmur** ['mɜ:mə] a **whisper** = a **murmur**	murmurer un murmure
to **shout** [ʃaʊt]	crier
to **cry (out)**	s'écrier, crier
to **yell** / **howl** [haʊl] / **scream** [skri:m]	hurler
to **shriek** [ʃri:k], a **shriek**	pousser un cri perçant, un cri perçant
to **bawl** [bɔ:l], to **bellow** ['beləʊ]	brailler
to **cheer** [tʃɪə] → **cheers**	acclamer → des acclamations (⚠ À votre santé !)
to **chatter** ['tʃætə], **chatter** → a **chatterer**	jacasser, le bavardage / le papotage → un/e bavard/e
to **gabble** ['gæbəl], **gabble** → a **gabbler**	papoter, un flot de paroles → un/e bavard/e
to **gossip** ['gɒsɪp], **gossip**, a **gossip**	faire des commérages, les commérages, une commère / un bavard
to **slander** ['slɑ:ndə] = to **calumniate** sb **slander** = **calumny** ['kæləmnɪ]	calomnier qqn la calomnie
⚠ **scandal** ['skændəl] → a **scandalmonger**	1. le scandale 2. les ragots → une mauvaise langue
to **run* down** = to **denigrate** sth / sb	dénigrer qqch / qqn
to **drone** [drəʊn], a **drone**	radoter d'une voix ronronnante, un radoteur
to **quaver** ['kweivə]	parler d'une voix chevrotante
to **hiss** [his]	parler d'une voix sifflante
to **prattle on about** sth	parler de qqch à n'en plus finir
to **snap**	dire d'un ton sec
to **mutter** ['mʌtə]	maugréer / bougonner / ronchonner

to mumble ['mʌmbl]	marmonner
to gibber ['dʒibə]	parler de façon inarticulée

→ *L'éloquence, p. 308*

PHRASES

- **to speak* sotto voce / under one's breath / in an aside** (parler à voix basse / en aparté), **to clear one's throat** (s'éclaircir la voix), **to howl / scream <u>with</u> pain / <u>in</u> anger / <u>in</u> delight** (hurler <u>de</u> douleur / <u>de</u> colère / <u>de</u> joie), **to shout <u>with</u> enthusiasm** (crier <u>d'</u>enthousiasme), **to shout for help** (crier au secours), **to scream one's head off** (crier à tue-tête)
- **His voice is breaking.** (Sa voix mue.)
- **Speech is silver but silence is golden.** (La parole est d'argent mais le silence est d'or.)

• *Speaking languages* — *Parler les langues*

ancient ['eɪnʃənt] ≠ **modern languages**	les langues anciennes ≠ vivantes
to be* **monolingual / bilingual** ['baɪ'lɪŋgwəl] / **multilingual = polyglot**	être monolingue / bilingue / polyglotte
my **mother tongue** = my **native language**	ma langue maternelle
the **vernacular** [və'nækjʊlə]	le parler local / la langue vernaculaire
a **dialect** ['daɪəlɛkt]	un dialecte
a **patois** ['pætwɑ:]	un patois
to signify ['sɪgnɪfaɪ] = **to mean*** [mi:n] → **meaning** → **meaningful** ≠ **meaningless** → **meaninglessness**	vouloir dire / signifier → la signification → significatif / lourd de sens ≠ dénué de sens → l'absence de sens / l'absurdité
parlance ['pɑ:ləns] / **cant** [kænt] *(pej.)*	un jargon / l'argot d'un métier

PHRASES

- **a French / English / etc. speaker** (un francophone / anglophone / etc.) **Spanish- / Italian- / German-speaking** (hispanophone / italianophone / germanophone)
- **to speak* fluent English = to speak* English fluently** (parler l'anglais couramment), **to speak* with a French / an English accent** (parler avec un accent français / anglais), **to have* a good ≠ poor / strong accent** (avoir un bon ≠ mauvais accent / un accent prononcé)
- **What's the English (word) for ...?** (Comment dit-on ... en anglais ?)
- **in business / legal / common parlance** (dans le jargon des affaires / juridique / en langage courant)

• *Vocabulary* — *Le vocabulaire*

a **word** [wɜ:d] → **wording = phrasing**	un mot / une parole → une formulation
a **term** [tɜ:m] → **terminology** [tɜ:mɪ'nɒlədʒɪ]	un terme (⚠ trimestre) → la terminologie
⚠ a **phrase** [freɪz]	une expression / locution / un syntagme
⚠ a **sentence** ['sɛntəns]	une phrase (⚠ une peine / condamnation)
⚠ an **idiom** ['ɪdɪəm] = an **idiomatic phrase**	une expression idiomatique
colloquial [kə'ləʊkwɪəl] → a **colloquialism**	familier (langage) → une expression familière
a **cliché** ['kli:ʃeɪ] = a **stereotype** = a **stock word / phrase**	un cliché = un stéréotype
lexis → **lexical** ['lɛksɪkəl]	le lexique → lexical
a **root** [ru:t]	1. une racine 2. un radical
to derive [dɪ'raɪv] **from** → **derivation** [dɛrɪ'veɪʃən] → a **derivative** = a **derived word**	dériver de → la dérivation → un dérivé
an **affix** ['æfɪks] = a **prefix** or a **suffix**	un affixe = un préfixe ou un suffixe
a **compound word**	un mot composé
a **word partner** = **collocation** [kɒləʊ'keɪʃən]	une collocation

to abbreviate → **an abbreviation**	abréger → une abréviation
an archaism ['ɑ:keɪɪzəm] ≠ **a neologism**	un archaïsme ≠ un néologisme
an acronym ['ækrənɪm]	un acronyme
(a set of) initials [ɪ'nɪʃəlz]	un sigle
to use a word → **usage** ['ju:sɪdʒ], **to misuse** → **misusage**	employer un mot → l'usage, faire un emploi abusif de → l'emploi abusif

WORD PARTNERS

- **vocabulary** → **technical / specialist ~** (du / le vocabulaire technique / spécialisé) **to enrich one's ~** (enrichir son vocabulaire)
- **word** → **a concrete ≠ an abstract ~** (un mot concret ≠ abstrait), **an archaic / obsolete / obsolescent ~** (un mot archaïque / obsolète / vieilli = démodé) **~ association** (association d'idées par les mots), **~-blind** (dyslexique), **~-blindness** (dyslexie), **a ~book** (un vocabulaire / lexique), **a ~list** (un lexique, une liste de mots), **~-processing** (le traitement de texte), **~-wrapping** (Informatique : mise à la ligne automatique des mots), **a key~** (un mot-clé) **to coin a ~ / phrase** (forger = fabriquer = inventer un mot / une expression)
- **phrase** → **a set ~** (une expression figée), **a time-honoured = US time-honored ~** (une expression consacrée par l'usage)

PH.

- **This word comes from a Latin word.** (Ce mot vient d'un mot latin.)
- **in a word** (en un mot), **in other words** (en d'autres termes = autrement dit)
- **Smog (= smoke + fog) is a portmanteau word.** (... est un mot-valise.)

• *Syntax* ['sɪntæks] — *La syntaxe*

grammar ['græmə] → **(un)grammatical, a grammarian, a grammar book**	la grammaire → (non-)grammatical, un grammairien, une grammaire (= un livre de ~)
gender: masculine, feminine or neuter	le genre : masculin, féminin ou neutre
number: singular or plural	le nombre : singulier ou pluriel
concord ['kɒŋkɔ:d]	l'accord
to parse [pɑ:z] **sth**	faire l'analyse grammaticale de qqch
to analyse → **analysis** (pl.: **analyses**)	analyser → l'analyse
to decline [dɪ'klaɪn] **a word** → **a declension** [dɪ'klɛnʃən]	décliner un mot → une déclinaison
a noun [naʊn] → **a pronoun**	un nom → un pronom
an article ['ɑ:tɪkəl]	un article
a determiner [dɪ'tɜ:mɪnə]	un déterminant
an adjective ['ædʒɪktɪv]	un adjectif
a comparative [kəm'pærətɪv]	un comparatif
a superlative [su:'pɜ:lətɪv]	un superlatif
to qualify ['kwɒlɪfaɪ]	1. nuancer 2. qualifier
to modify → **a modifier** ['mɒdɪfaɪə]	modifier → un modificateur
a clause [klɔ:z]	une proposition
linking words	les mots de liaison
a conjunction [kən'dʒʌŋkʃən]	une conjonction
a preposition [prɛpə'zɪʃən]	une préposition
a particle ['pɑ:tɪkəl]	une particule
a gerund ['dʒɛrənd]	un gérondif
the subject ['sʌbʒɛkt]	le sujet (grammatical)
the complement ['kɒmplɪmənt]	le complément
the object ['ɒbdʒɪkt]	le complément d'objet
a modal ['məʊdəl]	un modal
a verb [vɜ:b] → **an adverb** ['ædvɜ:b]	un verbe → un adverbe
to conjugate ['kɒndʒʊgeɪt] → **a conjugation**	conjuguer → une conjugaison
affirmative ≠ negative	affirmatif ≠ négatif

the infinitive [ɪn'fɪnɪtɪv]	l'infinitif
the present / past participle	le participe présent / passé
the tense [tɛns]	le temps grammatical
the present ['prɛsənt]	le présent
the past / the preterite	le passé / le prétérit
the present perfect	le present perfect
the pluperfect = past perfect	le plus-que-parfait / le past perfect
the mood [mu:d]	le mode
the voice [vɔɪs]	la voix
the present / past continuous	le présent / prétérit progressif
an ending	une terminaison

WORD PARTNERS

- **a grammatical term / category / analysis** (un/e terme / catégorie / analyse grammatical/e)
- **sentence analysis** (l'analyse logique [de la phrase])
- **a countable ≠ an uncountable noun** (un nom dénombrable ≠ indénombrable)
- **an interrogative / a personal / relative / demonstrative / possessive pronoun** (un pronom interrogatif / personnel / relatif / démonstratif / possessif)
- **the definite / an indefinite article** (l'article défini / un article indéfini)
- **a possessive / compound adjective** (un adjectif possessif / composé)
- **clause → an independent / subordinate / relative ~** (une proposition indépendante / subordonnée / relative), **the main ~** (la ~ principale)
- **a coordinating / subordinating conjunction** (une conjonction de coordination / de subordination)
- **verb → a lexical/ state / action ~** (un verbe lexical / d'état / d'action), **an auxiliary (~)** (un [verbe] auxiliaire / modal)
- **the indicative / infinitive / imperative / subjunctive / conditional mood** (le mode indicatif / infinitif / impératif / subjonctif / conditionnel)
- **the passive / active voice** (la voix passive / active)

PHRASES

- **the first / second / third person + singular / plural** (la première / deuxième / troisième personne + du singulier / du pluriel)
- **in the comparative / in the superlative** (au comparatif / au superlatif)
- **at the head of the sentence** (au début de la phrase), **in apposition to** (en apposition à)

• *Punctuation* — *La ponctuation*

to punctuate ['pʌŋktjʊeɪt] → **a punctuation** → **a punctuation mark**	ponctuer → la ponctuation un signe de ponctuation
UK **a full stop** = US **a period** ['pɪərɪəd]	un point
a comma ['kɒmə]	une virgule
a colon ['kəʊlən] → **a semi-colon**	deux points → un point-virgule
UK **an exclamation mark** = US **an exclamation point**	un point d'exclamation
a question mark = UK **a query** ['kwɪərɪ]	un point d'interrogation
quotation marks = UK **inverted commas**	les guillemets
a parenthesis = UK **a bracket** ['brækɪt] → **to bracket sth** → **square brackets**	une parenthèse mettre qqch entre parenthèses les crochets
a brace [breɪs]	une accolade
suspension points	les points de suspension
a dash [dæʃ]	un tiret
a slash [slæʃ] / **a stroke** [strəʊk]	une barre oblique
an apostrophe [ə'pɒstrəfɪ]	une apostrophe
an asterisk	un astérisque
a hyphen ['haɪfən] → **to hyphenate** → **hyphenated**	un trait d'union → mettre un trait d'union → relié par un trait d'union

a **cedilla** [sɪ'dɪlə]	une cédille
an **umlaut** / UK a **diaeresis** = US **dieresis**	un tréma
a **paragraph** ['pærəgra:f]	un paragraphe
a **line** [laɪn]	une ligne
a space → in **single-/ double-spacing** = **single-/ double-spaced**	un espace → à simple / double interligne
a **blank** [blæŋk]	un blanc

PHRASES

- **in quotation marks** = UK **in inverted commas** = **in quotes** (entre guillemets)
  "Quote... Unquote." (« Ouvrez les guillemets ... Fermez les guillemets. »)
- **in parentheses** = UK **in / between brackets** (entre parenthèses)
- **an acute / grave / circumflex accent** (un accent aigu / grave / circonflexe)
  "e acute" (« e accent aigu »)
- **to space out a paragraph** (espacer un paragraphe), **to leave* a blank** (laisser un blanc), **to leave* a line** (passer /sauter une ligne), **to start a new paragraph** (aller à la ligne), (In dictation:) **"New paragraph."** (« À la ligne. »)

● *Linguistics* — *La linguistique*

a **linguist** → **linguistic**	un linguiste → linguistique *(adj.)*
discourse analysis	l'analyse du discours
a speech **pattern**	un schéma linguistique
an **intonation pattern**	un schéma intonatif
phonetics, **phonetic** → a **phonetician**	la phonétique, phonétique *(adj.)* → un/e phonéticien/ne
phonology → a **phonologist**	la phonologie → un/e phonologue
a **phoneme** ['fəʊni:m]	un phonème
a **vowel** ['vaʊəl]	une voyelle
a **consonant** ['kɒnsənənt]	une consonne
a **diphthong** ['dɪfθɒŋ]	une diphtongue
semantics [sɪ'mæntɪks]	la sémantique
semantic → a **semanticist**	sémantique *(adj.)* → un/e sémanticien/ne
a **lexical item**	une unité lexicale
a **lexeme** ['lɛksi:m]	un lexème
a **synonym** (of / for) → **synonymous** (with), **synonymy**	un synonyme (de) → synonyme (de), la synonymie
a **homonym** (of) → **homonymous** (with), **homonymy**	un homonyme (de) → homonyme (de), l'homonymie
≠ an **antonym** (of) → **antonymous** (with), **antonymy**	≠ un antonyme (de) → antonyme (de), l'antonymie
a **morpheme** ['mɔ:fi:m] → **morphology**, a **morphologist**, **morphological**	un morphème → la morphologie, un/e morphologue, morphologique
philology → a **philologist**, **philological**	la philologie → un/e philologue, philologique
etymology [ɛtɪ'mɒlədʒɪ] → an **etymologist**, **etymological** [ɛtɪmə'lɒdʒɪkəl]	l'étymologie → un/e étymologiste, étymologique
pragmatic, **pragmatics**	pragmatique *(adj.)*, la pragmatique
semiotic, **semiotics**	sémiotique *(adj.)*, la sémiotique
a code [kəʊd] → **to encode**, **to decode**	un code → encoder, décoder
an **ideogram** ['ɪdɪəʊgræm]	un idéogramme

W. P.

- **an open / closed vowel** (une voyelle ouverte / fermée)
- **a voiced ≠ an unvoiced consonant** (une consonne sonore / voisée ≠ sourde / non voisée)
- **the vowel / consonant system** (le système vocalique / consonantique)

Translating — La traduction

to **translate** [træns'leɪt] → **translation**, a **translation** [træns'leɪʃən], a **translator** → to **mistranslate** sth → **mistranslated** → (**un**)**translatable**	traduire → la traduction, une traduction, un/e traducteur/-trice → mal traduire qqch → mal traduit → (in)traduisible
to **convey** [kən'veɪ] = to **render**	rendre / traduire / exprimer
to **interpret** → **interpreting**, **interpretation**, an **interpretation**, an **interpreter** [ɪn'tɜːprɪtə] → to **misinterpret** → a **misinterpretation**	interpréter → l'interprétariat, l'interprétation, une interprétation, un/e interprète → mal interpréter → une interprétation erronée

W. P.

- **translation → a faithful / free / literal = word-for-word ~** (une traduction fidèle / libre / littérale = du mot à mot), **a loan ~** (un calque)
- **a strict ≠ loose translation** (une traduction rigoureuse ≠ floue)
- **to act as interpreter to sb** (servir d'interprète à qqn)

The epistolary art — L'art épistolaire

a **letter** ['letə]	une lettre
a **note** [nəʊt] / a **line**	un petit mot (= très courte lettre)
to **correspond** → **correspondence**, a **correspondent** [kɒrɪs'pɒndənt]	correspondre → la correspondance, un/e correspondant
to **sign** [saɪn] → a **signature** ['sɪgnətʃə]	signer → une signature
a **postscript** ['pəʊsskrɪpt]	un post-scriptum
a **pen** [pen] → a **pen-friend** = a **pen-pal**	un stylo → un/e correspondant/e

→ *La poste, p. 341*

PHRASES

- **to drop a line to sb** (envoyer un petit mot à qqn), **to keep* up a correspondence with sb** (entretenir une correspondance avec qqn), **to sign one's initials** (signer ses initiales)
- **Thank you for your letter of...** (Merci / Je vous remercie de votre lettre du...)
- **Yours faithfully, Yours sincerely,** (Je vous prie d'agréer l'expression de ma considération distinguée.)
  Best regards / Kind regards / Best wishes (Bien amicalement. / Toutes mes amitiés.)
  (With) love from (Je t'embrasse. / Bien affectueusement.)
  Peter sends his love. (Peter t'envoie ses amitiés.)
  Give my love to John. (Embrasse John pour moi.)

Stating, announcing, mentioning — Déclarer, annoncer, mentionner

to **declare** [dɪ'kleə] = to **state** [steɪt] → a **declaration** = a **statement**	déclarer qqch (à qqn) → une déclaration
to **announce** [ə'naʊns] → an **announcement**	annoncer → une annonce / déclaration
to **assert** [ə'sɜːt] = to **affirm** [ə'fɜːm] → an **assertion** = **affirmation**	affirmer → une affirmation
to **proclaim** [prə'kleɪm] → a **proclamation**	proclamer → une proclamation
to **claim** = to **maintain**	prétendre / maintenir / soutenir
to **inform** sb of sth = to **acquaint** [ə'kweɪnt] sb with sth	mettre qqn au courant de qqch
to **bring*** sth to sb's **attention**	signaler qqch à qqn
to **call** / **draw*** sb's **attention** to sth	attirer l'attention de qqn sur qqch
to **point** [pɔɪnt] **out** sth to sb	faire remarquer qqch à qqn

to **mention** ['mɛnʃən] **sth to sb**	mentionner qqch à qqn
to **allude** [ə'lu:d] **to** → **an allusion**	faire allusion à → une allusion
to **hint at sth**, a **hint** [hɪnt]	insinuer qqch, une insinuation
to **insinuate** [ɪn'sɪnjʊeɪt] **that**	insinuer que
an **innuendo** [inju:'ɛndəʊ]	une insinuation
to **observe** [əb'zɜ:v] → an **observation**	constater / observer → une observation
to **refer** [rɪ'fɜ:] **to sth** → a **reference** ['rɛfrəns]	faire référence à qqch → une référence
to **note** [nəʊt] **that**	noter que
to **assure** [ə'ʃʊə] **sb of sth**	assurer qqn de qqch
to **attest** [ə'tɛst] **that**	attester que
to **reveal** [rɪ'vi:l] → a **revelation**	révéler → une révélation
to **insist on sth / on doing sth** → **insistence**, **insistent** [ɪn'sɪstənt]	1. insister sur qqch 2. tenir à faire qqch → l'insistance, insistant
to **stress** = to **emphasize** ['ɛmfəsaɪz] **sth**	mettre l'accent sur qqch
(a) **stress** / (an) **emphasis** ['ɛmfəsɪs] (pl.: **emphases** ['ɛmfɑsɪz])	un accent / l'accent, l'insistance
to **underline** [ʌndə'laɪn]	souligner
to **highlight** ['haɪlaɪt]	1. *(littéral :)* surligner 2. (fig. :) souligner
to **reiterate** [ri:'ɪtəreɪt]	réitérer
to **exaggerate** = to **overstate sth** → **exaggerated** = **overstated** → an **exaggeration** = an **overstatement**	exagérer → exagéré/e → une exagération
≠ an **understatement** [ʌndə'steɪtmənt]	≠ une litote
a **statement**	une déclaration

PHRASES

- **We are pleased to announce that...** (Nous sommes heureux d'annoncer que...)
- **This is strictly off the record!** (Ceci doit rester entre nous.)
- **I've heard (it said) that...** (J'ai appris / entendu dire que...)
- **On the subject of... / In connection with... / Concerning... / With regard to... / As regards / Regarding / With reference to...** (À propos de... / Au sujet de... / Concernant... / En ce qui concerne...)
- **I should like to say a word about...** (Je voudrais dire un mot sur...), **We / One should mention...** (Il faut mentionner...), **You should be aware that...** (Il faut savoir que...), **It should be noted that...** (On doit / Il faut signaler que...), **It's hardly worth mentioning.** (Cela mérite à peine qu'on en parle.), **...not to mention / let alone...** (sans oublier...) **We / You / One should bear in mind that... = It is important to bear in mind that...** (Il ne faut pas oublier que...)
- **to lay* stress / emphasis on sth** (mettre l'accent sur qqch)
- **a moderate ≠ emphatic / categorical statement** (une déclaration modérée ≠ catégorique)
- **The least said about it, the better.** (Moins on en parle, mieux ça vaut.)

● *Questioning and answering* — *Questionner et répondre*

to **question** ['kwɛstʃən] **sb (about sth)** a **question**	interroger qqn (sur / à propos de qqch) une question
to **ask (sb) sth**	demander qqch (à qqn)
to **answer** ['ɑ:nsə] / **reply sth / that...** an **answer** / a **reply** [rɪ'plaɪ]	répondre qqch / que... une réponse
⚠ a **puzzle** ['pʌzəl], to **puzzle** → **puzzling**	une énigme (à résoudre), dérouter → déroutant
an **enigma** [ɪ'nɪgmə] → **enigmatic**	une énigme → énigmatique
a **mystery** ['mɪstərɪ] → **mysterious** [mɪs'tɪərɪəs]	un mystère → mystérieux
ambiguity, **ambiguous** [æm'bɪgjuəs]	l'ambiguïté ← ambigu
curious ['kjʊərɪəs] → **curiosity**	curieux → la curiosité

WORD PARTNERS

- **question** → **to ask / answer a ~** (poser / répondre à une question), **to put* a ~ to sb** (poser une ~ à qqn), **to bring* up = to raise a ~** (soulever une ~)
- **to ask / enquire / inquire whether ...** (demander si ...)
- **a clear / direct ≠ evasive / frank = straightforward / spontaneous question / answer** (une question / réponse claire / directe ≠ évasive = vague / franche / spontanée)
- **answer** → **to await / expect / elicit / make* an ~** (attendre / espérer / obtenir / faire une réponse), **to put* off = postpone an ~** (remettre ~ à plus tard)
- **to send* / fax a reply** (envoyer / faxer une réponse)

PHRASES

- **in answer to = in reply to** (en réponse à)
  I should like to know who / whether... (J'aimerais savoir qui / si...), **He wouldn't give me a straight answer. / He wouldn't say yes or no.** (Il m'a fait une réponse de Normand. = Il n'a pas voulu me répondre clairement.)
- **REMEMBER!**
  who...? (qui... ?), **what...?** (que... ? / quoi... ?), **which...?** (quel/le... ? lequel/laquelle... ?), **whose + nom...?** (à qui... ?), **why...?** (pourquoi ?), **when...?** (quand... ?), **where...?** (où... ?), **how...?** (comment... ?), **how much...?** (combien... ? / quelle quantité... ?), **how much** + nom sing. **/ how many** + nom pluriel (combien de... ?), **how old...?** (quel âge... ?), **how far...?** (à quelle distance... ?), **how often...?** (à quelle fréquence... ? / tous les combien... ?), **how long...?** (combien de temps ? / quelle longueur... ?), **How tall are you?** (Quelle taille faites-vous ?), **How wide is the room?** (Quelle est la largeur de la pièce ?)

Explaining — *Expliquer*

to explain sth (to sb) → an explanation	expliquer qqch (à qqn) → une explication
to account [ə'kaʊnt] for	expliquer (être la raison de)
to give* an account of sth	rendre compte de / raconter qqch
to define [dɪ'faɪn] (words / etc.)	définir (des mots / etc.)
to describe [dɪ'skraɪb] sth → a description	décrire qqch → une description
to elucidate sth → an elucidation	élucider qqch → une élucidation
to clarify ['klærɪfaɪ] sth → clarification [klærɪfɪ'keɪʃən]	clarifier qqch → des éclaircissements
to justify ['dʒʌstɪfaɪ] → a justification [dʒʌstɪfɪ'keɪʃən]	justifier → une justification
to demonstrate sth → a demonstration	démontrer qqch → une démonstration
inexplicable = unaccountable	inexplicable
groundless ['graʊndlɪs]	sans fondement
to depend [dɪ'pend] (up)on	dépendre de

→ *Notions abstraites, p. 309*

WORD PARTNERS

- **explanation** → **a lucid / rational / clear / (un)satisfactory ~** (une explication lucide / rationnelle / claire / (in)satisfaisante)
  to seek* / demand / offer / provide an ~ (chercher / exiger / proposer / fournir une explication)
- **account / description** → **an accurate / a true / detailed / full / first-hand / vivid ~** (un compte-rendu / une description exact/e / véridique / détaillé/e / complet/ète / de première main / vivant/e), **an unbiased ≠ biased = one-sided ~** (un/e ~ objectif/ve ≠ biaisé/e = subjectif/ve)

PHRASES

- **REMEMBER!**
  Why? → **Because** (Pourquoi ? → Parce que)
  What... for? → **To + verb** (Pourquoi ? → Pour / Afin de + infinitif)
- **to get* one's ideas across** (faire passer ses idées)
- **It calls for an explanation.** (Cela demande à être expliqué.), **It requires no explaining.** (Cela n'a pas besoin d'être expliqué.)
- **In view of the fact that / Seeing that...** (Vu que / Étant donné que...)

- **As / Since / Considering...** (Comme / Puisque / Étant donné que ...), **therefore / consequently** (donc / par conséquent), **It follows that** (Il s'ensuit que)
- **on (the) grounds of** (pour cause de / en raison de), **thanks to** (grâce à), **for lack of / for want of** (par manque de / faute de), **by means of** (au moyen de)
  According to her... (Selon elle, ...), **If we are to believe him...** (À l'en croire, ...)
- **It has to do with...** (C'est (re)lié à)
- **Might is right.** (La raison du plus fort est toujours la meilleure.)

Requesting and granting — Demander et accorder

to ask [ɑːsk] (sb) <u>for</u> sth	demander qqch (à qqn)
to claim for sth / to call for sth	réclamer / solliciter qqch
to request [rɪ'kwɛst] sth = to make* a request for sth = to put* in a request for sth	requérir qqch
to apply [ə'plaɪ] (to sb) for sth → ⚠ an application [æplɪ'keɪʃən]	faire (à qqn) la demande de qqch → une demande / une candidature
a petition, to petition (sb) for sth	une pétition, adresser une pétition (à qqn) pour obtenir qqch
an appeal [ə'piːl] to appeal (to sb) for sth	un appel faire appel (à qqn) pour obtenir qqch
to grant (sb) sth	accorder qqch (à qqn)
to accede [æk'siːd] to sb's wishes / claims / demands	accéder aux vœux / sollicitations / exigences de qqn
a permit to permit sth = to allow [ə'laʊ] sth to permit sb to do sth = to give sb permission to do sth	un permis permettre qqch permettre à qqn / donner à qqn la permission de faire qqch
to authorize ['ɔːθəraɪz] sth → an authorization	autoriser qqch → une autorisation
to license ['laɪsəns] sb to do sth UK a licence = US a license	donner licence à qqn de faire qqch une licence (= autorisation)

PHRASES

- **to make* a formal application (for sth)** (faire une demande en bonne et due forme), **to plead with / beg = entreat = (*formal:*) beseech* / implore sb to do sth** (supplier / implorer qqn de faire qqch), **to solicit / seek* sth from sb** (solliciter qqch de qqn)
- **an appeal <u>for</u> help / <u>for</u> funds** (un appel <u>au</u> secours / <u>de</u> fonds)
  They appealed to her sense of justice. (Ils ont fait appel à son sens de la justice.)
- **May I...? / Can I...? / Could I...?** (Puis-je... ? / Est-ce que je peux... ?)
  → **Yes, you may. ≠ No, you must not.** (Oui. ≠ Non.)

Agreeing — Donner son accord

to agree [ə'griː] to sth / to do sth / that → to agree with sb about sth → agreement [ə'griːmənt]	accepter qqch / de faire qqch / que être d'accord avec qqn à propos de qqch l'accord
to accept sth → acceptance [ək'sɛptəns]	accepter qqch → l'acceptation
to go* along with sb	1. accompagner qqn 2. être d'accord avec qqn
to consent to sth → consent [kən'sɛnt]	consentir à qqch → le consentement
to assent to sth → assent [ə'sɛnt]	consentir à qqch → le consentement
to acquiesce [ækwi'ɛs] → acquiescence	acquiescer → l'assentiment
to approve [ə'pruːv] sth / of sth → approval	approuver qqch → l'approbation
to comply [kəm'plaɪ] with sb's wishes → compliant, compliance	se conformer aux désirs de qqn → accommodant/e, la conformité / l'acquiescement

WORD PARTNERS

- **agreement → to come* to an ~ = to reach an ~ with sb over sth** (arriver à un ~ avec qqn sur qqch)
  by common ~ / consent (d'un commun accord)
- **to give* one's consent / assent / approval** (donner son consentement / assentiment / approbation)
- **to give* a nod of = to nod one's agreement / consent / approval** (manifester son accord / consentement / approbation d'un signe de la tête)

• *(Per)suasion = influencing other people* — *La persuasion = influencer autrui*

to **propose** [prəˈpəʊz] sth (to sb) → a **proposal** = a proposition	proposer qqch (à qqn) → une proposition (⚠ proposal : demande en mariage
to **offer** sth (to sb), an **offer** [ˈɒfə]	offrir qqch (à qqn), une offre
to **suggest** sth (to sb) → a **suggestion** [səˈdʒɛstʃən]	suggérer qqch (à qqn) → une suggestion
to **hint**, a **hint**	suggérer / faire une allusion, une allusion
to **influence**, **influence** → **influential** [ɪnflʊˈɛnʃəl]	influencer, l'influence → influent/e
to **persuade** → **persuasion** [pəˈsweɪʒən] → **persuasive** → **persuasively**, **persuasiveness**	persuader → la persuasion / la conviction → persuasif/-ve → de façon convaincante, la force de persuasion
to **dissuade** sb (from doing sth) → **dissuasion** [dɪˈsweɪʒən]	dissuader qqn (de faire qqch) → la dissuasion
to **convince** [kənˈvɪns] → **convincing** → **convincingly**	convaincre → convaincant/e → de façon convaincante
conviction/s [kənˈvɪkʃən(z)]	la/les conviction/s (⚠ condamnation pénale)
a **threat** [θrɛt] → to **threaten**	une menace → menacer
blackmail [ˈblækmeɪl], to **blackmail** sb	le chantage, faire du chantage
to **manipulate** [məˈnɪpjʊleɪt] sb → **manipulation**, **manipulative**	manipuler qqn → la manipulation, manipulateur/-trice
to **brainwash** [ˈbreɪnwɒʃ] sb → **brainwashing**	soumettre qqn à un lavage de cerveau → le lavage de cerveau
⚠ to **respond**, a **response**	réagir, une réaction

→ *L'admiration, p. 78, L'obéissance et la désobéissance, p. 81*

PHRASES

- **Would you like a + Noun? / to + Verb?** (Voulez-vous + Nom ou Infinitif ?)
  Would you like me / us to + Verb? / Shall I / we + Verb? (Voulez-vous que je / nous + Subjonctif ?)
  What about / How about + Noun / Gerund? (Que diriez-vous de + Nom ou Infinitif ?)
  I suggest that we + Verb (Je suggère que nous + Subjonctif)
- **to drop a hint / to take* the hint** (faire une allusion / saisir l'allusion)
- **to exert a good ≠ bad influence on sb** (exercer une [bonne ≠ mauvaise] influence sur qqn), **to have* / gain ascendancy over sb** (avoir / prendre de l'ascendant sur qqn), **to put* pressure on sb** (faire pression sur qqn), **to prevail on sb (not) to do sth** (convaincre qqn de [ne pas] faire qqch), **to have* a hold on / over sb** (avoir prise sur qqn), **to pull UK strings / US wires** (tirer les ficelles) → **to pull strings / wires for sb** (pistonner qqn) → **string-pulling** (le piston)
- **to fall* under sb's influence** (tomber sous l'influence de qqn), **to be* easily influenced** (être influençable)
  ⚠ REMEMBER!
  We talked them into coming. (Nous les avons persuadés de venir.)
  I talked her out of her plan. (Je l'ai persuadée de renoncer à son projet.)
  He was threatened / blackmailed into ≠ out of selling the land. (Par la menace / le chantage, on l'a forcé à vendre ≠ ne pas vendre le terrain.)
  She cajoled / wheedled / coaxed him into yielding. (Elle l'a fait céder en le cajolant.)

• *Refusing and protesting* — *Refuser et protester*

to **refuse** sth / sb sth / to do sth → **refusal** [rɪ'fju:zəl], a **refusal**	refuser qqch / qqch à qqn / de faire qqch → refus, un refus
to **reject** sb / sth → **rejection** [rɪ'dʒɛkʃən], a **rejection**	rejeter qqn / qqch → le rejet, un rejet
to **decline** [dɪ'klaɪn] = to **turn down an offer**	refuser une offre
to **disagree** (with sb) (about sth)	ne pas être d'accord (avec qqn) (à propos de qqch)
to **disagree** [dɪsə'gri:] **to do sth**	refuser de faire qqch
to **disapprove** [dɪsə'pru:v] **of sth**	désapprouver qqch
to **deplore** [dɪ'plɔ:] **sth** → **deplorable**	déplorer qqch → déplorable
to **object to sth** / **to object that** → an **objection** [əb'dʒɛkʃən] → **objectionable** = **unacceptable**	ne pas accepter qqch / objecter que → une objection → répréhensible / inacceptable
to **speak*** **up against** sth / sb	s'élever contre qqch / qqn
to **question** ['kwɛstʃən] **sth**	remettre qqch en question
to **protest** (about sth) / to **protest that** → a **protest** about / against	protester (contre qqch) / protester que → une protestation à propos de / contre
to **demonstrate** → a **demonstration** = a **protest march** = a **demo** ['dɛməʊ]	manifester → une manifestation = une manif
to **oppose** (a measure) → **opposition**	s'opposer (à une mesure) → l'opposition

W. P.

- **refusal → a flat = peremptory ~** (un refus sec et définitif), **an adamant / indignant ~** (un ~ déterminé / indigné), **a polite ~** (un ~ poli)
- **an objectionable offer / proposal** (une offre / proposition inacceptable)

PHRASES

- **to be* unwilling / reluctant [to do sth] = to show reluctance [to do sth]** (se montrer réticent [à faire qqch])
- **I object to ≠ I have no objection to your friends.** (Tes amis ne me plaisent pas. ≠ Je n'ai rien contre tes amis.)
- **It is out of the question! / Over my dead body! / No way!** (Il n'en est pas question ! / Il faudra me passer sur le corps avant. / Pas question !)

• *Complaining* — *Se plaindre*

to **complain** (to sb / about sth) → a **complaint** [kəm'pleɪnt]	se plaindre (à qqn / de qqch) 1. une réclamation 2. une plainte
to **whine** [waɪn] / to **moan** (about sth) → to **bemoan** [bɪ'məʊn] sth	gémir / geindre / se lamenter (sur qqch pleurer / se lamenter sur qqc
to **grumble** ['grʌmbəl] = **mumble** ['mʌmbəl] = **grouse** [graʊs] **(about sth)**	râler (à propos de qqch)
discontent → **discontented** → **discontentedly**	mécontentement ← mécontent/e → d'un air mécontent
a **grievance** ['gri:vəns]	un grief / un sujet de mécontentement

PH.

- **to make* a complaint** (faire une réclamation), **to lodge / register a complaint about** (porter plainte au sujet de)
- **to bemoan a loss / one's fate** (pleurer une perte / se lamenter sur son sort)
- **She is in a self-pitying mood.** (Elle est d'humeur à s'apitoyer sur elle-même.), **She wallows in self-pity.** (Elle se complaît dans l'apitoiement sur elle-même.)

Blaming and reproaching — Reprocher

to blame [bleɪm] sb for sth / to reproach [rɪ'prəʊtʃ] sb with sth	reprocher qqch à qqn
to blame sth on sb = to put* / lay* the blame for sth on sb	rendre qqn responsable de qqch
a blame [bleɪm] → blameworthy	1. une responsabilité / faute 2. un blâme → blâmable
a reproach → reproachful = reproving	un reproche → réprobateur/-trice
to criticize ['krɪtɪsaɪz] sth / sb for sth = to find* fault with sth / with sb for sth	critiquer qqch / qqn pour qqch
→ a criticism ['krɪtɪsɪzəm], critical	→ une critique, critique *(adj.)*
to denounce [dɪ'naʊns] sth / sb (for sth) → a denunciation [dɪnʌnsɪ'eɪʃən]	dénoncer qqch / qqn (pour qqch) → une dénonciation
to accuse [ə'kjuːz] sb (of sth) → accusing, an accusation [ækjʊ'zeɪʃən]	accuser qqn (de qqch) → accusateur/-trice, une accusation
to scold / chide* [tʃaɪd] sb (for sth)	gronder / tancer qqn (pour qqch)
to reprimand sb, a reprimand	réprimander qqn, une réprimande
to lecture sb, ⚠ a lecture ['lɛktʃə]	sermonner qqn, un sermon (⚠ conférence)
to take* sb to task	réprimander qqn / prendre qqn à partie

W. P.

- **criticism → harsh = severe / unkind / im(partial) ~** (des critiques sévères / méchantes / (im)partiales)
  to arouse = stir up / provoke ~ (faire naître / provoquer la/les critique/s), **to level ~ at sb** (critiquer qqn)
- **to be* above / beyond reproach** (être irréprochable)

PHRASES

- **to heap reproaches on sb** (couvrir / accabler qqn de reproches)
  [Coll.:] **to tick sb off = to tell* sb off = to give* sb a (good) scolding = to give* sb a dressing-down = to give* sb a rap on the knuckles** (passer un savon à qqn)
- **You shouldn't have done this.** (Vous n'auriez pas dû faire cela.), **You should have acted differently.** (Vous auriez dû agir autrement.), **Why did you do this?** (Pourquoi avez-vous fait cela ?), **It was wrong of you to do that.** (Vous avez eu tort de faire cela.), **You're entirely to blame for it.** (Vous en êtes entièrement responsable.), **You have no one to blame but yourself.** (Vous n'avez à vous en prendre qu'à vous-même.)
- **I'm not to blame (for it).** (Ce n'est pas ma faute.), **I have nothing to reproach myself for / with.** (Je n'ai rien à me reprocher.)

Discussing — Discuter

to discuss sth = to talk sth over (with sb) → a discussion [dɪs'kʌʃən]	discuter / débattre de qqch (avec qqn) → une discussion
to listen ['lɪsən] (to sb)	écouter (qqn)
a subject ['sʌbdʒɛkt] / a topic → topical ['tɒpɪkəl] → topicality	un sujet d'actualité → d'actualité → l'actualité (d'un sujet)
an issue ['ɪʃjuː] / a question / a problem → the point at issue = the matter in hand	un problème / une question → ce dont il est question
to come* = to get* to the point	en venir au fait
to stick* to the point ≠ to digress → a digression [daɪ'grɛʃən]	s'en tenir au fait ≠ digresser → une digression
a talk [tɔːk] / a conversation [kɒnvə'seɪʃən]	une conversation
an interview ['ɪntəvjuː]	une interview / une entrevue
a face-to-face	un face-à-face
a debate [dɪ'beɪt], to debate sth → debatable	un débat, débattre de qqch → discutable
to negotiate (sth) (with sb) → nego*t*iation	négocier (qqch) (avec qqn) → négo*c*iation/s

→ *L'éloquence, p. 308*

to confer [kən'fɜː] **(with sb) (about sth)** → **a conference** ['kɒnfərəns]	conférer / s'entretenir (avec qqn) (de qqch) → une conférence
a forum ['fɔːrəm]	une tribune / un forum / un débat
a panel ['pænəl]	une tribune (= participants au débat)
to intervene [ɪntə'viːn] → **an intervention**	intervenir → une intervention
to interrupt [ɪntə'rʌpt] → **an interruption**	interrompre → une interruption
a point of view	un point de vue
an opinion [ə'pɪnjən] / **a view**	une opinion / un avis
to believe [bɪ'liːv] **sth / that**	croire qqch / que
to consider [kən'sɪdə] **that**	considérer que
to have* the impression that	avoir l'impression que
to challenge sth / sb	mettre qqch en question / mettre qqn au défi
to retort [rɪ'tɔːt], **a retort**	rétorquer, une réplique
repartee [rɛpɑː'tiː], **a repartee**	l'esprit de répartie, une répartie
to argue ['ɑːgjuː] **that** → **an argument** → **argumentative**	avancer / prétendre que → un argument (⚠ querelle / différend) ergoteur/-se / chicaneur/-se
to cavil ['kævəl] **at sth** = **to quibble** ['kwɪbəl] **over sth** → **a quibbler**	chicaner / ergoter sur qqch un/e chicaneur/-euse / ergoteur/-euse
to compromise, a compromise ['kɒmprəmaɪz] → **uncompromising = intransigent**	transiger, un compromis → intransigeant/e
the pros and cons	le pour et le contre

→ Parler, p. 289, Donner son accord, p. 298

WORD PARTNERS

- **discussion / conversation / debate → a heated / frank = straightforward / lengthy / serious / lively = spirited = an animated ~** (un/e débat / discussion / conversation passionné/e / franc/he / long/ue / sérieux/-se / animé/e)
  to arouse / provoke / stir up a ~ (provoquer un/e ~)
- **a burning issue** (un sujet brûlant)
- **opinion → to form an ~** (se faire une opinion), **to air = express = give* = state = voice an ~ / a point of view** (exprimer une opinion / un point de vue)
  to mould (public / people's) ~ (façonner l'~ publique)
  a good ≠ bad ~ of sb (une bonne ≠ mauvaise ~ de qqn)
- **to put* forward an argument** (avancer un argument)
- **to reach / come* to / work out a compromise** (arriver à / trouver un compromis)

PHRASES

- **This should be discussed behind closed doors.** (On doit discuter de cela à huis clos.)
- **to take* part in / to contribute to a debate** (participer à un débat), **to be* in favo(u)r of = to be* for ≠ to be against** (être favorable à = être pour ≠ contre), **to be* of the opinion that** (être d'avis que), **to change one's opinion / one's mind about sth** (changer d'opinion / d'avis sur qqch), **to share sb's view/s** (partager l'opinion de qqn), **to exchange views on sth** (avoir un échange de vues sur qqch), **to hold* the view that** (être d'avis que), **to hold* strong / definite views on sth** (avoir des opinions bien arrêtées sur qqch), **to make* a good case for** (trouver les arguments en faveur de), **there's a strong case against it** (il y a beaucoup d'arguments contre), **to be* good at repartee** (avoir de la répartie), **to take* sides with sb = to side with sb** (prendre parti pour qqn), **to change sides** (changer de camp)
  It's a matter of opinion. (Affaire d'opinion / Question de point de vue.)
  Let's agree to disagree (Disons que nous avons des points de vue différents.)
- **Giving one's opinion:**
  What do you think...? = What's your opinion (on this subject)? (Qu'en pensez-vous... ? = Quelle est votre opinion [sur ce point] ?)
  First / Firstly,..., second/ly,..., then,..., last/ly = finally,... (D'abord,..., deuxièmement,..., ensuite,..., enfin,...)
  On the one hand,..., on the other hand,... (D'une part,..., d'autre part,...), **basically** (au fond), **(to put* it) in a nutshell** (en un mot / pour nous résumer)

Personally, I believe that... = My personal opinion is that... (Personnellement, je pense que ...), **In my opinion = As I see it = To my mind** (À mon avis), **As far as I am concerned = For my part** (Quant à moi), **From my point of view** (Selon moi), **It seems to me that...** (Il me semble que...), **It would appear that = Seemingly** (Il semblerait que...), **Oddly enough... / Strange though / Strange as it may seem...** (Aussi étrange que cela puisse paraître,...), **Let's suppose / assume that...** (Supposons que...)
To sum it all up,... / And to summarize,... (Pour nous résumer,...)

- **State your case.** (Présentez vos arguments.)
Would you please elaborate? (Voudriez-vous donner plus de précisions ?)
- **I see eye to eye with you.** (Je suis entièrement de votre avis.)
You have a point there. (Ça, c'est incontestable.)
I can't agree with that. (Je ne peux vous suivre sur ce point.), **I beg to differ.** (Permettez-moi de ne pas partager votre avis.), **This is a wrong approach to the problem.** (Ce n'est pas la bonne façon d'aborder le problème.), **I won't hear of it.** (Je ne veux pas en entendre parler.), **Let me get a word in.** (Laissez-moi placer un mot.), **Could you be more specific about...?** (Pourriez-vous préciser un peu plus... ?)
- **He is either stupid or mad.** (Il est soit stupide soit fou.)
She is neither clever nor utterly stupid. (Elle n'est ni intelligente ni complètement idiote.)
- **It must be borne in mind that...** (Il ne faut pas perdre de vue que...), **The question is whether...** (Il s'agit de savoir si...), **They have a good case.** (Ils ont de bons arguments.), **Such arguments carry conviction ≠ carry little conviction.** (Des arguments de cet ordre emportent l'adhésion ≠ sont peu convaincants.), **This analysis should be qualified.** (Il faudrait nuancer cette analyse), **It doesn't stand up to scrutiny.** (Cela ne résiste pas à l'analyse), **The argument put forward is specious.** (L'argument avancé est spécieux.), **He's just splitting hairs = That's just hairsplitting.** (Il coupe les cheveux en quatre.)

• *Quarrelling* — *Se quereller*

to **quarrel** ['kwɒrəl] ≈ to **argue** → to **quarrel** with sb (**about** / **over** sth) → to **argue** with sb (**about** sth) = to have* an **argument** / a row with sb	se quereller ≈ se disputer → se quereller / disputer avec qqn (à propos de qqch)
a **quarrel** ['kwɒrəl] = an **argument** → **quarrelsome** ['kwɒrəlsəm]	une querelle, une dispute (⚠ argument) → querelleur/-se
a clash [klæʃ] to clash with sb (over sth)	un heurt se heurter avec qqn (à propos de qqch)
to **provoke** [prə'vəʊk] sb → a provocation, provocative	provoquer qqn → une provocation, provocateur/-trice
to come* into **conflict** with sb	entrer en conflit avec qqn
to be* in **conflict** = to **conflict** with sb	être en conflit avec qqn
a bone of contention	une pomme de discorde
to be* at **daggers** drawn (with sb)	être à couteaux tirés (avec qqn)
to have* a **tiff** (with sb)	avoir une prise de bec (avec qqn)
to **squabble** ['skwɒbəl] = to **bicker** (with sb)	se chamailler (avec qqn)
tense [tɛns] → **tensely**, **tension** / **tenseness**	tendu/e / crispé/e → de façon crispée, la tension
discord ['dɪskɔːd]	la discorde
to **antagonize** [æn'tægənaɪz] sb → **antagonism**, an **antagonist** = an **adversary** = an **opponent** [ə'pəʊnənt]	contrarier / s'aliéner qqn → l'antagonisme, un/e adversaire
to **oppose** sb [ə'pəʊz]	s'opposer à qqn
to be* on bad **terms** (with sb)	être en mauvais termes (avec qqn)
to fall* out (with sb)	se brouiller (avec qqn)
to **break*** [breɪk] (with sb)	rompre (avec qqn)
to **speak*** [spiːk] one's mind	dire ce que l'on pense
to give* sb a piece of one's mind	dire ses quatre vérités à qqn
to have* it out (with sb)	s'expliquer (avec qqn)
to **offend** sb → an UK **offence** = US **offense**	offenser qqn → une offense
to **hurt*** [hɜːt] sb's **feelings**	blesser / froisser qqn

to reconcile ['rɛkənsaɪl] → reconciliation	réconcilier → la réconciliation
to bury ['bɛrɪ] the hatchet	enterrer la hache de guerre
to make* it up = be* reconciled (with sb) = to patch things up *(coll.)*	se réconcilier (avec qqn) = se rabibocher

WORD PARTNERS

- **quarrel → a bitter / furious / violent / long-standing / never-ending ~** (une querelle amère / furieuse / violente / de longue date / qui n'en finit pas), **to pick a ~ with sb** (chercher ~ à qqn), **to settle a ~ = a dispute** (mettre fin à une ~) **a family ~** (une ~ de famille)
- **to have* a bone to pick with sb** (avoir un compte à régler avec qqn)
- **a lovers' tiff** (une querelle d'amoureux)
- **to take* offence = offense at sth** (se blesser de qqch)

Admitting and denying — *Avouer et nier*

to admit (doing) sth → an admission	admettre (que l'on a fait) qqch → un aveu
to recognize = acknowledge sth / that → recognition = acknowledgement	reconnaître qqch / que → reconnaissance
to own up to sth = to confess sth (to sb) → a confession	avouer qqch (à qqn) → un aveu
to concede [kən'si:d] sth / that → a concession [kən'sɛʃən]	concéder qqch / que → une concession
to deny [dɪnaɪ] (having done) sth → a denial	démentir qqch / nier (que l'on a fait) qqch → un démenti
to contest [kən'tɛst] sth	contester qqch
to refute [rɪ'fju:t] sth → a refutation	réfuter qqch → une réfutation
to contradict sb → a contradiction [kɒntrə'dɪkʃən], contradictory	contredire qqn → une contradiction, contradictoire
to give* the lie to events	contredire les événements

W. P.

- **to admit / confess readily / spontaneously** (admettre / avouer facilement / spontanément)
- **to deny categorically = flatly / vehemently** (nier catégoriquement / avec véhémence)
- **a flat = outright / strong / unqualified denial** (un démenti catégorique / affirmé / sans nuances)

PHRASES

- **in acknowledgement / recognition of** (en reconnaissance de)
- **on his own admission** (de son propre aveu)
- **The fact cannot be disputed.** (Ce fait ne peut être contesté.)
- **It cannot be denied that...** (On ne peut nier que...) **to issue an official denial** (publier un démenti officiel)
- **Granted.** (Je vous l'accorde.)
- **He owned up to his mistake.** (Il a reconnu son erreur.)
- **His actions belie his words.** (Ses actes donnent un démenti à ses paroles.)

Regretting and apologizing — *Regretter et présenter des excuses*

to regret [rɪ'grɛt], a regret → regrettable = unfortunate → unfortunately → regretfully = with regret	regretter, un regret → regrettable → malheureusement → à regret = avec des regrets
to be* sorry ['sɒrɪ] for (doing) sth	regretter (d'avoir fait) qqch
remorse [rɪ'mɔ:s] → remorseful → remorsefully → remorseless → remorselessly	le remords → plein de remords → avec des remords sans remords *(adj. & adv.)* / sans état d'âme

shame [ʃeɪm] → to be* ashamed, to shame sb	la honte → avoir honte, faire honte à qqn
→ shameful	→ honteux (acte / comportement)
→ shamefully	→ avec honte
→ shameless → shamelessly	éhonté/e → de manière éhontée
⚠ an apology [ə'pɒlədʒɪ]	des excuses (= regrets)
to apologize [ə'pɒlədʒaɪz] (to sb) (for [doing] sth)	présenter des excuses (à qqn) (de qqch / d'avoir fait qqch)
→ apologetic [əpɒlə'dʒɛtɪk]	→ qui se confond en excuses
an excuse [ɪks'kjuːs]	une excuse (= un prétexte / une justification)
to excuse [ɪks'kjuːz] sb (for [doing] sth)	excuser qqn (de qqch / d'avoir fait qqch)
to excuse oneself	demander la permission de s'absenter
to forgive* [fə'gɪv] sb (for [doing] sth)	pardonner à qqn (qqch / d'avoir fait qqch)
→ forgiving → forgivingness	→ indulgent/e → l'indulgence
≠ unforgiving	≠ impitoyable / implacable
→ (un)forgivable	→ (im)pardonnable
→ forgiveness	le pardon

W. P.

- **regrets / remorse → deep / keen ~** (de profonds / vifs regrets / remords)
  to have* / feel* / show ~ (avoir / éprouver des / faire preuve de ~)
- **to offer / to demand an apology** (présenter / exiger des excuses), **to make one's apologies** (présenter des excuses)
- **to make* excuses for sth** (inventer des excuses pour qqch)
- **to ask sb's forgiveness** (solliciter le pardon de qqn)

PHRASES

- **"Sorry!" "It's all right. Forget it."** (« Pardon. – Ce n'est pas grave. »)
  I'm sorry I did this. / I shouldn't have done this. (Je regrette d'avoir fait ceci.)
  I didn't mean to + Verb (Je n'avais pas l'intention de + infinitif)
  It's my fault. (C'est de ma faute.)
  Forgive me for (+ not) + Gerund (Pardonnez-moi / Excusez-moi d'avoir [de ne pas avoir] + participe passé)
  I owe you an apology. (Je vous dois des excuses.)
  "I do apologize." "That's quite all right." (« Je suis vraiment désolé/e. – Je vous en prie. »)
  There's no excuse for my behaviour. (Ma conduite est inexcusable.)
  You're forgiven. (Tu es pardonné/e.)
  I beg your pardon. ([Pour faire répéter :] Je vous demande pardon ?)
- **May I be excused?** (Puis-je être dispensé de... ? / Puis-je m'absenter / sortir ?)
- **What a pity! / What a shame!** (Quel dommage !)
  It's a pity / a shame that... (Il est dommage que...)
- **He is a disgrace to his family.** (Il est la honte de = Il jette l'opprobre sur sa famille.)
- **to live in infamy** (vivre dans l'opprobre / la honte)
- **to heap shame / opprobrium on sb** (jeter l'opprobre sur qqn)
- **I regret to inform you that...** (J'ai le regret de vous informer que...)

• *Promising and committing oneself* — *Promettre et s'engager*

to promise sth / sb to do sth / that	promettre qqch / à qqn de faire qqch / que
a promise ['prɒmɪs]	une promesse
to give* / pledge (sb) one's word	donner sa parole (à qqn)
to pledge [plɛdʒ] sb to secrecy	faire promettre le secret à qqn
to swear* [swɛə] sth / that	jurer qqch / que
to vow [vaʊ] sth, a vow	faire vœu / serment de qqch, un serment
to vouch [vaʊtʃ] for sb / sth	répondre de qqn / qqch
to guarantee ['gærəntiː] sth / that	garantir qqch / que
to commit oneself → a commitment	s'engager → un engagement
good faith ≠ bad faith	la bonne ≠ mauvaise foi
→ faithful → faithfulness	→ loyal/e/ fidèle → la loyauté / fidélité

to rely [rɪ'laɪ] **on sb** → **reliable = dependable**	compter sur qqn → fiable
sincere [sɪn'sɪə] → **sincerity** [sɪn'serɪtɪ]	sincère → la sincérité

→ *L'honnêteté, p. 59, la loyauté, p. 60*

WORD PARTNERS

- **promise → a vain / idle ≠ solemn ~** (une promesse en l'air ≠ solennelle), **false ~s** (des ~s mensongères)
  to keep* ≠ to break* one's ~ / one's word (être fidèle ≠ manquer à sa promesse / parole)
- **to enter into / to make* a commitment** (s'engager / prendre un engagement)
- **to be* faithful to one's promise / word / commitment** (être fidèle à / respecter sa promesse / sa parole / ses engagements)

PHRASES

- **to give* sb one's promise / assurance that...** (promettre à qqn que / donner à qqn l'assurance que...), **to commit / bind* oneself to doing sth** (s'engager à faire qqch), **to promise sb the moon** (promettre monts et merveilles à qqn)
  That's a promise. (C'est promis. / Je ne reviendrai pas là-dessus.)
- **I give you my word of honour.** (Je vous donne ma parole d'honneur.)
  You can take my word for it. (Vous pouvez me croire.)
  He is as good as his word. (On peut le croire sur parole.)
- **to be* bound by oath** (être lié par serment)
  My word is my bond. (Je n'ai qu'une parole.)
- **to sit* on the fence** (ménager la chèvre et le chou), **to be* non-committal about sth** (refuser de s'engager sur qqch), **a non-committal reply** (une réponse évasive)

● *Advising* — *Conseiller*

to advise [əd'vaɪz] **sb about sth / to do sth** **≠ against sth** → **advisable** [əd'vaɪzəbəl]	conseiller qqn à propos de qqch /à qqn de faire qqch ≠ de ne pas faire qqch → conseillé/e / recommandé/e
advice [əd'vaɪs]	les conseils
to counsel ['kaʊnsəl] **sb** → **a counsellor** ['kaʊnsələ]	conseiller qqn (professionnellement) → un/e conseiller/-ère (professionnel/le)
to guide [gaɪd] **sb**	guider qqn (moralement, intellectuellement)
to recommend sth (to sb) → **a recommendation**	recommander qqch (à qqn) → une recommandation
to advocate ['ædvəkeɪt] **sth**	recommander / préconiser qqch
to urge [ɜːdʒ] **= to exhort sb to do sth** → **an exhortation**	exhorter qqn à faire qqch → une exhortation
to give* sb a tip	donner un tuyau à qqn
to warn [wɔːn] **sb (about sth / not to do sth = against doing sth)** → **a warning** ['wɔːnɪŋ]	avertir qqn (de qqch / de ne pas faire qqch) → un avertissement
UK to consult sb = US to consult with sb = to take* counsel with sb (about sth)	consulter qqn = prendre conseil de qqn (à propos de qqch)
to heed [hiːd] **= to take* heed of sth**	tenir compte de qqch

PHRASES

- **to ask / seek* sb's advice** (demander conseil à qqn / solliciter l'avis de qqn)
  If you want my advice,... (Si vous voulez mon avis,...)
  Let me give you a piece of advice / some advice. (Laissez-moi vous donner un conseil.)
- **You should ≠ shouldn't + Verb = You ought ≠ ought not to + Verb** (Vous devriez ≠ ne devriez pas + Infinitif)
  Why don't you do this? (Pourquoi ne faites-vous pas cela ?)
  In your place / If I were you, I would + Verb (Si j'étais vous, je + Conditionnel)
- **to go* to sb for advice** (demander conseil à qqn), **in consultation with sb** (en concertation avec qqn)

Ordering | Ordonner

to **order** ['ɔːdə] = to **direct** sb to do sth → **directions** [dɪ'rɛkʃənz]	ordonner = donner l'ordre à qqn de faire qqch des directives
to **instruct** sb to do sth → an **instruction** [ɪn'strʌkʃən]	charger qqn de faire qqch → une instruction / indication
to **tell*** sb to do sth	dire à qqn de faire qqch
to **get*** sb to do sth = to **have*** sb do sth	faire faire qqch par qqn
to **make*** sb do sth	forcer qqn à faire qqch
to **bid*** sb do sth	enjoindre à qqn de faire qqch
to **command** sb to do sth / that sth be done	commander à qqn de faire qqch / ordonner que qqch soit fait
command, a **command** [kə'mɑːnd] ⚠ to **demand** sth / that sth be done, ⚠ a **demand** [dɪ'mɑːnd]	le commandement, un ordre exiger qqch / que qqch soit fait, une exigence
to **decree** [dɪ'kriː], a **decree**	décréter, un décret / un arrêté
to **summon** ['sʌmən] sb → to **summon** sb to do sth → a **summons**	convoquer / citer à comparaître / assigner → sommer qqn de faire qqch 1. une assignation à comparaître 2. une sommation
to **dictate** [dɪk'teɪt] to sb	donner des ordres à qqn

→ *L'obligation, p. 314*

WORD PARTNERS

- **to give* = issue an order = a command / directions** (donner un ordre / des directives)
- **order → to carry out = execute an ~** (exécuter un ~), **to obey ~s** (obéir aux ordres), **to cancel = countermand = revoke an ~** (révoquer un ~)
  a court order (un jugement / une ordonnance du tribunal)
- **by royal / presidential decree** (par décret royal / présidentiel)
- **to take* out a summons against sb** (faire assigner qqn en justice)

PHRASES

- **to give* orders that** (donner des ordres afin que), **to give* (sb) the order to do sth** (donner l'ordre à qqn de faire qqch), **on the orders of** (sur les ordres de)
- **to give* directions to sb on doing sth** (donner à qqn des directives pour qu'il fasse qqch)
- **You must + Verb = You are to + Verb** (Vous devez + Infinitif)
- **He is in command.** (C'est lui qui commande.)

Congratulating | Féliciter

to **congratulate** sb <u>on</u> sth / <u>on</u> **doing** sth → **congratulations, congratulatory**	féliciter qqn <u>de</u> qqch / <u>d'</u>avoir fait qqch → félicitations, de félicitations
to **compliment** sb <u>on</u> sth → **complimentary** [kɒmplɪ'mɛntərɪ]	faire des compliments à qqn <u>pour</u> qqch → flatteur/-se / élogieux/-se (⚠ gratuit/e)
to **praise** sb / sth, **praise** [preɪz]	louer qqn / qqch, les éloges
to **admire** [əd'maɪə] sb for **(doing)** sth	admirer qqn pour qqch

PHRASES

- **to offer one's congratulations to sb** (présenter ses félicitations à qqn), **to heap praises on sb** (couvrir qqn d'éloges), **to praise sb to the skies** (porter qqn aux nues), **to take* one's hat off to sb** (tirer son chapeau à qqn)
- **My warmest congratulations on your success.** (Mes plus sincères félicitations pour votre réussite.)
  Good for you! = Well done! (Bravo !), **Hats off!** (Chapeau !)

• *Eloquence* — *L'éloquence*

eloquent ['ɛləkwənt]	éloquent/e
a **speech** [spiːtʃ]	un discours
an **orator** ['ɒrətə] → **oratory**	un orateur → l'art oratoire
well-spoken = ⚠ **articulate** [ɑː'tɪkjʊlət] ≠ **inarticulate**	qui sait s'exprimer ≠ qui ne sait pas s'exprimer
the **command of the language**	la maîtrise de la langue
to word / **to phrase sth** → **well-phrased**	formuler qqch → bien formulé/e / bien dit/e
a **figure of speech**	une figure de rhétorique
brief [briːf] → **briefly, brevity**	bref → brièvement, la brièveté
clear [klɪə] → **clearly, clarity**	clair → clairement, la clarté
unequivocal → **unequivocally** → **unambiguous** → **unambiguously**	sans équivoque *(adj. + adv.)*
(in)coherent [(ɪn)kəʊ'hɪərənt] → **(in)coherence**	(in)cohérent/e → (in)cohérence
to the point = **relevant** → **relevance** ≠ **irrelevant** [ɪ'rɛlɪvənt] → **irrelevance**	pertinent/e → la pertinence ≠ non-pertinent/e → la non-pertinence
terse [tɜːs] / **laconic** [lə'kɒnɪk]	laconique
concise [kən'saɪs] → **concisely**	concis/e → de manière concise
succinct [sək'sɪŋkt] → **succinctly**	succinct/e → de manière succincte
pedantic [pɪ'dæntɪk], **pedantry**	pédant/e, le pédantisme
pompous ['pɒmpəs] → **pomposity**	pompeux/-se → la pomposité
wordy = **verbose** → **wordiness** = **verbosity**	verbeux/-se → la verbosité
obscure [əb'skjʊə] → **obscurity**	obscur/e → l'obscurité

→ *Discuter, p. 301*

W. P.

- **an impassioned speech / orator** (un discours / un orateur passionné)
- **speech** → **a well-phrased / relevant ~** (un discours bien tourné / pertinent)
  to make* / deliver a ~ (faire un ~)
  UK the ~ from the Throne (le ~ d'ouverture de la session parlementaire)

PHRASES

- **to be* a good speaker / to be* articulate / to express oneself with ease** (savoir s'exprimer) ≠ **to be* a poor speaker / to be* inarticulate / to express oneself with difficulty** (ne pas savoir s'exprimer), *[coll.:]* **to have* the gift of the gab** (avoir du bagout / avoir la langue bien pendue), **to put* / to phrase sth well ≠ badly** (bien ≠ mal exprimer qqch), **to beat* about the bush** (tourner autour du pot), **to dry up** (être à court d'arguments / de mots), **to be* at a loss for words** (ne pas savoir quoi dire / ne pas trouver les mots)
  He couldn't put it into words. (Il ne trouvait pas les mots pour s'exprimer.)

• *Expressing gratitude* — *Exprimer la gratitude*

to thank sb <u>for</u> sth / <u>for</u> doing sth	remercier qqn <u>de</u> qqch / <u>d'</u>avoir fait qqch
→ **thankful** = **grateful** ≠ **ungrateful**	→ reconnaissant ≠ ingrat
→ **thankfully** = **gratefully** ≠ **ungratefully**	→ avec reconnaissance ≠ avec ingratitude
→ **thankfulness** = **gratefulness** = **gratitude** ['grætɪtjuːd]	→ la reconnaissance / gratitude
≠ **ingratitude** = **ungratefulness** [ʌn'greɪtfʊlnɪs]	≠ l'ingratitude

PHRASES

- **I thank you from the bottom of my heart / warmly = heartily.** (Je vous remercie du fond du cœur / chaleureusement.)
- **to feel* indebted to sb** (se sentir redevable à qqn), **to show* / express one's gratitude** (montrer / exprimer sa gratitude), **as a token of my gratitude** (en témoignage de ma gratitude)
  "Thank you very much for..." "You're welcome." (« Merci beaucoup pour / de... – Je vous en prie. »), **Please give Mrs Smith our thanks for...** (Veuillez transmettre à Mme Smith nos remerciements pour...), **I deeply appreciate = I'm very grateful for + Noun / Gerund** (Je vous suis très reconnaissant de...)

26 *Abstract notions* Les notions abstraites

● *Cause and origin* — *La cause et l'origine*

a cause [kɔːz]	une cause
to cause / to bring* about / to produce / to provoke	causer / provoquer
the reason ['riːzən] for sth / for doing sth	la raison de qqch / de faire qqch
to prompt sb to do sth to lead* [liːd] = cause / incite [ɪn'saɪt] = encourage [ɪn'kʌrɪdʒ] sb to do sth	(a)mener / inciter qqn à faire qqch
→ an incitement [ɪn'saɪtmənt] = an encouragement to do sth	→ une incitation à faire qqch
to trigger off / to spark off sth	déclencher qqch
to think* up / to dream up	imaginer (système / machine / etc.) / concevoir de toutes pièces
grounds [graʊndz]	des raisons
a motive ['məʊtɪv] → motiveless → to motivate ['məʊtɪveɪt] → motivation	un motif / un mobile → gratuit (= sans motif) motiver → la motivation
the origin ['ɒrɪdʒɪn] → original → originally, to originate in	l'origine → nouveau/-elle / original/e → à l'origine, avoir pour origine
new [njuː] / novel ['nɒvəl] → novelty	nouveau/nouvelle → la nouveauté

WORD PARTNERS

- **cause** → **the chief** = **major** = **main** = **prime** = **primary** = **principal ~** (la cause principale), **the basic** = **fundamental** = **root ~** (la ~ fondamentale), **the overriding ~** (la ~ dominante), **the sole ~** (l'unique ~ / raison), **the obvious ~** (la ~ / raison évidente)
  to look for = **seek* / discover / diagnose / ascertain** = **establish / determine the ~** (chercher / découvrir / diagnostiquer / établir / déterminer la cause), **to analyse / inquire into** = **investigate the ~** (analyser / enquêter sur la ~)
  with good ~ (à juste titre), **without good ~** (sans motif valable)
- **a clear / disinterested** = **selfish** ≠ **selfish / hidden / powerful / strong motive** (un motif clair / désintéressé ≠ égoïste / caché / puissant / solide)
- **reason** → **a good** ≠ **bad** = **poor ~** (une bonne ≠ mauvaise = piètre raison), **a convincing** = **cogent / compelling / ~** (une ~ convaincante / indiscutable), **a far-fetched / an irrelevant ~** (une ~ peu plausible / non pertinente), **a genuine** = **real** = **true / legitimate / likely / personal / plausible / sound / valid ~** (une ~ authentique = vraie = véritable / légitime / probable / personnelle / plausible / solide / valable), **an obvious** = **a self-evident ~** (une ~ évidente)
  to put* forward = **to advance a ~** (avancer une ~), **to divulge / explain one's ~s** (divulguer / expliquer ses ~s), **to furnish** = **to provide** = **to supply** = **to produce** = **to give* one's ~s** (donner ses ~s)

PHRASES

- **a cause and effect relationship** (un rapport de cause à effet)
  There is (no) cause for anxiety / for alarm / for concern. (Il y a ≠ Il n'y a pas lieu de s'inquiéter.)
  Don't give him / her cause for complaint. (Ne lui donnez pas de motif de se plaindre.)
- **He resigned for reasons of health / on grounds of ill-health / on medical grounds.** (Il a démissionné pour raisons de santé.)
  There is a reason for everything. (Il y a une raison à tout.)
  for reasons best-known to herself (pour des raisons connues d'elle seule), **for reasons quite outside their control** (pour des raisons totalement indépendantes de leur volonté)
  She did it out of / from kindness. (Elle l'a fait par bonté.)
  She refused to disclose the reason why she did that. (Elle a refusé de révéler la raison pour laquelle elle avait fait cela.)
  There is every reason to think that... (Il y a tout lieu de penser que...)

Effect and consequence — *L'effet et la conséquence*

an effect [ɪ'fɛkt] → effective ≠ ineffective → effectiveness / efficacy ['ɛfɪkəsɪ]	un effet → efficace ≠ inefficace → l'efficacité
to stem from	être la conséquence de
a result [rɪ'zʌlt] / an outcome ['aʊtkʌm]	un résultat
a consequence → consequently	une conséquence → par conséquent
the aftermath / aftereffects / repercussions	les répercussions / les suites
the impact on	l'incidence sur
therefore ['ðɛəfɔː] = so / that's why	donc / c'est pourquoi / par conséquent
following ['fɒləʊɪŋ]	suite à
owing to ['əʊɪŋ tʊ] = due to [djuː tʊ]	en raison de
because / because of	parce que / à cause de
hence [hɛns]	d'où

WORD PARTNERS

- **effect / result / outcome / consequence → a beneficial / desired / decisive ~** (un effet / un résultat / une conséquence bénéfique / désiré/e / décisif/-ve), **a bewildering / confusing ~** (~ déconcertant/e / déroutant/e), **a disappointing / dubious / far-reaching ~** (~ décevant/e / douteux/-se / considérable), **a lasting / predictable ~** (~ durable / prévisible), **a harmful / catastrophic / damaging / devastating / disastrous ~** (~ nocif/-ve / catastrophique / préjudiciable / dévastateur/-trice/ désastreux/-se), **a reverse ≠ salutary ~** (~ contraire ≠ salutaire) **to observe / assess = estimate a(n) ~** (observer / évaluer un/e ~)
- **effect → to have* / bring* about = bring* on = produce / amplify / jeopardize / minimize / offset* / spoil* / underestimate an ~** (avoir / produire / amplifier / compromettre / minimiser / compenser / gâcher / sous-estimer un effet), **to cancel / counter / cushion / mitigate = soften an ~** (annuler / neutraliser / amortir / atténuer un ~)
  a side ~ (un effet secondaire)
- **result → to foresee* = predict / hope for / announce a ~** (prévoir / espérer / annoncer un ~), **to dread = fear / jeopardize / cancel / misconstrue / scrutinize a ~** (redouter / compromettre / annuler / mal interpréter / examiner attentivement un ~)
  the end ~ (le résultat final)
- **consequences → to contemplate / foresee* / calculate / weigh / fear the ~** (envisager / prévoir / évaluer / peser / craindre les conséquences), **to abide* by / bear* / suffer the ~** (assumer / supporter / subir les ~), **to cope with = face the ~** (faire face aux ~), **to ignore / shut* one's eyes to the ~** (ne pas tenir compte des / fermer les yeux sur les ~), **to minimize / mitigate = soften the ~** (minimiser / atténuer les ~)
- **impact → a considerable / decisive / direct / immediate ~** (un impact considérable / décisif / direct / immédiat), **a slight = limited = negligible ≠ serious = severe = strong = powerful / tremendous ~** (un ~ léger = limité = négligeable ≠ sérieux = grave = puissant / énorme)

PHRASES

- **as a consequence of / as a result of** (en conséquence de / par suite de)
- **The upshot was that...** (En un mot, il en a résulté que...)
- **The quarrel resulted from a misunderstanding.** (C'est un malentendu qui a provoqué la querelle.)
  The misunderstanding resulted in a quarrel. (Le malentendu causa une querelle.)
- **All our efforts were of no effect.** (Tous nos efforts furent sans effet.)
  I warned her, but to no effect / in vain / to no avail. (Je l'ai avertie, mais en vain.)
- Structure exprimant le résultat → Verbe + COD + adj. :
  Push the door open. (Poussez la porte pour l'ouvrir.)
- **His jokes made her laugh.** (Ses plaisanteries la firent rire.)

Ways and means — *La manière et le moyen*

to manage ['mænɪdʒ] to do sth / to contrive [kən'traɪv] to do sth	trouver le moyen de faire qqch
→ a contrivance [kən'traɪvəns]	un/e dispositif / stratagème / manigance
to devise [dɪ'vaɪz] sth	combiner / manigancer qqch
a device [dɪ'vaɪs]	un dispositif / une ruse

an expedient [ɪks'pi:djənt]	un expédient
makeshift ['meɪkʃɪft]	de fortune / improvisé/e
a strategy ['strætɪdʒɪ] → strategic	une stratégie → stratégique
tactics ['tæktɪks] → a tactician [tæk'tɪʃən]	la tactique → un/e tacticien/ne
a policy ['pɒlɪsɪ] → politic	une politique → sage / judicieux/-se
a method ['mɛθəd]	une méthode
a means of escape = a way out	un moyen de s'en sortir
a plan / scheme [ski:m] / design [dɪ'zaɪn]	un plan / dessein / projet
to resort [rɪ'zɔ:t] to sth	avoir recours à qqch
a trump card ['trʌmp'kɒ:d]	un atout
a plot, to plot → a plotter	un complot, comploter → un/e conspirateur/-trice
to pull wires	tirer des ficelles
a frame-up ['freɪmʌp]	un coup monté
to think* ahead / to look ahead	prévoir
to cooperate (with sb on sth) → cooperation [kəʊɒpə'reɪʃən]	coopérer (avec qqn à qqch) → la coopération
to collaborate (with sb on sth) → collaboration [kəlæbə'reɪʃən] a collaborator	collaborer (avec qqn à qqch) → la collaboration, un/e collaborateur/-trice
to cope [kəʊp] (with)	se débrouiller / faire face à (une situation)

PHRASES

- **It's by working that you'll increase your chances.** (C'est en travaillant / par le travail que vous augmenterez vos chances.)
- **There's only one way. There's no other way.** (Il n'y a qu'un seul moyen. Il n'y a pas d'autre moyen.), **I'll manage. = I'll find a way. = I'll work out sth.** (Je me débrouillerai. = Je trouverai un moyen.)
- **Leave him to his own devices.** (Laisse-le se débrouiller tout seul.)
- **He did it by design / on purpose.** (C'est à dessein qu'il l'a fait. / Il l'a fait exprès.)
- **Is there / Are there any means of doing it?** (Y a-t-il un / des moyen/s de le faire ?)
  by means of (au moyen de), **it's a means to an end** (c'est un moyen d'arriver au but)
  to resort to dubious means (avoir recours à des moyens douteux)
  in the / as a last resort (en dernier recours)
- **I've got more than one card up my sleeve.** (J'ai plus d'un atout dans ma manche.)
- **What's up?** (Qu'est-ce qui se prépare ?)
  He is up to something. (Il manigance quelque chose.)
- **He has been framed.** (Il est victime d'un coup monté.)

● *Possibility, impossibility and probability* / *La possibilité, l'impossibilité et la probabilité*

possible ['pɒsəbəl] → possibly, a possibility ≠ impossible → an impossibility the possible ≠ the impossible	possible → peut-être / éventuellement, une possibilité / éventualité ≠ impossible → une impossibilité le possible ≠ l'impossible
perhaps [pə'hæps] = maybe ['meɪbi:]	peut-être
feasible ['fi:zəbəl] → feasibility ≠ unfeasible → unfeasibility	faisable → la faisabilité infaisable → la non faisabilité
practicable / workable / attainable ≠ unattainable [ʌnə'teɪnəbəl]	réalisable / accessible ≠ irréalisable / inaccessible
⚠ passable ['pɑ:səbəl]	praticable / franchissable
to enable [ɪ'neɪbəl] sb to do sth	permettre à qqn de faire qqch
to facilitate [fə'sɪlɪteɪt]	faciliter
probable = likely ['laɪklɪ] → likelihood ≠ improbable = unlikely → improbability → probably ['prɒbəblɪ] ≠ improbably	probable → la probabilité ≠ improbable → l'improbabilité → probablement ≠ assez peu vraisemblablement

WORD PARTNERS

- **possibility → to envisage / exploit / explore / look into a ~** (envisager / exploiter / explorer / examiner une possibilité / éventualité), **to miss / neglect / overlook / waste / rule out / discount a ~** (laisser passer / négliger / laisser échapper / gâcher / exclure / écarter une ~)
  A ~ arose = materialized = presented itself. (Une possibilité s'est présentée.)
- **to ask for / attempt / achieve the impossible** (demander / tenter / accomplir l'impossible)
- **a feasibility study** (une étude de faisabilité)
- **a workable = practicable scheme / solution / suggestion** (un plan / une solution / une suggestion réalisable)
- **an unattainable aim / objective** (un but / objectif inaccessible)
- **a passable road / river** (une route praticable / un fleuve franchissable)

PHRASES

- **I can ≠ I can't do sth** (je peux faire qqch [= j'en suis capable] ≠ je ne peux pas...)
  She can't have done such a thing. (Il est impossible qu'elle ait fait une chose pareille.)
  I could if I wanted to. (Je pourrais si je voulais.)
  There is no such word as "can't". (Impossible n'est pas français.)
  Nobody can be expected to do the impossible. (À l'impossible nul n'est tenu.)
- **He may / might be charming with you.** (Il se peut qu'il soit charmant avec vous.)
- **Anything's possible.** (Tout est possible.)
  It's within the bounds of possibility. (C'est dans le domaine du possible.)
- **It can't be helped.** (On n'y peut rien.)
- **She's not likely to agree.** (Il est peu probable qu'elle soit d'accord.)
  In the unlikely event of... (Dans le cas peu probable où...)
- **In all probability / likelihood, we'll clinch the deal. = The chances are that we'll clinch the deal.** (Selon toute probabilité, nous conclurons l'affaire.)
  The odds are against ≠ in favour of a deal. (Il y a peu de chances qu'on parvienne ≠ Il y a de fortes chances pour qu'on parvienne à un accord.)
  She has an odds-on chance of getting the post. (Elle a de fortes chances d'obtenir le poste.), **Against all odds...** (Contre toute attente, ...)

Luck and chance — *La chance et le hasard*

→ **lucky** ['lʌkɪ] = **fortunate**	→ chanceux/-se
→ **luckily** = **fortunately**	→ par chance / heureusement
≠ **unlucky** = **unfortunate**	≠ malchanceux/-se
→ **unluckily** = **unfortunately**	→ par malchance / malheureusement
← ⚠ **fortune** ['fɔːtʃən]	1. la fortune 2. le destin 3. la chance
a chance [tʃɑːns] **chance**	une chance / un risque *(N)* le hasard, *(adj.)* fortuit/e
to chance [tʃɑːns] **to do sth**	faire qqch par hasard
to chance upon = to come* across sth / sb	trouver qqch / rencontrer qqch/qqn par hasard
fortuitous [fə'tjuːɪtəs] / **accidental**	fortuit/e / accidentel/le
haphazard [hæp'hæzəd] → **haphazardly** = **randomly** = **at random** ← **random**	fait au hasard / au petit bonheur → au hasard ← aléatoire
to draw* lots	tirer au sort
to coincide [kəʊɪn'saɪd] **with** → **a coincidence** [kəʊ'ɪnsɪdəns]	coïncider avec → une coïncidence
auspicious [ɔːs'pɪʃəs] ≠ **ominous** ['ɒmɪnəs]	de bon ≠ mauvais augure
destiny ['dɛstɪnɪ] → **to be* destined to**	la destinée → être destiné/e à
fate [feɪt]	le sort
an opportunity [ɒpə'tjuːnɪtɪ]	une occasion
a fluke [fluːk]	un coup de chance

WORD PARTNERS

- **luck → good ~ ≠ bad ~ = ill ~** (la chance ≠ la malchance), **a stroke of ~** (un coup de chance)
- **lucky → a ~ charm** (un porte-bonheur), **a ~ break** (un coup de veine)
- **chance → a remote / poor / slight / slim / fair = sporting / fighting = good ~ of** (une infime / maigre / petite / assez bonne / bonne chance de), **an unexpected / even / outside ~ of** (une ~ inespérée / sur deux / infime de), **a unique ~ = an only ~** (une seule et unique ~)
  a ~ meeting (une rencontre fortuite), **a ~ acquaintance** (une personne rencontrée par hasard), **a game of ~** (un jeu de hasard), **by ~** (par hasard)
- **opportunity → a fantastic / favourable / fortunate = lucky / golden / great / heaven-sent / magnificent = splendid = marvellous / priceless / promising / rare / tempting / unique ~** (une occasion fantastique / favorable / heureuse / en or / formidable / providentielle / magnifique / inestimable / prometteuse / rare / tentante / unique), **a missed ~** (une ~ manquée), **an unexpected / unforeseen / unprecedented / unrivalled ~** (une ~ inattendue / imprévue / sans précédent / incomparable)
  to afford / await / be* on the lookout for / exploit / seize = grasp / snap up = grab = jump at an ~ (fournir / attendre / être à l'affût d'/ exploiter / saisir / sauter sur une ~), **to let* slip = pass up / miss / throw* away = waste an ~** (laisser échapper / rater / gâcher une ~), **to avail oneself of = to benefit from / to make* the most of = to take* advantage of an ~** (profiter / tirer profit d'une ~), **to have* the ~ to** (avoir l'~ de)
  An opportunity arose = came up = cropped up = emerged = occurred = opened up = presented itself. (Une occasion se présenta.)
  at the earliest / slightest ~ (à la première / moindre ~)
- **on several occasions** (à plusieurs occasions)

PHRASES

- **Good luck!** (Bonne chance !), **It's my lucky day.** (C'est mon jour de chance.), **Bad luck! / Hard luck! / Tough luck!** (Pas de chance !), **That's just my luck!** (C'est bien ma veine !), **My luck ran out last week.** (Ma chance a tourné la semaine dernière.), **You never know your luck.** (On ne sait jamais ce qui peut arriver.), **It's the luck of the draw.** (C'est une question de chance.), **You're in luck. = Your luck's in. ≠ You're out of luck.** (Vous avez de la chance ≠ Vous n'avez pas de chance.), **I'm down on my luck.** (Je suis dans une mauvaise passe.), **a piece of bad luck** (un hasard malheureux), **as luck would have it** (comme par hasard), **with a little luck = with any luck = with a bit of luck** (avec un peu de chance)
- **to chance one's luck** (tenter sa chance), **I'll chance it.** (Je tente / Je vais tenter le coup.)
- **It was pure chance.** (C'était vraiment par hasard.), **I just happened to be there.** (Je me trouvais là par hasard.), **I stumbled (up)on him at the station.** (Je suis tombé sur lui par hasard à la gare.), **by chance = by accident** (par hasard), **to leave* nothing to chance** (ne rien laisser au hasard)
  just in case (à tout hasard / pour le cas où...)
  the fortunes of life = life's ups and downs (les hasards de la vie)
- **to seize = take* one's chance** (saisir l'occasion), **to have* the chance / opportunity to do sth** (avoir l'occasion de faire qqch), **to provide a window of opportunity for sb to do sth** (fournir un créneau à qqn pour faire qqch)
  She has blown her chances. (Elle a fichu ses chances en l'air.)
  He's got a good / strong chance of ≠ He doesn't stand = have a chance of winning. (Il a de bonnes / de fortes chances ≠ Il n'a aucune chance de gagner.), **This is your big chance. = Now's your chance.** (C'est l'occasion ou jamais.), **The chances are a hundred to one that he will win.** (Il y a une chance sur cent qu'il gagne.), **The odds are in our favour. ≠ The odds are against us.** (La chance est ≠ n'est pas de notre côté.)
  I rang her up on the off-chance. (Je lui ai téléphoné à tout hasard.)

• *The usual and the unexpected* — *L'habituel et l'imprévu*

⚠ **habit** [ˈhæbɪt] = **custom** [ˈkʌstəm] → **habitual** = **customary**	l'habitude = la coutume (⚠ customs : douane) → habituel/le = coutumier/-ère
to expect sth → **expected** [ɪkˈspɛktɪd] ≠ **unexpected**	(s')attendre (à) qqch → attendu/e ≠ inattendu/e
tradition [trəˈdɪʃən] → **traditional**	la tradition → traditionnel/le
to foresee* → **foreseen** ≠ **unforeseen** → **foreseeable** [fɔːˈsiːəbəl]	prévoir → prévu/e ≠ imprévu/e → prévisible

ordinary ['ɔ:dɪnərɪ] → **ordinarily**	ordinaire → d'ordinaire
normal → **normally, normality** = **normalcy**	normal → normalement, la normalité
banal [bə'nɑ:l] → **banality**	banal → la banalité
common ['kɒmən] → **commonplace** → **a commonplace** ['kɒmənpleɪs]	courant/e → commun/ne → un lieu commun
routine [ru:'ti:n]	1. la routine *(N)* 2. routinier/-ère *(adj.)*
humdrum ['hʌmdrʌm]	routinier/-ère / monotone
usual ['ju:ʒl] ≠ **unusual**	habituel/le ≠ inhabituel/le
special ['speʃəl]	spécial/e
exceptional ← **exception, an exception**	exceptionnel/le ← l'exception, une ~
extraordinary [ɪk'strɔ:dɪnərɪ] / **out-of-the-ordinary**	extraordinaire / insolite
strange [streɪndʒ] → **strangely, strangeness**	étrange → étrangement, l'étrangeté
odd / peculiar [pɪ'kju:ljə] / **queer** [kwɪə] → **oddly / peculiarly / queerly** → **an oddity / a peculiarity**	bizarre → bizarrement / de manière étrange → une bizarrerie
abnormal → **abnormally, abnormality**	anormal/e → anormalement, 1. l'anormalité 2. l'/une anomalie

W. P.

- **habit → a good / lasting / an ingrained = a deep-rooted ~** (une bonne habitude / une ~ durable / enracinée), **to shake* off a ~** (se débarrasser d'une ~)
- **in the foreseeable future** (dans un avenir prévisible)

PHRASES

- **She was wont to work hard.** (Elle avait coutume de travailler dur.), **She rang her children, as was her wont.** (Elle a téléphoné à ses enfants, comme de coutume.)
  to be* in the habit of = to be* accustomed to = to be* used to doing sth (avoir l'habitude de faire qqch)
  We are familiar with this phenomenon. (Nous connaissons bien ce phénomène.)
- **That's unheard of.** (On n'a jamais vu ça.)
  It hardly ever happens = It nearly never happens. (Ça n'arrive à peu près jamais.)
- **The unexpected always happens.** (C'est toujours ce à quoi l'on s'attend le moins qui arrive.)

• *Obligation* — *L'obligation*

to oblige [ə'blaɪdʒ] **sb to do sth** → **an obligation** [ɒblɪ'geɪʃən]	obliger qqn à faire qqch (⚠ to oblige sb: faire plaisir à qqn) → une obligation
to force / compel sb to do sth	forcer / obliger qqn à faire qqch
to constrain sb to do sth → **constraint**	contraindre qqn à faire qqch → la contrainte
a duty ['dju:tɪ] → **dutiful**	un devoir → respectueux/-se / consciencieux/-se
to subject [səb'dʒekt] → **subjection**	soumettre / assujettir → la sujétion / l'assujettissement
compulsory = obligatory = mandatory	obligatoire
necessary ['nesəsərɪ] / **essential** [ɪ'senʃəl] / **indispensable / imperative** ≠ **unnecessary /optional** ← **an option**	nécessaire / essentiel/le / indispensable / impératif/-ve ≠ superflue/e facultatif/-ve ← une option
to require [rɪ'kwaɪə] / **demand sth of sb** → **a requirement** [rɪ'kwaɪəmənt]	exiger qqch de qqn une exigence préalable

→ *Ordonner, p. 307*

WORD PARTNERS

- **moral obligation / duty** (obligation morale / devoir)
- **obligations → family / military ~** (obligations familiales / militaires)
  to fulfil one's ~ (remplir ses ~), **to carry out one's ~** (s'acquitter de ses ~), **to assume / discharge one's ~** (assumer ses ~), **to meet* = honour = shoulder = face one's ~** (honorer ses ~) ≠ **to escape / to get* out of one's ~** (échapper à ses ~), **to run* away from one's ~** (fuir ses ~), **to shirk one's ~s** (se dérober à ses ~)

• **duty → filial / parental ~** (le devoir filial / parental), **~ of confidentiality** (le ~ de réserve) **to perform = fulfil / to discharge one's ~ ≠ to fail in one's ~** (faire son ≠ manquer à son ~)
• **a legal requirement** (une obligation légale)

PHRASES

• **(with) no obligation / without obligation to buy** (sans obligation d'achat)
• **to free sb from / to relieve sb of their obligations** (libérer / dégager qqn de ses obligations), **to be* under (an) obligation to do sth** (être obligé/e de faire quelque chose), **to do* one's civic duty** (accomplir son devoir de citoyen), **to do* sth out of (a sense of) duty** (faire qqch par [sens du] devoir), **to do* one's duty by somebody** (faire son devoir envers quelqu'un), **to feel* duty-bound to do sth** (se sentir le devoir de faire qqch)
with a sense of duty done (avec le sentiment du devoir accompli)
It is my (painful) duty to inform you that... (J'ai le [pénible] devoir de vous informer que...)
• **to do* sth under duress / under pressure** (faire qqch contraint et forcé / sous la contrainte)
• **School attendance is compulsory.** (La fréquentation scolaire est obligatoire.)
as required by law (comme la loi l'exige)
• **You can't make me!** (Tu ne peux pas me forcer !)
• **I've got to finish the job by tomorrow.** (Il faut que je finisse le travail pour demain.)
• **Need you do that job? / Do you need to do that job? / Do you have to do that job?** (Est-ce qu'il faut vraiment que tu fasses ce travail ? / Est-ce que tu es obligé/e de faire ce travail ?) ≠ **You needn't do / You don't need to do / You don't have to do that job.** (Tu n'es pas obligé/e de faire ce travail.)
• **You should apologize. = You ought to apologize.** (Vous devriez vous excuser.)
You shouldn't speak like this. (Vous ne devriez pas parler comme ça.)
• **to resort to force / to use force** (avoir recours à la force)
She was forced into doing it. (On l'a obligée à le faire.)
They forced a promise out of him. (Ils lui ont arraché une promesse de force.)
The plane was forced down. (On a forcé l'avion à atterrir.)
to force-feed* a person / an animal (alimenter une personne de force / gaver un animal)
through force of circumstance(s) (par la force des choses)
The new regulations have the force of law. (La nouvelle réglementation a force de loi.)
to detain somebody forcibly / by force (retenir qqn de force)
• **I have no choice / no alternative but to...** (Je me vois dans l'obligation de...)
You are under no constraint. (Vous restez tout à fait libre. / Cela ne vous engage en rien.)
• **He is morally bound to ....** (Il est moralement tenu de ....)
The agreement is binding on all parties. (Cet accord lie / engage chaque partie.)

Prohibition / banning — L'interdiction

to forbid* → forbidding	interdire → menaçant/e
to prohibit [prəʊ'hɪbɪt] = to ban [bæn] → a prohibition = a ban	proscrire une interdiction
an embargo [ɛm'bɑːgəʊ]	un embargo
to veto sth, a veto ['viːtəʊ]	opposer son veto à qqch, un veto

→ *L'exclusion, p. 323*

PHRASES

• **You may not smoke here. = You are not allowed to smoke here.** (Il n'est pas permis de fumer ici.), **You mustn't smoke here.** (Il est interdit de fumer ici.)
• **No dogs** (Les chiens ne sont pas autorisés), **No entry** (Défense d'entrer / Sens interdit), **No smoking** (Défense de fumer), **No fishing** (Pêche interdite), **No parking** (Stationnement interdit), **No overtaking** (Dépassement interdit), **No trespassing** (Propriété privée / Défense d'entrer), **prohibition on residence** (interdiction de séjour)
• **No dumping = dumping of rubbish prohibited.** (Interdiction de déposer des ordures.)
Keep off the grass. (Défense de marcher sur les pelouses.)
Parking is prohibited in front of the garage. (Il est interdit de stationner devant le garage.)
• **to ban sb from doing sth** (interdire à qqn de faire qqch), **to lift a ban / an embargo** (lever une interdiction / un embargo)

• *Certainty and uncertainty* *La certitude et l'incertitude*

certain ['sɜːtən] ≠ **uncertain** → **certainly** → **to ascertain** [æsə'teɪn]	certain/e ≠ incertain/e → certainement vérifier qqch / s'assurer de qqch
certitude ['sɜːtɪtjuːd]	la certitude / la conviction
to be* **confident (of sth / that)**	avoir la certitude (de qqch / que)
to be* **positive (about sth / that)**	être certain (au sujet de qqch / que)
sure [ʃʊə] → **surely, sureness** → to be* **assured (of sth)** → **self-assured**	sûr/e → sûrement, la certitude, l'assurance → être sûr/e (de qqch) → plein d'assurance
to be* **decisive** [dɪ'saɪsɪv] ≠ **indecisive** → a **decision** [dɪ'sɪʒən], **decision** ≠ **indecision**	être décidé/e = résolu/e ≠ indécis/e → une décision, la décision / la résolution ≠ l'indécision
obvious ['ɒbvɪəs] → **obviously**	évident/e → de toute évidence
undeniable ['ʌndɪ'naɪəbəl] → **undeniably**	incontestable → incontestablement
questionable ≠ **unquestionable**	discutable / douteux/-se ≠ incontestable
refutable ['rɛfjʊtəbəl] ≠ **irrefutable**	réfutable ≠ irréfutable
to **dispute** [dɪs'pjuːt] → **disputable** ≠ **indisputable**	contester → contestable ≠ incontestable
to **hesitate** → **hesitant, hesitation**	hésiter → hésitant/e, l'hésitation
to **waver** ['weɪvə] → **wavering**, a **waverer**	hésiter → indécis/e, un indécis
to **procrastinate** = to **dilly-dally** → **procrastination** **doubt** [daʊt], a **doubt**, to **doubt** → **doubtful, doubtless**	tergiverser / remettre à plus tard la procrastination le doute, un doute, douter → indécis/e / incertain/e, sans doute
hypothetic(al)	hypothétique
a **sceptic** ['skɛptɪk] → **sceptical**	un/e sceptique → sceptique

W. P.

- **an absolute / a moral certainty** (une certitude absolue / morale)
- **certain / sure → almost = nearly / completely = quite / absolutely = dead ~** (presque / complètement = tout à fait / absolument certain / sûr), **far from ~** (loin d'être ~) **to make* ~ of sth** (s'assurer de / vérifier qqch)
- **conviction → a deep / firm / strong ~** (une conviction profonde / ferme / solide), **a life-long / deep-rooted / an unshakable ~** (une ~ de toujours / bien ancrée / inébranlable)
- **doubt → slight ≠ grave = serious / growing / lingering = persistent / nagging ~s** (de légers doutes ≠ des doutes sérieux / croissants / persistants / tenaces) **to be* in ~** (être incertain), **to cast* = to throw* ~ on sth** (mettre qqch en doute), **to experience / raise / remove ~** (connaître / susciter / dissiper le doute)
- **to be* / remain sceptical (about / of sth)** (être / demeurer sceptique [à propos de qqch])
- **to demonstrate / to display / to express scepticism (about sth)** (faire preuve de scepticisme [à propos de qqch])

PHRASES

- **for certain /** *(coll.:)* **for sure / definitely** (à coup sûr), **Of course!** (Bien sûr !)
- **It's crystal clear.** (C'est clair comme de l'eau de roche.), **It's self-evident.** (Cela coule de source.), **It goes without saying.** (Cela va sans dire.), **It stands to reason.** (Cela va de soi.), **It's as plain as a pikestaff / It's as plain as the nose on your face.** (Ça se voit comme le nez au milieu de la figure.), **I would stake my life on it.** (J'en mettrais ma main au feu.), *[coll.:]* **You can bet your life it will happen.** (Je te parie tout ce que tu veux que ça arrivera.), **It's a dead cert.** (Ça ne fait pas un pli.)
- **I take it for granted that you will agree with us.** (Je ne doute pas une seconde que vous serez de notre avis.)
- **She is certain = sure to get the post.** (Il ne fait aucun doute qu'elle obtiendra le poste.) **She is confident that she'll get...** (Elle est persuadée qu'elle obtiendra...) **She is confident of success.** (Elle est sûre de réussir.)
- **There is no denying that...** (On ne saurait nier que...)

- **It's my conviction that...** (J'ai la conviction que...), **His arguments don't carry conviction.** (Ses arguments ne sont pas convaincants.), **He took a lot of convincing.** (Il a été dur à convaincre.) ≠ **He needed no convincing.** (Il n'a pas été nécessaire de le convaincre.)
- **I spoke in no uncertain terms.** (J'ai parlé en termes on ne peut plus clairs.)
  He is uncertain whether to leave now or to wait till tomorrow. (Il ne sait pas s'il doit partir maintenant ou attendre demain.), **He is still in two minds whether to leave or not = about leaving.** (Il hésite encore à s'en aller.), **There is still some uncertainty as to what really happened.** (On ne sait toujours pas très bien ce qui s'est réellement passé.)
  the don't knows (les « sans opinion »)
- **He's bound to do that.** (Il va sûrement faire ça.)
- **without a shadow of a doubt** (sans l'ombre d'un doute), **facts beyond doubt** (des faits avérés), **That leaves room for doubt.** (Ça laisse place au doute.), **I have my doubts about it.** (J'ai des doutes là-dessus.), **to give* sb the benefit of the doubt** (accorder à qqn le bénéfice du doute)
- **When in doubt, don't.** (Dans le doute, abstiens-toi.)

● *Truth* — *La vérité*

true [truː] → **truth** [truːθ] → **truthful** → **truthfully, truthfulness**	vrai → la/une vérité → franc/he, vrai/e → sans mentir, la véracité
≠ **untrue** → an **untruth** → **untruthful** → **untruthfully**, **untruthfulness**	faux → une contre-vérité → mensonger/-ère → de façon mensongère, le caractère mensonger
authentic = **genuine** ['dʒɛnjuɪn] → **genuinely**, **genuineness** = authenticity	authentique → authentiquement, l'authenticité
straightforward → straightforwardly, straightforwardness [streɪt'fɔːwədnɪs]	franc/he → franchement, la franchise
plain-dealing ≠ double-dealing a double-dealer	l'honnêteté ≠ la fourberie / le double jeu un/e fourbe
frank [fræŋk] → **frankly, frankness**	franc/he → franchement, la franchise
sincere [sɪn'sɪə] → sincerely, sincerity	sincère → sincèrement, la sincérité
upright ['ʌpraɪt] → **uprightness**	droit/e → la droiture
real [rɪəl] = ⚠ **actual** ['æktʃʊəl] → **really** = ⚠ **actually** → **reality** = actuality	réel/le / vrai/e → réellement la réalité
a fact → **factual** ['fæktʃʊəl]	un fait → factuel/le
right [raɪt] ≠ wrong [rɒŋ]	vrai/e (⚠ droit [N & adj.]) ≠ faux/-sse

→ *L'honnêteté, p. 59*

WORD PARTNERS

- **true** → **to come*** ~ (se réaliser), **to ring* true** ≠ **false** (sonner vrai ≠ faux),
- **truth** → **the naked** = **sheer** = **plain** = **bare** / **unvarnished** ~ (la vérité toute nue / brute), **a universal** ~ (une ~ universelle), **an incontrovertible / inescapable / uncomfortable / unwelcome** ~ (une ~ sans conteste / indéniable / inconfortable / désagréable à entendre), **the bitter** ~ (l'amère / la cruelle ~), **the honest** = **plain / sad / unpalatable** = **unpleasant** ~ (la pure / triste / déplaisante ~)
  to pursue = **to search for** = **to seek*** / **to arrive at** / **to perceive the** ~ (rechercher / parvenir à / percevoir la ~), **to discover** = **to get* at** = **to find*out the** ~ (découvrir la ~), **to admit** / **to ascertain** = **to establish the** ~ (reconnaître / établir la ~), **to tell* the** ~ (dire la ~), **to blurt out the** ~ (laisser échapper la ~), **to bring* out** = **to expose** = **to reveal** = **to uncover the** ~ (révéler = dévoiler la ~), **to face** / **to stick* to** / **to vouch for the** ~ (regarder en face / s'en tenir à / attester la ~), **to close one's eyes to** = **to ignore** / **to conceal** = **to hide*** / **to deny** / **to disguise** / **to distort** = **to twist the** ~ (refuser de voir / dissimuler / nier / déguiser / déformer la ~)
  a ~ **drug** = **a** ~ **serum** (un sérum de vérité), **a modicum of** / **a grain of** ~ (un brin de / une once de ~), **the moment of** ~ (la minute de ~), **concern for** ~ (souci de ~)
- **to be* right** ≠ **to be* wrong** (avoir raison ≠ avoir tort)

PHRASES

- **Her dream has come true.** (Son rêve s'est réalisé.)
  It's too good to be true. (C'est trop beau pour être vrai.)
- **the truth, the whole truth and nothing but the truth** (la vérité, toute la vérité, rien que la vérité), **to tell* truth from falsehood = to sort out truth from falsehood** (démêler le vrai du faux), **to tell* a lie (in order) to get at the truth** (prêcher le faux pour savoir le vrai), **to take* sth as gospel truth** (prendre qqch pour parole d'évangile)
- **These two versions have their share of truth.** (Ces deux versions contiennent leur part de vérité.), **There is not a word of truth in what he says.** (Il n'y a pas un mot de vrai dans ce qu'il dit.), **I'll tell him a few home truths.** (Je vais lui dire ses quatre vérités.), **The truth is staring you in the face.** (La vérité vous crève les yeux.)
  To tell the truth, they... (À dire vrai, ils...)
  Truth will out. (La vérité finit toujours par se découvrir.)
  Nothing hurts like the truth. (Il n'y a que la vérité qui blesse.)
  The truth is betwixt and between. (La vérité est entre les deux.)
  The truth is sometimes best left unsaid. (La vérité n'est pas toujours bonne à dire.)
  Out of the mouths of babes and sucklings comes forth truth. (La vérité sort de la bouche des enfants.)
- **in actual fact = actually = as a matter of fact** (en fait)

● *Usefulness and uselessness* — *L'utilité et l'inutilité*

to use [ju:z], **use** [ju:s] → **usable** ['ju:zəbəl], **useful** ['ju:sfʊl] → **usefully, usefulness** ≠ **useless** ['ju:slɪs] → **uselessly, uselessness** → **a user** ['ju:zə] → **user-friendly** → **usage** ['ju:zɪdʒ]	utiliser, l'utilité / l'usage / l'emploi → utilisable, utile → utilement, l'utilité ≠ inutile → inutilement, l'inutilité → un/e utilisateur/-trice / usager/-ère → facile à utiliser → l'usage
utility[ju:'tɪlɪtɪ] (⚠ **public utility**) → **to utilize** ['ju:tɪlaɪz] → **utilizable, utilization**	l'utilité (⚠ service public) → utiliser → utilisable, une utilisation
pointless → **pointlessly, pointlessness**	inutile / vain/e → inutilement, l'inutilité
to serve as → **service** ['sɜ:vɪs] → **serviceable**	servir de → 1. usage 2. service → utilisable / en état de fonctionner
futile ['fju:taɪl] = **vain** [veɪn] → **vainly** = **in vain** = **to no avail** → **unavailing** → **unavailingly**	vain/e → vainement = en vain vain/e → vainement
to profit (by), profit → **profitable** → **profitably** ≠ **unprofitable** → **unprofitably**	profiter de, le profit / un avantage → avantageux/-se → avantageusement / utilement ≠ non rentable → de façon peu rentable
convenient [kən'vi:nɪənt] → **conveniently, convenience**	commode → de façon commode, la commodité
a function → **functional** ['fʌŋkʃənəl]	une fonction → fonctionnel/le / en état de marche
a purpose ['pɜ:pəs] → **purpose-built**	un but / un usage → conçu/e pour un usage spécifique

WORD PARTNERS

- **to use** → **~ sth carefully / cautiously / constantly / constructively / efficiently = effectively / regularly / sparingly / wisely** (utiliser qqch avec précaution / avec prudence / constamment / de manière constructive / de façon efficace / régulièrement / en petites quantités / judicieusement), **to hardly ever ~ sth** (ne presque jamais utiliser qqch)
- **use** → **to find* a ~ for** (trouver un moyen de se servir de), **to make* ~ of / to make* extensive ~ of** (utiliser / faire un usage considérable de)
  to advise / advocate = recommend / authorize = permit / be* in favour of / encourage / extend / justify / plan the ~ of (conseiller / préconiser = recommander / autoriser = permettre / être partisan de = favorable à / encourager / étendre / justifier / projeter l'utilisation, l'emploi, l'usage de), **to avoid / complain about / criticize = object to / oppose / prevent / prohibit = ban / restrict / give* up the ~ of** (éviter / se plaindre de / critiquer = réprouver = désapprouver / s'opposer à / empêcher / interdire / limiter = restreindre / abandonner = renoncer à ~)

- **useful → extremely / increasingly / particularly / relatively / undoubtedly ~** (extrêmement / de plus en plus / particulièrement / relativement / incontestablement utile)
  to come* in ~ / handy (être / se révéler utile)
- **absolutely = completely = utterly = totally useless** (absolument = complètement = totalement inutile)
- **a futile attempt** (une vaine tentative)
- **to fulfil = to perform a function** (remplir une fonction)

PHRASES

- **"What's this device used for?" "It's used to clear / for clearing sinks."** (« À quoi sert ce truc ? – Il sert à déboucher les éviers. »)
  I use this box as a table. (Cette caisse me sert de table.)
  to use sth profitably / to good purpose (employer qqch utilement), **to put* sth to good ≠ bad use** (bien ≠ mal employer qqch)
  Don't throw away anything that may be of use. (Ne jette rien qui puisse servir.), **This system is in wide use.** (Ce système est largement utilisé.), **This phrase is no longer in use.** (Cette expression ne s'emploie plus.), **I have no further use for...** (Je n'ai plus besoin de...), **This machine has outlived its usefulness; it went out of use long ago.** (Cette machine ne sert plus à rien ; il y a longtemps qu'on ne l'utilise plus.)
  It wouldn't have been much use. (Ça n'aurait pas servi à grand-chose.), **What's the use / What's the point of worrying?** (À quoi bon s'inquiéter ?), **It's no use = It's useless / pointless / of no avail warning her. = There's no point in warning her.** (Ça ne sert à rien de la mettre en garde.), **That won't do any good.** (Ça ne servira à rien.)
  He still has full use of his faculties. (Il jouit encore de toutes ses facultés.), **He has lost the use of his left leg.** (Il a perdu l'usage de sa jambe gauche.)
  for external ≠ internal use only (à usage externe ≠ interne), **ready for use** (prêt à l'emploi), **for my own use** (pour mon usage personnel)
- **Can I be of any service to you?** (Puis-je vous aider en quoi que ce soit ?), **You've done me a great service.** (Vous m'avez rendu un grand service.)
  My old car has seen good / plenty of service. (Ma vieille voiture a fait long usage.)
  Are their old buses still in service? (Est-ce que leurs vieux autobus sont encore en service ?)
- **to mix / combine business with / and pleasure** (joindre l'utile à l'agréable)
- **What's the purpose of this room?** (À quoi sert cette pièce ?),
  I see no purpose <u>in</u> prolonging the interview. (Je ne vois pas l'utilité <u>de</u> prolonger cet entretien.)
- *[Coll.:]* **A fat lot of good that'll do you!** (Ça vous fera une belle jambe !)

● *Efficiency and inefficiency* *L'efficacité et l'inefficacité*

effective [ɪ'fɛktɪv] → effectively, effectiveness	efficace → efficacement, l'efficacité (abstractions)
efficient → efficiently → efficiency	efficace → efficacement, l'efficacité (personnes et choses)
efficacy → efficacious → efficaciously	l'efficacité (choses, actions) ← efficace → efficacement
effectual [ɪ'fɛktʃʊəl] → effectually	efficace → efficacement
ineffective → ineffectiveness inefficient → inefficiency	ineffficace → l'inefficacité

W. P.

- **an effective / efficient teacher / cure / tool** (un professeur / remède / outil efficace)
- **to become effective** (entrer en vigueur)
- **an efficacious drug** (un médicament efficace)
- **effectual measures** (des mesures efficaces)

PHRASES

- **This treatment is efficacious in cases of fever.** (Ce traitement est efficace dans des cas de fièvre.), **She is efficient at her job.** (Elle est efficace dans son métier.)
- **No matter how well-prepared you are / However well-prepared you may be, the worst still happens sometimes.** (On a beau être bien préparé, le pire se produit quand même quelquefois.)
  However hard he tried / Try as he might, he could not do it. (Il a eu beau essayer, il n'y est pas arrivé.)
- **It works. ≠ It doesn't work.** (Ça marche. ≠ Ça ne marche pas.)

Possession — *La possession*

to possess [pə'zɛs] → a possessor = to own → an owner ['əʊnə] → ownership	posséder → un possesseur, un/e propriétaire → la propriété (droit légal)
to acquire [ə'kwaɪə] sth → acquisition [əkwɪ'zɪʃən]	acquérir qqch → l'acquisition
to belong → belongings	appartenir → des affaires personnelles
to give* (sth to sb) → to give* sth away / back / in / out / up	donner (qqch à qqn) brader / rendre / remettre / distribuer / abandonner qqch
to take* sth (from sb)	prendre qqch (à qqn)
to lend* sth (to sb)	prêter qqch (à qqn)
to hand sth over (to sb)	remettre qqch (à qqn)
to hand sth out = to distribute sth	distribuer qqch
to keep* sth = to hold* on to sth	garder qqch
my [maɪ] mine [maɪn] = my own	mon, ma, mes le mien, la mienne, les miens, les miennes
your [jɔː] yours [jɔːz] = your own	ton, ta, tes, votre, vos le tien, la tienne, les tiens, les tiennes, le vôtre, les vôtres
his [hɪz] his = his own	(Possesseur masculin :) son, sa, ses le sien, la sienne, les siens, les siennes
her [hɜː] hers = her own	(Possesseur féminin :) son, sa, ses le sien, la sienne, les siens, les siennes
its [ɪts] its own	(Possesseur animal, chose :) son, sa, ses le sien, la sienne, les siens, les siennes
our [aʊə] ours [aʊəz] = our own	notre, nos le/la nôtre, les nôtres
their [ðɛə] theirs [ðɛəz] = their own	leur, leurs le leur, la leur, les leurs
a/property ['prɒpətɪ]	une/la propriété
goods and chattels	les biens et effets
movables ['muːvəbəlz]	les biens mobiliers
resources [rɪ'sɔːsɪz]	les ressources

PHRASES

- **Whose house is this?** (À qui appartient cette maison ?)
- **Under new ownership** (Changement de propriétaire)
- **the ownership of the means of production** (la propriété des moyens de production)
- **a man of property** (un homme qui a du bien), **a man of slender means** (un homme qui a de petits revenus)

Similarities and differences — *Les ressemblances et les différences*

similar ['sɪmɪlə] → similarly, similarity ≠ dissimilar → dissimilarity	pareil/le / semblable → semblablement, la ressemblance ≠ dissemblable → la dissemblance

similitude [sɪ'mɪlɪtju:d] = **likeness** ['laɪknɪs]	la ressemblance / la similitude
like [laɪk] ≠ **unlike** → **unlikely**	semblable ≠ dissemblable → improbable
→ **to look like** = **to resemble**	ressembler à
→ **resemblance** [rɪ'zɛmbləns]	→ la ressemblance
→ **like-minded**	qui a les mêmes opinions / les mêmes goûts
→ **alike** [ə'laɪk]	1. *(adj. :)* pareil 2. *(adv. :)* de la même façon
→ **likewise**	de même / également
→ **to liken (to)**	comparer (à) / assimiler (à)
akin to	analogue à, qui ressemble à
to copy, a copy ['kɒpɪ]	copier, une copie
→ **to photocopy, a photocopy**	photocopier, une photocopie
→ **a photocopier**	→ une photocopieuse
to duplicate ['dju:plɪkeɪt] → **duplication**	faire un double de → la reproduction
a double ['dʌbəl]	1. un double 2. un sosie
a lookalike ['lʊkəlaɪk]	un sosie
to imitate → **an imitator, imitation**	imiter → un/e imitateur/-trice, l'imitation
to mimic → **mimicry** ['mɪmɪkrɪ]	mimer, singer → imitation, mimétisme
to mime [maɪm], **a mime**	mimer, un mime
identical (to / with) → **identically**	identique (à) → de façon identique
analogy → **analogous** [ə'næləgəs] **(to)**	l'analogie → analogue (à)
(the) same [seɪm] → **sameness**	(le) même → la similitude
the counterpart = **the opposite number**	l'homologue
the equivalent (of)	l'équivalent (de)
equivalent [ɪ'kwɪvələnt] **(to)** = **tantamount to**	équivalent (à)
to correspond (to / with)	être l'équivalent (de) / être conforme (à)
to equal, equal ['i:kwəl] → **equally, equality**	égaler, égal → également, l'égalité
superior (to) → **superiority** [su:pɪərɪ'ɒrətɪ]	supérieur/e (à) → la supériorité
inferior (to) → **inferiority** [ɪnfɪərɪ'ɒrətɪ]	inférieur/e (à) → l'infériorité
to differ ['dɪfə]	1. différer 2. être en désaccord
→ **different (from)** → **differently**	→ différent/e (de) → différemment
→ **a / the difference**	→ 1. une / la différence 2. un / le différend
at variance with	en contradiction / en désaccord avec
a discrepancy [dɪs'krɛpənsɪ]	une divergence, une contradiction
a contrast, to contrast with sth	un contraste, contraster avec qqch
to compare (with / to) → **a comparison**	comparer (à) → une comparaison
in comparison [kəm'pærɪsən] **with**	en comparaison de / par rapport à

WORD PARTNERS

- **a family likeness** (un air de famille)
- **resemblance** → **a close / strong** ≠ **slight / vague** = **remote ~** (une forte ≠ légère / vague ressemblance), **a striking / an uncanny ~** (une ~ frappante / troublante)
  to bear* / show* / have* a ~ to (ressembler à)
- **to do* the same** = **to do* likewise** (faire pareil / faire de même)
- **duplicate** → **a ~ key** (un double de clé), **in ~ / in triplicate** (en double / en triple exemplaire)
- **certified copy** (copie certifiée conforme)
- **to differ fundamentally / marginally / markedly** = **noticeably** = **significantly / sharply / totally with sb** (être fondamentalement / très légèrement / sensiblement / nettement / totalement en désaccord avec qqn)
- **difference** → **an all-important ~** (une différence capitale), **a clear** = **decided** = **marked ~** (une nette ~), **a tremendous / glaring ~** (une ~ énorme / manifeste), **a noticeable** = **visible / an obvious / a perceptible / pronounced** = **sharp ~** (une ~ visible / évidente / perceptible / marquée), **a slight ~** (une légère ~)
  to accentuate = **to highlight** = **to underline a ~** (souligner une différence), **to blur** ≠ **to bring* out / to exaggerate** (estomper ≠ faire ressortir / exagérer ~), **to magnify a ~** (grossir une différence)
  a ~ in degree / in kind (une ~ de degré / de nature), **a ~ of opinion** (une divergence de vues)
- **contrast** → **a glaring / harsh / sharp / significant / startling** = **striking ~** (un contraste qui saute aux yeux / choquant / net / significatif / saisissant = frappant)
  to bring* out = **stress / emphasize** = **highlight** = **underline a ~** (faire ressortir / souligner un contraste), **to soften a ~** (adoucir un ~)
  in stark / marked ~ to (en ~ absolu avec)

PHRASES

- **to be* the spitting image of sb** (être le portrait craché de qqn), **to be* as like as two peas in a pod** (se ressembler comme deux gouttes d'eau)
  They are so alike that they could be twins. (Ils/Elles se ressemblent tellement qu'ils/elles pourraient être jumeaux/jumelles.)
- **He is second to none for stirring things up.** (Il n'a pas son pareil pour semer la zizanie.)
- **She is the same age as me.** (Elle a le même âge que moi.)
- **"I'll have a coffee." "Same for me, please!"** (« Je prendrai un café. – La même chose pour moi, s'il vous plaît. »), **"Same again, please!"** (« La même chose. / Remettez-nous ça, s'il vous plaît. »)
- **We are in the same boat.** (Nous sommes dans le même bateau.), **Our backgrounds are the same.** (Nous appartenons au même milieu.), **We're cast in the same mould.** (Nous sommes coulés dans le même moule.), **They're tarred with the same brush.** (Ils sont à mettre dans le même sac.), **We are on the same wavelength.** (Nous sommes sur la même longueur d'onde.), **We think the same way about...** (Nous pensons la même chose de...)
- **Is this a duplicate or the original?** (C'est un double ou l'original ?)
- **We agreed to differ.** (Nous sommes restés chacun sur notre position.)
  I beg to differ. (Je me permets de ne pas être de votre avis.)
- **That makes all the difference / a world of difference.** (Voilà qui change tout.)
  a man with a difference (un homme pas comme les autres)
- **Opinion is divided on the matter.** (Les avis sont partagés sur cette question.)
- **Your version is at variance with what she said.** (Votre version ne concorde pas avec ce qu'elle a dit.)
- **Our system of education compares well with that of our neighbours.** (Notre système d'enseignement soutient la comparaison avec celui de nos voisins.)
- **Great minds think alike.** (Les grands esprits se rencontrent.)
  Lightning never strikes in the same place twice. (L'histoire ne se répète pas.)
- **to be* (as) good as gold** (être sage comme une image), **(as) brown as a berry** (tout bronzé), **(as) dry as dust** (ennuyeux comme la pluie), **(as) mad as a hatter** (fou à lier), **(as) flat as a pancake** (plat comme une galette), **(as) sick as a parrot** (dégoûté), **(as) snug as a bug in a rug** (bien au chaud), **like a bear with a sore head** (d'une humeur massacrante)
  It was pitch black. (Il faisait noir comme dans un four.)
  It worked like a dream. (Ça a marché à merveille)

• Inclusion — L'inclusion

to **include** [ɪn'kluːd] → **inclusive**, **inclusion**, **including**	inclure → inclus/e / forfaitaire, l'inclusion, y compris
to **accept** → **acceptable**, **acceptance**	accepter → acceptable, le consentement
to **contain** [kən'teɪn] → a **container**	contenir → un récipient
the **contents** ['kɒntɛnts]	le contenu
to **involve** [ɪn'vɒlv] → **involvement**	impliquer / comporter → l'implication
to **constitute** ['kɒnstɪtjuːt]	constituer
to **consist** of + pl. / in + V -ing	consister en / consister à
to **comprise** [kəm'praɪz]	comprendre (= inclure)
to be* **composed** of = to be* **made up** of	se composer de
to **integrate** with / in(to) → **integration**	s'intégrer à → l'intégration
to **merge** in / into → a **merger** ['mɜːdʒə]	se fondre dans → une fusion
to **number among**	compter parmi
to **join** [dʒɔɪn] (a club / a group)	adhérer à (un club / un groupe)
an **element** = a **constituent**	un élément (⚠ a constituent = un administré)
an **ingredient** [ɪn'griːdjənt]	un ingrédient
a **component** [kəm'pəʊnənt]	un/e composant/e
(a) **part** [pɑːt]	(une) partie
a **member** ['mɛmbə]	un membre
among (+ pl. ou sing. à sens pluriel) **amid** = **amidst** = in the **midst** of (+ sing.)	parmi

PHRASES

- **to be* / to form part of** (faire partie de), **to be* an integral part of = to be* part and parcel of** (faire partie intégrante de), **to make* up = to form a whole** (former un tout), **to take* part in** (participer à)
- **Ten people, among whom (= including) three men, were injured.** (Dix personnes, dont trois hommes, ont été blessés.), **There were 38 injured passengers, 15 of whom remain in a life threatening condition.** (Il y a eu 38 passagers blessés, dont 15 demeurent dans un état critique.)
  £150 a week inclusive of heating = including heating = heating included (150 livres par semaine, chauffage compris)
  from the first to the tenth inclusive (du premier au dixième inclus)
- **All without exception have signed the treaty.** (Tous sans exception ont signé le traité.)
  She's got lots of books some of which / several of which / most of which are very old. (Elle a beaucoup de livres dont certains / dont plusieurs / dont la plupart sont très anciens.)
- **I'm interested, count me in. ≠ I'm not interested, count me out.** (Ça m'intéresse, j'en suis. ≠ Ça ne m'intéresse pas, ne comptez pas sur moi.)
- **The community is made up of several ethnic groups.** (Cette communauté est constituée de plusieurs groupes ethniques.)
  Fifteen ministers make up = form the cabinet. (Quinze ministres composent le cabinet.)
  The delegation comprised = included the following persons. (La délégation comprenait les personnes suivantes.)
- **The team consists of eight men and three women.** (L'équipe se compose de huit hommes et de trois femmes.)
  Courage consists in overcoming one's fears. (Le courage consiste à surmonter ses peurs.)

Exclusion — *L'exclusion*

to **shut*** out = to **exclude** → **exclusion** [ɪks'klu:ʒən]	exclure → l'exclusion
to **preclude** [prɪ'klu:d]	exclure / empêcher
to **leave*** out = to **omit** → an **omission**	omettre → une omission
to **turn down**	refuser / écarter
to **spurn** [spɜ:n]	refuser / repousser
to **reject** → a **rejection** [rɪ'dʒɛkʃən]	rejeter ← un rejet
to **refuse** [rɪ'fju:z] → a **refusal** [rɪ'fju:zəl]	refuser ← un refus
to **confute** = **refute** → a **refutation**	réfuter → une réfutation
to **banish** ['bænɪʃ] → a **banishment**	bannir → le bannissement
to **expel** [ɪk'spɛl] → **expulsion** [ɪks'pʌlʃən]	expulser → l'expulsion / le renvoi
to **ostracize** ['ɒstrəsaɪz] → **ostracism**	mettre au ban de la société → l'ostracisme
to **exile** ['ɛgzaɪl], **exile** *(N)*	exiler, l'exil / un exilé
to **extradite** → an **extradition**	extrader → une extradition
to **expatriate**, (an) **expatriate** *(N & adj.)*	expatrier, (un/e) expatrié/e
to **deport** [dɪ'pɔ:t] → **deportation** [di:pɔ:'teɪʃən]	déporter → la déportation
to **segregate** ['sɛgrɪgeɪt] → **segregation**	séparer → la ségrégation
to **separate** ['sɛpəreɪt], **separate** → a **separation**	séparer, séparé/e → une séparation
to **set*** apart	mettre à part
to **set*** aside = to **lay*** aside = to **put*** aside	mettre de côté
to **eliminate** [ɪ'lɪmɪneɪt] → **elimination**	éliminer → l'élimination
to **relegate** ['rɛlɪgeɪt] → **relegation**	reléguer → la relégation
to **repudiate** [rɪ'pju:dɪeɪt] → **repudiation**	répudier → la répudiation
to **excommunicate** → **excommunication**	excommunier → l'excommunication
to **neglect** [nɪ'glekt], **neglect** → **neglectful**	négliger, le manque d'attention(s) → négligent/e
⚠ to **ignore** [ɪg'nɔ:]	refuser de voir / ignorer volontairement
to **blackball** ['blækbɔ:l]	blackbouler
to **blacklist** ['blæklɪst]	mettre à l'index / sur liste noire

to throw* away → throwaway	jeter → jetable
to dispose [dɪs'pəʊz] of → disposable	se débarrasser de → jetable
to discard = to get* rid of	se débarrasser de
to rid* of	débarrasser de
to scrap	mettre au rebut
to push / throw* overboard	pousser / jeter par-dessus bord
to rule out [ru:l aʊt]	écarter (un argument / une solution)
to strike* [straɪk] off	rayer / radier
to dismiss → a dismissal	écarter / exclure / renvoyer → une révocation
to dispel (doubts / fear / anxiety)	dissiper (les doutes / la peur / l'inquiétude)
to except → an exception	exclure / excepter → une exception
except / except for	excepté / à l'exception de
apart from	en dehors de / à part
with → without [wɪ'ðaʊt]	avec → 1. sans 2. au dehors *(archaïque)*

W. P.

- **rejection → a complete = total / flat ~** (un rejet total / absolu)
  to meet* with / to suffer = to experience ~ (se heurter à un refus / se sentir rejeté)
  fear of ~ / a sense of ~ (la peur d'être rejeté / un sentiment de rejet)
- **to feel* rejected / unwanted** (se sentir rejeté / de trop)

PHRASES

- **Good riddance !** (Bon débarras !)
- **I was refused admittance.** (On m'a refusé l'entrée.)
- **My suggestion has been turned down.** (On a rejeté ma suggestion.)
  My offer was spurned. (Ma proposition a été refusée.)
  This possibility shouldn't be ruled out. (Il ne faudrait pas exclure cette éventualité.)
  I felt left out at their party. (Je me suis senti exclu / tenu à l'écart à leur réception.)
  to feel* the odd one out (ne pas se sentir comme les autres)
- **to strike* off a name from a list** (rayer un nom d'une liste)
- **That's where I draw the line.** (Ça suffit ! / Là, ça va trop loin.)
  You have to draw the line somewhere. (Il y a une limite à tout.)
- **Everyone except me has been informed.** (Tout le monde a été informé sauf moi.)
  Present company excepted, of course. (À part vous, bien sûr !)
  With the exception of the chairman, all the men were anxious to go. (Tous les hommes, à l'exception du président, tenaient absolument à y aller.)
  She is quite well, except for a slight cold. (Elle va tout à fait bien, à part un léger rhume.)
  [Archaic / formal:] **But for your help, we should have been in a difficult position.** (Sans votre aide, nous aurions été en difficulté.)
  She tends to ignore what may thwart her aims. (Elle a tendance à ne pas tenir compte de ce qui risque de contrecarrer ses objectifs.)

7 Books — Le livre

• Picking up a book — *Choisir un livre*

a **book** [bʊk]	un livre
→ UK a **bookshop** = US a **bookstore**	→ une librairie
→ a **bookseller**	→ un libraire
→ **bookish**	→ livresque
→ a **bookcase**, a **bookshelf** (pl.: **bookshelves**)	→ une bibliothèque (meuble), un rayon (de bibliothèque)
→ a **bookstall** ['bʊkstɔːl]	1. un kiosque à journaux 2. un étal de bouquiniste
→ a **bookstand**	1. un lutrin 2. un kiosque à journaux
→ a **booklet**, a **note**book, a **text**book	une brochure, un cahier / carnet, un manuel
a **volume** ['vɒljuːm]	un volume / un tome
⚠ a **library** ['laɪbrərɪ]	une bibliothèque (lieu)
→ a **librarian** [laɪ'brɛərɪən]	→ un/e bibliothéquaire
an **author/ess** ['ɔːθə/rɪs]	un auteur (homme ou femme)
a **pseudonym** ['sjuːdənɪm] = a **penname** = **nom de plume**	un pseudonyme = un nom de plume
to edit → **an edit**, **an edition** [ɪ'dɪʃən], **an editor** ['ɛdɪtə]	éditer / revoir → une révision, une édition, un directeur d'édition (⚠ un rédacteur en chef)
a **title** ['taɪtəl] → **to entitle** → **entitled**, a **subtitle**	un titre → intituler (⚠ habiliter) → intitulé, un sous-titre
the **foreword** ['fɔːwɜːd]	l'avant-propos
the **preface** ['prɛfɪs]	la préface
the **introduction** [ɪntrə'dʌkʃən]	l'introduction
the **table of contents**	la table des matières
the **index** ['ɪndɛks]	l'index
the **bibliography** [bɪblɪ'ɒgrəfɪ]	la bibliographie
to design, **the design** [dɪ'zaɪn]	concevoir → la conception graphique
the **cover** ['kʌvə]	la couverture
the **(dust) jacket**	la jaquette
the **spine** [spaɪn]	le dos
the **edge** [ɛdʒ]	la tranche

WORD PARTNERS

- **book** → **to scan through** = **to skim through a ~** (parcourir un livre), **to leaf through** = **to browse through a ~** (feuilleter un ~), **to be* immersed in / ⚠ engrossed in a ~** (être plongé dans / absorbé par un ~)
  a ~ of reference = **a reference ~** (un ouvrage de référence), **a bedside ~** (un livre de chevet), **a ~ lover** (un bibliophile), **a ~worm** (un rat de bibliothèque), **~ends** (des serre-livres), **a ~ club** (un club de lecture), **a ~ fair** (un salon du livre), **an e-book / ebook** (un livre électronique), **a ~ review** (un compte rendu de lecture / une critique littéraire), **~ -learning** (des connaissances livresques), **~binding** (la reliure [activité]), **a ~binder** (un relieur)
- **a second-hand bookshop** = **bookstore** (une bouquinerie), **a second-hand bookseller** (un/e bouquiniste)
- **library** → UK **a mobile ~** = US **a bookmobile** (un bibliobus), **a ~ card** (une carte de bibliothèque), **a digital / virtual ~** (une bibliothèque numérique / virtuelle)
- **edition** → **an annotated ~** (une édition annotée), **a revised and corrected ~** (une ~ revue et corrigée), **a limited / a pocket ~** (une ~ limitée / de poche), **the original ~** (l'~ originale)
- **the title page** (la page de titre)
- **the front / back cover** (la première / quatrième de couverture)
- **a gilt edge** (une tranche dorée)

PHRASES

- **the (Good) Book** (la Bible)
- **the Booker Prize** (Prix littéraire britannique)
- **the Pulitzer Prize(s)** (le/s prix Pulitzer [récompenses américaines attribuées dans six catégories littéraires et treize catégories journalistiques])
- **in my books** (d'après moi), **to keep* the books** (tenir les comptes), **to be* in sb's good ≠ bad books** (être bien ≠ mal vu de qqn), **to do* sth by the book** (suivre le règlement)

● *The writing of a book* — *L'écriture d'un livre*

to **inspire** [ɪn'spaɪə] → **inspiration** [ɪnspɪ'reɪʃən]	inspirer → l'inspiration
a **Muse** [mju:z]	une muse
to **write*** [raɪt] → a **writer**, the **writings (of)**, **handwriting**, **handwritten**, to **rewrite*** sth → a **write-up**	écrire → un écrivain, les écrits (de), l'écriture manuscrite, manuscrit/e, ré(é)crire qqch un compte rendu / une critique
calligraphy → **calligraphic** → a **calligrapher** [kə'lɪgrəfə]	la calligraphie → calligraphique un calligraphe
(il)legible = **(un)readable**	(il)lisible
to **scrawl** [skrɔ:l], a **scrawl**	gribouiller, un gribouillage
to **scribble** ['skrɪbəl] → a **scribbler**	griffonner → un écrivaillon
a **manuscript**, a **typescript** ← to **type** [taɪp] → a **typist**, a **typewriter** ['taɪpraɪtə]	un manuscrit, un tapuscrit dactylographier → un/e dactylo(graphe), une machine à écrire
ink	l'encre
a **quill**	une plume d'oie (taillée pour écrire)
a **pen**, to **pen** → a(n **ink**-)**pen**, a **ball-point (pen)**, a **felt-pen**	une plume, rédiger → un stylo(-plume), un (stylo-)bille, un (stylo-)feutre
paper ['peɪpə]	le papier
a **sheet** [ʃi:t]	une feuille (⚠ un drap)
a **page** [peɪdʒ]	une page
the **alphabet** → **alphabetical**	l'alphabet → alphabétique
a **letter** ['lɛtə]	une lettre
literature ['lɪtərətʃə]	la littérature
literary ['lɪtərərɪ]	littéraire
literate ['lɪtərɪt] ≠ **illiterate** → **literacy** ['lɪt(ə)rəsɪ] ≠ **illiteracy**	1. alphabétisé 2. instruit ≠ analphabète → la capacité de lire et d'écrire / l'alphabétisation ≠ l'analphabétisme
a **word** [wɜ:d] → to **(re)word**	un mot / une expression → (re)formuler
a **phrase** [freɪz] → to **(re)phrase**	une expression → (re)formuler
text, a **text**	du texte, un texte
a **line** [laɪn]	1. une ligne 2. un vers
a **paragraph** ['pærəgrɑ:f]	un paragraphe
to **indent** → an **indentation**	faire un rentré → un alinéa
a **margin** ['mɑ:dʒɪn]	une marge
to **spell*** [spɛl] → to **spell out**, **spelling**	épeler / orthographier → épeler / déchiffrer, l'orthographe
a **draft** [drɑ:ft] to **draft**	un premier jet ébaucher / faire un brouillon
to **jot** [dʒɒt] **(sth) down**	jeter (qqch) sur le papier
to **note**, a **note** → a **footnote** ['fʊtnəʊt]	noter, une note → ~ de bas de page
to **correct** → a **correction** [kə'rɛkʃən]	corriger → une correction
to **rub sth out** = to **erase sth** → an **eraser**	effacer qqch → une gomme
to **delete** [dɪ'li:t] sth → a **deletion** [dɪ'li:ʃən]	supprimer qqch → 1. une rature 2. une suppression
to **strike*** / **score** / **cross sth out**	barrer / rayer / raturer qqch
to **copy**, ⚠ a **copy** → **copyright**, to **copy sth out**	copier, un exemplaire → les droits d'auteur, recopier qqch
to **decipher** [dɪ'saɪfə]	déchiffrer / décrypter
to **transcribe** [træns'kraɪb] → a **transcription** [træns'krɪpʃən]	transcrire → une transcription

→ *L'ordinateur, p. 344*

WORD PARTNERS

- **writing** → **~ paper** (du papier à lettres), **a ~ pad / block** (un bloc-notes / un bloc de papier à lettres), **a ~ desk = table** (un secrétaire / bureau [meuble])
- **writer** → **a ghost~** (un « nègre »), **a hack ~** (un plumitif), **~'s cramp / block** (la crampe de l'écrivain / l'angoisse de la page blanche)
- **page** → **a blank ~** (une page blanche), **a dog-eared ~** (une page cornée)
- **in alphabetical order** (par ordre alphabétique)
- **letters** → **in capital ~ = in capitals** (en lettres capitales), **upper-case ≠ lower-case ~** (les lettres majuscules ≠ minuscules)
- **to be* literary-minded** (avoir l'esprit littéraire)
- **spell** → **~-check** (la vérification orthographique) → **a ~(ing)-checker** (un correcteur d'orthographe), **a spelling mistake** (une faute d'orthographe)
- **lines** → **the first four ~** (les quatre premières lignes / les quatre premiers vers), **the next = following three ~** (les trois lignes suivantes / les trois vers suivants), **the last two ~** (les deux dernières lignes / les deux derniers vers)
- **draft** → **a rough ≠ polished ~** (un brouillon ≠ un projet de texte peaufiné), **to make* / to prepare a ~** (faire un brouillon / ébaucher un texte)
- **note** → **to make* a ~ of sth** (noter qqch), **to take* (down) ~s** (prendre des notes)
- **a rough ≠ fair / polished copy** (un brouillon ≠ un texte mis au propre / peaufiné)

PHRASES

- **to put* sth in writing** (mettre qqch par écrit)
- **to have* elegant / good ≠ poor handwriting = to write* in an elegant / a good ≠ poor hand** (avoir un écriture élégante / une belle ≠ vilaine écriture)
- **He has written himself out.** (Il a épuisé son inspiration.)
- **to put* pen to paper** (prendre la plume), **to live by one's pen** (vivre de sa plume), **to dip one's pen in ink / acid / blood** (tremper sa plume dans l'encre / l'acide / le sang)
- **How do you spell this word?** (Comment écrit-on ce mot ?)
  Her spelling is good ≠ poor. (Elle est bonne ≠ mauvaise en orthographe.)
  [Ironical:] **Shall I spell it out for you?** (Est-ce qu'il faut que je te fasse un dessin ?)

• *Publishing a book* — *La publication d'un livre*

to publish ['pʌblɪʃ] → **publishing**, a **publisher**, **publication**	publier → l'édition, un éditeur, la publication
a blurb [blɜːb]	un résumé de quatrième de couverture
to bind* [baɪnd] → a **binding**	lier / relier → une reliure
UK a **hardback** = US a **hardcover**	un livre cartonné / relié
a **paperback** ['peɪpəbæk]	un livre broché / une édition de poche
to acknowledge → the **acknowledgements**	reconnaître → les remerciements
to dedicate → a **dedication** [dɛdɪ'keɪʃən]	dédier → une dédicace (œuvre) (⚠ dévouement)
to **inscribe** [ɪn'skraɪb] a book to sb → an **inscription**	dédicacer un livre pour qqn (⚠ inscrire) → une dédicace (⚠ inscription)
to lay out, the **layout** ['leɪaʊt]	mettre en page, la mise en page
to print → to **misprint**, a **misprint** → **printing**, the **printing**, → a **printer** ['prɪntə] → the print = the characters → a (**printing**) press	imprimer → mal imprimer, une faute d'impression l'imprimerie, l'impression, 1. un imprimeur 2. une imprimante les caractères une presse
typography [taɪ'pɒgrəfɪ] → a **typographer**	la typographie un/e typographe
a **typeface** ['taɪpfeɪs]	une police de caractères
a **typo** ['taɪpəʊ] *(coll.)*	une faute de frappe
to **illustrate** ['ɪləstreɪt] → an **illustration**	illustrer → une illustration
the **caption** ['kæpʃən]	la légende d'une illustration
to **illuminate** [ɪ'luːmɪneɪt] → **illumination**	enluminer (⚠ illuminer) → l'enluminure
an **inset plate**	une planche hors-texte

the proofs [pru:fs] → **to proofread* sth** → **a proofreader**	les épreuves d'un livre → corriger les épreuves de qqch → un correcteur
to edit → **an editor** ['edɪtə]	éditer → un éditeur

WORD PARTNERS

- **a publishing house** (une maison d'édition), **online ~** (la publication en ligne)
- **print** → **block = ~ characters** (les caractères d'imprimerie)
  in small ≠ in large ~ (en petits ≠ en gros caractères)
- **printing** → **a ~ error** (un défaut d'impression), **a ~ plant** (une imprimerie industrielle), **a ~ shop** (un atelier d'imprimerie)
- **press** → **a rotary / cylinder ~** (une rotative), **a hand ~** (une presse manuelle), **to send* off to ~** (mettre sous presse), **to go* to ~** (être mis sous presse)
- **in roman / italic type** (en romains / italiques)

PHRASES

- **He is a mere footnote in my life.** (Il n'a eu aucune importance pour moi.)
- **A new paragraph should be indented = begin with an indented line.** (Un nouveau paragraphe devrait toujours commencer par un alinéa.)
- **You should always read the small print of a contract...** (Il faut toujours lire ce qui est inscrit en petits caractères dans un contrat...)
- **In preparation** (Sous presse), **Out of print** (Épuisé)
- **to keep* the print business alive** (maintenir l'édition papier en vie)

• *Inside the book* — *En ouvrant le livre*

to **read*** [ri:d] → **a reader, reading,** **a reading**	lire → un lecteur, la lecture, une lecture (publique)
a **bookmark** ['bʊkmɑ:k]	un marque-page
a **bookplate** ['bʊkpleɪt]	un ex-libris
style [staɪl] → **stylistic** → **stylistics**	le style → stylistique → la stylistique
to inform → **information, informative**	informer → l'information, instructif/-ve
to educate → **education** → **educational**	éduquer → l'éducation → éducatif/-ve
to entertain → **entertaining**	distraire → distrayant
to escape [ɪs'keɪp], **escape**	s'évader, l'évasion
the atmosphere = the mood [mu:d]	l'atmosphère
the locale [ləʊ'kɑ:l]	le cadre
to describe [dɪs'kraɪb] → **a description** [dɪs'krɪpʃən]	décrire → une description
to depict → **the depiction of**	dépeindre → la représentation / l'image de
to plot, a plot → **a sub-plot** ['sʌbplɒt]	intriguer, une intrigue → une intrigue secondaire
the action ['ækʃən]	l'action
an event [ɪ'vent]	un événement
tension ['tenʃən]	la tension
suspense [səs'pens]	le suspens/e
mystery ['mɪstərɪ] → **mysterious** [mɪs'tɪərɪəs]	le mystère → mystérieux/-se
the structure ['strʌktʃə]	la structure
a collection	un recueil
UK **a miscellany** = US **a miscellany** → **miscellaneous** [mɪsɪ'leɪnjəs]	un florilège / des morceaux choisis varié/e
to introduce [ɪntrə'dju:s] → **the introduction** [ɪntrə'dʌkʃən]	introduire → l'introduction
a prologue ['prəʊlɒg]	un prologue
the ending	la fin (processus)
to conclude → **the conclusion** [kən'klu:ʒən]	conclure → la conclusion

an **epilogue** ['ɛpɪlɒg]	un épilogue
an **episode** ['ɛpɪsəʊd]	un épisode
the **climax** ['klaɪmæks] → an anti**climax**	le paroxysme / nœud de l'action une chute décevante
a twist / a **sudden development**	un rebondissement / coup de théâtre
the **catastrophe** [kə'tæstrəfɪ]	la catastrophe finale / le dénouement
the **denouement** [deɪ'nu:mɒŋ]	le dénouement
a **character** ['kærɪktə] → **to characterize** → characterization	un personnage → caractériser → la construction de personnages
a protagonist	un personnage principal
a type → a **stereotype**, an **archetype**	un type → un stéréotype, un archétype

WORD PARTNERS

- **to read*** → **~ (sth) out loud** (lire à voix haute), **~ between the lines** (~ entre les lignes)
- **escapist literature** (la littérature d'évasion)
- **story** → **a ~teller** (un conteur), **the unfolding of the ~** (le déroulement de l'histoire)
- **plot** → **a well-wrought = well-knit ≠ loose ~** (une intrigue bien conçue ≠ trop lâche), **to unravel a ~** (dénouer une intrigue)
- **the twists and turns of the plot** (le cours tortueux de l'intrigue)
- **character** → **a stock ~** (un personnage conventionnel), **a flat ≠ round ~** (un personnage uni-dimensionnel / sans profondeur ≠ complexe)

PHRASES

- **to turn down the corner of a page = to dog-ear a page** (corner une page)
- **Paragraph one reads like this...** (Voilà ce que signifie le premier paragraphe...)
- **She's a great storyteller!** (Ce qu'elle raconte bien !)
- **to spin* a yarn** (raconter des histoires / de longues histoires à dormir debout)
- **to begin* in medias res** (débuter en pleine action)
- **the opening words** (les premiers mots)
- **This is a turning point in the story.** (C'est un tournant de l'histoire)

● *Verse = poetry* — *La poésie*

a **poet/ess** ['pəʊɪt/ɪs] → a **poetaster**	un/e poète/sse → un rimailleur
a **poem** ['pəʊɪm] → **poetic(al)**	un poème → poétique
⚠ a **verse** [vɜ:s] to versify → versification	un verset versifier → la versification
a **stanza** ['stænzə]	une strophe
⚠ a **couplet** ['kʌplɪt]	un distique
a **triplet** ['trɪplɪt]	un tercet
a **quatrain** ['kwɒtreɪn]	un quatrain
a **canto** ['kæntəʊ]	un chant (dans un poème épique)
a rhyme [raɪm], to rhyme → a **rhymester**	une rime → rimer → un rimailleur
rhythm ['rɪðəm]	le rythme
to scan a line	scander un vers
a stress	un accent tonique
a **foot** [fʊt]	un pied
an **iamb** ['aɪæm] → **iambic**	un iambe → iambique
a **trochee** ['trəʊki:] → **trochaic**	un trochée → trochaïque
a **spondee** ['spɒndi:] → **spondaic**	un spondée → spondaïque
an anapest = an anapaest → anapaestic	un anapeste → anapestique
a **dactyl** → **dactylic**	un dactyle → dactylique
UK a **metre** / US a **meter** ['mi:tə] → a monometer, a **dimeter**, a **trimeter**, a **tetrameter**, a pentameter, an **hexameter**, an heptameter, an octameter	un mètre / un vers (scansion) → un monomètre, un dimètre, un trimètre, un tétramètre, un pentamètre, un hexamètre un heptamètre, un octomètre
an alexandrine [ælɪg'zændraɪn]	un alexandrin

the caesura [si(:)'zjʊərə] **(pl.: caesuras / caesurae)**	la césure
epic, an epic → **a mock-epic**	épique, une épopée → une épopée parodique
lyric ['lɪrɪk], **a lyric** → **lyrical(ly)**	lyrique (poésie), un poème lyrique → lyrique(ment) (général)
a sonnet ['sɒnɪt]	un sonnet
a ballad ['bæləd]	une ballade
an ode [əʊd]	une ode
an elegy ['ɛlɪdʒɪ]	une élégie
a dirge [dɜ:dʒ]	un poème / chant funèbre
doggerel ['dɒg(ə)rəl] **(verse)**	des vers de mirliton
a limerick ['lɪmərɪk]	un limerick (rimes sans queue ni tête commençant par « There was / were... »)
a nursery rhyme ['nɜ:sərɪ raɪm]	une comptine

WORD PARTNERS

- **a visual poem** (un calligramme)
- **poetic diction** (le langage poétique)
- **a run-on line** (un enjambement)
- **verse** → **free ~** (le vers libre), **blank ~** (des vers non rimés), **occasional ~ / an occasional poem** (un poème de circonstance)
- **rhyme** → **the ~ scheme** (le schéma rimé / l'agencement des rimes), **an eye-~** (une rime visuelle)
- **a rising ≠ falling rhythm** (un rythme ascendant ≠ descendant)
- **a Miltonic / Petrarchan / Shakespearian / Spenserian sonnet** (un sonnet miltonien / pétrarchien / shakespearien / spensérien)

PHRASES

- **in the first / last line** (dans le premier / dernier vers)
  in the first / last stanza (dans la première / dernière strophe)
  line one, line three = in the first, in the third line (au premier, au troisième vers)
  lines three to five = from the third to the fifth line (du troisième au cinquième vers)
  in stanzas two to four = from the second to the fourth stanza (de la deuxième à la quatrième strophe)
  in the last line but one (à l'avant-dernier vers)
  the first three lines / stanzas (les trois premiers/-ères vers / strophes)
  the last two lines / stanzas (les deux derniers vers / les deux dernières strophes)
  the top / middle / bottom stanza (la première strophe / la strophe du milieu / la dernière strophe)
- **These lines do not scan.** (Ces vers n'ont pas un rythme régulier.)

Drama — *Le théâtre*

→ p. 358

Fiction ['fɪkʃən] — *Les œuvres de fiction*

→ **fictional, to fictionalize, fictitious** [fɪk'tɪʃəs]	imaginaire, romanesque, fictif, romancer, fictif / fallacieux
prose [prəʊz]	la prose
a novel ['nɒvəl] → **a novelist**	un roman → un/e romancier/-ère
a story ['stɔ:rɪ] → **a short story** → **a short-story writer** → **a serial** ['sɪərɪəl] **story**	une histoire → une nouvelle → un/e nouvelliste un feuilleton
to narrate → **a narrator** [nə'reɪtə], **narration, narrative, a narrative, a narratee**	narrer → un narrateur, la narration narratif, un récit, un narrataire
real ['rɪəl] → **realism, realistic**	réel → le réalisme, réaliste

nature ['neɪtʃə] → **natural** ['nætʃərəl] → **naturalism, a naturalist**	la nature → naturel → le naturalisme, un naturaliste
⚠ **a novella** [nəʊ'velə]	un roman court
⚠ **a romance** [rəʊ'mæns] → **romantic, Romantic**	un roman d'aventures (⚠ une idylle) → romanesque, romantique
a chapter ['tʃæptə]	un chapitre
an epigraph ['epɪgrɑːf]	une épigraphe

WORD PARTNERS

- **fiction** → **a ~ writer** (un/e romancier/-ère), **children's ~** (la littérature enfantine), **light ~** (les romans faciles à lire), **pulp ~** (la littérature de gare)
- **novel** → **a biographical / historical ~** (un roman biographique / historique), **an autobiographical / adventure / epic / epistolary ~** (un ~ autobiographique / d'aventures / épique / épistolaire), **a Gothic ~** (un ~ gothique), **a cloak-and-dagger ~** (un ~ de cape et d'épée), **a detective ~ / a crime ~ = a whodun(n)it** (un ~ policier), **a spy ~** (un ~ d'espionnage), **an airport ~** (un ~ de gare)
- **a first-person / third-person / an omniscient narrator** (un narrateur à la première personne / à la troisième personne / omniscient)
- **narrative** → **a first-person / third-person ~** (une narration à la première / troisième personne), **embedded ~s** (récit en abîme)

PHRASES

- **Come on, tell me !** (Allez ! Raconte !)
- **It's a thriller / a novel with a purpose.** (C'est un thriller / un roman à thèse.)
- ***Harry Potter* has been a bestseller / a blockbuster.** (Harry Potter a été un succès de librairie / un énorme succès.)
- **It's a real page-turner.** (Ça se lit d'une traite.)

● *Other literary genres* — *Autres genres littéraires*

to tell*, **a tale** [teɪl] → **a fairy tale** → **telltale**	raconter, un conte → un conte de fées révélateur
a legend ['ledʒənd] → **legendary**	une légende → légendaire
a fable ['feɪbəl]	une fable
a biography [baɪ'ɒgrəfɪ] → **a biographer** → **an autobiography**	une biographie → un/e biographe → une autobiographie
a diary ['daɪərɪ]	un journal intime
memoirs ['memwɑːz]	des mémoires
a treatise ['triːtɪz]	un traité
an essay → **an essayist = an essay-writer**	un essai → un/e essayiste
a dictionary ['dɪkʃənrɪ]	un dictionnaire
a thesaurus [θi(ː)'sɔːrəs]	un dictionnaire analogique
an encyclop(a)edia [ensaɪklə'piːdɪə] → **encyclop(a)edic, an encyclop(a)edist**	une encyclopédie → encyclopédique, un/e encyclopédiste
a comic strip → **the comics**	une B.D. / bande dessinée → la / les B.D.
science fiction = sci-fi ['saɪfaɪ]	la science-fiction / la S.F.

PHRASES

- **"Once upon a time..."** (« Il était une fois... »)
- **Imaginary characters: a demon** (un démon), **an elf** (un farfadet), **a fairy** (une fée), **a giant** (un géant), **a gnome** (un gnome), **a goblin** (un lutin maléfique), **a hobbit** (un hobbit), **an imp** (un lutin), **a mermaid** (une sirène), **an ogre** (un ogre), **a wizard = a sorcerer** (un enchanteur = un sorcier), **a witch = a sorceress** (un/e sorcier/-ère), **a vampire** (un vampire), **a werewolf** (un loup-garou)
- **Fairy tale characters: Cinderella** (Cendrillon), **Little Red Riding Hood** (le petit Chaperon Rouge), **Mother Goose** (Ma Mère l'Oye), **Prince Charming** (le Prince Charmant), **Puss in Boots** (le Chat Botté), **Sleeping Beauty** (la Belle au Bois Dormant), **the Snow Queen** (la Reine des Glaces), **Snow White and the Seven Dwarfs** (Blanche-Neige et les Sept Nains)

- **to talk about oneself** (se raconter), **to tell* one's life story** (raconter sa vie)
  That's the story of my life! (Voilà ! C'est toujours comme ça que ça se passe pour moi !)
- **She is a walking encyclop(a)edia!** (C'est une encyclopédie vivante !)
- **to look sth up in a reference book** (vérifier qqch dans un ouvrage de référence)

• *Talking about books* — *À propos des livres*

synthesis ['sɪnθɪsɪs]	la synthèse
an overview ['əʊvəvjuː]	une vision d'ensemble
to sum up **a summary** ['sʌmərɪ], **to summarize**	résumer un résumé, résumer
to review [rɪ'vjuː] **a book**	faire la critique / le compte rendu d'un livre
to analyse ['ænəlaɪz], **analysis** [ə'næləsɪs], **an analysis** (pl.: **-ses**) → **analytical**	analyser, l'analyse, une analyse → analytique
to comment ≠ **on**, **a comment** → **a (running) commentary**	commenter, un commentaire → un commentaire (continu)
a critic → **critical, to criticize, a criticism**	un critique → critique, critiquer, une critique
an object → **objective** → **objectivity**	un objet → objectif/ve → l'objectivité
a subject → **subjective** → **subjectivity**	un sujet → subjectif/ve → la subjectivité
to assess [ə'sɛs] → **an assessment**	évaluer → une évaluation
a prejudice ['prɛdʒʊdɪs] → **prejudiced**	un préjugé → de parti pris
bias ['baɪəs], **a bias** → **biased**	le parti pris, un parti pris → de parti pris
a theme [θiːm] → **thematic(al)**	un thème → thématique
a topic ['tɒpɪk] → **topical**	un sujet de réflexion / de discussion → d'actualité
a commonplace ['kɒmənpleɪs]	un lieu commun
a cliché ['kliːʃeɪ]	un cliché
to achieve sth	réussir qqch
a masterpiece ['mɑːstəpiːs]	un chef-d'œuvre
original [ə'rɪdʒənəl] → **originality**	original → l'originalité
idiosyncrasy, an idiosyncrasy → **idiosyncratic**	la singularité, une particularité → particulier
a tribute ['trɪbjuːt] **(to)**	un hommage (à)
plagiary = **plagiarism**, → **a plagiary** = **a plagiarism** ['pleɪdʒərɪzəm] → **to plagiarize** → **a plagiarizer** = **a plagiarist**	le plagiat un plagiat plagier → un plagiaire
a praise / **a eulogy** / **a panegyric** → **to lavish praise on sth** ≠ **to run* down** = **to denigrate sth**	un éloge / une apologie / un panégyrique → faire un éloge dithyrambique de qqch ≠ critiquer / dénigrer qqch
a qualification / **reservation**	une réserve / une restriction
controversial [kɒntrə'vɜːʃəl]	qui prête à controverse

PHRASES

- **This book reads well** ≠ **badly.** (Ce livre se lit bien ≠ mal.), **It reads like a novel.** (Ça se lit comme un roman.)
  The author is partial to... (L'auteur a un faible pour...), **he omits / neglects / ignores / overlooks...** (il omet / néglige / ne veut pas voir / oublie...)
- **The article distorts the author's views.** (L'article déforme la pensée de l'auteur.), **it fails to do justice to...** (il ne rend pas justice à...), **it is one-sided / partial / biased** (il est partial)

• *The writer's craftsmanship* — *L'art de l'écrivain*

the overall structure / **pattern**	la structure d'ensemble
the point of view	le point de vue
the discourse ['dɪskɔːs]	le discours / le propos

the focus ['fəʊkəs], **to focus (on)** → **to focalize** → **focalization**	l'attention, se concentrer (sur) focaliser → la focalisation
to characterize ['kærəktəraɪz] **sb** → **characterization**	1. caractériser qqn 2. faire le portrait de qqn → la peinture des personnages
to foreshadow [fɔː'ʃædəʊ]	annoncer / laisser prévoir
insight ['insait]	perspicacité, finesse
imagery ['ɪmɪdʒrɪ]	les images littéraires
rhetorics → **rhetorical** [rɪ'tɒrɪkəl]	la rhétorique → rhétorique
a symbol ['sɪmbəl] → **symbolical**	un symbole → symbolique
a comparison = a simile ['sɪmɪlɪ]	une comparaison
a metaphor ['mɛtəfə]	une métaphore
an extended metaphor	une métaphore filée
a conceit [kən'siːt]	un trait d'esprit / une métaphore sophistiquée
a metonymy [mɪ'tɒnɪmɪ]	une métonymie
a synecdoche [sɪ'nɛkdəkɪ]	une synecdoque
paradox → **paradoxical**	le paradoxe → paradoxal
an oxymoron [ɒksɪ'mɔːrɒn]	un oxymore
a hyperbole [haɪ'pɜːbəlɪ]	une hyperbole
a chiasmus [kaɪ'æzməs / kɪ'æzməs]	un chiasme
an understatement = a euphemism ≠ **an overstatement = an exaggeration**	un euphémisme ≠ une exagération
litotes ['laɪtəʊtiːz]	la litote
a transition [træn'zɪʃən]	une transition
the atmosphere ['ætməsfɪə]	l'atmosphère
the setting / the background	le cadre
a touch of humour / melancholy / etc.	une pointe d'humour / de mélancolie / etc.
pathos ['peɪθɒs] → **pathetic**	le pathétique → pathétique
bathos ['beɪθɒs]	le pathétique excessif
hyperbole [haɪ'pəːbəlɪ]	l'hyperbole
poignant ['pɔɪnənt] → **poignancy**	poignant → le caractère poignant
to intimate ['ɪntɪmeɪt] **sth / that**	suggérer qqch / que
to enhance sth / to throw* sth into relief	mettre qqch en relief / faire ressortir qqch
to expatiate upon sth / to hold* forth on sth	disserter sur qqch
to caricature ['kærɪkətjʊə] **sth / sb**	caricaturer qqch / qqn
to ridicule ['rɪdɪkjuːl] **sth / sb**	tourner qqch / qqn en ridicule
to unravel [ʌn'rævəl] **a mystery**	éclaircir un mystère

W. P.

- **focalization** → **internal ~** (la focalisation interne), **external ~** (la ~ externe), **zero ~** (la ~ zéro), **multiple ~** (la ~ multiple)
- **a rhetorical figure** (une figure de rhétorique)

PHRASES

- **a narrative technique** (une technique narrative), **the stream of consciousness** (le flux de la conscience), **the interior monologue** (le monologue intérieur)
- **The author draws from life.** (L'auteur s'inspire de la réalité.), **he / she has devised a plot which is very convincing, cleverly handled and packed with incidents** (il / elle a imaginé une intrigue qui est très vraisemblable, bien menée et riche en événements), **he / she knows when to create and ease off a tension** (il / elle sait quand créer une tension et détendre l'atmosphère), **he / she sustains = keeps up the reader's interest which never flags** (l'auteur maintient en éveil l'intérêt du lecteur qui ne baisse jamais), **he / she evinces great insight into...** (il / elle fait preuve d'une grande compréhension de...), **he / she manages to conjure up the vision of a society** (il / elle arrive à évoquer la vision d'une société)
  The author conveys a sense of anguish / happiness. (L'auteur fait passer / exprime un sentiment d'angoisse / de bonheur.), **she holds a very balanced view of the conflict** (elle présente une vision très juste du conflit).

The story is pervaded with a melancholy atmosphere (L'histoire est imprégnée d'une atmosphère de mélancolie), **it's amusing / captivating / exciting = thrilling** (elle est amusante / captivante / passionnante), **the ideas are clearly set out** (les idées sont clairement exposées)
The atmosphere of the time is successfully rendered. (L'atmosphère de l'époque est bien rendue.)
The pace is breathtaking. (Le rythme est étourdissant.)
The style is innovative / to the point / concise and terse / pithy / racy (Le style est novateur / juste / concis et laconique / vigoureux / plein de verve), **it's plain / unadorned / natural / clear / elegant / chastened / fluid = flowing / rhythmical / lofty = sublime** (il est simple /
sans fioritures / naturel / clair / élégant / châtié / fluide = coulant / cadencé / sublime).

- **The author lacks inventiveness.** (L'auteur manque d'esprit d'invention.)
It's a most uninspiring / unconvincing / tedious = tiresome novel (C'est un roman bien peu enthousiasmant / peu convaincant / ennuyeux), **it's full of hackneyed / far-fetched images** (il est bourré de clichés / d'images tirées par les cheveux), **there are irrelevant / coarse / bawdy anecdotes** (il y a des anecdotes hors propos / grossières / paillardes), **it's endless / long-winded** (l'histoire est interminable), **it's lengthy** (il y a des longueurs)
- **The plot is weak = feeble / inconsistent** (L'intrigue est faible / incohérente), **the unravelling of the plot is preposterous** (le dénouement de l'intrigue est absurde)
The style is affected / confused / entangled / involved = cramped (Le style est affecté / confus / enchevêtré / embarrassé), **it's flatulent / overwrought / bombastic = high-flown / ponderous = stodgy / meretricious / rambling** (c'est prétentieux / trop travaillé / ampoulé / lourd = pesant / factice / décousu), **gaudy = flashy / repetitive / wordy = verbose / recondite = obscure / pedantic** (clinquant = tapageur / répétitif / verbeux / obscur / pédant), **loose / slipshod = slovenly / new-fangled** (relâché / négligé / trop moderne), **there are some malaproprisms** (il y a quelques impropriétés de langage)
The tone is mawkish / maudlin. (Le ton est sentimental à l'excès / larmoyant.)
It's a pot-boiler (C'est de la littérature alimentaire), **it's trashy literature** (c'est de la littérature de pacotille)
- **The book is a witty / humorous / caustic / biting / slashing satire of...** (Le livre est une satire spirituelle / humoristique / caustique / mordante / cinglante de...)
- **as the writer puts it** (comme le dit l'auteur), **his / her approach to the theme is...** (sa manière d'aborder le thème est...), **to put* it in a nutshell** (en bref)

28 Communication — La communication

Information — L'information

to inform people of sth / about sth → an informant, a piece of information	informer les gens de qqch / sur qqch → un informateur, une information
to enquire = inquire = find* out about sth	s'informer de / s'enquérir de / se renseigner sur qqch
→ an inquiry [ɪn'kwaɪərɪ]	→ une demande de renseignements / une enquête
a dispatch = despatch [dɪs'pætʃ]	une dépêche (d'information)
a fact [fækt]	un fait
a hint	une allusion
a rumour ['ru:mə]	un bruit = une rumeur
a leak [li:k], to leak sth	une fuite, divulguer qqch
to brief sb = to fill sb in <u>on</u> sth → a briefing ['bri:fɪŋ]	mettre qqn au courant <u>de</u> qqch un briefing
to censor → censorship ['sɛnsəʃɪp] → self-censorship	censurer → la censure → l'autocensure
ethics *(+ V sing.)*	l'éthique
to plagiarize → a plagiarizer	plagier → un plagiaire

→ *La vérité, p. 317*

W. P.

- **ethics** → **professional ~** (la déontologie), **newspaper ~** (la ~ journalistique), **a breach of ~** (un manquement à la ~)

PHRASES

- **to give* sb some information** (informer / renseigner qqn), **to gather information** (se documenter), **to bring* / keep* sb up to date <u>on</u> sth** (mettre / tenir qqn au courant <u>de</u> qqch)
- **to uncover / check / confirm sth** (dévoiler / vérifier / confirmer qqch), **to refute = deny sth** (démentir qqch), **to hush up sth** (étouffer qqch)
- **to contact sb = to get* in touch with sb** (contacter qqn)
- **to notify sb of sth** (avertir qqn de qqch)
- **It's rumoured that... = Rumour has it that...** (Le bruit court que...)

The press — La presse

the fourth estate	le quatrième pouvoir
the media ['mi:dɪə]	les médias
the news (+ V sing.) → a piece of news → a newsman/woman	les informations → une nouvelle un/e journaliste (en général)
a (news)paper → a newspaperman/-woman	un journal → un/e journaliste de presse écrite
a desk	un service (⚠ un bureau)
current affairs	l'actualité
⚠ a journal ['dʒɜ:nəl] → journalism, a journalist, journalese	une revue spécialisée → le journalisme, un/e journaliste, le jargon journalistique
a broadsheet ['brɔ:dʃi:t]	un journal plein format / de qualité
a tabloid ['tæblɔɪd]	UK un quotidien populaire / US un magazine à sensation
a (kitchen) rag [ræg]	une feuille de chou / un torchon
the local rag	le journal local
a magazine = US a review	un magazine
a newssheet = a newsletter	une lettre d'information
a periodical [pɪərɪ'ɒdɪkəl]	un périodique
a daily ['deɪlɪ]	un quotidien

a **weekly** ['wi:klɪ]	un hebdomadaire
a **monthly** ['mʌnθlɪ]	un mensuel
a **quarterly** ['kwɔ:təlɪ]	un(e revue) trimestriel(le)
an **annual** ['ænjʊəl]	une revue annuelle

WORD PARTNERS

- press → **the quality ~ = US the serious ~** (la presse de qualité), **the national ~** (la ~ nationale), **the Sunday ~** (la ~ dominicale), **the gutter ~** (la ~ à scandales), **the yellow ~** (la ~ à sensation), **the popular ~** (la presse à grand tirage), **the underground ~** (la ~ d'avant-garde) **a ~ agency** (une agence de ~), **a ~ agent = attaché ≈ officer** [in the army] ≈ **secretary** (un/e attaché/e de ~), **a ~ baron = magnate = lord** (un magnat de la ~), **a ~ campaign** (une campagne de ~), **a ~ card / pass** (une carte de ~), **a ~ conference** (une conférence de ~), **a ~ release = statement** (un communiqué de ~), **the press box** (dans un stade : la tribune de la ~), **the ~ gallery** (UK au parlement : la tribune de la ~) **the freedom of the ~** (la liberté de la ~)
- **to be* in the news** (être dans les journaux)
- **a morning / evening paper** (un journal du matin / du soir)
- **a pulp magazine** (un magazine à sensation)
- media → **~ coverage** (la couverture médiatique), **~ hype** (le matraquage médiatique)

PHRASES

- **to be* on the staff of a paper** (travailler pour un journal)
- **to launch / to mount a propaganda / disinformation campaign** (lancer / monter une campagne de propagande / de désinformation)
- **a cover story** (un article en couverture), **a sob story** (une histoire à faire pleurer dans les chaumières)

• *Journalists* — *Les journalistes*

to contribute (to) → a contributor	écrire (pour) → un/e collaborateur/-trice
to edit → an editor ['ɛdɪtə] → the editor-in-chief, editorial	revoir → un rédacteur/-trice (en chef) → le/la rédacteur/-trice en chef, éditorial/e
a correspondent	un/e correspondant/e
to report (on) → a **reporter** [rɪ'pɔ:tə]	faire un reportage (sur) → un reporter
a **news photographer** [fə'tɒgrəfə]	un reporter photographe
a critic	un/e critique
the **sob sister** = the **agony aunt / uncle**	le/la journaliste spécialiste du courrier du cœur
freelance ['fri:lɑ:ns]	(en) indépendant
muck [mʌk] → a **muckraker** ['mʌkreɪkə], **muckraking** *(coll.)*	la fange → un/e journaliste à scandales, la recherche des scandales
to sensationalize → sensationalism	faire des reportages à sensation → le sensationnalisme
independent	indépendant
biased ≠ **unbiased**	partial/e ≠ impartial/e

WORD PARTNERS

- editor → **the managing ~** (le/la directeur/-trice de la rédaction), **the assistant managing ~** (le/la directeur/trice adjoint/e de la rédaction, généralement responsable de la première page), **the news ~** (le/la rédacteur/-trice en chef responsable des pages intérieures), **the sports / women's ~** (le chef du service des sports / de la rubrique féminine), **a copy ~** (un/e correcteur/-trice), **the picture ~** (le/la responsable des illustrations)
- editorial → **the ~ staff** (la rédaction [journalistes]), **the ~ office** (la rédaction [lieu])
- correspondent → **a special ~** (un/e envoyé/e spécial/e), **a permanent / war / foreign ~** (un correspondant permanent / de guerre / à l'étranger)
- critic → **an art ~** (un critique d'art), **a food ~** (un ~ gastronomique), **a wine ~** (un ~ des vins)
- freelance → **a ~ journalist** (un/e pigiste), **a ~ photographer** (un/e photographe indépendant/e), **to go* ~** (se mettre à son compte)

• *In a newspaper* — *Dans un journal*

a **heading** ['hɛdɪŋ]	un titre
a **headline** ['hɛdlaɪn] = a **streamer** ['stri:mə]	une manchette
a **subhead(ing)**	un sous-titre / un intertitre
a **leading article** = an **editorial** → an **editorialist** [ɛdɪ'tɔ:rɪəlɪst]	un éditorial → un/e éditorialiste
a **by-line** ['baɪlaɪn]	une signature
a **column** ['kɒləm] → a **columnist** ['kɒləmnɪst]	une rubrique / une chronique → un chroniqueur
an **article** ['ɑ:tɪkəl]	un article
a **feature** ['fi:tʃə]	un article de fond / une chronique
a **scoop** [sku:p]	une exclu(sivité)
to **review** sth, a **review** [rɪ'vju:]	faire la critique de qqch, une critique
a **critique** [krɪ'ti:k]	une critique (= un article critique)
to **praise** [preɪz]	louer
laudatory ['lɔ:dətərɪ]	élogieux/-se
a **rave** [reɪv] **(review)**	une critique dithyrambique
to **slate** [sleɪt] → a **slating**	éreinter → un éreintement
⚠ to **savage** ['sævɪdʒ]	descendre en flammes
a **box**	un encadré
a **graph** [græf]	un graphique
a **chart** [tʃɑ:t] → a **piechart**	un diagramme → un « camembert »
a **cartoon** [kɑ:'tu:n] → a **cartoonist**	un dessin humoristique → un/e dessinateur/-trice
a **comic strip** = a **cartoon strip**	une bande dessinée
a **caption** ['kæpʃən]	une légende
a **crossword (puzzle)**	des mots croisés
an **obituary** [ə'bɪtjʊərɪ]	une notice nécrologique
an **advertisement** = an **ad**	une publicité
UK a **centrefold** = US a **centerfold**	le poster agrafé au milieu d'un magazine
an **insert** [ɪn'sɜ:t]	un supplément / un encart publicitaire
a **supplement** ['sʌplɪmənt] = an **extra**	un supplément
a **clipping** ['klɪpɪŋ]	une coupure de presse

W. P.

- **headline** → **a banner** ~ (un gros titre), **a ~-grabber** (une nouvelle qui fait la une)
  to hit* / to make* the ~s (faire la une des journaux)
- **column** → **the advice** ~ = **the agony** ~ (le courrier du cœur), **the gossip** ~ (les potins mondains), **the obituary** ~ = **the obituaries** (la rubrique nécrologique)
- **ad** → **a classified** ~ = **a want** ~ (une petite annonce)

PHRASES

- **a front-page story** (une histoire qui fait la une), **the jump page** (la page où se trouve la suite d'un article commencé en une), **splashed across the front page** (sur 4 colonnes à la une)
- **to be* continued on page 7 / next week** (suite page 7 / la semaine prochaine)
- **(the) news in brief (column)** (les faits divers)
- **(the) Op. ed. = Opposite Editorial Page** (page qui fait face à celle de l'éditorial [réactions à l'actualité et aux articles du journal, rédigées par des hommes politiques, universitaires, etc.])
- **the comics page** (la page des dessins et des blagues)
- **the "Lonely Hearts" column** (la rubrique des cœurs brisés)
- **Letters to the editor** (le courrier des lecteurs)

Distributing the press — *La distribution de la presse*

⚠ to circulate → the circulation [sɜːkjʊ'leɪʃən]	diffuser → la diffusion / le tirage
a **dateline** ['deɪtlaɪn]	une date de parution
⚠ an **issue** ['ɪʃjuː] = a **number** → a **back issue** = a **back number**	un numéro → un vieux numéro
a **copy** ['kɒpɪ]	un exemplaire
a **news vendor**	un vendeur de journaux
a **newsstand**	un kiosque à journaux
to **subscribe** (to) → a **subscriber**, a **subscription** [səb'skrɪpʃən]	s'abonner (à) → un/e abonné/e, un abonnement
⚠ to **deliver** → the **delivery boy** / **newsboy**	livrer (⚠ accoucher) → le petit livreur de journaux
to **read*** [riːd] → a **reader** ['riːdə] → the **readership**	lire → un/e lecteur/-trice → les lecteurs / le lectorat

The radio ['reɪdiəʊ] — *La radio*

the **wireless** ['waɪəlɪs]	la T.S.F.
a (**radio**) **wave** → **wavelength** ['weɪvleŋkθ]	une onde hertzienne → la longueur d'onde
frequency ['friːkwənsɪ]	la fréquence
a (**radio**) **station** ['steɪʃən]	une station (de radio) / un poste émetteur
a (**receiving**) / (**radio**) **set**	un poste (de radio) / un poste récepteur
a **transistor radio**	un transistor
a **radio antenna** [æn'tɛnə]	une antenne radio
a **listener** ['lɪsənə]	un/e auditeur/-trice

WORD PARTNERS

- **radio** → **to listen to the ~** (écouter la radio), **to switch on ≠ off the ~** (allumer ≠ éteindre la ~), **on the ~** (à la ~), **a ~ play** (une pièce radiophonique)
- **Long Wave = LW** (les / en Ondes Longues), **Medium Wave** (les / en Ondes Moyennes), **Short Wave = SW** (les / en Ondes Courtes)
- **Frequency Modulation = FM** (la / en Modulation de Fréquence)
- **to tune in to a station** (mettre une station)

Television ['tɛlɪvɪʒən] — *La télévision*

television = **TV** = **the telly** = **the tube**	la télévision = la télé
the (**goggle-**)**box** = US **the idiot box**	la télé / la téloche
the **small screen**	le petit écran
a **television** / **TV set**	un poste de télévision
a **black and white set**	un poste en noir et blanc
widescreen ['waɪdskriːn]	16/9ème
an **aerial** ['ɛər'ɪəl]	une antenne de télévision
a **satellite dish** ['sætəlaɪt dɪʃ]	une antenne parabolique
a **channel** ['tʃænəl] → to **channel-hop** = **channel-flick** = **channel-surf**	une chaîne → zapper
the **remote** [rɪ'məʊt] (**control**)	la télécommande
a **viewer** ['vjuːə]	un/e (télé)spectateur/-trice
the **audience** ['ɔːdjəns] → (**audience**) **ratings**	le public → l'indice d'écoute
a **peak** (**viewing**) **time**	une heure de grande écoute
prime time ['praɪm taɪm]	la première partie de la soirée
to **video**, a **video** (**cassette**) = a **video tape**	enregistrer, une cassette vidéo
a **VCR** = a **Video Cassette Recorder**	un magnétoscope

WORD PARTNERS

- **television** → **black and white / colour ~** (la télévision en noir et blanc / en couleurs), **a colour ~** (une télé couleur), **satellite ~** (la ~ par satellite), **cable ~** (la ~ par câble), **web ~** (la ~ par internet), **a flat-screen / plasma-screen ~** (un téléviseur à écran plat / à écran plasma) **to turn on = switch on ≠ turn off = switch off the ~** (allumer ≠ éteindre la télévision), **to turn up ≠ down the ~** (mettre la ~ plus fort ≠ moins fort), **to watch ~** (regarder la ~), **to be* glued to ~** (être collé devant la ~), **to be* = appear on ~** (passer à la ~)
- **channel** → **a foreign / independent = private ~** (une chaîne étrangère / privée) **to zap a ~** (quitter une chaîne / zapper)
- **audience** → **the ~ flow** (la mobilité des téléspectateurs), **the ~ outflow ≠ inflow** (la perte ≠ le gain de ~)

PHRASES

- **a couch potato = a TV addict** (un accro du petit écran)
- **US Nielsen's ratings** (l'audimat)
- **to see* sth on television** (voir qqch à la télévision)
- **access prime time** (tranche horaire précédant la soirée = 19h-20h), **early fringe ≠ late fringe** (tranches horaires précédant la soirée et lui succédant immédiatement = 16h30-19h et 23h-01h), **day time** (la journée = 10h30-16h30)
- **HDTV = High Definition TeleVision** (la télévision haute définition)
- **There's nothing on tonight!** (Il n'y a rien à voir ce soir !)
- **VOD = video on demand** (video à la demande), **pay-per-view** (paiement à la consultation), **streaming audio / video** (son / image en continu)

● UK *Programmes* = US *Programs* — *Les émissions*

→ the **programming** = the **line** up	la programmation / les programmes
to **schedule**, a **schedule** = to **format**, a **format** → the **scheduling** = the **formatting**	programmer, une grille de programmes → la programmation
to **broadcast***, a **broadcast** → **broadcasting**	(radio)diffuser, une émission → la diffusion
airtime ['ɛətaɪm]	le temps d'antenne
an **announcer** [ə'naʊnsə]	un speaker / une speakerine
an **anchorman/woman** / a **presenter**	un/e présentateur/-trice (de journal télévisé)
a **compere**, a **host** (a **hostess**) = US an **emcee** (= MC = **Master of Ceremonies**)	un/e animateur/-trice
the **weatherman/woman/girl**	le/la présentateur/-trice météo
to **comment**, a **comment** → a **commentator**	commenter, un commentaire (ponctuel) → un/e commentateur/-trice
the **control room**	la régie
a **teleprompter** = an **Autocue**®	un prompteur
the **news** [nju:z] → the **newsroom** → a **newscast**, a (**news**)**flash**	les info(rmation)s → la salle de rédaction → un bulletin d'informations, un flash info
to **report** on → **reporting**	faire un reportage sur → reportage
to **cover** → **coverage** ['kʌvrɪdʒ]	couvrir (un événement) → couverture
a **seasonal** ['si:zənəl]	un « marronnier » (événement couvert tous les ans)
a "**Man on the street**" poll	un micro-trottoir
an **interview**, to **interview**	un entretien, interroger / interviewer
on-the-spot	à chaud
the **weather forecast**	le bulletin météo
a **documentary** [dɒkjʊ'mɛntərɪ]	un documentaire
a **variety show** [və'raɪətɪ ʃəʊ]	une émission de variétés
a **phone-in** = US a **call-in**	une émission à ligne ouverte (pour les téléspectateurs)

UK a **chat** show = US a **talk** show	une causerie télévisée
a **teleplay** = TV **drama**	un téléfilm
a **feature film** ['fi:tʃə fɪlm]	un long métrage
a **soap (opera)** ['səʊp 'ɒpərə]	un feuilleton / un mélo
a **serial** ['sɪərɪəl]	un feuilleton
a **series** ['sɪərɪz]	une série
a **sitcom** = a situation comedy	une sitcom
a **game** show	un jeu télévisé
a quiz → a **quiz**master	un jeu-concours → un/e animateur/-trice de jeu-concours
a **sports**cast → a **sports**caster	une émission sportive, un reporter sportif
live [laɪv] ≠ pre-recorded	en direct ≠ en différé
a **staple** ['steɪpəl]	un classique
to **rerun***, a **rerun** ['ri:rʌn]	rediffuser, une rediffusion
a **commercial** [kə'mɜ:ʃəl]	un spot publicitaire

W. P.

- **UK programme = US program → a radio / TV ~** (une émission de radio / télé), **a sustaining ~** (un programme qui ne peut être interrompu par de la publicité), **an educational ~** (un ~ éducatif), **a music ~** (une émission musicale)
- **over the air / by wire broadcasting** (diffusion hertzienne / par câble)
- **a commercial break-up** (une pause publicitaire)

PHRASES

- **the BBC = the British Broadcasting Company** (Service public britannique de radiodiffusion puis également de télévision, comprenant 11 stations radio, généralistes, spécialisées, et internationales, ainsi que 2 chaînes généralistes de télévision [http://www.bbc.co.uk/]
- **No comment!** (Sans commentaire !)
- **pay-per-view TV** (les programmes payants / à la demande)
- **to be* on (the) air** (être à l'antenne) ≠ **to go* off the air** (rendre l'antenne)

• *Controversial issues* — *Problèmes donnant lieu à controverse*

a hot-**button issue** = a **thorny** / **tricky issue**	une question controversée / épineuse
a **divisive** issue	une question qui divise l'opinion
to take* a tough line on	avoir une position très ferme sur
mercy killing = **euthanasia** ['ju:θə'neizjə]	l'euthanasie
sustainable development	le développement durable
the **depenalization** of **cannabis** use	la dépénalisation de la consommation de cannabis
homosexual / gay / same-sex **marriage**	le mariage homosexuel
same-sex **parenting**	l'homoparentalité
adoption by same-sex **parents**	l'adoption par des parents homosexuels
gene **therapy**	la thérapie génique
genetic mutations	les mutations génétiques
(**therapeutic**) **cloning**	le clonage (thérapeutique)
eugenics	l'eugénisme
internet safety	la sécurité en ligne
privacy	vie privée
globalization	la mondialisation
outsourcing / **offshoring** / **relocating**	les délocalisations
trade barriers / **tariff barriers**	les barrières douanières
immigration	l'immigration

migration flows	les flux migratoires
an ethnic minority	une minorité ethnique
mainstream culture	la culture dominante
racial profiling	le délit de faciès
fair trade	le commerce équitable

WORD PARTNERS

- **euthanasia** → **to practise ~ = to carry out ~** (pratiquer l'euthanasie), **to decriminalize / to legalize ~** (dépénaliser / légaliser l'euthanasie)
- **privacy** → **~ laws** (les lois sur la protection de la vie privée), **to infringe ~** (porter atteinte à la vie privée), **to breach / violate somebody's ~** (violer la vie privée de qqn), **a breach of ~ = a ~ violation** (une atteinte à la vie privée)
- **the advantages and drawbacks of / the upsides and downsides of globalization** (les avantages et les inconvénients de la globalisation)
- **to set* up ≠ to remove trade barriers / tariff barriers** (établir ≠ supprimer les barrières douanières)
- **immigration** → **selective = controlled ~** (l'immigration sélective / choisie), **mass ~** (l'~ de masse), **illegal ~** (l'~ illégale)

PHRASES

- **This issue is a cause for concern.** (Cette question est source d'inquiétude.)
- **The decision caused public outrage / an outcry / an uproar.** (La décision a scandalisé l'opinion / suscité une levée de boucliers / provoqué un tollé.)
- **to prolong life / to keep* somebody alive through medical means** (faire de l'acharnement thérapeutique), **to put* an end to somebody's sufferings** (mettre un terme aux souffrances de quelqu'un), **to turn off life support** (débrancher l'aide respiratoire / le tube d'alimentation)
- **Is globalization a boon or a bane?** (La mondialisation est-elle une chance ou un fléau ?)
- **to be* discriminated against** (être victime de discrimination)
- **to be* ordered out of a country** (être expulsé d'un pays), **to become* integrated / to integrate into a society** (s'intégrer dans une société), **to fast-track the regularisation process** (accélérer le processus de régularisation)

UK *The post* = US *the mail* — *La poste / le courrier*

UK to post [pəʊst] = US to mail [meɪl]	poster (une lettre ou un paquet)
→ UK the postman = US the mailman	le facteur
→ UK a postbox = US a mailbox	une boîte aux lettres (du service postal)
a letter ['lɛtə] → a letterbox, letterhead	une lettre → une boîte à lettres (de particulier), en-tête de papier à lettres
a circular ['sɜ:kjələ]	une (lettre) circulaire
a telegram ['tɛləgræm]	une dépêche / un télégramme
an envelope ['ɛnvələʊp]	une enveloppe
the address → the addressee [ədrɛ'si:]	l'adresse → le destinataire
the sender ['sɛndə]	l'expéditeur
a packet ['pækɪt], a parcel ['pɑ:səl]	un paquet, un colis
a box, to box	une boîte / un carton / une caisse, mettre dans une boîte / un carton
cardboard ['kɑ:dbɔ:d]	le carton
to wrap up → wrapping ['ræpɪŋ], bubble wrap	emballer → le papier d'emballage, le « papier bulle »
a seal [si:l], to seal	un sceau (⚠ un phoque) → sceller
a stamp, to stamp [stæmp]	un timbre / cachet / tampon, affranchir
postage ['pəʊstɪdʒ]	l'affranchissement (= prix à payer)
⚠ the collection [kə'lɛkʃən]	la levée (⚠ collection / quête / etc.)
the mail van	le fourgon postal

WORD PARTNERS

- **post** → **the ~ office** (le bureau de poste), **UK the ~code = US zip code** (le code postal), **a ~bag = a mail bag** (un sac postal), **the ~mark** (le cachet de la ~), **a ~card** (une carte postale)
- **to sort / to deliver mail** (trier / distribuer le courrier)
- **letter** → **a registered ~** (une lettre recommandée), **a formal ≠ informal ~** (une lettre formelle ≠ informelle), **an airmail ~** (un aérogramme), **a love / business / registered ~** (une lettre d'amour / professionnelle / recommandée), **an abusive ~** (une ~ d'insultes), **a poison-pen ~** (une ~ anonyme fielleuse), **a ~ of condolence / of congratulations / of complaint** (une ~ de condoléances / de félicitations / de réclamation)
  to write* / address / send* a ~ to sb (écrire / adresser / envoyer une ~ à qqn)
- **to seal an envelope** (fermer une enveloppe)
- **postage** → **to affix ~** (affranchir), **~ rates** (les tarifs postaux)

PHRASES

- **UK the postal service = US the mail service** (les services postaux), **a post office worker** (un/e employé/e des postes)
- **The mailman has been.** (Le facteur est passé.)
  UK There is no post = US no mail today. (Il n'y a pas de courrier aujourd'hui.)
- **Please forward** (Prière de faire suivre), **Printed matter** (Imprimés), **Poste restante** (poste restante), **Return to sender** (Retour à l'envoyeur), **Address unknown** (Inconnu à cette adresse), **a postal / a money order** (un mandat postal), **a Dear John letter** (une lettre de rupture), **a letter of thanks** (une lettre de remerciement), **a bread-and-butter letter** (une lettre de château [= de remerciements pour une invitation])
- **to send* a letter by post / by airmail** (envoyer une letttre par la poste / par avion), **to have* one's mail forwarded** (faire suivre son courrier), **by return of post** (par retour de courrier), **by recorded delivery** (en recommandé)
  to do* sth / to go* somewhere post-haste (faire qqch / aller quelque part au plus vite)

● *Telecommunications* — *Les télécommunications*

a **network** ['nɛtwɜːk]	un réseau
to **connect** → a **connection** [kə'nɛkʃən]	relier → un lien / une connection
CB radio = **Citizen's Band** radio → a **CB user**	la CB → un cibiste
a **radio amateur** = a **radio ham** *(coll.)*	un radio-amateur
a **radio link**	une liaison radio
telecommuting [tɛlıkə'mjuːtıŋ]	le télétravail
a **teleconference** [tɛlı'kɒnfərəns]	une téléconférence
a **facsimile** = a **fax**, to **fax** → a **fax machine**	une télécopie / un fax, télécopier / faxer → une télécopieuse
a **message** ['mɛsıdʒ]	un message
earphones ['ıəfəʊnz]	des écouteurs / un casque
a **loudspeaker** [laʊd'spiːkə]	un haut-parleur / une baffle / une enceinte
a **walkie-talkie**	un talkie-walkie

PHRASES

- **the Information Highways** (les autoroutes de l'information)
- **to get* / be* / keep* in touch with** (entrer / être / rester en contact avec), **to communicate by telephone / e-mail / radio** (communiquer par téléphone / courrier électronique / radio), **to leave* a message to sb / for sb / with sb** (laisser un message à qqn / pour qqn / confier un message à qqn), **to get* a message from sb** (recevoir un message de qqn)
- **GPRS = General Packet Radio Service** (technologie numérique associant ondes radio et Internet)

● *The (tele)phone* — *Le téléphone*

a **(tele)phone** ['tɛlıfəʊn] → a **telephonist** = a **telephone operator** → to **(tele)phone** = to **ring*** sb = to **call** sb (**up**)	un téléphone → un/e téléphoniste / standardiste → téléphoner à qqn

to call (sb) back	rappeler qqn
a **dial** ['daɪ(ə)l], **to dial (up) / to dial a number** → **the dial(ling) tone**, UK **the dialling code** = US **the area code**	un cadran, composer un numéro la tonalité, l'indicatif
the **receiver** [rɪ'siːvə]	le combiné
the cord = the flex	le fil du téléphone
the **ringing** tone	la sonnerie
a **directory** [dɪ'rɛktərɪ]	un répertoire / un annuaire
a line [laɪn]	une ligne
⚠ an **extension** [ɪks'tɛnʃən]	un poste (numéro dans un réseau interne)
to reach sb = to get* through to sb	joindre qqn
to hang* up = to put* the phone down = to ring* off	raccrocher
to cut* off → to be* cut off	couper → être coupé
UK to reverse the charges = US to call collect	appeler en PCV
an **answer**phone = an **answering machine**	un répondeur
an **answering service** ['ɑːnsərɪŋ 'sɜːvɪs]	une permanence téléphonique
voice mail ['vɔɪs meɪl]	la messagerie vocale
a **handsfree kit** ['hændzfriː kɪt]	un kit mains libres

WORD PARTNERS

- **phone** → **a cell(ular)** = **mobile ~** (un téléphone portable), **a push-button / cordless ~** (un ~ à touches / sans fil), **a smart ~** (un ~ évolué), **a touch ~** (un ~ à écran tactile), **a public ~** = **a pay~** (un ~ public)
  the ~book (l'annuaire), **a ~ number** (un numéro de ~), **a ~ call** (un appel téléphonique), **a card ~** (un ~ à carte), **a ~ card** (une télécarte), **a ~ box** = **US a ~ booth** = **UK a call box** (une cabine téléphonique)
  to pick up = **lift the ~** (décrocher le ~, pour répondre), **to take* the ~ off the hook** (décrocher le ~, pour qu'il ne sonne pas), **to leave* the ~ off the hook** (laisser le ~ décroché), **to be* <u>on</u> the ~** (être <u>au</u> ~), **to answer the ~** (répondre au ~)
- **to hang* up on sb** (raccrocher au nez de qqn)
- **(phone) call** → **a local / long-distance / international ~** (un appel local / en national / international), **an inter-city ~** = **UK a trunk ~** (un appel interurbain)
  to make* = **to place a ~** (passer un coup de fil), **to take* a ~** (prendre un appel)

PHRASES

- **to look up a number in the directory** (chercher un numéro dans l'annuaire), **UK to be* ex-directory** = **US to be* unlisted** (être sur liste rouge), **We're in the book.** (Nous sommes dans l'annuaire.)
- **This is a bad line.** (La ligne est mauvaise.), **We have a crossed line.** (Il y a quelqu'un d'autre sur la ligne.), **There's no reply.** (Ça ne répond pas.), **The line is UK engaged** = **US busy.** (C'est occupé.)
- **The phone rang off the hook.** (Le téléphone n'a pas arrêté de sonner.)
- **Hello! / Hullo! Can I help you?** (Allô ! Je vous écoute.) **Who's speaking?** (Qui est à l'appareil ?), **Joan Smith speaking...** (Joan Smith à l'appareil...), **Could I speak to... please?** (Puis-je parler à... s'il-vous-plaît ?), **Would you please put me through to...?** (Pouvez-vous me passer... s'il-vous-plaît ?), **Speaking!** (C'est moi-même.), **Hold the line! / Hold on!** (Ne quittez pas !), **Wrong number!** (Vous vous trompez de numéro !), **We're trying to connect you.** (Nous recherchons votre correspondant.), **You're wanted on the phone.** (On vous demande au téléphone)
- **to send* a message by SMS (= Short Message Service)** (envoyer un SMS), **to send* a message by MMS (= Multimedia Messaging Service)** (envoyer un MMS)
- **a cell-phone plan** (un forfait téléphonique)

Computers — L'ordinateur

Computers	L'ordinateur
a **computer** [kəm'pju:tə] → **to computerize** → **computerization**	un ordinateur → informatiser → l'informatisation
a **PC** = **Personal Computer** → **computer-aided**	un ordinateur personnel → assisté par ordinateur
to **format** ['fɔ:mæt]	formater / configurer
hardware ['hɑ:dwɛə]	le matériel
a **(micro)processor** [('maɪkrəʊ)prəʊ'sɛsə]	un (micro)processeur
a **microchip** ['maɪkrəʊtʃɪp]	une puce électronique
to **set*** → the **settings**	régler → les réglages
to **key** sth (in), a **key** [ki:] → a **keyboard**	saisir qqch, une touche → un clavier
a **mouse** [maʊs] → a **mouse pad**	une souris → un tapis de souris
a **light pen**	un crayon optique
a **screen** [skri:n]	un écran
the **VDU** = **visual display unit**	le moniteur / l'écran
a **hard disc (drive)**	un disque dur
⚠ a **file** [faɪl]	un dossier (⚠ une lime)
data ['deɪtə] → **data-processing**, a **database**	les données → le traitement des données, une base de données
information processing	le traitement de données
mass storage [mæs 'stɔ:rɪdʒ]	le stockage de données
RAM = **Random-Access Memory**	la mémoire vive
a **byte** [baɪt] → a **kilobyte** = a **Kb**, a **megabyte** = an **Mb**, a **gigabyte** = a **Gb**	un octet → un kilooctet = un Ko, un megaoctet = un Mo, un gigaoctet = un Go
a **peripheral** [pə'rɪfərəl]	un périphérique
the **mainframe**	l'unité centrale
⚠ a **bus** [bʌs]	une prise (femelle) (⚠ autobus)
to **print** → a **printer** ['prɪntə]	imprimer → une imprimante (⚠ un imprimeur)
to **scan** → a **scanner** ['skænə]	scanner → un scanneur
a **floppy disc** = US a **disk**	une disquette
a **CD-ROM**	un CD-Rom
a **DVD** = a **Digital Versatile Disc** → a **DVD-ROM**	un DVD → un DVD-Rom
software ['sɒftwɛə]	les logiciels / un logiciel
a **shareware** ['ʃɛəwɛə]	un partagiciel (= un logiciel à contribution volontaire)
a **freeware** ['fri:wɛə]	un gratuiciel (= un logiciel public)
a **virus** ['vaɪrəs] = a **bug** [bʌg]	un virus (informatique)
a **worm** [wɜ:m]	un vers
a **Trojan horse**	un cheval de Troie
to **delete** [dɪ'li:t] sth → **deletion** [dɪ'li:ʃən]	effacer qqch → une suppression
to **update**, **update** ['ʌpdeɪt]	mettre à jour / actualiser, la mise à jour / l'actualisation

WORD PARTNERS

- **computer** → **~ science** (l'informatique) → **a ~ scientist** (un informaticien), **the ~ age** (l'ère informatique), **~ hacking** (le piratage ~), **~ graphics** (l'infographie), **~ language** (le langage de programmation), **a desktop / laptop ~** (un ordinateur de bureau / portable), **a ~ whizz** (un as en informatique)
- **CD-ROM / DVD-ROM** → **a ~ drive** (un lecteur de CD-Rom / de DVD-Rom), **a ~ burner** (un graveur de CD-Rom / de DVD-Rom), **to burn* a ~** (graver un ~), **to burn* sth to a ~** (graver qch sur un ~)
- **a file** → **to open ≠ close a ~** (ouvrir ≠ fermer un fichier), **to sort ~s** (trier les fichiers)

PHRASES

- **She's computer literate** = **She's computerate.** (Elle s'y connaît, en informatique.)
- **I.T.** = **Information Technology** (l'informatique [technologie]), **Computer Science** (l'informatique [discipline scolaire])
- **an O.S.** = **an operating system** (un système d'exploitation)
- **System Requirements** (la configuration requise)
- **HD space** (l'espace disque)
- **ROM** = **Read Only Memory** (ROM [suffixe appliqué aux supports accessibles en lecture seule])
- **USB** = **Universal Serial Bus** (système / prise USB), **a USB Flash Drive** (une clé USB)
- **to cut*, copy and paste** (couper, copier, coller), **to drag and drop** (déplacer avec la souris)

● *The (inter)net* — *Internet*

a **network** ['nɛtwɜːk]	un réseau
a **social networking** site	un site de réseautage social
to **provide** → a(n **Internet**) **Provider** = an **I.P.**	fournir → un fournisseur d'accès = FAI
a **modem** = <u>mo</u>dulator-<u>dem</u>odulator	un modem
broadband *(adj.)*	à larges bandes
optical fiber	la fibre optique
to **browse** [braʊz] → a **browser**	parcourir → un navigateur
the **web** → a **website**, a **webmaster**	le web → un site web, un webmestre = un administrateur de site
to **download** [daʊn'ləʊd], a **download**	télécharger, un téléchargement
an **e-mail** → to **e-mail** = to **upload**, an **upload**	un courrier électronique = un courriel envoyer (par courrier électronique), un envoi
to **attach** [ə'tætʃ] → an **attachment**	joindre → un fichier joint
to **chat** [tʃæt] → a **chat room**	bavarder → un salon de discussion en direct
instant messaging	la messagerie instantanée
to **hack** [hæk] → a **hacker**	pirater → un pirate informatique

PHRASES

- **the World Wide Web** (*littéral.* : « toile d'araignée mondiale » → la Toile)
- **to go* online** (se connecter), **to be* online** (être connecté) ≠ **to go* offline** (se déconnecter), **to be* offline** (être hors connexion), **to be* a(n Inter)net surfer / browser** (être un internaute), **to download software <u>from</u> a site** (télécharger un logiciel <u>sur</u> un site), **to put* sth online** (mettre qqch en ligne)
- **a webcast** (une émission diffusée sur le Web), **to webcast*** (diffuser sur le Web)

29 The Arts — Les Arts

Artistic activity — L'activité artistique

art [ɑːt] → an artist → artistic, artistry ['ɑːtɪstrɪ]	l'art → un/e artiste → artistique, l'art / le talent artistique / l'art créatif
the fine art(s)	les beaux-arts / les arts plastiques
skill → skilled, skil(l)ful	le talent / le savoir-faire → compétent/e, doué/e
talent, a talent ['tælənt] → talented ≠ talentless	le talent, un talent → talentueux/-se ≠ sans talent
a gift → gifted ['gɪftɪd]	un don → doué/e
style [staɪl], a style	le style, un style
work [wɜːk], a work	le travail, une œuvre
a masterpiece ['mɑːstəpiːs]	un chef-d'œuvre
a patron ['peɪtrən] of the arts → patronage	un/e mécène → le mécénat
an exhibition [ɛksɪ'bɪʃən]	une exposition
a museum ['mjuːziːəm]	un musée / un museum
a curator [kjʊə'reɪtə]	un/e conservateur/-trice (de musée)
a gallery ['gælərɪ] → a gallery owner	une galerie d'art → un/e galeriste
a collection [kə'lɛkʃən]	une collection / une galerie (dans un musée)
a preview ['priːvjuː]	(Peinture :) un vernissage (Cinéma :) une avant-première
aesthetic [ɪs'θɛtɪk] → aesthetics *(+ V sing.)*	esthétique → l'esthétique

WORD PARTNERS

- **art** → **primitive / abstract / figurative / modern / representional ~** (l'art primitif / abstrait / figuratif / moderne / représentatif)
  a work of ~ (une œuvre d'~), **an ~ lover / critic** (un amateur / critique d'~), **UK an ~ gallery** = **US an ~ museum** (un musée des Beaux-Arts), **an ~ school** (une école des Beaux-Arts), **the graphic ~s** (les ~s graphiques)
- **genius** → **to demonstrate** = **to show* ~** (faire preuve de génie)
  a stroke / a spark of ~ (un coup / une étincelle de ~)
- **to have* / show style** (avoir du style)
- **a work by So-and-So / in the manner of So-and-So** (une œuvre de Untel / dans le style de Untel)
- **to put* on an exhibition** (monter une exposition)

PHRASES

- **Art for art's sake** (L'art pour l'art)
- **This is pure genius / a work of genius.** (C'est du génie pur et simple / une œuvre de génie.), **She is an artist of genius.** (C'est une artiste géniale.), **She has a genius for business / for creating a sensation.** (Elle a le génie des affaires / un don pour faire sensation.)
- **He's made bad faith one of the Fine Arts.** (C'est un véritable artiste de la mauvaise foi.)

Drawing and painting — Le dessin et la peinture

to draw [drɔː] → a drawing → a drawing board	dessiner → un dessin → une planche à dessin
a draughtsman ['drɑːftsmən]/woman	un/e dessinateur/-trice
to pose [pəʊz] / to sit (for) → a sitter, a sitting	poser (pour) un modèle, une séance de pose
a pencil ['pɛnsəl] → a pencil stroke	un crayon → un coup de crayon
charcoal ['tʃɑːkəʊl]	le fusain
chalk [tʃɔːk]	la craie
⚠ crayon ['kreɪən]	la craie grasse

⚠ **a stencil** ['stɛnsəl]	un pochoir (⚠ stencil)
paper ['peɪpə]	le papier
vellum ['vɛləm]	le velin
parchment ['pɑːtʃmənt]	le parchemin
a **scroll** [skrəʊl]	un rouleau
a **sheet** [ʃiːt]	une feuille (⚠ un drap)
⚠ a **sketch** → a **sketchbook**	une esquisse / un croquis → un carnet de croquis
to **paint**, **paint** [peɪnt] → **painting**, a **painting**, a **painter**	peindre, la peinture (matériau) → la peinture (activité), un tableau, un peintre
gouache [gʊ'ɑːʃ]	la gouache
a **palette**	une palette
a **brush** [brʌʃ] → a **brushstroke**	un pinceau → un coup de pinceau
UK (a) **watercolour** = US (a) **watercolor**	l'/une aquarelle
wash tint → a **wash** [wɒʃ]	le lavis → un lavis
canvas ['kænvəs], a **canvas**	la toile, une toile (à peindre)
an **easel** [iːzəl]	un chevalet
to **daub** [dɔːb] (with paint) → a **daub** *(coll.)*	recouvrir (de peinture) → (⚠ fam. :) une croûte
acrylic paint	la peinture acrylique
turpentine ['tɜːpəntaɪn]	la térébenthine
a **monochrome** ['mɒnəkrəʊm] (painting)	un camaïeu
a **mural** ['mjʊərəl]	une peinture murale
a **fresco** ['frɛskəʊ] (⚠ pl.: frescoes)	une fresque
a **trompe l'oeil**	un trompe-l'œil
a **cartoon** [kɑː'tuːn] → a **cartoonist**	un dessin humoristique → un dessinateur humoristique
a **caricature** ['kærɪkətjʊə]	une caricature

→ *La couleur, p. 91, Les couleurs, p. 92*

WORD PARTNERS

- **drawing** → **freehand ~** (le dessin à main levée), **a charcoal / pencil ~** (un ~ au fusain / au crayon), **a pen-and-ink ~** (un ~ à la plume), **a pastel ~** (un pastel)
- **to be* a good / bad draughts(wo)man** (dessiner bien / mal)
- **a piece of charcoal / chalk** (un fusain / une craie), **a red chalk drawing** (une sanguine)
- **sketch** → **a rough ~** (une ébauche), **a charcoal ~** (un dessin au fusain)
- **paint** → **a tube of ~** (un tube de peinture), **a ~box** (une boîte de couleurs)
- **painting** → **an oil ~** (une peinture à l'huile), **a subject ~** (un tableau de genre), **a life-size ~** (un ~ grandeur nature)

PH.

- **a Madonna with child** (une Vierge à l'Enfant), **the Old Masters** (les Maîtres Anciens)
- **to distemper a painting** (peindre un tableau à la détrempe), **to shade off a colour** (estomper une couleur), **to draw* / to paint from life** (dessiner / peindre d'après nature)

● *Schools of painting* — *Écoles de peinture*

primitive ['prɪmɪtɪv]	primitif
Baroque [bə'rəʊk]	baroque
Neo-classical, **Neo-clacissism**	(néo-)classique, le (néo-)classicisme
Raphael → **Pre-Raphaelite**, **Pre-Raphaelism**	Raphaël → préraphaélite, le préraphaélisme
impressionist, **Impressionism**	impressionniste, l'impressionnisme
a **symbol** → **symbolist**, **Symbolism**	un symbol → symboliste, le symbolisme
cubist, **Cubism** ['kjuːbɪzəm]	cubiste, le cubisme
fauvist, **Fauvism** ['fɔːvɪzəm]	fauviste, le fauvisme

Photography [fə'tɒgrəfɪ] — *La photographie*

a **picture** = a **snap** = a **photo(graph)** → a **photographer**	une photo(graphie) / un/e photographe
to **photograph** ['fəʊtəgrɑːf] **sb / sth** = to **take*** a **photo / picture of sb / sth**	photographier qqn / qqch = prendre une photo de qqn / qqch
to **shoot*** [ʃuːt] → a **shooting** → a **shot** → a **snapshot**	photographier (⚠ filmer / abattre) → une séance de prise de vue / une prise → un instantané
a **camera** ['kæmərə]	1. un appareil photo 2. une caméra
a **lens** [lɛnz] → a **zoom lens**	un objectif (⚠ lentille) → un téléobjectif
film, a **film**	la pellicule, 1. une pellicule 2. un film
a **close-up** ['kləʊsʌp]	un gros plan
the **focus** ['fəʊkəs]	la mise au point
to **adjust** [ə'dʒʌst]	mettre au point
the **exposure** [ɪks'pəʊʒə] **(time)**	le temps de pose
backlighting ['bæklaɪtɪŋ]	le contre-jour
a **darkroom**	une chambre noire
a **negative** ['nɛgətɪv]	un négatif
a **print**	une épreuve / un tirage
a **slide** [slaɪd] → a **slide projector**	une diapo(sitive) → un projecteur de diapos

WORD PARTNERS

- **digital photography** (la photographie numérique)
- **to develop = process / blow* up / frame / print a photo(graph)** (développer / agrandir / encadrer / faire un tirage d'une photographie)
- **shot → a high-angle / low-angle / waist / thigh ~** (une plongée / une contre-plongée / un plan rapproché / un plan américain)
  to take* a high-angle ~ of sth (prendre qqch en plongée)
- **a wide-angle / fish-eye lens** (un objectif grand-angle / à 180°)
- **a roll / reel = spool of film** (un rouleau / une bobine de pellicule)
- **a medium close-up** (un plan moyen)
- **A print may be sharp ≠ blurred / overexposed ≠ underexposed / matt ≠ glossy.** (Une épreuve peut être nette ≠ floue / surexposée ≠ sous-exposée / mate ≠ brillante.)

PH.

- **to zoom in ≠ out** (faire un zoom avant ≠ arrière), **to zoom in on sth** (faire un zoom sur qqch)
- **the credit line** (*[Dans un livre :]* les crédits photo)

Describing images — *Décrire l'image*

a **picture** ['pɪktʃə]	1. une image / représentation 2. un tableau 3. une photographie
a **line** [laɪn] → an **outline** → a **vanishing line**	un trait / une ligne → un contour → une ligne de fuite
perspective [pə'spɛktɪv]	la perspective
abstract ['æbstrækt]	abstrait
figurative ['fɪgərətɪv]	figuratif/-ve
a **portrait** ['pɔːtrɪt] → a **self-portrait**, a **portraitist**, **portraiture**	un portrait → un autoportrait, un/e portraitiste, la représentation
to **portray** → a **portrayal** [pɔː'treɪəl]	représenter → une représentation / un portrait
a **likeness** ['laɪknɪs]	un portrait (⚠ une ressemblance)
a **profile** ['prəʊfaɪl]	un profil
a **nude** [njuːd]	un nu
a **landscape** ['lændskeɪp]	un paysage
a **seascape** ['siːskeɪp]	une marine
a **conversation piece**	un portrait de groupe

a still-life (pl.: still-lifes)	une nature morte (pl.: des natures mortes)
the ground [graʊnd] → **the foreground**, **the background**, **the middle ground**	le fond → le premier plan, l'arrière-plan / le fond, le plan intermédiaire / le second plan
chiaroscuro [kɪɑːrə'skʊərəʊ]	le clair-obscur
a frame [freɪm], **to frame**	un cadre / chassis, encadrer

PHRASES

- **He's the very picture of innocence, but don't trust him!** (On dirait l'innocence incarnée, mais ne vous y fiez pas !)
  Moussorgski's piano suite, *Pictures from an Exhibition* (la suite pour piano, Tableaux d'une Exposition, de Moussorgski)
- **It's a portrait of... by...** (C'est un portrait représentant... peint par...)
  This portrait is a true / good likeness of her. (Ce portrait d'elle est très ressemblant.)
- **to be* silhouetted against...** (se découper sur fond de...), **to stand* out against a background** (se détacher sur un fond)
- **light and shade effects** (les effets d'ombre et de lumière)

● *Engraving* — *La gravure*

a burin ['bjʊərɪn]	un burin
to print, a print	imprimer, une estampe
an imprint **to imprint**	une impression faire une impression (en relief)
relief [rɪ'liːf]	le relief
to engrave [ɪn'greɪv] → **an engraving**	graver → une gravure
a plate [pleɪt] → **an inset-plate**	une planche (⚠ assiette / plaque) → un hors-texte
woodcut ['wʊdkʌt]	la gravure sur bois
copperplate ['kɒpəpleɪt]	la taille-douce
to etch → **an etching**, **etching** ['ɛtʃɪŋ]	graver à l'eau-forte → une eau-forte, l'eau-forte (art)
a lithograph ['lɪθəgrɑːf] → **lithography**	une lithographie → la lithographie

● *Sculpture* — *La sculpture*

to sculpt [skʌlpt] → **a sculptor** ['skʌlptə]	sculpter → un/e sculpteur/-trice
to model sth / to fashion sth / to shape sth	façonner / modeler qqch
the form [fɔːm]	la forme (en général)
the shape [ʃeɪp]	la forme (aspect / contour)
wood [wʊd]	le bois
mahogany [mə'hɒgənɪ]	l'acajou
ebony ['ɛbənɪ]	l'ébène
to carve [kɑːv]	graver, sculpter (⚠ découper une pièce de viande à table)
→ **wood-carving**	→ la sculpture du / sur bois
marble ['mɑːbəl]	le marbre
a chisel ['tʃɪzəl], **to chisel**	un ciseau de sculpteur, ciseler
clay [kleɪ]	l'argile
modelling	le modelage
terracotta ['tɛrə'kɒtə]	la terre cuite
wax [wæks]	la cire
bronze [brɒnz], **a bronze**	le bronze, un bronze
to cast* sth → **a casting** → **lost wax casting**	fondre / couler qqch → un moulage → le moulage à la cire perdue

a **mould** [məʊld], to **mould** → a **moulding**	un moule, mouler → une moulure
to **polish** ['pɒlɪʃ]	polir (⚠ cirer, vernir)
a **statue** ['stætju:]	une statue
a **recumbent effigy**	un gisant
a **gargoyle** ['gɑ:gɔɪl]	une gargouille
a **garland** ['gɑ:lənd]	une guirlande
stucco ['stʌkəʊ]	le stuc
(a) **bas-relief** = (a) **low relief**	un / le bas-relief
(a) **high relief**	un / le haut-relief
a **pedestal** ['pɛdɪstəl]	un piédestal
to **erect** = to **set up**	élever / ériger

PHRASES

- **to sculpt <u>in</u> stone** (sculpter la pierre), **to sculpt sth <u>out of</u> marble** (sculpter qqch <u>dans</u> le marbre)
- *[Fig.:]* **It's all carved in marble.** (On ne peut rien modifier.), **It's not carved in marble!** (Ce n'est pas un engagement pour la vie !), **as cold as marble** (froid comme le marbre)
- **to put* sb on a pedestal** (mettre qqn sur un piédestal) ≠ **to knock sb off their pedestal** (faire tomber qqn de son piédestal)

● *Architecture* — *L'architecture*

an **architect** ['ɑ:kɪtɛkt]	un/e architecte
a **plan** = a **design** [dɪ'zaɪn], to **design**	un plan, dessiner / créer
the **foundations** [faʊn'deɪʃənz]	les fondations
the **framework** ['freɪmwɜ:k]	la charpente
a **beam** [bi:m] → the **main beam**	une poutre → l'entablement
a **joist** [dʒɔɪst]	une solive
a **lintel** ['lɪntəl]	un linteau
stone [stəʊn]	la pierre (⚠ noyau de fruit)
brick	la brique
mortar ['mɔ:tə]	le mortier
cement [sɪ'mɛnt]	le ciment
concrete ['kɒŋkri:t]	le béton (⚠ adj. : concret)
a **wall** → a **walled city**, to **wall up**	un mur, une muraille → une ville fortifiée, murer (porte / fenêtre)
a **pediment** ['pɛdɪmənt]	un fronton
a **cornice** ['kɔ:nɪs]	une corniche
a **frieze** [fri:z]	une frise
an **architrave** ['ɑ:kɪtreɪv]	une architrave
an **epistyle** ['ɛpɪstaɪl]	un épistyle
a **pillar** ['pɪlə]	un pilier
a **column** ['kɒləm]	une colonne
an **abacus** ['æbəkəs]	un abaque (⚠ un boulier)
a **capital** ['kæpɪtəl]	un chapiteau de colonne
a **shaft** [ʃɑ:ft]	un fût de colonne
a **plinth** [plɪnθ]	1. un socle de colonne 2. une plinthe
a **tower** [taʊə]	une tour
a **forecourt** ['fɔ:kɔ:t]	un parvis (lieu de culte) / une avant-cour (château)
a **courtyard** ['kɔ:tjɑ:d]	une cour (d'immeuble)

→ *Le bâtiment, p. 231*

W. P.

- **stone → building ~** (la pierre à bâtir), **dressed ~** (la ~ de taille), **a corner~** (une ~ angulaire), **a touch~** (une pierre de touche), **a ~ mason** (un tailleur de ~)
- **an inner = interior courtyard** (une cour intérieure)
- **a Doric / a Corinthian / an Ionic capital** (un chapiteau dorique / ionique)

PHRASES

- **the Great Wall of China** (la Grande Muraille de Chine)
- **an arcaded colonade** (des arcades)
- **A building may be lofty / majestic / bare / austere / tumbledown = dilapidated / in ruins.** (Un bâtiment peut être élevé / majestueux / nu / austère / délabré / en ruines.)
- *[Fig.:]* **She's a pillar of strength.** (On peut s'appuyer sur elle.)
- **a capital decorated with acanthus leaves** (un chapiteau décoré de feuilles d'acanthe)

Castles — *Les châteaux-forts*

a **turret** ['tʌrɪt]	une tour d'angle
a **drawbridge** ['drɔːbrɪdʒ]	un pont-levis
a **moat** [məʊt]	une douve
a **portcullis** [pɔːt'kʌlɪs]	une herse
the **battlements** ['bætəlmənts]	1. les remparts 2. le chemin de ronde
a **postern** ['pəʊstɜːn]	une poterne
a **crenel** → **crenellations** [krɛnɪ'leɪʃənz]	un créneau → le crénelage / les créneaux
machicolation [mætʃɪkəʊ'leɪʃən]	les machicoulis
a **barbican** ['bɑːbɪkən]	une barbacane = une tourelle défensive
an **arrow slit**	une meurtrière
the **keep** [kiːp]	le donjon
a **pinnacle** ['pɪnəkəl]	un pinacle, un clocheton
⚠ a **dungeon** ['dʌndʒən]	un cachot
a **ruin** ['ruːɪn]	une ruine
a **relic** ['rɛlɪk]	un vestige (⚠ une relique)

Religious buildings — *Les édifices religieux*

a **bell** → a **(bell) tower**	une cloche → un clocher
a **steeple** ['stiːpəl]	un clocher (tour)
a **belfry** ['bɛlfrɪ]	un clocher, un beffroi
a **turret** ['tʌrɪt]	un clocheton
a **dome** [dəʊm]	un dôme
a **spire** ['spaɪə]	une flèche
⚠ the **front**	la façade
the **porch** [pɔːtʃ]	le porche
a **portal** ['pɔːtəl]	un portail
a **tympanum** ['tɪmpənəm]	un tympan
a **lintel** ['lɪntəl]	un linteau
a **pier** [pɪə]	un trumeau (⚠ une jetée)
a **close buttress** / a **flying buttress**	un contrefort / un arc-boutant
a **cloister** ['klɔɪstə]	un cloître
a **peristyle** ['pɛrɪstaɪl]	un péristyle
an **apse** [æps] → an **apsidiole**	une abside → une absidiole
a **curve** [kɜːv]	un cintre
an **arch** [ɑːtʃ]	une voûte / une arche / un arc (de triomphe)
a **vault** [vɔːlt] → **vaulting, vaulted**	une voûte → la voûte (ouvrage), en voûte
the **nave** [neɪv]	la nef
the **aisles** [aɪlz]	les bas-côtés

a **stained-glass window**	un vitrail
a **rose window**	une rosace
the **sanctuary** ['sæŋktjʊərɪ]	le sanctuaire
the **stalls** [stɔ:lz]	les stalles
the **choir** [kwaɪə] / the **chancel** ['tʃɑ:nsəl]	le chœur
the **altar** ['ɒltə] → the high altar, an altar boy	l'autel → le maître-autel, un enfant de chœur
a **pulpit** ['pʊlpɪt]	une chaire
a **pew** [pju:]	un banc
a **reredos** ['rɪədɒs] / a **retable** [rɪ'teɪbl]	un retable
the **ambulatory** ['æmbjulət(ə)rɪ]	le déambulatoire
the **communion rail**	la table de communion
the **rood screen** ['ru:dskri:n]	le jubé
a **transept** → the **transept crossing**	un transept → la croisée du transept
a **bay**	une travée
a **keystone** ['ki:stəʊn]	une clé de voûte
an **ogive** ['əʊdʒaɪv]	une ogive
intersecting ribs	une croisée d'ogives
the **narthex** ['nɑ:θɛks]	le narthex
the **organ loft**	la tribune de l'orgue

W. P.

- **a round arch** (une voûte en plein cintre)
- **vault** → **a barrel ~** (une voûte en berceau), **a groined ~** (une ~ d'arêtes), **an ogival ~** (une ~ en ogive), **fan ~ing** (la ~ en éventail)

PH.

- **He's got bats in the belfry!** (Il a une araignée au plafond !)
- **the starry vault** (la voûte étoilée)

● *Styles* — *Les styles*

Ancient ['eɪnʃənt]	ancien, antique
Classical → **Neo-Classical**	classique → néo-classique
Norman ['nɔ:mən] = **Romanesque**	roman
Gothic ['gɒθɪk] → **Neo-Gothic**	gothique → néo-gothique
Tudor ['tju:də]	tudor (première moitié du XVIe siècle)
Baroque [bə'rəʊk]	baroque
Renaissance [rə'neɪsəns]	Renaissance
(**Elizabeth** →) **Elizabethan** [ɪlɪzə'bi:θən]	élisabéthain (2e moitié du XVIe s.)
(**George** →) **Georgian** ['dʒɔ:dʒjən]	(du) XVIIIe siècle (règnes des rois George)
Romantic [rəʊ'mæntɪk]	romantique (fin XVIIIe-début XIXe)
(**the regent** →) **Regency** ['ri:dʒənsɪ]	Régence (premier quart du XIXe), ≈ Empire
(**Victoria** →) **Victorian** [vɪk'tɔ:rɪən]	victorien (deux derniers tiers du XIXe siècle)
redbrick ['rɛdbrɪk]	fin XIXe
(**Edward** →) **Edwardian** [ɛ'dwɔ:dɪən]	édouardien (début XXe siècle)

PHRASES

- **Flamboyant / High / Perpendicular Gothic** (le gothique flamboyant / rayonnant / perpendiculaire)
- **a Georgian terrace** (un lotissement urbain du XVIIIe siècle)
- **a Victorian factory** (une manufacture victorienne)
- **a redbrick university** (une université fondée au XIXe siècle)
- **an Edwardian mansion** (un manoir du début du XXe siècle)

● Music ['mju:zɪk] — *La musique*

→ a **musician** [mju:'zɪʃən]	→ un/e musicien/ne
a **chord** [kɔ:d]	un accord
a **tune** [tju:n] to tune → to **tune** in, a **tuning fork**	un air accorder → se mettre au diapason, un diapason
a **melody** ['mɛlədɪ] → **melodious**	une mélodie → mélodieux
to **compose** → a **composer** [kəm'pəʊzə]	composer → un/e compositeur/-trice
to **conduct** [kən'dʌkt] → ⚠ a **conductor** → the **conductor's baton** ['bætən]	diriger → un chef d'orchestre → la baguette du/de la chef d'orchestre
a **symphony** ['sɪmfənɪ] → **symphonic**, a **symphonist**	une symphonie → symphonique, un/e symphoniste
a **sonata** [sə'nɑ:tə] → a **sonatina** [sɒnə'ti:nə]	une sonate → une sonatine
a **concert** ['kɒnsət]	un concert
a **concerto** ['kən'tʃɜ:təʊ]	un concerto
a **suite** [swi:t]	une suite
harmony ['hɑ:məni] → **harmonious** → **harmoniously** → **harmonic** → **harmonically** → to **harmonize** → **harmonization**	l'harmonie → harmonieux → harmonieusement → harmonique → harmoniquement → harmoniser → l'harmonisation
rhythm ['rɪðəm] → **rhythmical**	le rythme → rythmique
a **beat** [bi:t], the **beat**	un temps, le tempo
solo, a **solo** ['səʊləʊ] → a **soloist**	en solo, un solo → un/e soliste
a **duo** ['dju:əʊ]	un duo (formation)
a **duet** [dju:'ɛt / 'dju:ɛt] → **duettists**	un duo (œuvre) → des duettistes
a **trio** ['tri(:)əʊ]	un trio
a **quartet(te)** ['kwɔ:tɛt]	un quatuor
a **quintet** [kwɪn'tɛt]	un quintette
a **sextet** [sɛks'tɛt]	un sextuor
a **recital** [rɪ'saɪtəl]	un récital
a **jam** [dʒæm] **(session)**	un bœuf / une impro

WORD PARTNERS

- **music → baroque / chamber / classical / instrumental / orchestral / symphonic ~** (la ~ baroque / de chambre / classique / instrumentale / orchestrale / symphonique)
  to play ~ (faire de la ~), **to play / to perform a piece of ~** (exécuter / interpréter un morceau de ~), **to set* sth to ~** (mettre qqch en ~), **a ~ lover** (un/e mélomane)
- **a concert artist / performer** (un/e concertiste)
- **a violin sonata** (une sonate pour violon), **a piano concerto** (un concerto pour piano), **Bach's cello suites** (les suites pour violoncelle de Bach)
- **to play / to sing* solo** (jouer / chanter en solo)
- **duo → to sing* as a ~** (chanter en duo), **a violin ~** (un duo de violons)
- **a violin / cello duet** (un duo pour violons / violoncelles)
- **quartet → a jazz ~** (un quartette), **a string ~** (un quatuor à cordes)
- **to have* a jam** (faire un bœuf)

PHRASES

- **to have* an ear for music = to be* musical** (avoir l'oreille musicale)
- **to have* absolute = perfect pitch** (avoir l'oreille absolue)
- **to give* the pitch** (donner le ton)
  the pitch is too high ≠ too low (c'est joué / chanté trop haut ≠ trop bas)
- **to play / to sing* in tune ≠ out of tune** (jouer / chanter juste ≠ faux)
- **to be* off the beat** (être à contretemps)

Musical scores — *Les partitions musicales*

a **note** [nəʊt]	une note
solfeggio [sɒl'fɛdʒɪəʊ] = **sol-fa**	le solfège
music paper	le papier à musique
to **read*** → to **sightread*** → **sightreading**	lire → déchiffrer → le déchiffrage
UK to **practise** = US to **practice** ['præktɪs]	s'exercer
a **staff** [stɑ:f]	une portée (⚠ personnel, etc.)
a **barline** ['bɑ:laɪn]	une barre de mesure
an **octave** ['ɒktɪv]	une octave
a **scale** [skeɪl]	une gamme
A	la
B	si
C	do, ut
D	ré
E	mi
F	fa
G	sol
⚠ a **breve** [bri:v]	une double ronde
UK a **semibreve** = US a **whole note**	une ronde
UK a **minim** = US a **half-note**	une blanche
UK ⚠ a **crochet** ['krəʊʃeɪ] = US a **quarter note**	une noire
UK a **quaver** ['kweɪvə] = US an **eighth note**	une croche (⚠ quaver : chevrotement)
UK a **semiquaver** = US a **sixteenth note**	une double-croche
UK a **demisemiquaver** = US a **thirtysecond note**	une triple croche
UK a **hemidemisemiquaver** = US a **sixtyfourth note**	une quadruple croche
a **quaver rest**	un soupir
a **tone** [təʊn] → a **semitone**	un ton → un demi-ton
sharp, a **sharp** [ʃɑ:p]	dièse, un dièse (note et signe)
flat, a **flat** [flæt]	bémol, un bémol (note et signe)
a **clef** [klɛf]	une clé
a **key** [ki:]	un ton (⚠ une clé / clef de serrurier)
major ['meɪdʒə]	majeur
minor ['maɪnə]	mineur

WORD PARTNERS

- **to practise** → **~ an air** (s'exercer à jouer un air), **~ an instrument** (s'exercer à jouer d'un instrument)
- **to play scales** (faire des / ses gammes)
- **F sharp** (fa dièse), **B flat** (si bémol)
- **clef** → **a bass** = **an F ~** (une clé de fa), **a treble** = **a G ~** (une clé de sol), **an alto** = **a C ~** (une clé d'ut)
- **a piece in F major, in C minor** (un morceau en fa majeur, en ut mineur)
- **to play / sing* in ≠ off key** (jouer / chanter dans le ton ≠ dans le mauvais ton)

Singing — *Le chant*

to **sing*** → a **singer** ['sɪŋə]	chanter → un/e chanteur/-se
a **song** [sɒŋ]	une chanson
⚠ to **chant** [tʃɑ:nt], a **chant**	scander / psalmodier, une mélopée
plainsong = **plainchant** = **Gregorian chant**	le chant grégorien
counterpoint ['kaʊntəpɔɪnt]	le contre-chant

a **ballad** ['bæləd]	une ballade
spirituals ['spɪrɪtjʊəlz]	le Gospel / les Negro spirituals
a **hymn** [hɪm]	un cantique
a **psalm** [sɑ:m]	un psaume
a **carol** ['kærəl]	un chant de Noël
an **anthem** ['ænθəm]	un hymne / un motet
an **antiphon**	une antienne
a **lament** [lə'mɛnt]	un chant funèbre / une complainte
a **lyre** [laɪə] → **lyric(al)** ['lɪrɪk(əl)] → **lyricism** → the **lyrics** → a **lyricist**	une lyre → lyrique → le lyrisme les paroles → un/e parolier/-ère
the **tessitura**	la tessiture
soprano [sə'prɑ:nəʊ] → **mezzo-soprano** → a **boy soprano** = a **treble**	soprano → mezzo-soprane un soprano (enfant)
alto ['æltəʊ] → **contralto**	alto → contralto
tenor ['tɛnə] → **counter-tenor**	ténor → haute-contre
baritone ['bærɪtəʊn]	baryton
bass [beɪs]	basse
falsetto [fɔ:l'sɛtəʊ]	fausset
a **choir** [kwaɪə] → the **choirmaster**, a **chorister**	un chœur / une chorale → le maître de chœur, un/e choriste
a **chorus** ['kɔ:rəs]	1. un chœur (d'opéra) 2. un refrain
⚠ a **verse**	un couplet / un verset
an **opera** ['ɒpərə], **opera** → **operatic**	un opéra, l'opéra / l'art lyrique → lyrique
a **prima donna**	une cantatrice / une diva

WORD PARTNERS

- **singing** → **~ exercises** (les vocalises), **choral ~** (le chant choral), **a ~ teacher** (un professeur de chant), **a ~ class / lesson / competition** (un cours / leçon / concours de ~)
- **to sing* in chorus / in unison / in parts** (chanter en chœur / à l'unisson / à plusieurs voix), **~ unaccompanied / a capella** (chanter a cappella)
- **singer** → **an opera ~** (un/e artiste lyrique), **a chorus-~** (un/e choriste d'opéra)
- **song** → **a profane ≠ sacred ~** (un chant profane ≠ sacré), **a protest ~** (une chanson contestataire), **part-~** (le chant à plusieurs voix), **swan ~** (le chant du cygne) **to hum a ~ / tune** (fredonner une chanson / un air)
- **bass** → **to sing* the ~** (chanter la basse), **to be* a ~** (être une basse), **a ~-baritone** (un baryton-basse), **the ~ drum** (la grosse caisse), **a ~ guitar** (une guitare basse), **the ~ strings** (les basses)
- **opera** → **an ~ house** (un opéra [lieu]), **grand ~** (le grand opéra), **a rock ~** (un opéra rock)

● *Musical instruments* — *Les instruments de musique*

an **orchestra** ['ɔ:kɪstrə]	un orchestre
a **band** [bænd]	un groupe / une formation
to **drum** [drʌm], a **drum** → the **drums**	taper / tapoter, un tambour → les percussions / la batterie
a **tom-tom**	un tam-tam
a **triangle** ['traɪæŋgəl]	un triangle
a **xylophone** ['zaɪləfəʊn]	un xylophone
the **chimes** [tʃaɪmz]	le carillon
the **cymbal** ['sɪmbəl]	les cymbales
the **castanets** [kæstə'nɛts]	les castagnettes
a **flute** [flu:t]	une flûte
a **recorder** [rɪ'kɔ:də]	un pipeau
a **gazooka**	un mirliton

a **pipe** [paɪp] → **bagpipes** ['bægpaɪps]	un chalumeau → une / la cornemuse
a **bassoon** [bə'su:n]	un basson
an **oboe** ['əʊbəʊ]	un hautbois
a **clarinet** [klærɪ'nɛt]	une clarinette
a **reed** [ri:d]	une anche (⚠ un roseau)
brass → **the brass** [brɑ:s]	le laiton → les cuivres (instruments)
a **cornet** ['kɔ:nɪt]	un cornet (à pistons)
a **horn** [hɔ:n]	un cor
a **bugle** ['bju:gəl]	un clairon
a **trumpet** ['trʌmpɪt]	une trompette
a **trombone** [trɒm'bəʊn]	un trombone
a **sax(ophone)** ['sæksəfəʊn]	un saxo(phone)
a **harmonica** = a **mouth organ**	un harmonica
an **accordion** [ə'kɔ:djən]	un accordéon
a **string** → **the strings**	une corde (⚠ un string) → les (instruments à) cordes
a **bow** [bəʊ]	un archet (⚠ un arc)
a **lyre** ['laɪə]	une lyre
a **zither** [zɪðə]	une cithare
a **harp** [hɑ:p]	une harpe
a **violin** ['vaɪəlɪn]	un violon
a **viola** [vɪ'əʊlə]	1. un violon alto → un/e altiste 2. une viole
a **fiddle** ['fɪdəl] → a **fiddler**	un violon folk → un/e violoneux/-euse
a **cello** ['tʃɛləʊ]	un violoncelle → un/e violoncelliste
a **bass** [beɪs]	1. une basse 2. une contrebasse (jazz)
a **double-bass** ['dʌbəlbeɪs]	une contrebasse (classique)
a **guitar** [gɪ'tɑ:]	une guitare
to **strike** [straɪk] → to **strike up**	frapper, faire sonner → attaquer, entonner
a **key** [ki:] → a **keyboard**	une touche (⚠ clef) → un clavier
a **spinet** ['spɪnɪt]	une épinette
a **harpsichord** ['hɑ:psɪkɔ:d]	un clavecin
an **organ** ['ɔ:gən]	un orgue (⚠ un organe)
a **piano** [pɪ'ænəʊ]	un piano

WORD PARTNERS

- **instrument** → **a wind ~** (un instrument à vent), **a percussion ~** (un ~ à percussion), **a stringed ~** (un ~ à cordes)
- **band** → **a brass ~** (une fanfare), **a jazz ~** (un orchestre de jazz), **a military ~** (une fanfare militaire), **a rock ~** (un groupe de rock), **a town ~** (un orphéon), **the town brass ~** (la fanfare municipale)
- **to play the piano / violin / guitar / etc.** (jouer du piano / du violon / de la guitare)
- **on drums...** (à la batterie...)
- **a clash of cymbals** (un coup de cymbales)
- **a basset / French / hunting horn** (un cor basset / d'harmonie / de chasse)
- **a slide / valve trombone** (un trombone à coulisse / à pistons)
- **to pluck a string** (pincer une corde)
- **to draw* the bow across the strings** (passer l'archet sur les cordes)
- **a viola da gamba / d'amore** (une viole de gambe / d'amour)
- **piano** → **an acoustic ~** (un piano acoustique), **a honky-tonk ~** (un ~ bastringue), **a player ~** (un ~ mécanique / numérique), **an upright ~** (un ~ droit), **a grand ~** (un ~ à queue), **a concert grand (~)** (un ~ de concert), **UK a boudoir grand** = **US a parlor grand (~)** (un ~ demi-queue), **a baby grand (~)** (un ~ quart de queue), **a small baby grand (~)** (un ~ crapaud)
  to sit* down at the ~ (se mettre au piano), **to play sth on the ~** (jouer qqch au piano)
- **organ** → **to be* at the ~** (tenir l'orgue), **the great ~s** (les grandes ~s), **a barrel ~** (un ~ de Barbarie)

PHRASES

- **to take* up an instrument** (apprendre à jouer d'un instrument), **to play unplugged** (jouer sans instrument électrique)
- **to be* as fit as a fiddle** (être en pleine forme), **to play second-fiddle to someone** (être le sous-fifre de quelqu'un), **to fiddle while Rome burns** (se moquer de tout)

Musicians — Les musiciens

a **drummer** ['drʌmə]	un/e percussionniste
an oboist	un/e hautboïste
a clarinet(t)ist	un/e clarinettiste
a trombonist	un/e tromboniste
a saxophonist	un/e saxophoniste
a **lyrist** ['laɪərɪst]	un/e joueur/-se de lyre
a **harpist**	un/e harpiste
a **violinist**	un/e violoniste
a **cellist**	un/e violoncelliste
a **pianist** ['piənɪst]	un/e pianiste (professionnel/le)
a **guitarist**	un/e guitariste

W. P.

- **Autres instrumentistes : instrument + player**
→ **a trumpet player** (un/e trompettiste), **a piano-player** (un/e pianiste amateur), **etc.**

The performing arts — Les arts de la scène

to **perform** [pə'fɔ:m] → a **performer**, ⚠ a **performance** [pə'fɔ:məns]	jouer / interpréter → un/e interprète, une représentation / interprétation
the **stage** [steɪdʒ] = the **boards**	la scène = les planches
frontstage	à l'avant-scène
backstage	dans les coulisses
stage left = UK **prompt side**	côté cour
stage right = UK **opposite prompt side**	côté jardin
the **wings**	les coulisses (⚠ les ailes)
a **dressing room**	une loge (d'artiste)
the **house** [haʊs]	1. la salle 2. les spectateurs
a **box**	une loge
UK the **stalls** [stɔ:lz] = US the **orchestra**	l'orchestre
the **dress circle**	la corbeille
the **circle** ['sɜ:kəl] → the **upper circle**	le balcon → le deuxième balcon
the **gods** [gɒdz]	le poulailler / le paradis
an **usherette** [ʌʃə'rɛt]	une ouvreuse
the **audience**, an **audience** ['ɔ:diəns]	le public, un public
a **show** [ʃəʊ]	1. un spectacle 2. une exposition / installation
a **production** [prə'dʌkʃən]	une mise en scène / une production
a **set**	un décor
a **backdrop**	une toile de fond / un décor
a **costume** ['kɒstju:m]	un costume
to **rehearse** [rɪ'hɜ:s] → a **rehearsal**	répéter → une répétition
to **clap** / to **applaud** → **applause** [ə'plɔ:z]	applaudir → les applaudissements
to **whistle** ['wɪsəl]	siffler (admiratif)
to **boo** [bu:]	huer
to **hiss**	siffler (négatif)
a **hit**	un succès
a **flop**	un four

PHRASES

- **to put* on a show / a play** (monter un spectacle / une pièce)
- **a technical rehearsal / a final rehearsal / a dress rehearsal** (une répétition technique / générale musique / générale spectacle)
- **opening night** (la soirée de première)
- **to bring* the house down** (faire crouler la salle de rire), **to be* booed off the stage** (quitter la scène sous les huées)

Dance and dancing — *La danse*

to dance → a **dancer**	danser → un danseur / une danseuse
ballet ['bæleɪ]	le ballet, un ballet
a ballerina → the **prima ballerina**	une ballerine → la danseuse étoile
to choreograph → a choreographer → (a) choreography → choreographic	chorégraphier → un/e chorégraphe, → la / une chorégraphie → chorégraphique
a **pas de deux**	un pas de deux
an entre**chat**	un entrechat
blocked shoes	les pointes (chausson spécifique)
a **tutu** ['tu:tu:]	un tutu
to spin* / twirl [twɜ:l] round	tournoyer
ballroom dancing	la/les danse/s de salon
a ball [bɔ:l] → a **fancy-dress** ball	un bal → un bal costumé
a waltz [wɔ:l(t)s] → a **waltzer**	une valse → un/e valseur/-se
to **tap**-dance → a **tap**-dancer	faire des claquettes → un danseur de ~
a **folk** dancer / a **country** dancer	un danseur folklorique
jive [dʒaɪv], **to jive**	le swing, danser le swing

WORD PARTNERS

- **dance** → **a ~ class** (un cours de danse [classe]), **a ~ studio** (un cours de ~ [lieu]), **contemporary ~** (la ~ contemporaine), **a ~ step** (un pas de ~)
- **to dance the waltz / the tango / the polka / etc.** (danser la valse / le tango / la polka / etc.)
- **dancing** → **a ~ class** (un cours de danse [enfants]), **a ~ teacher** (un professeur de ~), **ballroom ~** (les danses de salon), **belly ~** (la ~ orientale)
- **dancer** → **a ballet ~** (un danseur / une danseuse classique), **a principal ~** (~ étoile), **a leading ~** (un/e premier/-ère ~)
- **ballet** → **~ shoes = ~ pumps** (les chaussons de danse / les ballerines), **a ~ teacher** (un professeur de danse ballet), **classical ~** (la danse classique)

PHRASES

- **a dance of death** (une danse de mort), **a fire-/ rain-/ war dance** (une ~ du feu / de la pluie / de guerre)
- **to dance on points / on demi-points** (danser sur les pointes / demi-pointes)
- ***Swan Lake*** (Le Lac des Cygnes)

UK *The theatre* = US *The theater* — *Le théâtre*

drama ['drɑ:mə] → a **dramatist** → **dramatic** → **dramatically**	le théâtre (genre littéraire) → un/e dramaturge / auteur dramatique dramatique → de façon théâtrale / spectaculaire
the **dramatis personae**	les personnages
a play [pleɪ] → a **playwright** ['pleɪraɪt], a **playlet**, a **playhouse** = a **theatre**/-er → **theatrical** → **theatrically**	une pièce de théâtre → un/e dramaturge, une pièce en un acte, un théâtre → théâtral/e → théâtralement
the **hero** ['hɪərəʊ] / **heroine**	le héros / l'héroïne

a protagonist [prəʊ'tægənɪst]	un/e protagoniste
the chorus ['kɔːrəs]	le chœur
an act	un acte
a scene [siːn]	une scène
a line / a speech [spiːtʃ]	une réplique (plutôt brève / plutôt longue)
a monologue ['mɒnəlɒg]	un monologue
a soliloquy [sə'lɪləkwɪ]	un soliloque
to rant [rænt]	déclamer
a dialogue ['daɪəlɒg]	un dialogue
a cue [kjuː]	une réplique (⚠ une queue de billard)
an aside [ə'saɪd]	un aparté
comedy, a comedy → a comedian	la comédie, une comédie → un/e comique
comic → comical → comically	comique → cocasse → comiquement
farce [fɑːs], **a farce → farcical**	la farce, une farce → grotesque
tragedy, a tragedy → tragic(ally) → a tragicomedy → tragicomical	la tragédie, une tragédie → tragique(ment) → une tragi-comédie → tragi-comique
melodrama, a melodrama → melodramatic/ally	le mélodrame, un mélodrame → mélodramatique/ment
a skit	une parodie / une satire
verisimilitude [verɪsɪ'mɪlɪtjuːd]	la vraisemblance
to (play)act → an actor ['æktə], **an actress** ['æktrɪs] **→ (play)acting = dramatic art**	jouer la comédie → un comédien, une comédienne l'art dramatique
a role [rəʊl] **= a part** [pɑːt]	un rôle
to cast*, the cast	distribuer les rôles, la distribution
the lead [liːd] **= the leading part**	le rôle principal
to understudy, an understudy	doubler (un rôle), une doublure
a ham (actor / actress)	un/e cabotin/e
to prompt ['prɒmpt] **→ a prompter**	souffler → un souffleur
to stage → stagecraft	monter / mettre en scène → l'art du dramaturge / du metteur en scène / des acteurs
to direct → the direction → a (stage) director → the stage directions	diriger → la direction d'acteurs → un metteur en scène (de théâtre) → les didascalies / indications scéniques
the (stage) properties = the props	les accessoires de théâtre
to produce → a producer [prə'djuːsə]	produire → un producteur

WORD PARTNERS

- **play → a one-act ~ = a one-acter** (une pièce en un acte), **a Miracle ~** (un Miracle), **a Morality ~** (une Moralité), **a Mystery ~** (un Mystère), **a Nativity ~** (un Mystère de la Nativité), **a Passion ~** (un Mystère de la Passion), **a history ~** (une pièce historique)
- **to play a part = a role / a character** (jouer un rôle / un personnage)
- **a supporting / silent part / role** (un rôle secondaire / muet)
- **to act in a play** (jouer dans une pièce de théâtre)
- **an acting school / class / teacher** (une école / un cours / un professeur / d'art dramatique) ⚠ **an ~ lesson** (une leçon d'art dramatique), **a lesson in ~** (une démonstration magistrale d'art dramatique)
- **stage → a revolving ~** (une scène tournante), **to come* / be* on ~** (entrer / être en scène), **to come* off ~** (sortir de ~), **a ~hand** (un machiniste)
- **scene → an expository ~** (une scène d'exposition), **a love / murder ~** (une ~ d'amour / de meurtre)
- **comedy → ~ of manners / of situation** (la comédie satirique / le comique de situation), **stand up ~** (semi-improvisation d'humoriste, proche du one-man show de café-théâtre), ⚠ **romantic ~** (comédie romanesque), **sentimental ~** (la comédie sentimentale)

PHRASES

- **scene one** = **the first scene** (la première scène), **act one** = **the first act** (le premier acte)
- **the three unities** (les trois unités) : **unity of action** (l'unité d'action), **unity of time** (l'unité de temps), **unity of place** (l'unité de lieu)
- **suspension of disbelief** (la convention qui fait accepter les invraisemblances)
- **directed by...** (mis en scène par...)
- **offstage / backstage** = **behind the curtain / the scenes** = **in the wings** (dans les coulisses)
- **on stage and off** (à la ville comme à la scène)
- **the scene is set in...** (la scène se passe à / dans...)
- **to adapt a novel for the stage / the screen** (adapter un roman pour le théâtre / le cinéma)
- **to cast* an actress as Lady Macbeth** (donner le rôle de Lady Macbeth à une actrice), **to give* an actress her cue** (donner la réplique à une actrice)
- **to raise ≠ to lower the curtain** (lever ≠ baisser le rideau)
- **to play to a full house** (jouer à guichets fermés)
- **amateur dramatics / theatricals** (le théâtre amateur)

● UK *The cinema* = US *(motion) pictures* — *Le cinéma*

a film = UK a **picture** = US a **motion picture** = US a **movie** = (US coll.:) a **flick**	un film
UK a **cinema** = US a **movie theater**	un cinéma
a screen [skriːn] → a **screenplay** = a script = a scenario → a **screenwriter** = a **scriptwriter** → a **screen test** / a rush [rʌʃ]	un écran un scénario un/e scénariste un bout d'essai
a **camera** ['kæmərə]	une caméra (⚠ un appareil photo)
the set	le plateau (de tournage)
an **angle** ['æŋgəl]	un angle (de vue)
a shot [ʃɒt]	un plan
tracking ['trækɪŋ]	le travelling
to fade [feɪd] **in ≠ out** → **fade in ≠ out** → cross **fading**	(faire) apparaître ≠ disparaître en fondu → l'ouverture ≠ la fermeture en fondu → le fondu enchaîné
a stunt [stʌnt] → a **stuntman/woman**	une cascade → un/e cascadeur/-se
a **double** ['dʌbəl]	une doublure cascade
to **stand** in for sb → a **stand-in**	remplacer qqn → une doublure
a **walk-on actor** / **actress**	un/e figurant/e
the **continuity** [kɒntɪ'njuːətɪ] girl	la scripte
a **trailer** ['treɪlə]	une bande-annonce (⚠ une remorque)
a clip	un extrait
the **credits** ['krɛdɪts]	le générique
to dub [dʌb] → **dubbing**	doubler (langue) → le doublage
a **subtitle** ['sʌbtaɪtəl]	un sous-titre
special effects	les effets spéciaux
the **soundtrack**	la bande sonore
to **project** → the projection room	projeter → la salle de projection
a **thriller** ['θrɪlə]	un thriller
a **cliffhanger** ['klɪfhæŋə]	une situation à suspense
a dud [dʌd] = a **turkey** = a **rubbish film**	un navet

→ *La photographie, p. 348*

WORD PARTNERS

- **cinema → a multiplex ~** (un complexe multi-salles), **a ~ chain** (une chaîne de cinémas), **experimental ~** (le cinéma d'art et d'essai), **a ~ operator** (un exploitant de salle)
- **a drive-in movie** (une salle en plein air accessible aux voitures)
- **UK film = US movie → a ~ director** (un metteur en scène de cinéma / un réalisateur), **a ~ producer** (un producteur de ~), **a ~ editor** (un monteur), **a ~ star** (une vedette de cinéma), **the ~ industry** (l'industrie cinématographique), **the release of a ~** (la sortie d'un film), **a ~maker** (un metteur en scène de cinéma commercial)
  to shoot* / direct / view / release a ~ (tourner / réaliser / visionner / sortir un film)
- **movie attendance** (la fréquentation des salles)
- **film → a documentary / sound / silent / black and white ~** (un film documentaire / parlant / muet / en noir et blanc), **a short ~** (un court métrage), **a feature-length = full-length ~** (un long métrage), **the feature ~** (le grand film [quand il y a deux films par séance]), **a mass-audience ~** (un film grand public), **a horror ~** (un ~ d'horreur), **a gangster / detective ~** (un ~ policier), **an X-rated ~** (un ~ interdit aux moins de 18 ans), **a blue ~ = a skin flick** (un ~ porno)
  ~ archives = a ~ library (une cinémathèque)
- **reverse angle** (le contrechamp)
- **shot → a reverse / long / static ~** (un contrechamp / un plan d'ensemble / un plan fixe),
- **tracking → a ~ shot / a sideways ~** (un travelling / un ~ latéral), **~ in ≠ ~ out** (le travelling avant ≠ le travelling arrière)

PHRASES

- **the big ≠ small screen** (le grand ≠ petit écran / le cinéma ≠ la télévision)
- **on screen and off** (à la ville comme à l'écran)
- **to shoot* a film on location / in day for night** (tourner en extérieur / en nuit américaine)
- **Quiet everybody! Action!** (Silence, on tourne !)
- **box-office takings = returns** (les recettes)
  to be* good box office (faire recette = attirer les foules)
- **to be* a film-lover = a film fan = a moviegoer** (être un cinéphile)
- **the first / last showing** (la première / dernière séance)

● *Fame* [feɪm] — *La célébrité*

→ **famous** ['feɪməs]	célèbre
→ **infamous** ['ɪnfəməs]	→ tristement célèbre / déshonorant/e
illustrious [ɪ'lʌstrɪəs] → **illustriously**	illustre → notoirement
notoriety [nəʊtə'raɪɪtɪ] → **notorious** → **notoriously** [nəʊ'tɔːrɪəslɪ]	la notoriété → mal famé / tristement célèbre → notoirement *(péj.)*
a star [stɑː], **to star**	une étoile, avoir le premier rôle (acteur) / avoir pour vedette (pièce / film)
→ **stardom** ['stɑːdəm]	→ le vedettariat
a celebrity [sɪ'lɛbrətɪ] = **a celeb**	une célébrité (personne)

W. P.

- **to be* famous for sth / for doing sth** (être célèbre en raison de qqch / pour avoir fait qqch)
- **to star as Hamlet** (jouer le rôle de Hamlet)
- **to rise* to = to achieve stardom** (accéder à la célébrité)

PHRASES

- **He is nationally / world famous.** (Il est connu dans tout le pays / dans le monde entier.)
- **She was given the red carpet treatment.** (On lui a déroulé le tapis rouge.)
- **Her first film made her into a star / shot her to stardom.** (Son tout premier film en a fait une star / l'a propulsée jusqu'au statut de star.)
- ***Notorious*, directed by Alfred Hitchcock, starring Ingrid Bergman and Cary Grant...** (Les Enchaînés, d'Alfred Hitchcock, avec Ingrid Bergman et Cary Grant dans les premiers rôles...)

30 Science and technology — La science et la technologie

• The scientific approach — La démarche scientifique

science, a **science** → a **scientist**	la science, une science → un/e scientifique
a **laboratory** [lə'bɒrətrɪ] / a **lab** → a **lab assistant**, a **lab bench**	un laboratoire → un/e laborantin/e, une paillasse
an **experiment** [ɪks'pɛrɪmənt] to **experiment** with / on	une expérience faire des expériences sur
a **hypothesis** [haɪ'pɒθɪsɪs] (⚠ *pl.:* **hypotheses**)	une hypothèse
to **observe** [əb'zɜːv] → **observation**	observer → l'observation
to **infer** sth from / that → **inference** ['ɪnfrəns]	inférer qqch de / que → l'inférence / la déduction
to **deduce** sth from / that → a **deduction**	déduire qqch de / que → une déduction
to **analyse** → an **analysis** (*pl.:* **analyses**)	analyser → une analyse
to **discover** → a **discovery** [dɪs'kʌvərɪ]	découvrir → une découverte
to **find*** [faɪnd]	trouver
a **breakthrough** ['breɪkθruː]	une découverte capitale
a **pioneer** [paɪə'nɪə] (in) → **pioneering**	un/e pionnier/-ère (de) → novateur/-trice
to **collate** [kə'leɪt] facts	collationner des faits
to **crosscheck**, a **crosscheck** → by **crosschecking**	faire des recoupements, un recoupement → par recoupement(s)
a **procedure** [prə'siːdʒə] = a **protocol**	un protocole
to **search for** → **research** [rɪ'sɜːtʃ] → a **researcher**	rechercher ← la recherche → un/e chercheur/-se
an **abstract** ['æbstrækt]	un résumé
a **publication** [pʌblɪ'keɪʃən]	une publication / un article

WORD PARTNERS

- science → **applied / behavioural / natural / exact / observational / experimental / physical / social ~s** (les sciences appliquées / du comportement / naturelles / exactes / d'observation / expérimentales / physiques / sociales)
  to advance / foster = promote ~ (faire avancer / encourager la science)
  an advance / the progress of ~ (une avancée / les progrès de la ~), **the field of ~** (le domaine scientifique), **a branch of ~** (une branche des sciences)
- experiment → **an audacious ~** (une expérience audacieuse), **a doubtful / risky / pioneering / promising / useful ~** (une ~ hasardeuse / risquée / innovante / prometteuse / utile)
  to set* up / to carry out = to conduct / to do* an ~ (préparer / mener / faire une ~), **to set* an ~ going** (démarrer une ~), **to ruin an ~** (faire échouer une ~)
- hypothesis → **a bold / controversial / false / fanciful / mistaken / novel / plausible ≠ unlikely / tentative ~** (une hypothèse hardie / controversée / fausse / fantaisiste / erronée / novatrice / vraisemblable ≠ invraisemblable / provisoire)
  to construct = to form / to formulate / to advance = to forward = to propound / to agree with / to bear* out = to confirm / to prove / to favour = to support a ~ (élaborer / formuler / émettre = avancer / être d'accord avec / confirmer / vérifier = prouver / soutenir une ~) **≠ to challenge = to oppose / to invalidate / to refute / to reject / to rule out a ~** (contester / invalider / réfuter / rejeter / exclure une ~)
- **to analyse sth carefully / closely / in detail / objectively / systematically / thoroughly** (analyser qqch avec attention / de près / en détail / objectivement / de manière systématique / soigneusement)
- **a logical deduction** (une déduction logique)
- **to find* sth out** (découvrir qqch que l'on cherchait) ≠ **to come* across sth** (découvrir qqch par hasard)
- research → **basic = fundamental / applied / scientific ~** (la recherche fondamentale / appliquée / scientifique), **cancer / Aids / etc. ~** (la ~ sur le cancer / le Sida / etc.)
  to be* engaged in = to carry out = to conduct ~ (faire de la recherche), **to finance = to fund = to put* money into = to sponsor = to back ~** (financer la ~)
- procedure → **to apply = carry out a ~** (mettre en œuvre un protocole), **to abide by = to follow = to go* through a ~** (suivre un ~), **to stick* to = to keep* to = to observe ≠ to alter = to change / to simplify a ~** (respecter ≠ changer / simplifier un ~)

Mathematics ['mæθə'mætɪks] — Les mathématiques

→ a mathematician	→ un/e mathématicien/ne
a **theorem** ['θɪərəm] → to state a theorem	un théorème → poser / énoncer un théorème
an **axiom** ['æksɪəm]	un axiome
a **postulate** ['pɒstjʊlɪt]	un postulat
a **demonstration** [dɛməns'treɪʃən]	une démonstration (⚠ manifestation)
a **principle** ['prɪnsɪpəl]	un principe
a **reasoning** ['ri:zənɪŋ]	un raisonnement
to **solve** [sɒlv] → the **solution** [sə'lu:ʃən]	résoudre → la solution
the wording of a **problem**	l'énoncé

Algebra ['ældʒɪbrə] — L'algèbre

arithmetic [ə'rɪθmɛtɪk]	l'arithmétique
a **figure** ['fɪgə]	1. un chiffre 2. une figure
a **number** ['nʌmbə]	un nombre
calculus = **calculation** = **computation**	le calcul
the four **sums** / **processes**	les quatre opérations
to **add** → **addition** [ə'dɪʃən]	additionner → l'addition
a **sum** [sʌm]	une somme
to **put*** / **write*** **down**	poser
to **subtract** → **subtraction** [səb'trækʃən]	soustraire → la soustraction
to **divide** [dɪvaɪd] → a **divisor** [dɪ'vaɪzə], **division** [dɪ'vɪʒən]	diviser → un diviseur, la division
a **quotient** ['kwəʊʃənt]	un quotient
to **multiply** → a **multiple**, **multiplication**	multiplier → un multiple, la multiplication
a **product** ['prɒdʌkt]	un produit
the **result** [rɪ'zʌlt]	le résultat
an **abacus** ['æbəkəs]	un boulier (⚠ Archi. : un abaque)
a **calculator** ['kælkjəleɪtə]	une calculette / calculatrice
to **equate** [ɪ'kweɪt] → a **simple** / **quadratic equation**	mettre en équation → une équation du premier / second degré
a **graph**	un graphique
a **function** ['fʌŋkʃən]	une fonction
an **exponent** [ɛks'pəʊnənt]	un exposant
trigonometry	la trigonométrie
a **fraction** ['frækʃən]	une fraction

→ *La quantité, p. 370*

W. P.

- **mental arithmetic** (le calcul mental)
- **number** → **a prime / whole ~** (un nombre premier / entier), **an even / odd ~** (un ~ pair / impair), **to square a ~** (élever un ~ au carré)

PHRASES

- **She is very good at sums.** (Elle est forte en calcul.)
- **One plus one makes two.** (Un plus un font deux.)
  One time two equals two times one. (Une fois deux égale deux fois un.)
  Three times four minus two equals ten. (Trois fois quatre moins deux égale dix.)
- **the lowest common denominator** (le plus petit dénominateur commun), **a four-figure number** (un nombre à 4 chiffres).
- **She only thinks about number one.** (Elle ne pense qu'à elle.)
- **a rule of three** (une règle de trois)
  a slide / graduated rule(r) (une règle à calcul / graduée)

Geometry [dʒɪ'ɒmɪtrɪ] — La géométrie

→ geometrical, a geometrician	→ géométrique, un/e géomètre
a line → **linear** ['lɪnɪə], a straight line	une ligne → linéaire, une droite
a curve [kɜ:v]	une courbe
a **segment** ['sɛgmənt]	un segment
a point [pɔɪnt]	un point
the **plane** [pleɪn]	le plan (⚠ 1. avion 2. rabot)
a **vector** ['vɛktə]	un vecteur
an **abscissa** [æb'sɪsə]	une abscisse
an **ordinate** ['ɔ:dənət]	une ordonnée
parallel to → a **parallelogram**	parallèle à → un parallélogramme
perpendicular [pɜ:pɛn'dɪkjʊlə] **to**	perpendiculaire à
a **protractor** [prə'træktə]	un rapporteur
an **angle** ['æŋgəl]	un angle
a **bisecting** [baɪ'sɛktɪŋ] **line**	une bissectrice
a **circle** ['sɜ:kəl] → **circular**, a **semi-circle**	un cercle → circulaire, un demi-cercle
an arc	un arc de cercle
(a pair of) **compasses** ['kʌmpəsɪz]	un compas
the **diameter** [daɪ'æmɪtə] → **diametrical(ly)**	le diamètre → diamétral(ement)
the **radius** ['reɪdɪəs]	le rayon
UK the **centre** = US the **center** → **central**	le centre → central/e
a **surface** ['sɜ:fɪs]	une surface
the **area** ['ɛərɪə]	la surface
the **perimeter** [pə'rɪmɪtə]	le périmètre
the **circumference** [sə'kʌmfərəns]	la circonférence
(a) **diagonal** [daɪ'ægənəl]	(une) diagonale
a **polygon** ['pɒlɪgən]	un polygone
a **quadrilateral** [kwɒdrɪ'lætərəl]	un quadrilatère
a **square** [skwɛə], **square**	un carré, carré
a **lozenge** ['lɒzɪndʒ]	un losange (⚠ une pastille pour la toux)
UK a **trapezium** = US a **trapezoid**	un trapèze
a **rectangle** ['rɛktæŋgəl] = an **oblong** → **rectangular** = **oblong**	un rectangle → rectangulaire
a **triangle** ['traɪæŋgəl] → **triangular**	un triangle → triangulaire
a **cylinder** ['sɪlɪndə] → **cylindrical**	un cylindre → cylindrique
a sphere [sfɪə] → **spherical**	une sphère → sphérique
a cube [kju:b] → **cubic**	un cube → cubique
a **pyramid** → **pyramidal**	une pyramide → pyramidal
the **volume** ['vɒljʊm]	le volume

WORD PARTNERS

- **a right / acute / obtuse angle** (un angle droit / aigu / obtus)
- **square** → **a set-~** (une équerre), **the ~ root** (la racine carrée), **two ~d** (le carré de deux / deux au carré), **a ~ metre** (un mètre carré)
- **a cubic metre** (un mètre cube)
- **triangle** → **an isosceles / equilateral ~** (un triangle isocèle / équilatéral), **a UK right-angle** = **US right ~** (un ~ rectangle), **congruent / similar ~s** (des ~s égaux / semblables)

Weights and measures — Les poids et mesures

to measure sth, a **measure** ['mɛʒə] → a **measurement**	mesurer qqch, une mesure → une mesure (dimension)
to **weigh** [weɪ] sth → the **weight**	peser qqch → le poids
a **unit** ['ju:nɪt]	une unité
(a pair of) **scales** [skeɪlz]	une balance

the mass → **massive** ['mæsɪv]	la masse → massif/-ve
UK a **milligramme** = US a **milligram**	un milligramme
UK a **centigramme** = US a **centigram**	un centigramme
UK a gramme = US a gram	un gramme
UK a **kilogramme** = US a **kilogram**	un kilo(gramme)
an ounce [aʊns] (= 28.35 grams)	une once
a pound [paʊnd] (= 453.60 g)	une livre
a stone [stəʊn] (= 6.348 kg)	un "stone"
a quarter (= 12.7 kg)	un "quarter"
a **hundredweight** (= 50.8 kg)	un demi-quintal
a ton(ne) (= UK 1016.06 kg / US 907.2 kg)	une tonne
the size [saɪz] → to size up	la taille → évaluer / estimer
long → the length → to **lengthen**	long → la longueur → allonger
wide [waɪd] = broad → width = breadth, to widen = to broaden	large → la largeur → élargir
lengthwise / breadthwise	dans le sens de la longueur / largeur
high [haɪ] → **height** [haɪt]	haut → la hauteur
deep [di:p] → depth [dɛpθ]	profond → la profondeur
thick [θɪk] → **thickness**	épais → l'épaisseur
UK a **millimetre** = US a **millimeter**	un millimètre
UK a **centimetre** = US a **centimeter**	un centimètre
UK a **metre** ['mi:tə] = US a **meter** → **metric** ['mɛtrɪk]	un mètre → métrique
UK a **kilometre** = US a **kilometer**	un kilomètre
an inch [ɪntʃ] (= 2.54 cm)	un pouce
a foot [fʊt] (= 30.48 cm)	un pied
a yard [jɑ:d] (= 91.44 cm)	un yard
a mile ['maɪl] (= 1609 m)	un mile
to convert [kən'vɜ:t]	convertir
an acre ['eɪkə]	une acre (= 40 ares) / un arpent
capacity [kə'pæsɪtɪ]	la capacité
UK a **millilitre** = US a **milliliter**	un millilitre
UK a **centilitre** = US a **centiliter**	un centilitre
UK a **litre** [li:tə] = US a **liter**	un litre
a pint [paɪnt] (= 0.56 l)	une pinte
a quart [kwɔ:t] (= 1.13 l)	un quart
a **gallon** ['gælən] (= 4.54 l)	un gallon
a **bushel** ['bʊʃəl] (= 36.3 l)	un boisseau

W. P.

- **meter → a baro~ / chrono~ / dynamo~ / electro~ / potentio~ / termo~** (un baromètre / chrono~ / dynamo~ / électro~ / potentio~ / thermo~)
- **metric → the ~ system** (le système métrique), **to go* ~** (adopter le système métrique), **a ~ ton** (une tonne = mille kilogrammes)
- **half a pint** (une demi-pinte ≈ un demi)

PHRASES

- **to take* sb's measurements** (prendre les mesures de qqn)
- **Expressing measures:**
  This salmon weighs over two kilos. (Ce saumon pèse plus de deux kilos.)
  The room is 5 metres long, 3 metres wide and 2.5 metres high. (La pièce fait 5 mètres de long(ueur), 3 mètres de large(ur) et 2,5 mètres de haut(eur).)
  The stream is 3 metres deep in this spot. (À cet endroit, la rivière fait 3 mètres de profondeur.)
  The ice is only a few millimetres thick. (La glace ne fait que quelques millimètres d'épaisseur.)
  The basement is 30 square metres in area = has an area of 30 square meters: it measures 6 metres by five. (Le sous-sol a une superficie de 30m² : il mesure 6m sur 5.)

Physics — La physique

a **physicist** ['fɪzɪsɪst]	un/e physicien/e
a **law** [lɔː]	une loi
relativity [rɛlə'tɪvɪtɪ]	la relativité
the **quantum theory** ['kwɒntəm θɪərɪ]	la théorie des quanta
a **property** ['prɒpətɪ]	une propriété
a **force** [fɔːs]	une force
resistance [rɪ'zɪstəns]	la résistance
vacuum ['vækjuəm]	le vide
energy ['ɛnədʒɪ]	l'énergie
a **wave** [weɪv]	une onde
optics → **optical** ['ɒptɪkəl]	l'optique → optique *(adj.)*
a **lens** [lɛnz]	une lentille
thermodynamics *(+ V sing.)*	la thermodynamique

WORD PARTNERS

- **nuclear physics** (la physique nucléaire)
- **centrifugal / centripetal force** (la force centrifuge / centripète)
- **wave** → ~ **mechanics** (la mécanique ondulatoire), **radio / light ~s** (les ondes radio / lumineuses)
- **to release energy** (libérer de l'énergie)
- **a magnifying lens** (une loupe)

Electricity and electronics — L'électricité et l'électronique

electric(al) [ɪ'lɛktrɪ(kəl)]	électrique
current ['kʌrənt]	le courant
a **circuit** ['sɜːkɪt] → a **short circuit**	un circuit → un court-circuit
an **anode**, a **cathode**, an **electrode**	une anode, une cathode, une électrode
positive / **negative** / **neutral**	positif / négatif / neutre
an **electron** [ɪ'lɛktrɒn]	un électron
an **atom** ['ætəm] → **atomic**, **to atomize**	un atome → atomique, atomiser
a **nucleus** ['njuːklɪəs] = a **core** [kɔː]	un noyau
to conduct → a **conductor**, **conductive** → **conductivity** [kɒndʌk'tɪvɪtɪ]	conduire → un conducteur, conducteur/-trice → la conductibilité
to insulate ['ɪnsjʊleɪt] → an **insulator**, **insulating**	isoler → un isolant, isolant/e
a **fuse** [fjuːz]	un fusible / un plomb
a **magnet** → **magnetic**, **magnetism**	un aimant → magnétique, le magnétisme
electrostatic	électrostatique
a **condenser** [kən'dɛnsə]	un condensateur
a **wire** [waɪə]	un fil électrique
a **battery** ['bætərɪ]	une pile / une batterie
a **generating set**	un groupe électrogène
a **spark** [spɑːk]	une étincelle
a **gas discharge tube**	une lampe à deux électrodes
a **star connection**	un montage en étoile / en série
a **switch** → a **two-way switch**	un interrupteur → un va-et-vient
tension / **voltage** ← a **volt**	la tension ← un volt
a **watt** [wɒt]	un watt
an **amp(ere)** ['æmpɛə]	un ampère
live [laɪv]	sous tension (⚠ en direct)

WORD PARTNERS

- **electricity** → **static ~** (l'électricité statique)
  to provide / waste ~ (fournir / gaspiller de l'électricité), **to charge with ~ = to electrify** (électriser), **to produce = to generate ~** (produire de l'électricité)
  the flow of ~ (le courant électrique), **a surge of ~** (une surtension), **a build-up of static ~** (une accumulation d'électricité statique)
- **electric current / power** (le courant / l'énergie électrique)
- **direct / alternating current** (le courant continu / alternatif)
- **a good ≠ poor conductor** (un bon ≠ mauvais conducteur)
- **a magnetic field** (un champ magnétique)
- **battery** → **to charge a ~ = to put* a ~ on charge** ([re]charger une batterie), **the ~ is flat** (la batterie est à plat)
- **a 5-amp fuse** (un fusible de 5 ampères), **a 60-watt bulb** (une ampoule de 60 watts)
- **voltage** → **high / medium / low ~** (haute / moyenne / basse tension), **a drop ≠ a rise in ~** (une baisse ≠ montée de ~)

● Chemistry ['kɛmɪstrɪ] — *La chimie*

a **chemist** ['kɛmɪst] → a **biochemist**, **biochemistry**	un/e chimiste / UK un/e pharmacien/ne → un/e biochimiste ← la biochimie
chemical → **biochemical** a **chemical** ['kɛmɪkəl]	chimique → biochimique un produit chimique
living ≠ inanimate matter	la matière vivante ≠ inanimée
a **material** [mə'tɪərɪəl]	une matière (⚠ un tissu)
a **substance** ['sʌbstəns]	une substance
an **element** ['ɛlɪmənt] → **elemental**	un élément → fondamental / de base
a **particle** ['pɑːtɪkəl]	une particule
a **simple / compound body**	un corps simple / composé
a **constituent** [kən'stɪtjʊənt]	un élément constitutif (⚠ un électeur)
a **molecule** ['mɒlɪkjuːl] → **molecular**	une molécule → moléculaire
the **pH** [piːeɪtʃ]	le pH = potentiel d'hydrogène
an **ion** ['aɪən]	un ion
to catalyse ['kætəlaɪz], a **catalyst** ['kætəlɪst]	catalyser, un catalyseur
a **formula** ['fɔːmjələ]	une formule
a **symbol** ['sɪmbəl]	un symbole
UK **to distil** = US **to distill** / **to evaporate**	distiller
a **still** [stɪl]	un alambic
a **test-tube**	une éprouvette
a **retort** [rɪ'tɔːt]	une cornue (⚠ conversation : une réplique)
UK a **burette** [bjʊə'rɛt] = US a **buret**	une éprouvette graduée / une burette
a **beaker** ['biːkə]	un vase à bec
a **flask** [flɑːsk]	un ballon (⚠ un flacon)
a **funnel** ['fʌnəl]	un entonnoir
a **pestle** ['pɛsəl]	un pilon
a **mortar** ['mɔːtə]	un mortier
a **tripod** ['traɪpɒd]	un trépied
a **crucible** ['kruːsɪbəl]	un creuset
a **bell jar**	une cloche
a **Bunsen burner**	un bec Bunsen
an **exothermic** [ɛksəʊ'θɜːmɪk] / **endothermic** [ɛndəʊ'θɜːmɪk] **reaction**	une réaction exothermique / endothermique
an **acid** ['æsɪd], **acid**	un acide, acide *(adj.)*
a **base** [beɪs] → **basic** ['beɪsɪk]	une base → basique
an **alkali** → **alkaline**	un alcali → alcalin
nitrate ['naɪtreɪt] → **nitric**	le nitrate → nitrique
chlorine ['klɔːriːn]	le chlore

phosphorus ['fɒsfərəs]	le phosphore
ammonia [ə'maʊnjə]	l'ammoniaque
methylated ['mɛθɪleɪtɪd] **spirits**	l'alcool à brûler
antimony ['æntɪmənɪ]	l'antimoine
nitrogen ['naɪtrədʒən]	l'azote
iodine ['aɪədiːn]	l'iode
a **reagent** [riː'eɪdʒənt]	un réactif
combustion [kəm'bʌstʃən] a **combustible** → **combustibility**	la combustion un combustible → la combustibilité
soluble ['sɒljəbəl] → **solubility**	soluble → la solubilité
a **precipitate** [prɪ'sɪpɪteɪt]	un précipité
a **residue** ['rɛzɪdjuː]	un résidu
a **solution**	une solution
to **concentrate** → **concentration**	concentrer → la concentration
oxide ['ɒksaɪd] → to **oxidize** → **oxidation**	l'oxyde → (s')oxyder → l'oxydation
to **hydrogenate** → **hydrogenation**	hydrogéner → l'hydrogénation
to **hydrolyse** → **hydrolysis**	hydrolyser → l'hydrolyse
to **boil** [bɔɪl] → **boiling point**	bouillir → le point d'ébullition
the **R.S.C.**	la Royal Society of Chemistry
synthetic [sɪn'θɛtɪk]	synthétique
artificial [ɑːtɪ'fɪʃəl]	artificiel
plastic ['plæstɪk]	plastique

WORD PARTNERS

- **chemistry** → **organic / inorganic ~** (la chimie organique / minérale)
  a ~ experiment / lab / class (une expérience / un laboratoire / un cours de ~)
- **chemical** → **a ~ engineer** (un ingénieur chimiste), **~ engineering** (le génie chimique),
  a ~ process (un processus ~), **~ waste** (les déchets chimiques)
- **slow / fast / cellular combustion** (la combustion vive / lente / organique)
- **hydrochloric / UK sulphuric = US sulfuric / nitric acid** (l'acide chlorhydrique / sulfurique / nitrique)

● *Natural sciences* — *Les sciences naturelles*

biology [baɪ'ɒlədʒɪ] → a **biologist**, **biological** → **microbiology**	la biologie → un/e biologiste, biologique → la microbiologie
physiology → a **physiologist**, **physiological**	la physiologie → un/e physiologiste, physiologique
anthropology → an **anthropologist**, **anthropological**	l'anthropologie → un/e anthropologue, anthropologique
embryology → an **embryologist**	l'embryologie → un/e embryologiste
anatomy → an **anatomist**, **anatomical**	l'anatomie → un/e anatomiste, anatomique
zoology → a **zoologist**, **zoological**	la zoologie → un/e zoologue, zoologique
a **species** ['spiːʃiːz]	une espèce
entomology → an **entomologist**	l'entomologie → un/e entomologiste
botany → a **botanist**, **botanical**	la botanique → un/e botaniste, botanique
a **herbarium** [hɜː'bɛərɪəm]	un herbier (collection)
photosynthesis	la photosynthèse
chlorophyll ['klɒrəfɪl]	la chlorophylle
geology → a **geologist**	la géologie → un/e géologue
mineralogy → a **mineralogist**	la minéralogie → un/e minéralogiste
a **microscope** ['maɪkrəskəʊp] → **microscopic**	un microscope → microscopique
a **cover glass**	une lamelle
to **dissect** → **dissection** [dɪ'sɛkʃən]	disséquer → la dissection
vivisection [vɪvɪ'sɛkʃən]	la vivisection

a **guinea pig** ['gɪnɪ pɪg]	un cobaye
a **tissue** ['tɪsju: / 'tɪʃu:]	un tissu (biologique)
a **cell** [sɛl] → **cellular** ['sɛljʊlə]	une cellule → cellulaire
a **bacterium** (*pl.*: **bacteria**) → **bacteriological**	une bactérie → bactériologique
DNA [di:ɛneɪ] (**DeoxyriboNucleic Acid**)	ADN (Acide DésoxyriboNucléique)
RNA [ɑ:rɛneɪ] (**RiboNucleic Acid**)	ARN (Acide RiboNucléique)
a **gene** [dʒi:n] → **genetic**, **genetics**, a **geneticist** [dʒɪ'nɛtɪsɪst]	un gène → génétique, la génétique, un/e généticien/ne
a **chromosome** ['krəʊməzəʊm]	un chromosome
a **crossing over**	un croisement
a **sample** ['sɑ:mpəl]	un échantillon / un prélèvement
to **centrifuge**, a **centrifuge**	centrifuger → une centrifugeuse
radioactive [reɪdɪəʊ'æktɪv] → **radioactivity**	radioactif/-ve → la radioactivité

W. P.

- **cellular / molecular biology** (la biologie cellulaire / moléculaire)
- **cell** → a ~ **culture** (une culture de tissus), ~ **proliferation** (la multiplication des cellules)
- **genetic** → the ~ **code** (le code génétique), ~ **engineering** (les manipulations ~s)
- **radioactive waste** (les déchets radioactifs)

Astronomy — *L'astronomie*

an **astronomer**, **astronomical**	un/e astronome, astronomique
astrophysics → an **astrophysicist**	l'astrophysique → un/e astrophysicien/ne
binoculars [bɪ'nɒkjʊləz]	des jumelles
a **telescope** ['tɛlɪskəʊp]	un télescope / une lunette astronomique
an **observatory** [əb'zɜ:vətrɪ]	un observatoire
a **light-year**	une année-lumière

Astronautics [æstrə'nɔ:tɪks] — *L'astronautique*

an **astronaut** ['æstrənɔ:t]	un/e astronaute / un/e spationaute
a **cosmonaut** ['kɒzmənɔ:t]	un/e cosmonaute
a **solar** ['səʊlə] **cell**	un capteur solaire
an **artificial** / **unmanned satellite**	un satellite artificiel / télécommandé
to **orbit** ['ɔ:bɪt]	tourner en orbite
gravity ['grævɪtɪ] → to **gravitate** → **gravitation** → **gravitational pull**	la pesanteur graviter → la gravitation → la force d'attraction
a **rocket** ['rɒkɪt] → a **rocket launcher**	une fusée → un lance-fusées
an **engine** ['ɛndʒɪn]	un propulseur (⚠ moteur)
a **stage** [steɪdʒ]	un étage (de fusée) / (⚠ une étape)
to **launch** [lɔ:ntʃ] → a **launching site** / a **launchpad**	lancer → une base / une rampe de lancement
a **manned** ≠ an **unmanned flight**	un vol habité ≠ non habité
to **lift off**, the **lift-off**	décoller, le décollage (d'une fusée)
to **land on the moon** → **moonlanding**	alunir → l'alunissage
weight [weɪt] → **weightless** → **weightlessness** ['weɪtlɪsnɪs]	le poids → très léger / en état d'apesanteur → l'apesanteur
re-entry [ri:'ɛntrɪ]	la rentrée dans l'atmosphère
to **touch down**, a **touchdown** ['tʌtʃdaʊn]	atterrir, l'atterrissage (d'un vaisseau spatial)
to **splash down**, a **splashdown**	amerrir, l'amerrissage (d'un vaisseau spatial)

→ *L'espace, p. 20*

31 Quantity — La quantité

Cardinal and ordinal numbers — Les nombres cardinaux et ordinaux

zero = nought = naught — zéro

one	un	first = 1st	premier = 1er
two	deux	second = 2nd	deuxième = 2e
three	trois	third = 3rd	troisième = 3e
four	quatre	fourth = 4th	quatrième = 4e
five	cinq	fifth = 5th	cinquième = 5e
six	six	sixth = 6th	sixième = 6e
seven	sept	seventh = 7th	septième = 7e
eight	huit	eighth = 8th	huitième = 8e
nine	neuf	ninth = 9th	neuvième = 9e
ten	dix	tenth = 10th	dixième = 10e
eleven	onze	eleventh = 11th	onzième = 11e
twelve	douze	twelfth = 12th	douzième = 12e
thirteen	treize	thirteenth = 13th	treizième = 13e
fourteen	quatorze	fourteenth = 14th	quatorzième = 14e
fifteen	quinze	fifteenth = 15th	quinzième = 15e
sixteen	seize	sixteenth = 16th	seizième = 16e
seventeen	dix-sept	seventeenth = 17th	dix-septième = 17e
eighteen	dix-huit	eighteenth = 18th	dix-huitième = 18e
nineteen	dix-neuf	nineteenth = 19th	dix-neuvième = 19e
twenty → twenty-one twenty-two twenty-three twenty-four twenty-five, etc.	vingt → vingt-et-un vingt-deux vingt-trois vingt-quatre vingt-cinq, etc.	twentieth = 20th → twenty-first = 21st twenty-second = 22nd twenty-third = 23rd twenty-fourth = 24th twenty-fifth, etc.	vingtième = 20e vingt-et-unième = 21e vingt-deuxième = 22e vingt-troisième = 23e vingt-quatrième = 24e vingt-cinquième, etc.
thirty → thirty-one thirty-two, etc.	trente → trente-et-un trente-deux, etc.	thirtieth = 30th → thirty-first = 31st thirty-second, etc.	trentième = 30e trente-et-unième = 31e trente-deuxième, etc.
forty → forty-one, etc.	quarante → quarante-et-un, etc.	fortieth = 40th → forty-first, etc.	quarantième = 40e quarante-et-unième, etc.
fifty	cinquante	fiftieth = 50th	cinquantième = 50e
sixty	soixante	sixtieth = 60th	soixantième = 60e
seventy	soixante-dix	seventieth = 70th	soixante-dixième = 70e
eighty	quatre-vingt	eightieth = 80th	quatre-vingtième = 80e
ninety	quatre-vingt-dix	ninetieth = 90th	quatre-vingt-dixième = 90e
a / one hundred	cent	hundredth = 100th	centième = 100e
a / one thousand	mille	thousandth = 1,000th	millième = 1 000e
a million	un million	millionth = 1,000,000th	millionième = 1 000 000e

WORD PARTNERS

⚠ **a dozen eggs, two hundred people, three thousand books, two hundred thousand people, four million demonstrators** (une douzaine d'œufs, deux cents personnes, trois mille livres, deux cent mille personnes, quatre millions de manifestants)
tens / dozens / scores / hundreds / thousands / millions of books (des dizaines / douzaines / vingtaines / centaines / milliers / millions de livres)

- **UK a thousand million = US a billion** (un milliard), **UK a billion = US a trillion** (un billion)
- **five thousand six hundred and ten** (cinq mille six cent dix)
- **Approximate quantities: twenty or so = roughly twenty = about twenty = a score or so** (environ vingt / une vingtaine), **a hundred or so = roughly a hundred = about a hundred** (environ cent / une centaine), **the umpteenth** (le / la énième)

PHRASES

- **Not (even) if I live to be a hundred!** (Jamais, au grand jamais !)
- **I'll die a thousand deaths.** (Je mourrai de honte.)
- **She feels like a million dollars.** (Elle se sent des ailes. / La terre ne peut plus la porter.)
  She looks like a million dollars. (Elle est superbe.)
  She is one in a million. (Elle est unique.)

Degrees of quantity — Les degrés de quantité

an **amount** [ə'maʊnt] = a **quantity** ['kwɒntətɪ]	une quantité
sufficient [sə'fɪʃənt] → **insufficient** → (in)**sufficiently, insufficiency**	en quantité suffisante → insuffisant/e → (in)suffisamment, insuffisance
scarce [skɛəs] → **scarcity, scarcely** = **barely**	rare (= peu abondant) → la pénurie, à peine / tout juste
sparse [spɑːs] → **sparsely**	rare / peu abondant/e (= clairsemé/e) → peu
rare [rɛə] → **rarely** = **seldom** ['sɛldəm]	rare (objet d'art, mot) → rarement
penury ['pɛnjʊrɪ]	la pénurie
to **lack** sth, a **lack** of sth	manquer de qqch, un manque de qqch
short (of) → a **shortage** / **dearth** of sth	(à) court (de) → une pénurie de
abundant → **abundance** [ə'bʌndəns]	abondant → l'abondance
plenty → **plentiful** → **plentifully**	l'abondance → abondant/e → en abondance
numerous ['njuːmərəs]	nombreux/-se
a **surplus** ['sɜːpləs]	un surplus / un excédent
superfluous [suː'pɜːflʊəs]	superflu/e
an **excess** → **excessive** [ɪk'sɛsɪv]	un excès → excessif/-ve
no = **not any**, **no one** = **nobody**, **nothing** ['nʌθɪŋ], **nowhere** ['nəʊwɛə]	pas de / aucun/e, personne, rien, nulle part
none = **not one**	pas un/e
too little *(+ uncount.)* / **too few** *(+ count.)* = **not enough**	trop peu de/d' = pas assez
(very) **little** *(+ uncount.)*/ = **not much** (of) *(+ uncount.)*	(très) peu de/d'
(very) **few** *(+ count.)* = **not many** (of) *(+ count.)*	= pas beaucoup de/d'
a **little** *(+ uncount.)* = **some**	un peu de/d' / quelque
a **few** *(+ count.)* = **some**	quelques
enough [ɪ'nʌf]	assez (de/d')
several ['sɛvrəl]	plusieurs
much *(+ uncount.)* = a **lot of** / **lots of** / **plenty of**	beaucoup de/d'
many *(+ count.)* = a **lot (of)** / **lots of**	une bonne / grande quantité (de)
too much *(+ uncount.)* too **many** *(+ count.)*	trop de/d'

all (the) *(+ pl.)* **= every** *(+ sing.)* → **everyone = everybody, everything, everywhere**	tout/e / tous / toutes → tout le monde / tous, tout, partout
the whole *(+ sing.)* → **wholly** ['həʊlɪ]	tout/e le/la / la totalité de → entièrement
entire/ly = complete/ly = total/ly	entier/-ère/ment = complet/-ète/ment = total/e/ment
≠ (a) part of → **partial** ['pɑːʃəl]	≠ une partie de → partiel/le
each [iːtʃ] *(+ N sing.)*	chaque
the only *(+ N sing.)*	le/la seul/e
only ['əʊnlɪ]	seulement / rien que
most *(+ N pl.)* **= the majority of**	la plupart de/s
a minority [maɪ'nɒrɪtɪ] **= a small number of**	une minorité = un petit nombre de
a little = a bit → **a little bit**	un peu → un petit peu
quite a few = a fair quantity of	pas mal de
both [bəʊθ]	1. tous les deux 2. à la fois

PHRASES

- **The country is sparsely populated and food is scarce.** (Le pays est peu peuplé et la nourriture peu abondante.)
- **There is plenty of fresh fruit.** (Il y a abondance de fruits.), **There is a plentiful supply of food = food is plentiful.** (Il y a de la nourriture en abondance.), **This is a land of plenty.** (C'est une terre d'abondance.)
  I have plenty to do. (J'ai beaucoup de choses à faire.)
- **I'm short of money.** (Je suis à court d'argent.)
  He was 10 points short in the test. (Il lui a manqué 10 points au contrôle.)
- **He does not have any work to do. = He has no work to do.** (Il n'a aucun travail à faire.)
- **He didn't work enough. = He didn't do enough work.** (Il n'a pas assez travaillé. = Il n'a pas fourni assez de travail.)
  He is not mature enough. (Il n'est pas assez mûr.)
- **There were a lot of / lots of reasons for doing this.** (Il y avait de nombreuses raisons de faire cela.)
- **She did a lot of / a great deal of work during her stay.** (Elle a abattu beaucoup de besogne pendant son séjour.)
- **all the faculty = the whole faculty** (la totalité du corps enseignant)
  in all (en tout), **all in all** (tout bien considéré)
- **There's many a man got lost in this forest.** (Ils sont nombreux à s'être perdus dans ces bois.)
- **He is the only person I know.** (C'est la seule personne que je connaisse.)
- **a good many people = quite a lot of people** (pas mal de gens)
- **"Are you tired?" "A little."** (« Êtes-vous fatigué ? – Un peu. »)
- **one man in four / five / etc.** (un homme sur quatre / cinq / etc.)
- **Both you and me.** (Nous deux. / Vous et moi.)
  both of us / them = the two of us / them (tous les deux)
  They are both coming. (Ils viennent tous les deux.)
  They are both charming and clever. (Ils sont à la fois charmants et intelligents.)
- **each and everyone** (absolument tout le monde)
- **Many a little makes a mickle.** (Les petits ruisseaux font les grandes rivières.)

• *Comparing quantities* — *Comparer les quantités*

more [mɔː] **≠ less** *(+ uncount.)* **/ fewer** *(+ count.)*	plus de/d' ≠ moins de/d'
the most *(+ adj.)* **the** + *adj.* + **-(e)st**	le plus *(+ adj.)*
most [məʊst]	le plus *(adv.)*
at (the) most → **at the very most**	au plus → tout au plus
more and more	de plus en plus
less and less [lɛs]	de moins en moins

as much *(+ uncount. +)* as	autant de (+ nom) que
as many *(+ count. +)* as, as *(+ adj. +)* as	aussi (+ adj.) que
per cent → a percentage	pour cent → un pourcentage
statistics [stəˈtɪstɪks] → a statistician, statistical	la statistique → un/e statisticien/ne, statistique

PHRASES

- **an extra = additional guest / book** (un invité / livre supplémentaire / de plus)
- **I am the one who reads (the) most.** (C'est moi qui lis le plus.)
- **There are twice as many students in your group.** (Il y a deux fois plus d'étudiants dans ton groupe.)
  They have twice as much work as last year. (Ils ont deux fois plus de travail que l'année dernière.)
  There are half as many students... (Il y a deux fois moins...)
  He is three times as rich as I am. (Il est trois fois plus riche que moi.)
- **We need another ten books. = We need ten more books.** (Nous avons besoin de dix livres de plus.)
- **We're all getting older and older.** (Nous devenons tous de plus en plus vieux.)
  He's getting more and more reasonable. (Il devient de plus en plus raisonnable.)
- **The more I work, the more I know.** (Plus je travaille, plus je sais de choses.)
  The more I know him, the less I like him. (Plus je le connais, moins il me plaît.)
  The less you know, the less you feel the need to learn. (Moins on sait de choses, moins on ressent la nécessité d'apprendre.)
  The more you get, the more you want. (On veut toujours plus. / On n'est jamais content de ce qu'on a.)
- **We have as much work as last week.** (Nous avons autant de travail que la semaine dernière.)
  There are not as many students as last year = There are fewer students than last year. (Il n'y a pas autant d'étudiants que = Il y a moins d'étudiants que l'année dernière.)
  She is as amusing as he is / as him. (Elle est aussi amusante que lui.)
- **The more, the merrier.** (Plus on est de fous, plus on rit.)
  More haste, less speed. (Rien ne sert de courir, il faut partir à point.)

Changing quantities — *Modifier les quantités*

to raise by = to increase (sth) by, an increase [ˈɪnkriːs]	augmenter (qqch) de, une augmentation
≠ to reduce by = to cut* by = to bring* down by → a reduction [rɪˈdʌkʃən] = a cut	≠ réduire de → une réduction
to rise* by = to increase by = to go* up by	augmenter de
≠ to decrease by = to diminish by = to fall* by = to go* down by = to drop by	≠ diminuer de
to rocket [ˈrɒkɪt]	monter en flèche

PHRASES

- **Prices have increased / risen by 10%.** (Les prix ont augmenté de 10 %.)
- **There has been an increase / a rise ≠ a reduction / cut / decrease / diminution in our expenses.** (Il y a eu une augmentation ≠ une réduction de nos dépenses.)
  The crisis is due to a fall / a drop in world supplies. (La crise est due à une chute des réserves mondiales.)

Size [saɪz] — *La taille*

small / little → smallness / littleness	petit/e → la petitesse
tiny [ˈtaɪnɪ] / minute [maɪˈnjuːt] / minuscule / miniature [ˈmɪnətʃə]	minuscule / miniature

a dwarf [dwɔːf] → **dwarfish**	un nain → tout petit
big / large [lɑːdʒ] → **to enlarge**	gros/se → (s')agrandir
a giant ['dʒaɪənt] → **gigantic**	un géant → géant/e *(adj.)* / gigantesque
tall [tɔːl] → **tallness**	grand/e → la haute / grande taille
huge [hjuːdʒ] = **enormous** [ɪ'nɔːməs] → **hugeness** = **enormousness**	énorme → l'énormité / l'obésité
vast = **immense** → **vastness** = **immensity**	vaste = immense → l'immensité
bulk [bʌlk] → **bulky** = **voluminous**	la masse → volumineux/-se
heavy ['hɛvɪ] → **heaviness**	lourd/e → la lourdeur / le poids
≠ **light** [laɪt] → **lightness, to lighten**	≠ léger/-ère → la légèreté, alléger
to grow* [grəʊ] → **growth**	grandir → la croissance
to decrease [dɪ'kriːs] → **to diminish** / **to come* down**	diminuer, baisser
low [ləʊ] → **to lower**	bas/se → baisser
to shrink* [ʃrɪŋk] → **shrinkage**	(se) rétrécir → le rétrécissement
to contract [kən'trækt] → **contraction**	(se) contracter → la contraction

PHRASES

- **to get* / grow* smaller / larger = bigger / taller / slimmer / thicker / heavier** (rapetisser / grossir / grandir / mincir / épaissir / s'alourdir)
- **It is the size of a pea.** (C'est de la taille d'un pois.)
- **He is 1.83 m tall = 6 feet tall.** (Il mesure 1,83 mètres.)
  He is of average = medium height / weight. (Il est de taille moyenne / de poids moyen.)
  They are the same height. (Ils sont de la même taille.)

• *Les tailles des vêtements et des chaussures*

Vêtements de femmes			Chaussures de femmes			Vêtements d'hommes		Chaussures d'hommes	
UK	US	France	UK	US	France	UK+US	France	UK+US	France
8	4	34	3	6	35	28	38	6	40
10	6	36	3 1/2	6 1/2	36	30	40	7	41
12	8	38-40	4	7	37	32	42	8	42
14	10	42	5	7 1/2	38	34	44	9	43
16	12	44-46	6	8	39	36	46	10	44
18	14	48	7	8 1/2	40	38	48	11	45
20	16	50	8	9	41	40	50	12	46
						42	52		
						44	54		
						46	56		

32 Time — Le temps

• Measuring time — Mesurer le temps

to time [taɪm]	chronométrer
a clock	une pendule / horloge
a watch [wɒtʃ] → a **watchmaker** / a **clockmaker**	une montre un horloger
an **hourglass** ['aʊəglɑːs]	un sablier
a **sundial** ['sʌndaɪəl]	un cadran solaire
the **dial** ['daɪəl] / face (of a clock)	le cadran
the hand (of a clock) → the hour ~, the minute ~, the second / sweep ~	l'aiguille → la petite aiguille, la grande aiguille, la trotteuse
to wind* [waɪnd] → the **winder** ['waɪndə]	remonter → le remontoir
a spring	un ressort
a **cog** (wheel)	un rouage
the **pendulum** ['pɛndjʊləm] (of a clock)	le balancier (d'une horloge)
the chime [tʃaɪm] (of a clock), to chime	le carillon (d'une horloge), sonner (horloge / pendule)
the tick of a clock, to tick	le tic-tac d'une horloge, faire tic-tac
to ring*	sonner (réveil)

WORD PARTNERS

- **time** → **to save ~** (gagner du temps), **to play for ~** (temporiser), **to waste ~** (perdre du ~), **to pass = to while away the ~** (passer le ~), **to be* on ~** (être à l'heure), **to arrive in ~** (arriver à temps), **to make* up for lost ~** (rattraper le temps perdu), **to gain ~** (gagner du ~), **to kill time** (tuer le ~), **to have* ~ (to do sth)** (avoir le temps [de faire qqch]) **all the ~** (tout le temps / à longueur de temps), **the whole ~** (tout le temps)
- **clock** → **an alarm-~** (un réveil), **a grandfather ~** (une horloge comtoise), **a wall ~** (une pendule murale), **a ~-radio** (un radio-réveil)
- **a watch** → **a ~ battery / strap** (une pile / un bracelet de montre), **a wrist / fob ~** (une montre bracelet / gousset), **a digital / quartz / waterproof ~** (une ~ digitale / à quartz / étanche), **a stop~** (un chronomètre)
- **clock / watch** → **to wind* (up) a ~** (remonter une pendule / montre) **to set* = put* = turn a ~ forward = ahead ≠ back** (avancer ≠ retarder une ~), **to put* a ~ right** (mettre une ~ à l'heure)

PHRASES

- **A clock strikes the hour.** (Une pendule donne / sonne l'heure.) **It is 2.30 by the clock.** (Il est 2h30 à la pendule.) **My watch is right / slow ≠ fast.** (Ma montre est à l'heure / retarde ≠ avance.) **It is 3 minutes slow ≠ fast.** (Elle retarde ≠ avance de 3 minutes.) **My watch gains ≠ loses time.** (Ma montre prend de l'avance ≠ du retard.)
- **with clockwork precision** (avec une précision d'horloge), **a race against the clock** (une course contre la montre)
- **for the time being** (pour le moment) **Take your time.** (Prenez votre temps.), **We barely / hardly / scarcely have time to...** (Nous avons à peine le temps de...), **We don't have very much time.** (Nous n'avons pas beaucoup de temps.), **It's high time we stopped.** (Il est grand temps que nous [nous] arrêtions.), **It's about time!** (Ce n'est pas trop tôt !), **We'll be there in no time at all.** (Nous y serons en un rien de temps), **He's taking one day at a time.** (Il prend la vie comme elle vient.) **a time-consuming activity** (une activité qui prend du temps), **all in good time** (chaque chose en son temps)
- **A swing of the pendulum sent his popularity plummeting.** (Un retour de balancier / Un revirement de l'opinion a fait chuter sa popularité.)
- **Time is money.** (Le temps, c'est de l'argent.), **Time flies.** (Le temps passe vite !), **Time works wonders.** (Le temps fait des miracles.)

Telling time — *Dire l'heure*

an hour → **half-an-hour** = a **half-hour**, a **quarter** of an hour, three **quarters** of an hour, an hour and a half	une heure → une demi-heure, un quart d'heure, trois quarts d'heure, une heure et demie
a **minute** ['mɪnɪt] → **half-a-minute**	une minute → une demi-minute
a **second** ['sɛkənd]	une seconde
a **time** zone	un fuseau horaire
a **meridian** [mə'rɪdɪən]	un méridien
local time ['ləʊkəl taɪm]	l'heure locale

PHRASES

- **Have you got time?** (Avez-vous du temps ?)
  Have you got the time? (Vous avez l'heure ?)
  "What time do you make it?" "7.18." (« Quelle heure avez-vous ? – 7 h 18. »)
  "What's the time?" = "What time is it?" "It's 4.15 by my watch." (« Quelle heure est-il ? – 4h et quart à ma montre. »)
  What time are you leaving? (À quelle heure partez-vous ?)
- **9 (hours) GMT (= Greenwich Meridian Time)** (9 heures GMT)
  9 a.m. (= ante meridiem) (9 h du matin), **9 p.m. (= post meridiem)** (9 heures du soir / 21 h)
  10.50 = Ten fifty = Ten to eleven (10h 50 = dix heures cinquante = onze heures moins dix)
  It's half past twelve. (Il est minuit / midi et demie.)
  It's a quarter past four. (Il est quatre heures et quart.)
  It's twenty to four. (Il est quatre heures moins vingt.)
  It's a quarter to three. (Il est trois heures moins le quart.)
  at 5 a.m. (à 5h du matin), **at 5 o'clock / sharp = precisely = on the dot** (à 5h pile / précises), **at the stroke of midnight** (sur le coup de minuit / à minuit juste), **at the third stroke / pip it will be...** (au troisième top, il sera exactement...)
  It's nearly = almost / about = roughly ≠ exactly six o'clock. (Il est presque / environ ≠ exactement six heures.)
  [Coll.:] **It's gone 5.** (Il est 5h passées.)
  It's just after 5. (Il est un peu plus de 5h.)
  towards 11 (vers 11h / aux environs de 11h)

Day and night — *Le jour et la nuit*

dawn [dɔ:n] / **daybreak**	l'aube / l'aurore
sunrise ['sʌnraɪz]	le lever du soleil
the **morning** ['mɔ:nɪŋ]	le matin
the small / **early** hours = the **early morning**	le petit matin
midmorning	le milieu de la matinée
noon [nu:n] = **midday**	midi
the **afternoon** [ɑ:ftə'nu:n]	l'après-midi
the **evening** ['i:vnɪŋ]	le soir / la soirée
dusk [dʌsk] / **twilight** ['twaɪlaɪt]	le crépuscule (du soir)
sunset ['sʌnsɛt]	le coucher du soleil
night [naɪt], a **night** → **tonight** → **midnight**	la nuit, une nuit → ce soir minuit

PHRASES

- **from morning till night** (du matin au soir)
  at dawn = daybreak / sunrise / noon = midday / dusk / sunset / night / midnight (à l'aube / au lever du soleil / à midi / au crépuscule / au coucher du soleil / la nuit / à minuit)
  in the morning / afternoon / evening (le matin / l'après-midi / le soir)
  during the day = in the daytime (pendant / dans la journée)
  during the night / at night ([pendant] la nuit)
- **Day is breaking.** (Le jour se lève.), **Night is falling.** (La nuit tombe.)
- **early ≠ late in the morning / in the early ≠ late morning / afternoon** (en début de ≠ en fin de matinée / d'après-midi)

They woke me up in the middle of the night / at the crack of dawn. (Ils m'ont réveillé/e en pleine nuit / aux aurores.)
On a fine summer night,... (Par une belle nuit d'été,...)
Yesterday, the sun rose at 9 a.m. and set at 7 p.m. (Hier, le soleil s'est levé à 9 h et s'est couché à 7 h.)
• **to travel by day / by night** (voyager de jour / de nuit)

• *Days, months, seasons, years* — *Les jours, les mois, les saisons, les années*

a **day** [deɪ]	un jour
Sunday ['sʌndɪ]	dimanche
Monday ['mʌndɪ]	lundi
Tuesday ['tju:zdɪ]	mardi
Wednesday ['wɛnzdɪ]	mercredi
Thursday ['θɜ:zdɪ]	jeudi
Friday ['fraɪdɪ]	vendredi
Saturday ['sætədɪ]	samedi
a **month** [mʌnθ]	un mois
January ['dʒænjʊərɪ]	janvier
February ['fɛbrʊərɪ]	février
March [mɑ:tʃ]	mars
April ['eɪprəl]	avril
May [meɪ]	mai
June [dʒu:n]	juin
July [dʒu'laɪ]	juillet
August ['ɔ:gəst]	août
September [sɛp'tɛmbə]	septembre
October [ɒk'təʊbə]	octobre
November [nəʊ'vɛmbə]	novembre
December [dɪ'sɛmbə]	décembre
spring [sprɪŋ] → **springlike**	1. le printemps 2. printannier/-ère → printannier (= qui rappelle le printemps)
summer ['sʌmə] → **summery**	l'été → estival/e (= qui rappelle l'été)
midsummer	1. le milieu de l'été 2. le solstice d'été
UK **autumn** ['ɔ:təm] = US **fall** → **autumnal**	l'automne → automnal/e
winter ['wɪntə] → **wintry**	l'hiver → hivernal/e *(litt. et fig.)*
a **season** ['si:zən] → **seasonal, seasonable**	une saison → saisonnier/-ère, de saison
a **year** [jɪə]	une année
a **quarter** ['kwɔ:tə]	un trimestre
a **term** [tɜ:m]	un trimestre scolaire
a **week** [wi:k] → a **weekday, the weekend, weekly**	une semaine → un jour de semaine, le week-end, hebdomadaire
a **fortnight** ['fɔ:tnaɪt] = **two weeks**	≈ quinze jours = deux semaines
a **century** ['sɛntʃərɪ]	un siècle
a **millennium**	un millénaire

W. P.
• **a working day** (un jour ouvré)
• **seasonable weather** (un temps de saison)
• **year** → **a calendar ~** (une année civile), **a leap ~** (une ~ bissextile)

PHRASES

- **Let's call it a day.** (C'est fini pour aujourd'hui.), **at the end of the day** (en fin de compte), **I'm keeping it for a rainy day.** (Je le garde pour le jour où j'en aurai besoin.), **This armchair has seen better days.** (Ce fauteuil n'est plus tout neuf.), **in days gone by** (autrefois)
- **next Monday** (lundi prochain), **last Tuesday** (mardi dernier), **last week** (la semaine dernière), **next August** (en août prochain), **last September** (en septembre dernier)
- **On Monday we went to the theatre.** (Lundi (dernier), nous sommes allés au théâtre.)
  On Monday we'll go to the theatre. (Lundi (prochain), nous irons au théâtre.)
  On Mondays I have a music class. (Le lundi, j'ai un cours de musique.)
- **Not in a month of Sundays!** (Jamais !), **the Sundays** (les journaux du dimanche), **in one's Sunday best** (endimanché/e.), **our Sunday walk** (notre promenade dominicale)
- **Indian summer** (l'été indien / l'été de la Saint-Martin), **late autumn** (l'arrière-saison)
- **in January** (en janvier = au mois de janvier), **in early ≠ late April = early ≠ late in April** (début ≠ fin avril), **in mid-May** (à la mi-mai), **at / towards the end of June** (à / vers la fin du mois de juin), **at this time of (the) year** (en / à cette époque de l'année)
- **in springtime / in (the) spring** (au printemps), **in summertime / in (the) summer** (en été), **in wintertime / in (the) winter** (en hiver)
  in mid-spring / in midsummer / in midwinter (au milieu du printemps / en plein été / en plein hiver)
- **The days are lengthening ≠ shortening.** (Les jours rallongent ≠ raccourcissent.)
- **at the height of the Christmas season** (en pleine période de Noël), **the tourist season** (la saison touristique), **the off-season** (la morte saison), **cherries are out of season** (ce n'est plus la saison des cerises)
- **in the year 2000 / in 2000** (en l'an 2000 / en 2000)
- UK **Michaelmas / Christmas / Lent / Summer term** (Oxbridge: le premier / deuxième / troisième / quatrième trimestre)
- **in the 19th century** (au XIXe siècle)
- **"Tomorrow is another day."** (Demain il fera jour.)

The date [deɪt] — La date

to date sth	dater qqch
to date	à ce jour
today [tə'deɪ]	aujourd'hui
yesterday → the day before yesterday	hier → avant-hier
tomorrow → the day after tomorrow	demain → après-demain
the day before, two days before	la veille, l'avant-veille
the day after = the following day = the next day	le lendemain
two days after / later	le surlendemain
the evening before	la veille au soir
the evening after	le lendemain soir
the morning before	la veille au matin
the morning after	le lendemain matin
UK Tuesday week = a week on Tuesday = US a week from Tuesday	mardi en huit
52 BC (= Before Christ)	52 avant J.C.
1620 AD (= Anno Domini)	1620 après J.C.

PHRASES

- **yesterday morning / evening** (hier matin / soir)
- **tomorrow morning / evening** (demain matin / soir)
- **What day is today?** (Quel jour sommes-nous aujourd'hui ?.)
  "What's today's date?" "April 1st 2004 (= the first of April / April the first two thousand and four)." (Quel jour sommes-nous ? – Le 1er avril 2004. »)

Life is short: we're here today, gone tomorrow. (La vie est courte: nous sommes bien peu de chose.)
(Coll.:) **the morning after the night before** (≈ un lendemain de cuite)

- **On May 4th, we...** (Le 4 mai, nous...)
  ⚠ **to have* a date with sb** (avoir un rendez-vous galant avec qqn), **to date sb** (fréquenter quelqu'un)
- **Never put off till tomorrow what you can do today.** (Ne remettez jamais au lendemain ce que vous pouvez faire le jour même.)

Expressions of time / Expressions temporelles

before [bɪ'fɔː]	avant
prior ['praɪə] **to**	antérieur/e à / préalablement / avant
after ['ɑːftə] → **afterwards** ['ɑːftəwədz]	après → par la suite / ensuite / après
now [naʊ] / **nowadays** ['naʊədeɪz]	maintenant / actuellement
at present	en ce moment
in the past	dans le passé
in (the) future ['fjuːtʃə]	à l'avenir
two days / weeks ago	il y a deux jours / semaines
not long ago	naguère / il y a peu de temps
recent ['riːsənt] → **recently**	récent/e → récemment
then [ðɛn]	1. puis 2. alors
subsequent ['sʌbsɪkwənt] → **subsequently**	ultérieur/e → ultérieurement
when [wɛn] → **the day when**	quand → le jour où
as	comme / tandis que
just as	au moment même où
as early as / as soon as	dès / dès que
at once / rightaway / straightaway	tout de suite / sur-le-champ
immediate [ɪ'miːdjət] → **immediately**	immédiat/e → immédiatement
instant → **instantly**	instantané/e → instantanément
while [waɪl] → **meanwhile**	pendant que → pendant ce temps / en attendant
always ['ɔːlweɪz]	toujours
often ['ɒfən]	souvent
never ['nɛvə]	jamais
hardly ever	presque jamais
former → **formerly / in former days**	précédent/e → autrefois
soon [suːn] → **sooner**	bientôt → plus tôt
late [leɪt] → **later** → **latest, the latest**	1. tard 2. en retard → 1. plus tard 2. plus tardif/-ve → dernier/-ère en date, le/la plus récent/e
early ['ɜːlɪ] → **earlier**	1. tôt 2. en avance plus tôt 2. antérieur/e / précédent/e
previous ['priːvɪəs] → **previously**	antérieur/e / précédent/e → auparavant / précédemment
last [lɑːst] → **lastly**	dernier/-ère → dernièrement
⚠ **presently = shortly = in a while**	bientôt / tout à l'heure
before long	sous peu / dans peu de temps
⚠ **eventually** [ɪ'vɛntʃʊəlɪ] = **ultimately** ← **ultimate** ['ʌltɪmət]	finalement / en fin de compte → final/e / ultime
no later than	pas plus tard que
sooner or later	tôt ou tard
already [ɔːl'rɛdɪ]	déjà
still	encore (⚠ adj. : **immobile** ; adv. en tête de phrase : **pourtant**)

not yet	pas encore
day in, **day** out	jour après jour / tous les jours
year in, **year** out	tous les ans / chaque année

PHRASES

- **"Have you ever met them?" "No, I've never met them."** (« Les avez-vous jamais rencontrés ? – Non, je ne les ai jamais rencontrés. »)
- **Remember!**
  before / **after** } **+ Noun / Gerund** — avant / après } + Nom / de + infinitif / que + proposition
  → **Let's wait before making a decision.** (Attendons avant de prendre une décision.)
- **It is never too late to mend.** (Il n'est jamais trop tard pour bien faire.)

● *Duration and frequency* — *La durée et la fréquence*

for **hours** / **days** on end	(pendant) des heures / des jours d'affilée
ten days on end	dix jours d'affilée
all day / night (long) = (for) the **whole** day / night	(pendant) toute la journée / la nuit
all through = **throughout** the night / day / week / month / year	(pendant) tout/e la nuit / le jour / la semaine / le mois / l'année
from day to day	1. d'un jour à l'autre 2. au jour le jour
a **full** / a **whole** two hours	deux heures durant
far into the night	jusqu'à une heure avancée de la nuit
during ['djʊərɪŋ] = in the **course** of	pendant = au cours de
since [sɪns]	depuis (+ date / moment / événement)
till = **until** [ən'tɪl] = **up** to = **up** till	jusqu'à
up to **now**	jusqu'à présent
until then = **up** till then	jusqu'alors
from **now** on = **henceforth** [hɛns'fɔːθ]	désormais
from **then** on	à partir de ce moment-là
from 1999 (**onwards**)	à partir de 1999
from 9 a.m. **to** 5 p.m.	de 9 h du matin à 5 h du soir
short-lived / **transient** ['trænzɪənt] / **ephemeral** [ɪ'fɛmərəl] / **fleeting** ['fliːtɪŋ]	de courte durée / passager/-ère / éphémère / fugitif/-ve
brief [briːf] → **briefly**, **brevity** ['brɛvɪtɪ]	passager/-ère, bref/brève → brièvement, la brièveté
in the **short** ≠ **long** term	à court ≠ long terme
a **moment** ['məʊmənt] → **momentary** → UK **momentarily** / US **momentarily**	un instant / moment → momentané/e → UK momentanément, US tout de suite / immédiatement
temporary → UK **temporarily** / US **temporarily**	temporaire → temporairement
provisional → **provisionally**	provisoire → provisoirement
a **transition** from ... to ... → **transitional**	une transition de ... à ... → transitoire / de transition
to **prolong** → **prolonged** → **prolongedly**, a **prolongation**	prolonger → prolongé/e → de manière prolongée, une prolongation
to **continue** [kən'tɪnjuː] → **continual** → **continually** → **continuous** → **continuously**	continuer / persister → continuel/le / répété/e → continuellement → continu/e → de manière continue
constant ['kɒnstənt] → **constantly**	constant/e → constamment
ceaseless ['siːslɪs] = **incessant** → **ceaselessly** = **incessantly**	incessant/e → incessamment
perpetual [pə'pɛtjʊəl] → **perpetually**	perpétuel/le → perpétuellement
permanent ['pɜːmənənt] → **permanently**, **permanence**	permanent/e → de manière permanente, la permanence

to persist [pə'sɪst] → **persistent** → **persistently**	persister → persistant/e → de façon persistante
to go* on with sth / doing sth	continuer qqch / à faire qqch
to carry on with sth / doing sth	poursuivre qqch / persister à faire qqch
to keep* (on) doing sth	ne pas arrêter de faire qqch
to interrupt [ɪntə'rʌpt] → **an interruption** → **uninterrupted** → **uninterruptedly**	interrompre → une interruption → ininterrompu/e → sans interruption
unchanging = **immutable** → **immutability**	immuable → l'immuabilité
⚠ **to resume** [rɪ'zjuːm] → **resumption**	reprendre → la reprise
to take* up again	reprendre (activité / études)
to start up again	reprendre (bruit / perturbation)
to last [lɑːst] → **lasting** → **lastingly** → **everlasting** = **eternal** → **everlastingly** = **eternally**	durer → durable → durablement → éternel/le → éternellement
eternity [ɪ'tɜːnɪtɪ]	l'éternité
for ages	(durant) une éternité
end [ɛnd] → **endless** = **unending** → **endlessly** = **unendingly**	fin → sans fin / interminable → sans fin
for ever (and ever) / forever [fə'rɛvə]	pour toujours = pour l'éternité / à jamais / (⚠ continuellement / sans arrêt)
frequent ['friːkwənt] → **frequently**, **frequency**	fréquent/e → fréquemment, la fréquence
regular ['rɛgjələ] → (ir)**regularly**, (ir)**regularity**	régulier/-ère → (ir)régulièrement, la/l'(ir)régularité
intermittent → **intermittently**	intermittent/e → de manière intermittente
a **period** ['pɪərɪəd] → **periodical** → **periodically**	une période → périodique → périodiquement
a **cycle** ['saɪkəl] → **cyclical** → **cyclically**	un cycle → cyclique → de façon cyclique
rare [rɛə] → **rarely** = **seldom**, **rarity**	rare → rarement, la rareté
now and then / from time to time	de temps en temps
once [wʌns]	une fois
twice [twaɪs]	deux fois
unique [juː'niːk] → **uniquely**	unique → uniquement
an interval ['ɪntəvəl]	un intervalle (⚠ entracte)
daily ['deɪlɪ]	1. quotidien *(N & adj.)* 2. quotidiennement
weekly ['wiːklɪ]	1. hebdomadaire *(N & adj.)* 2. toutes les semaines
monthly ['mʌnθlɪ]	mensuel/le *(N & adj.)* → mensuellement
annual ['ænjʊəl] → **annually**	annuel/le → annuellement

→ *L'habituel et l'imprévu, p. 313*

PHRASES

- **to last (for) an hour / a long time / a while** (durer une heure / longtemps / un petit moment), **a short spell (of time)** (une période de courte durée)
- **It won't last!** (Ça ne durera pas longtemps !), **It's too good to last!** (C'est trop beau pour que ça dure!)
- **more often than not / as often as not** (le plus souvent)
- Interroger sur la durée : **How long...?** (Combien de temps ... ?)
  → Réponses : **(For) a few hours / (For) two weeks.)** (Quelques heures / Deux semaines.)
  Interroger sur la fréquence : **How often...?** (À quelle fréquence... ?)
  → Réponses : **Once in a while.** = **Every now and then.** = **Every now and again.** (De temps en temps.), **Every two weeks.** (Tous les quinze jours.), **Quite often.** (Assez souvent.), **Occasionally.** (À l'occasion.), **Once in a blue moon** (Tous les trente-six du mois.), **Whenever I can.** (Chaque fois que je le peux.), **Every other week** = **every second week / month / year** (tous/toutes les deux semaines / mois / années)
- **She arrived two weeks ago, on November 24th. She has been here for two weeks, she has been here since November 24th.** (Elle est arrivée il y a deux semaines, le 24 novembre. Elle est ici depuis deux semaines = Il y a deux semaines qu'elle est ici, elle est ici depuis le 24 novembre.)
- **in this day and age** (de nos jours)

● Memory ['mɛmərɪ] — La mémoire

a memory, to memorize, memorable	un souvenir, mémoriser, mémorable
to remember sth → remembrance [rɪ'mɛmbrəns]	se souvenir de / se rappeler qqch → le souvenir
to recall [rɪ'kɔ:l]	(se) rappeler
to recollect [rɛkə'lɛkt] → a recollection	se souvenir de → un souvenir
to record [rɪ'kɔ:d] a record ['rɛkɔ:d]	enregistrer → un enregistrement / une trace
to remind [rɪ'maɪnd] sb of sth → a reminder [rɪ'maɪndə]	rappeler qqch à qqn → un rappel / pense-bête
⚠ a souvenir ['su:və'nɪə]	un souvenir (objet)
a keepsake ['ki:pseɪk]	un souvenir (offert par une personne)
to forget* [fə'gɛt] → forgetful → forgetfulness, unforgettable	oublier → distrait/e → la distraction, inoubliable
absent-minded → absent-mindedness	distrait/e → la distraction
oblivion [ə'blɪvɪən] → oblivious (of)	l'oubli → oublieux / inconscient (de)
to leave* [li:v] out	laisser de côté / oublier volontairement
an oversight ['əʊvəsaɪt]	un oubli / une omission
to omit → an omission [ə'mɪʃən]	omettre → une omission

WORD PARTNERS

- memory (la mémoire) → **to have* a good ≠ bad ~** (avoir bonne ≠ mauvaise mémoire), **an infallible / a retentive / photographic / visual ~** (une mémoire infaillible, fidèle, photographique, visuelle), **to have* a short ~** (avoir la ~ courte), **to lose* one's ~** (perdre la ~), **to quote / to speak* from ~** (citer de mémoire / parler sans notes) **a lapse / loss of ~** (un trou / une perte de ~)
- memory (un souvenir) → **an accurate / clear ≠ confused = dim ~** (un souvenir précis / net ≠ confus = vague), **a bitter / bittersweet ~** (un ~ amer / aigre-doux), **an enduring / excellent ~** (un ~ durable / excellent), **a fond = good = happy ≠ painful ~** (un bon ~ = un ~ heureux ≠ pénible), **a pleasant ≠ an unpleasant ~** (un ~ agréable ≠ désagréable) **to blot out = to obliterate / to bring* back / to evoke / to cherish a ~** (effacer / rappeler / évoquer / chérir un souvenir), **to preserve / to reawaken a ~** (conserver / réveiller un ~)
- **in remembrance = in memory of sb / sth** (en souvenir de qqn / qqch)
- recollection → **a clear = distinct = vivid = precise ≠ dim = faint = hazy = vague ~** (un souvenir net = précis = distinct ≠ vague), **a happy / depressing / horrifying / painful / pleasant ≠ an unpleasant ~** (un ~ heureux / déprimant / horrible / pénible / agréable ≠ désagréable)
- record → **for the ~** (pour mémoire), **off the ~** (en toute confidence)
- **a gentle / grim / salutary / timely reminder** (un rappel discret / sinistre / salutaire / opportun)
- **to forget* doing sth** (oublier / avoir oublié que l'on a fait qqch) **to forget* to do sth** (oublier de faire qqch)
- oblivion → **to sink* = to fall* into ~ ≠ to emerge from ~** (tomber dans l'oubli ≠ sortir de l'~)

PHRASES

- UK **Remembrance Day** (l'Armistice [dimanche le plus proche du 11 novembre]) US **Memorial Day** (le Jour des morts au champ d'honneur) **Their memory lives on.** (Leur souvenir est toujours vivant.), **It has left its imprint on our memory.** (Cela nous a marqués.)
- **in memory of = in remembrance of** (en souvenir de) ***Remembrance of Things Past*** (*À la Recherche du Temps Perdu*) **within living memory** (de mémoire d'homme) **She has an excellent memory <u>for</u> names.** (Elle a une excellente mémoire <u>des</u> noms.) **If my memory serves me right = If I remember right(ly)...** (Si ma mémoire ne me trompe pas...), **It had slipped my memory.** (J'avais complètement oublié.), **Does it ring any bells?** (Ça vous rappelle quelque chose ?) **to refresh = to jog sb's memory** (rafraîchir la mémoire à qqn) **Those words triggered terrible memories.** (Ces paroles firent surgir de terrible souvenirs.)
- **I can't remember whether the car was white or black.** (Je n'arrive pas à me rappeler si la voiture était blanche ou noire.)

⚠ **Remember to lock the door.** (N'oublie pas de fermer la porte à clé.), **I remember locking the door.** (Je me rappelle avoir fermé la porte à clé.)
I don't recall / remember seeing her last week. (Je ne me rappelle pas l'avoir vue la semaine dernière.)
That's longer ago than I care to remember. (Il y a de cela une éternité.)
Remember me to your sister. (Rappelez-moi au bon souvenir de votre sœur.)
It will be something to remember you by. (Ce sera un souvenir de vous.)
As far as I can remember... (Aussi loin que je me souvienne...)
- **As you may recall...** (Comme vous vous en souvenez peut-être...)
- **To the best of my recollection...** (Pour autant que je m'en souvienne...)

I have no recollection of that day. (Je n'ai aucun souvenir de cette journée.)
- **That reminds me...** (À ce propos...)

If I forget, please remind me. (Si j'oublie, rappelle-le moi, s'il te plaît.)
He reminds me of my father. (Il me rappelle mon père.)
- **Through an oversight...** (Par mégarde...)
- **Her name is on the tip of my tongue.** (J'ai son nom sur le bout de la langue.)
- **Let bygones be bygones!** (Enterrons le passé !)

Forget about it. (N'y pense plus !)
- **to have* a head / a memory / a mind like a sieve** (avoir la cervelle comme une passoire)
- **Time passes and men forget.** (Le temps apporte l'oubli.)

● *The passing of time* — *Le temps qui passe*

to pass → past, the past → the past tense	passer → passé, le passé (période) le passé (conjugaison)
after a while / after some time	après quelque temps
modern ['mɒdən]	moderne
contemporary [kən'tɛmprərɪ]	contemporain/e
up-to-date ≠ out of date / outdated [aʊt'deɪtɪd]	1. dans le vent 2. à jour ≠ périmé/e / démodé/e / dépassé/e / suranné/e / désuet/-ète
old-fashioned [əʊld'fæʃənd]	démodé/e
antiquated ['æntɪkweɪtɪd]	vieillot/e
obsolete ['ɒbsəli:t] → obsolescence	obsolète → l'obsolescence / la désuétude
anachronistic, an anachronism	anachronique, un anachronisme
archaic [ɑ:'keɪɪk], an archaism	archaïque, un archaïsme

● *History* — *L'histoire*

history ['hɪstərɪ], ⚠ a history → historic [hɪ'stɒrɪk] → historical → historically → a historian → prehistory → prehistoric → prehistorically	l'histoire, une pièce de théâtre historique → historique (qui fait date) → historique (ayant trait à l'histoire), historiquement / traditionnellement → un/e historien/ne → la préhistoire → préhistorique → pendant la préhistoire
an era ['ɪərə]	une ère
chronology → chronological	la chronologie → chronologique
archaeology → an archaeologist, archaeological	l'archéologie → un/e archéologue, archéologique
paleontology → a paleontologist	la paléontologie, un/e paléontologue
ancient ['eɪnʃənt]	très vieux / ancien
antique [æn'ti:k], an antique → antiquity → an antiquary → antiquarian, an antiquarian	ancien/ne, un objet ancien / une antiquité → l'antiquité / l'ancienneté un/e collectionneur/-se d'antiquités / un/e archéologue d'antiquités, un amateur d'antiquités

a fossil ['fɒsəl] → to fossilize → fossilization	un fossile → (se) fossiliser → la fossilisation
an excavation ['ɛkskə'veɪʃən], excavations	un site de fouilles, des fouilles
to dig* → to dig out	creuser → extraire / dénicher
a find [faɪnd]	une découverte
a mummy ['mʌmɪ]	une momie
to embalm [ɪm'bɑ:m] → embalmed	embaumer → embaumé/e
archives ['ɑ:kaɪvz] → an archivist	des archives → un/e archiviste
a chronicle ['krɒnɪkəl] → a chronicler	une chronique → un/e chroniqueur/-se
the Ice / Stone / Iron / Bronze Age	l'ère glaciaire / l'Âge de pierre / du fer / du bronze
⚠ a cave [keɪv] → a cave dweller / a caveman, a cave painting	une grotte / caverne → un homme des cavernes, une peinture préhistorique
a burial mound ['bɛrɪəl maʊnd]	un tumulus
a dolmen ['dɒlmən]	un dolmen
a menhir ['mɛnhɪə]	un menhir
a monolith → monolithic [mɒnə'lɪθɪk]	un monolithe → monolithique
a megalith → megalithic [mɛgə'lɪθɪk]	un mégalithe → mégalithique
paleolithic [pælɪəʊ'lɪθɪk]	paléolithique
mesolithic [mɛsə'lɪθɪk]	mésolithique
neolithic [ni:ə'lɪθɪk]	néolithique
a dinosaur ['daɪnəsɔ:]	un dinosaure
a diplodocus [dɪ'plɒdəkəs]	un diplodocus
to die out	s'éteindre (= disparaître)
the Middle Ages	le Moyen Âge
medieval [mɛdɪ'i:vəl]	médiéval
the Dark Ages	le Haut Moyen Âge
feudal ['fju:dəl] → feudalism	féodal → la féodalité

WORD PARTNERS

- **history** → **ancient / medieval / modern / military / religious / British ~** (l'histoire ancienne / médiévale / moderne / militaire / des religions / de la Grande-Bretagne), **to make* ~** (être historique), **to have* a ~ of...** (avoir des antécédents de...)
- **a historic event / building** (un événement / bâtiment historique)
- **historical** → **~ evidence** (les preuves historiques), **~ methods** (les méthodes des historiens), **~ present** (le présent de narration), **a ~ figure / event** (un personnage / événement historique), **a ~ landmark** (un repère ~), **~ research** (la recherche ~), **a ~ record** (une source / un document ~), **a ~ novel** (un roman ~), **the ~ background of an event** (le contexte ~ d'un événement)
- **Ancient Greece / Rome** (la Grèce / Rome antique)
- **an archeological site** (un site archéologique)
- **to carry out excavations** (faire des fouilles)

PHRASES

- **the legacy of the past** (l'héritage du passé)
- **in olden days / times** (au temps jadis / il y a bien longtemps), **in those days** (en ce temps-là), **in the time of + Name** (à l'époque de + Nom), **in historic times** (en des temps révolus), **in prehistoric times** (à l'époque préhistorique), **in the past** (dans le passé), **then** (alors), **by then** (dès lors)
- **It dates from...** (Cela date de...), **It goes back to...** (Cela remonte à...)
- **He went down in history for his discoveries / as a researcher.** (Il est passé à la postérité pour ses découvertes / en tant que chercheur.), **That historian distorted / misrepresented the facts.** (Cet historien a déformé les faits.), **...and the rest is history** (...et la suite appartient à l'histoire), **Oh, he's already history!** (Oh, lui, c'est déjà du passé !)
- **Shakespeare's Histories** (les pièces historiques de Shakespeare)

• British history: **the Celts → Celtic** (les Celtes → celte), **the Normans → Norman** (les Normands → normand), **the Saxons** (les Saxons), **the Crusades → a crusader** (les Croisades → un croisé), **the Hundred Years' War** (la Guerre de Cent Ans), **the War of the Roses** (la Guerre des Deux Roses), **the Renaissance** (la Renaissance), **the Elizabethan / Victorian Era** (l'ère élisabéthaine / victorienne), **the Regency** (la Régence), **the Industrial Revolution** (la Révolution Industrielle)
• American history: **the Declaration / War of Independence** (la Déclaration / la Guerre d'Indépendance), **the Civil War** (la guerre de Sécession), **the Gold Rush** (la ruée vers l'or), **Westward Ho!** (la conquête de l'Ouest), **the Prohibition (era)** (la Prohibition), **the Roaring Twenties** (les années folles / les années vingt), **Black Thursday** (le jeudi noir), **the Great Depression** (la crise de 1929)
• World history: **World War I = the first World War** (la Première Guerre mondiale), **World War II = the second World War** (la Deuxième Guerre mondiale), **the post-war era** (l'après-guerre), **the Cold War** (la guerre froide), **the iron curtain** (le rideau de fer)

Living in the present — Vivre au présent

present ['prɛzənt] → **the present** → **the present tense**	présent → le présent (période) le présent (conjugaison)
nowadays ['naʊədeɪz] / **these days**	de nos jours / ces temps-ci
current ['kʌrənt] → **currently**	courant / présent → en ce moment
to enjoy [ɪn'dʒɔɪ] → **enjoyment**	apprécier / savourer → la jouissance
to please [pli:z] → **pleasure** ['plɛʒə], **pleasant** ['plɛzənt]	faire plaisir (à) ← le plaisir, plaisant
Carpe Diem (= Seize the day)	Carpe Diem
an epicure ['ɛpɪkjʊə]	un/e épicurien/ne / un gourmet

W. P.
• present → **the ~ continuous** (le présent progressif), **at ~** (en ce moment)
• pleasure → **to take* ~ in sth / in doing sth** (prendre du ~ grâce à qqch / à faire qqch) **a ~ seeker** (un jouisseur), **a ~ boat** (un bateau de plaisance)

PHRASES
• **the Here and Now** (ici et maintenant / le présent immédiat)
• **It's now or never!** (C'est maintenant ou jamais !)
• **current events** (l'actualité)
In present-day Britain (dans la Grande-Bretagne d'aujourd'hui), **in present-day circumstances / in the present circumstances** (dans les circonstances actuelles)
• **That will be enough for the present.** (Ça suffira pour l'instant.)

The future — L'avenir

future ['fju:tʃə]	futur
fate [feɪt] → **fatal(ly)** → **fateful(ly)** → **fatalist(ic)** → **fatalism** ⚠ **a fatality, the fatality (of)**	le destin / la fatalité → fatal(ement) / mortel(lement), → fatal(ement) / fatidique(ment) fataliste → le fatalisme une victime d'accident, l'aspect fatal (de)
destiny ['dɛstɪnɪ]	la destinée / le sort
to doom [du:m], **doom** → **doomed (to)**	juger / condamner, la fin / la destruction condamné/e (par le destin) / destiné/e (à)
fortune ['fɔ:tʃən] → **fortunate** ≠ **unfortunate**	la fortune / le sort → chanceux/-se / bienvenu/e ≠ infortuné/e / malvenu/e
to bind* [baɪnd] → **binding**	lier → contraignant/e
to avoid [ə'vɔɪd] → **(un)avoidable**	éviter → (in)évitable
to consider [kən'sɪdə]	envisager

to wait (for), wait	attendre, l'attente
to expect → an expectation	attendre / s'attendre (à) → une attente
to anticipate sth / that → anticipation	anticiper / attendre avec impatience qqch / que → l'anticipation / l'impatience

WORD PARTNERS

- **future** → **a brighter ~** (des lendemains qui chantent), **in the ~** (à l'avenir), **in the near ≠ distant ~** (dans un proche ≠ lointain avenir)
- **to be* fated** (être inévitable) → **to be* ~ (to sth / to doing sth)** (être condamné par le sort [à qqch / à faire qqch])
- **to be* sb's doom** (causer la perte de qqn)
- **to expect sth from sb** (attendre qqch de qqn)

PHRASES

- **in days / weeks / years to come** (dans les jours / semaines / années à venir), **in the long run** (à long terme / à la longue), **when the time comes** (quand le moment sera venu)
- **to look forward to sth** (avoir hâte que qqch arrive), **to look forward to doing sth** (avoir hâte de faire qqch)
- **sb's line of fate** (la ligne de vie de qqn), **the Fates** (les Destinées / les Trois Parques)
- **She is content with her lot.** (Elle est contente de son sort.), **She has good career prospects.** (Elle a de bonnes perspectives de carrière.), **a young man with prospects** (un jeune homme qui a de l'avenir)
- **I am bound to succeed.** (Je ne peux pas ne pas réussir.), **It is bound to be so.** (Il ne peut pas en être autrement.)
- **Doomsday = the day of reckoning** (le jour du Jugement dernier)
- **We don't know what the future holds in store for them.** (On ne sait pas ce que l'avenir leur réserve.), **Today will make or mar their future.** (C'est aujourd'hui que se décide leur avenir.), **Your future is at stake.** (Il y va de ton avenir.)
- **The outlook is gloomy.** (Les perspectives ne sont pas réjouissantes.), **This heralds a dark future / dark days to come.** (Cela annonce de sombres lendemains / des lendemains qui déchantent.), **It won't happen overnight! / It's not around the corner.** (Ce n'est pas pour demain !), **It's looming in the distance.** (Ça se profile à l'horizon.), **There is sth is the offing.** (Il y a qqch qui se prépare / qqch en perspective.), **We must turn over a new leaf.** (Il faut que nous tournions la page.)
- **The early bird catches the worm.** (L'avenir appartient aux gens qui se lèvent tôt.) **Sufficient unto the day is the evil thereof.** (À chaque jour suffit sa peine.)
- **Rome was not built in one day.** (Rome ne s'est pas faite en un jour.)

• *Making plans* — *Faire des projets*

a plan, to plan sth / to do sth → **planning**	un plan / un projet, planifier / projeter qqch / de faire qqch → la préparation / l'organisation / la planification
to prepare [prɪ'pɛə] → **preparation**	préparer → la préparation (processus)
to **propose** sth / to do sth → a **proposal**	proposer qqch / se proposer de faire qqch → une proposition
to aim to do sth	avoir pour objectif de faire qqch
to **organize** ['ɔːgənaɪz] → **organization**	organiser → l'organisation
to **arrange** [ə'reɪndʒ] → an **arrangement**	agencer → un agencement
ready ['rɛdɪ] → **readily** → **readiness**	prêt/e → volontiers → l'empressement
foresight → **foresighted** = **provident**	la prévoyance → prévoyant/e

WORD PARTNERS

- **to plan ahead** (faire des projets)
- **plan / scheme** → **a well-thought out ≠ a badly-thought out ~** (un plan bien ≠ mal conçu), **an abortive / impracticable = unworkable ~** (un ~ avorté / irréalisable), **an ambitious / elaborate / ingenious ~** (un ~ ambitieux / détaillé / ingénieux), **a bold / diabolical / judicious ~** (un ~ hardi / diabolique / judicieux)
  to conceive = devise a ~ (concevoir un ~), **to dream* up a ~** (imaginer un ~), **to adhere to / approve of / back / carry out = implement = put* into operation / finalize a ~** (adhérer à / approuver / appuyer / mettre en œuvre / finaliser un ~), **to keep* to = stick* to a ~** (s'en tenir à un ~), **to postpone = to put* off / thwart a ~** (remettre à plus tard / contrarier un ~), **to jeopardize / shelve a ~** (compromettre / mettre en suspens un ~), **to disclose / divulge a ~** (révéler / divulguer un ~), **to jettison = reject / oppose / veto / wreck / scupper / torpedo a ~** (rejeter / s'opposer à / opposer son veto à / faire échouer / saborder / torpiller un ~), **to abandon = axe = scrap / block / cancel a ~** (abandonner / bloquer / annuler un ~)
- **arrange** → **to ~ sth** (organiser qqch), **to ~ to do sth** (s'~ pour faire qqch)
- **to make* arrangements** (prendre des dispositions)
- **lack of foresight** (l'imprévoyance)

PHRASES

- **to build* castles in the air / in Spain** (bâtir des châteaux en Espagne)
- **"The best laid schemes of mice and men
  Gang aft agley." Robert BURNS**
  (Les projets les mieux préparés des souris et des hommes tournent souvent mal.)

33 Faith, religions and beliefs — La foi, les religions et les croyances

● Faith [feɪθ] — La foi

→ faithful → the faithful ['feɪθfʊl]	fidèle → les fidèles
spiritual ['spɪrɪtʃʊəl] → spirituality	spirituel/le → la spiritualité
the soul [səʊl]	l'âme
good and evil	le bien et le mal
heaven ['hɛvən] and hell	le paradis et l'enfer
the hereafter [hɪə'ɑːftə] = the beyond	l'au-delà
belief [bɪ'liːf], to believe (in) → a believer [bɪ'liːvə]	une croyance / une foi, croire (en) → un/e croyant/e
God, a god → a goddess → god-fearing ≠ godless	Dieu, un dieu → une déesse → religieux/-se / croyant/e ≠ impie
a messiah [mɪ'saɪə] → messianic	un messie → messianique
a prophet/ess → prophetic, a prophecy, to prophesy	un prophète / une prophétesse → prophétique, une prophétie, prophétiser
an oracle ['ɒrəkəl] → oracular [ɒ'rækjʊlə]	un oracle → prophétique, sibyllin/ne
divine [dɪv'aɪn] → divinely, → divinity a divine	divin/e → divinement → 1. la divinité 2. la théologie un ecclésiastique / un/e théologien/ne
(the) sacred ['seɪkrɪd] → a sacrament → sacramental → a sacrilege → sacrilegious → to sacrifice, a sacrifice → sacrificial	(le) sacré → un sacrement → sacramentel/le / sacramentaire → un sacrilège → sacrilège *(adj.)* → sacrifier, un sacrifice → sacrificiel/le
a religion [rɪ'lɪdʒən], religious → religiously	une religion, religieux/-se → religieusement
a creed [kriːd]	une croyance
a convert ['kɒnvɜːt], to convert to → a conversion [kən'vɜːʃən]	un/e converti/e, se convertir à → une conversion
a tenet ['tɛnɪt]	un principe
a dogma ['dɒgmə] → dogmatic	un dogme → dogmatique
a doctrine ['dɒktrɪn] → to indoctrinate → indoctrination	une doctrine → endoctriner → l'endoctrinement
(a) pagan ['peɪgən] → paganism	(un/e) païen/ne → le paganisme
polytheism, a polytheist, polytheistic	le polythéisme, un/e polythéiste, polythéiste *(adj.)*
monotheism ['mɒnəθiːɪzəm], a monotheist, monotheistic	le monothéisme, un/e monothéiste, monothéiste *(adj.)*
a bigot ['bɪgət] → bigotry	un/e bigot/e → la bigoterie
a fanatic [fə'nætɪk] → fanaticism	un/e fanatique → le fanatisme
a fundamentalist, fundamentalism	un intégriste, l'intégrisme
zeal [ziːl] → zealous ['zɛləs] → zealously → a zealot ['zɛlət] → zealotry	la ferveur → fervent/e → avec ardeur un fanatique / un zélote → le fanatisme
to proselytize → proselytism	faire du prosélytisme ← le prosélytisme
a crusade [kruː'seɪd] → a crusader	une croisade → un croisé
an agnostic [æg'nɒstɪk] → agnosticism	un/e agnostique → l'agnosticisme
an atheist ['eɪθɪɪst], atheism	un/e athée, l'athéisme
lay [leɪ] → a layman	laïque (personne) → 1. un laïque 2. un profane
secular ['sɛkjʊlə] → secularism	laïque (pays / loi / etc.) → la laïcité

WORD PARTNERS

- **faith** → **an abiding ~** (une foi constante), **the Christian / Jewish / Muslim ~** (la ~ chrétienne / juive / musulmane), **a deep = profound / pure ~** (une ~ profonde / pure)
  to adopt a ~ (se convertir), **to give* up = renounce one's ~** (abjurer sa ~), **to have* ≠ to lose* ~** (avoir / perdre la ~)
  a ~ healer (un guérisseur), **~ healing** (la guérison par la foi), **an act of ~** (un acte de ~)
- **belief** → **a common = popular / widespread / misguided = mistaken ~** (une croyance populaire / répandue / erronée), **a firm = strong = steady / genuine = honest ~** (une foi solide / sincère), **an undying = unhesitating = unshakeable = unswerving = unwavering ~** (une foi / croyance inébranlable), **an uneasy / unsubstantiated = unwarranted ~** (une ~ incertaine / sans fondements)
- **god** → **an almighty = all-powerful = omnipotent / all-knowing / merciful ~** (un dieu tout-puissant = omnipotent / omniscient / miséricordieux)
  a ~send (une aubaine)
- **the Sacred College** (le Sacré Collège = l'ensemble des cardinaux), **the Sacred Heart** (le Sacré Cœur)
- **religion** → **a primitive / state ~** (une religion primitive / d'état)
  to turn to / practise / renounce = give* up a ~ (se tourner vers / pratiquer / renier = abjurer une ~)
  the comforts = the consolations of ~ (le réconfort de la ~), **the practice of ~** (la pratique religieuse)
- **zeal** → **missionary ~** (le zèle missionnaire), **religious / patriotic / revolutionary ~** (l'ardeur religieuse / patriote / révolutionnaire)

PHRASES

- **Faith, Hope and Charity** (la Foi, l'Espérance et la Charité)
  (Ironical:) **Faith is a marvellous thing!** (Il n'y a que la foi qui sauve !)
  blind and simple faith (la foi du charbonnier)
- **interfaith dialogue** (le dialogue interreligieux)
- **For God's sake!** (Pour l'amour du ciel !), **God almighty!** (Mon Dieu !)
  God only knows! (Dieu seul le sait !)
  God's (little) acre (le petit arpent du Bon Dieu = le cimetière)
  fearing neither God nor man (sans foi ni loi)
- UK **a prophet of doom** = US **a doomsayer** (un prophète de malheur)
- **Judaism, Christianity and Islam are monotheistic religions.** (Le judaïsme, le christianisme et l'islam sont des religions monothéistes.)
- **the separation of Church and State** (la séparation de l'Eglise et de l'Etat), **a secular country** (un pays laïque)
- **No one is a prophet in his own land.** (Nul n'est prophète en son pays.)

Worship ['wɜːʃɪp] — *Le culte*

to worship → a worshipper, the worshippers	adorer → un/e fidèle, les fidèles
a rite [raɪt] → ritual ['rɪtjʊəl]	un rite → rituel *(adj. & N)*
devout [dɪ'vaʊt] → devoutness, devotions	dévot/e → la dévotion, les dévotions
pious ['paɪəs] → piety ['paɪətɪ]	pieux/-se → la piété
to pray [preɪ] → a prayer [prɛə]	prier → une prière
to meditate → meditation/s, meditative	méditer → la/les méditation/s, méditatif/-ve
to fast, a fast [fɑːst]	jeûner, un jeûne
abstinence ['æbstɪnəns]	l'abstinence
a hermit ['hɜːmɪt] → a hermitage	un ermite → un ermitage
a monk [mʌŋk]	un moine
a frock	une bure
a cowl [kaʊl]	une coule / un capuchon
a nun [nʌn] → a nunnery	une religieuse = une nonne → un couvent (de femmes)
a veil [veɪl]	un voile
a cornet ['kɔːnɪt]	une cornette

holy ['həʊlɪ]	saint/e *(adj.)*
a **saint** [seɪnt] → **saintliness** → **to sanctify** ['sæŋktɪfaɪ]	un/e saint/e → la sainteté sanctifier
(a) **mystic** → **mystique, mysticism**	un/e mystique → la mystique, le mysticisme
to **beatify** [biː'ætɪfaɪ] → a **beatification**	béatifier → une béatification
to **canonize** ['kænənaɪz] → a **canonization**	canoniser → une canonisation
a **pilgrim** → a **pilgrimage** ['pɪlgrɪmɪdʒ]	un pèlerin → un pèlerinage
a **shrine** [ʃraɪn]	1. un autel, 2. un temple 3. un tombeau
a **relic** ['relɪk] → a **reliquary**	une relique → un reliquaire

WORD PARTNERS

- **an elaborate ritual** (un rituel compliqué)
- **to break one's fast** (rompre le jeûne)
- **prayer** → **communal ~** (la prière communautaire), **a fervent / private / silent ~** (une prière fervente / personnelle / silencieuse), **to prostrate oneself / to kneel* in ~** (se prosterner / s'agenouiller pour prier), **to say* = to utter one's ~s** (faire ses prières), **to answer sb's ~s** (exaucer les prières de qqn)

PH.

- **to take* holy orders / the veil** (prendre l'habit / le voile)
- **It is not the cowl that makes the monk. = You can't judge a book by its cover.** (L'habit ne fait pas le moine.)

Places of worship — *Les lieux de culte*

a **church** [tʃɜːtʃ] → a **churchyard**	une église → un cimetière
a **temple** ['tempəl]	un temple
a **chapel** ['tʃæpəl] → a **chaplain** ['tʃæplɪn]	une chapelle / un oratoire → un aumônier
a **cathedral** [kə'θiːdrəl]	une cathédrale
a **basilica** [bə'zɪlɪkə]	une basilique
the **vestry** ['vestrɪ]	la sacristie
a **sexton** ['sekstən]	un sacristain
an **abbey** ['æbɪ] → an **abbey-church**	une abbaye → une abbatiale
an **abbot** ['æbət], an **abbess**	un abbé, une abbesse
a **convent** ['kɒnvənt]	un couvent
a **monastery** ['mɒnəstrɪ]	un monastère

→ *Les édifices religieux, p. 351*

PHRASES

- **to be* a churchgoer** (être pratiquant), **to go* to church** (aller à l'office / à la messe), **to go* into the church** (entrer dans les ordres), **to be* as poor as a church mouse** (être pauvre comme Job)
- **a churchy old woman** (une grenouille de bénitier)
- **to desecrate a place of worship** (profaner un lieu de culte)

Judaism ['dʒuːdeɪɪzəm] — *Le judaïsme*

Judaic [dʒuː'deɪɪk]	judaïque
a **Jew** [dʒuː], a **Jewess** → **Jewish**	un Juif, une Juive → juif, juive
a **Gentile** ['dʒentaɪl]	un gentil (= non juif)
the **Hebrews** ['hiːbruːz] → **Hebraic** [hɪ'breɪɪk]	les Hébreux → hébraïque
the **Elect / Chosen People**	le peuple élu
the **Holy / Promised Land**	la Terre Sainte / Promise
a **patriarch** ['peɪtrɪɑːk]	un patriarche
Jehovah [dʒɪ'həʊvə]	Jéhovah
the **burning bush**	le buisson ardent

the plagues [pleɪgz] **of Egypt**	les plaies d'Égypte
Moses ['məʊzɪz]	Moïse
the Covenant ['kʌvənənt]	l'Alliance
the Ten Commandments	les Dix Commandements
Genesis ['dʒenəsɪs]	la Genèse
the Flood [flʌd]	le Déluge
manna ['mænə]	la manne
the Song of Solomon = **the ≠ Song of Songs**	le Cantique des Cantiques
the Talmud ['tælmʊd]	le Talmud
the Torah ['tɔ:rə]	la Torah
the (holy) Word	la parole (divine) = le Verbe
to circumcise ['sɜ:kəmsaɪz] → **circumcision** [sɜ:kəm'sɪʒən]	circoncire → la circoncision
the Sabbath ['sæbəθ] → **a sabbatical**	le shabbat → un congé sabbatique
Hanukkah	Hanoukkah
Passover ['pɑ:səʊvə]	la Pâque
unleavened bread	le pain sans levain / azyme
kosher ['kəʊʃə]	casher
a synagogue ['sɪnəgɒg]	une synagogue
a rabbi ['ræbaɪ]	un rabbin
the (Jewish) Diaspora [daɪ'æspərə]	la diaspora (juive)
Zion ['zaɪən] → **Zionism, a Zionist**	Sion → le sionisme, un/e sioniste
Semite ['si:maɪt] → **an anti-Semite, anti-Semitic**	Sémite → un/e anti-sémite, antisémite

PH.

- **to make*/ break* a covenant** (faire / rompre une alliance)
- **the Wandering Jew** (le Juif errant)
- **It doesn't seem quite kosher to me.** (Ça ne m'a pas l'air très catholique.)

● *Christianity* — *Le christianisme*

Christ [kraɪst] → **a Christian** ['krɪstʃən] → **Christendom** ['krɪsəndəm] → **to christen** ['krɪsən] → **a christening**	Le Christ → un chrétien → la chrétienté → baptiser → un baptême (cérémonie)
The Holy Bible ['baɪbəl] → **biblical** ['bɪblɪkəl]	la Sainte Bible → biblique
The Old / New Testament	l'Ancien / le Nouveau Testament
The Gospel ['gɒspəl]	les Évangiles
The Four Evangelists [ɪ'vændʒəlɪsts]	les Quatre Évangélistes
a parable ['pærəbəl]	une parabole
The Holy Scripture(s) ['skrɪptʃə(z)]	les Saintes Écritures
The Holy Cross	la (Sainte) Croix
The Calvary ['kælvərɪ] / **Mount Doom**	le Calvaire
to resurrect [rezə'rekt]→ **resurrection**	ressusciter → la résurrection
Doomsday ['du:mzdeɪ]	le jugement dernier
an angel ['eɪndʒəl] → **angelic, an archangel**	un ange → angélique, un archange
⚠ **to bless** [bles] → **blessed** ['blesɪd / blest] → **a blessing**	bénir → 1. béni, consacré, 2. bienheureux → une bénédiction
a psalm [sɑ:m] → **a psalter, a psalmist, psalmody**	un psaume → un psautier, un psalmiste, la psalmodie
a homily ['hɒmɪlɪ]	une homélie
a sermon ['sɜ:mən] → **to sermonize**	un sermon → sermonner
to preach [pri:tʃ] → **a preacher**	prêcher → un prédicateur
⚠ **the collection** [kə'lekʃən]	la quête (⚠ collection)
to catechise → **catechism, a catechist**	catéchiser → le catéchisme, un/e catéchiste

PHRASES

- **God the Father, the Son, and the Holy Spirit** (le Père, le Fils, et le Saint-Esprit)
- **the Gospel according to John** (la Parole / l'Évangile selon Saint Jean)
- **the parable of the talents** (la parabole des talents)
- **the Bible Belt** (les états fondamentalistes du sud des États-Unis où le livre le plus vendu est la Bible)
- **until / till Doomsday** (jusqu'à la fin des temps)
- **Blessed are the poor in spirit.** (Bienheureux les pauvres en esprit.)

• *The religions of the Gospel* *Les religions chrétiennes*

• **(Roman) Catholicism** [kə'θɒlɪsɪzəm]	• le catholicisme
a **(Roman) Catholic** ['kæθlɪk]	un/e catholique (romain/e)
the **clergy** ['klɜ:dʒɪ] → a **clergyman**	le clergé → un ecclésiastique
a **cleric** ['klɛrɪk] → **clerical** ≠ **anticlerical** → **anticlericalism**	un ecclésiastique → clérical/e ≠ anticlérical/e → l'anticléricalisme
a **seminary** ['sɛmɪnərɪ] → a **seminarist**	un séminaire → un séminariste
a **priest** [pri:st]	un prêtre
a **cassock** ['kæsək]	une soutane
a **surplice** ['sɜ:plɪs]	un surplis
a **parish** ['pærɪʃ] → a **parishioner**	une paroisse → un/e paroissien/ne
a **deacon/ess** ['di:kən/ di:kə'nɛs]	un diacre / une diaconesse
a **canon** ['kænən]	un chanoine
a **friar** ['fraɪə]	un moine mendiant / un frère
a **rector** ['rɛktə] → a **rectory**	un curé/ un pasteur → un presbytère
a **bishop** ['bɪʃəp] → an **archbishop**	un évêque → un archevêque
the **see** [si:]	l'évêché / l'archevêché
a **crook** / a **crozier** ['krəʊʒə]	une crosse
a **cardinal** ['kɑ:dɪnəl]	un cardinal
the **Pope** → **papal, papacy / popedom** → **papist, popery** *(péj.)*	le Pape → papal, la papauté → papiste, le papisme *(péj.)*
mass [mæs] → a **missal**	la messe (⚠ masse) → un missel
liturgy ['lɪtədʒɪ] → **liturgical**	la liturgie → liturgique
the **Trinity** ['trɪnɪtɪ]	la Trinité
the **Virgin Mary**	la Vierge Marie
the **Immaculate Conception**	l'Immaculée Conception
transubstantiation ['trænsəbstænʃɪ'eɪʃən]	la transubstantiation
the **Assumption** [ə'sʌmpʃən]	l'Assomption
• the **Reformation** [rɛfə'meɪʃən]	• la Réforme
the **reformed churches**	les églises réformées
(a) **Protestant** ['prɒtɪstənt] → **Protestantism**	un/e protestant/e → le protestantisme
the **Church of England** = the **Anglican Church**	l'église d'Angleterre = l'église anglicane
a **vicar** ['vɪkə] → a **vicarage** ['vɪkərɪdʒ]	un pasteur → un presbytère
the **Book of Common Prayer / Worship**	le livre de (la) prière (commune)
the **service** ['sɛ:vɪs]	l'office
Sunday school	≈ le catéchisme
the **non-conformist churches**	le non-conformisme
a **Baptist** ['bæptɪst], **Baptism**	un/e baptiste, le baptisme
a **Methodist** ['mɛθədɪst], **Methodism**	un/e méthodiste, le méthodisme
• the **Orthodox church** → **orthodoxy** ['ɔ:θədɒksɪ]	• l'église orthodoxe → l'orthodoxie
a **pope** [pəʊp]	un pope
an **icon** ['aɪkɒn]	une icône
a **schism** ['skɪzəm] → **schismatic**	un schisme → schismatique

• a Presbyterian → Presbyterianism	• un/e presbytérien/ne → le presbytérianisme
a **Quaker** ['kweɪkə] → **Quakerism**	un/e quaker → le quakerisme
a **Lutheran** ['lu:θərən] → **Lutheranism**	un/e luthérien/ne → le luthéranisme
a **Calvinist** ['kælvɪnɪst] → **Calvinism**	un/e calviniste → le calvinisme
a **Unitarian** [ju:nɪ'tɛərɪən] → **Unitarianism**	un/e unitarien/e → l'unitarisme
• **charism(a)** → **charismatic** [kærɪz'mætɪk]	• le charisme → charismatique
ecumenic(al) [i:kjʊ'menɪk(əl)] ← **ecumenism**	œcuménique → l'œcuménisme
a **heresy** ['herəsɪ] → (a) **heretic**	une hérésie → (un/e) hérétique

● *The sacraments* — *Les sacrements*

baptism ['bætɪzəm] → **baptismal**, a **baptist(e)ry**	le baptême → baptismal, un baptistère
a **catechumen** [kætɪ'kju:mən]	un catéchumène
the **font** [fɒnt]	les fonts baptismaux (⚠ police de caractères)
the **Eucharist** ['ju:kərɪst]	l'Eucharistie
penance ['penəns]	1. une pénitence 2. le sacrement de réconciliation
a **penitent** ['penɪtənt], **penitent** → **penitence** ['penɪtəns]	un/e pénitent, pénitent/e → la pénitence / le repentir
to repent → **repentance** [rɪ'pentəns]	se repentir → le repentir
to forgive* [fə'gɪv] → **forgiveness, forgiving**	pardonner ← le pardon, qui pardonne
to confess [kən'fes] → **confession**, a **confessor**, a **confessional**	1. se confesser 2. confesser → la confession, un confesseur, un confessionnal
a **sin** [sɪn], **to sin** → a **sinner**	un péché, pécher → un pécheur / une pécheresse
confirmation [kɒnfə'meɪʃən]	la confirmation
extreme unction ['ʌŋkʃən]	l'extrême onction
ordination [ɔ:dɪ'neɪʃən]	l'ordination
matrimony ['mætrɪmənɪ]	le sacrement du mariage
the **Holy Communion** [kə'mju:njən]	la Sainte Communion
the **Host** [həʊst]	l'hostie
a **chalice** ['tʃælɪs]	un calice
a **ciborium** [sɪ'bɔ:rɪəm]	un ciboire
a **tabernacle** ['tæbənækəl]	un tabernacle
a **monstrance** ['mɒnstrəns]	un ostensoir

PHRASES

- **to give* / receive baptism by total immersion** (donner / recevoir le baptême par immersion), **to go* to confession** (se confesser), **to do* penance for one's sins** (faire pénitence)
- **to say* / to celebrate mass** (dire / célébrer la messe), **to mount the pulpit** (monter en chaire), **to preach the gospel** (prêcher l'évangile), **to hear* confession** (confesser qqn), **to administer last rites** (administrer les derniers sacrements)
- **The seven deadly sins are avarice, wrath, envy, gluttony, lechery, pride and sloth.** (Les sept péchés capitaux sont l'avarice, la colère, l'envie, la gourmandise, la luxure, l'orgueil et la paresse.)

● *Festivals* — *Les fêtes*

Epiphany [ɪ'pɪfənɪ], **Twelfth Night**	l'Épiphanie
Candlemas ['kændəlməs]	la Chandeleur
Shrove Tuesday ['ʃrəʊv 'tju:zdɪ]	Mardi gras
Ash Wednesday ['æʃ 'wenzdɪ]	le mercredi des Cendres
Lent [lent]	le Carême
Palm Sunday ['pɑ:m 'sʌndɪ]	le Dimanche des Rameaux

Maundy Thursday ['mɔːndɪ 'θɜːzdɪ]	le Jeudi Saint
Good Friday	le Vendredi Saint
Easter ['iːstə]	Pâques
Ascension Day	l'Ascension
Whitsun ['wɪtsən] = **Pentecost**	la Pentecôte
Trinity ['trɪnətɪ] **Sunday**	la Trinité
Michaelmas ['mɪkəlməs]	la Saint Michel
All Saints' Day	la Toussaint
All Souls' Day	le Jour des Morts
Christmas ['krɪsməs]	Noël

WORD PARTNERS

- **Christmas** → **a ~ carol** (un chant, un cantique de Noël), **~ Day / Eve** (le jour / la veille de ~), **the ~ dinner / pudding / tree / church service** (le repas / le pudding / le sapin / la messe de ~), **a ~ bonus** (une prime de fin d'année), **a ~ box** (des étrennes)
  at ~ (à Noël), **over ~** (pendant la période de Noël)
  Merry / Happy ~! (Joyeux Noël !)
- **Easter** → **~ Sunday / Monday** (le dimanche / lundi de Pâques), **an ~ egg** (un œuf de ~), **~ Bunnies** (les lapins de Pâques, *qui, au Royaume-Uni, sont censés apporter les œufs de Pâques qui, en France, sont censés être apportés par les cloches venues de Rome !*)

• Islam — L'islam

a Muslim ['mʊzlɪm] / **a Moslem**	un/e musulman/e
Allah	Allah
Mohammed	Mahomet
the Crescent ['krɛsənt]	le Croissant
the Qur'an = **the Koran** [kɔ'rɑːn] → **Koranic**	le Coran → coranique
a verse	un verset
Mecca ['mɛkə]	la Mecque
Ramadan [ræmə'dæn]	le Ramadan
a prayer mat	un tapis de prière
a mosque [mɒsk]	une mosquée
a minaret [mɪnə'rɛt]	un minaret
a muezzin [muː'ɛzɪn]	un muezzin
calling the faithful	l'appel à la prière
to perform one's ablutions	faire ses ablutions
Sunni ['sʌnɪ] → **a Sunni Muslim**	le sunnisme → un sunnite
Shiism → **a Shiite** ['ʃiːaɪt]	le chiisme → un chiite

• Asian religions — Religions d'Asie

Buddha ['bʊdə] → **Buddhism** ['bʊdɪzəm], **a Buddhist, Buddhist**	Bouddha → le bouddhisme, un bouddhiste, bouddhiste/bouddhique
enlightenment [ɪn'laɪtənmənt] → **the Enlightenment**	l'éveil / l'illumination → les Lumières (XVIIIe siècle)
the karma ['kɑːmə]	le karma
a mantra ['mæntrə]	un mantra
a mandala	un mandala
Shintoism, a Shinto priest / temple	le shintoïsme → un prêtre / temple shintoïste
Hinduism ['hɪnduːɪzm] ← **Hindu**	l'hindouisme ← hindou
reincarnation ['riːɪnkɑː'neɪʃən]	la réincarnation
the nirvana [nɪə'vɑːnə]	le nirvana
a guru ['guruː]	un gourou

Zarathustra [zærə'θu:strə] → **Zoroastrian** = **Zarathustrian** → **Zoroastrianism**	Zarathustra → zoroastrien → le Zoroastrisme
Jainism ['dʒeɪnɪzəm]	le jaïnisme
(a) **Sikh** → **Sikhism**	un/e sikh → le sikhisme

Sects — *Les sectes*

a **sect** → a **sectary**, **sectarian** [sɛk'tɛərɪən] → **sectarianism**	une secte → un membre d'une secte, sectaire → le sectarisme
the **Saints of the Last Days**	les Saints des Derniers Jours
Jehovah's Witnesses	les Témoins de Jéhovah
a **Mormon** ['mɔ:mən] → **Mormonism**	un Mormon → le mormonisme
Adventist	adventiste
(a) **Pentecostalist**, **Pentecostalism**	(un/e) pentecôtiste, le pentecôtisme
millenarian → **millenarianism**	millénariste → le millénarisme

Astrology and other beliefs — *L'astrologie et autres croyances*

an **astrologer** [əs'trɒlədʒə]	un astrologue
esoteric [ɛsəʊ'tɛrɪk] → **esotericism**	ésotérique → l'ésotérisme
the **signs of the zodiac** ['zəʊdiæk]	les signes du zodiaque
the **ram** = **aries** ['ɛəri:z]	le bélier
the **bull** = **taurus** ['tɔ:rəs]	le taureau
the **twins** = **gemini** ['dʒɛminaɪ]	les gémeaux
the **crab** = **cancer**	le cancer
the **lion** = **leo** ['li:əʊ]	le lion
the **virgin** = **virgo** ['vɜ:gəʊ]	la vierge
the **scales** = **libra** ['laɪbrə]	la balance
the **scorpio** = **scorpio** ['skɔ:pɪəʊ]	le scorpio
the **archer** = **sagittarius** [sædʒɪ'tɛərɪəs]	le sagittaire
the **goat** = **capricorn** ['kæprɪkɔ:n]	le capricorne
the **water carrier** = **aquarius** [ə'kwɛərɪəs]	le verseau
the **fish** = **pisces** ['paɪsi:z]	les poissons
the **ascendant** [ə'sɛndənt]	l'ascendant
a **horoscope** ['hɒrəskəʊp]	un horoscope
a **birth chart**	un thème astral
a **fortune-teller**	une diseuse de bonne aventure
a **clairvoyant** [klɛə'vɔɪənt]	un/e voyant/e
a **psychic** ['saɪkɪk]	un médium
a **gypsy** ['dʒɪpsɪ]	un/e bohémien/ne
cartomancy ['kɑ:təʊmænsɪ]	la cartomancie
chiromancy ['kaɪərəʊmænsɪ] = **palmistry** = **palm reading** → a **palm reader**	la chiromancie → un chiromancien
coffee grounds	le marc de café
a **crystal ball**	une boule de cristal
occult [ɒ'kʌlt] → the **occult (sciences)**	occulte → les sciences occultes
a **seance** ['seɪɑ:ns]	une séance de spiritisme
geomancy [dʒi:əʊ'mænsɪ] → a **geomancer**	la géomancie → un/e géomancien/ne
necromancy ['nekrəʊmænsɪ] → a **necromancer**	la nécromancie → un/e nécromancien/ne
a **witch**, a **wizard** ['wɪzəd] → **witchcraft**	une sorcière, un sorcier → la sorcellerie
the **witch doctor**	le sorcier (d'une tribu)

a magus ['meɪgəs] (*pl.* : **magi**)	un mage
(black) magic → **a magician** [mə'dʒɪʃən], **a magic wand, a magic spell**	la magie (noire) → un/e magicien/ne, une baguette magique, un sortilège
alchemy ['ælkəmɪ] → **an alchemist**	l'alchimie → un alchimiste
the philosopher's stone	la pierre philosophale
animism ['ænɪmɪzəm], **an animist**	l'animisme, un/e animiste
voodoo ['vu:du:]	vaudou
conventional wisdom = folk wisdom	la sagesse populaire
superstition [su:pə'stɪʃən], **superstitious**	la superstition, superstitieux/-se
⚠ **a (lucky) charm** [tʃɑ:m]	un fétiche / porte-bonheur
a talisman [tælɪzmən]	un talisman
to haunt ['hɔ:nt] → **haunted**	hanter → hanté/e
a ghost [gəʊst]	un fantôme
a poltergeist ['pɒltəgaɪst]	un esprit frappeur

PHRASES

- **"What's your star sign?" "I am a Leo with Cancer rising."** (« De quel signe es-tu ? – Je suis lion, ascendant cancer. »)
- **to cast* a horoscope** (faire un horoscope), **to read* / foresee* / foretell* the future** (prédire l'avenir), **to read* the tea leaves / the teacups** (≈ lire l'avenir dans les feuilles de thé → dans le marc de café), **to read* sb's palm** (lire les lignes de la main à qqn), **to tell* sb's fortune** (prédire l'avenir à qqn), **to forecast*** (prédire), **to cast* a spell on sb** (jeter un sort à qqn), **to be* possessed** (être possédé), **to go* into a trance** (entrer en transe)

• *Mythology* [mɪ'θɒlədʒɪ] — *La mythologie*

a myth [mɪθ] → **mythical, mythological**	un mythe → mythique, mythologique
a legend ['lɛdʒənd] → **legendary**	une légende → légendaire
a totem → **totemic**	un totem → totémique
a cult [kʌlt]	un culte
a priest/ess [pri:st/ɪs]	un/e prêtre/sse
an oracle ['ɒrəkəl] → **oracular**	un oracle
the underworld ['ʌndəwɜ:ld]	les enfers
Mount Olympus → **Olympian, Olympic**	l'Olympe → olympien, olympique
Jupiter ['dʒu:pɪtə] = **Jove / Zeus** [zju:s]	Jupiter / Zeus
Juno ['dʒu:nəʊ] / **Hera**	Junon / Héra
Venus ['vi:nəs]/ **Aphrodite** [æfrəʊ'daɪtɪ]	Vénus / Aphrodite
Apollo [ə'pɒləʊ]	Apollon
a centaur ['sɛntɔ:]	un centaure
a nymph [nɪmf]	une nymphe
Prometheus [prə'mi:θju:s] → **Promethean**	Prométhée → prométhéen
Perseus ['pɜ:sju:s]	Persée
Narcissus [nɑ:'sɪsəs]	Narcisse
Hercules ['hɜ:kjʊli:z]/ **Heracles** ['hɛrəklɪz]	Hercule / Héraclès
Ulysses [ju'lɪsi:z]	Ulysse
Oedipus ['i:dɪpəs]	Œdipe
Mars [ma:rz]	Mars

Sigles et abréviations

AA	1. alcoholics anonymous, 2. GB automobile association
AAA	American automobile association
ABC	American Broadcasting Company
A.D.	anno domini
ADSL	asymetric digital subscriber line
AEA	UK Atomic Energy Authority
AEC	US Atomic Energy Commission
AFL-CIO	US American Federation of Labour – Congress of Industrial Organizations
AIDS	acquired immune deficiency syndrome
a.k.a.	also known as
a.m.	ante meridiem (= before noon)
AMEX	American Stock Exchange
ANC	African National Congress
AP	US Associated Press
APEC	Asian Pacific economic cooperation
APEX	advance purchase excursion
a.s.a.p.	as soon as possible
ASEAN	Association of South East Asian Nations
ASPCA	American Society for the Prevention of Cruelty to Animals
AWOL	absent without official leave
B & B	UK bed and breakfast
BA	Bachelor of Arts
BBC	British Broadcasting Corporation
B.C.	before Christ
BL	Bachelor of Law
BNP	British National Party
BR	British Rail
BS (US) = BSc (UK)	Bachelor of Science
BSE	bovine spongiform encephalopathy
BT	British Telecom
B to B / B2B	Business to Business
CAD	computer-aided design
CAP	Common Agricultural Policy
CB	Citizens' Band (radio)
CBI	Confederation of British Industries
CBS	Columbia Broadcasting System
CCTV	closed-circuit television
CD	compact disc
CD-ROM	compact disc read-only memory
CEO	US Chief Executive Officer
CIA	US Central Intelligence Agency
CID	UK Criminal Investigation Department
CIS	Commonwealth of the Independent States
CND	UK Campaign for Nuclear Disarmament
CNN	US Cable News Network
c/o	care of
Co	company
COBOL	common business oriented language
c.o.d	cash on delivery
COE	Council of Europe
CORE	US Congress Of Racial Equality
CPI	US Consumer Price Index
CSI	Crime Scene Investigation
CU	see you
CWO	cash with order
DA	US District Attorney
DC	US District of Columbia UK Detective Constable
DI	Detective Inspector
DIY	do it yourself
DNA	DesoxyriboNucleic Acid
DST	US daylight saving time
DTI	UK Department of Trade and Industry
DVD	digital versatile disc
EADS	European Aeronautics Defence and Space
EBRD	European Bank for Reconstruction and Development
EC	European Community
ECB	European Central Bank
EEC	European Economic Community
EEOC	US Equal Employment Opportunities Commission
EFTA	European Free Trade Association
e.g.	exempli gratia = for example
EMS	European Monetary System
EMU	Economic and Monetary Union
ENEA	European Nuclear Energy Agency
EOC	UK Equal Opportunities Commission
EPA	US Environmental Protection Agency
E.R.	UK Elizabeth Regina
ESA	European Space Agency

est.	established
EU	European Union
FAO	Food and Agriculture Organisation of the United Nations
FAQ	frequently asked questions
FBI	US Federal Bureau of Investigation
FCO	UK Foreign and Commonwealth Office
FDA	US Food and Drug Administration
FDNY	US Fire Department of New York
Fed	US the Federal Reserve
FLOTUS	First Lady of the United States
FM	1. frequency modulation 2. UK Foreign Minister
FO	UK Foreign Office
FTP	file transfer protocol
FYI	for your information
GATT	General Agreement on Tariffs and Trade
GCSE	UK General Certificate of Secondary Education
GDP	gross domestic product
GEF	Global Environment Fund
GM	genetically modified
GMT	Greenwich mean time
GNP	Gross national product
GOP	US Grand Old Party (= Republican Party)
GP	UK general practitioner
GPO	General Post Office
GPS	Global Positioning System
H.I.V.	human immunodeficiency virus
HMG	UK Her Majesty's Government
HMS	UK His/Her Majesty's Ship
HQ	Headquarters
HRH	His/Her Royal Highness
html	hyper-text markup language
http	hyper-text transfer protocol
IAEA	International Atomic Energy Agency
IBRD	International Bank for Reconstruction and Development
ICC	International Criminal Court
ICJ	International Court of Justice
ICRC	International Committee of the Red Cross
ICQ	I seek you
ID	identification
i.e.	id est = that is to say
IFHR	International federation for human rights
ILO	International Labour Organisation
IMF	International Monetary Fund
Inc	incorporated
IOU	I owe you
IQ	intelligence quotient
IRA	Irish Republican Army
IRS	US Internal Revenue Service
ISBN	International Book Standard Number
ISO	International Standards Organization
IT	information technology
ITV	Independent television
IVF	in vitro fertilization
Jnr, Jr	Junior
JSA	UK job seeker's allowance
KBE	UK Knight of (the Order of) the British Empire
KKK	Ku Klux Klan
KO	knock out
L.A.	Los Angeles
LAPD	Los Angeles Police Department
LCD	liquid-crystal display
LSE	1. London Stock Exchange 2. London School of Economics
Ltd	limited (liability)
LW	long wave
MA	Master of the Arts
MASH	US mobile army surgical hospital
MBA	Master of Business Administration
MC	1. Master of Ceremonies 2. US Member of Congress
MCQ	multiple choice questions
MD	managing director
MEP	Member of the European Parliament
MFA	US Master of Fine Arts
MFN	most-favoured nation
MHR	US member of the House of Representatives
MI5	UK Military Intelligence 5
MI6	UK Military Intelligence 6
MIA	missing in action
MIT	Massachusetts Institute of Technology
MLit	Master of Literature
MODEM	modulator-demodulator

MP	1. UK Member of Parliament 2. Military Police
m.p.h.	miles per hour
M.Phil	Master of Philosophy
Mr	Mister
MRI	magnetic resonance imaging
Mrs, Ms	[Pour les dames, devant leur nom]
MS	1. US Master of Science 2. multiple sclerosis
M.Sc.	UK Master of Science
Mt	mount
MTV	Musical television
NAACP	US National Association for the Advancement of Colored People
NAFTA	North American Free Trade Agreement
NASA	US National Aeronautics and Space Administration
NATO	North Atlantic Treaty Organization
NBA	US National Basketball Association
NGO	non-governmental organization
NHS	UK National Health Service
NRA	US National Rifle Association
NSA	US National Security Agency
NSC	US National Security Council
NSPCC	UK National Society for the Prevention of Cruelty to Children
NYC	New York City
NYPD	New York Police Department
NYSE	New York Stock Exchange
OBE	UK Officer (of the Order) of the British Empire
OECD	Organization for Economic Cooperation and Development
OPEC	Organization of Petroleum Exporting Countries
OS	operating system
OXFAM	UK Oxford Committee for Famine Relief
oz	ounce
p.a.	per annum
PA	personal assistant
PAYE	pay-as-you-earn
PC	1. personal computer, 2. UK police constable, 3. politically correct
PD	1. police department, 2. postal district
PE	physical education
PG	parental guidance
Ph.D.	Doctor of Philosophy / Philosopher's Doctorate
PLC	public limited company
PLO	Palestine Liberation Organization
p.m.	post meridiem
PM	Prime Minister
PO Box	post office box
POTUS	President of the United States
POW	prisoner of war
p.p.	per procurationem
PR(O)	public relations (officer)
pt	pint
PTA	Parent-Teacher Association
PTO, p.t.o.	please turn over
QED	Quod erat demonstrandum
Quango	UK Quasi autonomous non governmental organisation
RAF	UK Royal Air Force
RAM	random access memory
R and B	rhythm and blues
R & D	research and development
RC	1. Roman Catholic 2. Red Cross
REM	rapid eye movement
Rep.	US 1. Republican 2. Representative
RIP	rest in peace
RN	UK Royal Navy
RP	UK received pronunciation
RPI	Retail Price Index
RSPB	UK Royal Society for the Protection of Birds
RSPCA	UK Royal Society for the Prevention of Cruelty to Animals
RUC	Royal Ulster Constabulary
SARS	severe acute respiratory syndrom
SAS	1. Scandinavian Airlines 2. UK Special air service
SAT	US Scholastic Achievement / Aptitude Test
SAYE	UK save-as-you-earn
SCUBA	self-contained underwater breathing apparatus
SEC	UK Securities and Exchange Commission
Sen.	US senator
SIDS	sudden infant death syndrom
SNP	Scottish National Party
S.O.S.	save our souls

Sr	1. Senior 2. sister
SUV	Sports Utility Vehicle
SW	1. short wave 2. South West
TB	Tuberculosis
TLS	Times Literary Supplement
TM	trademark
TOEFL	test of English as a foreign language
TUC	UK Trades Union Congress
UCLA	University of California at Los Angeles
UEFA	Union of European Football Associations
UFO	unidentified flying object
UHT	ultra heat treated
UN	United Nations
UNESCO	United Nations Educational, Scientific and Cultural Organization
UNHCR	United Nations High Commissioner for Refugees
UNICEF	United Nations International Children's Emergency Fund
UNO	United Nations Organization
URL	uniform resource locator
USA	United States of America
USAF	United States Air Force
USB	Universal Serial Bus
UT	universal time
VAT	Value Added Tax
VCR	video cassette recorder
VDU	visual display unit
vet.	1. veterinarian 2. US veteran
VIP	very important person
viz.	videlicet
VP	vice-president
vs	versus
WASP	US White Anglo-Saxon Protestant
WB	World Bank
WHO	World Health Organization
wi-fi	wireless fidelity
wk	week
w/o	without
wpm	words per minute
WTO	World Trade Organization
WWF	World Wildlife Fund
WWI	World War One
WWII	World War Two
WWW	World Wide Web
Xmas	Christmas
yd.	yard
YMCA	US Young Men's Christian Association
YWCA	US Young Women's Christian Association

Achevé d'imprimer en France par la Nouvelle Imprimerie Laballery
Dépôt légal : décembre 2015 - Collection n° 20 - Edition 01 - N° d'impression : 510276
24/8855/7